UTB

Eine Arbeitsgemeinschaft der Verlage

Böhlau Verlag · Wien · Köln · Weimar
Verlag Barbara Budrich · Opladen · Toronto
facultas.wuv · Wien
Wilhelm Fink · München
A. Francke Verlag · Tübingen und Basel
Haupt Verlag · Bern
Verlag Julius Klinkhardt · Bad Heilbrunn
Mohr Siebeck · Tübingen
Nomos Verlagsgesellschaft · Baden-Baden
Ernst Reinhardt Verlag · München · Basel
Ferdinand Schöningh · Paderborn · München · Wien · Zürich
Eugen Ulmer Verlag · Stuttgart
UVK Verlagsgesellschaft · Konstanz, mit UVK / Lucius · München
Vandenhoeck & Ruprecht · Göttingen · Bristol
vdf Hochschulverlag AG an der ETH Zürich

Barbara Drinck (Hrsg.)

Forschen in der Schule

Ein Lehrbuch für (angehende) Lehrerinnen und Lehrer

Verlag Barbara Budrich
Opladen & Toronto 2013

Bibliografische Information der Deutschen Nationalbibliothek
Die Deutsche Nationalbibliothek verzeichnet diese Publikation in der Deutschen Nationalbibliografie; detaillierte bibliografische Daten sind im Internet über http://dnb.d-nb.de abrufbar.

Gedruckt auf säurefreiem und alterungsbeständigem Papier.

www.budrich-verlag.de

UTB-Bandnr. 3776
UTB-ISBN 978-3-8252-3776-9

Satz: R + S, Redaktion + Satz Beate Glaubitz, Leverkusen
Umschlaggestaltung: Atelier Reichert, Stuttgart
Druck: Friedrich Pustet KG, Regensburg
Printed in Germany

Annedore Prengel

Vorwort

Schulen haben den Auftrag, der Persönlichkeitsentwicklung, der demokratischen Sozialisation und dem kognitiven Lernen ihrer Schülerinnen und Schüler zu dienen. Wenn Lehrerinnen und Lehrer sowie Angehörige anderer pädagogischer Berufe an diesen Aufgaben arbeiten, kann schulpädagogisches Forschen für sie hilfreich sein. Legt man einen weit gefassten Forschungsbegriff, der plurale Erkenntnisperspektiven umfasst, zugrunde, so sind dafür mehrere Gründe ausschlaggebend.

Mit professionellem pädagogischen Handeln ist zunächst stets die Aufmerksamkeit für Schülerinnen und Schüler und für die situativen Bedingungen, in denen sie lernen, verbunden. In die Lehrertätigkeit ist eine auch Intuitionen und intersubjektive Resonanzen nutzende Erkundungs- und Analysetätigkeit eingelassen, die als Fallverstehen der Einzigartigkeit jeder pädagogischen Situation entspricht. In dem Maße, in dem bewusst wird, dass jede Schulklasse eine heterogene Lerngruppe ist, und je mehr sich das Schulwesen für die Inklusion auch der behinderten Kinder und Jugendlichen öffnet, umso wichtiger wird alltägliches forschendes Handeln. Um passende pädagogische Angebote für die Angehörigen heterogener Lerngruppen machen zu können, ist eine auf die Einzigartigkeit jedes Falles bezogene „Praxisforschung" unerlässlich. In einen weit gefassten Forschungsbegriff können folglich auch die für die Wissensgenerierung äußerst wertvollen alltäglichen Recherchen einbezogen werden.

Für die Begründung schulpädagogischen Forschens ist darüber hinaus auch folgender Zusammenhang wichtig: Maßgebliche professionelle Erfahrungsschätze werden aus zahlreichen pädagogischen Einzelfallerfahrungen aufgeschichtet. In einer kontinuierlich erkundenden Suchbewegung dienen bedeutsame Fälle gleichsam als „Linsen" für die Reflexion der stets neu hinzukommenden Erfahrungen.[1] Eine solche Erkenntnissuche durch Lehrerinnen und Lehrer verfügt über ein besonderes und hohes Potential, weil sie kontinuierlich umfassende Einblicke

---

1 Vgl. Shulman, L. S. (2004). The Wisdom of Practice. Essays on Teaching, Learning and Learning to Teach. San Francisco: Jossey-Bass.

im Feld nehmen können. Da Lehrpersonen die Möglichkeit haben, ihr Handlungsfeld zugleich als ihr Forschungsfeld zu nutzen, können sie aus dem Vollen des Ereignisflusses schöpfen, wenn sich die für die weitere Ausrichtung ihres Handelns relevanten Vorkommnisse heraus kristallisieren lassen.

Nach dem Fallverstehen und der Aufschichtung relevanter professioneller Erfahrungen bildet die Rezeption von Befunden aus der wissenschaftlichen Forschung im engeren Sinne eine dritte Komponente wertvoller forschungsbezogener Handlungsmöglichkeiten der Schulpädagogik. Sie trägt dazu bei, wissenschaftliche Erkenntnisstände für die pädagogische Tätigkeit zu nutzen. Dabei ist es förderlich, auch widersprüchliche und nicht übereinstimmende Ergebnisse heranzuziehen und über eine Reihe sinnvoll ausgewählter forschungsmethodischer Grundkenntnisse zu verfügen.

Bei der Erfüllung ihrer Aufgaben helfen den professionellen schulischen Akteuren also einerseits allgemeines, aus Wissenschaft und aufgeschichteter Erfahrung hervorgehendes Wissen und andererseits konkrete aktuell-situative Erkenntnisse über ihre Lernenden, über ihre Schule und über sich selbst. In einer Kombination aus Regelwissen und Fallverstehen werden professionelle Erkenntnisse möglich. Die Wahrnehmung der Einzigartigkeit jeder pädagogischen Situation, jedes beteiligten Kindes und Jugendlichen, jeder Lehrperson wird verknüpft mit kumulierten Wissens- und Erfahrungsschätzen, die aus generalisierten wissenschaftlichen Befunden und aus alltäglich angehäuften Einsichten hervorgehen.

Solche hier beschriebenen schulpädagogischen Sondierungen können von Lehrern allein aber auch gemeinsam realisiert werden. Teambesprechungen, Intervisions- und Supervisionsgruppen sind von einer forschenden Haltung geprägte Orte, an denen die Kombination aus Fallverstehen, kumulierendem Erfahrungsaustausch und Rezeption wissenschaftlichen Wissens der Gewinnung fundierter, neuer Erkenntnisse dient, um pädagogisches Handeln im Interesse kindlichen Lernens zu verbessern.

In Modellen der Praxis-, Aktions- und Handlungsforschung[2] wurden Mischformen entwickelt, die geeignete Elemente systematischer wissenschaftlicher Forschung so modellieren, dass sie alltagstauglich und für Angehörige des pädagogischen Feldes praktikabel werden. So können Studien entstehen, die Praktikerinnen und Praktiker selbst durchführen und deren Ergebnisse sie für ihre Schule oder für die Fachöffentlichkeit publizieren. Wenn erfahrene Lehrpersonen sich entscheiden zu promovieren, können spannende wissenschaftliche Studien entstehen, die von der hohen Feldkompetenz ihrer Autorinnen und Autoren profitieren.

2 Vgl. Prengel, A. (2010). Praxisforschung in professioneller Pädagogik. In Friebertshäuser, B. Langer, A. Prengel (Hrsg.), Handbuch qualitative Forschungsmethoden in der Erziehungswissenschaft (3., vollständig überarbeitete Aufl.; S. 785–801). Weinheim: Juventa.

Von grundlegender Bedeutung für Studien aller Art ist die erkenntnistheoretische Einsicht, dass kognitive Situationen perspektivisch strukturiert sind. Die jeweils eingenommene Perspektive ermöglicht und begrenzt zugleich das, was wir wissen können. Daraus folgt, dass jedes alltägliche und jedes wissenschaftliche Wissen nur limitierte Aspekte der komplexen Welt der Schule im Blick haben kann und dass jedes Wissen nur vorläufig gültig ist. Aus der perspektivischen Begrenztheit unserer Erkenntnisse geht die Notwendigkeit hervor, nicht bei einmal gewonnenen Einsichten stehen zu bleiben, sondern stets nach ihrer Erneuerung zu suchen und auf diese Weise Forschungsbewegungen in Gang zu halten.

Wenn schulpädagogisches Forschungshandeln den Aufgaben der Schule gerecht werden und für Lehren und Lernen förderlich sein soll, ist es wenig hilfreich, verschiedene Erkenntnisperspektiven gegeneinander auszuspielen oder zu hierarchisieren. Sowohl intuitives Verstehen und Erfahrungswissen von Lehrkräften in der Innenperspektive als auch qualitative oder quantitative Forschungsvorhaben von Wissenschaftlern aus der Außenperspektive sowie die Mischformen zwischen beiden eröffnen Zugänge zur sozialen Welt der Schule mit je eigenen Limitierungen und mit je eigener Dignität. Alle diese Zugänge werden gebraucht, um am Auftrag der Schule zu arbeiten.

Inhalt

Barbara Drinck

Einleitung

Dieses Lehrbuch ist im Rahmen einer gemeinsamen Ringvorlesung an der Erziehungswissenschaftlichen Fakultät der Universität Leipzig entstanden. Hier wurde die Idee geboren, die Vorlesung mit dem Titel „Inhalte und Methoden der Schul- und Unterrichtsforschung" zu veröffentlichen. Mitwirkende an diesem Projekt sind in der Mehrzahl junge promovierende Wissenschaftlerinnen und Wissenschaftler, Studierende und schließlich ich. Gemeinsam wurde dieses spannende Lehrbuch geplant, das Konzept entwickelt und ein gelungenes Peer Review-Verfahren umgesetzt, in dem wir zuerst sehr aufmerksam unsere Texte wechselseitig geprüft haben, um sie danach dem kritischen Blick von externen Gutachterinnen und Gutachtern, aus Schuladministration und Schulforschung, vorzulegen. Es war wirklich ein wunderbares Projekt, das uns nicht nur Arbeit, sondern vor allem viel Freude bereitet hat.

Bei der Realisierung des Lehrbuchs waren außer den Autorinnen und Autoren auch weitere Wissenschaftlerinnen und Wissenschaftler maßgeblich beteiligt. Besonders Robert Aust ist von uns allen zu danken, da er überaus sachlich und mit kühlem Kopf jedes Autor/innentreffen koordinierte und die Fertigstellung des Gesamtmanuskripts organisierte. Er sorgte dabei nicht nur für eine gleichbleibend gute und wohlwollende Atmosphäre, sondern auch für die Einhaltung der Abgabetermine der Autorinnen und Autoren. Fünf wissenschaftliche Hilfskräfte, Katja Wachler, Friederike Trommler, Mandana Heydari, Marlene Meyer und Ulrike Schwarz, kümmerten sich um das Korrektorat. Unsere externen Gutachterinnen waren Maria Halitzky, Daniela Ulber, Iris Mortag, Ellen Schroeter, Romy Schroeter, Julia Weise sowie Wolfgang Hörner, Frieder Glanz, Erik Koch, Steffen Hinze und Michael Großmann. All ihnen gilt unser herzlichster Dank.

Ganz besonderer Dank gilt der Verlegerin Barbara Budrich, die uns in ihr Verlagsprogramm aufgenommen und durch ihre Lektorinnen Miriam von Maydell und Sumi Jessien zu jeder Zeit ausgezeichnet betreut hat und geduldig für unsere Fragen zur Verfügung stand.

Unser Lehrbuch ist auf dem deutschen Buchmarkt neu, das Besondere ist die fundierte, aber verständlich geschriebene Einführung in das Gebiet der Schulforschung und der Verfahren der Schulevaluation. Studierende des Lehramts, Lehrerinnen und Lehrer, aber auch Dozentinnen und Dozenten an Hochschulen und

Universitäten können auf die Beiträge zurückgreifen, um sich mit der Methodologie, der Forschungsplanung, dem Einsatz von Forschungsinstrumenten und deren Umsetzung im Forschungsfeld vertraut machen zu können.

Daher ist das Buch besonders auch für diejenigen geeignet, die sich als angehende Lehrerinnen und Lehrer oder auch als schon im Berufsleben stehende Praktikerinnen und Praktiker in der Schulforschung engagieren wollen.

Das Lehrbuch setzt sich das Ziel, das eigene forschende Lernen auch über das Lehramtsstudium hinaus zu begleiten und zu fördern. Neben Überlegungen zum Forschungsfeld Schule, zu Aufgaben und Kompetenzen von Lehrenden, zur Qualitätssicherung und -entwicklung von Schule und Unterricht werden schulische Evaluation allgemein und Unterrichtsevaluation im Besonderen behandelt. Der Schwerpunkt des Lehrbuches liegt in einer detaillierten Darstellung der Grundlagen und der Praxis empirischer Schulforschung: Es beinhaltet Aussagen zu Gütekriterien und zur Forschungsethik, eine Anleitung zur Forschungsplanung und Beschreibungen, wie Daten an Schulen erhoben werden können. Dazu werden zentrale Methoden empirischer Forschung an Beispielen aus dem schulischen Kontext erläutert sowie Möglichkeiten der Nutzung und Verwertung von Forschungsergebnissen vorgestellt.

Unter der Überschrift „Denken – Handeln – Diskutieren“ finden Sie am Ende eines jeden Kapitels Aufgaben, die Sie zur Weiterarbeit mit den jeweiligen Inhalten anregen sollen. Die Aufgaben sind in einem offenen Format konzipiert, durch das ein konsequenter Anwendungsbezug auf Ihren spezifischen Kontext, in dem Sie sich gerade befinden – als Studierende im Lehramtsstudium, als Referendarin bzw. Referendar im Vorbereitungsdienst oder als Lehrende an Schulen –, hergestellt und ermöglicht werden soll. Weiterhin verdeutlichen die gewählten Aufgabenformate unsere Auffassung, nach der sowohl die Erforschung als auch die Entwicklung der eigenen Schule eine Aufgabe ist, die dann besonders gut gelingen kann, wenn sie im Team bewältigt wird. Deshalb finden Sie in fast allen Aufgabenstellungen einen Impuls zur Zusammenarbeit. Bei der Bearbeitung der Aufgaben können sich Vernetzungen zwischen einzelnen Kapiteln als sinnvoll erweisen.

Wir wünschen den Leserinnen und Lesern viel Freude mit diesem Lehrbuch, beim Austausch über die Inhalte und bei der gemeinsamen Beschäftigung mit den Aufgaben zur weiteren Arbeit. Wir hoffen, dass Sie konkrete Anregungen für die Forschung *über* und die Entwicklung *von* Schule sowie interessante, neue Perspektiven auf das Forschungs- und Praxisfeld Schule gewinnen können.

Barbara Drinck, Doris Flagmeyer

1 Warum sich Lehramtsstudierende und Lehrkräfte mit Schulforschung beschäftigen sollen

Es gibt mehrere Gründe dafür, dass sich Lehramtsstudierende bereits während des Studiums mit Forschungsmethoden und dem Thema „Schule als Forschungsfeld“ vertraut machen sollen. Dies betrifft einerseits die Zukunft der angehenden Lehrerinnen und Lehrer, andererseits auch die Gegenwart der Studierenden sowie bereits im Berufsleben stehenden Lehrkräfte.

Schul- und Unterrichtsforschung ist mehr als das Messen und Vergleichen von Schülerleistungen. Es geht auch um die Aufrechterhaltung und Entwicklung der Qualität des Miteinanders im Unterricht und um die Ausbildung eines guten Schulklimas. Lehrerinnen und Lehrer sowie die Schulleitung müssen sich daher um Personalentwicklung, Team- und Organisationsentwicklung genauso bemühen, wie sie es um Unterrichtsentwicklung und die vielfältigen Erziehungsproblematiken, die in den Schulen auftreten, tun. Es gehört zu den Aufgaben der Schulpädagogik, sich damit zu beschäftigen, wie pädagogische Lösungen und Interventionen gelingen können, wenn sie aus Ergebnissen der Schul- und Evaluationsforschung in Theorien übersetzt werden, die wiederum in pädagogische Handlungen, d.h. in die Praxis, umgesetzt werden sollen.

1.1 Ein Blick auf die Gegenwart im Studium

Das Studium sollte einen Beitrag zur Persönlichkeitsentwicklung leisten und im Hinblick auf das spätere Berufsfeld das anbahnen, was die Bremer Erklärung von 2000 im § VI mit der ständigen Weiterentwicklung der eigenen Forschungskompetenzen als Anspruch und Aufgabe für Lehrerinnen und Lehrer formuliert.

Die Forderung nach Bildung, nach Persönlichkeitsentwicklung durch Forschen im Studium, hat historische Wurzeln. In einem Beitrag mit dem Titel „Weshalb Forschendes Lernen nötig und möglich ist“ beruft sich Ludwig Huber (2009) auf eine Tradition bildungstheoretischen Nachdenkens über die Universität seit Friedrich Schleiermacher und Wilhelm von Humboldt: Wissenschaft bildet nur dann, wenn man sie nicht als abgeschlossene rezipiert, sondern als unabgeschlossene selbst betreibt. Nicht der Fundus überlieferbaren Wissens macht das Fundamentale der Bildung durch Wissenschaft aus, sondern es kommt auf das

Suchen und Finden, Problematisieren und Einsehen, Staunen und Erfinden, Untersuchen und Darstellen, den Weg der Neugier von offenen Fragen bis zu Ergebnissen an. Bildend ist Wissenschaft, auch wenn man sie selbst betreibt, nur dann, wenn sie mit Selbstreflexion in drei Dimensionen: 1. mit der „Selbstreflexion der Wissenschaft als Erkenntnismodus", 2. mit der „Selbstreflexion des Subjekts mittels Wissenschaft" und 3. mit der „Reflexion auf das Allgemeinwohl" verbunden ist (vgl. Huber, 2009, S. 13f.; vgl. Flagmeyer, 2004, S. 13–32).

Diesem aus historischer Betrachtung abgeleiteten hochschuldidaktischen Ideal widersprechen momentan Rahmenbedingungen wie die der Massenuniversität, der hochgradigen Spezialisierung in der Forschung, aber auch das faktische Studierverhalten von Studierenden, die sich pragmatisch auf das Bestehen einer erdrückenden Zahl von Prüfungen orientieren und sich auf diese Weise selbst in ihrer Entwicklung begrenzen. Durch den Bologna-Prozess wurden neue Maßstäbe für das Studium gesetzt, die insgesamt das Studieren erleichtern sollen und durch die Kompetenzenorientierung der Studienordnungen Chancen für systemisches und divergentes Denken, kreatives Vorgehen und methodisch flexibles Handeln bieten. Darüber hinaus werden Ausdauer, Ambiguitätstoleranz, Kommunikations-, Kooperations- oder Teamfähigkeit und Verantwortungsbereitschaft gefordert und gefördert. Solche Schlüsselkompetenzen und persönlichen Haltungen können nicht theoretisch gelehrt, rezeptiv gelernt, an bestimmten Inhalten festgemacht oder von dort übertragen werden. Sondern man kann sie, so argumentiert Huber (2009, S. 23f.), nur (weiter)entwickeln, wenn man sie aktiv in Anwendungssituationen übt. Ein kompetenzorientiertes Studium muss daher Lernsituationen bieten, in denen die eigene Wahl und Strukturierung möglich ist, in denen Interessen vertieft verfolgt werden können, in denen man sich mit anderen verständigen oder zusammenarbeiten muss. Erforderlich sind offene Aufgaben, zeitliche Spielräume und übergreifende Problemstellungen. Solche Konzepte führen über traditionelle Vermittlungsformen entlang der Fachsystematik weit hinaus – sowohl inhaltlich als auch didaktisch-methodisch. Individuelle oder kooperative, selbstständig durchgeführte Forschungsvorhaben (Recherchen, Konstruktionsaufgaben, Unterstützung schulischer Evaluation usw.) scheinen geeignete Formen hierfür. Kurz: Das Studium sollte Forschendes Lernen ermöglichen, also einen Prozess voranbringen, der auf Erkenntnisgewinn gerichtet ist, der auch für Dritte interessant ist und der wesentliche Forschungsphasen wie Entwicklung von Fragen und Hypothesen, Wahl geeigneter Forschungsmethoden, Darstellung und Diskussion der Erkenntnisse sowie kritische Reflexion von Prozess und Ergebnis umfasst. Wenn man es ernst meint mit der Orientierung an Kompetenzen, mit der Ermöglichung von Bildung, dann braucht man solche Lernformen anstatt der gedrängten Darbietung von Wissen. Schulpraktische Studien im Rahmen der Lehrerbildung, so Huber (2009, S. 23f.), seien für Forschendes Lernen prädestiniert, da sie die Studierenden anleiten, im gesamten Feld der Schule Probleme zu identifizieren und Lösungen zu entwickeln.

1.2 Ein Blick auf Zukünftiges

Im Beschluss der Kultusministerkonferenz vom 5.10.2000 sind für Lehrerinnen und Lehrer Aufgaben definiert worden, die sie in professioneller Art zu erfüllen haben: Sie sind Fachkräfte für das Lehren und Lernen, sie sollen ihre Erziehungsaufgabe an den Unterricht knüpfen, sie müssen kompetent, gerecht und verantwortungsvoll Schülerleistungen beurteilen, sie müssen ihre eigenen Kompetenzen ständig weiterentwickeln und sich an der Schulentwicklung sowie internen und externen Evaluationen beteiligen. Um diese Aufgaben gut zu erfüllen, müssen sie selbst über Kompetenzen verfügen, ihr eigenes Verhalten im Unterricht und im sozialen Gefüge der Schule – etwa mit Hilfe von Evaluationsverfahren – überprüfen zu können. D.h. Lehrkräfte werden in die Lage versetzt, ihren eigenen Unterricht objektiv zu prüfen und Entwicklungsstrategien zu entwerfen.

„Lehrerinnen und Lehrer sind laut dem Beschluss der KMK von 2000 (§ VII.) verpflichtet, an der Schul- und Unterrichtsentwicklung aktiv mitzuwirken.“

Professionelle Forschungs- und Evaluationskompetenzen erwirbt man durch eine intensive Beschäftigung mit dem Feld der Schulforschung. Hierzu sind Kenntnisse und Fähigkeiten notwendig, um den eigenen Unterricht – von der Planung über die Durchführung bis hin zur Leistungsüberprüfung der Klasse – evaluieren zu können. Auch ist es wichtig, Gespräche mit Vorgesetzten, Eltern sowie Schülerinnen und Schülern oder Kolleginnen und Kollegen professionell führen und auswerten zu können, um nicht im Nachhinein bloß die eigene vorurteilsbehaftete Sicht des Gesprächs im Gedächtnis zu behalten und seine subjektiven Meinungen ständig zu wiederholen. Daher ist es für Lehrkräfte notwendig, Kompetenzen der Selbstevaluation und Reflexionsfähigkeit zu erwerben. Es ist für die Entwicklung der Schule als Organisation zudem wichtig, dass Lehrerinnen und Lehrer repräsentative Studien im Umfeld der Schulforschung verstehen und interpretieren können und dass sie in der Lage sind, empirisch fundierte Lösungsvorschläge in die eigene Unterrichtspraxis und ihr schulisches Handeln zu implementieren. Daher gehört es heute zu den Aufgaben aller Lehrkräfte, sich mit dem Forschungsfeld Schule und mit Forschungsmethoden zu beschäftigen. Besonders in Bezug auf Forschungsmethoden müssen sie sich darum bemühen, entsprechende Handlungskompetenzen zu erwerben.

Um das Forschungsfeld Schule zu erkunden bzw. die Forschungsergebnisse (externer) Studien über verschiedene Aspekte von Schule einordnen zu können, muss es in seiner großen Komplexität verstanden werden, die durch administrativ-rechtliche, schulpolitische, organisatorische und vor allem durch die Interaktionsprozesse von Schülerinnen und Schülern, Lehrkräften und Eltern sowie außerschulischen Partnern entsteht.

Deshalb fordert die Kultusministerkonferenz mit ihren Standards für die Lehrerbildung folgerichtig: „Die Absolventinnen und Absolventen kennen Methoden der Selbst- und Fremdevaluierung, wenden sie an und ziehen hieraus Konsequenzen" (KMK, 2004, S. 11). Sie sollen Ergebnisse der Bildungsforschung rezipieren und bewerten und diese für ihre eigene Tätigkeit nutzen. Gefordert wird auch, dass sie Ziele und Methoden der Schulentwicklung kennen und entsprechende Instrumente zur Evaluation von Unterricht und Schule nutzen können.

Wenn sich Lehrerinnen und Lehrer für die Entwicklung der eigenen Schule engagieren wollen und dies laut der Schulgesetze der Bundesländer auch sollen, benötigen sie vor allem Reflexionskompetenz. Aus der Aktionsforschung (vgl. Altrichter & Posch, 1990) ist bekannt, dass sich Reflexionskompetenz im pädagogischen Handeln durch den Wechsel von Aktion und Reflexion herausbildet. Diskrepanzen zwischen Erwartungen und tatsächlichem Verlauf einer Situation können erste Problemdefinitionen, die dann weitere Handlungsschritte zur Konsequenz haben, veranlassen: Ein schulische oder unterrichtliche Aktion wird durchgeführt, diese wird aufgrund von Evaluationsergebnissen in einer Steuergruppe reflektiert, dann werden aus dieser Reflexion Überlegungen zur Entwicklung der Aktion abgeleitet und in eine erste praktische Theorie umgesetzt, die wiederum neue Impulse zulässt, um anschließend die ursprüngliche Aktion zu verändern und neu zu gestalten. Dies ist der zirkuläre Forschungskreislauf der Aktionsforschung. Das weitere Vorgehen erfolgt in Reflexionen über die Aktion, bei denen man sich zeitweise auf die distanzierte Forscherperspektive zurückzieht und auch das Wissen, das hinter der eigenen Handlung steht, analysiert, ordnet, verbalisiert und mitteilbar macht.

Es entspricht unseren Aussagen, wenn die Kommission Lehrerbildung zu der Feststellung kommt, dass innerhalb des Lehramtsstudiums der Aufbau von derartigem Professionswissen beginnen muss, zum Beispiel durch angeleitete Beobachtungen oder durch Forschendes Lernen innerhalb von Lehr- und Forschungsprojekten (vgl. Terhart, 2000).

„Lehrerinnen und Lehrer sind laut dem Beschluss der KMK von 2000 (§ III.) Fachkräfte für das Lernen und sollen ihre Erziehungsaufgabe an den Unterricht knüpfen".

Eine der Aufgaben von Schule ist, Lernende in unterschiedlichen Kompetenzen zu schulen und ihnen ihrer Fähigkeit entsprechende gesellschaftliche Positionen zu ermöglichen. Dies soll in chancengerechter Weise erfolgen. Der Umgang mit Heterogenität in Schule und Unterricht ist derzeit eine der großen Herausforderungen bei der Bewältigung schulischer Reformprozesse. Eine erfolgreiche Arbeit mit heterogenen Gruppen ist jedoch nur dann möglich, wenn, wie in der schulpädagogischen Literatur zu lesen ist, sich die bisherige Einstellung der Lehrer und Lehrerinnen ändert. Die häufig anzutreffende Einstellung besteht noch in der verbreiteten Sehnsucht der Lehrenden nach vermeintlich homogenen Lerngruppen. Olga Graumann (vgl. 2002, S. 83–118) verlangt folglich, dass Lehrerinnen und Lehrer angeregt werden müssen, im Unterricht mit heterogenen Lerngruppen beständig ihre Ansichten und Einstellungen zu überprüfen und zu hinterfragen. Lehrer und Lehrerinnen sollten eine Haltung einnehmen, die Verschiedenheit und Andersartigkeit der Lernenden im Sinne eines egalitären Differenzbegriffs (vgl. Prengel, 1993) als gleichwertig anerkennt und Schülerinnen und Schülern Respekt und Wertschätzung entgegenbringt. Viele Lehrkräfte unterliegen nicht nur einem allgemeinen Homogenisierungswunsch, sondern auch einem speziellen geschlechtsstereotypischen Homogenisierungsgedanken (vgl. Tillmann, 2008, S. 47). Daher muss das pädagogische Handeln im Zusammenhang mit der Vielfalt im Klassenraum immer von einem reflexiven Umgang bestimmt sein, der den sich ständig verändernden Situationen gerecht wird. Im Zusammenhang mit der Vielfalt in der Klasse ist es daher wichtig, die neutrale, professionelle Position zu behalten, die durch den forschenden Blick erworben werden kann.

Verschiedene Autoren (z.B. v. Hentig, 2004; Meyer, 2002) kommen im Kontext pädagogischer Professionalisierung zu der Schlussfolgerung, dass der Lernort Universität den Grundformen schulischen Lernens entsprechen muss, da es in wesentlichen didaktischen Fragen, Problemen und Aufgaben bezüglich schulischen und universitären Lernens eine Strukturgleichheit gibt. Wenn Schülerinnen und Schüler in Projekten lernen, Freiarbeit, Wochenplanarbeit, Werkstatt- oder Stationenlernen praktizieren sollen, brauchen ihre Lehrerinnen und Lehrer entsprechende Erfahrungen in der Organisation und Gestaltung dieser Lernformen. Diese können künftige Lehrkräfte gewinnen, wenn sie selbst so lernen und lehren, indem sie beispielsweise Kommilitonen und Kommilitoninnen anleiten, sich auf bestimmten Wegen den Inhalten zu nähern. Das heißt, sie sollten während ihres Studiums neben lehrgangsförmigen Veranstaltungen wie Vorlesungen und Selbststudium auch Arbeiten in Lehr- und Forschungsprojekten sowie Selbstevaluation kennen gelernt haben.

Um sich später als Lehrerin oder Lehrer in Schulentwicklungsprozesse einbringen zu können, sind Erfahrungen in der Universität, die sich als lernende Organisation (vgl. Bormann 2000; → Kap. 2.1) verstehen und konstituieren sollte, erforderlich. Reflexionskompetenz und Kritikfähigkeit wird angebahnt und gefördert, wenn Lehramtsstudierende sich selbst Entwicklungsaufgaben stellen und schrittweise bearbeiten, sich im Fallverstehen üben, an der eigenen Lehrerbiografie etwa in einer Schreibwerkstatt arbeiten, Selbst- und Fremdverstehen üben, Lern- und Forschungstagebücher führen, Analysegespräche durchführen und Supervision und Coaching trainieren. Handlungskompetenzen können sich durch gemeinsame Vor- und Nachbereitung von Seminarsitzungen, Praxisphasen, Exkursionen und Lernkontrakte entwickeln. Wichtig sind darüber hinaus Erfahrungen der individuellen Lernplanung mit Hochschullehrenden und Kooperationsschulen, die Beteiligung an der Organisationsentwicklung der eigenen Ausbildungsinstitution, kleine Handlungs- oder Teamforschungsprojekte, Beteiligung an Schulentwicklungsvorhaben der Kooperationsschulen und die entsprechenden Evaluationen (vgl. Meyer, 2002, S. 69f., Flagmeyer, 2004, S. 19f.).

1.3 Zusammenfassung und Ziel des Buches

Das Lehrbuch setzt sich das Ziel, das forschende Lernen auch über das Lehramtsstudium hinaus zu fördern. Es beinhaltet eine Anleitung für eine Forschungsplanung und genaue Beschreibungen, wie Daten im gesamten Feld Schule erhoben werden können. Schulische Evaluation allgemein und Unterrichtsevaluation im Besonderen werden ausführlich behandelt. Die vielfältigen Möglichkeiten für die Nutzung und Verwertung von Forschungsergebnissen werden vorgestellt. Neben Überlegungen zum Forschungsfeld Schule, zu Aufgaben und Kompetenzen von Lehrenden, zu Qualität von Schule und Unterricht gibt das vorliegende Lehrbuch detaillierte Einblicke in die Grundlagen und die Praxis empirischer Schulforschung. Es werden die wichtigsten Methoden empirischer Schulforschung erläutert. Wir wünschen den Leserinnen und Lesern viel Freude beim Lesen unseres Lehrbuchs und beim Erarbeiten neuer Perspektiven auf das Forschungs- und Praxisfeld Schule.

Denken – Handeln – Diskutieren

Lernpsychologischen Erkenntnissen folgend kann der Prozess des Lernens besonders dann gelingen, wenn (1) Erwartungen formuliert, (2) Vorkenntnisse bewusst gemacht werden, (3) neues Wissen mit Erwartungen und Vorkenntnissen eine Beziehung eingeht und (4) das neue Wissen in eigenen, relevanten Zusammenhängen angewendet wird. Daran anknüpfend möchten wir Sie vor dem Lesen des Buches dazu anregen,

1. Ihre persönlichen Erwartungen, die Sie an das Studium des Buches stellen, zu notieren,
2. ebenfalls zu notieren, über welches Wissen und/oder welche Fähigkeiten Sie zum Thema des Lehrbuches Ihrer Meinung nach bereits verfügen undsich während des Lesens Zeit zu nehmen, um gelegentlich einen Bezug zu Ihren Erwartungen und Vorkenntnissen herzustellen und so Ihren eigenen Lernprozess zu reflektieren.

Literatur

Altrichter, H.& Posch, P. (1990). *Lehrer erforschen ihren Unterricht. Eine Einführung in die Methoden der Aktionsforschung*. Bad Heilbrunn: Klinkhardt.

Bormann, I. (2000): Schule als lernende Organisation – Kann eine veränderte Lehrerbildung Schule verändern? *Sowi-online*. Zugriff am 23.01.2012 unter http://www.sowi-onlinejournal.de/lehrerbildung/bormann.htm

Flagmeyer, D. (2004) (Hrsg.): *Studium ist Praxis*. Leipzig: Leipziger Universitätsverlag.

Graumann, O. (2002). *Gemeinsamer Unterricht in heterogenen Gruppen. Von lernbehindert bis hochbegabt*. Bad Heilbrunn: Klinkhardt.

Hentig, H. v. (2004). *Bildung: ein Essay* (5., leicht überarbeitete Aufl.). Weinheim: Beltz.

Huber, L. (2009). Warum Forschendes Lernen nötig und möglich ist. In L. Huber, J. Hellmer, & F. Schneider (Hrsg.), *Forschendes Lernen im Studium. Aktuelle Konzepte und Erfahrungen* (S. 9–36). Bielefeld: UVW.

KMK (2004): Standards für die Lehrerbildung: Bildungswissenschaften. Beschluss der Kultusministerkonferenz vom 16.12.2004. Zugriff am 11.04.2012 unter http://www.kmk.org/fileadmin/veroeffentlichungen_beschluesse/2004/2004_12_16-Standards-Lehrerbildung.pdf

KMK (2000): Bremer Erklärung. Beschluss der Kultusministerkonferenz vom 5.10.2000. Zugriff am 11.04.2012 unter http://www.kmk.org/fileadmin/veroeffentlichungen_ beschluesse/2000/2000_10_05-Bremer-Erkl-Lehrerbildung.pdf

Meyer, H. (2002). Wege und Werkzeuge zur Professionalisierung in der Lehrerbildung. In W. Hörner, D. Schulz & H.-W. Wollersheim (Hrsg.): Berufswissen des Lehrers und Bezugswissenschaften der Lehrerbildung (S. 41–78). Leipzig: Leipziger Universitätsverlag.

Prengel, A. (1993). Pädagogik der Vielfalt. Verschiedenheit und Gleichberechtigung in interkultureller, feministischer und integrativer Pädagogik. Opladen: Leske + Budrich.

Terhart, E. (2000). Perspektiven der Lehrerbildung in Deutschland. Abschlussbericht der von der Kultusministerkonferenz eingesetzten Kommission. Weinheim: Beltz.

Tillmann, K.-J. (2008). PISA als bildungspolitisches Ereignis. Wiesbaden: VS Verlag für Sozialwissenschaften.

2 Welche Ziele hat die Schul- und Unterrichtsforschung?

Barbara Drinck

2.1 Besonderheiten des Forschungsfelds Schule

2.1.1 Aufgaben und Gegenstände der Schul(entwicklungs-)forschung

2.1.1.1 Steuerung der Schulentwicklung durch Schulforschung

Seit den 1960er Jahren wurde die Schul- und Unterrichtsforschung sowohl in der DDR als auch in der BRD mit unterschiedlichen Ansätzen durchgeführt. Im Osten lag der Fokus auf dem einheitlichen, sozialistischen Bildungssystem, im Westen sollte das auf föderalen Prinzipien basierende Schulsystem unter demokratischem Bildungsauftrag erhalten werden. Trotz der ideologischen Unterschiede etablierten sich ähnliche methodische Forschungsdesigns. Die Bildungspolitiken verlangten nach wissenschaftlich und empirisch belegbaren und überprüfbaren Ergebnissen, um notwendige Entwicklungen in den Schulen zu begründen. Die seither immer verfeinerte methodische Umsetzung von Forschungsfragen ermöglicht in der Konzentration auf die Schule als Forschungsgegenstand, fundierte Aussagen über die Qualitätsentwicklung der Institution Schule zu machen.

Heute liegt der Blick bei der Beschäftigung mit dem Thema „Schule als Forschungsfeld" auf den notwendigen Veränderungsprozessen von Schulqualität und der Wirksamkeit und Nachhaltigkeit dieser Anpassung in der Anforderung an Schule. Die notwendig gewordenen Veränderungen werden unter dem Begriff *Schulentwicklung* gefasst. Ihr Ziel ist die Verbesserung der Schulqualität als Antwort auf die gesellschaftlichen und wirtschaftlichen Rahmenbedingungen.

Schulentwicklung findet auf drei Ebenen statt: auf der *Mikroebene* mit ihren lehrenden und lernenden Personen sowie der Einzelschule; auf der *Mesoebene*, die das Schul- und Bildungssystem mit ihren föderalen Besonderheiten umfasst;

und auf der *Makroebene* des politischen Gesamtrahmens mit seinen gesellschaftlichen Anforderungen an Schule (→ Kap. 2.2.2).

Auf der Mikroebene, die in diesem Kapitel behandelt wird, sind Lehrerinnen und Lehrer aufgefordert, ihren Unterricht zu reflektieren, gegebenenfalls auch ihren Unterricht gegenseitig systematisch zu beobachten und die erhobenen Daten in einem Auswertungsgespräch zu prüfen. Die Schule ist das professionelle Handlungsfeld der Lehrkräfte, in dem sie nicht nur unterrichten, junge Menschen erziehen, die Schülerleistung messen und beurteilen. Sie sollen sich darüber hinaus (KMK, 5.10.2000) an der Schulentwicklung aktiv beteiligen sowie die interne und externe Evaluation unterstützen.

Dafür müssen sie die notwendigen Kompetenzen erwerben. Im Strukturmodell für die Lehrerbildung der Deutschen Gesellschaft für Erziehungswissenschaft (DGfE, 2004/2005) wurde in diesem Zusammenhang mit der Einführung der Bachelor- und Masterstudiengänge ein entsprechendes Curriculum vorgestellt, das für die Lehramtsstudiengänge an deutschen Universitäten und Pädagogischen Hochschulen als Richtlinie gilt. Im Strukturmodell werden professionsspezifische Kompetenzen in wissenschaftstheoretischen und handlungsleitenden Feldern der Schulpädagogik für den Lehrerberuf gefordert. Im gleichen Maße gilt diese Forderung auch für den Erwerb und den Umgang mit empirischem Wissen. Kenntnisse der sozialwissenschaftlich empirischen Forschungsmethoden und die Durchführung der Unterrichtsevaluation gehören heute zu den Grundlagen des Lehramtsstudiums. Für angehende Lehrerinnen und Lehrer bedeutet dies, dass sie schon während des Studiums Schule aus der Perspektive einer zukünftigen Lehrkraft beobachten, erforschen, die gewonnenen empirischen Daten auswerten und in handlungsleitende Theorien umsetzen können.

Nun kann Schule selbst auch als Organisation, die für Schulentwicklung verantwortlich ist, verstanden werden. Dass die Schule als zentrale Instanz für die Qualitätsentwicklung gesehen wird, ist erst seit der Einführung der empirischen Schulforschung zu verzeichnen. Daher ist nun die Einzelschule die „pädagogische Handlungseinheit" (Fend, 2008, S. 146) und wirkt an den Veränderungen mit, die sie als eine lernende Organisation mit einem eigenen Gestaltungsraum für Entwicklungsprozesse initiiert. Ihr Ziel dabei ist die Qualitätssicherung und eine optimale Anpassung an die sich verändernden Rahmenbedingungen.

Nach Helmut Fend (2008, S. 146f.) reagieren Schulen auf gesellschaftliche Umwelten und politische Vorgaben – dies jedoch nicht immer folgerichtig. Es mangelt manchen Schulen an der Kompetenz, Probleme rechtzeitig zu erkennen und gründlich zu untersuchen, einen objektiven forschenden Blick einzunehmen, mit dem sie Ursachen aufdecken und Lösungsstrategien entwickeln. Das Verhältnis zur Gesellschaft bringt Schule (vgl. Fend, 2011) in die Pflicht, Schülerinnen und Schüler einerseits zu qualifizieren und zu sozialisieren, um sie so zu fördern, dass sie eine angemessene Ausbildung erfahren und den geeigneten Beruf ergreifen, sie andererseits jedoch auch nach Leistung auszusondern und damit auf die unterschiedlichen und ungleichen Positionen in der Gesellschaft vorzubereiten. Diese Verpflichtung zwingt die Einzelschule als pädagogische Handlungseinheit, eine optimale Gestaltung dieser widersprüchlichen Prozesse zu finden.

> Mit dieser Gestaltungsaufgabe auf Schulebene ist eine moderne Entwicklung des Bildungswesens in Gang gesetzt, die nicht mehr umkehrbar ist. Lehrpersonen werden aus ihrer früher leichter möglichen Beschränkung auf Unterricht herausgeführt und immer stärker in schulweite Verpflichtungen und Qualitätsentwicklungsprozesse an einer Schule eingebunden.
>
> (Fend, 2008, S. 147)

Die Einzelschule in ihrer Entwicklungsverantwortung wird durch zwei Voraussetzungen definiert:

Zum Ersten ist Schule, wie bereits beschrieben, als eine lernende Organisation zu verstehen. Das setzt voraus, dass sie als soziales System agiert, das sich nach Niklas Luhmann in seiner „operationalen Geschlossenheit“ (Luhmann, 1990, S. 31) verhält und nicht durch die einzelnen Subjekte bestimmt und initiativ gelenkt wird. Auch wenn die lernende Organisation aus einer Gruppe von Menschen besteht, ist die Vorstellung, dass eine Schule von den dort handelnden Personen und ihren Beziehungen gesteuert wird, keine Erklärung für ihre Entwicklung. Vielmehr wird Schule selbst als handelnder Akteur verstanden.

> Lernende Schulen sind nicht nur Einrichtungen, in denen die Schüler lernen, sondern solche, die selbst zum Lernen fähig sind. Dazu müssen sie – genau wie Individuen – Lernstrukturen und Lernkapazitäten pflegen und z.T. erst aufbauen.
>
> (Rolff, 2007, S. 40)

Zum Zweiten ist Schule ein Gestaltungsraum von Entwicklungsprozessen. Mit Aristoteles (Aristoteles/Detel, 2009) lässt sich dies kurz in folgender Formel zusammenfassen: Das Ganze ist mehr als die Summe seiner Teile. Das heißt, eine Organisation von seinen einzelnen Organen her verstehen, kann nicht gelingen. Ein System kann weder durch die Analyse ihrer Relationen noch ihrer einzelnen Elemente beschrieben werden, sondern nur als ein komplexes Ganzes. Schulforschung und vor allem Schulevaluation müssen daher immer die gesamte Schule im Blick haben.

Über die Erkenntnis dieses systemischen Ansatzes hinaus können Entwicklungs- und Veränderungsprozesse von Schule nach Bormann nur dann stattfinden, wenn

- „im Umfeld positive Bedingungen vorzufinden sind, wie etwa erweiterte Handlungsspielräume der einzelnen Schulen oder ein vertrauensvolles Verhältnis zur Schulaufsicht [...] und/oder
- günstige schulinterne Voraussetzungen vorliegen, etwa eine hohe Bereitschaft und Kompetenz der schulischen Akteure zu innovativen Prozessen [...].“

(Bormann, 2000, S. 1f.)

Schulentwicklung findet dennoch nicht unabhängig von den in Schule agierenden Subjekten statt: Fachgruppen, Steuergruppen, Jahrgangsgruppen und Schulleitung treiben die Entwicklung mit Unterstützung des schulinternen Curriculums und vor allem des Schulprogramms voran.

Damit sich Schulen entwickeln, muss eine Diskrepanz zwischen den an sie durch externe Partner (Kultusministerium, Schulbehörden, Wirtschaft, Eltern etc.) herangetragenen Vorgaben und von der Gesellschaft geforderten Ansprüchen oder intern beobachteten Erwartungen sowie der tatsächlichen Schul- und Unterrichtspraxis spürbar werden. Defizite und Lücken, die zwischen Anforderungen an Schule und ihren Handlungsergebnissen existieren, wollen beseitigt werden (vgl. Bormann, 2000, S. 3). Um die Mängel zu identifizieren, müssen neben aussagekräftigen Schultheorien vor allem auch Ergebnisse aus systematisch durchgeführten Evaluationsstudien der betreffenden Schule vorliegen.

2.1.1.2 Schulforschung in Abgrenzung zur Schulentwicklungsforschung

Wenn von *Schulforschung* allgemein gesprochen wird, sollte der Bereich der Schulentwicklungsforschung vorerst ausgeklammert werden. Denn die Schulforschung bearbeitet den gesamten Forschungsbereich Schule: die Schulqualitätsforschung, Vergleiche verschiedener Schulsysteme und Schulformen, Problematiken des Übergangs von der Grund- auf weiterführende Schulen, Themen der Unterrichtsforschung, große historische und mentalitätsgeschichtliche Schulforschungsprojekte, Fragen von Schule als Lebensraum oder Fallstudien zur Lehrerpersönlichkeit. Das heißt, Schulforschung dient allgemein *der Grundlagenforschung und ihrer Theorienbildung*. Daher sind hier Querschnitts- und Längsschnittstudien, Fallanalysen mit aufwändiger Auswertung qualitativer Daten sowie multimethodische Ansätze üblich, in denen auch groß angelegte Schulsystemvergleiche durchgeführt werden. Die Schulforschung dient insgesamt der theoretischen Fundierung der anwendungsorientierten Forschung, indem sie die empirischen Daten in Theorien übersetzt, um Probleme allgemein in Schule und Unterricht zu erklären und Handlungskonzepte zur Lösung dieser Probleme vorzuschlagen. Sie ist somit Voraussetzung für die Schulentwicklungsforschung.

Die *Schulentwicklungsforschung* ist anders als die Grundlagenforschung für die *direkte Umsetzung in der Schulpraxis handlungs- und zielorientiert ausgerichtet* und setzt daher methodische Verfahren ein, die Entwicklungsprozesse evaluieren. Sie zielt auf die Weiterentwicklung und Verbesserung der Schule und ihrer Bereiche wie Unterricht, Schulklima, Elternarbeit und Zusammenarbeit mit externen Schulpartnern, Qualifizierung bzw. Professionalität von Lehrkräften, Optimierung der Schulorganisation. Die Ergebnisse aus der empirischen Forschung sollen direkt in die Praxis übersetzbar sein. Isabell van Ackeren betont in diesem Zusammenhang, dass die Einzelschule am eigenen Schulstandort für die Schulentwicklung relevant ist und sie daher zu einer bewussten Weiterentwicklung veranlasst werden soll. Die Schule soll ihre Fähigkeit ausbauen, sich selbst zu organisieren, zu reflektieren und zu steuern (vgl. Ackeren, 2007, S. 24).

2.1.1.3 Stellenwert der Evaluation in der Schulentwicklungsforschung

Das prominenteste Verfahren der Schulentwicklungsforschung ist die *Evaluation*. Kenntnisse und Umgang mit Verfahren der Evaluationsforschung werden heute bei Lehrerinnen und Lehrern vorausgesetzt.

Es wird zwischen *externer* und *interner* Evaluation unterschieden.

> Externe Evaluation ist ein Verfahren zur Bewertung der Qualität von Schulen. Diese Bewertung führen unabhängige, selbständig arbeitende Gutachter, sogenannte Evaluatoren, mit Hilfe festgelegter Qualitätskriterien durch. Sie erheben in einem Schulbesuchsverfahren Daten zur Schulqualität. Dabei werden bewährte Methoden der Sozialforschung wie Befragungen und Beobachtungen eingesetzt. Die gesammelten Informationen werden ausgewertet und in einem Bericht für die Schule zusammengefasst.
>
> (SBI, o.D. a)

Die externe Evaluation zielt auf eine *Soll-Ist-Analyse* der Schulqualität. Das heißt, von externer Seite, meist den Kultusministerien und ihren angegliederten Landes- und Schulforschungsinstituten, werden nach Kenntnisstand der wissenschaftlichen Forschung zur Qualität von Schule und Unterricht Kriterien erarbeitet. Diese Kriterien sollen bestimmen, was eine gute Schule ist, und werden mit den erhobenen Daten aus der Schulevaluation verglichen. In Sachsen wird seit dem Schuljahr 2007/2008 das externe Evaluationsverfahren an öffentlichen Schulen durchgeführt. Es gilt als ein gut strukturiertes Verfahren.

Laut dem Sächsischen Kultusministerium besteht das Ziel der externen Evaluation darin, die Schulen auf dem Weg ihrer Qualitätsentwicklung zu begleiten. Dadurch wird angestrebt, die Schulen langfristig bei der Verbesserung ihrer schulischen Ergebnisse zu unterstützen (vgl. SBI, o.D. b). Es wird überprüft, ob und in welcher Ausprägung die Arbeit in der Schule grundlegende Qualitätsbereiche abdeckt (Kriterienorientierung) und wie bei einer erneuten Evaluation die Schule im Vergleich zur vorigen Erhebung abschneidet (Entwicklungsorientierung).

Im Anschluss an die Evaluation wird ein Ergebnisbericht erstellt, in dem ein differenziertes Bild der Stärken und Schwächen der untersuchten Schule festgehalten wird. Dieser Bericht beinhaltet konkrete Hinweise, die zur Verbesserung der Schul- und Unterrichtsqualität beitragen sollen. Er dient der eigenverantwortlichen Qualitätsentwicklung der Schule und ist Arbeitsgrundlage für die anschließenden Zielvereinbarungen mit der Schulaufsicht.

Die externe, meist linear verlaufende und *summative* – das Gesamtergebnis zu einem Zeitpunkt zusammenfassende – Evaluation gilt der Qualitätskontrolle.

Sie stellt in ihrer Bewertung eine Momentaufnahme der Schule dar, die vielfältige Informationen über Unterricht, Schulklima und Professionalität von Lehrerinnen und Lehrern sammelt und auswertet. Die externe Evaluation ist daher die auf eine bestimmte Zeit beschränkte Prüfung der Schule, es sei denn, eine zweite Prüfung erfolgt nach einigen Jahren, mit der eine Entwicklung der Schulqualität dargestellt werden kann (→ Kap. 2.3).

Die *interne* Evaluation zielt auf eine *Ist-Soll-Analyse*: Von der tatsächlichen Situation in der Schule ausgehend wird innerhalb des Kollegiums oder in einer Steuergruppe überlegt, welche schulischen Bereiche verbessert bzw. verändert werden sollen und auch können.

Die interne Evaluation kann als ein Instrument der Eigendiagnose für die Schule verstanden werden, in der eine Bestandsaufnahme und Bewertung der verschiedenen schulischen Situationen stattfindet. In diesem Zusammenhang werden insbesondere das Schulprogramm und das Schulleitbild als Soll-Maß genommen. Es wird etwa die Effektivität von Einzelmaßnahmen überprüft, um die Professionalisierung der Lehrkräfte durch ihre Reflexion der eigenen Arbeit zu kontrollieren.

Die interne Evaluation gilt – besonders im Verfahren der Aktionsforschung (Altrichter & Posch, 2007) – der Identitätsbildung des Kollegiums durch die Entwicklung gemeinsamer Ziele und Normen und schließlich durch die Stärkung der Verantwortlichkeit vieler beteiligter Akteure. Die zeitnahe Steuerung von Entwicklungsprozessen wird angestrebt und dafür die konstruktive und zielgerichtete Zusammenarbeit innerhalb der Schule vorausgesetzt. Aktionsforschung wurde als zirkuläres internes Evaluationsverfahren entwickelt, um die Qualität im schulischen Praxisfeld anzuheben und die strukturellen Bedingungen, unter denen die Lehrerinnen und Lehrer sowie die Schülerinnen und Schüler arbeiten, zu verbessern.

> Aktionsforschung soll LehrerInnen bzw. Lehrergruppen helfen, Probleme in der Praxis selbst zu bewältigen und Innovationen zu verwirklichen. Die bisherigen Erfahrungen mit Aktionsforschung haben gezeigt, dass Lehrende dazu in der Lage sind und dabei auch zu bemerkenswerten Ergebnissen gelangen.
> (Altrichter, Morocutti, Sorger & Wilhelmer, 1998, S. 13)

Die zirkulär verlaufende, *formative* – den Prozess begleitende – Ist-Soll-Analyse bildet den typischen Verlauf der internen Evaluation. Es handelt sich dabei um die kontinuierliche und fortlaufende Überprüfung etwa der Umsetzung des Schulprogramms. Die Ergebnisse können direkt in die Optimierung des jeweiligen Unterrichts zurückfließen.

In Sachsen muss laut Schulgesetz vom 16. Juli 2004: § 59a das Ergebnis der Erziehungs- und Bildungsarbeit und die Umsetzung des Schulprogramms regelmäßig überprüft werden. Innerhalb der Schulevaluation können für die Entwicklung der Schule fünf Bereiche geprüft werden: Das sind erstens die *Rahmenbedingungen*, die den Standort der Schule betreffen, die Zusammensetzung des Lehrerkollegiums, die Schülerschaft, materielle und finanzielle Ressourcen sowie regionale und organisatorische Besonderheiten der Schule. Das sind zweitens die *Prozessqualitäten der Schule*, die durch die Schulleitung und das Schulmanagement initiiert werden, also die Kooperation des Kollegiums, die Besonderheiten der Schulkultur sowie das Schulprogramm mit dem Schulleitbild und das Schulprofil. Das sind drittens die *Prozessqualitäten des Unterrichts* im Hinblick auf die Klassenführung, das Unterrichtsklima, die Strukturiertheit des Unterrichts, die Lehrzielorientierung und ihre Begründung, die qualitative Durchführung von fächerverbindendem und fachübergreifendem Unterricht, die Hilfen und Fördermaßnahmen für die Schüler und die Motivationsförderung. Das sind viertens die *Ergebnisse der schulischen Arbeit*, gemessen an den Niveaus der Lernergebnisse, an der Berufsorientierung der Schüler, der Zufriedenheit oder Unzufriedenheit der Lehrerschaft und der Eltern. Das ist fünftens der *Umgang der Schulen mit den Evaluationsergebnissen* im Anschluss an die Berichterstattung.

Die interne und externe Evaluation können sich ergänzen. Interne Evaluation dient der Vorbereitung der externen Evaluation, zur Überprüfung der in Zielvereinbarungen festgelegten Maßnahmen und der Analyse von Detailbereichen. Die externe Evaluation dient der internen als Kontrolle der Entwicklungsprozesse zur Problemanzeige, mit Unterstützung objektiver, valider und reliabler Prüfverfahren und der Ausarbeitung eines Berichts zur Zielsetzung und Planung von Veränderungsprozessen.

2.1.1.4 Grundsätze der Schulentwicklungsforschung

Im Gegensatz zur Schulforschung, die oft sehr langwierig verläuft, muss Schulentwicklungsforschung rasch Ergebnisse liefern, damit steuerungsrelevantes Wissen in den Entwicklungsprozess eingegeben werden kann. Daher ist die Wahl der Forschungsmethoden eine andere als in der Schulforschung. Meist sind die Verfahren der Evaluation standardisiert, d.h., sie entsprechen den Gütekriterien des quantitativen Forschungsparadigmas (→ Kap. 3.1.4). Das Forschungsdesign (→ Kap. 3.1.2) ist als systemanalytisches Verfahren angelegt. Es evaluiert den Schulentwicklungsprozess und bezieht sich auf die je besondere Situation der Einzelschule. Handelt es sich um externe Evaluationsverfahren, sind diese passgenau für die Schulen des jeweiligen Bundeslandes konstruiert und werden auch ständig neu angepasst (→ Kap. 2.3). Daher sind diese Ergebnisse nur bedingt zur Grundlagenforschung geeignet.

Wesentlich für die Schulentwicklung sind vier Bereiche, in denen Entwicklungsprozesse stattfinden sollen: in der *Personalentwicklung*, bei der die Sicherung des notwendigen pädagogischen Personals im Vordergrund steht und dessen Weiterqualifizierung in langfristiger Perspektive geplant wird, in der *Organisationsentwicklung*, die Maßnahmen der pädagogisch begründeten Organisation von Schule umfasst, und in der *Unterrichtsentwicklung*, wo Maßnahmen zur pädagogisch begründeten Verbesserung von Lehr- und Lernprozessen entwickelt werden. Diese ersten drei entsprechen dem Drei-Wege-Modell der Schulentwicklung nach Hans-Günter Rolff (2003, S. 3). Darüber hinaus bedeutsam ist der *Umgang mit Erziehungsproblemen* in der Schule – wie Gewalt, Drogenmissbrauch und Schulverweigerung.

Die Frage besteht, wie Qualitätssicherung von Schulen zu einem kontinuierlichen Prozess werden kann. Bei Juliane Keitel und Melanie Schmidt (→ Kap. 2.3) wird der Kreislauf der Qualitätsentwicklung vorgestellt, wie er vom Sächsischen Bildungsinstitut entworfen wurde. Daran wird deutlich, dass ausgehend vom Schulprogramm der Schule Maßnahmen zur Umsetzung der Qualitätssicherung geplant sowie die angestoßenen Prozesse und erreichten Ziele überprüft werden. Das Ganze wird anschließend zusammengefasst, um neue Ziele zur Weiterentwicklung der Schule insgesamt zu definieren und mit der Schulbehörde entsprechende Zielvereinbarungen auszuhandeln. Dieser Qualitätskreislauf stellt einen kontinuierlichen Entwicklungsprozess dar.

2.1.2 Schule als (Lebens-)Raum

Nachdem nun die Forschungsverfahren in der Schule als Forschungsfeld vorgestellt wurden, soll anhand konkreter Beispiele gezeigt werden, wie Schule erforscht werden kann. Forschung in der Schule betrifft heute die unterschiedlichsten Themengebiete: Geschlechtersensible Pädagogik und Pädagogik der Vielfalt, Individualisierung von Lernprozessen sowie Differenzierung im Unterricht, Berufsorientierung in der Schule, Übergangsgestaltung von der Grund- auf die weiterführenden Schulen, Umgang mit Erziehungsproblemen in der Schule, Begabtenförderung. All diesen Themen liegt eine Fragestellung zugrunde: die nach der Schule als Ort, an dem sich Kinder die meiste Zeit des Tages aufhalten.

Ausgehend von der etymologischen Betrachtung des Wortes Schule lässt sich verstehen, welchen offensichtlichen Bedeutungswandel diese Institution erlebt hat. Das Wort stammt aus dem Griechischen und meinte ursprünglich „das Innehalten“ – im Lateinischen „Muße, Ruhe“ (Duden Bd. 7, 1989, S. 653). Ob die besagte Muße in der Antike tatsächlich vorkam, lässt sich heute schwer nachweisen, jedoch begegnet uns heute überall eine Schule, die nur gelegentlich noch mit Innehalten und Muße zu tun hat. Denn Schule wird von sich ständig abwechselnden und vielfältigen Lernsituationen bestimmt und vor allem von sehr viel mehr Schülern und ihren Lebenswelten als in der Antike. Die heutigen Schüler bringen vielfältige Herausforderungen bedingt durch ihre bisherigen Sozialisationserfahrungen mit, so dass Schule auf diese Heterogenität reagieren muss (vgl. Trautmann & Wischer 2011, insbesondere Kapitel 4 und 5). Unterricht kann nicht auf die, wie Klaus-Jürgen Tillmann es nennt, „Sehnsucht [des Lehrers, B.D.] nach der Homogenität der Lerngruppe“ (2008, S. 47) Rücksicht nehmen.

Schule ist – so muss geschlussfolgert werden – heute weniger der Ort der ruhigen Konzentration als vielmehr der Ort von Interaktionen und offen gestalteten Kommunikationsprozessen zwischen allen Akteuren: den Lehrerinnen und Lehrern, den Schülerinnen und Schülern sowie ihren Eltern. Schulisches Lernen ist folglich in ein interaktives Beziehungsgeschehen eingebettet (Bauer, 2008, S. 14), das Voraussetzung dafür ist, wie sich Interessen und Motivation ausbilden können. Gegenseitige soziale Anerkennung und die persönliche Wertschätzung von Schülerinnen und Schülern sowie Lehrerinnen und Lehrern ist dazu notwendig (Bauer, 2008, S. 19).

Der professionelle Umgang mit der Heterogenität muss in der Schule vorausgesetzt werden, um die nach Alter und Geschlecht, nach kultureller und sozialer Herkunft, nach unterschiedlichen Lernvoraussetzungen in kognitiver, motivationaler und emotionaler Hinsicht völlig unterschiedlichen Schüler fair zu behandeln (Hirschauer & Kullmann, 2010, S. 351). Der pädagogische Anspruch im Umgang mit Heterogenität muss Differenzierung im Unterricht etablieren. Daher bedarf es einer entsprechenden Unterrichtsvorbereitung und -durchführung, um auf die unterschiedlichen Lernniveaus Rücksicht zu nehmen und damit den individuellen Lernvoraussetzungen der Schülerinnen und Schüler gerecht zu werden. Nur so kann der Unterricht seine Adressaten, die Schülerinnen und Schüler, auch erreichen.

Schule als einer der wichtigsten Erfahrungsräume im Leben bestimmt entscheidend die Kindheit und die weitere Entwicklung im Jugendalter mit. Das betrifft den individuellen Lebensplan, die Leistungsmotivation, den Umgang mit Schwierigkeiten, das Selbstbewusstsein und die Lebenszufriedenheit.

Die interdisziplinäre Kindheitsforschung (Hurrelmann & Bründel, 2003) beobachtet seit Längerem wichtige Veränderungen, die auch – jedoch nicht nur – durch einen Wandel der zeitlichen Dauer und gesteigerten Beanspruchung von Schule entstanden sind. Dabei wurden in folgenden Bereichen Veränderungen sichtbar: in der familialen Lebenswelt, betreffend der Spielorte und Freundschaften und in einer immer mächtiger werdenden institutionalisierten Pädagogik.

Das Wachsen der Städte und die auf Mobilität, Dienstleistung und Konsum ausgerichtete Stadtentwicklung haben zu einem erheblichen Verlust von freien Spiel- und Begegnungsräumen für Kinder geführt. Die Eroberung des öffentlichen Raums wird den Kindern heute schwer gemacht (vgl. auch Rolff, 1997, S. 79–98): Jeder Quadratmeter in der Stadt dient einem vorbestimmten Zweck. Statt freien Spielräumen werden öffentliche Spielplätze eingerichtet, die normiert und kontrollierbar sind (Hurrelmann, 2006, S. 38). Da die natürliche oder städtische Umwelt nur noch selten eigenständig, spontan und unbeobachtet erschlossen werden kann, werden die Eigenständigkeit der Kinder und die Besetzung ihrer eigenen individuellen Räume stark reduziert. Diese Räume, in denen die Kinder frei spielen könnten, die sie einnehmen und durchschreiten möchten, werden ersetzt durch pädagogische Räume, in denen geregelt und kontrolliert wird, allem voran durch die Schule. Ulrich Deinet spricht in diesem Zusammenhang von einer „Verarmung des vorhandenen Handlungsraums“ (Deinet, 2005, S. 7). Kinder werden im öffentlichen Raum ständig beim Spielen gestört, „sei es durch erwachsene ‚Raumwärter' oder ältere Jugendliche, die ihrerseits auf der Suche nach ‚Räumen' sind. [...] Die Struktur der städtischen Lebenswelt [...] schränkt die Aneignungsmöglichkeiten von Kindern und Jugendlichen [...] ein" (Deinet, 2005, S. 7). Der öffentliche Raum ist nicht nur in den Städten, sondern auch auf dem Land durch den Ausbau der Verkehrsstraßen deutlich geschrumpft.

Moderne Kindheit bedeutet auch eine zeitliche Reduzierung des Familienlebens und der Nutzung von Familienräumen. Spielen zu Hause oder im eigenen Garten mit den Nachbarskindern, die Besuche an den Wochenenden im Haus der Großeltern sind selten geworden. Dafür nehmen das institutionalisierte Leben der Kinder und Jugendlichen und die Schule mehr zeitlichen und räumlichen Platz ein. Der Tagesablauf eines Schülers zeigt, dass seine pädagogischen Räume meist nicht miteinander verbunden sind, und es erfordert Bringdienste durch Eltern oder öffentliche Verkehrsmittel, um von der Schule zum Sport oder Musikunterricht zu gelangen bzw. durch die Zusammenlegung von Schulen auf dem Land überhaupt zur Schule zu kommen. Auch der Freundeskreis ist oft aufgeteilt auf verschiedene Enklaven. Helga Zeiher (1983) spricht von „Inseln", d.h. separaten Bereichen, die verstreut über ein großes Stadtgebiet liegen. Um Freunde zu treffen, ihre Sportveranstaltungen oder Nachhilfen zu besuchen, brauchen Kinder einen Fahrdienst und werden von Begleitpersonen lange abhängig bleiben.

Durch das Zurückdrängen der familiären zeitlichen und räumlichen Ausgestaltung des Lebens und die Pflicht, in der Schule anwesend zu sein (Schulpflicht), gewinnt die Schule enorm an Bedeutung. Das heißt, dass sie sich nicht mehr allein auf die Aufgabe der Schulbildung der Kinder und Jugendlichen zurückziehen kann, sondern neben ihrem Bildungsangebot Erziehungsarbeit leisten muss, die sich im Rahmen ihrer Kompetenzen hält. Zu den Aufgaben der Lehrerinnen und Lehrer gehört es daher auch, sich zu kümmern, wenn Schüler nicht mehr am Unterricht teilnehmen. Insofern ist es für jede Schule ein wichtiges Thema, wie sie die Kinder und Jugendlichen an die Schule binden und ihnen einen geeigneten Raum geben, in dem sie sich angenommen fühlen.

Kommunikationsprozesse im Unterricht sind meist mehr auf die Aneignung von Wissen und Fertigkeiten ausgerichtet und weniger auf die Erziehung der Schüler (vgl. Drinck, 2010, S. 139–144). Nicht alles, was im Elternhaus an Erziehung stattfinden müsste, kann von der Schule übernommen werden. Der Grund dafür liegt nicht nur in der Rechtsgrundlage, die den Lehrerinnen und Lehrern nur ein eingeschränktes, wenn auch gemäß BVerfG v. 6.12.1972 gleichgeordnetes Erziehungsrecht einräumt (Avenarius, 2010, 334–336), es liegt auch in der besonderen Beziehungsstruktur: Das Verhältnis von Lehrerinnen und Lehrern sowie Schülerinnen und Schülern ist, anders als das Verhältnis von Eltern und ihren Kindern, immer eine befristete und formalisierte Beziehung. Zwar muss gesehen werden, dass Lernkultur Beziehungs- und Beteiligungsmöglichkeiten für Lehrende und Lernende braucht: „Jede Erfahrung eines Menschen ist eine Erfahrung in einem sozialen Kontext“ (Schäfer & Schäfer, 2009, S. 238).

Die Lehrkraft darf dennoch die persönliche Beziehung zu Schülerinnen und Schülern ihrem Erziehungs- und Funktionsauftrag nicht überordnen. Von ihr werden Neutralität und die Bereitschaft verlangt, die Qualität ihrer Beziehung zu den Schülern dem Auftrag der Institution Schule unterzuordnen.

Wenn wir den schulischen Raum betrachten, lässt er sich in drei Perspektiven aufteilen: erstens in einen *topografischen Schulraum*, der das Gebäude und die Umgebung der Schule betrifft, zweitens in einen *pädagogischen Interaktionsraum*, der die Gestaltung und Nutzung der Schule umfasst, und schließlich drittens in die *Nutzung des Schulraums*, welcher die Bewertung des Ortes Schule durch die Schülerinnen und Schüler, Lehrerinnen und Lehrer und Eltern einschließt.

Beim Blick auf den topografischen Schulraum fällt auf, dass es in Deutschland eine große Anzahl von Schulgebäuden gibt: Es sind etwa 47.000 allgemeinbzw. berufsbildende Schulen.

Die Schulgebäude werden nach recht einheitlichen architektonischen Richtlinien gebaut.

> Charakteristisch für den modernen Schulraum ist der preußische Schulbau des späten 19. Jahrhunderts. […] Der Typus der Schulkaserne und eng mit ihm verbunden der nüchterne, formalisierte Frontalunterricht setzen sich durch, als es im hoch militarisierten Preußen um die Bildung und Gliederung der Massen geht. […] [Außerdem charakteristisch ist die] Separierung und Isolierung der Jahrgänge und damit verbunden der Lehrer und insbesondere der Gleichschrittigkeit des Lernens aller Schüler einer Klasse. [...] Der moderne Schulraum preußischer [Provenienz] ist ein Raum des zentral gesteuerten unterrichtlichen Gleichschritts.
>
> (Göhlich, 2009, S. 495)

Schulgebäude entsprechen daher einer bestimmten Funktionalität. Einer der ersten Schularchitekten war Gustav Vorherr (1778–1847), der im Zeitalter der Industrialisierung einen Typus von Schule erschuf, welcher den Unterricht vom täglichen Leben trennen sollte. Schule sollte fortan autoritär geleitet werden und sich an der Produktion standardisierter Leistungen orientieren. Die Erzeugung von uniformen Produkten (Outputs) setzt jedoch voraus, dass Kinder des gleichen Jahrgangs zum gleichen Zeitpunkt das Gleiche lernen (Seydel, 2009, S. 62).

Sollte man zum Schluss kommen, dass diese Funktionalität der Schulgebäude und der Unterrichtsorganisation Pädagogen zu Kontrolleuren und Überwachern der Schule machte, schließt man sich Michel Foucaults These aus „Überwachen und Strafe“ von 1975/1977 an, wo er Gefängnisse, Kasernen, Spitäler, Fabriken und Schulen in eine Reihung bringt. Sie alle etablierten eine neue Ökonomie der Macht. Diese Macht zeige sich in der Nutzbarmachung individueller und gesellschaftlicher Leistungen. Dabei gehe es darum, Effektivität und Effizienz dieser individuellen Leistungen exakt zu steuern. Nichts sollte ungeplant, unbeobachtet und unbewertet erfolgen. Leistungserwartungen sollten nachweisbar umgesetzt werden. Daher sei für Schule auch eine genaue Strukturierung von Raum und Zeit eingeführt worden, die heute noch in der Rhythmisierung des Schulalltags, in klar gegliederten Stundenplänen, in fest definierten Zeiten der Leistungskontrollen oder in geregelten Pausen zu beobachten sind.

Als *pädagogischer Interaktionsraum* sind schulische Institutionen heute gezwungen, alte autoritäre Traditionen abzuwerfen und sich zu verändern. So wie es in anderen Institutionen, etwa der Wirtschaft, zu beobachten ist, verliert die subtile Macht der Hierarchien mit ihren Autoritäten und ihrem Druck an Wirkung. Daher muss eine neue Form der Steuerung von Schule und Lernprozessen etabliert werden (Senge, 2009). Die Veränderungen hin zu einer pluralistischen Gesellschaft, die deren kulturelle Vielfalt und Heterogenität auch in den schulischen Lerngruppen abbildet, müssen sich den Forderungen der dort verweilenden Subjekte anpassen. Der pädagogische Raum muss über seine Orientierung auf die Schulzeit hinaus auch eine zukünftige Berufsorientierung einbeziehen. Offene Unterrichtsformen, spielerische Vermittlungsformen, bewegter Unterricht – all dies benötigt eine Architektur und Ausstattung der Lernräume, die der Entwicklung der neuen Lernkultur gerecht werden.

Für ein neues Verständnis von Unterricht bedarf es neuer Räume, die über den Gruppenunterricht hinaus auch Einzelunterricht und Selbststudium zulassen. Es müssen Räume vorhanden sein, die unbeobachtetes Miteinander der Schüler ermöglichen. Das bedeutet, Lehrer müssen auch ihre Kontrolle aufgeben lernen, um soziales Verhalten der Schüler untereinander zu stärken (allerdings im Rahmen der jeweils geltenden rechtlichen Bestimmungen). Durch Gemeinschafträume, große Bewegungsflächen, Nischen und separate Plätze kann eine Atmosphäre des Wohlfühlens geschaffen werden (vgl. Watschinger, 2007, S. 34).

In Deutschland gibt es zurzeit wenige Pädagoginnen und Pädagogen, die mit Architektinnen und Architekten bei der Schulgebäudeplanung zusammenarbeiten. Bauherren unterliegen gesetzlichen Rahmenbedingungen, die bei der Umsetzung von Schulneubau und -umbau beachtet werden müssen. Die Schulkonzepte orientieren sich neben diesen Richtlinien eher an modischen Strömungen und an den knappen öffentlichen Mitteln, weniger werden die Bedürfnisse der Schülerinnen und Schüler sowie der Lehrkräfte beachtet. Lernräume werden von Architekten meist geordnet und geregelt entworfen, was häufig langweilig und steril wirkt. So werden viele gute pädagogisch-didaktische Konzepte in ihrer Umsetzung verhindert.

Die Schulbaurichtlinien (Schulbauverordnung), von der Zentralstelle für Normungsfragen und Wirtschaftlichkeit (ZNWB, 1994) im Bildungswesen erlassen, legen die Vorschriften für den Schulbau fest, damit ein Mindestmaß an Nutzungsqualität von Schulhäusern gesichert ist. So steht jedem Schüler eine Grundfläche von nur 2 m² im Gebäude und 3 m² auf dem Pausenhof zu. Dies ist seit dem Preußischen Runderlass von 1920 unverändert geblieben, in dem ein Platz von nicht mehr als 1,5 bis 3 Quadratmetern Freifläche pro Schüler gefordert wurde (Der Spiegel 17/1977, S. 92). Pädagogisch sinnvolle Schulraumgestaltungskonzepte sind den Sicherheitsverordnungen nachgestellt.

Es ist interessant zu beobachten, wie *Schüler, Lehrkräfte und Eltern den Schulraum nutzen*. Da sich, wie vorn ausgeführt, Kinder und Jugendliche einen großen, wenn nicht gar den größten Teil ihres Tages in der Schule aufhalten, ist die Schule viel mehr als nur eine Einrichtung, in der gelernt wird. Schule ist ein sozialer Begegnungsraum, sie wird zur Erziehungseinrichtung, zum Ort, an dem man mehr erfährt als zu Hause.

Die Erfahrung am Lernort Schule kann dazu führen, dass das Selbstbewusstsein steigt und Erfolge erlebt werden. Es geschieht dennoch auch, dass wir Schüler antreffen, die Schulängste entwickeln, verzweifelt und unglücklich in der Schule sind und sich nichts sehnlicher wünschen, als das Gebäude so schnell wie möglich zu verlassen.

Die Schule hätte jedoch das Potential, eine negative Einstellung zum Lernen und zum Unterricht wieder zu verändern. Dazu müssen sich Lehrerinnen und Lehrer bewusst sein, wie wichtig Schule als Lebensort für die Schüler ist.

Eine der pädagogischen Leitideen Hartmut von Hentigs ist die Schule als Lebens- und Erfahrungsraum, in dem sich der ganze Mensch entfalten kann. Dort sollen Belehrung durch die Lehrerinnen und Lehrer den gemeinsam gemachten Erfahrungen weichen.

> Wir müssen es mit Lebensproblemen der Schüler aufnehmen, bevor wir ihre Lernprobleme lösen können […] Die Schule ist heute schon für den größten Teil der Kinder für den größten Teil ihrer Zeit der einzige Aufenthaltsort geworden; nun sollte er auch ihr Lebensort sein können.
>
> (Hentig, 2003, S. 190f.)

Schule als Lebensraum soll sich in ihrem Konzept auf die Gestaltung des gesamten Schulalltags beziehen. Die Klassenräume, die Unterrichtszeiten, die Regeln und Absprachen, die Schulprojekte und zusätzlichen Angebote, die Kooperationsmöglichkeiten mit außerschulischen Partnern – all das bestimmt das Leben der Schüler und Schlülerinnen mit.

Lebensraum bedeutet auch, dass der Unterricht auf den langen Verbleib der Schülerinnen und Schüler in der Schule reagieren muss: Es sollten vorrangig Lehr-Lern-Formen angeboten werden, die nicht primär auf Instruktion setzen. Stattdessen könnten eigene Initiativen gefördert werden, wie das Erkunden und Forschen, die Pflege sozialer Kooperationen innerhalb und außerhalb der Schule sowie das Behandeln realitätsnaher und alltagsrelevanter Themen. Schule soll zu einem Raum werden, in dem durch „konkret erfahrene Zuwendung, Ermutigung, Solidarität und gemeinsame Arbeiten von Lehrern, Schülern und Eltern wichtige Voraussetzungen für ihre Bildung“ angeboten werden (Wittenbruch, 2011, S. 532).

In die Schule wirkt das Elternhaus mit hinein. Auch damit muss im Lebensraum Schule umgegangen werden. Es ist heute nicht mehr zu rechtfertigen, wenn Lehrerinnen und Lehrer die häuslichen Verhältnisse ihrer Schüler ignorieren. Von Hentig schreibt dazu: „Ich muß Pädagogen, vor allem den Praktikern, nicht schildern, wie das Leben in die Schule hineinwirkt – zumeist in den Vorstellungen, Erwartungen, Fragen, Verstörungen, Gebaren der Schüler –, und in welchem Maße Schule heute die Eltern entweder bekämpft oder umgeht oder ‚erzieht‘, weil die Lebensinteressen der Familie und der Schule zu weit auseinandergetreten sind“ (Hentig, 2003, S. 189).

All diese Interessen müssen zusammengeführt werden: Mit von Hentig kann darauf verwiesen werden, dass Lebensprobleme von Schülerinnen und Schülern im Vordergrund des Forschungsinteresses stehen müssten, bevor ihre Leistungsprobleme gelöst werden können. Daher müsse Schule als Lebensort mehr Beachtung in der Forschung finden. Schule brauche kein Refugium, kein Ort der Muße und Ruhe zu sein, der die Schüler von der Realität abschottet, aber er müsse ein Raum sein, um zu lernen, „mit den Schwierigkeiten und Versprechungen, die unsere Gesellschaft für uns bereithält“, umzugehen (Hentig, 2003, S. 189).

Denken – Handeln – Diskutieren

Schulen bieten den Schülerinnen und Schülern einen „geschützten“ Raum, in dem diese ihre Freundinnen bzw. Freunde treffen und Erfahrungen in der Auseinandersetzung mit anderen Kindern, Jugendlichen und Erwachsenen sammeln können. Schulräume und innerschulische Prozesse müssen demnach so gestaltet sein, dass sie die Kommunikation zwischen den schulischen Akteuren ermöglichen und fördern.

1. Analysieren Sie (ggf. im Lehrerkollegium bzw. im Seminar) Ihre Schule bzw. einen Teilbereich Ihrer Schule unter dem Aspekt des *Lebensraums*. Gehen Sie dabei auf folgende Teilaspekte ein:
   a) den topografischen Schulraum bzw.
   b) den pädagogischen Interaktionsraum.
2. Formulieren Sie in einer Rangliste den Handlungsbedarf, der sich aus dieser Analyse ergibt.
3. Erarbeiten Sie ein Konzept für die Lösung der drängendsten Aufgaben.

Hinweise zur Thematik bieten Altrichter & Posch (1998).

Literatur

Ackeren, I. van. (2007). *Nutzung großflächiger Tests für die Schulentwicklung. Exemplarische Analyse der Erfahrungen aus England, Frankreich und den Niederlanden.* Bundesministerium für Bildung und Forschung (BMBF) (Hrsg.). Bonn. Abgerufen am 23.01.2012 unter www.bmbf.de/pub/nutzung_grossflaechiger_tests_fd_schulentwicklung.pdf

Altrichter, H. & Posch, P. (1998). *Lehrerinnen und Lehrer erforschen ihren Unterricht. Unterrichtsentwicklung und Unterrichtsevaluation durch Aktionsforschung* (3. Aufl.). Bad Heilbrunn: Klinkhardt.

Altrichter, H., Wilhelmer, H., Sorger, H. & Morocutti, I. (Hrsg.). (1989). *Schule gestalten: Lehrer als Forscher. Fallstudien aus dem Projekt „Forschendes Lernen in der Lehrerausbildung".* Klagenfurt: Hermagoras.

Aristoteles/Detel, W. (2009). *Aristoteles, Metaphysik, Bücher VII und VIII. Griechisch–Deutsch. Aus dem Griechischen von Wolfgang Detel unter Mitarbeit von Julia Wildberger. Kommentar von Wolfgang Detel.* Frankfurt am Main: Suhrkamp.

Bauer, J. (2008). *Lob der Schule. Sieben Perspektiven für Schüler, Lehrer und Eltern.* Hamburg: Hoffmann und Campe.

Bormann, I. (2000). Schule als lernende Organisation – Kann eine veränderte Lehrerbildung Schule verändern? *Journal of Social Science Education.* Abgerufen am 23.01.2012 unter http://www.sowi-onlinejournal.de/lehrerbildung/bormann.htm

Deinet, U. (2005). Aneignung der Lebenswelt – Entwicklungsaufgabe der Teenies. Kurzfassung. In U. Deinet (Hrsg.), *Sozialräumliche Jugendarbeit. Grundlagen, Methoden, Praxiskonzepte* (2., völlig überarbeitete und erweiterte Auflage). Wiesbaden: VS Verlag für Sozialwissenschaften. Abgerufen am 23.01.2012 unter http://ganztag-blk.de/ganztags-box/cms/upload/sozialraumorientierung/pdf/2a/12._Deinet_Aneignung-Entw.Teenis2.pdf

[ohne Verfasser]. (1977). Schulen. Wochenhinkel I. *Der Spiegel* vom 18.4.1977, Heft 17, S. 90–94. Abgerufen am 23.01.2012 unter http://wissen.spiegel.de/wissen/image/show.html?did=40915928&aref=image035/E0526/PPM-SP197701700900096.pdf&thumb=false

DGfE. (2004/2005). *Strukturmodell für die Lehrerbildung im Bachelor/Bakkalaureus- und Master/Magister-System. 11. Dezember 2004, in der Fassung vom 10. Dezember 2005.* Abgerufen am 21.01.2012 unter www.dgfe.de/fileadmin/OrdnerRedakteure/Stellungnahmen/2005_Strukturmodell_BA_MA_Lehramt.pdf

Drinck, B. (2010). Erziehung. In W. Hörner, B. Drinck & S. Jobst (Hrsg.), *Bildung, Erziehung, Sozialisation* (2. Aufl.; S. 73–158). Opladen: Budrich.

Duden, 12 Bde., Bd. 7: *Das Herkunftswörterbuch: Etymologie der deutschen Sprache* (2., völlig neu bearbeitete und erweiterte Aufl.). Günther Drosdowski (Hrsg.). Mannheim: Dudenverlag.

Fend, H. (2011). Die sozialen und individuellen Funktionen von Bildungssystemen. Enkulturation, Qualifikation, Allokation und Integration. In S. Hellekamps, W. Plöger & W. Wittenbruch (Hrsg.). *Handbuch der Erziehungswissenschaft. Band 2, Schule, Erwachsenenbildung, Weiterbildung; Teilband 1, Schule* (S. 41–53). Paderborn: Schöningh.

Fend, H. (2008). *Schule gestalten. Systemsteuerung, Schulentwicklung und Unterrichtsqualität.* Wiesbaden: VS Verlag für Sozialwissenschaften.

Foucault, M. (1975/1977). Überwachen und Strafen. Die Geburt des Gefängnisses. Übersetzt von Walter Seitter. Frankfurt am Main: Suhrkamp.

Göhlich, M. (2011). Raum als pädagogische Kategorie. In S. Hellekamps, W. Plöger & W. Wittenbruch (Hrsg.). *Handbuch der Erziehungswissenschaft. Band 2, Schule, Erwachsenenbildung, Weiterbildung; Teilband 1, Schule* (S. 487–502). Paderborn: Schöningh.

Hentig, H. von. (2003). *Die Schule neu denken. Eine Übung in pädagogischer Vernunft.* Weinheim: Beltz Taschenbuch.

Hirschauer, M. & Kullmann, H. (2010). Lehrerprofessionalität im Zeichen von Heterogenität – Stereotype bei Lehrkräften als kollegial zu bearbeitende Herausforderung. In J. Hagedorn, V. Schurt, C. Steber & W. Waburg (Hrsg.), *Ethnizität, Geschlecht, Familie und Schule – Heterogenität als erziehungswissenschaftliche Herausforderung* (S. 351–371). Wiesbaden: VS Verlag für Sozialwissenschaften.

Hurrelmann, K. & Bründel, H. (2003). *Einführung in die Kindheitsforschung.* Weinheim: Beltz.

Hurrelmann, K & Albert, M. (2006). *Jugend 2006. 15. Shell Jugendstudie: Eine pragmatische Generation unter Druck.* Frankfurt am Main: Fischer-Taschenbuch-Verlag.

KMK. (5.10.2000). *Gemeinsame Erklärung des Präsidenten der Kultusministerkonferenz und der Vorsitzenden der Bildungs- und Lehrergewerkschaften sowie ihrer Spitzenorganisationen, Deutscher Gewerkschaftsbund DGB und DBB – Beamtenbund und Tarifunion. Beschluss der Kultusministerkonferenz vom 5.10.2000. Aufgaben von Lehrerinnen und Lehrern heute – Fachleute für das Lernen.* Abgerufen am 23.01.2012 unter www.kmk.org/fileadmin/veroeffentlichungen_beschluesse/2000/2000_10_05-Aufgaben-Lehrer.pdf

Luhmann, N. (1990). *Die Wissenschaft der Gesellschaft.* Frankfurt am Main: Suhrkamp.

Rolff, H.-G. (1997). *Sozialisation und Auslese durch die Schule* (überarbeitete Neuausgabe). Weinheim: Juventa.

Rolff, H.-G. (2007). *Studien zu einer Theorie der Schulentwicklung.* Weinheim: Beltz.

Rolff, H.-G. (2003). Schulentwicklung und Qualitätsberatung. In Arbeitsgruppe Schub-Q (Hrsg.), (2003), *Pädagogische Qualitätsberatung in Schulen. Eine Handreichung.* Dortmund: IFS-Verlag.

SBI. (o.D. a). *Externe Evaluation. Was ist externe Evaluation?* Sächsisches Bildungsinstitut (Hrsg.). Abgerufen am 23.01.2012 unter http://www.sachsen-macht-schule.de/schule/3371.htm

SBI (o.D. b) *Ziel. Welches Ziel verfolgt die externe Evaluation?* Sächsisches Bildungsinstitut (Hrsg.). Abgerufen am 23.01.2012 unter http://www.sachsen-macht-schule.de/schule/3380.htm

Schäfer, G. E. & Schäfer, L. (2009). Der Raum als dritter Erzieher. In J. Böhme (Hrsg.), *Schularchitektur im interdisziplinären Diskurs. Territorialisierungskrise und Gestaltungsperspektiven des schulischen Bildungsraums* (S. 235–248). Wiesbaden: VS Verlag für Sozialwissenschaften.

Senge, P. (2009). The Industrial Age System of Education. In FH Aachen; TU Dortmund; Universität Köln; Universität Siegen (Hrsg.). *Reader. Pädagogische Architektur. Nur für Studienzwecke.* Unveröffentlicht.

Seydel, O. (2009). Die gute Schule der Zukunft. In FH Aachen; TU Dortmund; Universität Köln; Universität Siegen (Hrsg.). *Reader. Pädagogische Architektur. Nur für Studienzwecke.* Unveröffentlicht.

Tillmann, K.-J. (2008). Viel Selektion – wenig Leistung: Der PISA Blick auf Erfolg und Scheitern der deutschen Schulen. In K. Böllert (Hrsg.), *Von der Delegation zur Kooperation. Bildung in Schule, Familie und Kinder- und Jugendhilfe* (S. 47–66). Wiesbaden: VS Verlag für Sozialwissenschaften.

Trautmann, M. & Wischer, B. (2011). *Heterogenität in der Schule. Eine kritische Einführung. Lehrbuch.* Wiesbaden: VS Verlag für Sozialwissenschaften.

Watschinger, J. (2007). Neues Lernen braucht neue Räume. In J. Watschinger & J. Kühebacher (Hrsg.), *Schularchitektur und neue Lernkultur. Neues Lernen – Neue Räume* (S. 31–34). Bern: h.e.p.-verlag.

Wittenbruch, W. (2011). Theorie des Schullebens – Schule als Lebensraum. In S. Hellekamps, W. Plöger & W. Wittenbruch (Hrsg.), *Handbuch der Erziehungswissenschaft. Band 2, Schule, Erwachsenenbildung, Weiterbildung; Teilband 1, Schule* (S. 519–537). Paderborn: Schöningh.

Zeiher, H. (1983). Die vielen Räume der Kinder. Zum Wandel räumlicher Lebensbedingungen seit 1945. In U. Preuss-Lausitz, P. Buechner, M. Fischer-Kowalski (Hrsg.), Kriegskinder, Konsumkinder, Krisenkinder. *Zur Sozialisationsgeschichte seit dem Zweiten Weltkrieg* (S. 176–195). Weinheim: Beltz.

ZNWB. (1994). Schulbauverordnung. Abgerufen am 23.01.2012 unter http://www.logibau.de/Gesetze/by/schulbauvo/g-by-schulbauvo.pdf

Ralph Schubert

2.2 Ziele und Aufgaben der Schulentwicklungsforschung

> „Ein Ziel zu kennen genügt nicht. Wir müssen auch wissen, wie wir es erreichen wollen."
>
> (Dalin, 1999, S. 9)

Dieses Kapitel gibt Einblicke in Aspekte der Schulentwicklungsforschung. Dazu werden zunächst Probleme skizziert, die zur Entstehung dieser schulpädagogischen Forschungsdisziplin führten. Vor dem Hintergrund des Diskurses über die Qualitätssicherung und Qualitätsentwicklung im Bildungssystem, insbesondere an den Einzelschulen, werden Fragestellungen und Verfahren der Schulentwicklungsforschung an Beispielen verdeutlicht. Betrachtungen über die von der Schulentwicklungsforschung ermittelten Gelingensbedingungen von Innovationen an Einzelschulen und die Rolle von Lehrerinnen und Lehrern im Prozess der Schulentwicklung schließen das Kapitel ab.

2.2.1 Problemstellung und Aufgaben

„Das ganze Bildungssystem gleicht eher einem Tanker, den man behutsam steuern muss. Mit ruckartigen Lenkbewegungen würden wir eher etwas kaputt machen"

(Wolff, zitiert nach Stickling, 2011, S. 12). Steuerung meint in diesem Zusammenhang die Organisation und Koordination von Prozessen, die gezielte Entwicklungen im Schulsystem bewirken sollen (vgl. Berkemeyer, 2010, S. 22). Dabei gilt es zunächst auf der gesellschaftlichen Ebene zu klären, in welche Richtung die Entwicklung des Schulsystems verlaufen soll. Daran schließen sich Fragen bezüglich der Steuerungsakteure und Steuerungsinstrumente an. Die Steuerung des Bildungssystems rückte in der Bundesrepublik Deutschland erst seit der so genannten „empirischen Wende" (Steffens, 2009, S. 44) in den Fokus des Forschungsinteresses. Bis dahin war man der Auffassung, dass qualitativ hochwertige Bildungskonzepte zu entsprechenden Bildungsabschlüssen von Schülerinnen und Schülern führen würden. Mitte der 1970er Jahre kamen Bildungsforscher jedoch zu der Erkenntnis, dass dieser Ansatz gescheitert war (vgl. Schwippert & Goy, 2008, S. 391–393). Die Erziehungswissenschaften benötigten eine neue Forschungsausrichtung, um Erklärungen für dieses Scheitern zu finden. Damit begann in den 1980er Jahren die Schulentwicklungsforschung in der Bundesrepublik Deutschland.

Der Begriff „Schulentwicklung" ist nicht eindeutig definiert. Er stammt wahrscheinlich aus dem amerikanischen Sprachgebrauch und wird von Land zu Land sehr unterschiedlich gebraucht. Mit der von van Velzen 1985 aufgestellten Definition lassen sich die wesentlichen Inhalte und Ziele von Schulentwicklung zusammenfassen. „Schulentwicklung (school improvement) nennt man systematische, längere Zeit andauernde Maßnahmen zur Veränderung der Lernbedingungen und anderer darauf bezogener Faktoren in einer oder mehreren Schulen zu dem Zweck, die Ziele der Schule effektiver zu realisieren" (van Velzen, zitiert nach Dalin, 1999, S. 211). Das Konzept der Schulentwicklung basiert auf der Überzeugung, dass die Schule als Institution in der Lage ist, gesellschaftliche Entwicklungen zu beeinflussen. Schulentwicklung kann viele Formen haben. Reformen im Sinne staatlich verfügter Veränderungen an Schule zählen genauso dazu wie die Entwicklung neuer Fachlehrpläne oder die Unterrichtsversuche von Lehrerinnen und Lehrern. Als besonders bedeutsam für Schulentwicklung hat sich die Organisationsentwicklung von Schule erwiesen. Ziel der Organisationsentwicklung ist es, die Einzelschule in die Lage zu versetzen, ihre internen Abläufe selbstständig zu planen und zu steuern (vgl. Dalin, 1999, S. 366–370). Das erfordert eine Schulleitung, die Schulentwicklungsprozesse fördert und begleitet. Dazu gehören eine effektive Aufteilung von Aufgabenfeldern, Zuständigkeiten und Entscheidungsbefugnissen. Insbesondere der Entwicklung eines intakten Sozialsystems an der Schule müssen Schulleitung und Lehrkräfte besondere Aufmerksamkeit widmen, da die sozialen Beziehungen an der Schule unmittelbar auf die Schulzufriedenheit von Schülerinnen und Schülern, Lehrkräften und Eltern einwirken. Maßnahmen, wie die Erarbeitung eines gemeinsamen Schulprogramms, die Vernetzung der schulischen Akteure untereinander sowie die Stärkung der Teamarbeit an der Schule, unterstützen diese Entwicklungen (vgl. Deutsche Gesellschaft für technische Zusammenarbeit [GTZ], 2003, S. 1–5). Das 3-Wege-Modell der Schulentwicklung fasst diese Aspekte in komprimierter Form zusammen. Es verdeutlicht, dass Unterrichtsentwicklung, personale Entwicklung und Organisationsentwicklung sich gegenseitig bedingende und durchdringende Bereiche der Schulentwicklung sind (vgl. Rolff, Buhren, Lindau-Bank & Müller, 2000, S. 13). Schulentwicklung kann als Programm verstanden werden, welches alle Ebenen der Gesellschaft einbezieht. Nach Hans-Günter Rolff (1998, S. 326) lassen sich drei Ordnungstypen von Schulentwicklung unterscheiden:

- die intentionale Schulentwicklung, d.h. die bewusste und systematische Weiterentwicklung der Einzelschule (1. Ordnung).
- die institutionelle Schulentwicklung, d.h. die Schaffung von lernenden Schulen, die sich selbst organisieren, reflektieren und steuern (2. Ordnung).
- die komplexe Schulentwicklung, d.h. die Schaffung einer Steuerung des Bildungssystems, welche entwicklungsförderliche Rahmenbedingungen für die Schulen schafft (3. Ordnung).

Während die intentionale Schulentwicklung in allen Bundesländern flächendeckend erfolgt, gestaltet sich der Übergang zur institutionellen Schulentwicklung schwierig. Pilotprojekte entfalten oft nicht die erhoffte Ausstrahlung auf andere Schulen und bleiben zu häufig regional begrenzt. Eine wesentliche Aufgabe der Schulentwicklungsforscher- und forscherinnen besteht deshalb in der Erarbeitung von Modellen, welche die Adaption erfolgreicher Schulentwicklungsmaßnahmen ermöglichen. Ein in diesem Zusammenhang erfolgversprechendes Modell ist die Schaffung von regionalen Bildungslandschaften, das heißt die Vernetzung der Einzelschulen untereinander sowie mit anderen Akteuren der Region (z.B. Firmen, Jugendeinrichtungen).

Der landesweite Diskurs über die PISA-Ergebnisse führte zu der Erkenntnis, dass der Ansatz, über Input-Faktoren (z.B. Stundentafeln, Lehrpläne, materielle und personelle Ressourcen) die Qualität von Abschlüssen zu steuern, erweitert werden musste. „Die Verschiebung des Augenmerks *von der Strukturqualität und der Prozessqualität* auf die Output-Seite des Bildungswesens und damit das Bestreben, dessen *Ergebnisqualität fassbar* zu machen, ist eine neue Politikstrategie" (Oelkers & Reusser, 2008, S. 17, Hervorhebungen im Original). Eine Folge dieses Strategiewechsels ist ein großer Bedarf an Wissen darüber, welche Strukturen und Instrumente zur Steuerung von outputorientierten Schulsystemen geeignet sind. Welche Rolle spielen die Schulen in einem solchen System? Wie definiert sich Ergebnisqualität? Wie kann diese Qualität gemessen werden? Wer soll diese Qualität messen? Wie kann das bestehende Schulsystem verändert werden, ohne „[...]unentwegt nur neue Probleme zu erzeugen" (Oelkers, 2010, S. 14)? Diese Fragen müssen von den Akteuren des Bildungssystems beantwortet werden. Dem internationalen Trend folgend besteht zwischen den Bundesländern

Konsens darüber, dass der Perspektivwechsel auf die Output-Orientierung eine erweiterte Gestaltungsautonomie der Schulen erfordert (vgl. van Buer & Wagner, 2009, S. 12–18). Das bedeutet, die Einzelschulen müssen vergrößerte Handlungs- und Entscheidungsspielräume (z.B. Budgetverwaltung, Personalhoheit) erhalten. Welcher Gestaltungsspielraum den Schulen dabei eingeräumt wird, darüber entscheiden die bildungspolitischen Akteure der einzelnen Bundesländer. Diese Entscheidung wird weit reichende Konsequenzen für die Schulsysteme haben. Daschner (2007) stellt in diesem Zusammenhang fest, dass die erweiterten Gestaltungsfreiheiten für die Schulen „[...] eine auf die Einzelschule übergreifende Zielbestimmung und Qualitätskontrolle“ benötigen (S. 5). Länder wie Schweden, die Niederlande oder England haben Traditionen und Erfahrungen mit dieser Form des Managements. Die Schulverwaltungen dieser Länder geben Ziele und Standards für den Unterricht an den Einzelschulen vor und verbinden diese mit Forderungen nach einem Qualitätsmanagement an den Schulen. Gegenwärtig implementieren alle deutschen Bundesländer mit hohem personellen und finanziellen Aufwand Schulinspektionen. Auftrag dieser Inspektionen ist es, die Qualität der Arbeit in den Schulen zu bewerten. Die Bundesländer verfolgen bei der Qualitätsentwicklung und Qualitätssicherung eine Doppelstrategie: „Schulinterne Maßnahmen in Form von Schulprogrammen und schulinterner Evaluation werden durch schulexterne Maßnahmen in Form von standardisierten Lernstandserhebungen, zentralen Abschlussprüfungen und Schulinspektion bzw. Qualitätsanalysen flankiert“ (Steffens, 2009, S. 43). Um solche ressourcenintensiven Entscheidungen angemessen treffen zu können, benötigen Bildungspolitiker und Bildungspolitikerinnen verlässliche Informationen darüber, welche Wirkungen von den beschlossenen Veränderungen im Bildungssystem zu erwarten sind und wie diese Veränderungen implementiert werden müssen, damit sie die angestrebte Wirkung entfalten. Dieses Wissen zu generieren und die Bundesländer bei der Weiterentwicklung ihrer Schulsysteme beratend zu begleiten, gehört zu den Aufgaben von Schulentwicklungsforschung. Dabei fokussiert sich das Forschungsinteresse besonders auf die Wechselwirkungen zwischen der Einzelschule und ihrem gesellschaftlichen Umfeld sowie die Prozesse zwischen den Ebenen der Schulentwicklung (→ Kap. 2.1). Dahinter stecken zwei Erkenntnisse: Erstens, dass die Qualität der Lehr- und Lernprozesse der jeweiligen Schule signifikant für den Lernerfolg von Schülerinnen und Schülern ist. Zweitens, dass die Vorstellung von einem gerechten, bundesweit vergleichbaren Schulsystem nicht den Tatsachen entspricht (vgl. Berkemeyer, 2010, S. 27–31; Steffens, 2009, S. 35–41).

2.2.2 Ebenen der Schulentwicklungsforschung

Schulentwicklung findet auf verschiedenen Systemebenen statt. In der Forschung werden, je nach Forschungsinteresse, verschiedene Systemebenen definiert. Gebräuchliche Unterteilungen sind die nach der Makro-, Meso- bzw. Mikroebene (vgl. Schwippert & Goy, 2008, S. 395) oder die Einteilung der Systemebenen nach Organisationseinheiten (vgl. Rolff et al., 2000, S. 15–18).

Abbildung 1: Ebenen der Schulentwicklung

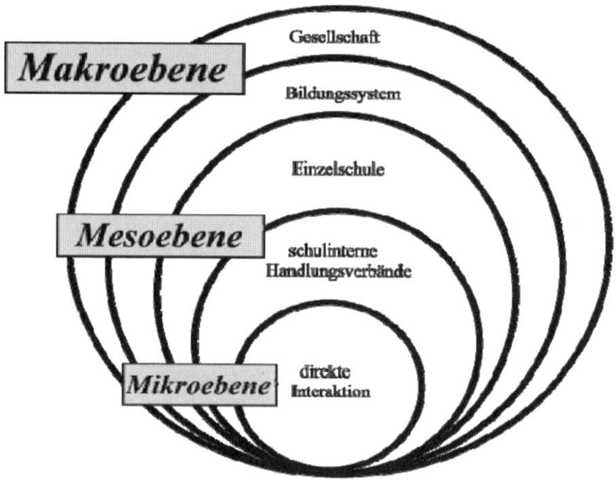

Auf der *gesellschaftlichen Ebene* findet fortlaufend ein Diskurs darüber statt, welche Wissensbestände, Kompetenzen, Werte und Normen den heranwachsenden Generationen zu vermitteln sind. Ergebnisse dieses gesamtgesellschaftlichen Diskurses werden als Aufträge an die Bildungspolitiker und Bildungspolitikerinnen formuliert. Wie die verhandelten Wissensbestände, Kompetenzen, Werte und Normen vermittelt werden sollen, wird auf der *Ebene des Bildungssystems* festgelegt. Auf verschiedenen Stufen der Bildungsadministrationen ausgearbeitete Steuerungsinstrumente (u.a. Lehrpläne, Bildungsstandards, Verordnungen, Verwaltungsvorschriften) sind eine erste Übersetzung der gesellschaftlichen Aufträge und wiederum Aufträge an die nachfolgenden Ebenen. Die *Einzelschulen* müssen diese Aufträge in ein Schulprogramm einbinden, welches die Grundpositionen der schulischen Arbeit beschreibt. Schulprogramme dienen einerseits der Orientierung in der täglichen Arbeit an der Schule, andererseits auch zur Legitimation der an der Schule getroffenen Entscheidungen. Die Entwicklung solcher Programme ist demnach die Aufgabe aller an Schule beteiligten Akteure (Lehrkräfte, Schüler und Schülerinnen, Eltern, Schulträger, Kooperationspartner und Kooperationspartnerinnen u.a.). Innerhalb der Schule existierende Organisationseinheiten bilden die *Ebene der schulinternen Handlungsverbände*. Dazu zählen Fachschaften, Schulleitungen, Schüler- und Elternvertretungen. Neben diesen relativ stabilen Verbänden bilden sich auch zeitlich und personell begrenzte Verbände wie Projektgruppen. Verbände strukturieren die Schule und leisten die Detailarbeit bei der Übersetzung fachübergreifender Vorgaben. Sie legen die geltenden Verfahrensweisen für ihre Bereiche fest (z.B. Koordination der Pausenaufsichten, gemeinsame Unterrichtsprojekte). Die letzte Übersetzung erfolgt durch die handelnden Akteure auf der *Ebene der direkten Interaktion*. In dieser Ebene werden die gesellschaftspolitischen Vorgaben in konkrete Handlungen umgesetzt. An den Naht- bzw. Schnittstellen zwischen den einzelnen Ebenen der Schulentwicklung besteht die Gefahr, dass es zu Übersetzungsfehlern kommt. Xaver Büeler (2004) spricht in diesem Zusammenhang von einer „ausgeprägten Gefahr von Missverständnissen an den Schnittstellen sozialer Subsysteme“ (S. 133). Die Ursachen dafür liegen bei den Akteuren der verschiedenen Systemebenen, da sie eigenen Rationalitätsvorstellungen folgen, teilweise andere Begriffe bzw. Kommunikationsmedien benutzen und differenzierte Zielvorstellungen haben (vgl. Spieß & Gruner, 2001, S. 131–134).

Die Gesellschaft überträgt den Lehrkräften den Erziehungs- und Bildungsauftrag. Durch verschiedene Institutionen (z.B. die Schulaufsicht) wird kontrolliert, wie die Lehrkräfte diesen Auftrag umsetzen. Diese Kontrollen sind u.a. wegen des hohen personellen Aufwands eher stichprobenartig, so dass ein Handlungskorridor entsteht, in dem Lehrkräfte selbständig und unbeobachtet arbeiten können (vgl. Kussau, Brüsemeister, 2007, S. 38). Während die Bildungsadministration ein Interesse an einer stärkeren Kontrolle z.T. auch Reglementierung der Arbeit der Lehrkräfte hat, möchten diese sich ihren unbeeinflussten Handlungskorridor erhalten. Daraus ergibt sich ein Interessenkonflikt zwischen den Akteuren. Insbesondere von Seiten der Lehrkräfte besteht in der Frage der Kontrolle der Tätigkeit von Lehrkräften nur eine bedingte Kooperationsbereitschaft. Diese Haltung seitens der Lehrkräfte muss z.B. beachtet werden, wenn von staatlicher Seite die externe Evaluation implementiert wird. Wenn es nicht gelingt, die Lehrkräfte von der Sinnhaftigkeit externer Evaluationen für ihre schulische Arbeit zu überzeugen, werden sie diese als zusätzliche Kontrolle empfinden und wahrscheinlich ablehnen (vgl. Klippert, 2010).

Allerdings verfolgen Lehrkräfte und Bildungsadministration das gleiche Ziel, nämlich Schülerinnen und Schüler zum optimalen Schulerfolg zu führen. Insofern kann davon ausgegangen werden, dass der hier dargestellte Interessenkonflikt zwar existiert, in der Realität aber durch ein verändertes Rollenverständnis entschärft ist. So erfolgt derzeit in allen Bundesländern eine Umstrukturierung der mittleren Schulaufsichten. Ziel der Umstrukturierungen ist die Schaffung von Dienstleistungsagenturen, welche die Schulen bei ihrer Arbeit beratend begleiten und unterstützen.

2.2.3 Steuerungskonzepte für die Ebene der Einzelschule

Die Fokussierung auf die Entwicklungen an der Einzelschule erfordert eine veränderte Steuerungsphilosophie im Bildungssystem. Die enge, zentrale Führung der Einzelschulen mittels Verordnungen und Vorschriften berücksichtigt die regionalen Besonderheiten der Schulen nicht in ausreichendem Maße. Stattdessen ist eine indirekte Steuerung der Schulen notwendig. Dabei wird durch eine zentrale Koordinierungsstelle (z.B. Schulaufsicht) der rechtliche und organisatorische Rahmen vorgegeben, den die Akteure an der Schule ausgestalten. Die Rahmenbedingungen müssen so gestaltet sein, dass die Schulen zur Selbstkoordination angeregt und befähigt werden. Voraussetzung für diese indirekte Steuerung ist eine Abstimmung der jeweiligen Handlungen zwischen der Ebene des Bildungssystems und der Ebene der Einzelschule. Diese Koppelung kann unterschiedlich eng gestaltet werden. Derzeit wird in den meisten Bundesländern eine Koppelung durch die Verbindung von externer und interner Evaluation implementiert (vgl. Berkemeyer, 2010, S. 52–54). Dazu wurden Qualitätskriterien für die schulische Arbeit definiert, an denen sich die Evaluationen orientieren (vgl. SBI, 2002). Die externe Evaluation (→ Kap. 2.3) ist ein wesentliches Instrument, um eine objektive Vergleichbarkeit der einzelnen Schulen zu ermöglichen. Diese Vergleichbarkeit ist vor dem Hintergrund einer angestrebten Teilautonomie der Einzelschulen wichtig, damit die Qualität der schulischen Arbeit landesweit gesichert werden kann. Interne Evaluation allein kann dies nicht leisten, da an der einzelnen Schule die objektiven Vergleichsmaßstäbe fehlen. Im Anschluss an die Evaluationen erfolgen Zielvereinbarungen, in denen verbindliche Vorhaben der Schulentwicklung fixiert werden. Zielvereinbarungen sind das wesentliche Steuerungsinstrument zur Sicherung von Qualitätsstandards und zur Umsetzung gesetzlicher und bildungspolitischer Rahmenbedingungen des jeweiligen Bundeslandes (vgl. Nissen, o.J., S. 11). Diese Vereinbarungen werden in der Regel zwischen der Einzelschule und der zuständigen Schulaufsicht ausgehandelt. Sie wirken über ihren Inhalt hinaus, da die Art und Weise ihres Zustandekommens Einfluss auf die Beziehungen zwischen der Schulaufsicht und der Schulleitung (bzw. der Schule) hat. Beide Akteure, Schulaufsicht und Schule, sollen in den Zielvereinbarungsprozessen als gleichberechtigte Partner (vgl. Rosenbusch, 2002, S. 21–23; Tondorf, Bahnmüller & Klages, 2004, S. 77) agieren. Das bedeutet, beide Seiten bringen ihre Vorstellungen über die Weiterentwicklung der Schule in den Zielvereinbarungsprozess ein. Dadurch ergibt sich eine neue Konstellation der Zusammenarbeit, welche ein neues Rollenverständnis beider Akteure erfordert. Eine hierarchisch geprägte, traditionell agierende Schulaufsicht kann in diesen Aushandlungsprozessen nicht als Partner auf Augenhöhe auftreten. Sie würde anweisen und damit die Zielvereinbarungen zu einer bloßen Formalie degradieren (vgl. Diegmann, Schmidt, Flagmeyer & Keitel, 2011, S. 305–309). Die Schulaufsicht muss sich zu einer beratenden und unterstützenden Instanz für die Schulen entwickeln. Dazu bedarf es neben einem anderen Selbstverständnis der Vertreterinnen und Vertreter der Schulaufsicht aber auch ausreichend materieller und personeller Ressourcen, um die Schulen bei der Umsetzung der Ziele unterstützen zu können. Ernsthaft geführte Zielvereinbarungsprozesse bieten der Schulaufsicht neben einem Imagewandel die Chance, mehr über die Abläufe in den einzelnen Schulen zu erfahren und Handlungsweisen der innerschulischen Akteure aus deren Perspektive nachzuvollziehen (vgl. Burkard, 1998, S. 234; Rosenbusch, 2002, S. 21–23).

Seit 1997 arbeitet die Schulaufsicht Gesamtschule bei der Bezirksregierung Münster mit Zielvereinbarungen. Im als Kontraktmanagement bezeichneten Verfahren vereinbaren Schule (vertreten durch Schulleitungsteams) und Schulaufsicht jährlich die Arbeitsvorhaben der Schule. Dazu werden Ziele fixiert, die Unterstützungsmaßnahmen festgelegt sowie die Form der Rechenschaftslegung geklärt. In der praktischen Umsetzung zeigten sich Probleme bei der Einführung des Kontraktmanagements. Die Schulen befürchteten neben immenser Mehrarbeit auch eine zu große Einflussnahme der Schulaufsicht in den Schulbetrieb. Durch intensive Gespräche zur Rollenklärung konnten die Befürchtungen ausgeräumt werden. Das hieß für Schulaufsichtsbeamte, „die Selbständigkeit der Schule in der Vorhabenplanung zu akzeptieren und auf jegliche ‚Eingriffsverwaltung' zu verzichten, wenn der Kontrakt für das jeweilige Schuljahr in Kraft getreten war" (Reiners-Woch, 2002, S. 130).

Seitens der Schule sind Zielvereinbarungen eine Chance, sich innerschulisch mit allen Akteuren über die eigenen Entwicklungsschwerpunkte zu verständigen. In gut geführten Zielvereinbarungsprozessen steckt das Potential einer neuen Arbeitskultur (vgl. Kolb, 2010, S. 6). Darüber hinaus können sich Schulen in diesen Prozessen als kompetente Partner hinsichtlich der Selbstorganisation und Selbststeuerung der schulischen Arbeit profilieren. Zielvereinbarungsprozesse stellen demnach für beide Seiten, Schulen und Schulaufsicht, eine Chance dar, ihre Zusammenarbeit neu zu definieren, Verständnis für bestimmte Zwänge zu erwirken und gegenseitiges Vertrauen in die Arbeit des jeweils anderen aufzubauen bzw. zu vertiefen.

Daniela Ulber evaluierte mit einer Arbeitsgruppe 2008 in einer Online-Befragung die Zielvereinbarungsgespräche zwischen Schulleitungen und Schulaufsicht in Berlin (vgl. Ulber, 2009). Zusammen mit der Inhaltsanalyse von 49 zufällig ausgewählten Zielvereinbarungen wurden u.a. die Bereiche *Wahrgenommene Rollenübernahme, Gesprächskultur, Akzeptanz von Zielvereinbarungsgesprächen* und *Qualität von Zielvereinbarungen* evaluiert. Im Ergebnis der Studie wird festgestellt, dass die Zielvereinbarungsgespräche eine hohe Akzeptanz seitens der Schulleitungen und der Schulaufsicht genießen. Beide Seiten sind gewillt, die übernommenen Verpflichtungen zu erfüllen. Dazu trägt auch bei, dass sowohl in der Selbst- als auch in der Fremdwahrnehmung von Schulleitung und Schulaufsicht weitestgehend Rollenklarheit herrscht.

2.2.4 Aspekte der Schulentwicklung an Einzelschulen

> Schulentwicklung zielt auf die bewusste Weiterentwicklung von Schule, auf ihre Fähigkeit sich selbst zu organisieren, zu reflektieren und zu steuern ab.
>
> (van Ackeren, 2007, S. 24)

Warum sollen sich Schulen, mit denen alle schulischen und außerschulischen Akteure zufrieden sind, weiterentwickeln? Reicht es nicht, das Erreichte zu bewahren? Die Notwendigkeit von Innovationen entsteht aus den Veränderungen im gesellschaftlichen Umfeld der Einzelschulen. Innovationen können in diesem Zusammenhang als „wohlüberlegte Versuche, die Praxis im Hinblick auf gesetzte Ziele zu verbessern" (Dalin, 1999, S. 211) verstanden werden. Schulen sind aus systemischer Sicht offene soziale Systeme, die mit ihrer Umwelt kommunizieren. Ändern sich die gesellschaftlichen Bedingungen, d.h. die Kommunikation in der Umwelt der Schule, werden diese Veränderungen in die Schule hinein getragen. Sind diese Störungen massiv und beeinträchtigen sie die innerschulische Kommunikation, müssen die schulischen Akteure angemessen reagieren. Das hat wiederum Auswirkungen auf das System Schule (vgl. Rolff, Buhren & Lindau-Bank, 2000, S. 11–13).

Die Leiterin der Rütlischule, Cordula Heckmann, beschreibt in einem Vortrag 2010, wie sich aus der Rütli-Hauptschule durch selbst initiierte Schulentwicklung eine Schule entwickelte, in der die schulischen Akteure wieder Spaß und Erfolg im gemeinsamen Arbeiten erleben. Die Rütli-Hauptschule besuchten im März 2006 über 80% Schülerinnen und Schüler mit Migrationshintergrund, „viele von ihnen ohne Hoffnung auf eine bessere Zukunft, zwischen Herkunfts- und deutscher Kultur hin- und hergerissen. Dieses Gemengelage von gefühlter und tatsächlicher Chancenlosigkeit führte zu Frustration, zu Aggression und einem hohen Maß an Schuldistanz unter Schülerinnen und Schülern" (Heckmann, 2010, S. 25). Im Jahr 2007 wurde ein Pilotprojekt Gemeinschaftsschule ins Leben gerufen. An diesem Projekt beteiligten sich neben der Hauptschule die im gleichen Gebäude befindliche Realschule sowie eine unmittelbar benachbarte Grundschule. Die aus diesen drei Schulen resultierende Gemeinschaftsschule umfasst die Klassen 1 bis 13 und vergibt alle im Berliner Schulsystem möglichen Abschlüsse (vgl. Heckmann, 2010, S. 25). In den Klassen lernen die Schülerinnen und Schüler in heterogenen Lerngruppen und nicht getrennt nach Bildungsgangempfehlungen. Das hat zur Folge, dass auch informelles Lernen stattfindet und leistungsschwächere Schüler sich nicht ausgegrenzt fühlen. Der Unterricht für die Lerngruppen wird individuell auf die Schülerinnen und Schüler zugeschnitten und durch die Lehrerinnen und Lehrer gemeinsam geplant. Die Schülerinnen und Schüler der Gemeinschaftsschule kommen vielfach aus Familien, die auf Transferleistungen des Sozialsystems angewiesen sind. Deshalb wurde die Schule als gebundene Ganztagsschule konzipiert, d.h., die Schülerinnen und Schüler sind bis mindestens 15.30 Uhr in der Schule. Durch die Kooperation mit außerschulischen Partnern wird ein abwechslungsreiches Freizeitprogramm (z.B. Theaterspielen, Instrumentenunterricht) angeboten. Von den Schülerinnen und Schülern können zertifizierte Sprachkurse in Arabisch und Türkisch belegt werden, wodurch sie eine zweite Fremdsprache für die gymnasiale Oberstufe anerkannt bekommen können. „Das Zertifikat [...] ist aber gleichzeitig eine Wertschätzung ihrer Herkunftskultur und damit auch von hoher emotionaler Bedeutung“ (Heckmann, 2010, S. 26). Die Gemeinschaftsschule ist aber nur ein Bestandteil des Campus Rütli, welcher wiederum in eine Bildungslandschaft eingebettet ist. Das heißt, dass verschiedenste soziale Einrichtungen (Kitas, Elternzentrum, pädagogische Werkstatt) eng aufeinander abgestimmt zusammen arbeiten. „Hinter all diesen Bemühungen steht nicht nur die Frage, wie garantieren wir bildungsfernen Kindern und Jugendlichen die Teilhabe durch Bildung, sondern auch, wie organisieren wir Städte bzw. Stadtteile mit einer völlig veränderten Gesellschaftsstruktur [...]“ (Heckmann, 2010, S. 28).

Wie Einzelschulen auf Störungen im gesellschaftlichen Umfeld reagieren, wird von Schulentwicklungsforschern und –forscherinnen intensiv untersucht. Dabei interessieren die Forscher und Forscherinnen nicht nur die Art und Weise der systematisch vorgenommenen Veränderungen, sondern auch die Umstände, unter denen sich diese Veränderungen erfolgreich gestalten. Folgende Bedingungen haben sich in diesen Untersuchungen als Voraussetzungen für gelingende Innovationen an Einzelschulen herauskristallisiert:

Die Innovationen müssen alltagstauglich sein. Schule ist keine soziale Organisation, die neu erfunden werden muss. „Keine soziale Organisation und erst recht keine Schule beginnt bei Null und jede Innovation trifft auf ein gestaltetes Gegenüber, das nicht unbedingt auf Neuerungen wartet“ (Oelkers, 2010, S.14). Schulen haben historische Entwicklungen erlebt und bewährte Instrumente zur Gestaltung des schulischen Alltages erarbeitet, wobei bewährt in diesem Zusammenhang als alltagstauglich und institutionell verankert zu sehen ist (vgl. Oelkers, 2010, S. 14). Innovationen werden demnach an den Schulen mitgetragen, wenn sie alltagstaugliche Effekte aufweisen. Dies ist ein entscheidender Faktor für das Gelingen von Innovationen. Jede Innovation verlangt von Lehrerinnen und Lehrern Engagement und zusätzliche Arbeit. Diese zusätzliche Belastung wird von den Lehrkräften in Kauf genommen, „…wenn sich ein neues Instrument als nützlich erweist und mit Erfolg eingesetzt werden kann. Das gilt aber auch umgekehrt: Belastungen mit manifestem Sinnlosigkeitsverdacht werden unterlaufen oder eben ausgebremst“ (Oelkers, 2010, S. 25).

Informationen sind Voraussetzungen für Innovationen. Informationen sind für soziale Organisationen eine Voraussetzung für die Zusammenarbeit. Bezüglich von geplanten Innovationen ist es eine wichtige Aufgabe von Schulleitungen, die angestrebten Veränderungen im Kollegium zu kommunizieren. Grundsatz hierbei ist, dass umfassende Information Vertrauen schafft sowie der Angst vor Veränderungen entgegenwirkt (vgl. Wolf, 1990, S. 163).

Innovation verlangt ein „Mitdenken“ der Betroffenen. Lehrerinnen und Lehrer, aber auch Schülerinnen und Schüler sowie ihre Eltern sind Experten für den schulischen Alltag. Ihr Wissen bei Innovationen zu ignorieren, bedeutet Ressourcen zu verschenken. Gerade bei der Adaption bestehender Innovationskonzepte auf die besonderen Gegebenheiten ihrer Schule (Raumangebot, Befindlichkeiten der Schülerschaft u.a.) ist dieses Insider-Wissen gefragt. Innovationen sollten möglichst im Konsens aller Beteiligter erfolgen, damit dieses Mitdenken nicht blockiert wird (vgl. Altrichter & Posch, 1996, S. 188–190).

Innovationen müssen von den Praktikerinnen und Praktikern selbst generiert und überprüft werden. Werden Innovationen vor Ort in Eigeninitiative geplant, durchgeführt und ausgewertet, steigt die Bereitschaft, diese zu akzeptieren und sich mit ihren Wirkungen ernsthaft auseinanderzusetzen (vgl. Altrichter & Posch, 1996, S. 188–190). Ein Instrument, um die Wirksamkeit innerschulischer Abläufe und Maßnahmen kritisch zu prüfen, ist die *interne Evaluation* (→ Kap. 2.3). Sie wird in der Regel durch Lehrerinnen und Lehrer durchgeführt und unterstützt somit die schulinterne Kommunikation über den Stand und die Entwicklung schulischer Qualität (vgl. SBI, 2008 S. 13; Peek, 2009, S. 142f.). Ein weiteres Instrument zur Erforschung der Wirksamkeit schulischer Maßnahmen ist die *Aktionsforschung*. Darunter versteht man die von Lehrerinnen und Lehrern selbst durchgeführte, zielgerichtete Erforschung der eigenen schulischen Praxis. Sie ist eine Form der internen Evaluation und kann der Ebene der direkten Interaktion zugeordnet werden (vgl. Altrichter & Posch, 2007, S. 318–321).

Die Beachtung von Gelingensbedingungen führt nicht automatisch zum Erfolg von angestrebten Schulentwicklungsmaßnahmen. Es können aber Fehleinschätzungen und Fehlentwicklungen vermieden bzw. frühzeitig erkannt werden. Schulentwicklung kann nur durch die schulischen Akteure selbst gestaltet werden. Das heißt für Lehrerinnen und Lehrer, sich neben ihren eigenen pädagogischen Erfahrungen auch die Ergebnisse wissenschaftlicher Forschung für ihre Arbeit in der Schule nutzbar zu machen. Das erfordert von ihnen eine experimentelle, forschende Einstellung zur Praxis und eine kontinuierliche Auseinandersetzung mit den beruflichen Anforderungen (vgl. Altrichter & Posch, 2007, S. 318–321). Zwingend notwendig ist aber auch, dass seitens der Bildungsadministration Rahmenbedingungen geschaffen werden, die ein innovatives Arbeiten an der Schule ermöglichen.

2.2.5 Fazit

Die Schulentwicklungsforschung untersucht auf empirischer Basis, wie sich gezielte Entwicklungen im Bildungssystem, insbesondere an Einzelschulen, auslösen und steuern lassen. Sie liefert Erklärungsansätze und stellt einen Werkzeugkasten von bewährten Methoden und Konzepten für die Problemlösung zur Verfügung. Was sie nicht liefern kann, sind vorgefertigte Handlungsanleitungen zur Lösung der speziellen Probleme an den Einzelschulen. Unter den gegenwärtigen gesellschaftlichen Bedingungen knapper personeller und finanzieller Ressourcen ist die Schulentwicklungsforschung aufgefordert, effektive Lösungen zur Aufrechterhaltung einer qualitativ hochwertigen schulischen Arbeit zu erarbeiten. Neben der wissenschaftlichen Begleitung von Modellversuchen und der Erarbeitung von Handlungsmodellen, muss sich die Schulentwicklungsforschung deutlicher als bisher als Unterstützungssystem für Lehrerinnen und Lehrer profilieren. Kooperationen zwischen Einzelschulen und Schulentwicklungsforschern und -forscherinnen sollten die Regel und nicht die Ausnahme sein.

Denken – Handeln – Diskutieren

1. Ergebnisse der Schulentwicklungsforschung zeigen, dass die Einbindung der Schule in eine „regionale Bildungslandschaft" ein erfolgversprechender Weg sein kann, um die Qualität der schulischen Arbeit zu erhöhen. Entwerfen Sie die Vision einer regionalen Bildungslandschaft für Ihre/eine Schule. Stellen Sie dazu vorhandene und/oder mögliche Beziehungen zu anderen Partnerinnen und Partnern grafisch dar (z.B. in einem Netzplan). Entwickeln Sie anschließend Ideen zu folgenden Fragestellungen:

   a) Was sollten die Ziele dieser Beziehungen sein?
   b) Wie intensiv sollten die Beziehungen gepflegt werden?
   c) Welche neuen Aufgaben stehen vor Ihrer Schule, bei denen Sie sich durch die regionale Bildungslandschaft ggf. Unterstützung wünschen?
   d) Welche Partnerinnen und Partner wären zur Erfüllung dieser neuen Aufgaben notwendig?
   e) Wie können diese Partnerinnen und Partner gewonnen werden?

2. Schulentwicklung soll zunehmend durch Instrumente wie interne und externe Evaluation sowie über Zielvereinbarungen gesteuert werden. Stellen Sie sich vor, Sie sind Referentin oder Referent der Schulaufsicht und besuchen eine Schule, die zu Ihrem Verantwortungsbereich gehört. Sie sollen in der Gesamtlehrerkonferenz ein Referat halten, in dem Sie die genannten Instrumente und den Nutzen, den eine einzelne Schule vom Einsatz dieser Instrumente haben könnte, erläutern. Entwerfen Sie eine Argumentationsstruktur für dieses Referat (zusätzliche Anregungen → Kap. 2.3).

(Anregungen zur Gestaltung regionaler Bildungslandschaften finden Sie u.a. unter der Bezeichnung *Projekt Schule & Co.* im Internet. Dabei handelt es sich um eine Erprobung der von der Bildungskommission NRW vorgestellten Konzeption zur Gestaltung regionaler Bildungslandschaften: „Zukunft der Bildung – Schule der Zukunft", 1995.)

Literatur

Altrichter, H. & Posch, P. (1996). *Mikropolitik der Schulentwicklung: Förderliche und hemmende Bedingungen für Innovationen in der Schule*. Innsbruck: Studien-Verlag.

Altrichter, H. & Posch, P. (2007). *Lehrerinnen und Lehrer erforschen ihren Unterricht: Unterrichtsentwicklung und Unterrichtsevaluation durch Aktionsforschung* (4. Aufl.). Bad Heilbrunn: Klinkhardt.

Berkemeyer, N. (2010). *Die Steuerung des Schulsystems: Theoretische und praktische Explorationen* (Educational governance, Bd. 10). Wiesbaden: VS Verlag für Sozialwissenschaften.

Bildungskommission NRW (1995). *„Zukunft der Bildung – Schule der Zukunft" – Denkschrift der Kommission beim Ministerpräsidenten des Landes Nordrhein-Westfalen*. Neuwied: Luchterhand.

Büeler, X. (2004). Qualitätsevaluation und Schulentwicklung. In R. Stockmann (Hrsg.), *Evaluationsforschung. Grundlagen und ausgewählte Forschungsfelder* (Sozialwissenschaftliche Evaluationsforschung, Bd. 1, 2. Aufl., S. 259–286). Opladen: Leske + Budrich.

Burkard, C. (1998). Schulentwicklung durch Evaluation?: *Handlungsmöglichkeiten der Schulaufsicht bei der Qualitätsentwicklung und -sicherung von Schule*. Frankfurt am Main: Lang.

Dalin, P. (1999). *Theorie und Praxis der Schulentwicklung* (Beiträge zur Schulentwicklung). Neuwied: Luchterhand.

Daschner, P. (2007). *Editorial. Journal für Schulentwicklung*, 11 (3), 4–5.

Deutsche Gesellschaft für technische Zusammenarbeit (GTZ) (2003). *Handreichung Schulentwicklung*. Zugriff am 01.03.2012 unter http://www.gtz.de/de/dokumente/de-bildung-infothek-schulentwicklung.pdf

Diegmann, D., Schmidt, M. & Flagmeyer, D. &. Keitel, J. (2011). Partizipationsmöglichkeiten durch externe Evaluation und Zielvereinbarungen im Sächsischen Schulsystem. *Bildung und Erziehung, 64* (3), 295–309.

Heckmann, C. (2010). *Von einer Schule von zweifelhaftem Ruf zu einem Modellprojekt*. Zugriff am 01.03.2012 unter http://www.promentesalzburg.at/cms/joomla/content/view/473/89/

Klippert, H. (2010). Schulinspektion – und was dann?: Problemanzeigen zur gängigen Evaluationspraxis. *Pädagogik, 62* (10), 28–31.

Kolb, M. (2010). Führen mit Zielen – ein Haus- bzw. (All-)Heilmittel? In M.-O. Schwaab, G. Bergmann, F. Gairing & M. Kolb (Hrsg.), *Führen mit Zielen. Konzepte, Erfahrungen, Erfolgsfaktoren* (3. Aufl., S. 3–19). Wiesbaden: Gabler Verlag.

Kussau, J. & Brüsemeister, T. (2007). Educational Governance: Zur Analyse der Handlungskoordination im Mehrebenensystem Schule. In H. Altrichter, T. Brüsemeister & J. Wissinger (Hrsg.), *Educational Governance: Handlungskoordination und Steuerung im Bildungssystem* (S. 15–44). Wiesbaden: VS Verlag für Sozialwissenschaften.

Nissen, P. H. (o.J.). *Die neue Rolle der Schulaufsicht: Die Schulaufsicht als Dienstleister für die selbstständige Schule*. Zugriff am 01.03.2012 unter http://nissencoaching-individual.de/Schulaufsicht_neue_Rolle.pdf

Oelkers, J. (2010). Schulentwicklung, Forschung und Bildungspolitik. In D. S. K. Fickermann (Hrsg.), *Wissen für Handeln. Ansätze der Neugestaltung des Verhältnisses von*

Bildungsforschung und Bildungspolitik. Dokumentation der Fachtagung vom 18.06. 2010 (S. 13–29). Zugriff am 01.03.2012 unter http://www.zuse.uni-hamburg.de/501 publikation/zuse_berichte_01.pdf

Oelkers, J. & Reusser, K. (2008). *Qualität entwickeln, Standards sichern, mit Differenz umgehen*. Bildung – Ideen zünden! Zugriff am 24.04.2012 unter http://www.bmbf.de/pub/ bildungsforschung_band_siebenundzwanzig.pdf

Peek, R. (2009). Interne Evaluation und einzelschulische Entwicklung – Spagat zwischen Mindeststandards und Machbarem. In J. van Buer & C. Wagner (Hrsg.), *Qualität von Schule. Ein kritisches Handbuch* (2. Aufl., S. 141–149). Frankfurt am Main: Peter Lang.

Reiners-Woch, I. (2002). Zielvereinbarungen. In H. G. Rolff & H. J. Schmidt (Hrsg.), *Brennpunkt Schulleitung und Schulaufsicht. Konzepte und Anregungen für die Praxis* (Beiträge zur Schulentwicklung, 2. Aufl., S. 127–137). Neuwied: Luchterhand.

Rolff, H.-G. (1998). Entwicklung von Einzelschulen: Viel Praxis, wenig Theorie und kaum Forschung. In H.-G. Rolff, K.-O. Bauer, K. Klemm & H. Pfeiffer (Hrsg.), *Jahrbuch der Schulentwicklung* (Bd. 10, S. 295–326)

Rolff, H.-G., Buhren, C. G. & Lindau-Bank, D. &. M. S. (2000). *Manual Schulentwicklung: Handlungskonzept zur pädagogischen Schulentwicklungsberatung (SchuB)* (3. Aufl.). Weinheim: Beltz.

Rosenbusch, H. S. (2002). Vom „private cold war“ zum „Freund in der Not“?! In H.-G. Rolff & H. J. Schmidt (Hrsg.), *Brennpunkt Schulleitung und Schulaufsicht. Konzepte und Anregungen für die Praxis* (Beiträge zur Schulentwicklung, 2. Aufl., S. 13–26). Neuwied: Luchterhand.

Sächsisches Bildungsinstitut (SBI). (2002). *Schulische Qualität im Freistaat Sachsen: Kriterienbeschreibung*. Radebeul.

Sächsisches Bildungsinstitut (SBI). (2008). *Interne Evaluation an sächsischen Schulen. Positionspapier*. Radebeul.

Salden, M. von. (2010). *Systemische Schulentwicklung: Von der Grundlegung zur Innovation*. Norderstedt: Books on Demand.

Schwippert, K. & Goy, M. (2008). Leistungsvergleichs- und Schulforschung. In W. Helsper & J. Böhme (Hrsg.), *Handbuch der Schulforschung* (2. Aufl., S. 387–422). Wiesbaden: VS Verlag für Sozialwissenschaften.

Spieß, P. & Grunder, P. (2001). Der Brandenburgische BLK-Modellversuch „Selbstständige Schule und Schulaufsicht (SeSuS)“. In: J. Hofmann (Hsrg.), *Schulaufsicht im Umbruch. Neue Aufgaben der Schulaufsicht bei der Qualitätssicherung und -entwicklung von Schule* (S. 121–135). Kronach: Link.

Steffens, U. (2009). Schuldiskussion in Deutschland. In J. van Buer & C. Wagner (Hrsg.), *Qualität von Schule. Ein kritisches Handbuch* (2. Aufl., S. 21–51). Frankfurt am Main: Peter Lang.

Stickling, E. (2011). *Keine flächendeckenden Experimente. Personalwirtschaft, 03/11*, 12–13

Tondorf, K., Bahnmüller, R., Klages, H. & Brenner, R. (2004). *Steuerung durch Zielvereinbarungen: Anwendungspraxis, Probleme, Gestaltungsüberlegungen; [eine Studie der Hans-Böckler-Stiftung]* (2. Aufl.). Berlin: Edition Sigma.

Ulber, D. (2009). *Veränderte Steuerung im Schulsystem: Evaluation der Zielvereinbarungsgespräche zwischen Schulleitung und Schulaufsicht in Berlin*. KBBB-Herbsttagung, Münster. Zugriff am 01.03.2012 unter http://egora.uni-muenster.de/ew/qe/ forschen/bindata/Ulber_Evaluation_Zielvereinbarungsgespraeche.pdf van Ackeren, I. (2007). *Nutzung großflächiger Tests für die Schulentwicklung: Exemplarische Analyse der Erfahrungen aus England, Frankreich und den Niederlanden* (Bildungsforschung, Bd. 3). Berlin: Bundesministerium für Bildung und Forschung (BMBF). Zugriff am 24.04.2012 unter http://www.bmbf.de/pub/nutzung_grossflaechiger_tests_fd_ schulentwicklung.pdf

van Buer, J. & Wagner, C. (Hrsg.). (2009). *Qualität von Schule: Ein kritisches Handbuch* (2. Aufl.). Frankfurt am Main: Peter Lang.

van Velzen, W. G., Miles, M., Ekholm, M. & Hameyer, U. &. R. (1985). *Making school-improvement-work: A conceptual guide to practice.* Leuven: Acco.

Wolf, G. (1990). *Leiten und Führen in der öffentlichen Verwaltung: Ein Handbuch für die Praxis* (Studienschriften für die öffentliche Verwaltung, Bd. 4, 3. Aufl.). München: Jehle.

Juliane Keitel, Melanie Schmidt

2.3 Qualitätssicherung und -entwicklung im Kontext von Schule

„Wer aufhört besser zu werden, hat aufgehört gut zu sein.“ (Philip Rosenthal)

In der bildungspolitischen und erziehungswissenschaftlichen Diskussion der vergangenen 20 Jahre haben sich die Themen Schulqualität und deren Beurteilung, Bewertung und Sicherung etabliert. Besonders von einer staatlich verordneten Datenerhebung und -rückmeldung (externe Evaluation) wird eine unterstützende und innovierende Wirkung auf die Entwicklung schulischer Qualität erwartet. Doch wie lässt sich Qualität von Schule und Unterricht bestimmen und messen?

In diesem Kapitel geht es um die Bedeutung von Qualität im Hinblick auf Schulentwicklung (→ Kap. 2.2) und auf die Steuerung von Schulen sowie um eine mögliche Definition des Begriffs Qualität. Auf dieser Grundlage thematisieren wir Qualitätsmanagement an Schulen und verdeutlichen an einem Beispiel zur Schulprogrammarbeit, wie Qualitätsmanagement an Schulen umgesetzt werden kann. Abschließend stellen wir ein externes Evaluationsverfahren vor und diskutieren die Messbarkeit schulischer Qualität. Dabei beziehen wir uns exemplarisch auf das sächsische Schulsystem.

2.3.1 Zwischen staatlicher Steuerung und Autonomie – zur Diskussion um Qualität an Schulen

Das Qualitätsverständnis im Bereich der schulischen Bildung wird von klassischen pädagogischen Auffassungen über das, was Bildung bewirken kann und soll, geleitet, so geht es zum Beispiel um die Frage, ob in Bildungsprozessen vorrangig Orientierungswissen für einen immer komplexer werdenden Alltag vermittelt werden soll (Bock & Klemm, 1997; zitiert nach Böttcher, 2002, S. 23), oder ob eher Selbstbestimmungs-, Mitbestimmungs- und Solidaritätsfähigkeit zu entwickeln das Ziel von Bildung sei (siehe z.B. Wolfgang Klafkis Begriff der *allgemeinen Bildung*, vgl. Ditton, 2009). Weiterhin beeinflusst eine Orientierung an ökonomischen Leitdimensionen das Verständnis von der Leistungsfähigkeit der Schulen. Spätestens seit Veröffentlichung der PISA-Studie im Jahr 2001 wird davon ausgegangen, dass sich Bildungsprozesse in Form von Kompetenzen – als Erträge jahrelangen Lernens in der Schule, z.B. in Form von Prüfungsleistungen – durchaus messen lassen und die Leistungen einer Schule somit abrechenbar sind.[3] So wird seit etwa 20 Jahren pädagogische Qualität bzw. die Wirksamkeit schulischer Bildung auch hinsichtlich ökonomischer Kriterien wie Effektivität und Effizienz[4] diskutiert. Die Frage nach dem Ertrag von schulischer Bildung für die gesellschaftliche und damit auch für die volkswirtschaftliche Entwicklung eines Landes ist damit auch eine bildungsökonomische (Böttcher, 2002, S. 22). Eine ausschließlich bildungsökonomische Orientierung an der volkswirtschaftlichen Verwertbarkeit bzw. Anschlussfähigkeit von Leistungen der Schülerinnen und Schüler als Ertrag schulischer Bildung vernachlässigt allerdings die zweckfreie Bildung, die sich kaum in einen ökonomischen oder meritokratischen Vorteil verwandeln lässt.

Den Beginn einer stark auf Ökonomisierung fokussierten Diskussion um Schulqualität markiert die TIMS-Studie. Anhand eines internationalen Vergleichs der Kompetenzen von Schülerinnen und Schülern wurde hierbei das deutsche Bildungssystem lediglich als mittelmäßig gegenüber anderen Ländern bewertet. Noch breiter und über die erziehungswissenschaftliche Fachgemeinschaft hinausgehend wurde die PISA-Studie rezipiert (vgl. Kohler, 2009, S. 82), die zu einem ähnlichen Ergebnis kam. Gemessen am hohen öffentlichen Interesse der Studie (Stichwort: „Pisa-Schock“, vgl. Schwippert & Goy, 2008, S. 392) sowie der damit verbundenen Forderung nach Reformen, kann man die PISA-Studie als die Evaluation mit dem bisher größten Impact bezeichnen (Stamm, 2003, S. 23). Diese und andere Leistungsvergleichsstudien beförderten in der Bildungspolitik „eine Wertschätzung gegenüber empirischen Studien“ (Schwippert & Goy, 2008, S. 392): Der Staat fordert und erhebt seitdem verstärkt Leistungsdaten, um das „Bildungssystem auf seine empirisch feststellbaren Wirkungen hin“ zu befragen (Kohler, 2009, S. 82) und zielgerichtet beeinflussen zu können. Hinter dieser evaluationsbasierten Ergebnissteuerung von Schule (vgl. Heinrich, 2007) steht die

3 Vgl. zum Kompetenzbegriff Weinert (2002b); am Beispiel Lesekompetenz vgl. Bos et al. (2003).

4 Effektivität (Wirksamkeit) bezieht sich auf Arbeitsergebnisse: „Hat eine Organisation oder bis zu welchem Grade hat eine Organisation ihr Ziel erreicht“ (Böttcher, 2002, S. 207)? Unter Effizienz versteht man dagegen die Zweckmäßigkeit des Verhältnisses von eingesetzten Ressourcen und Ergebnissen. Je weniger Ressourcen gebraucht werden, um das Ziel zu erreichen, als desto effizienter gilt die Maßnahme.

Erkenntnis, dass Schulen sehr unterschiedlich sind und sich kaum über detaillierte Inhaltsvorgaben (z.B. Lehr- und Haushaltspläne) so steuern lassen, dass ihre Leistungen von vergleichbarer Qualität sind.

Gegen Ende der 1970er Jahre des vergangenen Jahrhunderts geriet deshalb die einzelne Schule als „pädagogische Handlungseinheit“ (Fend, 1986) in den Fokus und wurde seitdem in stetig zunehmendem Maße als Motor von Schulentwicklungsprozessen diskutiert (vgl. Dalin & Rolff, 1990). Qualitätsentwicklung wurde somit als Aufgabe an die einzelne Schule und die sie konstituierenden Akteure, als „Subjekte innerschulischer Entwicklungsprozesse“ (Holtappels, 1995, S. 330), verwiesen. Dabei werden Schulen als Organisationen aufgefasst, die eigenständig agieren und sich selbst steuern können: „Die Schule wird am besten dort verbessert, wo sie stattfindet“ (Kempfert & Rolff, 2005, 36). Dies stellt einen entscheidenden Perspektivwechsel dar: Schulen erfahren eine Erweiterung ihres Autonomiespielraums und gleichzeitig findet ein Wechsel von der Input- zur Output- bzw. Ergebnissteuerung statt. An die Stelle von detaillierten Vorgaben (Input-Steuerung) treten Zielbeschreibungen (z.B. in Form von Bildungsstandards), die die Prozesse des Lernens von ihrem Ende, also ihren Ergebnissen her, denken und beurteilen (vgl. Klieme, 2003)

Von den Schulen wird seit PISA nunmehr verstärkt Rechenschaft über den Grad der Zielerreichung eingefordert: An den Lernfortschritten ihrer Schülerinnen und Schüler müssen die Schulen sich messen lassen. Im Zusammenhang mit evaluationsbasierter Steuerung wird die Qualität der Leistungen von Schulen u.a. anhand von internationalen Leistungsvergleichsstudien und nationalen Lernstandserhebungen, zentralen Abschlussprüfungen sowie durch externe Schulevaluation überprüft (vgl. Huber & Büeler, 2009, S. 580). Auf diese Weise wird der autonome Gestaltungsspielraum von Schulen – wenn auch auf andere Art als in der vorher praktizierten Input-Steuerung – wieder eingeschränkt (vgl. Böttcher, 2009). Dies liegt darin begründet, dass Schulen als staatliche Institutionen einen Erziehungs- und Bildungsauftrag erfüllen sollen, der von der Gesellschaft vorgegeben wird. Eine der Hauptfunktionen von Schule besteht dabei in der Reproduktion kultureller Sinnsysteme, die für den Erhalt der Gesellschaft als wichtig erscheinen. Im Einzelnen benennt Helmut Fend dazu die Enkulturations-, die Qualifikations-, die Allokations- und die Legitimations- bzw. Integrationsfunktion (Fend, 2008a, S. 49f.). Alle Funktionen sind zwar in der Leistungsbilanz einer Schule relevant, aber als bewertbar erweist sich lediglich die Qualifikationsfunktion (Böttcher, 2002, S. 24). Qualifizierung wird von Helmut Fend als „Vermittlung von Fertigkeiten und Kenntnissen, die zur Ausübung ‚konkreter' Arbeit erforderlich sind“, beschrieben (Fend, 2008a, S. 50).

2.3.2 Qualität von Schule und Unterricht – Versuch einer Definition

Das Wort *Qualität* stammt vom lateinischen „qualitas“ ab und bedeutet Güte, Werthaltigkeit, Beschaffenheit (Kempfert & Rolff, 2005, S. 11). Wie bereits aufgezeigt, manifestiert sich pädagogische Qualität – betrachtet aus der Perspektive des bildungsökonomischen Diskurses – in den Wirkungen schulischer Prozesse. Diesem Verständnis folgend wird *Qualität* in Anlehnung an die internationale Norm DIN EN ISO 9000:2000[5] definiert als

> das Vermögen einer Gesamtheit inhärenter Merkmale eines Produktes, Systems oder Prozesses, zur Erfüllung von Forderungen von Kunden und anderen interessierten Parteien.
>
> (Kamiske & Brauer, 2008, S. 176)

Qualität erscheint in dieser Definition als zweckmäßig (vgl. Harvey & Green, 2000, S. 24): Prozesse und Produkte müssen den Vorstellungen und Bedürfnissen von Kunden gerecht werden. In diesem Zusammenhang kann Qualität auch als Ergebnis eines Bewertungsprozesses, z.B. als „gut“ oder „schlecht“, aufgefasst werden.

Guy Kempfert und Hans-Günter Rolff (2005, S. 11) weisen jedoch darauf hin, dass dieses Qualitätsverständnis nur eingeschränkt auf den Kontext der Schule übertragbar ist. Schülerinnen und Schüler können z.B. nicht auf eine Abnehmerrolle von Bildungsleistungen reduziert werden. Vielmehr sind sie Koproduzentinnen und -produzenten des Unterrichts (vgl. Kempfert & Rolff, 2005, S. 11). Pädagogische Qualität entsteht erst in der Interaktion von Lehrenden und Lernenden und kann nicht als fertiges Produkt vermittelt werden; die Konsumentinnen und Konsumenten sind in diesem Falle Teil des Herstellungsprozesses von Qualität (vgl. Bauer, Bohn, Kemna & Logemann, 2010, S. 12). Dennoch kann die Zufriedenheit bzw. Nicht-Zufriedenheit der Lernenden mit dem Prozess und dem Produkt „Unterricht“ aus einer Kundenperspektive korrigierend auf die Unterrichtsqualität einwirken.

Als Kunden oder Anspruchsgruppen lassen sich neben den Schülerinnen und Schülern weitere benennen, die aus zum Teil divergierenden Interessen heraus Forderungen an Schule stellen, nämlich Eltern, wirtschaftliche Unternehmen, Vereine usw. Die Gesellschaft, vertreten durch die staatliche Bildungspolitik der Bundesländer, stellt ihrerseits Anforderungen an Schulen (Stichwort: Erziehungs- und Bildungsauftrag). Die Qualität einer Sache – hier: Schule und Unterricht – kann nicht

5 Die Normenreihe DIN EN ISO 9000-9004 ist ein international einheitliches Regelwerk zum Aufbau und zur Bewertung von Qualitätsmanagement-Systemen. Ein Zertifikat, das auf der Grundlage der DIN ISO 9000-9004 vergeben wurde, zeigt an, dass das Qualitätsmanagement der betreffenden Organisation positiv bewertet wurde. Damit besitzt es auch eine öffentlichkeitswirksame Funktion.

unabhängig von der Qualitätszuschreibung durch eine Person bzw. Personengruppen bestehen. Oder anders ausgedrückt: Qualität ist kein „extramental für sich existierendes Objekt“ (Heid, 2000, S. 41). Sie ist vielmehr das Ergebnis einer Bewertung der Beschaffenheit eines Objektes, also eines evaluativen Prozesses (vgl. Fend, 2008b, S. 198). Die Bewertung erfolgt dabei anhand eines Vergleiches von einem vorher festgelegten Idealzustand bzw. einem zu erreichenden (Mindest-)Standard mit dem tatsächlich wahrnehmbaren gegenwärtigen Zustand (vgl. Klieme & Tippelt, 2008). Aufgrund der divergierenden Interessen wird Qualität von Schule und Unterricht zu einer gemeinsamen Festlegung der verschiedenen Anspruchsgruppen. Deshalb ist es auch nicht möglich, eine die schulische Wirklichkeit allumfassende Qualitätsdefinition aufzustellen. Umso mehr wird offensichtlich, dass das Herstellen eines Qualitätsverständnisses im schulischen Kontext eines gemeinsamen Aushandlungsprozesses bedarf, der ein adressatengerechtes und bisweilen sehr individuelles Verständnis von Qualität hervorbringen kann.

Im schulischen Kontext wird ein Idealzustand durch die bildungspolitische Vorgabe eines „Referenz- bzw. Orientierungsrahmen[s]“ (Dedering & Müller, 2008, S. 243) für Schulqualität, welcher die „gute“ Schule beschreibt (*„Qualität von oben“,* Kempfert & Rolff, 2005, S. 34), realisiert. Die Bundesländer orientierten sich in der Konzeption ihrer Referenzrahmen an Modellen, die innerhalb der wissenschaftlichen Diskussion um Schulqualität entworfen wurden und die systematische Zusammenhänge zwischen Rahmenbedingungen, Prozessen und Ergebnissen aufzeigen, wie z.B. Hartmut Dittons (2010, S. 609) Modell zur Evaluation und Qualitätssicherung im Bildungswesen. Exemplarisch für die einzelnen Bundesländer soll hier das *sächsische Rahmenmodell schulischer Qualität* dargestellt werden (s. Abbildung 1). In diesem ist eine unidirektionale Abhängigkeit der Ergebnisse von den individuellen Voraussetzungen der Schülerinnen und Schüler und den schulischen Prozessen abgebildet, die wiederum durch die Arbeitsbedingungen der Schule vor Ort beeinflusst werden. Dem Lehren und Lernen als Kernprozess von Schule kommt dabei die zentrale Bedeutung zu. Hartmut Ditton (2009, S. 85) weist darauf hin, dass „Schulqualität [...] als Handlungsrahmen und Unterstützungssystem für die Unterrichtsqualität aufgefasst werden [kann]“. Das bedeutet, dass auch die Qualität der anderen Prozesse an der Schule (z.B. Schulklima, Management und Führung etc.) eine unmittelbare Wirkung auf den Unterricht hat. Aufgrund der unidirektionalen Ausrichtung des sächsischen Modells erscheint Schulentwicklung jedoch als alleinige Angelegenheit der Einzelschule ohne explizite Rückkopplung zum gesellschaftlichen oder politischen Bedingungsfeld (vgl. Diegmann, Schmidt, Flagmeyer & Keitel, 2011, S. 298). In anderen Modellen sind dagegen Wechselwirkungen abgebildet (z.B. bei Ditton, 2010).

Abbildung 1: Rahmenmodell schulischer Qualität in Sachsen, (SBI 2008b, 7)

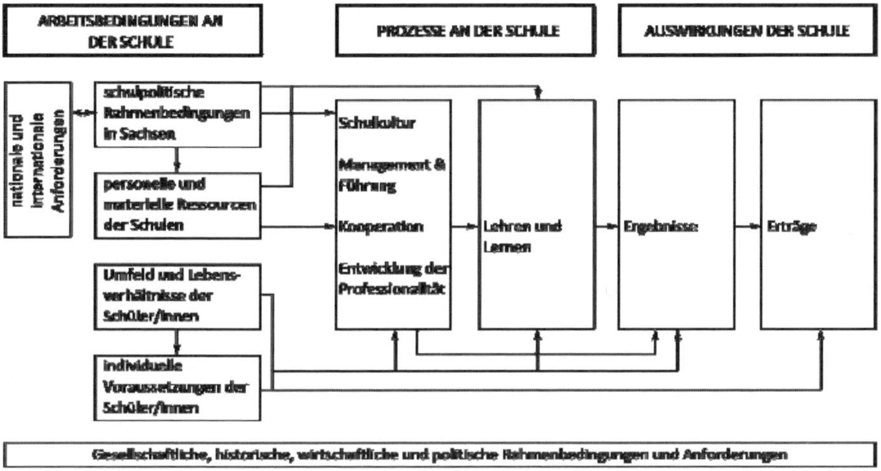

Neben bildungspolitisch artikulierten Vorgaben in einem Qualitätsmodell gibt es auch ein Verständnis von *„Qualität von unten"* (Kempfert & Rolff, 2005, S. 34), das der gesetzlich verankerten erweiterten Eigenständigkeit von Schulen Rechnung trägt. Eine im Konsens gefundene Festlegung der an Schule Beteiligten auf eine eigene Definition oder Beschreibung von schulischer Qualität, z.B. entlang der Fragestellungen: „Was verstehen wir unter Bildung? Was macht eine ‚gute Schule' aus? Sind wir eine gute Schule? Woher wissen wir das?" (Schratz, Iby & Radnitzky, 2000, S. 29) ist dabei konstitutiv für die gemeinsame Arbeit an der Verbesserung der eigenen Schule. Sie findet ihre handlungsleitende Konkretion z.B. in der Schulprogrammarbeit.

Die Diskussion um Qualität im Bildungsbereich lässt sich zusammenfassend anhand der Schlagworte Effizienz, Effektivität, Evaluation und Empirie charakterisieren (Klieme & Tippelt, 2008, S. 7). Dies wird auch daran deutlich, dass neben die Steuerung von Schulen mittels bildungspolitischer Zielvorgaben eine auf den ökonomischen Prinzipien des Marktes basierende Regulierung schulischer Qualität durch Nachfrage und Angebot tritt. Schulen konkurrieren als Wettbewerberinnen unter marktähnlichen Bedingungen um Anmeldezahlen von Schülerinnen und Schülern. „Qualität im Sinne von Wettbewerbsfähigkeit von Schulen wird damit zur permanenten Herausforderung, den erreichten Stand nicht nur zu halten, sondern noch weiter zu verbessern" (Ditton, 2009, S. 85), um konkurrenzfähig zu bleiben. Somit kommen Schulen nicht umhin, ihre eigene Qualitätsentwicklung systematisch zu forcieren. Qualitätsmanagement und Evaluation sind deshalb heute zu konstitutiven Elementen von Schulentwicklung geworden.

2.3.3 Qualitätsmanagement an Schulen

Unter Qualitätsmanagement werden „aufeinander abgestimmte Tätigkeiten zum Leiten und Lenken einer Organisation[[6]] bezüglich Qualität" (Deutsches Institut für Normung, 2005, S. 21) verstanden. Dies umfasst nicht nur *Qualitätsentwicklung* (regelmäßiges Überprüfen und Verbessern von Ergebnissen und Prozessen), sondern auch *Qualitätssicherung* (Erreichtes auf einem hohen Niveau zu halten). Die Beziehung zwischen Qualitätsentwicklung und -sicherung lässt sich als einen zyklischen Prozess beschreiben, der auf Dauer angelegt ist: als immer wiederkehrende Abfolge von Zieldefinition, Maßnahmenplanung und -umsetzung, Überprüfung des Erreichten (Evaluation) und erneuter Zielaufstellung (vgl. u.a. Schratz, 2009, S. 571). Eine wichtige Rolle können dabei Informationen aus evaluativen Verfahren (z.B. aus schulinternen Vergleichs- und Austauschprozessen, aus externer Evaluation oder aus Kompetenztests) spielen, welche die Schulen zur Verbesserung ihrer Arbeit anregen sollen (vgl. Artelt, 2009, S. 132f.). Bildungspolitische Vorgaben, wie sie in Referenzrahmen schulischer Qualität (s. Abbildung 1) festgelegt wurden (*Qualität von oben*), und ein gemeinsames Qualitätsverständnis der Schulmitglieder (*Qualität von unten*) sollen dabei eine Orientierung für die Organisationsziele darstellen, die von der einzelnen Schule formuliert werden. Im Sinne staatlich gewährter Teilautonomie bzw. Eigenständigkeit[7] bleibt es dann den einzelnen Schulen überlassen, anhand welcher Maßnahmen sie diese Ziele umsetzen. Grundlage für ein schulisches Qualitätsmanagement ist das Verständnis von Schule als lernende Organisation. Dies bedeutet, dass eine Institution in der Lage ist, selbst zu lernen und zu realisieren, wie sie ihre Entwicklung an Bedingungen und Erfordernisse anpassen sowie eigenständig steuern kann (vgl. Schratz & Steiner-Löffler, 1999). Dazu bedarf es der Erarbeitung und Nutzung von Konzepten, mit deren Hilfe die Mitglieder ihre Organisation selbst gestalten, steuern und Ziele überprüfen können (z.B. über Schulprogrammarbeit). In diesem Zusammenhang ist es entscheidend, „dass Schulen Fähigkeiten und Kapazitäten für Veränderung entwickeln" (Holtappels, 2009, S. 588).

Als Instrument des Qualitätsmanagements von Einzelschulen hat sich die Arbeit mit einem Schulprogramm sowohl international als auch national etabliert; auch in Deutschland haben fast alle Bundesländer ihre Schulen zur Erstellung von Schulprogrammen verpflichtet. Schulprogrammarbeit stellt quantitativ betrachtet

6 Organisationen zeichnen sich durch Merkmale wie „Formalisierung der Kommunikation und der Verhaltenserwartungen, die Festlegung von Mitgliedschaftsregeln und die Inklusion von Personen über Mitgliedschaftsrollen" (Kuper, 2008, S. 259) aus; insofern gelten auch Schulen als Organisationen.

7 Die wenigsten Bundesländer verwenden allerdings den Begriff „Teilautonomie". In schulpolitischen Dokumenten des Sächsischen Freistaates ist z.B. ausschließlich der Terminus „Eigenverantwortung" zu finden (vgl. u.a. SMK, 2008, S. 3).

die größte internationale Reformmaßnahme zur inneren Schulreform dar (Wenzel, 2008, S. 437f.). Auf diese Weise wird versucht, dem Steuerungsproblem von Schule, oder vielmehr der Schwierigkeit der Ausbalancierung von staatlicher Verantwortlichkeit und schulischer Gestaltungsautonomie zu begegnen (vgl. Holtappels 2004, S. 11). Ein Schulprogramm hat die Aufgaben,

> pädagogische Grundorientierung auszudrücken, eine konzeptionelle Arbeitsgrundlage für pädagogisches Handeln zu schaffen, Selbstvergewisserung über den Entwicklungsstand der Schule, zielbezogenen Gestaltungswillen mit Transparenz und Verbindlichkeit nach innen herzustellen, das pädagogische Profil der Schule nach außen, für Eltern und Öffentlichkeit darzulegen.
>
> (Philipp & Rolff, 2006, S. 11)

Es verbindet die pädagogische Philosophie einer Schule mit entsprechenden Aktionsplanungen für deren Realisierung (vgl. Dalin, Rolff & Buchen, 1995, S. 144). Eine Hauptfunktion des Schulprogramms liegt in der Formulierung der Zielsetzungen und der eingesetzten Mittel, diese Ziele zu erreichen (Likert, 1998, S. 130). Heinz Günter Holtappels (2009, S. 588) bezeichnet ein Schulprogramm auch als „Drehbuch“ für Entwicklungsarbeit. In diesem Sinne sind Schulprogramme nicht zu verwechseln mit pädagogischen Konzepten oder einer Profilbeschreibung der Schulen sowie mit Schuljahresarbeitsplänen oder Dokumentationen bzw. Chroniken, in denen Termine und Ereignisse des Schuljahres festgehalten oder ein erreichter Ist-Stand einzelner schulischer Bereiche beschrieben wird.[8]

Für die Arbeit mit einem Schulprogramm ist der Kreislauf aus Qualitätsentwicklung und -sicherung (s. Abbildug 2) konstitutiv, der das gemeinsame Aufstellen, Umsetzen und Überprüfen von Zielen, die von der Schulgemeinschaft ausgehandelt wurden, beinhaltet (vgl. u.a. Schratz, 2009, S. 569; SMK, 2004, S. 7; vgl. auch Prozesse der Schulprogrammarbeit bei Holtappels, 2010, S. 530–532.). Die Koordination dieser Prozesse und die Vernetzung aller schulischen Akteure, z.B. über die Arbeit der demokratischen Gremien, werden häufig über sogenannte Steuergruppen realisiert. Deren Mitglieder erarbeiten, gestalten und verantworten – auf der Basis von Freiwilligkeit, aber dennoch über einen klaren Auftrag vom Kollegium – die Schulprogrammarbeit (vgl. Rolff, Buhren, Lindau-Bank & Müller, 1998, S. 72f.). Eine Herausforderung besteht in der Konsensbildung über gemeinsame Visionen bzw. Ziele und Maßnahmen. Sie sind oft das Produkt von Einzelnen oder einer einzelnen Gruppe, z.B. der erweiterten Schulleitung oder einer Steuergruppe, und selten der Schulgemeinschaft als ganzer (vgl. Schratz & Steiner-Löffler, 1999, S. 210).

---

8 Die Begrifflichkeiten und Textgattungen „Schulkonzept“, „Schulprofil“ und „Schulprogramm“ werden oft synonym gebraucht, bedeuten jedoch Unterschiedliches (zur genaueren Bestimmung vgl. Holtappels, 2004, S. 15).

Abbildung 2: Schulprogrammarbeit als Qualitätskreislauf in Schule, in Anlehnung an Huber & Büeler, (2009, S. 582)

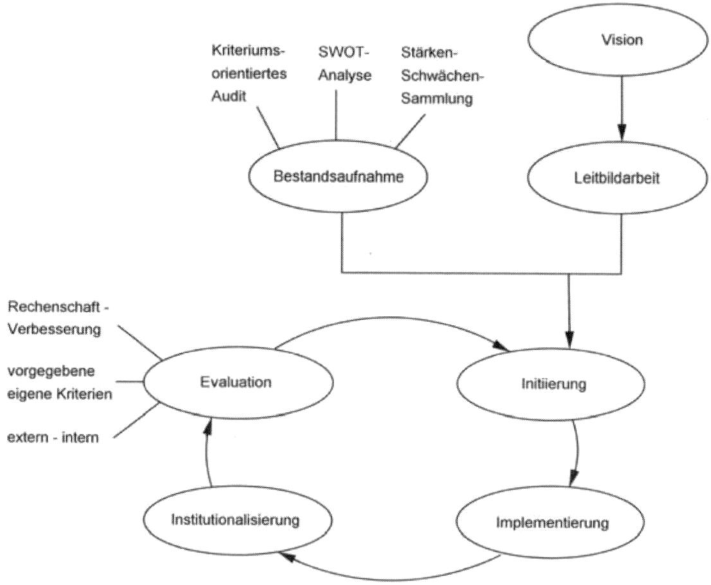

Da Schule als Organisation ein „soziales Gebilde zum Zwecke der Erreichung gemeinsamer Ziele“ (Meyer-Dohm, 1998, S. 105) ist, hat die Orientierung an Zielen demnach existenzielle Bedeutung für die Entwicklung von Schulen. Bezogen auf eine Schule und ihr Qualitätsmanagement beginnt die Entwicklungsarbeit mit der Erstellung eines *Leitbildes*, das sich aus einer übergeordneten *Vision,* einem „Wunschtraum von Veränderung“ (Schratz, 1998, S. 184), ableiten kann. Im Leitbild verständigen sich schulische Akteure darüber, welche „Philosophie“ ihr Handeln leiten soll, was ihre gemeinsamen Grundannahmen, Prinzipien, Werte und Überzeugungen sind: „Ein Leitbild drückt das gemeinsame pädagogische Grundverständnis der Schule in Kurzform aus“ (Philipp & Rolff, 2006, S. 11; vgl. auch Meyer-Dohm, 1998, S. 107). Es beinhaltet langfristige Entwicklungsziele, die gleichzeitig Orientierung für das Planen und Umsetzen von Entwicklungsaufgaben geben (vgl. Bauer et al., S. 27). Die eigentliche Schulprogrammarbeit besteht sodann in der schriftlichen Ausformulierung, Konkretisierung und Umsetzung von Leitbildern (vgl. Schratz, 1998, S. 185). Dabei bleibt festzuhalten, dass es für Schulentwicklung keinen absoluten Anfangspunkt geben kann. Schulen sind immer in eine Fülle von Entwicklungsprozessen eingebunden, z.B. in die Entwicklung von Ganztagskonzepten, in die Implementierung von Schultraditionen, in die Umsetzung von Lehrplanvorgaben, in die Erstellung von Bewertungskriterien und vieles mehr. Diese Prozesse bewusst zu machen und zu gestalten, ist die eigentliche Aufgabe von Qualitätsmanagement mithilfe eines Schulprogramms (vgl. Kiper, Meyer & Topsch, 2002, S. 187).[9]

Parallel zur Leitbildarbeit sollte eine *Bestandsaufnahme* stattfinden, um genauer zu erfahren, welche Bedingungen die Entwicklung der eigenen Schule vor Ort beeinflussen, und um abzuschätzen, wie weit man noch von den festgelegten Zielen entfernt ist. Die Identifizierung von bestehenden Stärken und Schwächen stellt den Ausgangspunkt für die Formulierung von Teil- oder Feinzielen dar, an denen gearbeitet werden soll. Im Kreislauf sind dazu einige Methoden angeführt, die exemplarisch für eine Vielzahl ähnlicher Methoden und Verfahrensweisen stehen.[10]

Es folgt das Aufstellen eines Aktionsplans, der – nach dem Kreislauf in Abbildung 2 – aus drei aufeinander folgenden Phasen eines Prozesses der Implementation von Innovationen (vgl. Schaumburg, Prasse & Blömeke, 2009, S. 597) besteht, die sich in praxi auch überlappen können. Unter der *Initiierung* werden die auslösenden Aktivitäten für eine Veränderung bzw. Verbesserung von Bestehendem verstanden (vgl. Huber & Büeler, 2009, S. 583). In Abhängigkeit von der Analyse der Ausgangssituation werden evtl. bereits in dieser Phase Grobziele vereinbart und Ideen zum Erreichen dieser gesammelt. Initiierungsprozesse werden oft durch pädagogische Führungskräfte und Steuergruppen(-mitglieder) oder auch aus einem Gesamtkollegium heraus angestoßen. Zur *Implementierung* gehören das Aufstellen von ggf. kurz-, mittel- und langfristigen Zielen, die Planung und Umsetzung von direkt auf diese Ziele hin ausgerichteten Maßnahmen, das Festlegen von Terminen und das Übertragen von Verantwortung auf schulische oder außerschulische Akteure. In der Phase der *Institutionalisierung* kommt es darauf an, die implementierten Innovationen, wenn sie sich im Sinne der Zielerreichung bewährt haben, in organisatorische Strukturen der Schule dauerhaft einzugliedern. Gleichzeitig sollte dafür Sorge getragen werden, dass die Neuerungen stabilisiert, also möglichst von allen an Schule Beteiligten akzeptiert und in das Handeln integriert werden (Schaumburg et al., 2009, S. 597). Der Institutionalisierung folgen interne und bzw. oder externe *Evaluationsmaßnahmen*, durch die kriteriengeleitet überprüft wird, ob und in welcher Ausprägung die Ziele erreicht wurden (vgl. Huber & Büeler, 2009, S. 583). Somit kommt es gewissermaßen zu einer wiederholten Bestandsaufnahme. Die Ableitung neuer Ziele stellt sodann den Ausgangspunkt für weitere Entwicklungsprozesse dar, die nach dem eben beschriebenen Ablauf der Phasen gestaltet werden. Vor allem Evaluation und erneute Ziel-

---

9 Das Formulieren von gemeinsamen Zukunftsbildern (Visionen) und Leitbildern ist sprachlich und begrifflich nicht immer eindeutig voneinander zu trennen (vgl. Philipp & Rolff, 2006, S. 137). Es gibt auch Auffassungen, nach denen Visionen nicht am Beginn der Arbeit stehen, sondern sich durch konkrete Aktionen ergeben oder Entwicklungsprozesse beschließen sollten (Schratz & Steiner-Löffler, 1999, S. 210).

10 Weitere Methoden u.a. bei SMK (2004) und bei Philipp und Rolff (2006).

formulierung können dafür sorgen, dass ein einmal erstelltes Schulprogramm nicht zur „ewig gültigen Vorgabe“ (Schratz & Steiner-Löffler, 1999, S. 231) und Schul- und Unterrichtsentwicklung nicht zur bloßen Routinearbeit werden.

Qualitätsmanagement durch Schulprogrammarbeit – ein Beispiel

Schulentwicklung mithilfe von Schulprogrammarbeit und (interner und externer) Evaluation ist bundesweit zur bildungspolitischen Strategie avanciert. Das bedeutet jedoch nicht, dass bereits an allen Schulen Entwicklungsarbeit mit diesen Instrumenten anerkannte Praxis ist. Schratz und Steiner-Löffler (1999, S. 226) beklagen in diesem Zusammenhang, dass Schülerinnen und Schüler zwar Ansatz- und Zielpunkt für schulische Entwicklungsprozesse sind, dass gerade sie aber kaum als Teilnehmende in die Phasen der Entwicklungsarbeit einbezogen werden. Sie führen eine Untersuchung zur Schülerpartizipation und Schulentwicklung an, in der festgestellt wird, dass Schulentwicklungsprozesse häufig in der Phase der Implementierung stecken bleiben und nach einer teils euphorisch verlaufenen Initiierung mit engagierter Zielsetzung die geplanten Maßnahmen nicht umgesetzt werden. Wenn jedoch Schülerinnen und Schüler an allen Schritten des Qualitätskreislaufes beteiligt waren, dann dienten sie als „Motoren“, verfolgten die Entwicklung kritisch mit und drängten auf die Umsetzung der sie betreffenden Ziele (Müller, 1996, S. 168). Eine Voraussetzung für Qualitätsmanagement an Schulen scheint es demnach zu sein, dass aus Betroffenen von Schulentwicklung Beteiligte an Schulentwicklung werden müssen (vgl. Diegmann et al., 2011, S. 308). Dies gilt sowohl für Lehrpersonen und Schulleitungen, für Schülerinnen und Schüler als auch für Eltern:

> Neue Lernkulturen werden sich nur dann entfalten, wenn die in einer Organisation arbeitenden Menschen gemeinsam Zukunftsbilder entwickeln, die nicht nur auf Duldung oder Einwilligung stoßen, sondern eine Identifikation und echtes Engagement bei den Betroffenen fördern.
>
> (Arnold & Schüßler, 1998, S. 222)

Anhand eines Beispiels möchten wir im Folgenden demonstrieren, wie schulische Akteure mithilfe von Schulprogrammarbeit ihre Schule entwickeln könnten. Dazu stellen wir uns eine fiktive Schule in Leipzig vor, die im Rückbezug auf Vision und Leitbild einen speziellen Aspekt von Unterricht weiterentwickeln möchte.

Vision

Unsere Schule – ein interessanter und liebenswerter Ort, an dem wir uns gemeinsam und erfolgreich auf ein lebenslanges Lernen vorbereiten.

Leitbild

1. An unserer Schule arbeiten wir offen, konstruktiv und solidarisch miteinander.
2. In unserem Unterricht legen wir Wert auf Transparenz, Teamarbeit, Förderung jedes einzelnen Schülers/jeder einzelnen Schülerin sowie den Einsatz vielfältiger aktivierender Methoden.
3. Wir legen Wert auf eine aktive Zusammenarbeit mit allen Eltern sowie unseren außerschulischen Partnerinnen und Partnern.
4. Wir wollen, dass alle Lehrenden und Schülerinnen und Schüler sagen können: Das ist meine Schule!
5. Wir lehren einander das Lernen.

Bestandsaufnahme

Eine SWOT-Analyse[11] kurz nach Beginn des Schuljahres hat ergeben, dass die Mehrheit der Schülerinnen und Schüler die zu wenig stattfindende und überwiegend schlecht verlaufende Gruppenarbeit (GA) im Unterricht beklagt.

Im Rekurs auf das Leitbild wird deutlich, dass es eine Diskrepanz zum zweiten Leitsatz gibt: Wenn sich die Schule vorgenommen hat, einen Unterricht zu gestalten, in dem Teamarbeit und der Einsatz vielfältiger Methoden zum Alltag gehören, dann passt das Ergebnis der Bestandsaufnahme nicht zum zweiten Leitsatz. Dies gilt auch im Hinblick auf den fünften Leitsatz: Wie soll das Lernen „einander gelehrt" werden, wenn im Unterricht die entsprechenden Sozialformen nicht angewendet werden?

Wenn die Schule einerseits ihr Leitbild, andererseits die Wahrnehmungen der Schülerinnen und Schüler ernst nimmt, dann folgen Überlegungen, wie der derzeitige Zustand verbessert werden kann: Der Qualitätskreislauf setzt sich in Bewegung.

Initiierung

Die Schülerinnen und Schüler ergreifen die Initiative über ihre Schülervertretung der Steuergruppe zum Schulprogramm und regen an, Ziele und Maßnahmen zur Verbesserung von GA aufzustellen. Die Mitglieder der Steuergruppe sind einverstanden. Sie stellen diese Idee in den demokratischen Schulgremien (Gesamtlehrerkonferenz, Elternrat, Schülerrat) vor. Auch dort gibt es Konsens darüber, dass GA zu einem Schwerpunkthema der Schulprogrammarbeit der kommenden Schuljahre werden soll. Die Gremien beauftragen sodann die Steuergruppe, kurz-, mittel- und langfristige Ziele sowie Maßnahmenpläne aufzustellen. Damit schulische Akteure außerhalb der Gremien ebenfalls die Möglichkeit haben, an den folgenden Prozessen teilzuhaben, informieren die Schüler- und Elternvertretung in den Klassen und auf Elternabenden über dieses Vorhaben, motivieren zur Mitarbeit und zum Sammeln von Ideen.

---

11 SWOT-Analyse (vgl. Senger, 2011) ist eine formlose Erhebung bzw. Benennung von Strengths (Stärken), Weaknesses (Schwächen), Opportunities (Chancen) und Threats (Bedrohungen).

Implementierung

Die Akteure der Steuergruppe verständigen sich auf das langfristige Ziel, die Häufigkeit von GA zu erhöhen und deren Qualität zu verbessern. Dieses soll nach zwei Schuljahren erreicht worden sein und über eine externe Evaluation überprüft werden.

Als erstes mittelfristiges Ziel wird vereinbart, dass alle Lehrkräfte sowie Schülerinnen und Schüler über Sinn, Ziel, Formen, Abläufe, Regeln und Bewertung von GA sowie über wissenschaftliche Positionen informiert und sicherer in der Planung von und im Umgang mit GA geworden sein sollen. Dies soll bis zum Ende des laufenden Schuljahres erfolgt sein.

Maßnahmen:

Es werden zwei Pädagogische Tage im Schuljahr organisiert: Der erste findet vor Weihnachten statt, der zweite im Frühjahr. An beiden nehmen sowohl das Kollegium als auch die Schülerinnen und Schüler und ggf. Eltern bzw. deren Vertretungspersonen teil.

- Auf dem ersten Pädagogischen Tag wird ein Referat von einer Wissenschaftlerin bzw. einem Wissenschaftler der Erziehungswissenschaftlichen Fakultät der Universität Leipzig zu neuesten didaktischen und lernpsychologischen Erkenntnissen und Positionen zur GA (als kooperativer Lehr- und Lernform) gehalten. Anschließend findet eine Podiumsdiskussion zu Vor- und Nachteilen von GA statt. Teilnehmende sind die Person, die referiert hat, eine Person aus der Schulleitung sowie eine Lehrkraft, eine Schülerin bzw. ein Schüler und ein Elternteil (ggf. aus der Steuergruppe). Danach besuchen alle Lehrkräfte und Schülerinnen und Schüler gemischte Workshops zum Thema „Organisation und Regeln von GA". Zur Leitung der Workshops werden ggf. Prozessmoderatorinnen und -moderatoren engagiert. Der Tag endet mit einer Feedbackrunde.
- Der zweite Pädagogische Tag widmet sich der praktischen Umsetzung von GA in verschiedenen Fächern. Dazu bieten alle Lehrerinnen und Lehrer für ihr Fach und eine bestimmte Klassenstufe eine 1½-stündige GA an. Die Schülerinnen und Schüler können wählen, in welchem Fach sie mitarbeiten möchten. Danach evaluieren sie die Unterrichtsstunde mithilfe verschiedener Feedbackmethoden. Anschließend erarbeiten sie gemeinsam mit der betreffenden Lehrkraft ein weiteres Gruppenarbeitsszenario zu einem anderen Themengebiet des Faches, das in einer der nächsten Unterrichtseinheiten zum Einsatz kommen und evtl. von Schülerinnen und Schülern angeleitet werden sollte. Der Tag endet mit einem Feedback.

Als zweites mittelfristiges Ziel wird die Erarbeitung von Kriterien vereinbart, mit denen die Qualität von GA operationalisiert wird. Diese Kriterien dienen zur Orientierung beim Einsatz von GA und bilden die Grundlage, auf der die Qualität auch – z.B. bei interner Evaluation – gemessen werden kann.

Maßnahmen:

- In Zusammenarbeit mit der Erziehungswissenschaftlichen Fakultät der Universität Leipzig bilden Mitglieder der Steuergruppe (sowie ggf. weitere Unterstützende aus der Schüler- und Elternschaft) eine Arbeitsgruppe, die bis zum Ende des Schuljahres Qualitätskriterien zur Anwendung von GA im Unterricht erarbeitet. Die Kriterien werden in einem Beobachtungsbogen operationalisiert, der bei künftigen gegenseitigen Hospitationen zum Schwerpunkt „GA“ als Erhebungsinstrument zum Einsatz kommen soll.

- Die Kriterien werden zu Beginn des neuen Schuljahres in den Gremien vorgestellt und diskutiert. In einer dreimonatigen Testphase wird der Beobachtungsbogen in den Fachkonferenzen auf seine Praxistauglichkeit hin überprüft.
- In den Gremiensitzungen vor dem Jahreswechsel werden die Kriterien und der Beobachtungsbogen vor dem Hintergrund der gewonnenen Erfahrungen nochmals diskutiert, ggf. modifiziert und beschlossen.

Außerdem werden drei kurzfristig zu erreichende Ziele beschlossen.

(1) Alle Lehrerinnen und Lehrer sollen sich mit pädagogischen Anforderungen, mit Vor- und Nachteilen sowie der praktischen Umsetzung von GA in ihren Fächern befassen.

Maßnahmen:

- Eine Arbeitsgruppe aus Lehrerinnen und Lehrern, Schülerinnen und Schülern sowie Eltern (ggf. aus der Steuergruppe) beschäftigt sich mit Fachliteratur zum Thema „GA“ (z.B. Klippert, 2009) und erarbeitet gemeinsam ein Referat, das sie in den jeweiligen Gremiensitzungen zum nächstmöglichen Termin im Herbst, vor dem zweiten Pädagogischen Tag, präsentieren werden. Darin soll es hauptsächlich um das pädagogische Handwerkszeug zur GA gehen.
- Alle Lehrerinnen und Lehrer informieren sich über Fortbildungsangebote zum Thema GA im Zusammenhang mit ihren Fächern und stimmen mit der Schulleitung ab, wann sie innerhalb der zweijährigen Frist mindestens eines besuchen können.

(2) Best-practice-Beispiele, die es an der Schule bereits gibt oder die aus der Beschäftigung mit Fachliteratur erschlossen wurden, sollen kontinuierlich allen Lehrerinnen und Lehrern zur Kenntnis gegeben werden.

Maßnahme:

- Die Steuergruppe plant, dass in allen Dienstberatungen und Fachkonferenzen des Schuljahres stets mindestens eine Lehrerin bzw. ein Lehrer von den Erfahrungen, die sie bzw. er mit GA gemacht hat, berichtet und ggf. Gruppenszenarien und Materialien vorstellt.

(3) Die Schülerinnen und Schüler sollen die Lehrpläne ihrer (Lieblings-)Fächer anschauen und Ideen entwickeln, zu welchem Thema und evtl. in welcher Form sich eine GA anbieten würde.

Maßnahme:

- Dazu richtet der Schülerrat ein Blog auf der Homepage der Schule ein, auf dem Ideen gesammelt werden. Die Klassen werden über Aushänge, die Homepage und über die Schülervertreter/innen darüber informiert. Die Lehrerinnen und Lehrer bekommen ebenfalls Zugang zum Blog, können mitdiskutieren und gute Ideen in ihren Unterricht übernehmen.

Institutionalisierung

Damit die geplanten und umgesetzten Maßnahmen auch dauerhaft ihre Wirkung entfalten, ist es nötig, sie in alltägliches schulisches Handeln zu überführen.

- Die Steuergruppe hat angeregt, dass bei der Unterrichtsplanung zum neuen Schuljahr sowie in allen folgenden Schuljahren die Einbeziehung von GA Priorität haben muss. Diese Prozesse werden von den Fachkonferenzen gestaltet und gesteuert. Die Schulleitung besucht in der Vorbereitungswoche zum neuen Schuljahr jede Fachkonferenz, sichtet die Stoffverteilungspläne und bietet Unterstützung an. Diese Neuerungen der Vorbereitungswoche werden fest in allen kommenden Schuljahresarbeitsplänen verankert.
- Im Laufe des neuen Schuljahres wird die Schulleitung einen Hospitationsschwerpunkt auf Häufigkeit und Qualität der GA setzen, wozu sie den von der Arbeitsgruppe erarbeiteten Beobachtungsbogen nutzt. Die Hospitationen durch die Schulleitung werden schrittweise ergänzt durch das gegenseitige Hospitieren unter Kolleginnen und Kollegen, wozu in den Fachkonferenzen künftig in jeder Vorbereitungswoche ein Hospitationsplan aufgestellt wird. Im zweiten Schuljahr nach der Implementierungsphase soll sich gegenseitiges Hospitieren als selbstverständliche Praxis etabliert haben. Für die Auswertung der gegenseitigen Hospitationen bzw. Beobachtungen (und damit einer Form interner, formativer Evaluationspraxis) steht in jedem Monat ein Zeitfenster zur Verfügung.[12]

Evaluation

Im zweiten Schuljahr der vereinbarten Zeitspanne bis zum Erreichen des langfristigen Ziels wird GA im Unterricht in regelmäßigen Abständen intern, auf der Grundlage der beschlossenen Kriterien und mithilfe des Beobachtungsbogens, evaluiert. Dies geschieht nicht nur durch Hospitationen der Schulleitung, sondern auch durch Kolleginnen und Kollegen, Schülerinnen und Schüler sowie Eltern. Die Ergebnisse werden in den Fachkonferenzen ausgewertet.

Am Ende des zweiten Schuljahres soll das langfristige Ziel, die Erhöhung der Häufigkeit und die Verbesserung der Qualität von GA, erreicht worden sein. Dies wird abschließend durch eine externe Evaluation überprüft. Zum Einsatz kommen wiederum Beobachtungsbögen zur kriteriengeleiteten Beobachtung des Unterrichts, die diesmal nicht von Angehörigen der Schule, sondern von externen Evaluatorinnen und Evaluatoren durchgeführt wird. Des Weiteren werden Fragebögen für Lehrkräfte, Schülerinnen und Schüler sowie die Schulleitung verwendet, in denen Aussagen zu Häufigkeit und Qualität der erfahrenen und angeleiteten GA aus der Perspektive der genannten schulischen Akteure erhoben werden. Die Auswertung erfolgt zu Beginn des dritten Schuljahres nach der Zielfestlegung. Je nach Ergebnis stehen sodann Maßnahmen der Qualitätsentwicklung oder/und -sicherung an, sodass der Qualitätskreislauf in Bewegung bleibt.

---

12 Diese Phase überschneidet sich in unserem Beispiel mit Evaluationsmaßnahmen, da man diese auch als Mittel zur Institutionalisierung begreifen kann.

2.3.4 Erheben und Messen schulischer Qualität – Evaluation an Schule

Wie bereits erwähnt, gelten Evaluationen als wichtige Bestandteile von Schulprogrammarbeit und Qualitätsmanagement einer Schule. Die Begriffsbedeutung von *Evaluation* ist äußerst vielfältig (vgl. Wottawa & Thierau, 2003, S. 13) und kontextabhängig. In der sozialwissenschaftlichen Forschung z.B. meint Evaluation die methodisch kontrollierte Begleitung der Programm-Implementierung oder der Erfolgskontrolle und Wirkungsanalyse eines Programms und wird meist durch experimentelle und quasi-experimentelle Designs (→ Kap. 3.2.6) realisiert (vgl. Kromrey, 2001, Stockmann & Meyer, 2010). Im politischen Kontext bezeichnet Evaluation dagegen ein Verfahren zur Effizienzmessung oder zur Analyse der Funktionsfähigkeit von Organisationen (Kromrey, 2001, S. 106). Für den schulischen Kontext wird sowohl das sozialwissenschaftliche Verständnis von Evaluation als Begleitforschung relevant, z.B. in der wissenschaftlichen Analyse der Wirkungen eines schulischen Reformversuchs, als auch die bildungspolitische Kontrolle der Zielerreichung. Letztere bezieht sich auf Qualitätsmanagement (von Einzelschulen) oder System-Monitoring (Evaluation des gesamten Bildungssystems auf Länder- oder Bundesebene; vgl. Rolff, 2002, S. 337).

Gemeinsam ist den verschiedenen Begriffsverwendungen ein Verständnis von Evaluation als einem Vorgehen zur Bewertung eines Sachverhaltes, z.B. durch das Qualitätsurteil „gut“ oder „schlecht“:

> Evaluation [ist] ein Prozess des systematischen Sammelns und Analysierens von *Daten/Informationen*, um an *Kriterien* orientierte *Bewertungsurteile* zu ermöglichen, die auf begründeter Evidenz beruhen.
>
> (Philipp & Rolff 2006, S. 110)

Diese Bewertung basiert auf empirisch gewonnenen Daten und geht damit über die individuelle, unsystematische und ggf. unkritische Wahrnehmung einzelner Personen hinaus. Mit „an Kriterien orientierte[n] Bewertungsurteile[n]“ ist gemeint, dass die durch eine Evaluation generierten Informationen, die an sich neutral sind, vor dem Hintergrund eines festgelegten Beurteilungsmaßstabs in Werturteile überführt werden können. Eckhard Klieme und Rudolf Tippelt (2008, S. 9) weisen darauf hin, dass es für Bildungsqualität nicht *die* eine Skala zur Beurteilung geben kann, was zur Folge habe, dass bereichs- und zielabhängig unterschiedliche Kriterien und Indikatoren benannt werden müssen. Dieselbe Schule oder derselbe Unterricht kann einmal als gut, ein anderes Mal als weniger gut bewertet werden, je nachdem, welche Kriterien der Urteilsfindung zugrunde liegen.

Im Rahmen schulischen Qualitätsmanagements haben Evaluationen meist *formativen* Charakter, d.h., sie werden während der laufenden Maßnahmen eingesetzt, um diese hinsichtlich der Zielerreichung noch „formen“ zu können (Kromrey, 2001, S. 117). Dagegen geht es bei einer *summativen* Evaluation darum, die Ergebnisse nach erfolgten Maßnahmen zu überprüfen (zur Begriffsunterscheidung formativ – summativ → Kap. 2.1 bzw. Wottawa & Thierau, 2003, S. 64). Schulen, die das Implementieren von Maßnahmen selbst evaluierend begleiten oder die Wirksamkeit eingeführter Programme selbst überprüfen und hinsichtlich der Ergebnisse kontrollieren, evaluieren *intern,* d.h., die Verantwortlichkeit für Konzeption und Durchführung des Verfahrens liegt bei den Mitgliedern der Schule. Eine interne Evaluation kann bewirken, dass schulische Akteure sich selbst reflektieren und professionell kritisch betrachten. Eine reflexive Sicht auf sich selbst ist ein wesentliches Merkmal lernender Organisationen (vgl. Senge, 2011). In diesem Sinne ist interne Evaluation als angewandte Forschung von Lehrerinnen und Lehrern über sich selbst und ihr Berufsfeld zu verstehen (vgl. Altrichter & Posch, 2007). Es liegt ihr zwar kein wissenschaftliches Erkenntnisinteresse zugrunde, sie bedient sich aber wissenschaftlicher Methoden in der Datensammlung und -analyse (vgl. Kromrey, 2001). Ergänzend zur schulinternen kann eine *externe* Evaluation als eine „objektive“ Außensicht weitere Informationen über den Qualitätszustand der Schule rückmelden (Artelt, 2009, S. 135). Bei externen Evaluationsverfahren sind die Evaluatorinnen und Evaluatoren nicht zur jeweiligen Schule gehörende, mitunter auch von der Schulaufsicht unabhängige Personen, die im Auftrag der Schule oder des Staates ein kriteriengeleitetes Bewertungsverfahren an der Schule vor Ort durchführen. In Sachsen z.B. wird die externe Evaluation vom Sächsischen Bildungsinstitut (SBI), einem Institut des Kultusministeriums, das aber nicht zur Schulaufsicht gehört, verantwortet. Jedoch können auch sogenannte *Peer Reviews*, bei welcher Kolleginnen und Kollegen anderer Schulen als Evaluatorinnen und Evaluatoren fungieren, eine externe Evaluation durchführen (vgl. Huber & Büeler, 2009, S. 585). Die einer staatlich verordneten externen Evaluation zugrunde gelegten Kriterien können dabei andere sein als die, die von der Schule selbst, z.B. im Rahmen interner Evaluation, festgesetzt werden.

Betrachtet man die Funktionen von Evaluation (vgl. Stockmann & Meyer, 2010, S. 73), so kann man feststellen, dass in der bildungspolitischen Argumentation vorrangig von einer entwicklungsstützenden Funktion durch datenbasierte Gewinnung von Erkenntnissen gesprochen wird, wie z.B. im Konzeptionspapier zur „Fremdevaluation“ (auch: externe Evaluation) in Baden-Württemberg:

> Die Fremdevaluation versteht sich [...] als Dienstleistung im schulischen Bildungssystem und bietet durch einen neutralen ‚Blick von außen' eine systematische Analyse der Organisation, Abläufe und Maßnahmen der Schule. Dabei wird die Schule als Gesamtsystem [...] in den Blick genommen.
>
> (Landesinstitut für Schulentwicklung, 2009, S. 12; vgl. für Sachsen auch Böttger-Beer & Koch, 2008 und SBI, 2008a)

Neben dieser hauptsächlich kommunizierten Funktion, den Einzelschulen vor allem entwicklungsstützende Hilfestellung und Impulse zu geben, stellt die externe Evaluation auch eine „Kontrollform administrativen Handelns“ (Stockmann & Meyer, 2010, S. 74) dar, da sich nach erfolgten externen Evaluationen Aussagen darüber treffen lassen, wie stark Schulen einer definierten Norm – die durch die Referenzmodelle von Schulqualität beschrieben wird – entsprechen oder von dieser abweichen. Dies kann Schulen und/oder Behörden dazu veranlassen, entweder ihr derzeitiges Handeln oder künftige Entscheidungen vor anderen schulischen Akteuren oder der Öffentlichkeit zu legitimieren.

2.3.5 Die externe Evaluation in Sachsen

Die staatlich verordnete externe Schulevaluation ist zum gegenwärtigen Zeitpunkt in allen deutschen Bundesländern verbindlich eingeführt. In Sachsen wird sie seit dem Schuljahr 2007/2008 an staatlichen allgemein- und berufsbildenden Schulen durchgeführt. Im sächsischen Verfahren wird sowohl hinsichtlich der formulierten Qualitätskriterien als auch hinsichtlich des Verfahrensablaufs und der zum Einsatz kommenden Erhebungsinstrumente nicht zwischen den Schularten unterschieden.

Im Folgenden stellen wir die einzelnen Verfahrensschritte der sächsischen externen Evaluation vor (vgl. SBI, 2008a; Schmidt, Diegmann, Keitel & Marquardt, 2011).

2.3.5.1 Das Verfahren und die Instrumente der externen Evaluation an sächsischen Schulen

(1) Die externe Evaluation beginnt mit einem Kontaktgespräch zwischen dem Evaluationsteam und einer Kontaktgruppe von acht bis zehn Lehrkräften, Schülerinnen und Schülern sowie Eltern der zu evaluierenden Schule. Ziel dieses Gespräches ist das Herstellen von Transparenz sowie die Organisation der Durchführung der Evaluation an der einzelnen Schule.
(2) Im zweiten Verfahrensschritt werden die Dokumente des Qualitätsmanagements der Schule (Schulprogramm, Fortbildungskonzeption) analysiert. Hierbei wird bewertet, ob es sich um Entwicklungspapiere handelt, die dem Qualitätskreislauf (s. Abbildung 2) folgen und somit zur internen Steuerung und Entwicklung der Schule dienen können.
(3) Schriftliche Befragungen von Lehrerinnen und Lehrern, Schülerinnen und Schülern der sechsten und aller Abschlussklassen sowie deren Eltern und ggf. Ausbildungspartnern anhand standardisierter Fragebögen bilden den dritten Verfahrensschritt.
(4) Es schließt sich ein dreitägiger Schulbesuch eines Teams von drei Evaluatorinnen und Evaluatoren an. Innerhalb dieses Zeitraums wird u.a. ein standardisiertes Interview mit der Schulleitung geführt; es gibt moderierte Gruppen-

gespräche mit je ca. acht Teilnehmenden aus den Gruppen der Lehrenden, Schülerinnen und Schülern, Eltern und ggf. Ausbildungspartnern zu Stärken und Schwächen der Schule, welche als „Schnittstelle zum Bereich der schulischen Selbstevaluation" (SBI, 2008a, S. 20) kommuniziert werden und nicht in die quantitative Bewertung eingehen; es werden 20 bis 40 Unterrichtsstunden beobachtet und in einem standardisierten Beobachtungsbogen protokolliert. Ein Beobachtungsverfahren mithilfe eines standardisierten Beobachtungsbogens durch hierfür geschulte Evaluatorinnen und Evaluatoren wird in der externen Evaluation in Sachsen ausschließlich zur Bestimmung der Unterrichtsqualität eingesetzt. Für alle anderen Qualitätsbereiche wird davon ausgegangen, dass diejenigen am ehesten über die Qualität von Schule urteilen können, die Expertinnen und Experten für die Schule sind: Lehrerinnen und Lehrer, Schülerinnen und Schüler und Eltern (vgl. Kromrey, 2001, S. 118). Ein Großteil der Daten in der externen Evaluation wird demzufolge über deren Selbstauskünfte in standardisierten Fragebögen erhoben.

(5) Den letzten Schritt im Verfahren der externen Evaluation in Sachsen stellt die Präsentation der ausgewerteten Ergebnisse dar. Im Rahmen einer schulöffentlichen Ergebnisrückmeldung wird der Schule ein Bericht übergeben, in dem sämtliche Qualitätsurteile bis in die Ebene der Qualitätsindikatoren hinein dargestellt sind. Er fungiert als ein „auf sozialwissenschaftlicher Grundlage und Methodik erstelltes Gutachten" (Böttger-Beer & Koch, 2008, S. 262). Bei der Datenrückmeldung geht es nicht darum, einzelnen Personen Stärken oder Defizite zuzuweisen, sondern es erfolgt eine Rückmeldung auf organisationaler Ebene, mit der sich das Schulteam als Ganzes auseinandersetzen soll. Kritisch kann angemerkt werden, dass die verwendeten Erhebungsinstrumente – und somit auch die verwendeten manifesten Variablen/Indikatoren – den Schulen weder im Evaluationsbericht noch anderweitig zugänglich sind. Dies erscheint vor allem deshalb problematisch, als dass von den Schulen eine reflektierte Auseinandersetzung mit den Evaluationsergebnissen erwartet wird, auf deren Grundlage sie Zielvereinbarungen mit der zuständigen Schulaufsicht zur weiteren Entwicklung der Schule abschließen sollen (vgl. zu Zielvereinbarungen SMK, 2008).

2.3.5.2 Qualitätsbestimmung in der externen Evaluation in Sachsen

Durch externe Evaluation sollen Schulen bundesweit in einem Abstand von ca. fünf Jahren regelmäßig hinsichtlich eines normativen Referenzrahmens für Schulqualität – als einem festgelegten Idealzustand – bewertet werden. Für Sachsen wurde ein solches Rahmenmodell bereits vorgestellt (s. Abbildung 1). Schulische Qualität wird darin theoriegeleitet durch ihre Unterteilung in Prozesse und Ergebnisse (in Sachsen: „Qualitätsbereiche") näher bestimmt; dabei wird in der

Konzeptionsbeschreibung z.B. auf Andreas Helmkes (2007) Kriterien guten Unterrichts rekurriert (s. Böttger-Beer & Koch, 2008, S. 256). In der externen Evaluation geht es nun darum zu überprüfen, ob und in welcher Ausprägung die Qualität dieser Bereiche in der Schulrealität anzutreffen ist. Der Verfahrenskonzeption liegt ein sozialwissenschaftlicher Ansatz zugrunde, nach dem „auf möglichst objektive Art und Weise verlässliche Informationen über die Ergebnisse und Prozesse schulischer Arbeit“ (Böttger-Beer & Koch, 2008, S. 253) gewonnen werden sollen. Empirisch gewonnene Ergebnisse gelten als umso objektiver, je unabhängiger sie von den forschenden Personen sind (→ Kap. 3.1.4; vgl. Diekmann, 2003). Da standardisierte Erhebungsinstrumente dem Anspruch der Objektivität in besonderem Maße gerecht werden können (vgl. Diekmann, 2003), wurde in Sachsen ein standardisiertes Verfahren entwickelt, in dem Eigenschaften der Schulrealität quantitativ gemessen werden.[13] Ein solches Vorgehen bietet zwar die Möglichkeit des Vergleiches von Schulen im Rahmen des System-Monitorings, jedoch können individuelle Besonderheiten der Schulen dabei kaum Berücksichtigung finden, da an allen Schulen die gleichen Qualitätsbereiche überprüft werden – unabhängig von z.B. der Schulform oder dem Einzugsbereich (vgl. Diegmann et al., 2011).

Nachfolgend möchten wir zeigen, wie schulische Qualität in der externen Evaluation in Sachsen operationalisiert und somit messbar gemacht wurde. Dabei soll exemplarisch verdeutlicht werden, welche Schwierigkeiten besonders bei der Operationalisierung und dem Beobachten von Unterrichtsqualität auftreten können.

Die im sächsischen Rahmenmodell für Schulqualität benannten Prozesse und Ergebnisse stellen bereits das Resultat eines ersten Operationalisierungsvorgangs von schulischer Qualität dar.[14]

Abbildung 3: Prozesse und Ergebnisse im sächsischen Rahmenmodell für Schulqualität

Lehren und Lernen
Management und Führung
Entwicklung der Professionalität
Schulkultur
Kooperationen
Ergebnisse

} Prozesse

13 Der Begriff des Messens bezeichnet in der empirischen Sozialforschung das Überführen von definierten empirischen Eigenschaften von Personen oder Objekten in Zahlenwerte nach einer bestimmten Zuordnungsvorschrift. Dabei muss deutlich werden, welche Informationen (z.B. Meinungen, Einstellungen etc.) durch die Zahlen repräsentiert werden (vgl. Wirtz & Nachtigall, 1998, S. 44).

14 Eine detaillierte Beschreibung dieser Bereiche ist in der sogenannten Kriterienbeschreibung (SBI, 2008b) zu finden. Jedoch fehlt die Begründung sowohl für die Auswahl gerade dieser Bereiche als auch für die Zuordnung der Merkmale, Kriterien und Indikatoren.

In den nächsten Schritten der Operationalisierung werden den sechs Qualitätsbereichen, die als latente Variablen bzw. Konzepte verstanden werden können, weitere latente Variablen (in Sachsen: „Merkmale") zugeordnet, die sie näher charakterisieren (zu „latenten" und „manifesten Variablen" z.B. → Kap. 3.2.3). Diese werden weiter unterteilt in „Qualitätskriterien" (SBI 2008b, S. 6). Anschließend müssen die Qualitätskriterien in „Qualitätsindikatoren" und damit in messbare Eigenschaften (manifeste Variablen bzw. Indikatoren), z.B. Items in Frage- oder Beobachtungsbögen, überführt werden.

Tabelle 1: Auszug aus der „Übersicht über alle Bereiche, Merkmale und Kriterien schulischer Qualität", SBI 2008b, S. 8f.

Qualitätsbereich	**Qualitätsmerkmale**	**Qualitätskriterien**	**Qualitätsindikatoren (Auswahl)**
Lehren und Lernen	Lehr- und Lern-Organisation	Vielfalt an Unterrichtsangeboten:	*Vielfalt an Lehr- und Lernformen, Flexibilität bei der Stundenplangestaltung, Einsatz von Computern, Anschaulichkeit des fächerverbindenden Unterrichts, Interessantheit des fächerverbindenden Unterrichts*
		Angebote über den Unterricht hinaus:	*Bedarfsorientierung der angebotenen Arbeitsgemeinschaften, Zufriedenheit mit den besuchten Arbeitsgemeinschaften, Güte der Schulveranstaltungen*
	Lehr- und Lernprozesse	Aufrechterhalten von Aufmerksamkeit:	*Wertschätzendes Verhalten, Klassenführung, Beteiligung der Schüler, Flexibilität, Variabilität*
		Förderung von Verstehen:	*Strukturiertheit, Klarheit, Vernetzung, Kritisches Prüfen, Festigung, Differenzierung, Überprüfung*
		Förderung von Anwendungsbezug:	*Anwendungsbezug herstellen*
		Förderung intrinsischer Motivation:	*Interesse wecken, Stimulierung, Selbstkonzeptstärkung, Autonomieunterstützung, Engagement*

Anhand des Qualitätsbereiches *Lehren und Lernen* (s. Tabelle 1), welcher mithilfe von Unterrichtsbeobachtungen evaluiert wird, soll der Prozess der Operationalisierung beispielhaft aufgezeigt werden: Zunächst werden zwei Teilbereiche (Qualitätsmerkmale) von Lehren und Lernen ausdifferenziert: Lehr- und Lernorganisation und Lehr- und Lernprozesse. Die weitere Feingliederung der Merkmale erfolgt über die Zuweisung von Qualitätskriterien bis in die Ebene der „Qualitätsindikatoren" (kursiv dargestellt). Um die Qualitätsindikatoren (s. Tabelle 1) in tatsächlich beobachtbare, messbare Einheiten überführen zu können, müssen diese weiter operationalisiert werden. Sie stellen noch immer latente Variablen bzw. theoretische Konzepte dar und können deshalb – im sozialwissenschaftlichen

Verständnis einer manifesten Variable – nicht als Indikatoren bezeichnet werden, auch wenn der Begriff im sächsischen Verfahren bereits an dieser Stelle verwendet wird. Am Beispiel des Kriteriums „Aufrechterhalten von Aufmerksamkeit" soll verdeutlicht werden, wie der Qualitätsindikator *Beteiligung der Schüler* in der Unterrichtsbeobachtung bewertet wird (s. Abbildung 4).

In den Berichten, die die Schulen nach erfolgter externer Evaluation erhalten, wird dieser folgendermaßen definiert:

> Die Schüler werden am Unterrichtsgeschehen beteiligt. Beispiele: Die Schüler haben Gelegenheit zu Wort zu kommen, die Diskussionen sind zielgerichtet und nicht vom Thema abschweifend.
>
> (SBI, 2009, S. 26)

Das Konzept der Beteiligung am Unterrichtsgeschehen wird gemäß dieser Definition durch zwei Merkmale bzw. „Qualitätsaussagen" (Döbert, Rürup & Dedering, 2008, S. 145) bestimmt, die sich als (vermeintlich) manifeste, d.h. beobachtbare Items im Beobachtungsbogen finden:

(1) Die Schüler haben Gelegenheit, zu Wort zu kommen.
(2) Diskussionen sind zielgerichtet und schweifen nicht vom Thema ab.

Zusätzlich sind im Erhebungsinstrument selbst noch zwei weitere Items zur Charakterisierung des Indikators aufgenommen worden, die nicht direkt aus der o.g. Definition hervorgehen, jedoch auf *Beteiligung* verweisen:

(3) Die Schüler können aktiv im Unterricht mitwirken,
(4) Verständnisfragen der Schüler werden vom Lehrer ernst genommen.

Die Evaluatorinnen und Evaluatoren haben die Aufgabe, das Ausmaß der Beteiligung von Schülerinnen und Schülern in der Unterrichtsbeobachtung mithilfe des Beobachtungsbogens zu bewerten. Die Items (Qualitätsaussagen) werden dabei nicht separat gemessen (vgl. Döbert et al., 2008, S. 145), sondern dienen der Veranschaulichung der latenten Variable *Beteiligung der Schüler am Unterrichtsgeschehen*, für welche eine Ausprägung bestimmt werden soll. Die Evaluatorinnen und Evaluatoren kreuzen auf einer fünfstufigen Skala den Zahlenwert an (5 = „trifft vollkommen zu" bis 1 = „trifft nicht zu"), der die empirisch beobachtbare Ausprägung ihrer Meinung nach am treffendsten repräsentiert (s. Abbildung 4).

Abbildung 4: Unterrichtsbeobachtungsbogen der externen Evaluation, unveröffentlicht (Sächsisches Bildungsinstitut, 2007)

Bereich:	Lehren und Lernen
Merkmal:	Lehr- und Lernprozesse
Kriterium:	Aufrechterhalten von Aufmerksamkeit
Indikator:	Beteiligung der Schüler

3. Beteiligung der Schüler	Anmerkungen
- Die Schüler haben die Möglichkeit, aktiv im Unterricht mitzuwirken. - Die Schüler haben Gelegenheit, zu Wort zu kommen. - Verständnisfragen der Schüler werden vom Lehrer ernst genommen. - Diskussionen sind zielgerichtet und nicht vom Thema abschweifend. trifft nicht zu ① ② ③ ④ ⑤ trifft vollkommen zu	

An diesem Beispiel wird deutlich, welchen Schwierigkeiten die Operationalisierung theoretischer Konzepte in manifeste, also beobachtbare Eigenschaften unterliegt (s. Abbildung 4). Streng genommen sind selbst die in diesem Messinstrument aufgeführten Items noch nicht eindeutig beobachtbar. So ist es z.B. einerseits kaum möglich, dass *die Schüler*, d.h. alle von ein oder auch zwei Evaluatorinnen bzw. Evaluatoren beobachtet werden können. Andererseits ist nicht eindeutig festgelegt, was genau zur *Beteiligung* gehört und was nicht. Vielmehr werden anhand der Itemgruppe mehrere Nuancierungen des Konzepts „Beteiligung" dargestellt, die allesamt als ein eigener Indikator dienen könnten. Zudem sind sie nicht eindeutig formuliert: So liegt z.B. die Bewertung von „Aktivität" im Ermessen der Beobachtenden, da nicht näher erläutert wird, welche Form von aktiver Mitarbeit (z.B. Melden, verbale Äußerungen, stilles Schreiben) einen Hinweis auf die Unterrichtsbeteiligung der Schülerinnen und Schüler gibt. Auch wird nicht deutlich, woran zu erkennen ist, ob Lehrende die Fragen von Schülerinnen und Schülern ernst nehmen und ob eine Diskussion vom Thema abschweift. Aufgrund der mangelnden Klarheit und fehlenden Eindeutigkeit der Indikatorenbeschreibung sind die Beobachtenden darauf angewiesen, ein bestimmtes Verhalten als Beteiligung der Schülerinnen und Schüler zu interpretieren. An der Gesamtbewertung des Indikators „Beteiligung der Schüler", die sich aus allen einzelnen Bewertungen der 20 bis 40 beobachteten Unterrichtseinheiten ergibt, können die Schulen folglich nicht eindeutig ablesen, welche Art der Beteiligung tatsächlich gemessen wurde. Dies könnte die schulinterne Diskussion der zurückgemeldeten Qualitätsurteile sowie deren Nutzung zur eventuellen Verbesserung der Beteiligung von Schülerinnen und Schülern im Unterricht behindern. Als erschwerend kann hinzu kommen, dass die Erhebungsinstrumente der externen Evaluation den Schulen in Sachsen nicht zugänglich sind.

2.3.5.3 Externe Evaluation – und wie weiter?

Alle im Verfahren der externen Evaluation erhobenen Daten werden im Anschluss an die Auswertung in Qualitätsurteile („gut“, „eher gut“, „mittel“, „eher schlecht“, „schlecht“) anhand einer Qualitätsskala übersetzt (vgl. zur Auswertung der Daten in der externen Evaluation Böttger-Beer & Koch, 2008, S. 260–263) und in Form eines Berichtes der Schule übergeben. Die Weiterarbeit mit den Berichten und Ergebnissen der externen Evaluation obliegt nun der evaluierten Schule. Von Seiten des Kultusministeriums bzw. der Schulaufsicht müssen die Schulen nicht mit Konsequenzen bezüglich ihrer erreichten Ergebnisse rechnen, wie sie in Form von öffentlichen Rankings und leistungsgebundener Ressourcenallokation denkbar wären, da mit der externen Evaluation eine „Entwicklung über Einsicht“ (Böttger-Beer & Koch, 2008, S. 254) angestrebt wird. Die Ergebnisse werden demnach nicht veröffentlicht, sondern die Schulen können selbst entscheiden, ob, wie und wem gegenüber sie eine Veröffentlichung anstreben. Um die Nutzung von Evaluationsergebnissen zu sichern, sind die Schulen in Sachsen angehalten, auf Grundlage der Berichte der externen Evaluation Zielvereinbarungen mit ihrer zuständigen Schulaufsichtsbehörde abzuschließen (vgl. SMK, 2008). Diese Ziele können wiederum als Impuls zur organisationalen Weiterentwicklung dienen: Der Qualitätskreislauf würde erneut beginnen.

In welchem Zusammenhang die Ergebnisse externer Evaluationen jedoch mit Schulentwicklung stehen, ist noch wenig erforscht. Dem zunehmenden Einsatz von externer Evaluation steht ein bisher recht geringes Wissen bezüglich der Wirksamkeit solcher Maßnahmen gegenüber (vgl. Stamm, 2003, vgl. für Schulprogrammarbeit Holtappels, 2004). Positive und negative Qualitätsurteile werden folgenlos bleiben, sofern die Schulen aus ihnen kein handlungsrelevantes Wissen ableiten (können). Im → Kap. 4.2 wird deshalb zu diskutieren sein, welche Chancen und Möglichkeiten bestehen, dass Daten aus Evaluation (und bildungswissenschaftlicher Forschung) konkrete Taten an Schulen anregen können.

Denken – Handeln – Diskutieren

1. Seit ca. 10 Jahren wird Schulen seitens der Kultusministerien und Schulaufsichtsbehörden Teilautonomie bzw. mehr Eigenverantwortung zugestanden, damit sie ihre eigene Entwicklung vor Ort steuern können. Dabei verwenden die meisten Bundesländer in schulpolitischen Dokumenten und auf ihren Bildungsservern zumeist den Begriff „Eigenverantwortung“, während in wissenschaftlichen Kontexten auch von „Teilautonomie“ gesprochen wird.
   a) Überlegen Sie mögliche Intentionen der jeweiligen begrifflichen Verwendung.

b) Diskutieren Sie, welchen Einfluss die unterschiedliche Begriffsverwendung (teilautonome vs. eigenverantwortliche Schule) Ihrer Meinung nach auf Rechte und Pflichten der Einzelschule bzw. auf die Beziehung zwischen Schulaufsicht und Einzelschule haben könnte.
c) Positionieren Sie sich und begründen Sie: Welche der beiden Bezeichnungen (Teilautonomie oder Eigenverantwortung von Schulen) würden Sie in einem Schulsystem bevorzugt verwenden wollen?

2. Stellen Sie sich vor, eine interne Evaluation an Ihrer Schule hätte ergeben, dass die Schülerinnen und Schüler mit ihren Partizipationsmöglichkeiten unzufrieden sind. Entwerfen Sie ein an den Qualitätskreislauf angelehntes Qualitätsmanagement zur Verbesserung dieses Teilbereichs schulischer Qualität.

3. Stellen Sie sich vor, Ihre Schule würde demnächst extern mit einem ähnlichen Verfahren wie dem sächsischen evaluiert.
   a) Wie würden Sie bei der Ankündigung einer externen Evaluation reagieren? Welche Gedanken gingen Ihnen durch den Kopf? Kommen Sie darüber mit Ihren Kolleginnen und Kollegen ins Gespräch.
   b) Formulieren Sie, was Sie sich von einer externen Evaluation an Ihrer Schule erhoffen würden.
   c) Entwerfen Sie Ideen, wie ein ideales externes Evaluationsverfahren für Ihre Schule gestaltet sein müsste. Beziehen Sie in Ihre Überlegungen Verfahrensschritte, Untersuchungsinstrumente und die Bereiche bzw. Prozesse ein, die Ihrer Meinung nach extern evaluiert werden sollten.
   d) Diskutieren Sie, welche Mitwirkung Sie sich sowohl bei der Entwicklung von Evaluationsinstrumenten als auch bei der Durchführung einzelner Verfahrensschritte wünschen würden.

4. Der Elternrat Ihrer Schule hat sich darüber beklagt, dass die Lehrerinnen und Lehrer ihre Schülerinnen und Schüler zu wenig an der Gestaltung des Unterrichts, z. B. hinsichtlich der Wahl der Inhalte und Methoden, beteiligen würden. Die Lehrkräfte Ihrer Schule wollen wissen, ob diese Wahrnehmung zutrifft. Entwickeln Sie ein Beobachtungsinstrument, mit dessen Hilfe Sie bei gemeinsamen Hospitationen erheben können, ob und inwieweit die Schülerinnen und Schüler in die Auswahl von Inhalten und Methoden durch die jeweilige Lehrkraft einbezogen werden (→ Kap. 3.2.1).

Literatur

Altrichter, H. & Posch, P. (2007). *Lehrerinnen und Lehrer erforschen ihren Unterricht: Unterrichtsentwicklung und Unterrichtsevaluation durch Aktionsforschung* (4. Aufl.). Bad Heilbrunn: Klinkhardt.

Arnold, R. & Schüßler, I. (1998). *Wandel der Lernkulturen: Ideen und Bausteine für ein lebendiges Lernen.* Darmstadt: Wissenschaftliche Buchgesesellschaft

Artelt, C. (2009). Externe Evaluation und einzelschulische Entwicklung – Ein zukunftsreiches Entwicklungsverhältnis? In J. van Buer & C. Wagner (Hrsg.), *Qualität von Schule. Ein kritisches Handbuch* (2. Aufl., S. 131–140). Frankfurt am Main: Peter Lang.

Bauer, K.-O., Bohn, A., Kemna, P. & Logemann, N. (2010). *Pädagogische Qualität messen: Ein Handbuch.* Münster: Waxmann.

Bos, W., Lankes, E.-M., Schwippert, K., Valtin, R., Voss, A., Badel, I. et al. (2003). Lesekompetenzen deutscher Grundschülerinnen und Grundschüler am Ende der vierten Jahrgangsstufe im internationalen Vergleich. In W. Bos, E.-M. Lankes, M. Prenzel, K. Schwippert, G. Walther & R. Valtin (Hrsg.), *Erste Ergebnisse aus IGLU. Schülerleistungen am Ende der vierten Jahrgangsstufe im internationalen Vergleich* (S. 69–142). Münster: Waxmann.

Böttcher, W. (2002). Kann eine ökonomische Schule auch eine pädagogische sein? Schulentwicklung zwischen neuer Steuerung, Organisation, Leistungsevaluation und Bildung. Weinheim: Juventa.

Böttcher, W. (2009). Was leisten Evaluationen für die Qualitätsentwicklung? In T. Bohl & H. Kiper (Hrsg.), *Lernen aus Evaluationsergebnissen. Verbesserungen planen und implementieren* (S. 207–218). Bad Heilbrunn: Klinkhardt.

Böttger-Beer, M. & Koch, E. (2008). Externe Evaluation in Sachsen – ein Dialog zwischen Wissenschaft und Praxis. In W. Böttcher, W. Bos, H. Döbert & H. G. Holtappels (Hrsg.), *Bildungmonitoring und Bildungscontrolling in nationaler und internationaler Perspektive* (S. 253–264). Münster: Waxmann.

Dalin, P. & Rolff, H.-G. (1990). Institutionelles Schulentwicklungsprogramm: Eine neue Perspektive für Schulleiter, Kollegium und Schulaufsicht. Soest: Soester Verlagskontor.

Dalin, P., Rolff, H.-G. & Buchen, H. (1995). *Institutioneller Schulentwicklungs-Prozeß: Ein Handbuch* (2. Aufl.). Bönen/Westfalen: Verlag für Schule und Weiterbildung.

Dedering, K. & Müller, S. (2008). Schulinspektion in Deutschland – Forschungsbereiche und -desiderata. In W. Böttcher, W. Bos, H. Döbert & H. G. Holtappels (Hrsg.), *Bildungmonitoring und Bildungscontrolling in nationaler und internationaler Perspektive* (S. 241–252). Münster: Waxmann.

Deutsches Institut für Normung. (2005). *Qualitätsmanagementsysteme: Grundlagen und Begriffe (ISO 9000:2005); dreisprachige Fassung*; DIN EN ISO 9000 (EN ISO 9000). Berlin: Beuth.

Diegmann, D., Schmidt, M., Flagmeyer, D. & Keitel, J. (2011). Partizipationsmöglichkeiten durch externe Evaluation und Zielvereinbarungen im sächsischen Schulsystem. *Bildung und Erziehung, 64* (3), 295–312.

Diekmann, A. (2003). *Empirische Sozialforschung: Grundlagen, Methoden, Anwendungen* (10. Aufl.). Reinbek: Rowohlt.

Ditton, H. (2009). Schulqualität – Modelle zwischen Konstruktion, empirischen Befunden und Implementierung. In J. van Buer & C. Wagner (Hrsg.), *Qualität von Schule. Ein kritisches Handbuch* (2. Aufl., S. 83–92). Frankfurt am Main: Peter Lang.

Ditton, H. (2010). Evaluation und Qualitätssicherung. In R. Tippelt & B. Schmidt (Hrsg.), *Handbuch Bildungsforschung* (3. Aufl., S. 607–623). Wiesbaden: VS Verlag für Sozialwissenschaften.

Döbert, H., Rürup, M. & Dedering, K. (2008). Externe Evaluation in Deutschland – Die Konzepte der Bundesländer, ihre Gemeinsamkeiten und Unterschiede. In H. Döbert & K. Dedering (Hrsg.), *Externe Evaluation von Schulen. Historische, rechtliche und vergleichende Aspekte* (S. 63–136). Münster: Waxmann.

Fend, H. (1986). Gute Schulen – Schlechte Schulen. Die einzelne Schule als pädagogische Handlungseinheit. *Die deutsche Schule, 78* (3), 275–293.

Fend, H. (2008b). Dimensionen von Qualität im Bildungswesen. Von Produktindikatoren zu Prozessindikatoren am Beispiel der Schule. In E. Klieme & R. Tippelt (Hrsg.), Qualitätssicherung im Bildungswesen. Eine aktuelle Zwischenbilanz, 190–209 [Themenheft]. Weinheim: Beltz.

Fend, H. (2008a). *Neue Theorie der Schule: Einführung in das Verstehen von Bildungssystemen* (2. Aufl.). Wiesbaden: VS Verlag für Sozialwissenschaften.

Grohnfeldt, M. (2009). Lehrbuch der Sprachheilpädagogik und Logopädie. Band 3: Diagnostik, Prävention und Evaluation (2. Aufl.). Stuttgart: Kohlhammer.

Harvey, L. & Green, D. (2000). Qualität definieren. Fünf unterschiedliche Ansätze. In A. Helmke, W. Hornstein & E. Terhart (Hrsg.), Qualität und Qualitätssicherung im Bildungsbereich. Schule, Sozialpädagogik, Hochschule. *Zeitschrift für Pädagogik. 41,* 17–39 [Themenheft]. Weinheim: Beltz.

Heid, H. (2000). Qualität: Überlegungen zur Begründung einer pädagogischen Urteilskategorie. In A. Helmke, W. Hornstein & E. Terhart (Hrsg.), Qualität und Qualitätssicherung im Bildungsbereich. Schule, Sozialpädagogik, Hochschule. *Zeitschrift für Pädagogik. 41,* 41–54 [Themenheft]. Weinheim: Beltz.

Heinrich, M. (2007). *Governance in der Schulentwicklung: Von der Autonomie zur evaluationsbasierten Steuerung.* Wiesbaden: VS Verlag für Sozialwissenschaften.

Helmke, A. (2007). *Unterrichtsqualität erfassen, bewerten, verbessern* (5. Aufl.). Seelze: Klett Kallmeyer.

Holtappels, H. G. (1995). Innere Schulreform: Innovationsprozesse und Organisationsentwicklung. In H.-G. Rolff (Hrsg.), *Zukunftsfelder von Schulforschung* (S. 327–354). Weinheim: Deutscher Studien Verlag.

Holtappels, H. G. (2004). Schulprogramm – Ein Instrument zur systematischen Entwicklung der Schule. In H. G. Holtappels (Hrsg.), *Schulprogramme-Instrumente der Schulentwicklung. Konzeptionen, Forschungsergebnisse* (S. 11–18). Weinheim: Juventa.

Holtappels, H. G. (2009). Unterrichtsentwicklung und Schulentwicklung. In S. Blömeke, T. Bohl, L. Haag, G. Lang-Wojtasik & W. Sacher (Hrsg.), *Handbuch Schule. Theorie – Organisation – Entwicklung* (S. 588–592). Bad Heilbrunn: Klinkhardt.

Holtappels, H. G. (2010). Methoden zur Entwicklung eines Schulprogramms. In T. Bohl, W. Helsper, H. G. Holtappels & C. Schelle (Hrsg.), *Handbuch Schulentwicklung* (S. 527–534). Stuttgart: Klinkhardt.

Huber, S. G. & Büeler, X. (2009). Schulentwicklung und Qualitätsmanagement. In S. Blömeke, T. Bohl, L. Haag, G. Lang-Wojtasik & W. Sacher (Hrsg.), *Handbuch Schule. Theorie – Organisation – Entwicklung* (S. 579–587). Bad Heilbrunn: Klinkhardt.

Kamiske, G. F. & Brauer, J.-P. (2008). *Qualitätsmanagement von A–Z: Wichtige Begriffe des Qualitätsmanagements und ihre Bedeutung* (6. Aufl.). München: Carl Hanser.

Kempfert, G. & Rolff, H.-G. (2005). *Qualität und Evaluation: Ein Leitfaden für pädagogisches Qualitätsmanagement* (4. Aufl.). Weinheim: Beltz.

Kiper, H., Meyer, H. & Topsch, W. (2002). *Einführung in die Schulpädagogik*. Berlin: Cornelsen Scriptor.

Klieme, E. (2003). *Zur Entwicklung nationaler Bildungsstandards: Eine Expertise*. Bonn: Bundesministerium für Bildung und Forschung.

Klieme, E. & Tippelt, R. (2008). Qualitätssicherung im Bildungswesen. Eine aktuelle Zwischenbilanz. In E. Klieme & R. Tippelt (Hrsg.), Qualitätssicherung im Bildungswesen. Eine aktuelle Zwischenbilanz, 7–15 [Themenheft]. Weinheim: Beltz.

Klippert, H. (2009). *Teamentwicklung im Klassenraum: Übungsbausteine für den Unterricht* (8. Aufl.). Weinheim: Beltz.

Kohler, B. (2009). Umgang von Lehrer/innen, Eltern und Schulaufsicht mit Ergebnissen internationaler Schulleistungsstudien. In T. Bohl & H. Kiper (Hrsg.), *Lernen aus Evaluationsergebnissen. Verbesserungen planen und implementieren* (S. 81–96). Bad Heilbrunn: Klinkhardt.

Kromrey, H. (2001). Evaluation – Ein vielschichtiges Konzept. Begriff und Methodik von Evaluierung und Evaluationsforschung. Empfehlungen für die Praxis. *Sozialwissenschaften und Berufspraxis,* 2, 105–131.

Kuper, H. (2008). Interaktion/Organisation-Formalität/Informalität: Systemtheoretische Grundbegriffe für eine Theorie der Schule. In Y. Ehrenspeck, G. de Haan & F. Thiel (Hrsg.), *Bildung: Angebot oder Zumutung?* (S. 259–274). Wiesbaden: VS Verlag für Sozialwissenschaften.

Landesinstitut für Schulentwicklung (Hrsg.). (2009). *Orientierungsrahmen zur Schulqualität für allgemeinbildende Schulen in Baden-Württemberg*. Stuttgart.

Likert, T. M. (1998). Mehr Freiheit, mehr Verantwortung – Schulprogramme international gesehen. In E. Risse (Hrsg.), *Schulprogramm. Entwicklung und Evaluation* (S. 121–132). Neuwied: Luchterhand.

Meyer-Dohm, P. (1998). Leitbild in der Firma – Leitbild in der Schule? In E. Risse (Hrsg.), *Schulprogramm. Entwicklung und Evaluation* (S. 105–120). Neuwied: Luchterhand.

Müller, S. (1996). *Schulentwicklung und Schülerpartizipation: Möglichkeiten der Beteiligung von Schülerinnen und Schülern an innerschulischen Innovationsprozessen; untersucht am Fallbeispiel der Hauptschule E.* Neuwied: Luchterhand.

Philipp, E. & Rolff, H.-G. (2006). *Schulprogramme und Leitbilder entwickeln*. Weinheim: Beltz.

Rolff, H.-G. (2002). Was bringt die vergleichende Leistungsmessung für die pädagogische Arbeit in Schulen? In F. E. Weinert (Hrsg.), *Leistungsmessungen in Schulen* (2. Aufl., S. 337–352). Weinheim: Beltz.

Rolff, H.-G., Buhren, C. G., Lindau-Bank, D. & Müller, S. (1998). Manual Schulentwicklung. Handlungskonzept zur pädagogischen Schulentwicklungsberatung (SchuB). Weinheim: Beltz.

Sächsisches Bildungsinstitut (SBI) (Hrsg.). (2008a). *Handreichung zum Verfahren der externen Evaluation an sächsischen Schulen*, Radebeul.

Sächsisches Bildungsinstitut (SBI) (Hrsg.). (2008b). *Schulische Qualität im Freistaat Sachsen: Kriterienbeschreibung*, Radebeul.

Sächsisches Bildungsinstitut (SBI) (Hrsg.). (2009). Bericht über die externe Evaluation an der Mittelschule „Testgrün". Fiktiver Beispielbericht, Radebeul.

Sächsisches Staatsministerium für Kultus (SMK) (Hrsg.). (2004). *Schulprogramme an sächsischen Schulen. Positionen. Prozesse. Praxis*, Dresden.

Sächsisches Staatsministerium für Kultus (SMK) (Hrsg.). (2008). Zielvereinbarungen im sächsischen Schulsystem. Handreichungen für Schulen und Schulaufsicht im Freistaat Sachsen, Dresden.

Schaumburg, H., Prasse, D. & Blömeke, S. (2009). Implementation von Innovationen in der Schule. In S. Blömeke, T. Bohl, L. Haag, G. Lang-Wojtasik & W. Sacher (Hrsg.), *Handbuch Schule. Theorie – Organisation – Entwicklung* (1. Aufl., S. 596–600). Stuttgart: UTB GmbH.

Schmidt, M., Diegmann, D., Keitel, J. & Marquardt, K. (2011). Die externe Evaluation der Schulen im Freistaat Sachsen und Untersuchungen zu ihrer Wirksamkeit. Eine Studie zur Rezeption und Nutzung der Berichte der externen Evaluation an sächsischen allgemeinbildenden Schulen (RuN-Studie). *Schulpädagogik heute, 2* (3).

Schratz, M. (1998). Mit dem Schulprogramm zu einer neuen Lernkultur. In E. Risse (Hrsg.), *Schulprogramm. Entwicklung und Evaluation* (S. 168–194). Neuwied: Luchterhand.

Schratz, M. (2009). Die Zieldimension in der Schulentwicklung (Schulprofil, Leitbild, Schulprogramm). In S. Blömeke, T. Bohl, L. Haag, G. Lang-Wojtasik & W. Sacher (Hrsg.), *Handbuch Schule. Theorie – Organisation – Entwicklung* (S. 567–571). Bad Heilbrunn: Klinkhardt.

Schratz, M., Iby, M. & Radnitzky, E. (2000). *Qualitätsentwicklung: Verfahren, Methoden, Instrumente*. Weinheim: Beltz.

Schratz, M. & Steiner-Löffler, U. (1999). *Die lernende Schule: Arbeitsbuch pädagogische Schulentwicklung*. Weinheim: Beltz.

Schwippert, K. & Goy, M. (2008). Leistungsvergleichs- und Schulqualitätsforschung. In W. Helsper & J. Böhme (Hrsg.), *Handbuch der Schulforschung* (2. Aufl., S. 387–421). Wiesbaden: VS Verlag für Sozialwissenschaften.

Senge, P. M. (2011). Die *fünfte Disziplin: Kunst und Praxis der lernenden Organisation* (11. Aufl.). Stuttgart: Schäffer-Poeschel.

Senger, Ulrike (2011). *Vom Scheideweg zum Königsweg der Hochschuldidaktik. SWOT-Analyse zur fachbezogenen und fachübergreifenden Hochschuldidaktik*. In Jahnke, Isa (Hrsg.); Wildt, Johannes (Hrsg.): Fachbezogene und fachübergreifende Hochschuldidaktik. Bielefeld: W. Bertelsmann Verl. (S. 111-121)

Stamm, M. (2003). *Evaluation und ihre Folgen für die Bildung: Eine unterschätzte pädagogische Herausforderung*. Münster: Waxmann.

Stockmann, R. & Meyer, W. (2010). *Evaluation: Eine Einführung*. Opladen: Budrich.

Weinert, F. E. (Hrsg.). (2002a). *Leistungsmessungen in Schulen* (2. Aufl.). Weinheim: Beltz.

Weinert, F. E. (2002b). Vergleichende Leistungsmessung in Schulen – eine umstrittene Selbstverständlichkeit. In F. E. Weinert (Hrsg.), *Leistungsmessungen in Schulen* (2. Aufl., S. 17–32). Weinheim: Beltz.

Wenzel, H. (2008). Studien zur Organisations- und Schulkulturentwicklung. In W. Helsper & J. Böhme (Hrsg.), *Handbuch der Schulforschung* (2. Aufl., S. 423–447). Wiesbaden: VS Verlag für Sozialwissenschaften.
Wirtz, M. A. & Nachtigall, C. (1998). *Deskriptive Statistik*. Weinheim: Juventa.
Wottawa, H. & Thierau, H. (2003). *Lehrbuch Evaluation* (3. Aufl.). Bern: Hans Huber.

Ralph Schubert

2.4 Aufgaben und Kompetenzen von Lehrerinnen und Lehrern

Die „Standards für die Lehrerbildung: Bildungswissenschaften“ (KMK, 2004) legen fest, über welche Kompetenzen Lehrerinnen und Lehrer verfügen müssen, um erfolgreich unterrichten zu können. Die Standards beschreiben diese Kompetenzen[15] sehr allgemein, da eine vollständige Auflistung aller zu beherrschenden Fähigkeiten und Fertigkeiten schon aufgrund der Vielfalt und Komplexität der Aufgaben von Lehrerinnen und Lehrern nicht möglich ist. Hinzu kommt, dass sich gesellschaftliche Wandlungsprozesse direkt auf die Schule und damit auf die Arbeit von Lehrerinnen und Lehrern auswirken. Was heute noch funktionierte, kann sich in naher Zukunft schon als hinderlich erweisen. Über welche Kompetenzen, d.h., Fähigkeiten und Fertigkeiten, müssen Lehrerinnen und Lehrer also verfügen, um erfolgreich zu unterrichten?

Dieser Frage wird in diesem Kapitel nachgegangen. Zunächst wird der öffentlich rechtliche Rahmen betrachtet, in welchem die Profession ausgeübt wird. Daran schließen sich Ausführungen zu den Aufgaben und Kompetenzen von Lehrerinnen und Lehrern im Bereich Unterrichten an.

2.4.1 Rechtliche Stellung und Wahrnehmung in der Öffentlichkeit

Nach Artikel 7 Abs. 1 des Grundgesetzes steht das gesamte Schulwesen unter Aufsicht des Staates. In den Verfassungen der einzelnen Bundesländer werden dazu nähere Ausführungen gemacht und entsprechende Grundsätze der Erziehung und Bildung formuliert. Daraus leiten sich wiederum Bildungs- und Erziehungsaufträge ab, die im Schulgesetz bzw. den Rechtsvorschriften für die einzelnen Schulformen weiter ausformuliert werden. Mit der Umsetzung des Bildungs- und

15 Detaillierte Darstellungen und Erläuterungen zu Aufgaben und Kompetenzen von Lehrerinnen und Lehrern finden sich u.a. bei Helmke (2009) und Wellenreuther (2008).

Erziehungsauftrages beauftragen die Bundesländer Lehrerinnen und Lehrer, die entweder als Beamte oder Angestellte des Öffentlichen Dienstes eingestellt werden. Hinsichtlich der Verbeamtung von Lehrerinnen und Lehrern bestehen zwischen den Bundesländern unterschiedliche Auffassungen. Während die meisten Bundesländer ihren Lehrerinnen und Lehrern die Möglichkeit der Verbeamtung bieten, verzichten z.B. der Freistaat Sachsen und Berlin derzeit auf diese Option. Es bleibt abzuwarten, welcher Trend sich in Deutschland durchsetzt. Interessant dürfte dabei sein, wie sich die derzeit verschärfende Konkurrenz der Bundesländer um junge Lehrkräfte auswirkt. Unabhängig vom Anstellungsverhältnis sind Lehrerinnen und Lehrer in mehrfacher Hinsicht öffentliche Personen. Sie üben hoheitsrechtliche Befugnisse aus und wirken somit im Sinne der Gesetze des jeweiligen Landes in der Öffentlichkeit und auf diese ein. So entscheiden Zeugnisse über weitere Bildungschancen der Schülerinnen und Schüler und beeinflussen deren Biografien nicht unwesentlich. Eine weitere Besonderheit des Berufes besteht darin, dass alle Bürgerinnen und Bürger eine Schule und darin unterrichtende Lehrkräfte viele Jahre als Schülerinnen und Schüler kennen gelernt haben. Jeder kann also mitreden, wenn es um Schule geht, hat eigene, nicht nur angenehme, Erfahrungen mit ihr gemacht. Lehrerinnen und Lehrer sind auch insofern Personen des öffentlichen Lebens, als ihnen von der Bevölkerung und im Speziellen von den Medien eine Vorbildrolle zugeschrieben wird. Bei Verfehlungen Einzelner gegenüber einer so erzeugten Erwartungshaltung wird nicht immer differenziert gewertet, sondern es werden Pauschalurteile über Teile der oder die ganze Berufsgruppe abgegeben. Vielleicht trägt auch der Umstand, dass die Gehälter von Lehrerinnen und Lehrern aus den jeweiligen Landeshaushalten bezahlt werden und die Arbeitsplätze relativ sicher sind, dazu bei, dass die Öffentlichkeit die Arbeit des Lehrpersonals besonders kritisch betrachtet.

> Die Bildungswissenschaftlerin Sigrid Blömeke untersuchte in einer Studie Artikel der Zeitschriften „Focus" und „Der Spiegel" hinsichtlich des dort gezeichneten Lehrerbildes. In der Studie fanden 97 Artikel Berücksichtigung, die im Zeitraum von 1990–2004 erschienen waren, mindestens 18 Seiten umfassten und in denen eindeutig der Lehrerberuf bzw. die Lehrperson im Mittelpunkt stand. Ihr Fazit:
> Spiegel und Focus zeichnen ein negatives Lehrerbild und spielen mit existierenden Vorurteilen. Damit diskreditieren sie pauschal einen ganzen Berufsstand. Deutlich mehr als die Hälfte der Berichte (50) vermittelt eine negative Gesamtaussage, wonach Lehrer über unzureichende Kenntnisse verfügten und wenig arbeiteten, viel verdienten und häufig krank seien.
>
> (Blömeke, 2005, S. 36)

Es zeigt sich aber, dass die Wahrnehmung von Lehrerinnen und Lehrern in der Öffentlichkeit Schwankungen – gewissermaßen einem Zeitgeist – unterliegt. Gegenwärtig wird ein Lehrerbild kolportiert, das vor allem die Probleme des Berufes betont (vgl. ZDF, 2011; Schaarschmidt, 2009, S. 605f.). Beide Sichtweisen greifen Teilaspekte heraus und werden der Realität dieser Berufsgruppe nicht gerecht. Analog zum gesellschaftlichen Bild hat aber auch ein Teil der Lehrerschaft selbst den Eindruck, dass ihr Bild in der Öffentlichkeit häufig negativ belastet (gewesen) ist (vgl. Helmke, 2009, S. 105–110). Gründe hierfür könnten die teilweise sehr selektiv wahrgenommenen Vorgänge an der eigenen Schule (z.B. Auseinandersetzungen mit Eltern) sowie negativ empfundene Darstellungen in den Medien sein. Dass dieses Empfinden nicht immer den Tatsachen entspricht, zeigen Umfragen des Instituts für Demoskopie Allensbach.

Das Institut für Demoskopie Allensbach befragt seit 1966 im Mehrjahresrhythmus die Bevölkerung hinsichtlich des Ansehens ausgewählter Berufsgruppen. Im Jahr 2011 wurden im gesamten Bundesgebiet 1803 Personen, die über 16 Jahre alt waren, befragt. Diesen wurde jeweils eine Liste mit verschiedenen Berufen wie Arzt, Krankenschwester, Rechtsanwalt, Ingenieur, Pfarrer bzw. Geistlicher, Hochschulprofessor, Unternehmer sowie Spitzensportler vorgelegt. Dabei sollte folgende Frage beantwortet werden: „Hier sind einige Berufe aufgeschrieben. Könnten Sie bitte die fünf davon heraussuchen, die Sie am meisten schätzen, vor denen Sie die meiste Achtung haben?" (Allensbacher Berufsprestigeskala, 2011, S. 2). Die Umfrage ergab, dass der Beruf des Lehrers mit 42% an dritter Stelle in der Rangfolge des Berufsansehens in Deutschland rangiert (Arzt 82%, Krankenschwester 67%). Bei der vorangegangenen Befragung 2008 hatten die Forscher den Lehrerberuf noch nach Schulformen getrennt erfragt. Dabei landete die Grundschullehrkraft auf Platz 4 (33%), die Studienrätin bzw. der Studienrat auf Platz 12 (14%).

Auch wenn die Ergebnisse beider Befragungen wegen der verschiedenen Fragestellungen zum Lehrerberuf nicht 1:1 vergleichbar sind, lässt sich aus dem Ergebnis der Befragung aus dem Jahr 2011 eine Zunahme an Prestige für den Lehrerberuf erkennen. Darüber hinaus zeigen diese Befragungsergebnisse, welchen Nutzen wissenschaftlich fundierte Forschung für Lehrerinnen und Lehrer haben kann. Sie bietet u.a. die Möglichkeit, das eigene berufliche Erleben an belastbaren Daten bzw. Ergebnissen zu reflektieren. Das ist insofern von Bedeutung, da Lehrkräfte relativ selten professionelles Feedback hinsichtlich der Qualität ihrer Arbeit erhalten. „Entsprechend verunsichert sind viele im Hinblick auf ihre Stärken und Schwächen" (Lohmann & Reißmann, 2007, S. 21). Gründe für das fehlende professionelle Feedback sind vielfältig. Ein Grund dafür ist, dass Lehrerinnen und Lehrer sich zu häufig noch als Einzelkämpfer/innen sehen und ihren Unterricht aus diesen Gründen für Kolleginnen und Kollegen nicht öffnen (vgl. Helmke, 2009, S. 116). Ein anderer Grund besteht darin, dass von vielen Lehrerinnen und Lehrern angezweifelt wird, dass man an ihr Handeln objektive Maßstäbe anlegen kann. Bildung lasse sich nun einmal nicht messen. Dem gegenüber steht die Forderung, dass sich alle Bereiche des öffentlichen Arbeitssektors, ähnlich wie im Bereich der privaten Wirtschaft, einer Leistungs- und Qualitätsprüfung stellen müssen (vgl. Schlömerkemper, 2002, S. 313). Wenn aber professionelles Lehrerhandeln beurteilt werden soll, muss ein Konsens darüber bestehen, was professionelles Lehrerhandeln ist.

2.4.2 Profession

Ziel der Arbeit von Lehrerinnen und Lehrer ist die Bildung und Erziehung Heranwachsender. Das bedeutet, direkten, bewussten Einfluss auf die Heranwachsenden auszuüben (vgl. Fend, 2006, S. 30). Dies geschieht im schulischen Kontext vorrangig durch Lehr- und Lernprozesse. In unserer offenen, pluralistischen Gesellschaft verbietet es sich, Wert- und Normvorstellungen der auszubildenden Generation alternativlos aufzuzwingen. Vielmehr sind Lehrerinnen und Lehrer aufgefordert, Rationalität, Selbständigkeit und Vernunft bei den Heranwachsenden zu fördern, d.h., die „Stärkung der Person im Sinne der Optimierung ihrer Handlungskompetenzen“ anzustreben (Fend, 2006, S. 24). Anders ausgedrückt, Lehrerinnen und Lehrer müssen ihre Klienten – die Schülerinnen und Schüler – mit Wissen und Haltungen ausstatten, die im realen Leben zu verantwortungsvollem Handeln beitragen und eine sichere Grundlage für den lebenslangen Lernprozess in Beruf und Alltag bieten (vgl. Fend, 2006, S. 34; Helmke, 2009, S. 42–46; Reich, 2008, S. 193). Dazu ist es notwendig, dass sich Lehrerinnen und Lehrer als Expertinnen und Experten für die Gestaltung von Lehr- und Lernprozessen und nicht als reine Fachwissenschaftler/innen verstehen. Nicht der Biologe oder die Biologin als Wissenschaftler/in ist an der Schule gefragt, sondern die Fachlehrerin bzw. der Fachlehrer für den Biologieunterricht. Fundiertes Fachwissen ist eine Voraussetzung für erfolgreiches Unterrichten, mindestens genauso wichtig ist das Wissen über Lehrprozesse zur Vermittlung dieses Fachwissens.

Der Beruf der Lehrerin bzw. des Lehrers stellt wie jeder andere Beruf spezifische Anforderungen an diejenigen, die diesen erlernen bzw. ausüben. Thomas Kurtz (2009) zählt den Beruf zu den *Professionen* „[...]die lebenspraktische Probleme von Klienten im Kontext einzelner Funktionssysteme, wie dem System der Krankenbehandlung, dem Rechts-, dem Religions- und dem Erziehungssystem in Interaktionssituationen mit Klienten stellvertretend deuten, verwalten und bearbeiten“ (S. 46).

Damit stellt er den Beruf der Lehrkraft in eine Reihe mit Ärztinnen und Ärzten, Anwältinnen und Anwälten und kirchlichen Seelsorgerinnen und Seelsorgern. Diesen Berufsgruppen ist zu Eigen, dass es der oder dem Professionellen gelingen muss, ein vertrauensvolles Verhältnis zu den Klienten aufzubauen und aufrecht zu erhalten, um eine Problemlösung herbeizuführen. Akteure dieser Berufsgruppen benötigen demnach überdurchschnittliche Fähigkeiten zur Gestaltung sozialer Beziehungen. Während jedoch bei den drei anderen genannten Berufsgruppen die Klienten den jeweiligen Akteur in der Regel aus eigener Initiative aufsuchen bzw. diesen auch gezielt auswählen, haben die Klienten von Lehrerinnen und Lehrern in der Regel keinen oder nur begrenzten Einfluss auf diese Entscheidungen. Dies trifft u.a. auf die gesetzlich verankerte Schulpflicht, die Festlegung der Einzugsbereiche von Grundschulen, die Regelungen über den Zugang zu bestimmten Schularten sowie die Hoheit der Schulverwaltung bei der Besetzung von Stellen für Lehrkräfte zu. Hinzu kommt, dass die Klienten meist noch minderjährig sind und demnach die Eltern eine weitere Klientel bilden. Dadurch werden die Interaktionen komplexer, mitunter auch komplizierter. Das ist ein weiterer Grund dafür, dass Lehrerinnen und Lehrer um ein besonders vertrauensvolles Verhältnis bei der Zusammenarbeit mit ihren Klienten ringen müssen, um somit die Gelingensbedingungen für ihre Gesamtarbeit zu optimieren. Der Begriff „Klient" wird hier bewusst angewandt. Während ein Rechtsanwalt seine Professionalität nutzt, um seine Klienten vor Schaden zu bewahren bzw. um Schaden von ihnen abzuwenden, geht es für die Lehrenden darum, den Bildungs- und Erziehungsauftrag professionell zum Nutzen ihrer Klienten umzusetzen. Lehrerinnen und Lehrer müssen mit ihren Klienten – den Schülerinnen und Schülern – ein für beide Seiten vorteilhaftes Arbeitsbündnis eingehen. Mittel und der Ort zum Aufbau dieser professionellen Beziehung zwischen Lehrkraft und Schülerinnen bzw. Schülern ist der Fachunterricht (Hericks, 2009, S. 41).

In einer Fallstudie beschreibt Hericks (2009) eine Lehrerin, die „von Anfang an konsequent auf Entwicklung des Unterrichts in Richtung zunehmender Eigentätigkeit der Schüler setzt" (S. 42). Ihr Unterricht ist gekennzeichnet durch kooperative Arbeitsformen, in denen sie selbst als Lehrende in den Hintergrund tritt. Dadurch verschafft sie ihren Schülerinnen und Schülern Möglichkeiten, Interessen zu formulieren und selbst zu bearbeiten. Dies erfolgt nicht zufällig oder planlos. „Die fachliche Systematik stellt gewissermaßen die Landkarte dar, an der sich Lehrerin und Lernende auf ihren Wegen durch das Fach orientieren" (Hericks, 2009, S. 42). Dieser Lehrerin gelingt es, die Schülerinnen und Schüler für den Unterricht zu interessieren und die aktive Lernzeit hoch zu halten. Sie legt Wert auf die selbständige Arbeit der Lernenden, setzt diese aber nicht als gegeben voraus, sondern bereitet gezielt darauf vor. Guter Fachunterricht ist demnach dadurch gekennzeichnet, dass Schülerinnen und Schüler „in eine sachliche und emotionale Auseinandersetzung mit dem Stoff verwickelt werden, sich Inhalte aneignen, Kompetenzen erwerben" (Hericks, 2009, S. 42).

Ein wesentliches Element für eine funktionierende Beziehung zwischen Lehrkräften und Schülerinnen und Schülern besteht in der Rollenklarheit innerhalb dieser Beziehung. Lehrerinnen und Lehrer sind die kompetenten Begleiter der Lernenden und müssen sich auch als solche positionieren, damit sie als solche auch wahrgenommen und akzeptiert werden. Neben hohem fachlichem Wissen bedarf es dazu ausgeprägter diagnostischer und didaktisch-methodischer Kompetenzen. Das bedeutet, den Denkprozess der Schülerinnen und Schüler zu verstehen und adäquate Unterstützung anzubieten. Guter Fachunterricht weist die Lehrkraft gegenüber den Schülerinnen und Schülern als Person aus, welche „die Wege in das Fach kennt, das eigene Lernen unterstützen und bei Schwierigkeiten helfen kann. Vor allem aber: an der sich glaubwürdig ablesen lässt, wohin es führen kann, wenn jemand sich auf das Fach und diese Art zu denken einlässt" (Hericks, 2009, S. 43).

Die Arbeit von Lehrerinnen und Lehrern ist in den gesellschaftlichen Kontext eingebunden. Der Wandel gesellschaftlicher Verhältnisse wirkt sich unmittelbar auf die Arbeit an den Schulen aus. Zunehmende Heterogenität der Schülerschaft, schnell anwachsende Wissensbestände und Einflüsse aus globalen Medien sind nur drei Gründe dafür, dass ein anderes Unterrichten als noch vor zehn Jahren notwendig ist. Professionalität heißt für Lehrerinnen und Lehrer, sich diesem gesellschaftlichen Wandel nicht zu verschließen, um somit ihren Erziehungs- und Bildungsauftrag in optimaler Weise zu erfüllen. Welches konkrete Handeln im Unterricht ist dazu notwendig?

2.4.3 Unterrichten

Lehrerinnen und Lehrer sind Fachleute für das Lehren und Lernen. Ihre Kernaufgabe ist die gezielte und nach wissenschaftlichen Erkenntnissen gestaltete Planung, Organisation und Reflexion von Lehr- und Lernprozessen sowie ihre individuelle Bewertung und systematische Evaluation. Die berufliche Qualität von Lehrkräften entscheidet sich an der Qualität ihres Unterrichts. (KMK, 2004, S. 3)

Als besonders effektiv für erfolgreiches Unterrichten[16] haben sich die folgenden Punkte herausgestellt:

- die „klare und konsistente Darbietung der Stoffinhalte, der jeweiligen Aufgabenstellungen sowie der Unterrichtsziele" (Besser & Krauss 2009, S. 72),
- ein „angemessenes – nicht maximales – Unterrichtstempo, das Reflexionsschleifen erlaubt" (Besser & Krauss 2009, S. 72),
- die „störungspräventive Unterrichtsführung und effektive Behandlung von kritischen Ereignissen" (Besser & Krauss 2009, S. 72),
- die „Berücksichtigung individueller Voraussetzungen (Adaptivität), Überwachung der Schülerarbeit und der Lernfortschritte (Monitoring)" (Besser & Krauss 2009, S. 72),
- eine „emotional qualitätsvolle Lehrer-Schüler Beziehung (z.B. auch die glaubhafte Überzeugung der Lehrkraft, dass die Schüler Lernfortschritte erzielen werden)" (Besser & Krauss 2009, S. 72).

16 Auf eine Analyse des Phänomens „Unterricht" wird an dieser Stelle aus Platzgründen verzichtet. Weiterführend sei hier auf die Ausführungen von Meyer (2009), Helmke (2009) sowie Wellenreuther (2009) verwiesen.

Hinsichtlich der Art und Weise des Unterrichtens werden den Lehrerinnen und Lehrern keine bindenden Vorgaben gesetzt. Die pädagogische Freiheit ist ein reizvolles, aber auch herausforderndes Merkmal des Lehrerberufs. Sie bietet den Lehrenden die Möglichkeit, ihre Arbeit selbstbestimmt zu konzipieren (z.B. durch die Wahl konkreter Unterrichtsthemen). Sie verlangt aber auch strukturiertes Arbeiten und Selbstdisziplin, damit die Lernziele der Klassenstufe umgesetzt werden. Von Lehrerinnen und Lehrern erfordert das einen kompetenzorientierten Unterrichtsstil, bei dem die Vermittlung von Fähigkeiten und Fertigkeiten zur Problemlösung im Mittelpunkt des Unterrichts steht. Schülerinnen und Schüler müssen dadurch u.a. in die Lage versetzt werden, auch Aufgaben zu lösen, die sie nicht im Unterricht explizit behandelt haben.

Jeder Lehrende hat in einer Klasse pro Fach nur eine bestimmte Anzahl Unterrichtsstunden zur Verfügung. Im Fach-Lehrplan werden häufig Zeitrichtwerte für einzelne Lernbereiche angegeben. Diese Richtwerte dienen zwar bloß der Orientierung, sind aber auf die im Schuljahr verfügbaren Stunden ausgerichtet. Werden Lernbereiche durch Lehrende besonders lange ausgeführt (z.B. weil das Thema individuell interessanter erscheint oder die Schülerinnen und Schüler mehr Zeit benötigen), muss Zeit bei anderen Lernbereichen eingespart werden. Dabei ist das Auslassen ganzer Lernbereiche, nur weil die Zeit dafür nicht ausreicht, keine Option im Interesse der Schülerinnen und Schüler. Hier müssen Lehrende ihrer Verantwortung hinsichtlich der Vorbereitung auf Abschlüsse gerecht werden.

Lehrerinnen und Lehrer müssen die Lehr- und Lernprozesse im Unterricht steuern, d.h., ein aktives Klassenmanagement führen. „Klassenmanagement umfasst alle Lehreraktivitäten, die das Interesse der Schüler auf den Unterricht lenken und sie somit von Verhaltensweisen abhalten, den Unterricht zu stören" (Wellenreuther, 2008, S. 244). Modernes Klassenmanagement ist eine wesentliche Voraussetzung für erfolgreichen Unterricht. Empirische Studien zeigen, dass das Klassenmanagement das Merkmal von Lehrerhandeln ist, welches am stärksten mit dem Lernerfolg der Schülerinnen und Schüler verbunden ist (vgl. Wellenreuther, 2009, S. 45). Eine Voraussetzung für ein effektives Klassenmanagement ist ein realistisches Bild der Lehrenden auf die Schülerinnen und Schüler sowie die Rahmenbedingungen des Unterrichts. Damit ist gemeint, dass die Interessen von Lehrenden und Lernenden nicht zwangsläufig von vornherein und in jeder Unterrichtsphase übereinstimmen. Diese Übereinstimmung muss durch die Lehrkraft immer wieder erzeugt werden (s.o.). Besonders bei der Übernahme neuer Klassen, sei es als Fach- oder Klassenlehrerin bzw. -lehrer, müssen die Anstrengungen auf den Aufbau einer professionellen Beziehung (zu den Klienten) gerichtet sein, die das Lehren und Lernen ermöglicht. Übernimmt eine Lehrkraft eine neue Klasse, muss sie sich so schnell wie möglich einen Überblick über die wesentlichen Gegebenheiten in der Klasse verschaffen. Dazu gehört, dass sie sich über die Schülerinnen und Schüler der Klasse informiert, z.B., welchen Leistungsstand sie haben und welche individuellen Besonderheiten zu beachten sind. Auch vermeintlich profane Dinge, wie die Namen der Schülerinnen und Schüler zu kennen, erfordern Beachtung. Es müssen Regeln für die Zusammenarbeit definiert, erläutert und deren Einhaltung eingefordert werden. Dabei sollte die Lehrkraft begründen, warum diese Regeln für den Erfolg der Klasse wesentlich sind. Diesen Prozess müssen Lehrerinnen und Lehrer aktiv gestalten und sie dürfen nicht darauf hoffen, dass sich diese Beziehung von allein entwickelt.

Evertson und Harris (1999) kamen bei der Auswertung der Daten einer empirischen Untersuchung zu dem Ergebnis, dass die Klassen von Lehrerinnen und Lehrern, die ein Trainingsprogramm zur Übernahme neuer Klassen durchlaufen hatten, deutlich konzentrierter und störungsfreier arbeiteten. Gleichzeitig zeigten sich deutlich höhere Lernleistungen gegenüber Klassen von untrainierten Lehrkräften. Lehrerinnen und Lehrer, die erst nach einem halben Jahr begannen, Regeln und Prozeduren einzuführen, konnten kein effektives Klassenmanagement mehr installieren (vgl. Wellenreuther, 2009, S. 245).

Kurtz (2009, S. 49f.) verweist in diesem Zusammenhang darauf, dass eine Lehrkraft nicht bis in das kleinste Detail vorauswissen kann, wie sie in der jeweiligen Situation auf die Schülerinnen und Schüler wirkt bzw. welches Handeln ihr Wirken bei diesen hervorruft. Auch ein effektives Klassenmanagement kann diese Unsicherheiten nicht vollständig kompensieren. Es stellt sich demnach die Frage, inwieweit das Unterrichten gelernt werden kann bzw. welche Merkmale Lehrerinnen und Lehrer aufweisen müssen.

2.4.4 Unterrichtsrelevante Lehrermerkmale

Die Ergebnisse verschiedener Untersuchungen (vgl. Besser & Krauss, 2009, S. 71; Kurtz, 2009, S. 51; Bromme, 1997) zeigen, dass sich erfolgreiches Unterrichten lernen lässt. Drei Bereiche von Lehrermerkmalen sind dabei besonders relevant: *Wissen*, *Kompetenzen* und *Personenmerkmale* (vgl. Helmke, 2009, S. 73). Fundiertes Fachwissen und umfassende fachdidaktische Kenntnisse in den zu unterrichtenden Fächern werden im Studium erworben. Dieses Wissen muss durch praktische Anwendung ausprobiert und gefestigt werden. Erst im Prozess des Unterrichtens entwickeln sich aus diesem Wissen die zum Unterrichten erforderlichen Kompetenzen. „Kompetenzen werden nicht in erster Linie am Lernort erworben. Das Lernen im Prozess der Arbeit, das Lernen im sozialen Umfeld [...] sind für die Kompetenzentwicklung oft viel wichtiger" (Erpenbeck, 2001, S. 209). Deshalb kann nicht verlangt werden, dass die universitäre Ausbildung fertige Lehrerinnen und Lehrer produziert. Studierende sollten sich aber über die universitär vorgesehenen Praktika hinaus um Unterrichtspraxis bemühen. Dazu eignen sich die Arbeit in Nachhilfekreisen, Arbeiten im Rahmen von Ganztagesangeboten sowie die Arbeit mit Kindern und Jugendlichen in Vereinen. Erst die praktische Arbeit verbunden mit der Reflexion des eigenen Handelns ermöglicht das Entdecken und Korrigieren von Fehlern. Diese reflexive Haltung müssen Lehrerinnen und Lehrer verinnerlichen. Sie verhindert, dass ihr Handeln in Routinen erstarrt. Routinen sind geeignet, in psychisch belastenden bzw. arbeitsintensiven Situationen die Handlungsfähigkeit aufrecht zu erhalten. Bestehen die Handlungen von Lehrenden aber nur aus Routinen, besteht die Gefahr, dass sich fehlerhafte Selbstbestätigungsprozesse und in sich selbst verschließende Abläufe herausbilden (vgl. Herfter & Schroeter, 2012, S. 34). Darüber hinaus haben Reflexionsprozesse Einfluss auf die subjektiven Theorien von Lehrenden. Solche Theorien manifestieren sich in Überzeugungen und dienen der Erklärung und Vorhersage von menschlichem Handeln. Sie beeinflussen den Unterrichtserfolg, da sie das Lehrerhandeln steuern (vgl. Helmke, 2009, S. 312–314). Reflexives Handeln bedeutet demnach auch, sich seiner subjektiven Theorien bezüglich des Schülerhandelns (Zuschreibung von Ursachen von Aggression, Erwartungshaltung hinsichtlich zu erbringender Leistungen u.a.) bewusst zu sein und deren Angemessenheit zu prüfen.

Der Lehrerberuf gehört zu den Berufen mit einer erhöhten psychosozialen Beanspruchung und birgt ganz spezifische Risiken. Exemplarisch sei an dieser Stelle auf die allgemeine körperliche Belastbarkeit, speziell auch auf die Beanspruchung der Stimme sowie die Fähigkeit zur Konzentration aller Sinne über längere Zeiträume verwiesen. Solche Faktoren sollten in die Entscheidung über die Berufswahl unbedingt einbezogen werden. Deshalb ist es sinnvoll, sich vor der Entscheidung für den Beruf über diese Risiken zu informieren (z.B. bei Berufsverbänden, Krankenkassen, Lehrerinnen und Lehrern) und diese Erkenntnisse in Entscheidungsprozesse einfließen zu lassen. Es ist bekannt,

> dass Berufe mit erhöhter psychosozialer Beanspruchung, in denen also ständiger Umgang mit Menschen und die Wahrnehmung von Verantwortung für andere Menschen gefordert ist, im Allgemeinen zu den anstrengendsten Berufen gehören – allein schon deshalb, weil Gedanken und Gefühle, die aus zwischenmenschlichen Beziehungen resultieren, meist nachhaltiger und intensiver sind als solche, die aus sachbezogenen Auseinandersetzungen herrühren.
>
> (Schaarschmidt, 2009, S. 605)

In Bezug auf den Lehrerberuf konstatiert Schaarschmidt (2009, S. 605–606), dass es schwerfällt, eine zeitliche und räumliche Abgrenzung von beruflicher und privater Sphäre zu gewährleisten. Dafür führt er u.a. an, dass die Vor- und Nachbereitung des Unterrichts überwiegend zu Hause stattfindet und dadurch die Erholungsmöglichkeiten eingeschränkt werden.

In der *Potsdamer Lehrerstudie* stellten sich die Forscher die Frage: „Wie wirkt die Lehrerarbeit auf die Betreffenden selbst zurück, welche gesundheitsrelevanten Auswirkungen sind damit verbunden?“ (Schaarschmidt, 2009, S. 605). Damit folgten sie dem ressourcenorientierten Ansatz, bei dem nicht die Erfassung von Belastungen im Mittelpunkt steht. Vielmehr wird erforscht, welche Hilfen und Schutzfaktoren vorhanden sind, „um sich mit den schwierigen Anforderungen dieses Berufs auf gesundheitsförderliche Weise auseinanderzusetzen“ (Schaarschmidt, 2009, S. 607). Im Rahmen der Studie wurden ungefähr 20.000 Beschäftigte psychosozial anspruchsvoller Berufsgruppen befragt. Darunter waren Pflegepersonal, Feuerwehrleute, Polizistinnen und Polizisten sowie Lehrerinnen und Lehrer. Erfasst wurden die Einstellungen der Befragten zu drei Bereichen: *Arbeitsengagement* (durch Indikatoren wie z.B. Bedeutsamkeit der Arbeit, Beruflicher Ehrgeiz), *Widerstandsfähigkeit* (durch Indikatoren wie Distanzierungsfähigkeit, Innere Ruhe) und die mit dem Beruf verbundenen *Emotionen* (durch Indikatoren wie Erfolgserleben im Beruf, Lebenszufriedenheit). Die drei Bereiche wurden vor der Feldforschung (Befragung) hinsichtlich ihrer gegenseitigen Durchdringung und ihren Auswirkungen auf ein gesundheitsförderliches Verhalten analysiert. Anhand der Ergebnisse dieser Analyse entwickelten die Forscher auf theoretischer Basis vier Muster arbeitsbezogenen Verhaltens und Erlebens. Die aus den Befragungen resultierenden Individualprofile wurden jeweils mit den vier Mustern verglichen. Die Forscher fanden heraus, dass es in der Mehrzahl der Fälle keine reinen Muster gibt. Der überwiegende Teil der Individualprofile zeigt Mischformen. Die Forscher stellten fest, dass im Vergleich mit den anderen in der Studie untersuchten Berufsgruppen „für die Lehrerpopulation die ungünstigste Musterkonstellation besteht“ (Schaarschmidt, 2009, S. 610). Weniger als einem Viertel der an der Studie beteiligten Lehrerinnen und Lehrern konnten gesundheitsförderliche Verhaltensweisen attestiert werden.

Lehrerinnen und Lehrer, die dem Muster mit gesundheitsförderlichen Verhaltensweisen zuzuordnen sind, weisen im Vergleich zu den anderen Mustern zugeordneten Lehrkräften u.a. bei den Indikatoren Distanzierungsfähigkeit, offensive Problembewältigung sowie Frustrations- und Unsicherheitstoleranz höhere Werte auf. Diesen Lehrkräften gelingt es, mit den Unsicherheiten des beruflichen Alltages (s.o.) professionell umzugehen. Neben ihrer pädagogischen Ausstattung verfügen sie über Bewältigungsstrategien, die ihnen die Verarbeitung psychisch belastender Situationen ermöglichen. Auch wenn ein direkter Zusammenhang zwischen Eigenschaften erfolgreicher Lehrerinnen und Lehrer, wie Geduld, bestimmten Führungsqualitäten oder einem bestimmten Unterrichtsstil und ihrem erfolgreichen Unterricht durch die Forschung bisher nicht erbracht werden konnte, ist davon auszugehen, dass sich Merkmale der Lehrerpersönlichkeit, wie ihr Enthusiasmus für das Fach, auf das Lernklima auswirken und damit durchaus (wenn auch nicht direkt messbaren) Einfluss auf die Schulleistungen nehmen (vgl. Helmke, 2009, S. 116f.). Lehrerpersönlichkeit meint in diesem Zusammenhang „relativ überdauernde, stabile Merkmale der Lehrperson [...], was jedoch ihre Veränderung durch Lernen, Training und Fortbildung nicht ausschließt“ (Helmke, 2009, S. 105). Angesichts der Tatsache, dass es keinen Unterricht ohne Unsicherheiten hinsichtlich der Auswirkungen des Lehrerhandelns gibt, gehören der angemessene Umgang mit diesen Unsicherheiten und das Entscheiden ohne ausreichenden Wissenshintergrund zu den wichtigsten Kompetenzen, die Lehrerinnen und Lehrer erwerben müssen (vgl. Kurtz, 2009, S. 50–53). Wie können diese Kompetenzen entwickelt und gefestigt werden?

2.4.5 Handlungstraining

Handlungstrainings[17] für Lehrkräfte sind nicht nur Mittel, um Unterrichtsqualität zu verbessern. Sie ermöglichen es Lehrkräften, ihre unterrichtsrelevanten Kompetenzen zu stärken und ihre Selbstwirksamkeit zu erhöhen. Selbstwirksamkeitserwartung beschreibt „die subjektive Gewissheit, neue oder schwierige Anforderungssituationen aufgrund eigener Kompetenzen bewältigen zu können" (Warner & Schwarzer, 2009, S. 629). Die Selbstwirksamkeitserwartung steht in engem Zusammenhang mit der Handlungsregulation. Eigenes Erfolgserleben und Beobachtungen erfolgreichen Handelns wirken sich dabei am stärksten auf die eigenen Selbstwirksamkeitserwartungen aus (vgl. Warner & Schwarzer, 2009, S. 634).

Das Konstanzer Trainingsmodell (KTM) soll die Selbst- und Sozialkompetenz von Lehrenden im Umgang mit Konflikten und aggressiven Schülerinnen und Schülern erhöhen. Dafür stehen verschiedene theoretische und praktische Trainingsbausteine zur Verfügung. Der Fokus liegt dabei auf präventiven Maßnahmen und auf der Bewältigung schwieriger Situationen. Ein wesentliches Grundprinzip dieses Modells ist das Beobachten und Bewusstmachen von gestörten Interaktionen durch wechselseitige Unterrichtsbesuche durch Lehrerinnen und Lehrer (Tandem bzw. Peer-Coaching-Technik). Die kriteriengeleitete Auswertung und die Rekonstruktion der beobachteten schwierigen Situationen erfolgt im Anschluss an die beobachteten Stunden. Auf der Grundlage der Datenauswertung werden geeignete Trainingsbausteine ausgewählt und von den Lehrerinnen und Lehrern gemeinsam bearbeitet. Anschließend wird die neu erworbene Verhaltensweise im Unterricht angewendet, wobei wiederum die Beobachtung durch den Tandempartner erfolgt. Das Modell orientiert auf die an der Schule vorhandenen Ressourcen und ist deshalb an jeder Schule praktizierbar (vgl. Dann & Humpert, 2002, S. 220–223).

Die Peer-Coaching-Technik trägt auch zur Entwicklung von Selbstwirksamkeit bei Referendarinnen und Referendaren bzw. Berufsanfängerinnen und -anfängern bei. Eine wesentliche Aufgabe der Mentorinnen und Mentoren ist es, den Referendarinnen und Referendaren bzw. Berufsanfängerinnen und -anfängern als Mittelspersonen zwischen Theorie und Praxis (vgl. Herfter & Schroeter, 2012, S. 52) zur Verfügung zu stehen. Mentorinnen und Mentoren bieten diesen mit ihren Erfahrungen beim Unterrichten die Möglichkeit, durch Beobachtung erfolgreichen

17 Eine Übersicht aktueller Trainingsprogramme ist in Helmke (2009, S. 334–339) zu finden. Ausführlichere Darstellungen einzelner Programme findet man bei Toepell (2009).

unterrichtlichen Handelns eigene Erfahrungen zu sammeln. Diese Erfahrungen werden umso intensiver, je deutlicher Mentorinnen und Mentoren kommunizieren, wie sie in problematischen Situationen handeln (vgl. Warner & Schwarzer, 2009, S. 636). Es geht also nicht nur darum zu zeigen, *wie* Unterrichten in der Praxis funktioniert, sondern vor allem auch zu klären, *warum* es funktioniert.

Denken – Handeln – Diskutieren

1. Gesellschaftliche Wandlungsprozesse verändern auch das Aufgabenspektrum von Lehrerinnen und Lehrern. Demnach stellt sich die Frage nach deren beruflichen Kompetenzen immer wieder neu.
   a) Tragen Sie in Ihrem Fachschafts-Team, Ihrem Kollegium bzw. in Ihrem Seminar die beruflichen Aufgaben zusammen, die Lehrerinnen und Lehrer heute zu erfüllen haben.
   b) Welche der gesammelten Aufgaben sind aus Ihrer Sicht unverzichtbare Kernaufgaben des Berufs?
   c) Welche Ressourcen (u.a. zeitliche, personelle, fachliche, organisatorische) stehen Ihnen zur Erfüllung dieser Aufgaben derzeit zur Verfügung?
   d) Diskutieren Sie, welche Maßnahmen Ihrer Meinung nach erforderlich sind, damit Ihre Kompetenzen zur Erfüllung der Aufgaben weiter entwickelt bzw. gestärkt werden.
2. Die Ergebnisse der Allensbachstudie „Lehre(r) in Zeiten der Bildungspanik" (2012) lassen den Schluss zu, dass der Beruf immer anstrengender wird. Dies äußern nicht nur im Berufsleben stehende Lehrerinnen und Lehrer, sondern auch Referendarinnen und Referendare, die sich laut dieser Studie nicht gut auf die Herausforderungen des Berufs vorbereitet fühlen.
   a) Insbesondere Beurteilungs- bzw. Bewertungssituationen sowie der Umgang mit den Eltern stellen Lehrerinnen und Lehrer immer wieder vor Herausforderungen. Thematisieren Sie – ggf. in arbeitsteiligen Kleingruppen – beide Situationen und arbeiten Sie heraus bzw. recherchieren Sie, wie und warum diese Situationen zur Belastung werden können, welche Konzepte zur Bewältigung es gibt und ob bzw. wie Sie diese in realen Situationen anwenden könnten.
   b) Entwerfen Sie mit Bezug auf Fachliteratur (z.B. Schwarzer & Dückers-Klichowski, 2007; Fidler, 2004; Keller, 2003) einen persönlichen Katalog präventiver Maßnahmen und Bewältigungsstrategien.

Literatur

Besser, M. & Krauss, S. (2009). Zur Professionalität als Expertise. In O. Zlatkin-Troitschanskaja, K. Beck, D. Sembill, R. Nickolaus & R. Mulder (Hrsg.), *Lehrerprofessionalität: Bedingungen, Genese, Wirkungen und ihre Messung* (S. 71–80). Weinheim: Beltz.

Bloemeke, S. (2005). *Das Lehrerbild in Printmedien.* Zugriff am 08.02.2012 unter https://zope.ebf.hu-berlin.de/institut/abteilungen/didaktik/data/aufsaetze/2005/msk-Bloemeke-04-59-lehrerbild-3.pdf/view?searchterm=Lehrerbild

Bromme, R. (1997). Kompetenzen, Funktionen und unterrichtliches Handeln des Lehrers. In F.E. Weinert (Hrsg.), *Psychologie des Unterrichts und der Schule* (S. 177–212). Göttingen: Hogrefe.

Dann, H. & Humpert, W. (2002). *Das Konstanzer Trainingsmodell.* Zugriff am 12.02.2012 unter http://www.pedocs.de/volltexte/2011/3830/pdf/ZfPaed_2_2002_Dann_Humpert_Konstanzer_Trainingsmodell_D_A.pdf

Erpenbeck, John (2001). Selbstorganisiertes Lernen – Ausdruck des Zeitgeistes oder geistiger Ausdruck der Zeit? In D. Hoffmann, & K. Maack-Rheinländer (Hrsg.), *Ökonomisierung der Bildung* (S. 199–214). Weinheim: Beltz.

Evertson, C. M. & Harris, A. H. (1999). Support for Managing Learning-Centered Classrooms: The Classroom Organization and Management Program. In H.J. Freiberg (Hrsg.), *Beyond Behaviorism. Changing the Classroom Management Paradigm* (S. 59–74). Boston: Allyn & Bacon.

Fend, H. (2006). Neue Theorie der Schule: Einführung in das Verstehen von Bildungssystemen. Wiesbaden: VS Verlag für Sozialwissenschaften.

Fidler, R. (2004). *Lehrerwahrnehmungen und Stressprävention.* Zugriff am 18.05.2012 unter www.uni-kassel.de/upress/.../978-3-89958-055-6.volltext.frei.pdf

Helmke, A. (2009). Unterrichtsqualität und Lehrerprofessionalität: Diagnose, Evaluation und Verbesserung des Unterrichts (2., aktualisierte Aufl.). Seelze-Velber: Kallmeyer.

Herfter, C. & Schroeter, R. (2012) Theorie und Praxis – Verhältnisbestimmung. In R. Schroeter & C. Herfter, (Hrsg.), *Theorie und Praxis in der Lehrerbildung* (S. 9–55). Leipzig: Leipziger Universitätsverlag.

Hericks, U. (2009). „Ich glaub', die Schüler ertragen den Unterricht". Lehrer zwischen Beziehungsaufbau und Wissensvermittlung. *Friedrich Jahresheft*, 40–43.

Institut für Demoskopie Allensbach (2011). *Allensbacher Berufsprestige-Skala 2011.* Zugriff am 08.12.2011 unter www.ifd-allensbach.de/pdf/prd_1102.pdf

Institut für Demoskopie Allensbach (2008). *Allensbacher Berufsprestige-Skala 2008.* Zugriff am 16.12. 2011 unter www.ifd-allensbach.de/news/prd_0802.html

Keller, G. (2003): *Selbstmanagement im Lehrerberuf.* Donauwörth: Auer.

KMK (2004). *Standards für die Lehrerbildung: Bildungswissenschaften. Beschluss der Kultusministerkonferenz vom 16.12.2004.* Zugriff am 12.04.2011 unter http://www.kmk.org/fileadmin/veroeffentlichungen_beschluesse/2004/2004_12_16-Standards-Lehrerbildung.pdf

Kurtz, T. (2009). Professionalität aus soziologischer Perspektive. In: O. Zlatkin-Troitschanskaja, K. Beck, D. Sembill, R. Nickolaus & R. Mulder (Hrsg.) *Lehrerprofessionalität: Bedingungen, Genese, Wirkungen und ihre Messung.* (S. 45–53). Weinheim: Beltz.

Lehmann, G. & Nieke, W. (2005). *Kompetenz-Modell*. Zugriff am 14.05.2012 unter http://www.bildung-mv.de/export/sites/lisa/de/publikationen/Handreichungen/text-lehmann-nieke.pdf

Lohmann, A. & Reißmann, J. (2007). Von der Verstrickung der Rollen zum funktionalen Unterstützungsnetz. *Journal für Schulentwicklung. Thema: Schulinspektion, 3 (11)*, 15–24.

Meyer, H. (2009). *Was ist guter Unterricht?* (6. Aufl.). Berlin: Cornelsen.

Reich, K. (2008). *Konstruktivistische Didaktik: Lehr- und Studienbuch mit Methodenpool* (4., durchgesehene Aufl.). Weinheim: Beltz.

Schaarschmidt, U. (2009). Beanspruchung und Gesundheit im Lehrerberuf. In O. Zlatkin-Troitschanskaja, K. Beck, D. Sembill, R. Nickolaus & R. Mulder (Hrsg.), *Lehrerprofessionalität: Bedingungen, Genese, Wirkungen und ihre Messung*. (S. 605-615). Weinheim: Beltz.

Schlömerkemper, J. (2002). Leistungsmessung und Professionalität. In: Weinert, E. (Hrsg.). (2002). *Leistungsmessungen in Schulen* (S. 311–321). Weinheim: Beltz.

Schwarzer, C. & Dückers-Klichwoski, S. (2007): Auswirkungen struktureller Zwänge in der Berufseinstiegsphase von Lehramtsanwärterinnen und Möglichkeiten organisationaler Beratung. In: M. Göhlich, E. König und C. Schwarzer (Hrsg.): *Beratung, Macht und organisationales Lernen*. Wiesbaden: VS Verlag für Sozialwissenschaften, S. 171–186. Zugriff am 04.06.2012 unter http://dx.doi.org/10.1007/978-3-531-90752-9_12.

Toepell, S. (2009). *Lehrertrainings im deutschen Sprachraum: Einzeldarstellungen und Entwicklungsverläufe*. München: Herbert Utz Verlag.

Vodafone Stiftung Deutschland gemeinnützige GmbH (2012) (Hrsg.). *Lehre(r) in Zeiten der Bildungspanik Eine Studie zum Prestige des Lehrerberufs und zur Situation an den Schulen in Deutschland. Im Auftrag der Vodafone Stiftung Deutschland. Mit einem Kommentar von Ulrich Trautwein*. Düsseldorf: Druckstudio GmbH.

Warner, L. M. & Schwarzer, R. (2009). Selbstwirksamkeit bei Lehrkräften. In O. Zlatkin-Troitschanskaja, K. Beck, D. Sembill, R. Nickolaus & R. Mulder (Hrsg.), *Lehrerprofessionalität: Bedingungen, Genese, Wirkungen und ihre Messung*. (S. 629–640). Weinheim: Beltz.

Wellenreuther, M. (2008). *Lehren und Lernen – aber wie? Empirisch-experimentelle Forschungen zum Lehren und Lernen im Unterricht* (4., unveränderte Auflage). Baltmannsweiler: Schneider.

Wellenreuther, M. (2009). Handwerkszeug für erfolgreichen Unterricht. *Friedrich Jahresheft*, 45–47.

ZDF (2011). *Lehrer – mehr als ein Job*. Zugriff am 09.02.2012 unter http://www.3sat.de/page/?source=/specials/153712/index.html

3 Wie können Schule und Unterricht erforscht werden?

3.1 Forschungsvorbereitung

Christian Herfter, Sebastian Rahtjen

3.1.1 Forschung muss geplant werden

Haben Sie sich das Ziel gesetzt, den eigenen Unterricht oder das Geschehen an Ihrer Schule genauer bzw. wissenschaftlich zu untersuchen, stehen Sie unweigerlich vor der Aufgabe, Ihr Vorhaben vorzubereiten und zu planen. Von der Präzision der Planung „hängt es ab, ob die Untersuchung zu aussagekräftigen Resultaten führt, oder ob die Untersuchungsergebnisse z.B. wegen mehrdeutiger Interpretierbarkeit, fehlerhafter Daten oder einer unangemessenen statistischen Auswertung unbrauchbar sind“ (Bortz, 1984, S. 22f.).

Gerade in der Anfangsphase eines Forschungsvorhabens bestehen häufig noch Unklarheiten bezüglich der genauen Fragestellungen und Zielsetzungen, der eigenen Kompetenzen und Ressourcen und weiterer Aspekte des Forschungsprozesses. Daher ist aus unserer Sicht eine strukturelle Analyse des gesamten Forschungsprozesses notwendig, um Fehler zu vermeiden, die während der Durchführung oder Auswertung nicht oder nur unter sehr großem Aufwand korrigiert werden können (vgl. Bortz, 1984, S. 22f.). Diese Analyse umfasst

(a) eine Grobgliederung des Forschungsprozesses in sog. Hauptphasen (Diekmann, 2004, S. 162), die sich durch übergeordnete Frage- und Zielstellungen voneinander unterscheiden lassen,
(b) eine Unterteilung dieser Hauptphasen in Abschnitte, welche als Etappenziele des Forschungsprozesses vorausgedacht werden sollten, und schließlich
(c) konkrete Impulse und Fragestellungen, die diese Etappenziele klar definieren und eine Bewertung hinsichtlich ihrer Erfüllung ermöglichen.

In diesem Aufsatz wollen wir uns genau diesen Analyseschritten widmen, wobei wir eine spiralförmige[18] Behandlung der Unterpunkte wählen. Die folgenden Kapitel in diesem Buch greifen den vorgestellten Kreislauf erneut auf und diskutieren anhand unterschiedlicher Schwerpunkte zusätzliche bedeutsame Dimensionen bzw. konkretisieren den Kreislauf anhand bestimmter Methoden und Beispiele aus pädagogischen Kontexten.

(a) Hauptphasen des Forschungsprozesses

Der Forschungsprozess lässt sich in einer ersten Näherung in fünf Phasen gliedern (Diekmann, 2004, S. 162):

I. Formulierung und Präzisierung des Forschungsproblems,
II. Planung und Vorbereitung der Erhebung,
III. Datenerhebung,
IV. Datenauswertung,
V. Berichterstattung.

Ziel der ersten Phase ist es, das Forschungs- oder Untersuchungsproblem zu bestimmen bzw. zu klären. Untersuchungen ergeben sich häufig aus einem erlebten Missstand, aus einem wahrgenommenen Widerspruch zwischen erlebter Wirklichkeit und den eigenen (normativen) Erwartungen, aus einem Wunsch oder einer Zielstellung heraus, aus einem Zweifel oder einem erlebten Scheitern. Liegen Ihnen keine oder nur unzureichende Antworten auf Ihr Problem vor, so können Sie dieses zum Gegenstand einer eigenen empirischen Untersuchung machen (vgl. Pfeiffer & Püttmann, 2006, S. 19). Präziser formuliert besteht die zentrale Aufgabe nun darin, dieses Forschungs*problem* unter Bezugnahme auf bekannte empirische Ergebnisse und theoretische Modelle in eine beantwortbare Forschungs*frage* zu überführen.

In einer pädagogisch-psychologischen Studie von Claudia Schöne, Oliver Dickhäuser, Birgit Spinath und Joachim Stiensmeier-Pelster (2004) wurde folgendes Forschungsproblem formuliert:

Aufzeigen von Zusammenhängen zwischen den persönlichen Zielsetzungen Lernender und dem Vergleich eigener Leistungen mit sich selbst bzw. mit anderen Lernenden.

Daraus ergab sich die Forschungsfrage (Schöne et al., 2004, S. 93):

In der vorliegenden Untersuchung überprüfen wir die Annahme, dass Personen solche Bezugsnormen bevorzugen, die zu Informationen über das Erreichen der von ihnen verfolgten Ziele führen. Eine Lernzielorientierung sollte mit einer individuellen Bezugsnormorientierung einhergehen, eine Leistungszielorientierung dagegen mit einer sozialen Bezugsnormorientierung.

---

18 Unter einer Spirale verstehen wir im didaktischen Sinne ein Kreisen um eine Idee und ein dabei vollzogenes Wachsen der Komplexität (Bruner, 1970, S. 26).

Wie die Autorinnen und Autoren diesen Übergang realisiert haben und welche Dinge Sie dabei beachten müssen, wird an späterer Stelle in diesem Aufsatz erläutert.

Ausgehend von einem nun eingegrenzten Forschungsgegenstand und mit Hilfe einer konkreten Forschungsfrage sind in der zweiten Phase eine Reihe von Problemen zu lösen und Entscheidungen zu treffen. In der Planungs- und Vorbereitungsphase muss zunächst geklärt werden, wer oder was im Blickpunkt der Erhebung stehen soll. Zudem wird die Zielsetzung verfolgt, eine inhaltlich und organisatorisch realistische und umsetzbare Forschung zu entwerfen und sich mit den entsprechenden Werkzeugen (Erhebungsinstrumenten) auszustatten (vgl. Diekmann, 2004, S. 165).

Die Datenerhebung zeichnet sich durch eine Umsetzung der Planung aus der zweiten Phase aus und wird in der Literatur meist als lapidar dargestellt. Dabei kann sich diese Phase

> in der Praxis sehr schwierig und zeitlich langwierig gestalten: Der Zugang zum Feld kann sich als sperrig erweisen, man kommt nicht oder nur an unvollständige Daten, das Instrument erweist sich als wenig tauglich, die Interviewpartner sind nicht auskunftsfreudig oder der Rücklauf bei postalischen *Befragungen ist unbefriedigend.*
> (Pfeiffer & Püttmann, 2006, S. 22)

Innerhalb der Phase der Datenauswertung geht es zunächst darum, die empirischen Daten einer weiteren Analyse und Interpretation zugängig zu machen. Dabei muss auch entschieden werden, welche Teile des Materials schließlich ausgewertet werden (sog. erste Reduktion), da oft mehr Material erhoben wird, als ausgewertet werden kann (Poscheschnik, 2010, S. 68). Ziel ist es nun, das empirische Material im Hinblick auf die Forschungsfrage zu verdichten, d.h. zentrale Beobachtungen oder Aussagen in Form von Kennzahlen oder Kategorien für die Interpretation zugänglich zu machen. Hier findet die zweite Reduktion des Materials statt, bevor dieses in Bezug auf das Forschungsproblem diskutiert und interpretiert werden kann.

Die Phase der Berichterstattung bezeichnet die Präsentation der Forschungsergebnisse. Nach Abschluss der Datenauswertung werden die Ergebnisse in eine für andere verständliche Form gebracht. Möglichkeiten der schriftlichen Darstellung sind Qualifikations- oder Semesterarbeiten, wissenschaftliche Artikel für Fachzeitschriften oder Monografien, Forschungsberichte oder Handreichungen für Lehrerinnen und Lehrer.

Im folgenden Abschnitt werden die Hauptphasen in Etappenziele untergliedert und diese zueinander in Beziehung gesetzt.

(b) Etappenziele des Forschungsprozesses

Formulierung und Präzisierung des Forschungsproblems
Ausgehend von einem *Forschungsproblem* (Pfeiffer & Püttmann, 2006, S. 19) bzw. einer Forschungsidee, das bzw. die möglichst interessengeleitet und dennoch unvoreingenommen gefunden werden sollte (Bortz, 1984, S. 24), stellt sich nun die Aufgabe, die

> vorläufige Untersuchungsidee in den bereits vorhandenen Wissensstand einzuordnen. Das hierfür erforderliche Literaturstudium geschieht mit dem Ziel, die eigene Untersuchungsidee nach Maßgabe bereits vorhandener Untersuchungsergebnisse und Theorien einzugrenzen bzw. um noch offene Fragen oder widersprüchliche Befunde zu entdecken, die mit der eigenen Untersuchung geklärt werden können.
> (Bortz, 1984, S. 24)

Die vorhandenen Untersuchungsergebnisse bilden den *Stand der Forschung* ab, während der *theoretische Rahmen* Auskunft darüber gibt, „welche Teile der Wirklichkeit abgebildet werden, mit welchen Begriffen gearbeitet wird, welche Merkmale als besonders wichtig behandelt und somit erhoben werden" (Pfeiffer & Püttmann, 2006, S. 22).[19] Beide Bereiche wissenschaftlicher Praxis sind wichtig für die eigene Forschung, indem sie das aktuelle Wissen über den Untersuchungsgegenstand bereitstellen und der Eingrenzung des eigenen Vorhabens dienen.

Aus dem Stand der Forschung können auch Replikationsstudien erwachsen, bei denen Untersuchungen „mit anderen Untersuchungseinheiten (z.B. Personen), anderen Untersuchungsleitern oder sonstigen geringfügigen Modifikationen gegenüber der Originaluntersuchung wiederholt" (Bortz, 1984, S. 13) werden. Dabei wird die Fragestellung der Originaluntersuchung übernommen.

In jedem Fall bestimmt der theoretische Rahmen die präzise Formulierung des *Forschungsziels*. Das Forschungsziel kann dabei eine „in Form einer einzelnen Frage formulierte, konkrete *Fragestellung* [sein], die dann je nach Forschungsbedarf und -interesse durch Detailfragen ergänzt" (Pfeiffer & Püttmann, 2006, S. 56) werden kann. Ebenso ist es denkbar, aus dem Forschungsziel *Hypothesen* (→ Kap. 3.1.2) abzuleiten, die anschließend einer empirischen Prüfung unterzogen werden (hypothesenprüfende Forschung) (Pfeiffer & Püttmann, 2006, S. 21).

Planung und Vorbereitung der Erhebung
In Abhängigkeit der Forschungsfrage steht in der Planungsphase Ihrer Erhebung die Entwicklung eines Forschungsplans und der Auswahl (ggf. auch Entwicklung) der Erhebungs- sowie Auswertungsmethoden im Vordergrund (Poschesch-

---

19 Bei Beiträgen zur Theorieentwicklung erhält man immer auch Hinweise auf bereits vorhandene empirische Untersuchungsergebnisse und umgekehrt. Beide Bereiche wissenschaftlicher Praxis stehen in regem Austausch und bedingen sich gegenseitig.

nik, 2010, S. 67). Der Forschungsplan umfasst im Kern das Ergebnis von Entscheidungen bzgl. des *Basisdesigns, der vorhandenen Ressourcen, der Organisation* und *der Verfahren*, die in Beziehung zueinander stehen.

Mit dem *Basisdesign* legen Sie sich

- sowohl bezüglich der zeitlichen Dimension (Erhebung vor, während oder nach dem relevanten Ereignis bzw. Prozess),
- als auch bezüglich der Untersuchungsebene (Untersuchung von Einzelpersonen mit der Zielsetzung der genauen Beschreibung oder von mehreren Personen mit der Zielsetzung des Vergleichs)

fest (Diekmann, 2004, S. 168; Flick, 2003, S. 257).

Die Analyse der vorhandenen *Ressourcen* hilft herauszufinden, welche Stärken und Möglichkeiten bzw. Schwächen und Begrenztheiten Sie als Forscherin bzw. Forscher mitbringen und welche äußeren Rahmenbedingungen vorliegen (Poscheschnik, 2010, S. 66). Die aus unserer Sicht wichtigsten Ressourcen sind Zeit, Personen, Technik, Kompetenzen, Erfahrungen und Finanzen (vgl. auch Diekmann, 2004, S. 165). Die *Organisation* bezieht sich als Begriff dabei auf die Notwendigkeit, den Umgang mit den analysierten Ressourcen sorgfältig zu planen (in anderen Worten: *Was oder wer wofür wann in welchem Umfang eingesetzt wird*). Auch das Einholen notwendiger Genehmigungen bzw. Einwilligungen sowie Überlegungen zum Ort der Erhebungen zählen zur Organisation der eigenen Forschung.

Bevor Sie zur Auswahl der Teilnehmerinnen und Teilnehmer sowie zur Konstruktion des Erhebungsinstrumentes schreiten können, sind Vorüberlegungen zu möglichen einsetzbaren *Verfahren,* unabhängig von der konkreten Realisierung, notwendig. Die Entscheidung für eine bestimmte Methodik, d.h. eine Gruppe bzw. Kategorie von Erhebungs- und Auswertungstechniken, ist durch die Forschungsfrage und insbesondere durch die zu untersuchende Perspektive auf das Forschungsproblem bestimmt. Ist die subjektive Sichtweise der Akteure von Belang, so kommen nur Befragungsmethoden (z.B. persönlich, telefonisch, schriftlich) in Frage. Steht das Verhalten der Akteure im Mittelpunkt, so werden eher Beobachtungsverfahren eingesetzt. Schließlich können Sie sich mit bereits vorhandenen Daten auseinandersetzen: Sie können z.B. die Kommunikation in Texten analysieren (verschriftlichte Interviews, Protokolle, Briefe, Zeitungsartikel etc.) oder Verhaltensspuren betrachten (Hausmüll, Abnutzung von Teppichen in Ausstellungen, Abnutzung von Büchern etc.) (vgl. Häder, 2010, S. 128; Poscheschnik, 2010, S. 81–83).[20] Auch über den Einsatz von Medien (z.B. Befragungen

20 Die Auseinandersetzung mit bereits vorhandenen Daten setzt eine Sammlung dieses Materials voraus. Diesen Prozess bezeichnet man bei Sprachdaten (natürliche geschriebene und gesprochene Äußerungen inkl. Begleitdaten, etwa zur Entstehung der Äußerungen) als Korpusbildung (vgl. Perrin, 2006, S. 80).

über das Internet, Unterstützung von Beobachtungsverfahren durch Videografie) sollte bereits hier nachgedacht werden.

Alle Entscheidungen zum Forschungsplan können auch dazu führen, das Forschungsziel zu überarbeiten, sei es aus inhaltlichen oder organisatorischen Gründen. Es ist günstiger, bereits im Laufe der Planung Veränderungen an Fragestellung(en) oder Hypothese(n) vorzunehmen, als von einer Vielzahl an kaum oder nicht zu verwertenden Daten als Resultat unüberlegter und mangelhaft geplanter Forschung frustriert zu werden (Diekmann, 2004, S. 162).

Häufig wird die *Auswahl der Teilnehmer/innen* der Konstruktion des Erhebungsinstrumentes (vgl. u.a. Diekmann, 2004, S. 166) nachgeordnet. Dies ist aber insbesondere im Schulkontext problematisch, da einerseits schriftliche Befragungen eine ausreichende Lese- und Schreibfähigkeit erfordern und andererseits gute Frageformulierungen vom Alter der Befragten abhängig sind.[21] Ziel muss es sein, die Gruppe der potentiell Teilnehmenden klar zu definieren, ihre Anzahl einzugrenzen und festzulegen, wie die faktisch Teilnehmenden aus der Menge aller potentiell Teilnehmenden ausgewählt werden sollen (Diekmann, 2004, S. 169; Kuß & Eisend, 2010, S. 61–70).

Die letzte Phase der Planung und Vorbereitung ist die der *Konstruktion des Erhebungsinstrumentes.* Diese Phase ist insofern anspruchsvoll, als dass alle vorherigen Teilziele und Überlegungen in sie einfließen. So bestimmt der theoretische Rahmen Begrifflichkeiten und legt fest, wie diese Begriffe erfragt, beobachtet oder analysiert werden können (das sog. Operationalisieren; vgl. Pfeiffer & Püttmann, 2006, S. 23). Die Forschungsfrage engt diesen Raum auf einen spezifischen Fokus hin ein. Schließlich gilt es, die Besonderheiten der Teilnehmerinnen und Teilnehmer zu berücksichtigen (z.B. Verfügbarkeit, Alter, Muttersprache, Behinderungen etc.).

Datenerhebung

Die Phase der Datenerhebung umfasst die Arbeit im Feld, d.h. die Erhebung der Daten mit der in einer Untersuchung jeweils gewählten Methode (Diekmann, 2004, S. 170). Das Ziel ist es, vorläufige Ergebnisse zu erhalten. Vorläufig sind diese Ergebnisse in der Hinsicht, dass sie a) sehr oder zu umfangreich im Hinblick auf die Forschungsfrage oder die eigenen Ressourcen sind, b) kaum oder gar nicht aufbereitet wurden und sich so c) einer unmittelbaren Auswertung entziehen. Beispiele für solche vorläufigen Ergebnisse sind

- Tonaufzeichnungen von Interviews,
- Videoaufzeichnungen,
- Beobachtungsprotokolle,
- ausgefüllte Fragebögen und
- Sammlungen von Dokumenten (Korpora).

---

21 Einen Überblick über Methoden und Perspektiven der Kindheitsforschung gibt Heinzel (2000).

Neben der Sammlung der eigentlichen Daten muss auch die Erhebung selbst dokumentiert werden. Ihre Beobachtungen und Eindrücke die Erhebung betreffend können Sie strukturiert oder offen in Postskripten (schriftlich) festhalten. Dieses Vorgehen dient der Transparenz und Nachvollziehbarkeit Ihres Vorgehens. Darüber hinaus erleichtert Ihnen eine gute Dokumentation während der Auswertung und Interpretation die Einordnung der Daten.

Datenauswertung
Die Phase der Datenauswertung hat drei Teilziele: Aufbereitung des Materials, die eigentliche Auswertung des aufbereiteten Materials und Interpretation der Ergebnisse.

Mit der *Aufbereitung des Materials* wird das Ziel verfolgt, die gesammelten Daten einer Auswertung zugänglich zu machen. So gilt es beispielsweise, Beobachtungsbögen und Notizen zu sortieren, Interviewaufzeichnungen niederzuschreiben (das sog. Transkribieren) (vgl. Poscheschnik, 2010, S. 68) oder die „Kreuzchen" von Teilnehmenden an einer Fragebogenstudie in Zahlen zu transformieren und diese in ein digital bearbeitbares Datenformat (z.B. Dateien für Microsoft Excel oder IBM SPSS) zu übertragen (vgl. Diekmann, 2004, S. 170).

Der *Datenauswertung* kommt im Forschungsprozess eine wichtige Rolle zu. Jene Auswertungstechniken bzw. Methodiken, die in der Planung und Vorbereitung des Forschungsprojektes als geeignet für die Forschungsfrage ausgewählt wurden, werden nun auf das erhobene und aufbereitete Datenmaterial angewendet (Poscheschnik, 2010, S. 68). Ziel ist es, das aufbereitete Material zu verdichten, d.h.

- eine Auswahl geleitet durch die Forschungsfrage zu treffen,
- eine klare Darstellung bzw. Beschreibung zentraler Ergebnisse zu liefern,
- Erkenntnisse und neue Einblicke abzuleiten und
- im Falle von Vergleichsstudien Gemeinsamkeiten und Unterschiede herauszuarbeiten.

Die so gewonnenen Ergebnisse können einerseits dazu verwendet werden, das Forschungsziel neu zu formulieren und erneut in den Forschungsprozess einzutreten (zirkuläres Vorgehen) oder können andererseits als Grundlage der Interpretation dienen (lineares Vorgehen).

Zur Datenauswertung „gehört des Weiteren die *Interpretation* der Ergebnisse, denn die Daten ‚sprechen' nicht von selbst, sondern müssen unter Bezug auf die theoretischen Voraussetzungen verständlich gemacht werden" (Pfeiffer & Püttmann, 2006, S. 21). Wenn Sie Daten interpretieren, dann gehen Sie über deren unmittelbare Aussagekraft bzw. Bedeutung hinaus (Poscheschnik, 2010, S. 68), indem Sie auf den empirischen Forschungsstand und den theoretischen Rahmen zurückgreifen, um Schlussfolgerungen aus den Ergebnissen ziehen zu können und diese hinsichtlich des Forschungsproblems einzuordnen.

Um Ihnen diesen Unterschied zu verdeutlichen, greifen wir auf eine Studie der Psychologin Diana Cordova und des Psychologen Mark Lepper (1996) zurück (→ Kap. 3.2.6). In dieser Studie wurden verschiedene Computerspiele u.a. in ihrer Wirkung auf die Lernfreude bei Kindern und Jugendlichen untersucht. Jede Gruppe von Schülerinnen und Schülern „testete" dabei ein Spiel. Anschließend wurde eine Befragung zur Lernfreude durchgeführt. Die Fragen waren geschlossen (→ Kap. 3.2.3) gestellt und erlaubten ein Urteil von Eins („Ich hatte überhaupt keine Freude") bis Sieben („Ich hatte sehr, sehr viel Freude"). Die *Auswertung* der Daten umfasst hier die Berechnung von statistischen Kennziffern (z.B. Häufigkeiten, Mittelwerte) und Anwendung statistischer Prüfverfahren (z.B. Varianzanalyse). Die *Interpretation* der so in wenige Zahlen verdichteten Daten lässt hinsichtlich des Forschungsinteresses die Aussage zu, dass Kinder und Jugendliche jene Spiele bevorzugen, die in eine personalisierte Fantasiewelt eingebettet sind und Wahlmöglichkeiten bzgl. ihrer Ausgestaltung zulassen.

Berichterstattung

Den Abschluss des Forschungsprozesses bildet die Berichterstattung oder *Verwertung* (Pfeiffer & Püttmann, 2006, S. 23). Es gibt eine Vielzahl von Möglichkeiten, die Erkenntnisse der eigenen Forschung zu veröffentlichen (vgl. Poscheschnik, 2010, S. 69) – der Forschungsbericht ist die gebräuchlichste.

> Der Bericht oder Teile der Arbeit, soweit von allgemeinem oder zumindest fachöffentlichem Interesse, sind zumeist zur Publikation in Fachzeitschriften vorgesehen. Der Forschungsbericht sollte aber nicht nur die Resultate zur Diskussion stellen, sondern auch die einzelnen methodischen Schritte in nachvollziehbarer Weise dokumentieren.
> (Diekmann, 2004, S. 171)

Bei der Darstellung Ihrer Ergebnisse sollten Sie stets die Zielgruppe im Blick behalten. So muss ein Artikel für eine fachwissenschaftliche Zeitschrift andere sprachliche und inhaltliche Gütekriterien erfüllen als ein projektinterner Arbeits- und Ergebnisbericht (→ Kap. 4.1).

Die Begriffe *Verwertung* oder *Verwertungszusammenhang* werden dann zentral, wenn die Frage diskutiert wird „ob und inwieweit die Ergebnisse praxisrelevant werden, etwa als Grundlage politischer oder bildungsplanerischer Entscheidungen" (Pfeiffer & Püttmann, 2006, S. 23). Die Bildungsforscherinnen und -forscher Heinz Reinders, Cornelia Gräsel und Hartmut Ditton (2011, S. 221) zeigen dabei umfassend auf, welche „Möglichkeiten und Grenzen Empirisch[e] Bildungsforschung hinsichtlich der Umsetzbarkeit von Erkenntnissen in die pädagogische Praxis" hat. So kontrastieren die Autorin und die Autoren u.a. die reine Grundlagenforschung zur Erkenntnisbildung von der reinen Anwendungsforschung mit konkretem Nutzen für die pädagogische Praxis. Neben den beiden „Reinformen" existieren eine Reihe nutzungsorientierter Grundlagenforschungen, die sowohl erkenntnisbildend als auch praxisrelevant sind (vgl. Fischer, Waibel & Wecker, 2005).

(Aus Reinders, Gräsel & Ditton, 2011, S. 221f.):

Als Beispiel für die reine Grundlagenforschung wird eine Studie von Dietz, Hofer und Fries (2007) aufgeführt, in der die Wertvorstellungen und der Lernerfolg Jugendlicher in den Blick genommen werden. Eine Reihe von Studien, die bei Lenhard und Schneider (2009) vorgestellt wird, dient als Beispiel der reinen Anwendungsforschung. Darin wird die Entwicklung praxistauglicher Tests zur Diagnose und Trainings des Leseverständnisses zum Forschungsgegenstand gemacht.

Synthese: Ein forschungslogisches Planungsmodell

Ausgehend von bestehenden forschungslogischen Ablaufmodellen (Pfeiffer & Püttmann, 2006, S. 20; Poscheschnik, 2010, S. 67; Weyers, 2007) bzw. Phasenmodellen empirischer Untersuchungen (Diekmann, 2004, S. 166f.) haben wir ein forschungslogisches Planungsmodell entwickelt (Abbildung 1), das den obigen Überlegungen Rechnung trägt und vor allem den Aspekt der Planung von Forschung sowohl nominell als auch inhaltlich in den Fokus der Betrachtungen rückt.

Abbildung 1: Das forschungslogische Planungsmodell

Die römischen Ziffern beziehen sich auf die oben vorgestellten Hauptphasen des Forschungsprozesses. Die begriffliche Näherung der umrahmten Teilziele sowie die Beschreibung von deren Beziehungen sind ebenfalls den obigen Ausführungen zu entnehmen.

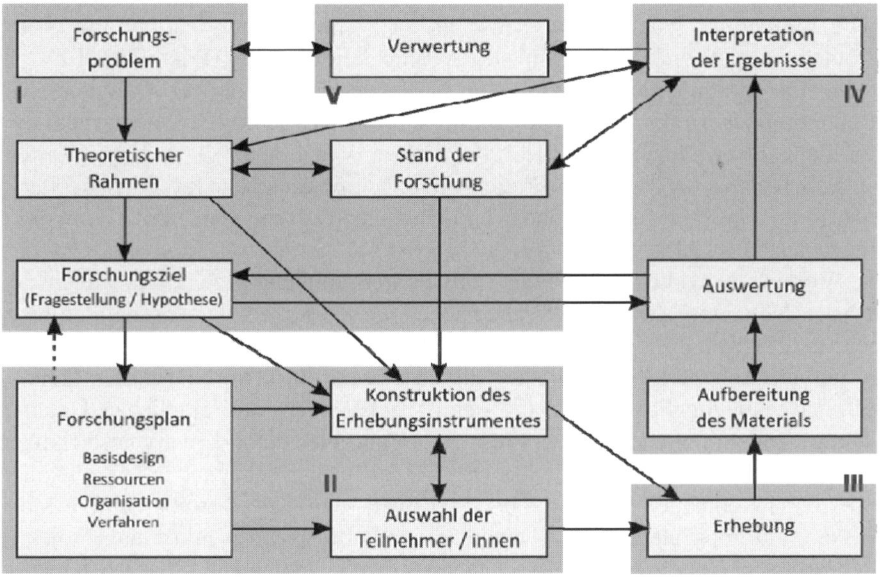

In den folgenden Abschnitten sollen die Teil- bzw. Etappenziele des Forschungsprozesses durch konkrete Impulse und Fragestellungen ausgearbeitet werden, die diese Etappenziele klar definieren. Wir orientieren uns dabei an der Abfolge der Schritte im forschungslogischen Planungsmodell.

(c) Impulse und Fragestellungen

Die hier vorgestellten Impulse und Fragestellungen sowie das Modell als solches sollten stets nur als Anregung und nicht als verbindliche Abfolge interpretiert werden. So bemerkt auch der Psychologe Gerald Poscheschnik (2010, S. 69):

> Ablaufmodelle sind enorm hilfreich. Sie stellen nämlich eine Reihe von Wegweisern zur Verfügung, die uns zeigen, wie wir in der empirischen Forschung von A nach B kommen. Trotzdem haben sie auch ihre Grenzen. So ein Ablaufmodell stellt nämlich nur einen Idealtypus von empirischer Forschung dar, und Idealtypen haben es so an sich, dass sie in Wirklichkeit nicht existieren. Auch empirische Forschung läuft in der Praxis nicht ganz so strukturiert ab, wie uns das Ablaufmodelle suggerieren. [...] Wissenschaftliche Forschung zeichnet sich dadurch aus, dass sie einem Plan folgt; gute wissenschaftliche Forschung dadurch, dass sie flexibel ist.

Demzufolge ist es aus unserer Sicht hilfreich, – insbesondere wenn man nicht auf umfangreiche eigene Erfahrungen im Bereich der Forschungsplanung zurückgreifen kann – Orientierungshilfen und Anregungen für die einzelnen Schritte zu erhalten.

Forschungsproblem

„Die Vermutung, jede sozialwissenschaftliche Untersuchung beginne mit einem Problem, stimmt nicht immer mit der Wirklichkeit überein" (Friedrichs, 1990, S. 112). Häufig ist nicht ein konkretes Problem oder ein Auftrag der eigentliche Beginn empirischer Forschung. Am Anfang stehen, wie bereits dargelegt, nicht selten mehr oder weniger vage Ideen, Gedanken oder Fragen. In anderen Worten: Sie haben etwas beobachtet, diskutiert oder auch gelesen, was Ihr Interesse weckt oder Fragen in Ihnen auslöst, und Sie möchten sich auf die Suche nach Antworten begeben (Perzy, 2010, S. 42).

Vor der eigentlichen Problem- und Frageformulierung steht deshalb in den meisten Fällen erst einmal die Suche nach einer geeigneten, wissenschaftlich bearbeitbaren Forschungsidee. Da sich die Suche nach einer geeigneten Forschungsfrage mitunter schwieriger gestaltet als die eigentliche Beantwortung dieser, kann es hilfreich sein, möglichst frühzeitig damit zu beginnen, alle möglichen Untersuchungsideen zu notieren (Bortz, 1984, S. 12) und dies durch Kreativitätstechniken zu unterstützen (Perzy, 2010, S. 43). Darüber hinaus kann aber auch die Replikation einer bereits durchgeführten Studie lohnenswert sein oder es ergibt sich die Möglichkeit, ein Forschungsproblem innerhalb eines bestehenden Forschungsprojektes zu bearbeiten. Neben der angesprochenen Unvoreingenommenheit, ist das Interesse am zu bearbeitenden Gegenstand ein besonders wichtiges und nicht selten entscheidendes Kriterium für eine erfolgreiche empirische Arbeit (vgl. Perzy, 2010, S. 42).

Nicht jede Idee ist jedoch gleich gut geeignet, um daraus ein empirisch bearbeitbares Forschungsproblem zu entwickeln. Deshalb werden die gesammelten Ideen in einem weiteren Schritt anhand bestimmter Kriterien kritisch geprüft. Mögliche Kriterien stellen dabei das eigene Interesse, die Relevanz, die Bekanntheit und Zugänglichkeit bzw. die Verfügbarkeit von Literatur und nicht zuletzt die Realisierbarkeit des Vorhabens dar (→ Kap. 3.1.2).

Nun gilt es, aus der so herausgefilterten, umsetzbaren Idee eine Forschungsfrage zu entwickeln. Dazu ist es notwendig, das Forschungsproblem so einzugrenzen und präzise zu formulieren, dass klar wird, was eigentlich der Gegenstand der Untersuchung ist (Aeppli, Gasser, Gutzwiller & Tettenborn, 2011, S. 92). Diese Spezifizierung fällt umso leichter, je mehr man sich in einem Themenbereich auskennt.

Literaturstudium: Theoretischer Rahmen und Stand der Forschung

Abhilfe schafft hier eine umfassende Literaturrecherche, mittels derer eine vorläufige Untersuchungsidee in den vorhandenen Wissensstand eingeordnet werden kann (Bortz, 1984, S. 24). Durch die Sondierung des theoretischen Rahmens und die Erkundung bisheriger Forschungsergebnisse wird die eigene Idee entsprechend vorhandener Theorien und Untersuchungsergebnisse eingegrenzt und differenziert.

Hierzu sollten Sie sich während einer ersten Orientierungsphase (Bortz & Döring, 2006, S. 47) zunächst einen groben Überblick über das entsprechende Themengebiet mit Hilfe von Lexika, einführender Literatur oder Lehrbüchern, Handwörterbüchern und/oder Fachenzyklopädien verschaffen. So können Sie Ihre Idee in ein theoretisches Umfeld stellen, erste Begriffsdefinitionen vornehmen, Konstrukte differenzieren und nicht zuletzt Stichworte für die weitere Suche identifizieren (Aeppli et al., 2011, S. 122). Mitunter stoßen Sie dabei aber auch auf „noch offene Fragen oder widersprüchliche Befunde [...], die mit der eigenen Untersuchung geklärt werden können" (Bortz, 1984, S. 24). Durch die hinzugewonnenen Kenntnisse wird eine Eingrenzung möglich oder in manchen Fällen auch eine Neustrukturierung des Forschungsproblems nötig.

In einer zweiten Phase der Literaturrecherche, der Vertiefungsphase (Bortz & Döring, 2006, S. 47), sollten Sie dann entsprechend passend zum nun schon klareren Gegenstand spezielle Beiträge und Untersuchungen suchen und bearbeiten. Diese helfen dabei, Theorieansätze zu unterscheiden und Begriffe klar zu definieren sowie das Problem in den wissenschaftlichen Kenntnisstand einzubetten und dieses so thematisch deutlich einzugrenzen und zu präzisieren.

Auch im laufenden Forschungsprozess erfolgen ergänzende Recherchen. Denn Recherche, Beschaffung und Verarbeitung der Literatur sind letztendlich miteinander verbundene Prozesse, die normalerweise mehrfach durchlaufen werden, bevor Sie einen guten Ein- und Überblick in die für einen Themenbereich relevante Literatur gewinnen können (Aeppli et al., 2011, S. 121). Währenddessen sollten Sie jederzeit darauf bedacht sein, wichtige Forschungsergebnisse und theoretische Ansätze auf das eigene Interesse bzw. die eigenen Fragen hin zu fokussieren und gezielt nach Anknüpfungspunkten für die eigene Untersuchungsidee suchen.

Mit Hilfe dieser Vertiefung haben Sie eine Idee ausgewählt, diese thematisch in den wissenschaftlichen Kenntnisstand eingeordnet und damit den „groben" Forschungsgegenstand gefunden. Im Folgenden ist es nun notwendig, diesen in eine lohnende und empirisch beantwortbare Forschungsfrage zu überführen und damit das Ziel der eigenen Arbeit genau zu bestimmen.

Forschungsziel

Mit der Auswahl eines geeigneten Forschungsproblems haben Sie einen entscheidenden Schritt für die Entwicklung einer präzisen Fragestellung getan. Sie haben damit den übergeordneten inhaltlichen Rahmen festgelegt und können aus diesem heraus jetzt eine Forschungsfrage ableiten, die deutlich macht, was genau Sie wissen bzw. herausfinden möchten. Diese eindeutig formulierte Fragestellung repräsentiert somit das primäre Erkenntnisinteresse und stellt das zentrale Element jeder empirischen Arbeit dar. Sie definiert sowohl das Ziel als auch den Zweck der Arbeit und legt fest, welche Aspekte in den Blick genommen und welche außer Acht gelassen werden (vgl. König & Bentler, 2010, S. 176).

Da jede Frage aus bereits vorhandenem Wissen generiert wird, liegt ihr somit ein bestimmtes Verständnis des Forschungsgegenstandes zugrunde (Poscheschnik, 2010, S. 62). Deshalb ist eine argumentative Auseinandersetzung mit der Fragestellung von besonderer Bedeutung für die Qualität Ihres Forschungsvorhabens und bildet die Basis für den theoretischen Teil der Arbeit. Sie sollten Ihre Forschungsfrage daher stets in den wissenschaftlichen Kenntnisstand einbetten und diese nachvollziehbar erläutern und begründen. Neben einer Darstellung des aktuellen Forschungsstandes mit den verschiedenen theoretischen Positionen und den wichtigsten Befunden sind dabei insbesondere die Relevanz und das dahinterstehende (praktische) Interesse von Bedeutung. Damit kann die Zielstellung explizit dargelegt und auch begründet werden, warum diese gewählt wurde (König & Bentler, 2010, S. 176). Der Psychologe Anton Perzy (2010, S. 57) macht deutlich, woran Sie erkennen, ob Sie eine gute Fragestellung gefunden haben: Grundsätzlich sollte „der Untersuchungsgegenstand in der Fragestellung deutlich und präzise erfasst" (Perzy, 2010, S. 57) sowie mit empirischen Mitteln beantwortbar sein (→ Kap. 3.1.2). Weiterhin sollte das Forschungsvorhaben mit Ihren Vorkenntnissen sowie den zur Verfügung stehenden Mitteln und in der verfügbaren Zeit durchgeführt werden können. Und nicht zuletzt sollten „Sie Annahmen und etwaige Hypothesen, die der Fragestellung zu Grunde liegen bzw. sich aus ihr ableiten lassen" (Perzy, 2010, S. 57), berücksichtigen.

Mit der Entwicklung eines konkreten Forschungsziels haben Sie einen entscheidenden Schritt im Forschungsprozess gemacht. Sie können darauf aufbauend einen Forschungsplan entwickeln, um Ihre Erhebung vorzubereiten. Der Soziologe Andreas Diekmann (2004, S. 172) weist in diesem Zusammenhang darauf hin, dass Sie vor der Durchführung einer eigenen neuen Erhebung zunächst prüfen sollten, „ob die Forschungsfrage nicht auch mit einer Sekundäranalyse beantwortbar ist." Sekundäranalysen haben den Vorteil, dass Sie auf bereits bestehende Daten zurückgreifen können, und so auf die Konstruktion des Erhebungsinstrumentes sowie die Auswahl der Teilnehmerinnen und Teilnehmer verzichten können. Dies ist insbesondere dann von Bedeutung, wenn Ihnen nur knappe personelle und zeitliche Ressourcen zur Verfügung stehen.

Forschungsplan

Bei der Forschungsplanung werden die theoretischen und empirischen Vorüberlegungen dazu verwendet, die eigene Erhebung zu konzipieren und zu organisieren. In diesem Sinne wird hier die Brücke zwischen Theorie und wissenschaftlicher Praxis geschlagen.

Zunächst müssen Sie festlegen, welche Art der Beschreibung Sie anstreben. Neben vielen anderen methodologischen Überlegungen, die an dieser Stelle eine Rolle spielen (→ Kap. 3.1.4), wollen wir uns hier auf zwei zentrale Dimensionen beschränken:

(a) Zunächst muss anhand des Forschungsziels festgelegt werden, welche Ziele der Verallgemeinerbarkeit (Generalisierbarkeit) verfolgt werden sollen.

„Geht es um eine detaillierte Analyse eines Falls in möglichst vielen Facetten, um den Vergleich oder um eine Typologie verschiedener Fälle, Situationen, Personen etc.?" (Flick, 2003, S. 259) Zentrales Element einer *Fallstudie* ist die Identifikation eines aussagekräftigen Falls – also von Personen, sozialen Gemeinschaften, Organisationen und Institutionen – und Überlegungen, was zum Fall gehört bzw. wie Sie die verschiedenen Aspekte empirisch fassbar, d.h. beobachtbar, erfragbar etc. machen (Flick, 2003, S. 253f.).

> Wollen Sie Unterrichtsstörungen einer Klasse in einer Fallanalyse erfassen, ist zu überlegen, ob die Beobachtung der Schülerinnen und Schüler im Unterricht ausreicht, oder ob beispielsweise eine Befragung der Lehrkräfte, eine Beobachtung im außerunterrichtlichen und -schulischen Kontext und eine Befragung der Kinder und Jugendlichen in die Analyse einbezogen werden sollten.

In einer *Vergleichsstudie* „wird dagegen der Fall nicht in seiner Komplexität und Ganzheit betrachtet, sondern eine Vielzahl von Fällen im Hinblick auf bestimmte

Ausschnitte [...]. Hier stellen sich vor allem Fragen der Auswahl der Fälle in den zu vergleichenden Gruppen“ (Flick, 2003, S. 254). Weiterhin erfordert ein Vergleich eine Vergleich*barkeit*, die aus einem gewissen Maß an Standardisierung und Kontrolle (i.S. festgelegter Schritte und Verfahren) resultiert. Zudem müssen Bedingungen der Fälle, die nicht Teil des Vergleiches sind, möglichst konstant gehalten werden (vgl. Flick, 2003, S. 254).

Wollen Sie Unterrichtsstörungen in verschiedenen Klassen vergleichen, so sollten Alter der Schülerinnen und Schüler, das Unterrichtsfach, die Lehrperson und Schulform nicht gleichzeitig bzw. nicht beliebig variiert werden, um Rückschlüsse auf den Einfluss der einzelnen Vergleichsaspekte auf die Unterrichtsstörungen ziehen zu können.

(b) Zweitens müssen Sie sich mit der zeitlichen Dimension auseinandersetzen. Dabei kann man mit dem Sozialforscher Uwe Flick (2003, S. 255–257) zwischen *retrospektiven Studien*, in denen rückblickend vom Zeitpunkt der Durchführung der Forschung bestimmte Ereignisse und Prozesse beleuchtet werden, *Momentaufnahmen*, in denen eine Zustands- und Prozessanalyse zum Zeitpunkt der Forschung vorgenommen wird, und *Längsschnittstudien*, die Prozesse während eines längeren Zeitraumes durch mehrfache Erhebungen begleiten, unterscheiden. Abbildung 2 verdeutlicht diese Zusammenhänge zwischen Ereignis, Prozess und Art der Erhebung.

Abbildung 2: Zeitliche Dimension des Forschungsdesigns

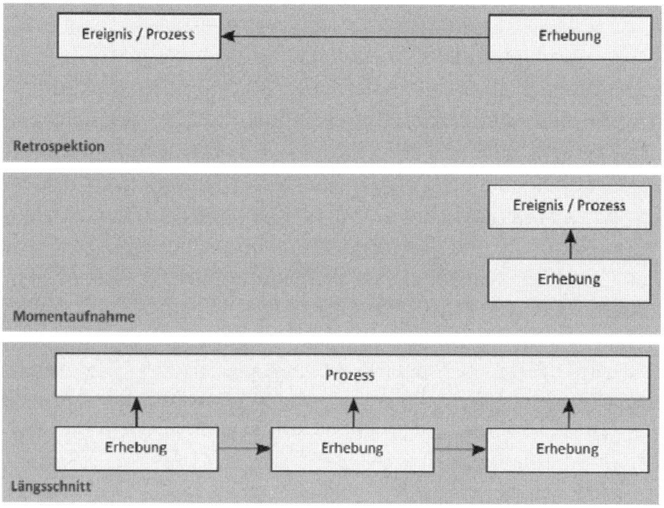

Retrospektion ist immer dann sinnvoll, wenn ein Ereignis oder ein Prozess aus der aktuellen Sicht (zusammenfassend) dargestellt oder/und bewertet werden soll.

Beispiele sind Interviews mit Lehrkräften bzw. Schülerinnen und Schülern im Anschluss an Unterrichtssequenzen oder die Auseinandersetzung mit Protokollen von Schulkonferenzen zur Rekonstruktion der Entscheidungsfindung an der entsprechenden Schule.

Der Übergang zwischen Retrospektion und *Momentaufnahme* ist fließend. So bezeichnet Uwe Flick (2003, S. 255) Interviews mit Expertinnen und Experten (also z.B. Lehrkräften) zum professionellen Kenntnisstand in einem Feld als Momentaufnahmen. Den Unterschied markiert er, wie folgt: „Auch wenn in die Interviews entsprechende Beispiele aus früheren Zeitpunkten einfließen, ist die Forschung nicht primär auf die Rekonstruktion eines Prozesses [oder Ereignisses] in retrospektiver Perspektive gerichtet. Vielmehr wird eine Zustandsbeschreibung zum Zeitpunkt der Forschung gegeben" (Flick, 2003, S. 255). In anderen Worten: Die subjektive Wahrnehmung der Abgeschlossenheit eines Ereignisses oder eines Prozesses durch die befragte Person markiert den Unterschied zwischen Retrospektion und Momentaufnahme.

Die Unterrichtssequenzen und die Schulkonferenzen sind als Ereignisse abgeschlossen und die befragten Personen bzw. die lesenden Personen der Protokolle nehmen diese auch als abgeschlossen wahr. Befragen Sie die Lehrkräfte oder Schülerinnen und Schüler während des Unterrichts (z.B. in Stillarbeitsphasen), dann spielen zwar auch Aspekte des vergangenen Unterrichts eine Rolle, das Ereignis oder der Prozess „Unterricht" ist subjektiv, aber noch nicht abgeschlossen. Ähnlich verhält es sich mit der Analyse der Protokolle durch die protokollierende Person während der Schulkonferenz zur Klärung offener Fragen oder zur Formulierung von Anträgen. Befragen Sie Lehrerinnen und Lehrer zu ihren Kenntnissen zu Spezifika der Klasse oder zu (fach-)didaktischen Konzepten oder Überzeugungen, so stellt dies in obigem Sinn ebenfalls eine Momentaufnahme dar.

Die Stärke von *Längsschnitt*studien liegt in der Möglichkeit „Veränderungen in Sicht- oder Handlungsweisen durch wiederholte Erhebungen dokumentieren zu können" (Flick, 2003, S. 256). *Nur* durch die wiederholten Messungen über wohl definierte Zeiträume lassen sich Aussagen über intraindividuelle Veränderungen treffen. Das Ziel ist es, die „Bedingungen solcher Veränderungen für Individuen oder Gruppen zu identifizieren [...], aber auch durch Modellierung von Wirkungszusammenhängen die Ursachen für Veränderungen zu ermitteln" (Rudinger, 2009, S. 288). Dabei muss zwischen zeitinstabilen Veränderungen (Launen, Stimmungen, Emotionen etc.) und langfristigen, relativ zeit- und situationsstabilen Veränderungen unterschieden werden (Rudinger, 2009, S. 288).

Als mittelfristig stabil würde man Kompetenz- und Intelligenzentwicklungen verstehen, was aber nicht heißt, dass diese langfristig (d.h. über Jahre hinweg) nicht dennoch veränderbar wären. Konzentrationsschwierigkeiten aufgrund von Müdigkeit, Verliebtheit oder Ärger sind dagegen von eher kurzer Dauer.

Damit längsschnittlich erhobene Daten einerseits anonym bleiben (→ Kap. 3.1.5) und andererseits die Zuordnung der Daten der verschiedenen Erhebungen zu einem Individuum möglich wird, greift man häufig auf sogenannte persönliche Codes zurück (Pöge, 2005). Wie Sie einen solchen persönlichen Code gestalten können, zeigt Abbildung 3.

Abbildung 3: Beispiel eines persönlichen Codes

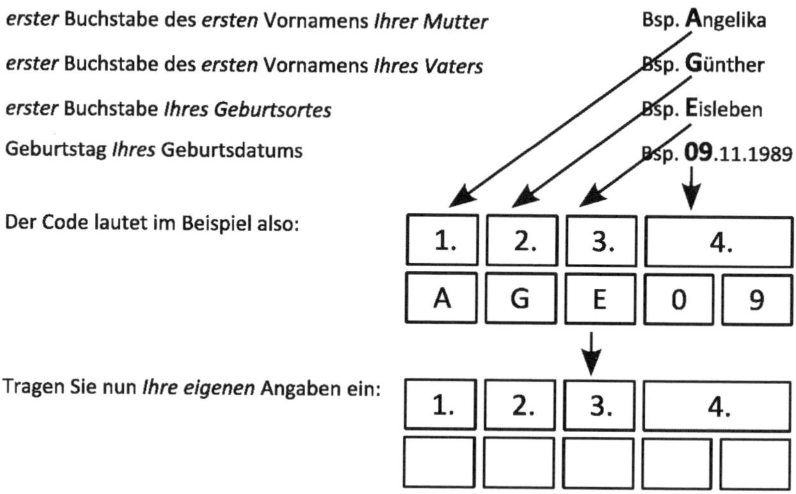

Eine weitere Möglichkeit für die Realisierung von Längsschnittstudien in Schulklassen ist der Einsatz von Listen mit Zufallszahlen. Anhand der Namenslisten aus den Klassenbüchern der zu untersuchenden Klassen werden für jede Schülerin bzw. jeden Schüler eindeutige Zufallszahlen generiert. Diese werden auf Listen zusammen mit den Namen notiert und bei jeder Befragung den Schülerinnen und Schülern zur Verfügung gestellt, mit der Bitte, die entsprechende Zahl auf dem Fragebogen zu notieren. Nach Abschluss der Erhebungen werden die Listen gelöscht und so die Anonymität der Daten gewahrt. Während des Erhebungsprozesses dürfen die Erhebungsdaten selbstredend *nicht* mit den personenbezogenen Daten in Verbindung gebracht werden.

Längsschnittstudien sind unverzichtbar für die Offenlegung von Entwicklungsprozessen, dennoch haben sie eine Reihe von Nachteilen. Diese umfassen den Ausfall von Teilnehmerinnen und Teilnehmern im Laufe der unterschiedlichen Erhebungen, Wiederholungseffekte durch die häufige Untersuchung (z.B. erinnerte Antworten, Ermüdung) und einen sehr hohen Zeit- und Organisationsaufwand (Bortz, 1984, S. 443f.).

Beispiele für Längsschnittstudien
Ein erstes Beispiel ist die Studie der Grundschulpädagogin und -didaktikerin Sabine Feneberg (2011). Dort wurde über acht Jahre hinweg die Rechtschreibentwicklung von Schülerinnen und Schülern mit systematischem Rechtschreibunterricht und ohne verglichen.
Ein zweites Beispiel ist die Untersuchung „mögliche[r] Einflüsse des von Schülerinnen und Schülern wahrgenommenen sozialen Schulklimas auf die Entwicklung von politischem Interesse und von Toleranz gegenüber Ausländern als Indikatoren politischer Sozialisation“ (Grob, 2007) über einen Lebensabschnitt von 20 Jahren hinweg.

Neben den bereits vorgestellten Überlegungen zum Basisdesign gilt es auch, die eigenen Ressourcen kritisch einzuschätzen. Insbesondere für den Faktor Zeit „wird oft ein unrealistisches Verhältnis zwischen geplanten Arbeitspaketen und den […] personellen Ressourcen zugrunde gelegt“ (Flick, 2003, S. 262). Nachfolgend möchten wir Ihnen in Anlehnung an Flick (2003, S. 262f.) am Beispiel eines 90-minütigen Interviews zeigen, wie Sie den zeitlichen Aufwand realistisch planen können (Tabelle 1).

Tabelle 1: Zeitkalkulation für ein Interview mit 90 Minuten Dauer nach den Berechnungen von Flick (2003, S. 262f.)

Arbeitsschritt	**Zeit (in h)**
Organisation: Gesprächspartnerin bzw. -partner finden, Termin planen, Fahrzeit zum Gesprächsort	1,5
Interviewdurchführung (Gespräch)	1,5
Transkription (Abtippen)	6
Kontrolle der Transkription	3
Summe	12
Unvorhersehbares	× 2
Gesamtkalkulation	**24**

Ein weiterer Aspekt des Forschungsplanes ist die Entscheidung für ein bestimmtes Verfahren in Erhebung und Auswertung. Dies ist Gegenstand des → Kapitels 3.2 und soll daher an dieser Stelle nicht vertieft werden.

Auswahl der Teilnehmerinnen und Teilnehmer
Da die Auswahl der Teilnehmerinnen und Teilnehmer eine wichtige und zugleich anspruchsvolle Aufgabe darstellt, möchten wir Ihnen hier zeigen, mit welchen Techniken Sie in der Praxis diese Auswahl konkret treffen können. Dabei gehen wir nicht auf Überlegungen ein, die in konkretem Zusammenhang mit grundlegenden Fragen des Forschungsdesigns (→ Kap. 3.1.1), methodologischen Grundlagen (→ Kap. 3.1.2) oder konkreten Forschungsplänen wie dem Experiment (→ Kap. 3.2.5) stehen. Vielmehr sollen hier grundsätzliche Überlegungen zum Vor-

gehen vorgestellt werden, die je nach Ausrichtung des eigenen Forschungsvorhabens ausgewählt und angepasst werden können.

Andreas Diekmann (2004, S. 169) unterscheidet zwischen drei Haupttypen der Auswahl:

(a) Zufallsauswahl
(b) Auswahl nach Kriterien (Quotensample)
(c) Auswahl nach Verfügbarkeit („willkürliche" Auswahl)

Wir ergänzen diese Typen um

(d) Vollerhebung (alle Personen).

Die *Zufallsauswahl (a)* wird immer dann gewählt, wenn durch einen anderen Auswahltyp die Gefahr der Verzerrung der Ergebnisse besteht. Dies spielt dann eine Rolle, wenn man möglichst verlässliche Aussagen für alle Personen mit ähnlichen Eigenschaften treffen möchte.

Sie möchten Aussagen über die Leistungsmotivation aller Schülerinnen und Schüler (vieler hunderttausend) auf Grundlage der tatsächlich befragten bzw. befragbaren Kinder bzw. Jugendlicher (einige hundert) treffen. Dazu identifizieren Sie jede einzelne in Frage kommende Person, tragen diese in eine Liste ein und wählen über einen Zufallszahlengenerator (z.B. http://www.random.org/) eine festgelegte Anzahl von Personen aus (vgl. Bortz, 1984, S. 240–247). Weitere Aspekte wie Schulklasse, Geschlecht, Leistungsstand, Schulform dürfen bei der Auswahl keine Rolle spielen, außer der Geltungsbereich der Aussagen aus den Ergebnissen wird auf eine bestimmte Teilgruppe beschränkt.

Die *Auswahl nach Kriterien (b)* spielt vor allem bei Fallstudien eine Rolle. Bei der Untersuchung von sozialen Gruppen oder Institutionen stehen sog. Schlüsselpersonen oder *gatekeeper* im Mittelpunkt der Auswahlprozesse (Merkens, 2003, S. 288). Im Fall von Schulen können gatekeeper je nach Fragestellung die Schulleitung oder Lehrerinnen bzw. Lehrer mit bestimmten Funktionen z.B. Betreuungslehrerinnen, Vertrauenslehrer oder Mitglieder in einer Steuergruppe sein. Für Fallstudien ist die Definition der Fälle anhand klar festgelegter Kriterien das zentrale Element der Auswahl der Teilnehmerinnen und Teilnehmer. Haben Sie die Fälle definiert, werden alle zugeordneten Personen oder Dokumente in die Erhebung einbezogen (*Vollerhebung (d)*). Gelingt dies nicht – also z.B. durch Ablehnung einzelner Teilnehmerinnen bzw. Teilnehmer oder fehlender Zugänglichkeit von Dokumenten – liegt eine *willkürliche Auswahl* bzw. *eine Auswahl nach Verfügbarkeit (c)* vor.

Auch bei Vergleichsstudien wird die *Auswahl nach Kriterien (b)* häufig eingesetzt. Wollen Sie beispielsweise eine Fragestellung überprüfen, die verschiedene Merkmale von Schülerinnen und Schülern (Geschlecht, Alter, Schulform, soziale Herkunft) in Bezug zur Leistungsmotivation setzt, so sollten die Personen innerhalb dieser spezifischen Kriterien etwa gleich verteilt sein (etwa gleich viele

Mädchen und Jungen; pro untersuchter Klassenstufe etwa gleich viele Personen usw.).

Im Schulkontext ist es häufig bedeutsamer, Phänomene der eigenen Klasse oder Schule zu verstehen, als die Übertragung auf andere Schulen mit anderen spezifischen Bedingungen zu realisieren. Da die Schüler- und Lehrerschaft bzw. infrage kommenden Dokumente begrenzt und prinzipiell in der Gesamtheit zugänglich sind, kommen hier auch *Voll- oder Totalerhebungen (d)* als Auswahlprozess infrage.

Bisher haben wir nur einstufige Auswahlprozesse vorgestellt, bei denen unmittelbar Personen oder Dokumente ausgewählt wurden. Ebenso möglich sind mehrstufige Auswahlprozesse, bei denen in jeder Stufe unterschiedliche Auswahltypen eingesetzt werden können (vgl. Kuß & Eisend, 2010, S. 61–70).

> Es sollen Einflussfaktoren auf Unterrichtsstörungen in einem Gymnasium untersucht werden. Auf der ersten Auswahlstufe wird zufällig eine Klasse pro Klassenstufe ausgewählt. Pro Klassenstufe werden auf der zweiten Stufe nach Bereitschaft der jeweiligen Lehrkräfte Fächer ausgewählt, in denen auf der dritten Stufe dann vier Schülerinnen mit guten und vier Schülerinnen mit schlechten fachlichen Leistungen sowie vier Schüler mit guten und vier Schüler mit schlechten fachlichen Leistungen beobachtet werden sollen.

Mit der Festlegung der Teilnehmerinnen und Teilnehmer legen Sie zugleich den Grundstein für die Konstruktion des Erhebungsinstrumentes. So müssen Sie sich beispielsweise bei Beobachtungsverfahren der eigenen (Erwachsenen-)Rolle im Verhältnis zu den Teilnehmenden (jungen Alters) bewusst werden und daraus ableiten, welche eigenen Verhaltensweisen im Feld authentisch sind oder was überhaupt beobacht- und dokumentierbar ist (→ Kap. 3.2.1). Bei Befragungen, also dem Interview (→ Kap. 3.2.2) und dem Fragebogen (→ Kap. 3.2.3), steht vor allem die sprachliche Angemessenheit der Fragen in Bezug auf Alter, Erfahrungen und Vorwissen der Teilnehmenden im Vordergrund.

Konstruktion des Erhebungsinstrumentes

Wie bereits geschildert, handelt es sich bei der Konstruktion des Erhebungsinstruments um die Synthese der vorherigen Phasen. Wir greifen für diesen Abschnitt auf ein Beispiel der Schulforschung zurück, das sich mit den Zusammenhängen zwischen den persönlichen Zielsetzungen Lernender und dem Vergleich eigener Leistungen mit sich selbst bzw. mit anderen Lernenden beschäftigt (Schöne et al., 2004), um Ihnen Impulse für Überlegungen zu eigenen Erhebungsinstrumenten zu geben.

Einflussgröße: Theoretischer Rahmen und Stand der Forschung

Zunächst müssen relevante Begriffe und Konzepte definiert werden. So werden für die persönliche Zielsetzung der Begriff der *Zielorientierung* und für die Vergleichsnormen der eigenen Leistung der Begriff der *Bezugsnormorientierung* verwendet.

> Unter Zielorientierung wird die motivationale Ausrichtung von Personen in Lern- und Leistungskontexten verstanden [...]. Während *lernzielorientierte* Personen nach Kompetenzsteigerung streben, wollen *leistungszielorientierte* Personen sich oder anderen ihre Kompetenzen demonstrieren bzw. mangelnde Kompetenzen verbergen [...]. Unter Bezugsnormorientierung wird die Tendenz einer Person verstanden, bestimmte Maßstäbe zur Beurteilung der Güte von Leistungen heranzuziehen. [...] Wird beispielsweise die Leistung einer Person bevorzugt mit früheren Leistungen dieser Person verglichen, so wird von *individueller Bezugsnorm* gesprochen. Sind die Leistungen anderer Personen bevorzugter Maßstab bei der Leistungsbeurteilung, so liegt eine *soziale Bezugsnormorientierung* vor.
>
> (Schöne et al., 2004, S. 94)

Es schließt sich nun eine Erstellung und Auswahl feststellbarer (beobachtbarer, messbarer, erfragbarer etc.) Sachverhalte (sog. Indikatoren) für die zu untersuchenden Begriffe an.

Im Beispiel von Claudia Schöne, Oliver Dickhäuser, Birgit Spinath und Joachim Stiensmeier-Pelster (2004) greifen die Autorinnen und Autoren auf Indikatoren zurück, die bereits Einzug in den Stand der Forschung gehalten haben. Sie verwenden hierzu die Skalen zur Erfassung der Lern- und Leistungsmotivation (SELLMO) (Spinath, Stiensmeier-Pelster, Schöne & Dickhäuser, 2002) sowie einen selbst entwickelten Kurzfragebogen zur Erhebung der Bezugsnormorientierung (Dickhäuser & Rheinberg, 2003).

Ziel der Autorinnen und Autoren ist es, die in der wissenschaftlichen Literatur vorfindbare theoretische Verknüpfung von Ziel- und Bezugsnormorientierung empirisch nachzuweisen (Schöne et al., 2004, S. 95) und damit eine Lücke im Forschungsstand gezielt zu schließen.

Einflussgröße: Forschungsziel

Das Forschungsziel engt den Raum assoziierter Begriffe und Konzepte aus der Literaturrecherche ein. Diesbezüglich dient es als Filter hinsichtlich der Relevanz von Indikatoren und Fragestellungen. Die Forschungsfrage des Beispielprojektes lautet:

> In der vorliegenden Untersuchung überprüfen wir die Annahme, dass Personen solche Bezugsnormen bevorzugen, die zu Informationen über das Erreichen der von ihnen verfolgten Ziele führen. Eine Lernzielorientierung sollte mit einer individuellen Bezugsnormorientierung einhergehen, eine Leistungszielorientierung dagegen mit einer sozialen Bezugsnormorientierung.
>
> (Schöne et al., 2004, S. 93)

Die nun anzulegende kritische Prüfung umfasst Fragen wie:

- Dienen alle Begriffe der Beantwortung des Forschungsziels?
- Dienen alle Indikatoren der Erfassung der Begriffe im Verständnis des Forschungsziels?

Damit können für oben genanntes Beispiel u.a. Indikatoren für (1) Zielorientierungen aus sozialen Motiven (Orientierung an *a)* den Folgen für die eigene Person und *b)* der Bewertung der eigenen Person durch Bezugspersonen; Urhahne, 2008, S. 160) und für (2) die kriteriale Bezugsnormorientierung entfallen (Vergleich mit sachlich-fachlichen Anforderungen; Jürgens & Sacher, 2008, S. 101).

Tabelle 2 zeigt eine Auswahl von Indikatoren und Fragen, die zur Klärung des Forschungsziels notwendig sind.

Tabelle 2: Beispielindikatoren und -fragen für Lern- und Leistungsziele sowie für soziale und individuelle Bezugsnormorientierung

Lernziele	**Soziale Bezugsnormorientierung**
In der Schule geht es mir darum, ... neue Ideen zu bekommen. ... etwas Interessantes zu lernen. ... komplizierte Inhalte zu verstehen. ... so viel wie möglich zu lernen.	Wenn ich von einer „guten Leistung“ spreche, dann meine ich damit ein Ergebnis, das verglichen mit meinen Mitschülerinnen und Mitschülern über dem Durchschnitt liegt.
(Annäherungs-)Leistungsziele	**Individuelle Bezugsnormorientierung**
In der Schule geht es mir darum, ... zu zeigen, dass ich bei einer Sache gut bin. ... dass andere denken, dass ich klug bin. ... zu zeigen, dass ich die Inhalte beherrsche. ... das, was ich kann und weiß, auch zu zeigen.	Wenn ich von einer „schlechten“ Leistung spreche, so meine ich ein Ergebnis, das schlechter ist als meine Ergebnisse in der Vergangenheit.

Einflussgröße: Forschungsplan

Die Studie ist als Momentaufnahme aktueller Ziel- und Bezugsnormorientierungen konzipiert und soll Aussagen für weite Bereiche des Lernens in der Gesellschaft treffen können (Generalisierungsanspruch). Es wurde demnach eine Vergleichsstudie unter Verwendung standardisierter, schriftlicher Befragungen entworfen, an der unterschiedliche Personengruppen teilnahmen.

Einflussgröße: Auswahl der Teilnehmerinnen und Teilnehmer

Da die Studie Lernprozesse in verschiedenen Lebensphasen abbilden sollte, wurden Grundschülerinnen und Grundschüler sowie deren Eltern, Kinder und Jugendliche aus siebten, achten und elften Klassen an Gymnasien sowie Studierende verschiedener Fachbereiche (u.a. Lehramtsstudierende) befragt (Schöne et al., 2004, S. 95). Es konnte bei allen Teilgruppen von einer ausreichenden Lesefähigkeit ausgegangen werden, so dass nur sprachliche Anpassungen der Fragen erfolgten. Eine Ausnahme bildet die Teilgruppe der Eltern, die ihre Zielorientierung in Bezug auf ihr Kind angeben sollten (z.B. „Mir geht es darum, … dass mein Kind in der Schule zeigt, wenn es bei einer Sache gut ist.“ (Schöne et al., 2004, S. 95).

Erhebung
Die Phase der Erhebung ist in starkem Maße von den gewählten Methoden abhängig und wird daher separat im → Kapitel 3.2 vorgestellt und diskutiert. In der oben vorgestellten Studie von Schöne, Dickhäuser, Spinath und Stiensmeier-Pelster (2004) besteht die Erhebungsphase und deren Organisation in der Durchführung von sechs Fragebogenstudien. Hierzu mussten beispielsweise Personen benannt werden, die die Teilnehmerinnen und Teilnehmer vor Ort aufsuchen, instruieren und die vorher erstellten und gedruckten Fragebögen austeilen. Nach der Durchführung müssen die Fragebögen zentral gesammelt werden, bevor das Datenmaterial aufbereitet werden kann.

Aufbereitung des Materials
Nach der Datenerhebung liegen die Daten nur selten in so einer Form vor, dass sie sich ohne Weiteres auswerten oder interpretieren lassen. Neben der Anonymisierung (→ Kap. 3.1.5) ist also je nach Art der erhobenen Daten und in Abhängigkeit vom Ziel der Analyse eine Aufbereitung des Materials notwendig (vgl. Aeppli et al., 2011, S. 218; Poscheschnik, 2010, S. 84).

Gerald Poscheschnik (2010, S. 84) unterscheidet bei der Aufbereitung empirisch erhobener Daten drei Aspekte: Fixierung, Selektierung (bei Poscheschnik Selegierung) und Strukturierung.

Die *Fixierung* dient dazu, „Beobachtungen und Befragungen irgendwie dingfest zu machen“ (Poscheschnik, 2010, S. 84). Dabei existieren für die Verschriftlichung (Transkription) von Interview- und Videoaufzeichnungen verschiedene Verfahren. Die Entscheidung, wie z.B. ein Gespräch transkribiert werden soll, fällt in Abhängigkeit von Forschungs- und Analyseziel und der zugehörigen Analysemethode. Sie müssen sich im Hinblick auf Ihre Ziele und verfügbaren Ressourcen fragen, ob es relevant ist, z.B. den Dialekt, Pausen, Verzögerungslaute oder Versprecher usw. wiederzugeben und sich darüber im Klaren sein, dass auch eine sehr präzise Übertragung einen Informationsverlust mit sich bringt (→ Kap. 3.2.2). Auch die Angaben aus Fragebögen sowie standardisierten Beobachtungsbögen müssen für die Analyse verwertbar gemacht werden. Hierzu werden sie anhand eines Codeplans in eine digitale Datendatei (z.B. Microsoft Excel, IBM SPSS) übertragen.

Selektierung meint die Auswahl der Daten, die in die Auswertung einfließen sollen. Nicht selten werden viele Daten erhoben, die für die Auswertung nicht zwingend benötigt werden. Entscheidend für die Auswahl der Daten ist ihre Relevanz für die Beantwortung der Forschungsfrage(n). Aber auch die Fehlerkontrolle kann zu Datenselektion führen. So wie bei der Transkription verbaler oder visueller Daten ein Abgleich von erstelltem Text und Aufzeichnung erfolgt, sollten auch die manuell eingegebenen Angaben aus Fragebögen oder Protokollen einer Fehlerkontrolle unterzogen werden. Hierbei ist v.a. auf fehlende, wenig plausible sowie inkonsistente Werte zu achten (vgl. Häder, 2010, S. 406f.). Erkannte Fehler sollten, wenn möglich, bereinigt werden. Personen, deren Daten mehrere Fehler aufweisen, sollten Sie ganz oder teilweise aus der weiteren Analyse ausschließen oder zumindest so markieren, dass Sie sie in der Auswertung mit der entsprechenden Sorgfalt behandeln können.

Die *Strukturierung* bringt – provokativ formuliert – Ordnung in das Chaos. Konkret könnten Sie z.B. Interview- oder Beobachtungsnotizen ordnen und systematisieren oder die Zeilen eines Interviewtranskripts nummerieren, um sich im Interview zurechtzufinden und daraus zitieren zu können (Poscheschnik, 2010, S. 84).

Den Aufwand für die Aufbereitung der Daten sollten Sie bei der Planung eines empirischen Forschungsprojektes nicht unterschätzen oder gar vernachlässigen. Schließlich handelt es sich um die Phase, in der die erhobenen Daten in eine analysegerechte Form gebracht und damit auch erst für die Auswertung nutzbar gemacht werden. Wenn Sie es verstehen, Ihre Daten entsprechend Ihren Untersuchungszielen aufzubereiten, können Sie diese mit geringerem Aufwand und größerem Ertrag an Erkenntnissen auswerten und darstellen (Perzy, 2010, S. 134).

Auswertung

Um zu sehen, welche Ergebnisse Sie aus Ihrer Untersuchung gewinnen können, müssen Sie sich fragen, welche Verfahren und Techniken für Ihre Daten und Ihr Forschungsziel infrage kommen (Hug, 2001, S. 25f.). Wie bereits deutlich wurde, können je nach Erkenntnisinteresse verschiedene Erhebungsmethoden zum Einsatz kommen, die aufgrund der damit verbundenen Datenbeschaffenheit wiederum unterschiedliche Auswertungsverfahren erfordern bzw. (nicht) möglich machen. Hinweise dazu, wie Sie diese Auswahl treffen können, finden Sie im → Kapitel 3.2 bei den verschiedenen Erhebungsmethoden.

Zwischenüberlegung: Lineares oder zirkuläres Forschungsdesign?

Während in linearen Forschungsabläufen nach einer zuvor festgelegten Untersuchungsanordnung die einzelnen Phasen des Forschungsprozesses in einer bestimmten Reihenfolge abgearbeitet werden und so die Datengewinnung der Datenanalyse vorangeht, finden diese beiden Prozesse bei zirkulären Forschungsdesigns gleichzeitig statt und beeinflussen sich gegenseitig. Genauer gesagt, wird die Analyse erster gewonnener Daten dazu verwendet, den Forschungsprozess weiterzuentwickeln oder auch neu zu planen. Neben der Formulierung und Weiterentwicklung von Hypothesen kann es dabei zu einer Überarbeitung der Erhebungsinstrumente, einer Anpassung bzw. Präzisierung des Forschungsziels und nicht zuletzt sogar zu einer Überarbeitung des gesamten Forschungsdesigns (z.B. von einer Fallstudie hin zu einer Vergleichsstudie) kommen. Im Zusammenhang mit einer zirkulären Vorgehensweise nennt man die kriteriengeleitete Auswahl bestimmter Personen oder Ereignisse „Theoretisches Sampling" (Glaser & Strauss, 1999). Die Kriterien für die Auswahl entwickeln sich im Laufe der Forschung. Dabei wird das Ziel verfolgt, möglichst unterschiedliche Fälle zu identifizieren und gegeneinander abzugrenzen. Erst wenn der Gegenstand gesättigt erscheint, d.h. die Hinzunahme weitere Fälle keine neuen Erkenntnisse verspricht, wird die Auswahl beendet.

Beide Vorgehensweisen sind in der Regel mit der entsprechenden methodologischen Tradition verknüpft (z.B. bei Witt, 2001). So wird ein lineares Vorgehen vorwiegend in quantitativ orientierten, das zirkuläre Vorgehen vorwiegend in qualitativ orientierten Forschungen gewählt (→ Kap. 3.1.4).

Im Sinne einer integrativen Sozialforschung können „die unterschiedlichen Ziele empirischer Sozialforschung – Beschreibung, Theorieentwicklung, Theorietest und Evaluation – grundsätzlich sowohl im Rahmen eines quantitativ als auch qualitativ ausgerichteten Forschungsdesigns verfolgt werden" (Seipel & Rieker, 2003, S. 221). Insofern stellt die methodologische Grundannahme kein belastbares Entscheidungskriterium dar und die Wahl zwischen einem linearen und einem zirkulären Vorgehen sollte aus unserer Sicht eher anhand der verschiedenen Stärken und Schwächen des jeweiligen Designs im konkreten Forschungszusammenhang und in Abhängigkeit vom Forschungsziel erfolgen. Im Rahmen der Theorieentwicklung führt demnach ein zirkuläres Vorgehen eher zu angemessenen Konzepten und Hypothesen, während ein lineares Vorgehen sich insbesondere für die Überprüfung theoretischer Annahmen eignet (Seipel & Rieker, 2003, S. 221).

Damit beziehen sich die einzelnen, vorgestellten Hauptphasen und Etappenziele unseres forschungslogischen Planungsmodells also nicht nur aufeinander, auch das Revidieren oder Korrigieren bereits bearbeiteter Punkte ist demnach jederzeit möglich, mitunter sogar nötig (König & Bentler, 2010, S. 176).

Interpretation und Diskussion der Ergebnisse

Mit der Beschreibung der Ergebnisse ist der erste Schritt der Auswertung gemacht. In einem zweiten Schritt geht es nun darum, diese in Bezug auf die zu Beginn formulierte eigene Fragestellung und das Ziel der Untersuchung zu setzen.[22] Im Sinne eines zirkulären Vorgehens können sich Ihre Forschungsziele und Erkenntnisinteressen im Laufe eines Forschungsprojektes auch verändert haben. Entscheidend ist an dieser Stelle die transparente Darstellung dieses Prozesses.

Wie der Soziologe Jürgen Friedrichs (1990, S. 393) betont, lässt grundsätzlich jede Studie Lücken in der Interpretation und jede Untersuchung führt zu neuen Fragen oder Problemen. Entscheidend ist, ein Material nicht wahllos auszu-

22 Zur Abgrenzung der Auswertung von der Interpretation sei an das Beispiel im Abschnitt Datenauswertung erinnert (→ S. 102).

werten, sondern die Interpretation durch relevante Literatur in einen begründeten theoretischen Zusammenhang zu stellen und auch im Hinblick auf andere Untersuchungsergebnisse ausführlich zu diskutieren (Friedrichs, 1990, S. 393). Der entscheidende Anspruch an Ihre Arbeit sollte sein, dass Sie eine Antwort auf die eingangs formulierte Forschungsfrage geben können.

Leider führt aber nicht jede Untersuchung zu den gewünschten oder erwarteten Ergebnissen. Es gibt Widersprüchliches oder Untersuchungsbefunde, die die Ablehnung zuvor gemachter Annahmen erfordern. Dies kann Anlass dazu geben, die eigene Untersuchung, vom Aufbau und der theoretischen Fundierung über die Durchführung bis hin zur Auswertung, noch einmal kritisch nach möglichen Ursachen zu durchsuchen. Aufgefundene, jedoch nicht mehr korrigierbare Fehler sollten Sie offenlegen und in ihren Konsequenzen diskutieren (Bortz, 1984, S. 63). So kann durch kritische Reflexion der eigenen Untersuchung selbst ein gescheitertes empirisches Projekt zum Erkenntnisgewinn beitragen. Das Auftreten widersprüchlicher oder unerwarteter Ergebnisse muss aber nicht immer Folge eines fehlerhaften Vorgehens sein, sondern kann im untersuchten Phänomen selbst begründet sein. Hier wäre also auch ein Erkenntnisgewinn möglich, der sich nicht auf die verwendeten Methoden oder die Forschungsplanung bezieht, sondern eine Erweiterung der Theorie mit sich bringt.

Folgende Fragen können Ihnen bei der Interpretation und Diskussion der Ergebnisse helfen:

- Was bedeuten die Ergebnisse in Bezug auf die eigene Fragestellung?
- Was bedeuten die Ergebnisse verglichen mit früheren Befunden?
- Was bedeuten die Ergebnisse für die Theorieentwicklung?
- Gab es überraschende Befunde?
- Welche Grenzen hat die eigene Arbeit?
- Passen die Daten noch zur Forschungsfrage?
- Sind erwartete Effekte eingetreten?
- Gab es störende Einflüsse?
- Sind die Ergebnisse auf andere Sachverhalte übertragbar?
- Welche Konsequenzen ergeben sich aus der Untersuchung?

Verwertung der Ergebnisse

Je nachdem, wie eine Untersuchung zustande kam, wird auch die Präsentation der Forschungsergebnisse sehr unterschiedlich ausfallen (vgl. Poscheschnik, 2010, S. 69). Für gewöhnlich werden die Resultate einer Untersuchung schriftlich, in Form eines Forschungsberichtes, festgehalten und evtl. auch publiziert (→ Kap. 4.1). Neben der richtigen Verwendung der Fachsprache ist die sprachliche Darstellung vor allem an der Zielgruppe des Textes zu orientieren. Im Hinblick auf die Teilnehmerinnen und Teilnehmer sollten Sie zudem unbedingt auf die anonyme Verwendung personenbezogener Daten achten (→ Kap. 3.1.5).

Schließlich geht es bei der Verwertung vor allem darum zu sehen, welche Effekte eine Untersuchung hat. Darüber hinaus soll geklärt werden, welchen Beitrag sie zur Lösung des benannten Problems leistet und wie sie zur Entwicklung weiterer Untersuchungen sowie zur wissenschaftlichen Diskussion beiträgt. War die Untersuchung von vornherein zur Lösung eines praktischen Problems angelegt, dann ist zu überlegen, wie die Forschungsresultate umgesetzt werden können und wer dafür angesprochen werden kann bzw. muss (vgl. Diekmann, 2004, S. 171; → Kap. 4.2).

Im Hinblick auf die politische Wirksamkeit sollten Sie als Forscherin oder Forscher insbesondere in den Sozialwissenschaften jedoch keine zu großen Erwartungen hegen. Nur äußerst selten kommt es dazu, dass eine Untersuchung solch hohe Wellen schlägt wie zuletzt die PISA-Studien (vgl. Prenzel, 2005).

Denken – Handeln – Diskutieren

1. Wählen Sie ein schul- oder unterrichtsrelevantes Thema (z.B. Motivation, Leistungsbeurteilung, Unterrichtsstörungen), welches Sie gern untersuchen würden, und betrachten Sie dieses unter drei zentralen Gesichtspunkten:
   a) Welche Perspektive auf das Thema interessiert Sie (beteiligte Akteure, Außensicht, Dokumente etc.)?
   b) Welche Erhebungsmethoden kommen für die gewählte Perspektive infrage?
   c) Was müssten Sie bei der Auswahl der Teilnehmerinnen und Teilnehmer bzw. des Materials für diese Untersuchung beachten?
2. Forschen lernt man auch und insbesondere durch die Beschäftigung mit Forschungsergebnissen aus bereits publizierten Untersuchungen. Nehmen Sie Ihr gewähltes Thema aus 1. zum Anlass, fünf aktuelle empirische Publikationen (Forschungsberichte) zu recherchieren und zu lesen. Fassen Sie Ihre Rechercheergebnisse zusammen. Reflektieren Sie anschließend erneut die Fragen zu 1.: Inwiefern würden Sie diese jetzt ggf. anders beantworten? An welchen Stellen ergeben sich neue Aspekte?
3. Eine wichtige begriffliche und forschungsmethodische Unterscheidung ist jene zwischen *Auswertung* und *Interpretation*. Finden Sie für verschiedene Erhebungs- und Auswertungsmethoden Beispiele, anhand derer Sie einer anderen Person diesen Unterschied verdeutlichen können.
4. Welche Besonderheiten gelten für den Forschungsprozess, wenn Sie Ihren eigenen Unterricht evaluieren/bewerten wollen? Gehen Sie dabei insbesondere auf die Punkte *Forschungsplan, Auswahl der Teilnehmerinnen und Teilnehmer* sowie *Verwertung* ein.

Literatur

Aeppli, J., Gasser, L., Gutzwiller, E. & Tettenborn, A. (2011). *Empirisches wissenschaftliches Arbeiten: Ein Studienbuch für die Bildungswissenschaften* (2. Aufl.). Bad Heilbrunn: Klinkhardt.

Bortz, J. (1984). *Lehrbuch der empirischen Forschung für Sozialwissenschaftler*. Berlin: Springer.

Bortz, J. & Döring, N. (2006). *Forschungsmethoden und Evaluation für Human- und Sozialwissenschaftler* (4. Aufl.). Berlin: Springer.

Bruner, J. S. (1970). *Der Prozeß der Erziehung* (Sprache und Lernen, Bd. 4). Berlin: Berlin Verlag und Düsseldorf: Pädagogischer Verlag Schwann.

Cordova, D. I. & Lepper, M. R. (1996). Intrinsic Motivation and the Process of Learning: Beneficial Effects of Contextualization, Personalization, and Choice. *Journal of Educational Psychology, 88* (4), 715–730.

Dickhäuser, O. & Rheinberg, F. (2003). Bezugsnormorientierung: Erfassung, Probleme, Perspektiven. In J. Stiensmeier-Pelster & F. Rheinberg (Hrsg.), *Diagnostik von Motivation und Selbstkonzept* (S. 41–55). Göttingen: Hogrefe.

Diekmann, A. (2004). *Empirische Sozialforschung: Grundlagen, Methoden, Anwendungen* (11. Aufl.). Reinbek: Rowohlt.

Dietz, F., Hofer, M. & Fries, S. (2007). Individual values, learning routines and academic procrastination. *British Journal of Educational Psychology, 77* (4), 893–906.

Feneberg, S. (2011). Wie entwickelt sich die Rechtschreibleistung von Schülern ohne Rechtschreibunterricht im Vergleich zu ihrer Altersgruppe mit Rechtschreibunterricht? *Zeitschrift für Grundschulforschung, 5* (2), 33–45.

Fischer, F., Waibel, M. & Wecker, C. (2005). Nutzenorientierte Grundlagenforschung im Bildungsbereich. *Zeitschrift für Erziehungswissenschaft, 8* (3), 427–442.

Flick, U. (2003). Design und Prozess qualitativer Forschung. In U. Flick, E. von Kardorff & I. Steinke (Hrsg.), *Qualitative Forschung. Ein Handbuch* (2. Aufl., S. 252–265). Reinbek: Rowohlt.

Friedrichs, J. (1990). *Methoden empirischer Sozialforschung* (WV-Studium, Bd. 28, 14. Aufl.). Opladen: Westdeutscher Verlag.

Glaser, B. G. & Strauss, A. L. (1999). *The discovery of grounded theory: Strategies for grounded research*. New York: Aldine de Gruyter.

Grob, U. (2007). Schulklima und politische Sozialisation: Hat das perzipierte soziale Klima einen nachhaltigen Einfluss auf die Entwicklung von politischem Interesse und Toleranz? *Zeitschrift für Pädagogik, 53* (6), 774–799.

Häder, M. (2010). *Empirische Sozialforschung: Eine Einführung* (2. Aufl.). Wiesbaden: VS Verlag für Sozialwissenschaften.

Heinzel, F. (Hrsg.) (2000). *Methoden der Kindheitsforschung. Ein Überblick über Forschungszugänge zur kindlichen Perspektive*. Weinheim: Juventa.

Hug, T. (2001). *Wie kommt Wissenschaft zu Wissen?* (Bd. 2, 4 Bände). Baltmannsweiler: Schneider Verlag Hohengehren.

Jürgens, E. & Sacher, W. (2008). *Leistungserziehung und pädagogische Diagnostik in der Schule*. Stuttgart: Kohlhammer.

König, E. & Bentler, A. (2010). Konzepte und Arbeitsschritte im qualitativen Forschungsprozess. In B. Friebertshäuser, A. Langer & A. Prengel (Hrsg.), *Handbuch qualitative*

Forschungsmethoden in der Erziehungswissenschaft. (3. Aufl., S. 173–182). Weinheim: Juventa.

Kuß, A. & Eisend, M. (2010). *Marktforschung: Grundlagen der Datenerhebung und Datenanalyse* (3. Aufl.). Wiesbaden: Gabler.

Lenhard, W. & Schneider, W. (Hrsg.). (2009). *Diagnostik und Förderung des Leseverständnisses.* Göttingen: Hogrefe.

Merkens, H. (2003). Auswahlverfahren, Sampling, Fallkonstruktion. In U. Flick, E. von Kardorff & I. Steinke (Hrsg.), *Qualitative Forschung. Ein Handbuch* (2. Aufl., S. 286–299). Reinbek: Rowohlt.

Perrin, D. (2006). *Medienlinguistik.* Konstanz: UVK.

Perzy, A. (2010). Von der Idee zum Forschungsprojekt. In T. Hug & G. Poscheschnik (Hrsg.), *Empirisch Forschen. Über die Planung und Umsetzung von Projekten im Studium* (Studieren, aber richtig, S. 41–60). Stuttgart: UTB.

Pfeiffer, D. K. & Püttmann, C. (2006). *Methoden empirischer Forschung in der Erziehungswissenschaft: Ein einführendes Lehrbuch.* Baltmannsweiler: Schneider Verlag Hohengehren.

Pöge, A. (2005). Persönliche Codes bei Längsschnittstudien. *ZA-Information/Zentralarchiv für Empirische Sozialforschung, 56,* 50–69. Zugriff am 07.02.2012 unter http://nbn- resolving.de/urn:nbn:de:0168-ssoar-198538

Poscheschnik, G. (2010). Erste Schritte: Die Planung eines Forschungsprojekts. In T. Hug & G. Poscheschnik (Hrsg.), *Empirisch Forschen. Über die Planung und Umsetzung von Projekten im Studium* (Studieren, aber richtig, S. 61–98). Stuttgart: UTB.

Prenzel, M. (2005). Zur Situation der Empirischen Bildungsforschung. In H. Mandl & B. Kopp (Hrsg.), *Impulse für die Bildungsforschung. Stand und Perspektiven* (S. 7–21). Berlin: Oldenbourg Akademieverlag

Reinders, H., Gräsel, C. & Ditton, H. (2011). Praxisbezug Empirischer Bildungsforschung. In H. Reinders, H. Ditton, C. Gräsel & B. Gniewosz (Hrsg.), *Empirische Bildungsforschung* (S. 221–233). Wiesbaden: VS Verlag für Sozialwissenschaften.

Rudinger, G. (2009). Analyse von Daten aus Längsschnittstudien: Eine Einführung. In G. Rudinger, K. Hörsch & T. Krüger (Hrsg.), *Forschung und Beratung – das Zentrum für Evaluation und Methoden* (S. 285–296). Göttingen: V&R unipress, Bonn university press.

Schöne, C., Dickhäuser, O., Spinath, B. & Stiensmeier-Pelster, J. (2004). Zielorientierung und Bezugsnormorientierung: Zum Zusammenhang zweier Konzepte. *Zeitschrift für Pädagogische Psychologie, 18* (2), 93–99.

Seipel, C. & Rieker, P. (2003). *Integrative Sozialforschung: Konzepte und Methoden der qualitativen und quantitativen empirischen Forschung.* Weinheim: Juventa.

Spinath, B., Stiensmeier-Pelster, J., Schöne, C. & Dickhäuser, O. (2002). *Die Skalen zur Erfassung der Lern- und Leistungsmotivation (SELLMO).* Göttingen: Hogrefe.

Urhahne, D. (2008). Sieben Arten der Lernmotivation. *Psychologische Rundschau, 59* (3), 150–166.

Weyers, S. (2007). *Der Forschungsprozess,* Universität Frankfurt a. M. Methoden empirischer Sozialforschung. Zugriff am 16.02.2011 unter http://www.uni-frankfurt.de/fb/fb04/personen/weyerss/SoSe07_MeS/3Forschungsprozess.pdf

Witt, H. (2001). Forschungsstrategien bei quantitativer und qualitativer Sozialforschung. *Forum Qualitative Sozialforschung, 2* (1, Art. 8). Zugriff am 07.02.2012 unter http://nbn-resolving.de/urn:nbn:de:0114-fqs010189

Sebastian Rahtjen

3.1.2 Von der Idee zur Forschungsfrage

Sie haben ein Problem aufgegriffen und wollen dieses wissenschaftlich bearbeiten. Aus → Kapitel 3.1.1 kennen Sie bereits das forschungslogische Planungsmodell und wissen, dass Sie aus Ihrer Forschungsidee eine Forschungsfrage entwickeln müssen. Dieses Kapitel zeigt Ihnen auf, wie Sie dabei vorgehen können und was Sie dabei beachten sollten.

Hierzu werden im ersten Teil des Kapitels zunächst die Funktionen sowie die Bedeutung von Forschungsfragen hervorgehoben und der Entwicklungsprozess allgemein beschrieben. Anschließend wird Ihnen detailliert erläutert, wie Sie Forschungsideen finden und diese zu einer bearbeitbaren Forschungsfrage führen können.

Es ist wichtig, darauf hinzuweisen, dass die im Folgenden beschriebenen Phasen der Ideenfindung und -bewertung, der Formulierung der Forschungsfrage(n) sowie der Literaturarbeit ineinander übergreifende und mitunter gleichzeitig ablaufende Prozesse sind, die hier jedoch aus analytischen Gründen getrennt voneinander betrachtet werden.

3.1.2.1 Funktionen und Bedeutung der Forschungsfrage

Der Verwendung von Forschungsfragen kommt in der empirischen Forschung eine zentrale Bedeutung zu (vgl. Punch, 2010, S. 36f.). Dieses besondere Gewicht ergibt sich unter anderem aus ihren Funktionen. Zusammenfassend formuliert der Bildungswissenschaftler Keith Punch (2010, S. 37) deshalb fünf wesentliche Aufgaben einer Forschungsfrage:

Organisation: Die Forschungsfrage gibt dem Projekt eine klare Richtung und sorgt so für inhaltliche Kohärenz und einen organisatorischen Rahmen.

Abgrenzung: Die Forschungsfrage grenzt das eigene Projekt von anderen Forschungsvorhaben ab und macht gleichzeitig deutlich, welche Aspekte nicht Teil der Arbeit sind.

Fokussierung: Die Forschungsfrage hilft dabei, Wichtiges von Unwichtigem zu trennen. So ist es möglich, selbst bei komplexen Forschungsvorhaben den Überblick zu behalten und sich thematisch nicht zu verlieren.

Rahmung: Die Forschungsfrage verweist auf den konzeptionellen Rahmen (Perspektive, Vorannahmen, Konzepte), der Ihrer Forschungsarbeit zugrunde liegt, und liefert so schon Hinweise für die Verschriftlichung Ihres Projektes.

Daten: Die Forschungsfrage weist bereits darauf hin, welche Informationen für die Beantwortung benötigt werden.

Die Erarbeitung einer konkreten, zentralen Forschungsfrage ist somit einer der bedeutendsten Schritte in Ihrer Arbeit. Mit ihrer Hilfe formulieren Sie Ihr konkretes Erkenntnisinteresse und definieren so nicht nur Ziel und Zweck Ihrer Arbeit, Sie geben ihr auch eine klare Ausrichtung und wissen dank dieser Leitlinie jederzeit, worauf Sie hinarbeiten.

Die wesentliche Bedeutung der Forschungsfrage ergibt sich insbesondere aus ihren Wechselbeziehungen zu anderen Elementen eines Forschungsprojektes. Im Hinblick auf den Forschungsplan, kann die Forschungsfrage u.a. Auswirkungen auf den Forschungsansatz, die Forschungsmethoden, das Thema oder das Forschungsgebiet haben. Gleichzeitig können diese Elemente wiederum die Forschungsfrage beeinflussen.

Für die Erarbeitung von Forschungsfragen gibt es grundsätzlich verschiedene Möglichkeiten. Um jedoch diese unterschiedlichen Verfahren zu beschreiben, müssen wir uns zunächst das Verhältnis von Thema und Forschungsfrage vergegenwärtigen: Während das Thema der zentralen Fragestellung übergeordnet ist und dieser einen Rahmen gibt, ist die Frage wiederum in das Thema eingebettet und lässt sich aus diesem ableiten (Perzy, 2010, S. 56). Abbildung 1 verdeutlicht dieses Verhältnis der verschiedenen Ebenen zueinander. Sie zeigt gleichzeitig, dass Themen aus unterschiedlichen Perspektiven betrachtet und damit wiederum bestimmten Forschungsgebieten zugeordnet werden können.

Nehmen wir an, Sie möchten sich mit dem Problem der Schulverweigerung auseinandersetzen und interessieren sich hier insbesondere für die Ursachen. Je nachdem, welchem Forschungsgebiet Sie dieses Thema zuordnen, werden Sie auch unterschiedliche Perspektiven dazu einnehmen. So werden aus medizinischer oder psychologischer Sicht andere Dinge in den Fokus des Interesses rücken als aus sozialpädagogischer oder auch aus schulpädagogischer Sicht.

Abbildung 1: Verfahren zur Entwicklung von Forschungsfragen, in Anlehnung an Punch (2010, S. 33f.)

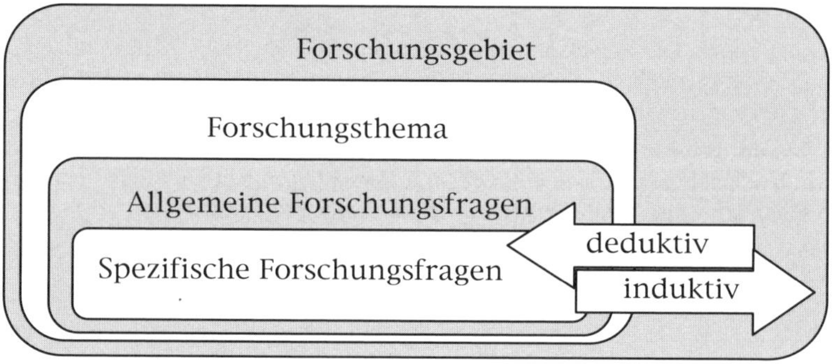

Anhand Abbildung 1 wird weiterhin deutlich, dass zwischen allgemeinen und spezifischen Forschungsfragen unterschieden werden kann (Punch, 2010, S. 33). Während Ihnen die allgemeinen Fragen dabei helfen, Ihr Thema einzugrenzen, gedanklich zu strukturieren und Ihr Projekt zu organisieren, leiten sich spezielle Forschungsfragen aus diesen ab und verweisen bereits auf das empirische Vorgehen. Diese speziellen Forschungsfragen sind es, die mit Hilfe der empirisch gewonnenen Daten beantwortet werden sollen (Punch, 2010, S. 33).

Der erste und am häufigsten beschriebene Weg für die Entwicklung von Forschungsfragen wird als deduktives Vorgehen bezeichnet. Hier identifizieren Sie zunächst das größere Forschungsgebiet sowie das Sie interessierende Forschungsthema. Hieraus entwickeln Sie sodann allgemeine Forschungsfragen und leiten aus diesen wiederum spezielle Fragen ab, indem Sie ihr Thema systematisch hinterfragen, nach verschiedenen Perspektiven oder aber nach dem praktischen Nutzen fragen. Die so genannten W-Fragen (Wer? Was? Wann? Wo? Wie? Warum?) sind dabei hilfreich. So identifizieren Sie verschiedene Aspekte, die es wert sind, genauer untersucht zu werden.

Beginnen Sie hingegen mit einigen spezifischen Fragen Ihres Interesses oder einem konkreten Fall oder einem Ereignis und begeben sich dann nach und nach auf immer allgemeineres und abstrakteres Niveau, wird dies als induktives Verfahren bezeichnet (→ Kap. 3.1.4).

Es ist unerheblich, welches dieser Verfahren Sie nun wählen. Entscheidend ist jedoch, dass Sie eine Fragestellung entwickeln. Nicht selten geschieht die Erarbeitung von Forschungsfragen durch ein aus beiden Verfahren gemischtes Vorgehen, bei dem Sie zwischen beiden Wegen pendeln und sich so nach und nach Ihrer Forschungsfrage annähern (Punch, 2010, S. 34).

Die Ausführungen zum zirkulären Forschungsdesign (→ Kap. 3.1.1) haben bereits verdeutlicht, dass Veränderungen an der Forschungsfrage unter bestimmten Voraussetzungen auch während einer Studie möglich sind. Dementsprechend weist auch Punch darauf hin, dass die Entwicklung einer Forschungsfrage zu verschiedenen Zeitpunkten stattfinden kann:

> The questions can be developed first and the methods aligned; or, the research might begin with only a general approach to its topic, and then develop focus in the questions and methods as things proceed. Or there might be a mixture of these two, where the researcher cycles backwards and forwards between questions, methods and some initial data.
>
> (Punch, 2010, S. 32)

Dabei wird das Formulierungsmoment einer Forschungsfrage wechselseitig von verschiedenen Faktoren (Forschungsgebiet, Forschungsansatz) bestimmt. Letztendlich ist aber sowohl die Verwendung zuvor festgelegter als auch sich im Prozess entwickelnder Forschungsfragen zulässig und richtet sich insbesondere nach dem

Erkenntnisinteresse sowie dem gewählten Forschungsansatz (→ Kap. 3.1.3 und 3.1.4). So beschreibt Punch (2010, S. 22) für die zeitliche Einordnung der Formulierung der Forschungsfrage ein Kontinuum mit den zwei Polen: Vor Beginn der Studie festgelegt und während der Studie entwickelt. Während es nun für quantitative Forschungsansätze (→ Kap. 3.1.4) typisch ist, die Forschungsfrage vor Beginn der Studie zu formulieren und die gesamte Untersuchung auf die Beantwortung dieser Frage auszurichten, entwickelt oder präzisiert sich die Fragestellung bei qualitativen Ansätzen häufig erst während der Studie. Nun lässt sich aber nicht jedes Forschungsprojekt als rein qualitativ oder rein quantitativ klassifizieren und nicht selten werden beide Ansätze auch in verschiedener Art und Weise kombiniert.[23] Hierfür lassen sich keine klaren Hinweise formulieren, wann und wie die Fragestellung entwickelt werden sollte. Entscheidend ist eine angemessene Verknüpfung zwischen Erkenntnisinteresse, Forschungsansatz und Forschungsfrage.

Nachdem Sie nun um die Bedeutung der Forschungsfrage(n) wissen, liefert Ihnen der folgende Teil einige Anregungen und Hilfestellung, die Ihnen dabei helfen, den Prozess der Themenfindung bis hin zur Frageformulierung zu durchlaufen. Zwar folgen die Darstellungen hier eher einem deduktiven Vorgehen, gleichzeitig lassen sich jedoch auch Anregungen für die induktive Erarbeitung von Forschungsfragen finden und die Kriterien der Bewertung von Forschungsfragen besitzen zudem davon unberührte Gültigkeit. Denn unabhängig davon, ob Sie ihren Forschungsgegenstand durch fortlaufende Präzisierung (deduktiv) oder Erweiterung (induktiv) definieren, sollte ihre Fragestellung den nachfolgenden Anforderungen genügen.

3.1.2.2 Entwicklung und Formulierung von Forschungsfragen

Die eigentliche Formulierung der Forschungsfrage ist anspruchsvoll und mitunter recht mühsam. Die Soziologin Nicola Green (2008, S. 44) schreibt dazu: „Many researchers find the task of identifying their research questions quite daunting and the process frustrating.“ Eine ausreichend durchdachte Fragestellung erleichtert jedoch die nachfolgende Forschungsarbeit. Folgt man den Funktionen der Forschungsfrage nach Punch (2010, S. 37), so empfiehlt es sich, die Arbeit in einer einzigen allgemeinen Frage zu formulieren, mit der Sie das zentrale Erkenntnisinteresse festlegen. Häufig wird diese Forschungsfrage durch notwendige Unterfragen ergänzt, die einzig und allein der Beantwortung der übergeordneten Fragestellung dienen. Um diesen Vorgang der Ausarbeitung und Verfeinerung einer Forschungsfrage zu unterstützen, beschreibt Green (2008, S. 50–57) ein vierstufiges Verfahren:

(1) Go large
(2) Narrowing the List

23 Eine gute Einführung in die Integrative Sozialforschung bieten Seipel und Rieker (2003).

(3) Refining the Questions
(4) Review

Green (2008, S. 51) selbst etikettiert den ersten Schritt als zunächst paradox, gilt es doch insbesondere dann, wenn man mit einem breiten Interesse beginnt, dieses einzuschränken und eine möglichst präzise Fragestellung zu finden. Dennoch ist es ihrer Meinung nach zunächst der beste Weg, sich mit Hilfe verschiedener Kreativitätstechniken ein großes Spektrum an möglichen und denkbaren Forschungsfragen zu erarbeiten und so die Grenzen des Interessengebietes auszuloten.

Diese Liste möglicher Fragestellungen wird im darauffolgenden Schritt wieder eingegrenzt, indem Sie prüfen, ob die Fragen bestimmte Anforderungen erfüllen. Dazu dienen Ihnen verschiedene Kriterien (Interesse, Relevanz, Erforschbarkeit, ethische Vertretbarkeit, Präzision und Beantwortbarkeit) anhand derer Sie Ihre Fragen kritisch betrachten und entscheiden, welche Fragen Sie eventuell verwerfen oder klarer formulieren müssen. Anschließend versuchen Sie die verbleibenden Fragen ihrer Bedeutung für das Thema nach zu ordnen. Der Unterscheidung von Punch (2010, S. 33f.) folgend, werden Sie dabei feststellen, dass es eher übergeordnete und eher untergeordnete Fragestellungen gibt. Möglicherweise können einige auch zusammengefasst werden. Versuchen Sie die Beziehungen der Fragen untereinander zu klären und überlegen Sie sich, welche der Fragen im Hinblick auf das Gesamtthema von zentraler Bedeutung sind und welche eher auf einzelne Aspekte und Details abzielen.

Die unter drittens genannte Phase der Aufbereitung oder Verfeinerung läuft häufig parallel zur Eingrenzung. Die Fragestellungen werden hier nach dem Ziel der Forschung, ihrer eindeutigen Formulierung und den zugrundeliegenden Annahmen bewertet. Überlegen Sie, was Sie mit Ihrem Forschungsvorhaben erreichen wollen, und reflektieren Sie, welche theoretischen Vorstellungen Ihrer Frage zugrunde liegen und wie die verwendeten Begriffe definiert werden (müssen).

Zu guter Letzt unterziehen Sie Ihre übrig gebliebene(n) Frage(n) einer erneuten Bewertung. Überlegen Sie, welche Fragen unerlässlich sind, worauf diese abzielen und wie sie sich zueinander verhalten. Spiegelt sich das Ziel der Untersuchung in jeder Frage wider? Sind die Begrifflichkeiten und zugrunde liegenden Annahmen klar?

Um diese hier noch recht allgemein beschriebenen Schritte nachvollziehen zu können, erhalten Sie nun zu jedem einzelnen ausführliche Hinweise.

Zu (1) Go large: Ideen suchen und finden

Nicht selten beginnt ein Forschungsvorhaben mit dem Gedanken oder der Äußerung „ich würde gern etwas zu Problem x machen“ oder „es wäre interessant, sich Phänomen y einmal genauer anzusehen“. Das heißt, es existiert zwar eine grobe Vorstellung vom zu bearbeitenden Gegenstand, für eine zielgerichtete Analyse und Auseinandersetzung mit dem Thema ist diese jedoch in den meisten Fällen noch viel zu breit angelegt und bedarf der Präzisierung.

Nun gibt es eine Vielzahl wissenschaftlicher Publikationen und Sie müssen überlegen, ob die zunächst interessant erscheinende Untersuchungsidee denn tatsächlich originell ist. Sie müssen also herausfinden, ob das Ihnen vorschwebende Thema schon bearbeitet wurde oder Ihre Untersuchung tatsächlich neue Erkenntnisse bringen wird und diese nicht womöglich banal, weil schon hinreichend bekannt sind (Bortz, 1984, S. 11).

In anderen Kontexten gestaltet sich die Themensuche wesentlich einfacher. So könnten Sie beispielsweise a) den Auftrag erhalten, Ihren Unterricht unter bestimmten Gesichtspunkten zu evaluieren, b) durch die Klassensprecherin bzw. -sprecher auf ein Anliegen der Klasse hingewiesen werden oder c) die Gelegenheit bekommen, in einem bereits bestehenden oder geplanten Forschungsprojekt mitzuwirken. Vielleicht stoßen Sie bei der ersten Recherche zu Ihrer Idee aber auch auf eine Studie, die Ihrem Interesse entspricht und deren Wiederholung lohnend erscheint. Denn auch eine solche Replikation bereits durchgeführter Untersuchungen trägt zur Festigung und Erweiterung des Kenntnisstandes einer Wissenschaft bei (Bortz, 1984, S. 13). Zwar erscheint eine solche Untersuchungsanlage auf den ersten Blick vielleicht wenig originell und spannend, aber viel zu selten wird geprüft, ob frühere Ergebnisse auch einer Überprüfung in anderen und vor allem aktuellen Kontexten standhalten und sich in diesem Sinne als stabile Erkenntnisse erweisen (Diekmann, 2010, S. 70). Und gerade dann, wenn die zu erwartenden Ergebnisse mit dem aktuellen Kenntnisstand einer Disziplin nicht zu vereinbaren sind, hält ein solches Vorgehen doch womöglich einige überraschende und spannende Momente bereit.

Neben bereits vorhandenen Interessen oder eigenen (Alltags-)Erlebnissen (z.B. während eines Praktikums), die häufig schon gute Ansatzpunkte für eine Themenentwicklung liefern (Aeppli, Gasser, Gutzwiller & Tettenborn, 2011, S. 90f.), können Ideen auch aus weiteren ganz unterschiedlichen Quellen oder Kontexten heraus entstehen: Neben dem Lesen von Fachliteratur können auch Zeitungsartikel, Internetbeiträge oder das Verfolgen von Rundfunkbeiträgen produktiv *nutzbare* Anstöße liefern. Nicht zuletzt können auch Gespräche, Lehrveranstaltungen oder Weiterbildungen eine ganze Reihe von Anregungen für empirische Untersuchungen bieten.

Sollte es Ihnen dennoch schwer fallen, eine geeignete Untersuchungsidee zu entwickeln, so schlägt der Psychologe Jürgen Bortz (1984, S. 14f.) noch eine Reihe weiterer kreativer Suchstrategien vor: 1) Die intensive Beobachtung des Verhaltens von Einzelpersonen, 2) die kritische Selbstbeobachtung, 3) Sprichwörter, 4) paradoxe Phänomene, 5) die Analyse von Faustregeln, 6) der Wandel von Alltagsgewohnheiten und nicht zuletzt 7) widersprüchliche Untersuchungsergebnisse oder Theorien.

Um jedoch die meist spontan interessant erscheinenden Einfälle nicht zu vergessen, empfiehlt es sich, schon frühzeitig eine Ideensammlung anzulegen. Neben den eigentlichen Untersuchungsideen kann es sich auch als nützlich erweisen, das Datum und die Quelle zu notieren. So erhalten Sie nicht nur „ein interessantes Dokument der eigenen Ideengeschichte [....] [sondern] erleichter[n] im Falle eines eventuellen späteren Aufgreifens der Idee weiterführende Literaturrecherchen oder Eingrenzungen der vorläufigen Untersuchungsproblematik" (Bortz, 1984, S. 12f.).

Häufig sind die dokumentierten Ideen oder Interessen noch relativ unbestimmt und vielschichtig, so dass nicht klar ist, welchen Gegenstand Sie unter welchen Perspektiven und Zielstellungen betrachten wollen. In diesem Fall ist es umso schwieriger, eine klare Vorstellung davon zu entwickeln, welche Ideen sich überhaupt für eine empirische Untersuchung eignen und sich von den geeigneten für eine zu entscheiden.

Zu (2) Narrowing the List: Ideen bewerten
Das nachfolgend beschriebene Vorgehen gibt Ihnen einen möglichen Ablaufplan an die Hand, mit dem Sie hinsichtlich Ihrer Ideen eine informierte Wahl treffen können. Informiert heißt, dass die interessierenden Ideen schrittweise in Themen und Fragen umformuliert und anhand bestimmter Kriterien bewertet und verglichen werden (vgl. Bortz, 1984, S. 15–22; Aeppli et al., 2011, S. 90–93).

Dabei achten Sie vor allem auf möglichst *präzise Formulierungen und begriffliche Klarheit*. Denn unklare, mehrdeutige oder schlecht definierte Begriffe machen eine Idee unbrauchbar. Zu diesem Zeitpunkt genügt es, wenn ein verwendeter Begriff als kommunikationsfähig eingestuft werden kann. Das heißt, dass eine Person, der Sie Ihren Begriff erläutert haben und die Sie verstanden hat, in der Lage sein muss, diesen Begriff Dritten zu erklären"[24] (Bortz, 1984, S. 16).

Neben diesem ersten zu beachtenden Kriterium ist *das persönliche Interesse* einer der wichtigsten Prüfsteine bei der Auswahl einer geeigneten Idee. Je mehr Sie eine inhaltliche Frage reizt, desto leichter ist es, auch in schwierigen Phasen des Forschungsvorhabens durchzuhalten und das nötige Engagement aufzubringen. So kann es nicht nur dabei helfen, einen frühzeitigen Abbruch zu verhindern, sondern trägt auch zu einem guten Gelingen der Untersuchung bei (Bortz & Döring, 2006, S. 37).

Grundsätzlich sollten Sie sich Ihren *eigenen Bezug zum Thema* vergegenwärtigen. Gerade bei Fragestellungen, die aus persönlichen Erfahrungen heraus entstehen, kann es mitunter schwierig werden, die nötige kritische Distanz zu wahren. Sie sollten sich deshalb ganz bewusst damit auseinandersetzen und in der Lage sehen, auch ein persönlich sehr vertrautes Thema entsprechend sachlich und offen anzugehen. Zum Beispiel können Interviews zum Thema Mobbing emotional sehr belastend sein, wenn man selbst in Mobbingprozesse involviert war. Jürgen Bortz und Nicola Döring (2006, S. 37) machen darüber hinaus darauf aufmerksam, dass die Forderung nach persönlichem Engagement dazu führen kann, dass Wissenschaftle-

24 Wenn es im Rahmen der Operationalisierung (→ Kap. 2.3) darum geht, das mit den Begriffen Gemeinte empirisch zu erfassen, gelten strengere Regeln (Bortz, 1984, S. 38–42).

rinnen und Wissenschaftler nur nach einer Bestätigung ihrer eigenen Vorurteile und Überzeugungen trachten oder aufgrund ihrer eigenen Voreingenommenheit zumindest verzerrte Ergebnisse liefern. Und auch in der Geschichte der Wissenschaft lassen sich einige Belege für ‚originelle' Interpretationen oder sogar Fälschungen finden.[25] Daraus jedoch die Forderung nach wertfreien und neutralen Wissenschaftlerinnen und Wissenschaftlern abzuleiten, bezeichnen Bortz und Döring (2006, S. 37) als „illusionär und wohl auch falsch". Grundsätzlich spricht also erst einmal nichts dagegen, sich engagiert für die Bestätigung seiner eigenen Ideen einzusetzen. Entscheidend ist dabei jedoch eine präzise Dokumentation der Vorgehensweise bei der Datenerhebung, -aufbereitung und -auswertung sowie der Ergebnisse. Nur so ermöglicht man die Replizierbarkeit und Kontrolle einer wissenschaftlichen Studie. Kommt man dieser unverzichtbaren Forderung nach, kann man Vorwürfen der bewussten Fälschung oder Vorenthaltung widersprüchlicher Resultate sehr gut begegnen (Bortz & Döring, 2006, S. 37). Die Ökonomen Bruce McCullough und Hrishikesh Vinod (2003, S. 888) formulieren nachdrücklich: „Replication is the cornerstone of science. Research that cannot be replicated is not science, and cannot be trusted either as part of the profession's accumulated body of knowledge or as a basis for policy".

Ein weiteres mögliches Kriterium ist Ihr *thematisches Vorwissen*. Die Einarbeitung in ein völlig neues Thema ist sehr zeitaufwendig und Sie können durch Ihr vorhandenes Wissen die Formulierung uninformierter Fragestellungen vermeiden (Aeppli et al., 2011, S. 91).

In jedem Fall sollte das eigene Forschungsvorhaben sich auf aktuelles Fachwissen beziehen und daran anknüpfen (Perzy, 2010, S. 51). Schließlich möchte man mit der eigenen Untersuchung zum Erkenntnisgewinn einer Wissenschaft beitragen. Die *wissenschaftliche Relevanz* ist also von nicht unerheblicher Bedeutung für die Themenwahl. Bortz (1984, S. 17) macht in diesem Zusammenhang deutlich, dass die häufig von unerfahrenen Forscherinnen und Forschern überschätzte Tragweite der eigenen Untersuchung eine positive Einstellung ist, weil sie zur Motivation beiträgt. Gleichzeitig darf diese Einschätzung jedoch nicht dazu verleiten, ein Thema jenseits der eigenen Möglichkeiten anzugehen.

Die *Verfügbarkeit relevanter wissenschaftlicher Literatur* ist ein weiterer, nicht zu vernachlässigender Aspekt für die Beurteilung der vorläufigen Untersuchungsideen. Bedenken Sie dabei jedoch auch, dass eine zu vage formulierte Idee eine sinnvolle Literaturrecherche und die Suche nach noch offenen Problemfeldern oder replikationswürdigen Befunden erheblich erschwert (Bortz, 1984, S. 16).

---

25 Mit diesem Thema beschäftigen sich einige Autoren, jedoch in sehr unterschiedlicher Qualität, u.a. Broad & Wade (1984), Di Trocchio (1994), Grafton (2012) und Zankl (2003).

Generell sollte die weiter zu bearbeitende Idee eine gewisse *gesellschaftliche Relevanz* haben und Fragen und Probleme behandeln, die für eine bestimmte Gesellschaft und nicht bloß individuell wichtig bzw. von Bedeutung sind.

Sie sollten bei der Bewertung Ihrer Ideen immer auch deren *Realisierbarkeit* im Auge behalten. Zunächst sollte Ihre Idee oder Frage mit den Methoden der empirischen Sozialforschung bearbeitbar sein. Des Weiteren sollte das Vorhaben in seiner Umsetzung aber auch mit den zur Verfügung stehenden zeitlichen, persönlichen (Energie, Motivation, Unterstützung u.a.) und materiellen (Hard- und Software, Geld etc.) Ressourcen zu bewältigen sein. Manche, zwar faszinierende Untersuchungsideen sind unter Berücksichtigung dieser limitierenden Faktoren nicht durchführbar. Bezüglich der Realisierbarkeit Ihres Vorhabens ist es ratsam, sich die einzelnen Schritte des Forschungsprozesses zu vergegenwärtigen (Themenfindung, Recherche, theoretische und methodische Konzeption, Organisation der Durchführung, Datenerhebung, Aufbereitung der Daten, Auswertung, Beschreibung, Analyse, Interpretation und Schlussfolgerungen, Verschriftlichung, Layout und Korrektur des Textes) und zu prüfen, ob alle anfallenden Aufgaben mit den Ihnen zur Verfügung stehenden Ressourcen bewältigt werden können. Bedenken Sie bei Ihrer Planung aber unbedingt auch mögliche Verzögerungen, wie z.B. im Krankheitsfall. Denn nicht zuletzt gehört es „zur Forschungsrealität, dass trotz sorgfältigster Planung unvorhergesehene Ereignisse eintreffen oder sich Hindernisse aufbauen, welche bewältigt und überwunden werden müssen" (Aeppli et al., 2011, S. 92).

Eine besondere Bedeutung bei der Überprüfung vorläufiger Untersuchungsideen stellen *ethische Kriterien* dar. Zwar zeigt sich häufig erst bei der konkreten Durchführungsplanung, ob ein Vorhaben ethisch zu verantworten ist, dennoch sollten Sie sich bereits frühzeitig über diese Fragen Gedanken machen (→ Kap. 3.1.5).

Um anhand all dieser Kriterien eine begründete Entscheidung treffen zu können, schlägt der Bildungswissenschaftler Anton Perzy (2010, S. 53–55) vor, die Wahlkriterien sowie die Ideen bzw. die vorläufig formulierten Themen inhaltlich geordnet in eine so genannte Entscheidungs- oder auch Bewertungsmatrix zu übertragen. In Abbildung 1 sehen Sie eine solche Matrix. Zur Veranschaulichung stehen in den Zeilen beliebige und mehr oder weniger klar formulierte Fragestellungen. In den Spalten finden Sie einige der beschriebenen Wahlkriterien wieder. Unabhängig davon, welche Kriterien Sie zur Einschätzung heranziehen, sollten Sie diese zunächst entsprechend ihrer Wichtigkeit auflisten und, um das Ausmaß ihrer Wichtigkeit zu bestimmen, zudem mit Hilfe von Punkten gewichten (Perzy, 2010, S. 54). Dabei erhalten gleichwertige Kriterien auch gleiche Punktzahlen, während Sie die Unterschiede in der Bedeutung einzelner Kriterien durch verschiedene Punktzahlen deutlich machen.

Tabelle 1: Fiktive Aufstellung in Anlehnung an Perzy (2010, S. 55)

	Thematisches Vorwissen (max. 15 Pkt.)	Verfügbarkeit Literatur (max. 10 Pkt.)	Eigenes Interesse (max. 10 Pkt.)	Realisierbarkeit (max. 5 Pkt.)	...	Summe
Welche Konsequenzen hat Computereinsatz im Unterricht?	5	2	1	4	...	12
Was bringen Klassenklimaprojekte?	9	6	6	1	...	22
Welche Ursachen hat Schulverweigerung?	12	8	7	4	...	31
Wie lernen Kinder Demokratie in einer hierarchisch organisierten Schule?	4	5	9	1	...	19
...	...	...	...		...	...

Es bleibt anzumerken, dass es sich bei dieser Aufstellung weniger um eine rein objektive Einschätzung der jeweiligen Themen handelt. Vielmehr ist sie Ihr persönliches Hilfsmittel für eine informierte und begründete Themenwahl. So können Sie diese Matrix entsprechend Ihrer persönlichen Einschätzung folgend selbst ausfüllen, durch eine Diskussion in der Gruppe erarbeiten oder aber Ihren Entwurf mit anderen diskutieren. Unabhängig vom Vorgehen kann eine solche Entscheidungs- oder Bewertungsmatrix auch detaillierter sein und neben Punktzahlen wichtige zusätzliche Informationen oder Anmerkungen enthalten, die Sie z.B. für die Bewertung oder auch spätere Bearbeitung für hilfreich erachten. Am Ende dieses Verfahrens zählen Sie die vergebenen Punkte zusammen und erhalten eine Prioritätenliste, anhand derer Sie sich für eine Ihrer Untersuchungsideen entscheiden können. Haben Sie ein vorläufiges Thema gefunden, welches Sie wirklich gern bearbeiten wollen, und ist dies mit den Ihnen zur Verfügung stehenden Mitteln (Kenntnissen und Fertigkeiten) möglich, sollten Sie diese Wahl einer letzten kritischen Prüfung unterziehen. Schließlich spielen bei jeder Entscheidung auch affektive Momente eine Rolle (Perzy, 2010, S. 54). Hält Ihre Entscheidung der Prüfung stand, geht es im Folgenden nun darum, genau herauszuarbeiten, was Sie eigentlich ergründen wollen.

Zu (3) Refining: Die Forschungsfrage konkretisieren

Wie Sie im vorhergehenden Abschnitt gesehen haben, wird ein Thema erst nach Überprüfung anhand bestimmter Kriterien aus einer bloßen Idee heraus entwickelt und formuliert (Perzy, 2010, S. 50). Zwar bewegt man sich dabei zunächst auf einem vorläufigen Niveau, ist jedoch im Zusammenhang mit der Ideenbewertung häufig schon auf eine Verfeinerung dieser angewiesen, um eine angemessene Einschätzung liefern zu können. Es gilt nun zu verdeutlichen, worum es Ihnen genau geht, und Ihr Forschungsproblem konkret zu benennen sowie eine Forschungsfrage zu formulieren. Nicht selten ist der bisher benannte Themenkreis so weitläufig, dass er sich nicht ohne Weiteres umsetzen lässt. Häufig enthalten vorläufige Ideen sogar mehrere Aspekte, die sich jeweils als eigene Themen formulieren lassen. Hier ist die Beschränkung und Fokussierung auf einen Teilaspekt oder eine Teilfrage des interessierenden Phänomens eine gute Möglichkeit, das eigene Forschungsvorhaben zu konkretisieren. In vielen Fällen sind auch nur diese kleinen Ausschnitte eines Themenkomplexes überhaupt empirisch fassbar.

Es gibt einige Kriterien, mit deren Hilfe Sie die inhaltliche Eingrenzung Ihrer Idee vorantreiben können, um Ihr konkretes Thema zu benennen und sich Ihrer Forschungsfrage anzunähern. Im Folgenden werden diese vom Soziologen Peter Atteslander (2003, S. 24f.) aufgestellten Fragen vorgestellt und durch das Beispiel „Ursachen für Schulverweigerung“ ergänzt:

(1) *Auf welchen Ausschnitt der sozialen Wirklichkeit möchte ich mich beziehen?* (z.B. Prävention von Schulmüdigkeit oder Intervention bei Schulverweigerung etc.)
(2) *Um welche Bezugsgruppe, d.h. welche Gruppe von Menschen geht es mir?* (Kinder, Jugendliche, Jungen, Mädchen, Eltern, LehrerInnen, SozialarbeiterInnen)
(3) *Welche Zeit bzw. örtlichen Bereiche sollen erfasst werden?* (Stadt, Land, bestimmte Stadtviertel, bestimmter Schultyp etc.)
(4) *Handelt es sich um eine umfassende Untersuchung nach Ursachen und Folgen oder stehen Einzelfragen im Vordergrund?* (schulische Ursachen für Schulabsentismus, Zusammenarbeit mit den Familien, Probleme in der folgenden Erwerbsbiografie etc.)
(5) *In welchen weiteren Zusammenhängen soll untersucht werden?* (weitere wissenschaftliche Disziplinen z.B. Psychologie, Vergleich mit anderen Ländern etc.)
(6) *Welche wissenschaftlichen Erkenntnisse liegen bereits vor?* (Widerlegung oder Bestätigung, Erfassung neuer Aspekte oder bislang unbekannte Zusammenhänge?)

Für die Beantwortung dieser Fragen ist es notwendig, das themenspezifisch gesicherte Wissen zu eruieren und das eigene Erkenntnisinteresse in diesen aktuellen Wissensstand einzuordnen. Entsprechend des forschungslogischen Planungsmodells (→ Kap. 3.1.1) werden Sie dazu den theoretischen Rahmen sondieren und den aktuellen Forschungsstand erkunden. Ein wesentliches Element dieser Bemühungen ist die Arbeit mit (wissenschaftlicher) Literatur, weshalb die Literaturrecherche und -verarbeitung am Ende des Kapitels noch einmal gesondert betrachtet wird. An dieser Stelle sei nur erwähnt, dass Ihnen die Lektüre dabei hilft,

Ihr Thema einzuordnen und herauszufinden, welche theoretischen Vorstellungen es zu Ihrem Interessengebiet gibt, wie mit bestimmten Begriffen gearbeitet wird, welche Aspekte bereits wie empirisch bearbeitet wurden und wo es eventuell noch Lücken gibt, die Sie mit Ihrer Forschung schließen könnten.

Wenn Sie sich nun anhand der sechs oben genannten Fragen mit der wissenschaftlichen Literatur zu Ihrem Thema auseinandersetzen und versuchen, Ihr Thema einzugrenzen, könnten Sie im Hinblick auf das Thema „Ursachen von Schulverweigerung" z.B. folgende Überlegungen anstellen:

(6) Grundsätzlich handelt es sich um ein Problem auf mehreren Ebenen. Dieses kann „als ein Produkt multifaktoriellen Wirkens innerhalb schulischer Kontexte" (Sälzer, 2010, S. 71) beschrieben werden. Um für die Arbeit als Lehrerin oder Lehrer Ansätze zur Prävention zu finden, sollen schulische Ursachen für Schulmüdigkeit bzw. Schulabsentismus einer genaueren Betrachtung unterzogen werden (4). Aufgrund des präventiven Ansatzes (1), müssten relativ junge Kinder am Übergang von der Grundschule in weiterführende Schulen (2) in den Blick genommen werden. In diesem Zusammenhang haben sich die individuellen Einschätzungen von Schülerinnen und Schülern bisher als erkenntnisreich herausgestellt. Hier könnten Konzepte aus der Sozialpsychologie und Soziologie anschlussfähig sein (5). Sie studieren (a) oder arbeiten als Lehrkraft (b) in einer größeren Stadt und haben über die Universität (a) bzw. unmittelbaren (b) Zugang zu einer bestimmten Anzahl relevanter Schulen (3).

In die Entwicklung und Formulierung gehen sowohl alltägliches als auch wissenschaftliches Wissen, Vorerfahrungen sowie Vorannahmen ein. Bei der Problemformulierung sollten Sie sich diese Vorannahmen – unabhängig davon, ob diese alltagstheoretischer Art oder aus wissenschaftlichen Theorien abgeleitet sind – bewusst machen und explizit bearbeiten. Schließlich ist ein Forschungsgegenstand nicht einfach empirisch gegeben, sondern wird erst durch den hier beschriebenen Prozess konstruiert, indem Forschende ein spezielles Phänomen unter einer bestimmten, von Ihnen gewählten, theoretischen Perspektive betrachten.

Wie erläutert, stehen die Forschungsfrage und weitere Komponenten des Forschungsvorhabens in einer engen Wechselbeziehung und beeinflussen sich gegenseitig. Die folgende Darstellung verschiedener Fragetypen macht deshalb noch einmal deutlich, wie sich u.a. Erkenntnisinteresse, gewählter Ansatz (→ Kap. 3.1.4) und Frageformulierung gegenseitig bedingen:

Tabelle 2: Nach einer Darstellung von Karmasin & Ribing, 2011, S. 25 ergänzt um den Typ Verstehen und eigene Beispiele

Fragetyp	Erkenntnisinteresse	Formulierungsbeispiele
Verstehen	Welcher subjektive Sinn, welche Erfahrungen stehen hinter einer Handlung?	Wie nehmen sich Schulabbrecher selbst wahr? Welche Erklärungen haben Schulabbrecher für ihr Verhalten?
Beschreiben	Was ist der Fall? Wie sieht die Realität aus?	„Inwiefern hängen Merkmale einer Schule mit der Absenzhäufigkeit ihrer Schülerinnen und Schüler zusammen?" (Sälzer, 2010, S. 78)
Erklären	Warum ist etwas der Fall?	Warum hat sich die Zahl der Schulabbrecher seit PISA II in einer bestimmten Art und Weise (nicht) verändert?
Prognose	Wie wird etwas künftig aussehen? Welche Veränderungen werden eintreten?	Wie wird sich die Zahl der Schulabbrecher entwickeln?
Gestaltung	Welche Maßnahmen sind geeignet, um ein bestimmtes Ziel zu erreichen?	Wie können schulmüde Jugendliche gefördert werden?
Kritik/Bewertung	Wie ist ein bestimmter Zustand vor dem Hintergrund explizit genannter Kriterien zu bewerten?	Wie sind die Maßnahmen der Stadt ... im Hinblick auf die Schulabbrecherquote zu bewerten?

Forschungsfragen mit und ohne Hypothesen

In der empirischen Forschung wird immer wieder auch mit Hypothesen gearbeitet. Während die Forschungsfrage nach Zusammenhängen fragt, können Hypothesen ganz allgemein als Vermutungen über einen Sachverhalt definiert werden. Das heißt, die mögliche Antwort der Forschungsfrage wird noch vor der Durchführung der Untersuchung vorausgesagt. Diese Vorhersagen begründen sich zumeist auf theoretischen Überlegungen und werden aus diesen abgeleitet. Dementsprechend ist die Hypothesenprüfung gleichzeitig eine Überprüfung der ihr zugrunde liegenden Theorie (vgl. Punch, 2010, S. 38f.). Diese Art der Untersuchung, d.h. die Vorab-Formulierung und Prüfung von Hypothesen ist ein typisches Merkmal quantitativer Untersuchungen (→ Kap. 3.1.4) und im Rahmen qualitativer Forschung eher umstritten.

Jedoch ist auch die qualitative Forschung nicht frei von Annahmen und auch hier kommen Hypothesen ganz bewusst zum Einsatz. Häufig werden sie im Rahmen der Datenauswertung an das Material herangetragen und überprüft und können so auch der Ausdifferenzierung der Forschungsfrage dienen. Darüber hinaus gibt es Untersuchungen, die auf Hypothesenentwicklung angelegt sind, womit Vermutungen über bestimmte Zusammenhänge erst am Ende solcher Studien stehen.

Letztendlich müssen Sie entscheiden, ob und zu welchem Zeitpunkt es für Ihre Untersuchung notwendig ist, Hypothesen zu formulieren. Geht es Ihnen darum, aus der vorab formulierten Forschungsfrage theoriegeleitet Hypothesen zu entwickeln und diese (sowie damit die Theorie) mit Hilfe der erhobenen Daten zu prüfen, sollten sie aus ihrer Forschungsfrage heraus entsprechende Annahmen formulieren und diese nutzen. Ist ein entsprechendes Vorgehen für die Beantwortung der Forschungsfrage nicht angebracht, macht es auch keinen Sinn, Hypothesen um ihrer selbst willen zu formulieren (Punch, 2010, S. 39).

Zu (4) Review: Prüfung und Begründung
Die bisher beschriebenen Prozesse sollten Ihnen geholfen haben, eine Forschungsfrage zu entwickeln. Nun geht es darum, diese Fragestellung(en) einer letzten kritischen Prüfung zu unterziehen und diese zu begründen.

Im Idealfall ist ihre Forschungsfrage bereits als so genannte W-Frage formuliert. Sie beginnt also mit einem der klassischen Fragewörter was, wie, warum, welche etc. Mit Hilfe dieser auch als öffnend oder konstruktiv aufbauend bezeichneten Fragenkonstruktion werden Ereignisse oder Prozesse sachlich hinterfragt. Sie verlangen nach näheren Erläuterungen und eröffnen einen gewissen Spielraum für die Beantwortung.

Gute Fragen sind zudem nicht nur interessant, sie sind vor allem relevant für das Thema. Sie gehen häufig von einer Beobachtung oder einer Überlegung aus, die erstaunt. Sie thematisieren eine Beziehung zwischen x und y oder fokussieren etwas, das nicht stimmt. Damit eröffnen sie die Möglichkeit, zu debattieren und für einen Punkt zu argumentieren oder auch auf etwas zu schließen.

Gute Fragen sind präzise formuliert und deutlich erkennbar. Sie sind nicht zu umfassend formuliert und folgen am ehesten dem Motto: „Better a lot about a little, than a little about a lot." Das heißt, je kleiner die Frage, desto gehaltvoller ist häufig ihre Beantwortung.

Schlechte Fragen hingegen

- enthalten unrichtige Vorannahmen,
- sind in sich widersprüchlich,
- sind Scheinfragen (verkleidete Behauptungen),
- können mit Ja/Nein beantwortet werden,
- sind so unklar, das keine Antwort möglich ist,
- verwenden unsinnige Worte und/oder Konzepte und
- sind beeinflussend/tendenziös

(vgl. Karmasin & Ribing, 2011, S. 23f.).

Um ein klar umrissenes und nachvollziehbares Forschungsprojekt (vgl. Gütekriterien → Kap. 3.1.4) zu entwickeln, ist neben einer klaren Formulierung auch die Begründung der Forschungsfrage ein wichtiger Schritt. Sie müssen deutlich machen, warum es sich lohnt, sich mit dieser Frage auseinanderzusetzen. Mit anderen Worten: Verdeutlichen Sie die Aktualität Ihrer Arbeit, indem Sie die in der Fragestellung enthaltenen Begriffe und Konstrukte definieren und die theoretische und bzw. oder praktische Relevanz Ihrer Fragestellung im Hinblick auf das Thema darlegen. Nehmen Sie neben Ihrer ganz persönlichen Motivation insbesondere Bezug auf den aktuellen Forschungs- und Diskussionsstand im entsprechenden Sachgebiet und machen Sie deutlich, was bisher noch unbekannt ist und warum diese Situation als unbefriedigend gelten sollte. Den Gehalt Ihrer Arbeit machen Sie unmissverständlich klar, indem Sie aufzeigen, welches Problem Sie lösen möchten und welches Ziel Sie verfolgen.

3.1.2.3 Literatur recherchieren und verarbeiten

Die Produktion wissenschaftlicher Texte setzt „als Mindestanforderung voraus, dass man in effizienter Weise Literatur zu seinem Thema findet, diese Literatur lesend rationell verarbeitet und darauf aufbauend neue Wissensbestände schreibend generiert“ (Ritzi, 2010, S. 939).

Die Frage danach, welche Bedeutung eine sorgsame Literaturrecherche und -verarbeitung hinsichtlich der Entwicklung einer Forschungsfrage hat, kann jedoch nur in Abhängigkeit von Forschungsansatz und -design beantwortet werden. Formulieren Sie Ihre Fragestellung zu Beginn des Forschungsprojektes, so werden Sie bereits sehr frühzeitig auf wissenschaftliche Literatur zurückgreifen. Nur so können Sie den aktuellen Forschungsstand nutzen, um Ihre Idee einzugrenzen und eine lohnende Fragestellung zu generieren. Im Sinne eines deduktiven Vorgehens sind Sie dadurch auch in der Lage, Operationalisierungen abzuleiten und Indikatoren für die zu erfassenden Konstrukte zu finden. Dieses Vorgehen entspricht dem häufig empfohlenen und ist darüber hinaus auch typisch für quantitative und manch qualitative Forschung (Punch, 2010, S. 41). Es gibt jedoch auch Vorgehensweisen, bei denen die Literatur erst später ins Projekt einfließt. Als ein Beispiel kann hier die „grounded theory“ gelten – ein Ansatz, bei dem Forscherinnen und Forscher die Kategorien und Konzepte aus den Daten heraus generieren und in diesen begründet sehen wollen. Punch (2010, S. 41) beschreibt diese beiden Vorgehensweisen als zwei Endpunkte einer Skala, zwischen denen verschiedene Möglichkeiten der Kombination beider Ansätze liegen. Der richtige Zeitpunkt für die Literaturarbeit hängt also ganz wesentlich vom Forschungsgegenstand, dem Ziel der Untersuchung und dem gewählten Ansatz sowie Vorgehen ab.

Unabhängig davon, zu welchem Zeitpunkt und zu welchem Zweck Sie Literaturarbeit betreiben, durchlaufen Sie für gewöhnlich die Schritte der Literaturrecherche, Literaturbeschaffung und Literaturverarbeitung immer mehrfach, bevor Sie einen guten Überblick über die für Ihr Thema relevante Literatur haben (Aeppli et al., 2011, S. 124).

Damit Sie ihr Literaturstudium auch ökonomisch angehen können, erhalten Sie hier eine knappe Einführung.[26] Neben dem Aufsuchen von Bibliotheken und dem Nachfragen beim Bibliothekspersonal bietet sich mit dem Internet eine Vielzahl von Möglichkeiten der Literaturrecherche, die jedoch auch rasanten Veränderungen unterliegen. So zeigt z.B. der Bildungshistoriker und Bibliotheksleiter Christian Ritzi (2010, S. 939–946) exemplarisch Wege der Literaturrecherche im Internet auf, die Ihnen bei der Strukturierung der Informationsfülle helfen können.

Das Vorgehen beim Recherchieren und Verarbeiten von Literatur lässt sich in zwei Phasen einteilen: die Orientierungs- und Vertiefungsphase (vgl. Aeppli et al., 2011, S. 124). In diesen beiden Phasen nutzen Sie unterschiedliche Arten von Quellen.

Für die erste Phase der Orientierung empfehlen sich insbesondere (Fach-) Lexika und (Fach-)Enzyklopädien sowie Hand- und Wörterbücher oder auch Einführungen und Lehrbücher. Mit ihrer Hilfe verschaffen Sie sich einen ersten Einblick in Thema und Forschungsstand und erhalten bereits Hinweise auf weiterführende speziellere Veröffentlichungen wie Monografien oder Zeitschriftenartikel. Notieren Sie sich von Beginn „an die entsprechenden Quellenangaben sowie zentrale Begriffe und Autoren“ (Aeppli et al., 2011, S. 124). So erarbeiten Sie Sich einen ersten Fundus an relevanter Literatur, mit dem Sie den Kernbereich Ihres Interessengebietes erfassen können.

In der Vertiefungsphase suchen und nutzen Sie insbesondere Monografien sowie Herausgeber- bzw. Sammelwerke und Fachzeitschriften und vervollständigen somit Ihre Auswahl durch spezielle Beiträge und Untersuchungen. Sie sind damit in der Lage, verschiedene Perspektiven und theoretische Ansätze voneinander zu unterscheiden, und haben einen Überblick über die zentralen Begrifflichkeiten. Dennoch sollten Sie im Laufe Ihres Forschungsprojektes prüfen, ob Sie den Literaturbestand durch ergänzende Recherchen aktualisieren können bzw. müssen.

Neben der Suche und Beschaffung von relevanter (wissenschaftlicher) Literatur ist vor allem die angemessene Verarbeitung dieser eine Schlüsselqualifikation wissenschaftlichen Arbeitens. Sie müssen also in der Lage sein, die für Ihr Forschungsvorhaben relevanten Informationen aus den Ihnen vorliegenden Texten herauszuarbeiten. Hierzu beschreiben der Psychologe Jürg Aeppli und seine Mitautoren und -autorinnen (2011, S. 137–140) in ihrer Anleitung drei Schritte – 1) Überblick verschaffen, 2) Bearbeiten und 3) Verarbeiten – mit jeweils einzelnen Verfahren, Fertigkeiten und Techniken, „die vor, während und nach dem Lesen eines Textes eingesetzt werden können“ (Aeppli et al., 2011, S. 137).

---

26 Eine detaillierte Anleitung zur Literatursuche, Beschaffung und Verarbeitung erhalten Sie u.a. bei Aeppli et al. (2011, S. 121–141).

Wie bereits eingangs erwähnt, laufen die in diesem Kapitel beschriebenen Prozesse teilweise parallel ab und bedingen sich gegenseitig. Die vertiefte Auseinandersetzung mit der Ihnen zur Verfügung stehenden Literatur bietet also nicht nur Möglichkeiten der Ideenfindung und -bewertung. Sie kann auch Anlass geben, die formulierte Forschungsfrage zu überdenken und gegebenenfalls an den Gegenstand anzupassen. Von der Qualität Ihrer Literaturarbeit hängt es im weiteren Verlauf des Forschungsprojektes auch ab, ob die generierten Ergebnisse für Interpretationen brauchbar und die gewonnenen Resultate für den wissenschaftlichen sowie praktischen Diskurs anschlussfähig sind.

Denken – Handeln – Diskutieren

Um der Forderung nach wissenschaftspropädeutischem Lehren und Lernen nachzukommen, wollen Sie ausgewählte Themengebiete Ihres Schulfaches, spezifische Seminarthemen oder interne Evaluationsvorhaben an der Schule als gemeinsame Forschungsprojekte[27] planen und durchführen. Beim Finden und Formulieren der Forschungsfrage(n) mit der Klasse, mit den Seminarteilnehmenden oder mit den Mitgliedern einer schulischen Arbeitsgruppe kann die folgende Schrittfolge angewendet werden:

a) *Go large:* Sammeln Sie im Plenum möglichst viele passende und bzw. oder an das ausgewählte Themengebiet angrenzende (*allgemeine*) Fragen oder Themen.
b) *Narrowing the List:* Bewerten Sie anschließend in Kleingruppen Ihre Frage- bzw. Themenschwerpunkte mit Hilfe folgender Kriterien: (1) präzise Formulierung bzw. begriffliche Klarheit, (2) persönliches Interesse, (3) eigener Bezug zum Thema, (4) thematisches Vorwissen, (5) wissenschaftliche Relevanz, (6) Recherchemöglichkeiten und Verfügbarkeit von Literatur, (7) gesellschaftliche Relevanz, (8) Realisierbarkeit, (9) ethische Aspekte.[28] Nutzen Sie dabei ggf. eine Bewertungsmatrix.
c) *Refining the Questions:* Die Themen bzw. Fragen, die der Bewertung standgehalten haben, werden in themen- bzw. interessenbezogenen Gruppen weiter bearbeitet. Nun geht es darum, fokussierte und konkrete (*spezielle*) Forschungsfragen (und ggf. Hypothesen bzw. Vermutungen) zu entwickeln. Dabei sollte auf einen stringenten Zusammenhang zwischen Fragetyp und Erkenntnisinteresse geachtet werden.
d) *Review:* Die abschließende Überprüfung und Begründung der Forschungsvorhaben kann z.B. erfolgen, indem diese im Plenum präsentiert werden. Dabei gehen die Gruppen auf das Thema, auf die Begründung der The-

27 Anregungen zur Projektarbeit vgl. u.a. Gudjons (2008), Frey (2007), Knoll (2006).
28 Einzelne Kriterien überschneiden sich teilweise oder gehen ineinander über; nicht immer lassen sich alle Kriterien trennscharf voneinander unterscheiden.

menwahl, auf die Formulierung der Forschungsfrage, auf die Erklärung der für das Vorhaben und bzw. oder die in der Frage enthaltenen wichtigen Begriffe sowie auf den weiteren geplanten Forschungsverlauf ein. Sie geben sich gegenseitig Feedback und diskutieren die Inhalte der Präsentationen.

Literatur

Aeppli, J., Gasser, L., Gutzwiller, E. & Tettenborn, A. (2011). *Empirisches wissenschaftliches Arbeiten: Ein Studienbuch für die Bildungswissenschaften* (2. Aufl.). Bad Heilbrunn: Klinkhardt.

Atteslander, P. (2003). *Methoden der empirischen Sozialforschung* (10. Aufl.). Berlin: de Gruyter.

Bortz, J. (1984). *Lehrbuch der empirischen Forschung für Sozialwissenschaftler.* Berlin: Springer.

Bortz, J. & Döring, N. (2006). *Forschungsmethoden und Evaluation für Human- und Sozialwissenschaftler* (4. Aufl.). Berlin: Springer.

Broad, W. J. & Wade, N. (1984). *Betrug und Täuschung in der Wissenschaft.* Basel: Birkhäuser.

Di Trocchio, F. (1994). *Der große Schwindel: Betrug und Fälschung in der Wissenschaft.* Frankfurt: Campus.

Diekmann, A. (2010). *Empirische Sozialforschung: Grundlagen, Methoden, Anwendungen* (18. Aufl.). Reinbek: Rowohlt.

Frey, K. (2007). *Die Projektmethode.* Weinheim: Beltz.

Grafton, A. (2012). *Fälscher und Kritiker: Der Betrug in der Wissenschaft.* Berlin: Wagenbach.

Green, N. (2008). Formulating and Refining a Research Question. In G. Nigel (Hrsg.), *Researching Social Life* (S. 43–62). London: Sage.

Gudjons, H. (2008). *Handlungsorientiert lehren und lernen.* Bad Heilbrunn: Klinkhardt.

Karmasin, M. & Ribing, R. (2011). *Die Gestaltung wissenschaftlicher Arbeiten Ein Leitfaden für Seminararbeiten, Bachelor-, Master- und Magisterarbeiten sowie Dissertationen* (6. Aufl.). Stuttgart: UTB.

Knoll, M. (2006). Projektmethode. In K.-H. Arnold, U. Sandfuchs, J. Wiechmann (Hrsg.), *Handbuch Unterricht* (S. 270–275). Bad Heilbrunn: Klinkhardt.

McCullough, B. & Vinod, H. (2003). Verifying the Solution from a Nonlinear Solver: A Case Study. *American Economic Review, 93* (3), 873–892.

Perzy, A. (2010). Von der Idee zum Forschungsprojekt. In T. Hug & G. Poscheschnik (Hrsg.), *Empirisch Forschen. Über die Planung und Umsetzung von Projekten im Studium* (S. 41–60). Stuttgart: UTB.

Punch, K. F. (2010). Introduction to social research: Quantitative and qualitative approaches (2. Aufl.). London: Sage.

Ritzi, C. (2010). Literaturrecherche im Internet. In B. Friebertshäuser, A. Langer & A. Prengel (Hrsg.), *Handbuch qualitative Forschungsmethoden in der Erziehungswissenschaft.* Unter Mitarbeit von Heike Boller und Sophia Richter (3. Aufl., S. 939–946). Weinheim: Juventa.

Sälzer, C. (2010): *Schule und Absentismus: individuelle und schulische Faktoren für jugendliches Schwänzverhalten*. Wiesbaden: VS Verlag für Sozialwissenschaften.
Seipel, C. & Rieker, P. (2003). *Integrative Sozialforschung: Konzepte und Methoden der qualitativen und quantitativen empirischen Forschung*. Weinheim: Juventa
Zankl, H. (2003). *Fälscher, Schwindler, Scharlatane: Betrug in Forschung und Wissenschaft*. Weinheim: Wiley-VCH.

Barbara Drinck

3.1.3 Grundlagen zum Forschungsdesign

3.1.3.1 Ziel und Grundlagen der pädagogischen Forschung

Forschungsparadigmen als Grundlage für die Forschung

Es gibt grundsätzliche Fragen, die sich immer dann stellen, wenn etwas erforscht werden soll: Wie geht man vor und was sagt das Ergebnis aus? Und bevor mit dem Forschen begonnen werden kann, muss geklärt werden, was ein wissenschaftlich akzeptiertes forschendes Vorgehen ist. Kurz: Forschende müssen sich von Anfang an mit den *Forschungsparadigmen* beschäftigen. *Ein Forschungsparadigma bestimmt in wissenschaftlichen Disziplinen für gültig erklärte, empirische Untersuchungsmethoden sowie ihre methodologische Begründung.*

Forschungsthemen und ihre akademischen Diskurse orientieren sich an den gültigen Paradigmen, so dass die Formulierung der Forschungsfrage und die Lesarten der erhobenen Daten, schließlich auch ihre Auswertung und Interpretationen festgelegt sind. Forschungsparadigmen dienen der wissenschaftlichen Gemeinschaft folglich dazu zu entscheiden, was und wie zu forschen als akzeptiert erachtet wird und was nicht. Diese Forschungsgemeinschaften, besonders wenn sie Forschungsgelder vergeben, orientieren sich an den in Wissenschaftskreisen gültigen Forschungsparadigmen.

Forschungsparadigmen sind jedoch nicht beständig gültig, sondern werden aufrechterhalten durch hegemoniale Diskurse (→ Kap. 3.2.4), die vorgeben, was zurzeit als gute Forschung gilt. Sie unterliegen also der Vergänglichkeit. Thomas Kuhn beschrieb 1976, wie Paradigmen durch neue Erkenntnisse oder einen sich wandelnden Zeitgeist ihre Gültigkeit verlieren und alternative Paradigmen emporsteigen. Kuhns These zeigt einen zyklischen Verlauf der Wissenschaften auf: Zuerst gilt – oft eine sehr lange Zeit – ein etabliertes Paradigma, das jedoch in seiner Stabilität aufgrund neuer wissenschaftlicher Entwicklungen erodieren wird. Oft erfolgen in dieser Zeit erbitterte Kämpfe um die Aufrechterhaltung des alten bzw. Einführung des neuen Paradigmas. Nach einer solchen „wissenschaftlichen Krise" und der damit verbundenen „Revolution" (Kuhn, 1976, S. 47–59) in der akademischen Welt etabliert sich das neue Paradigma, das wiederum eine stabile Definition gültiger Untersuchungsmethoden und ihrer Methodologie einführt. Kuhn nennt als ein Beispiel für eine wissenschaftliche Revolution, ausgelöst durch zwei unverträgliche, sich widersprechende Theorien, die Kopernikanische Wende. Diesen unverträglichen Zustand bezeichnet er als Inkommensurabilität (vgl. Kuhn, 1976, S. 159–171).

Paradigmen dienen zwar einem Herrschaftsdenken in der Wissenschaft, sind daher Machtkämpfen, Krisen und der Absetzung ihrer Gültigkeit in wissenschaftlichen Revolutionen unterworfen, sie dienen dennoch auch, das ist sehr relevant, einer deutlichen Komplexitätsreduktion im Forschungsfeld. Die Reduktion ergibt sich aus Regeln und Normen, die eingehalten werden und daher auch die Ergebnisse in ihrer Erzeugung und Darstellung analog gestalten.

Grundlegende Forschungsparadigmen der Schulforschung?

Bei den heute in der Schulpädagogik gültigen Paradigmen handelt es sich vor allem um qualitative und quantitative Untersuchungsdesigns (→ Kap. 3.1.4) und ihre triangulierten, multimethodischen Kombinationen. Forschung in der Schulpädagogik umfasst Fallanalysen, Aktionsforschung, Systemanalysen lernender Organisationen, vergleichende erziehungswissenschaftliche Forschung sowie Unterrichts- und Wirkungsforschung.

Wer in der Schule empirisch forscht, will sich sicher sein, dass das, was schließlich an Daten und belastbaren Ergebnissen vorliegen wird, ein Beleg für die Richtigkeit der eigenen Vermutungen ist. Man könnte auch sagen, was jede Forscherin und jeder Forscher bei den empirischen Untersuchungen anstrebt, ist, ein Problem zu identifizieren und die entsprechende Lösung dafür zu finden. Nun geraten wir mit dieser Absicht jedoch auf ein unsicheres Terrain. Wir müssen uns fragen, ob es überhaupt möglich ist, die Realität des entsprechenden Problems zu erfassen.

Schon früh haben sich Philosophen darüber Gedanken gemacht, ob es eine subjektunabhängige Realität gibt, die sich zudem empirisch erfassen lässt. Die Kritisch-rationale Erkenntnislehre (vgl. Popper, 2002) geht etwa davon aus, dass wir immer mit impliziter, d.h. subjektiver Voreingenommenheit in die Forschung gehen, sei es bei der Konstruktion oder nur bei der Auswahl von Instrumenten, sei es bei der Erhebung oder Auswertung der Daten. Ein rein objektives Forschen sei nicht möglich, da unsere Erkenntnis prinzipiell fehlerbehaftet bzw. „fallibel" (Popper, 2002, S. 47–59) sei. Hier wird auch die Kritik am Naiven Empirismus etwa nach John Locke formuliert, dem vorgeworfen wird, die Wissenschaft nur als rein empirische gelten zu lassen und das Erforschte als Resultat der objektiven Erkenntnis zu verstehen. Auch wird die Korrespondenztheorie kritisiert, die von objektiver Wahrheit ausgeht und diese als prinzipiell erfahrbar und erforschbar betrachtet. Schließlich trifft die Kritik ebenso die Hermeneutik, die das Postulat des Verstehens im Sinne eines innerlichen Nacherlebens vertritt und damit eine allen gemeinsame objektive Struktur des Erkennens unterstellt. Es sei also unmöglich, absolute wissenschaftliche Gewissheit zu erlangen. Wissenschaft kann keine Suche nach absoluter Wahrheit sein, sondern ist auf operative und instrumentelle Erkenntnis gerichtet (Nardone, 2007, S. 19).

Mit Karl Popper kann ein Mittelweg aus dem erkenntnistheoretischen Konflikt gefunden werden: Denn auch wenn die Wahrheit nicht endgültig erforschbar zu sein scheint, sei es doch möglich, sich ihr anzunähern. Nach Popper geht Wissenschaft zwar von offenen Forschungsfragen aus und mündet in offenen Problemen (vgl. Popper, 1996, S. 255f.). Dieser erkenntnissuchende Kreislauf dringt jedoch in immer tiefere Problemebenen, in denen eine Lösung von Subjekten und ihrer Wahrnehmungsfähigkeit erkannt oder auch nur erahnt werden kann.

Ein Forschungsprozess sollte nach Popper immer in einem größeren Zusammenhang gesehen werden: Forschungen befinden sich in einem zirkulären und bzw. oder aufbauenden Prozess, so dass eine Untersuchung nur eine vorläufige Theorie bzw. nur einen vorläufigen Lösungsvorschlag hervorbringt, diese dann von einer anderen ihr nachfolgenden Untersuchung ergänzt oder korrigiert werden muss.

> Wir haben dauernd Vermutungen [..., die] versuchen wir [...] mit der Wirklichkeit irgendwie zu konfrontieren und sodann unsere Vermutungen zu verbessern und sie der Wirklichkeit näher zu bringen.
>
> (Popper, 1996, S. 143f.)

Es ist wichtig, Folge- und Replikationsstudien durchzuführen, damit die eigene Forschung an vorausgegangene Erkenntnisse anknüpfen kann. Dabei gilt, dass vorhandenes Wissen erhalten, geordnet, vermehrt und geprüft werden muss. Diese aufeinander aufbauende Forschung und die Vernetzung mit oder die Replikation von vorangegangenen Studien sind jedoch seltener geworden. Daher findet man gerade in der schulpädagogischen Forschung wenig zusammenhängende und aufeinander aufbauende Studien, sondern eher Einzelstudien, die als kleinere Fallanalysen durchgeführt werden, aber auch größere Stichprobenerhebungen umfassen.

Wenn wir die Grundaussage des Kritischen Rationalismus anschauen, wird deutlich, dass empirische Schulforschung bloß auf der Basis der uns zur Verfügung stehenden Messinstrumente ableitbare Erkenntnisse liefert und nicht darüber hinaus. Jedoch sind Forschungsinstrumente nie perfekt und es ist deshalb nicht möglich, prinzipielle Aussagen über die Schule zu erheben, die beständig gelten und jederzeit nachprüfbar sind. Dennoch ist es denkbar, eine vorher definierte, an Kriterien messbare Qualität des Unterrichts oder der Kommunikation im Klassenzimmer mit Hilfe geeigneter Forschungsmethoden zu untersuchen und Aussagen über die Arbeit der Lehrkraft oder über das Klima der Klasse zu einem bestimmten Zeitpunkt in einer Schule zu machen. Dies findet beispielsweise in internen Unterrichtsevaluationsverfahren statt, die den Lehrkräften begründbare Angaben über ihre Unterrichtsqualität vermitteln.

Vielleicht sollte daher ein hundertprozentiger Anspruch korrigiert und Schulforschung als eine Forschung gesehen werden, die hauptsächlich theoriegenerierend oder theoriegeleitet vorgeht, nur in wenigen Fällen also theorieprüfend ausgerichtet ist. Sie ist weniger eine Forschung, die grundlegende Schulrealitäten aufdecken kann. Auch wenn es einiges gibt, das sich generalisieren lässt, wie etwa das Schulklima, ist Schule ein Untersuchungsfeld, das sich ständig verändert. Historische und diskursanalytische Untersuchungen zeigen deutlich den Wandel und die Entwicklung von Schule und Erziehung über die Jahre. Tenorth spricht hier etwa von einem Trend zur „Scholarisierung der Gesellschaft" durch die Durchsetzung der Schulpflicht und der Expansion der „Pflichtlernzeit" (Tenorth, 2008, S. 379). Wenn wir also Daten erheben und diese interpretieren, ist das Ergebnis eine Momentaufnahme einer sehr vergänglichen und auch begrenzten Wirklichkeit von Schule.

Folglich ist es nüchtern betrachtet nicht immer viel, was wir definitiv auf Dauer aus den erhobenen Daten ableiten können. Wenn wir uns von dem Anspruch verabschieden, Wahrheiten für immer zu ergründen, dann kann Schulforschung dennoch sehr nützlich sein. Denn auch ein zeitlich kurzer Einblick in die schulische Wirklichkeit, sei sie auch begrenzt auf eine einzige Schule, kann uns Dinge sichtbar werden lassen, die uns sonst verborgen blieben. Und erst wenn Probleme sichtbar werden, können Lösungen entwickelt werden. So ist es beispielsweise möglich, Klassenstörungen im eigenen Unterricht auf den Grund zu gehen, dort die auslösenden Probleme zu erkennen und eine Lösung zu finden. Das bedeutet, dass aufgrund der intensiven Beschreibung eines einzelnen Falles Lösungsmöglichkeiten aufgedeckt werden, die auch von anderen genutzt werden können. Es geht in der Schulforschung in allererster Linie darum, zu beurteilen, welche *Brauchbarkeit* Ergebnisse empirischer Untersuchungen für die schulische Praxis haben.

Kann jeder empirische Ergebnisse interpretieren?

Leider sind nicht alle Schulpädagoginnen und -pädagogen sicher im Umgang mit empirischen Daten, das gilt insbesondere für Bildungspolitikerinnen und ihre Kollegen. Daher basieren die Konsequenzen, die sie aus empirischen Untersuchungsergebnissen ablesen, oft auf einem Irrtum. Bildungspolitiker wollen rasch aus den Resultaten der Bildungsforschung Konsequenzen für ihr politisches Handeln ableiten. Doch nur in Ausnahmefällen können aus schulpädagogischen Forschungsprojekten oder auch aus größeren Bildungsstudien Ergebnisse im Nachhinein so ausgelegt werden, dass sie dringende Fragen zur Schule vollständig beantworten. Dies hat mit dem komplexen Wirkungsgefüge von Schulforschung insgesamt zu tun, das sich nicht auf einfache Kausalinterpretationen reduzieren lässt. Rost weist darauf hin, dass sogar Antworten aus den Ergebnissen zu Fragen abgeleitet werden, die im Forschungsplan nie gestellt wurden und daher empirisch gesehen auch nicht beantwortet werden können (vgl. Rost, 2007, S. 12). Es ist an dieser Stelle wichtig zu betonen, dass eine Forschungskompetenz vorhanden sein muss, um Ergebnisse aus empirischen Untersuchungen zu verstehen und zu interpretieren (→ Kap. 1).

Das bisher Gesagte lässt sich durch ein Zitat von Rost zusammenfassen:

> Viele Erziehungswissenschaftler, Bildungspolitiker, Lehrer, Psychologen und Praktiker verlangen nach konkret verwertbaren Ergebnissen. Dieser Anspruch ist verständlich, aber nicht immer angemessen, weil theoriebezogene Forschung das Bindeglied von Konzepten zu praktischen Erfahrungen darstellt. Eine gute Theorie hilft, die Unzahl von Fakten und Befunden zu ordnen, zu komprimieren, zu integrieren, zu erklären.
> (Rost, 2007, S. 13)

Weil Schulpolitikerinnen und ihre Kollegen immer wieder aufs Neue vor der Aufgabe stehen, Entscheidungen mit längerfristigen Konsequenzen zu treffen, müssen diese begründet sein und nicht aus dem Bauch heraus getroffen werden. Eine solide Forschung ist immer eine solche, die allen im Bildungssystem Agierenden hilft, alltägliche gute Entscheidungen zu treffen, die sich aus den empirischen Ergebnissen der Schulforschung begründen, auch wenn diese nur für eine bestimmte Zeit gelten mögen. Sie dienen jedoch bloß im Moment, um die Schule in ihrer gesamten Komplexität besser zu verstehen (vgl. Rost, 2007, S. 13).

Kritische Schulforschung als Möglichkeit einer sachlichen Empirie

Die Aufgabe der empirischen Pädagogik liegt nach Brezinka (1971) in einer kritischen Schulforschung. Daher muss jeder Forschungsplan, die Auswahl der Instrumente, der Einsatz und die Vorbereitung der Untersuchungsleiterin und -leiter und jedes Ergebnis kritisch hinterfragt werden. Um dies zu gewährleisten, muss die empirische Schulforschung ideologisch bereinigt werden, d.h., sie muss sich von Werturteilen befreien und auf normative Aussagen verzichten. Empirische Ergebnisse sind sachlich begründete Ergebnisse und keine präskriptiven Aussagen.

Brezinka hat bereits 1971 drei Forderungen an die empirische Schulforschung gestellt (S. 47–90), um präskriptive und unsachliche Schlussfolgerungen zu verhindern. Zum Ersten muss bei der Erforschung des realen erzieherischen Handelns in der Schulpraxis der Zusammenhang mit allen Einflussfaktoren hergestellt werden, die von Gesellschaft und Kultur ausgehen und auf den Menschen wirken. Das heißt, die Schule kann nie ohne ihren gesellschaftlichen Kontext verstanden werden: Es gibt nicht nur die sozialisatorische Wirkung der Schule auf den Schüler allein, sondern der Zeitgeist der Epoche, die Kultur, das familiäre Milieu der Schülerinnen und Schüler, der Einfluss der anderen Akteure außerhalb der Schule und vieles mehr formen die Resultate, die später als sogenannte Outputs von der Schule entlassen werden (→ Kap. 2.3). Zum Zweiten muss vor und auch während der Planung von pädagogischen Konzepten die Wirkung von Erziehungseinrichtungen und der dort stattfindenden pädagogischen Praxis kritisch reflektiert werden. Auch gesellschaftlich anerkannte Einrichtungen können problematische Wirkungen intendieren. Deshalb sollte zum Dritten jedes pädagogische Konzept, die Erziehungspraxis, aber auch die Methoden, mit denen diese untersucht werden, einer Analyse unterzogen werden, um verborgene ideologische Ansichten zu erkennen, d.h., die Forschung sowie die Konzepte müssen werturteilsfrei sein.

Fasst man die Forderung von Brezinka zusammen, muss sehr kritisch hinterfragt werden, welche Wirkungen und Konsequenzen von den Institutionen und Methoden der Erziehung auf den Einzelnen einwirken. Dabei muss Schule immer im gesellschaftlichen und historisch-politischen Zusammenhang betrachtet werden.

Die Rolle der Theoriebildung in der Schulforschung

Was bedeutet es, wenn der Anspruch an Schulforschung, wie wir oben gesehen haben, hauptsächlich darin besteht, theoriegenerierend oder theoriegeleitet, in einigen Fällen auch theorieprüfend vorzugehen? Kann sie damit der Theoriebildung in der Erziehungswissenschaft insgesamt dienen? Die Antwort greift bereits Diskutiertes auf: Forschung kann zwar selten grundlegende Schulrealitäten aufdecken, aber sie kann die ständige Veränderung und Entwicklung des Forschungsfeldes Schule und zum Teil auch länger überdauernden Phänomenen auf den Grund gehen.

Wenn wir ein Projekt der Schulforschung planen, dann sollte das Ergebnis einer hypothesengeleiteten empirischen Forschung eine revidierte neue Theorie sein, die sich in der *momentanen Praxis* bewährt. Rost stellt folgendes Kennzeichen einer Theorie fest: Sie ist nur in dem Maße solide, wie die Untersuchung den Kriterien einer akzeptablen Forschung genügt (vgl. Rost, 2007, S. 21).

Eine Theorie in der empirischen Schulforschung liefert eine Problembeschreibung und möglichst auch einen Lösungsvorschlag. Für die Schulforschung können wir von den bereits erwähnten Autoren Ansätze zur Definition einer Theorie verwenden.

Mit Thomas Kuhn kann davon ausgegangen werden, dass sich Theorien immer irgendwann überholen und andere gefunden werden, die die zu untersuchenden Phänomene exakter beschreiben. Daher können Theorien nie wahr sein, sondern lediglich eine Zeit lang gültig.

Karl Popper versteht unter einer Theorie eine ständige Annäherung an „die“ Wahrheit. Jedoch wird diese zu einem Teil immer im Verborgenen bleiben, wir können uns ihr nur nähern. Deshalb sind Theorien für ihn lediglich Hypothesen, da ihr Wahrheitsgehalt immer unsicher bleibt.

Die empirische Sozial- und Erziehungswissenschaft, vertreten durch Wolfgang Brezinka, versteht unter einer empirischen Theorie ein System logisch widerspruchsfreier Aussagen über den jeweiligen Untersuchungsgegenstand mit den zugehörigen Definitionen bzw. Operationalisierungen der verwendeten Begriffe. Zu einer empirischen Theorie gehören Hypothesen bzw. ein System von Hypothesen (→ Kap. 3.1.1). Dieses Theoriekonzept finden wir vor allem im quantitativen Forschungsparadigma (→ Kap. 3.1.4).

Gehen wir also von den drei verschiedenen Theoriekonzepten aus, wird rasch deutlich, auch wenn eine vollständige Antwort auf unsere Forschungsfrage nicht zu erwarten ist, dass es dennoch möglich ist, eine für die Situation angemessene Beantwortung der Forschungsfrage zu erhalten.

3.1.3.2 Drei Vorgehensweisen: explorative, deskriptive und hypothesenprüfende Forschung

Auf dem Weg zur Beantwortung unserer Forschungsfrage müssen wir entscheiden, was wir erforschen wollen und was wir über das zu untersuchende Phänomen bereits wissen. Denn der Grad der Vorkenntnisse über den Forschungsgegenstand bestimmt die Auswahl des Vorgehens. In den sozialwissenschaftlichen und pädagogischen Forschungsfragen unterscheidet man drei Abstufungen einer Konkretisierung des Forschungsvorgehens. Es geht einmal um die Erkundung des Vorhandenseins und der ersten Begegnung mit dem Forschungsgegenstand. Dabei geht es um die Frage „Gibt es etwas und was ist es?". Aus ersten Beobachtungen können Vermutungen abgeleitet werden, dies bezeichnet man als Hypothesengenerierung. Weiter geht es um die systematische Beschreibung eines Phänomens. Hier können die Fragen gestellt werden „Wie ist etwas beschaffen und strukturiert?" und „Mit welchen anderen Phänomenen hängt es zusammen?". Schließlich ist es möglich, ein bekanntes und beschriebenes Phänomen nach seinen Wirkungen zu überprüfen, d.h., hypothesenprüfende Analysen durchzuführen. Dabei werden folgende Fragen wichtig: „Was wirkt worauf und wie stark ein?" und „Wie können die Wirkungen erklärt werden?".

Explorative Forschung

Bei den drei Formen der Fragenkonkretisierung geht es einmal darum, überhaupt etwas über ein Phänomen zu erfahren. Wie schon erwähnt, wird geforscht, ob es überhaupt existiert und wie es gestaltet ist. Diese Form nennt man in der sozialwissenschaftlichen Forschung *exploratives Vorgehen*, das einer ersten Erkundung dient und für die man sich entscheidet, wenn noch keine Erfahrung mit dem Thema vorliegt.

Explorative Studien sind oft Vorstudien, die Basisinformationen liefern, damit überhaupt eine geplante und operationalisierte Forschungsfrage formuliert werden kann (→ Kap. 3.1.2). Sie werden eingesetzt, wenn nur wenig über den Gegenstand bekannt ist.

Die methodischen Ansätze des explorativen Forschens stammen aus den Feldforschungsstudien wie etwa der Marienthalstudie von 1933 (→ Kap. 3.2.1). Qualitative Methoden werden häufig eingesetzt und bestehen in offenen Befragungen,

Feldbeobachtungen, Selbstbeobachtung und Fremdbeobachtung und qualitativen Inhaltsanalysen, etwa von Tagebüchern der Probanden. Eingesetzt werden reaktive Verfahren, bei denen Forschende deutlich auftreten, und nonreaktive Verfahren, die verdeckt erfolgen bzw. schon vorliegende Dokumente und Statistiken untersuchen. Es gibt eine große Bandbreite an Methoden, die hier zum Einsatz kommen, um die noch unbekannte Situation zu untersuchen. Das qualitative Paradigma bietet innerhalb der explorativen Studien folgende Vorteile: Durch das offene Forschungsverfahren ist es möglich, unverzerrte und umfassende Daten zu erheben. Dadurch wird der Informationsgehalt authentisch und dicht beschrieben wiedergegeben. Die Wirklichkeit des untersuchten Subjektes wird abgebildet, so wie es dieses selbst beschreibt. Die Forscherin, der Forscher begibt sich in diesen Lebensraum des Subjektes und teilt das dortige Leben zeitweilig mit den Probanden.

Der Ort, an dem explorativ geforscht wird, ist das *Feld.* Daher spricht man auch von *Feldforschung.* Der US-amerikanische Anthropologe Clifford Geertz (1987) entwickelte ein Konzept zum Verständnis einer Kultur unter Zuhilfenahme eines *Forschungstagebuches*, in dem die Dokumentation von Feldforschungstätigkeiten gesammelt wird. Eine solche regelmäßige und systematische Aufzeichnung schult die eigene forschende Beobachtungsfähigkeit. Sie hilft aber auch bei der persönlichen Verarbeitung des Erlebten.

Ergebnisse der explorativen Studien sind sehr dichte, mit vielen authentischen und subjektiven Informationen angereicherte Daten, die aus Beobachtungen, Befragungen oder narrativen Mitschriften bestehen (Geertz, 1987). Sie ermöglichen es, Hypothesen zu formulieren und zu generieren. Mit Hilfe der Hypothesen können später Instrumente konstruiert und der Forschungsplan für ein hypothesenprüfendes Verfahren aufgestellt werden.

Nachteile der qualitativ-explorativen Forschung sind jedoch auch zu beachten: Die Verfahren sind zeit- und oft auch kostenintensiv und sie stellen eine hohe Anforderung z.B. an die Qualifikation des Interviewers. Zudem können die Ergebnisse keine Repräsentativität abbilden und sind oft untereinander nicht vergleichbar, da es sich immer um idiografische, subjektive Sichtweisen handelt.

Deskriptives Forschen

Zum Zweiten wollen wir ein erkundetes, aber noch wenig beobachtetes Phänomen systematisch beschreiben. Hier setzt man das deskriptive Verfahren ein, mit dem exakt und systematisch bereits explorativ erforschte oder bekannte Forschungsgegenstände beschrieben werden.

Deskriptive Forschung benutzt sowohl quantitative als auch qualitative Forschungsmethoden – oft in derselben Studie als multimethodischen Ansatz, ähnlich wie wir es beim explorativen Verfahren gesehen haben. Der Unterschied besteht jedoch darin, dass uns der Forschungsgegenstand nun bekannt ist und wir ihn näher beschreiben wollen. Der Begriff deskriptive, beschreibende Forschung bezieht sich auf den Charakter der Fragestellung, das Forschungsdesign, die Forschungsmethoden und die Art der Datenanalyse (→ Kap. 3.2), die zu einem bestimmten Thema eingesetzt werden. Deskriptive Studien zielen in erster Linie darauf, das „Wie“ eines Phänomens zu erforschen. Sie umfassen das Sammeln, Erheben und Organisieren von Daten, die systematische Auswertung sowie die Darstellung der Ergebnisse und ihre Interpretation. Oft werden Grafiken und Diagramme verwendet, um der Leserin und dem Leser die Verteilung bestimmter Merkmale zu veranschaulichen. Im Gegensatz zu den explorativen Verfahren sind deskriptive Untersuchungen weniger aufwändig.

Hypothesenprüfende Verfahren

Schließlich können wir ein bereits gut beschriebenes und bekanntes Phänomen auf seine Wirkung hin überprüfen, etwa in einem Experiment. Dieses Verfahren nennt man *kausal* oder *hypothesenprüfend*, da Zusammenhänge nach dem Ursachen- und Wirkungsmodell auf Signifikanz untersucht werden (→ Kap. 3.2.6).

Hypothesenprüfende Forschung hat das Ziel, bereits vorhandene Vermutungen bzw. Hypothesen zu verifizieren oder falsifizieren. Es geht also nicht darum, etwas noch Unbekanntes oder etwas Bekanntes zu beschreiben, sondern es ist das Ziel, mögliche Wirkungen von bereits bekannten Phänomenen oder Entwicklungen empirisch zu prüfen, zu bestätigen oder zu verwerfen.

Die hypothesenprüfende Forschung setzt ausschließlich quantitative Untersuchungsmethoden ein, damit sie vergleichbare, standardisierte Daten liefern kann. Ihr Anspruch ist es, repräsentativ zu sein. Die Verfahren müssen sich an den harten Gütekriterien der quantitativen Forschung (→ Kap. 3.1.4) messen können. Daten werden im kausalen und hypothesenprüfenden Forschungsdesign entweder experimentell erhoben, um Ursache-Wirkungs-Hypothesen zu überprüfen, oder anhand von Längsschnittstudien, um hypothetische Entwicklungen aufzuzeigen.

3.1.3.3 Fazit

Abschließend soll darauf verwiesen werden, dass Forschung der Pädagogik nur dann nutzt, wenn nicht bloß Probleme erkannt werden, wie dies oft durch Evaluationsstudien der Fall ist, sondern auch Lösungen erforscht werden und ihre Umsetzung in die Praxis erfolgt. Das wird oft vergessen bzw. kann in einem einzelnen Forschungsprojekt nicht geleistet werden. Aus der psychologischen Forschung ist bekannt, dass nach der Erforschung und Entwicklung einer *Theorie* (Was ist das Problem?) eine Strategie folgen muss (Wie sieht die Lösung aus?), um damit in die Praxis zu gehen (vgl. Nardone & Watzlawick, 1994, S. 29).

Zusammenfassend auf eine Formel gebracht, sollen Schulforscherinnen und -forscher *zuerst das Problem formulieren und erforschen, dann eine brauchbare Lösungsstrategie finden, die in der Praxis getestet und zur Verfügung gestellt werden kann.*

Denken – Handeln – Diskutieren

Lehrerinnen und Lehrer benötigen Forschungskompetenzen, um in ihrer Arbeit angemessen auf die gesellschaftlichen Wandlungen reagieren zu können, durch welche sich die Rahmenbedingungen schulischer Arbeit ändern. Diese Kompetenzen beinhalten sowohl das Verstehen und Interpretieren vorhandener wissenschaftlicher Studien als auch die Planung, Durchführung und Interpretation eigener Forschungsvorhaben.

Wählen Sie (ggf. in Ihrem Kollegium bzw. Ihrem Seminar) einen Bereich Ihrer Arbeit, welcher sich aus Ihrer Sicht in der letzten Zeit problematisch gestaltet.

1. Informieren Sie sich über neuere Forschungsstudien bzw. -ergebnisse, die zur Thematik des gewählten Bereichs verfügbar sind, und wählen Sie eine Studie bzw. Forschungsergebnisse aus, die zu Ihrer speziellen Thematik am besten passt bzw. passen.
2 Analysieren Sie die Zusammenhänge zwischen Forschungsfrage (vgl. → Kap. 3.1.2) und Forschungsdesign (z.B. Welche Aussagen kann die Studie nicht erbringen, da diese nicht in der/den Forschungsfrage(n) intendiert waren? Welche Grenzen hat die eingesetzte Untersuchungsmethode?).
3. Entwerfen Sie ein (an die unter *1.*) gewählte Studie angelehntes) Design für eine eigene (kleine) Replikationsstudie zu Ihrem ausgewählten Thema und führen Sie diese durch. Diskutieren Sie dabei, welche Vor- und Nachteile Replikationsstudien haben können.
4. Vergleichen Sie anschließend Ihre Ergebnisse mit den Ergebnissen der unter *1.*) gewählten Studie und überlegen Sie, welchen praktischen Nutzen Ihre Erkenntnisse haben.

Literatur

Brezinka, W. (1975). *Von der Pädagogik zur Erziehungswissenschaft. Eine Einführung in die Metatheorie der Erziehung* (3., verbesserte Aufl.). Weinheim: Beltz.

Geertz, C. (1987). *Dichte Beschreibung: Beiträge zum Verstehen kultureller Systeme*. Frankfurt am Main: Suhrkamp.

Kuhn, Thomas S. (1976). *Die Struktur wissenschaftlicher Revolutionen*. Frankfurt am Main: Suhrkamp.

Nardone, G.; Watzlawick, P. (1994). *Irrwege, Umwege und Auswege. Zur Therapie versuchter Lösungen*. Bern: Huber.

Nardone, G. (2007): *Pirouetten im Supermarkt. Strategische Intervention für Therapie und Selbsthilfe*. Heidelberg: Carl-Auer.

Popper, K. (2002). *Logik der Forschung* (10. Aufl.). Tübingen: Mohr-Siebeck.

Popper, K. (1996). *Alles Leben ist Problemlösen. Über Erkenntnis, Geschichte und Politik*. München: Piper.

Rost, D. (2007). *Interpretation und Bewertung pädagogisch-psychologischer Studien* (2. Aufl.). Weinheim: Beltz.

Tenorth, H.-E. (2008). K (4., erweiterte Aufl.). Weinheim: Juventa.

Kathleen Herzog

3.1.4 Wissenschafts- und erkenntnistheoretische Grundlagen

Schule und Unterricht sind zentrale Forschungsthemen der Sozialwissenschaft geworden, was die zahlreichen empirischen Untersuchungen über Schule und Unterricht belegen (vgl. u.a. Helmke, Piskol, Pikowsky & Wagner, 2012). Viele (angehende) Lehrerinnen und Lehrer haben sicherlich schon darüber nachgedacht, Schule und Unterricht zu verändern. Jeder hat Vorstellungen darüber, was guten Unterricht und gute Schule ausmacht. Dieses Alltagsverständnis unterscheidet sich mitunter von wissenschaftlichen Erkenntnissen über die gute Schule, indem es beispielsweise subjektiv gefärbt ist. So können wissenschaftliche Erkenntnisse und Theorien dem Alltagswissen und den Alltagstheorien widersprechen. Wissenschaftliche Theorien implizieren regelgeleitetes Vorgehen und hohe Zuverlässigkeit, wodurch sie sich gegenüber der Subjektivität von Alltagstheorien abgrenzen. Wissenschaftstheorie setzt hier ein, da sie Regeln und Verfahren für wissenschaftliche Untersuchungen und somit die Grundlagen der Geistes-, Natur- und Sozialwissenschaften analysiert.

Wenn Lehrerinnen und Lehrer ihren Unterricht verbessern wollen, sollten sie die bestehenden Forschungen der sie interessierenden inhaltlichen Aspekte guten Unterrichts rezipieren. So können sie sich Wissen über bestimmte Gesichtspunkte für ihren Unterricht zu eigen machen und ihn dadurch weiterentwickeln. Dafür benötigen sie Kenntnisse von der theoretischen Herleitung des Forschungsvorgehens, die u.a. durch nachfolgende Fragen gewonnen werden können: Wie gestaltet sich der konkrete Ablauf der Untersuchung? Wie ist die Konstruktion des Erhebungs- und Auswertungsinstrumentes theoretisch zu begründen? Nach welchen Maßstäben bzw. Normen können die unterschiedlichen Ergebnisse hinterfragt werden? Wie kann man die Qualität von Untersuchungen bestimmen? Welche Kriterien existieren für die Güte und Geltung einer wissenschaftlichen Untersuchung?

Die Wissenschaftstheorie gibt keine direkte Antwort auf Fragen aus der Praxis, jedoch zeigt sie auf, auf welche Art geforscht werden soll und welche bestimmten Wege dabei einzuhalten sind. Die Vorgehensweisen der einzelnen Wissenschaftsdisziplinen werden also durch die Wissenschaftstheorie, eine eigene Disziplin der Philosophie, auf einer *Metaebene* betrachtet (vgl. Ritsert, 2003).

Innerhalb der Sozialforschung unterscheidet man zwischen dem qualitativen und dem quantitativen Forschungsansatz. Die zwei Bereiche (→ Kap. 3.1.3) beziehen sich auf unterschiedliche wissenschaftstheoretische Positionen. Daher werden hier in diesem Kapitel Grundannahmen des qualitativen und des quantitativen Forschungsparadigmas und deren Voraussetzungen, Erkenntnisziele und -wege sowie Gütekriterien gesondert voneinander dargestellt. Neben den unterschiedlichen Entwicklungen der beiden Paradigmen werden auch die Gemeinsamkeiten vorgestellt und Verknüpfungsmöglichkeiten aufgezeigt. In den folgenden Abschnitten wird zunächst ein kurzer Überblick über die Forschungsparadigmen gegeben. Danach werden die Besonderheiten der qualitativen und quantitativen Forschung diskutiert und deren Zusammenwirken dargestellt. Anschließend beschäftige ich mich mit den Gütekriterien und dem Umgang mit ihnen in beiden Forschungsrichtungen.

3.1.4.1 Zwei Forschungsrichtungen

Ein wissenschaftliches Paradigma bezeichnet eine bestimmte wissenschaftliche Denkweise oder „Lehrmeinung" – die letzte Bezeichnung stammt von dem Wissenschaftstheoretiker Thomas Samuel Kuhn (2007) und ist die gebräuchlichste. Die empirische Sozialforschung entwickelte sich im Verlauf des 17. und 18. Jahrhunderts von eher unsystematischen Verfahrensweisen hin zu Methoden und Standards, so dass die beiden Paradigmen, das qualitative und das quantitative, für die empirische Forschung daraus hervorgingen (vgl. Seipel & Rieker, 2003). Seitdem ist die Entwicklung gekennzeichnet von zwei Strömungen: Zum einen besteht ein Bemühen um die Integration beider Forschungsrichtungen bzw. Paradigmen, zum anderen werden weitere Spezialisierungen und Abgrenzungen angestrebt (vgl. Kelle, 2008; Seipel & Rieker, 2003). Bekannte wissenschaftliche Forschungsmethoden wie zum Beispiel das Interview (→ Kap. 3.2.2), die Beobachtung (→ Kap. 3.2.1) oder die Inhaltsanalyse (→ Kap. 3.2.2) sind grundsätzlich sowohl als quantitatives als auch als qualitatives Verfahren möglich und können auch in einem integrativen Ansatz, einer multimethodischen Form, eingesetzt werden. Im → Kapitel 3.1.1 wurde dargelegt, dass eine Forschungsfrage die Festlegung normativer Begriffe, Konzepte und grundsätzlicher Annahmen bedingt. Eben diese spiegeln sich in dem jeweiligen Paradigma wider (→ Kap. 3.1.3).

Der qualitative Forschungsansatz

Unter der qualitativen Forschung werden unterschiedliche Konzepte und darauf basierende Methoden zusammengefasst. Einer qualitativen Untersuchung liegt ein spezifisches Verständnis zugrunde, so fokussiert sie auf die subjektive, unvergleichbare Sinnhaftigkeit, Deutung und Anschauung der erlebten Wirklichkeit der Probanden. Gegenstand qualitativer Untersuchungen ist das Subjekt und seine Lebenswelt, und aus dessen Perspektive versucht man zu verstehen, wie es seine Handlungen strukturiert und organisiert. Die qualitative Forschung ist ideografisch ausgerichtet, d.h., sie befasst sich mit der Analyse des Einzelfalls, wodurch umfassende Beschreibungen gewonnen werden. Die wissenschaftstheoretische Grundlage ist das *Interpretative Paradigma*: So wie ein Subjekt eine Situation einschätzt, so verhält es sich dieser gegenüber. Es gibt verschiedene soziologische Ansätze, in denen betont wird, dass das Subjekt eine je eigene Konstruktion und damit auch eine Deutung der jeweiligen Situation vornimmt (vgl. Arbeitsgruppe Bielefelder Soziologen, 1981): Das nach dem Soziologen William Isaac Thomas benannte Thomas-Theorem besagt dabei: „If men define situations as real, they are real in their consequences" (Thomas, 1928, S. 572). Die Deutung einer Situation wirkt wie eine reale Konsequenz, auch wenn andere Individuen die Situation anders beurteilen. Es existiert also nicht die eine, allen gleiche Realität, sondern Wirklichkeit wird durch eine Vielzahl subjektiver Deutungen geschaffen und ist folglich nicht auf andere übertragbar. Daher werden Daten im qualitativen Paradigma nicht nach objektiven Maßstäben beurteilt, sondern in einem umfassenden Bedeutungshorizont interpretiert.

Zum Beispiel interviewt eine Forscherin oder ein Forscher eine Schülerin, die als Schulverweigerin von Lehrerinnen und Lehrern eingeschätzt wird. Die Schülerin, die der Schule immer häufiger fern bleibt, berichtet u.a. von ihren zahlreichen Interessen und Freundschaften, die sie mit der Schulzeit nicht vereinbaren kann. Der Forscher oder die Forscherin weiß wenig über die Bedeutung des Begriffs Freundschaft, so wie ihn das Mädchen benutzt, und kann ihn daher nur deuten. Das heißt, Begriffe müssen hinsichtlich ihres subjektiven Bedeutungshorizontes hinterfragt werden.

Ein weiteres Merkmal für qualitative Forschungsansätze findet sich in den Zielen, neue Vermutungen zu einem bestehenden theoretischen Konzept zu entwickeln bzw. bereits bekannte Phänomene ausführlich zu beschreiben. Das bedarf einer Offenheit, die sich sowohl auf den Forschungsgegenstand als auch auf den Forschungsprozess und die verwendeten Methoden bezieht. Die Ausdrücke, die die Schulverweigerin im Interview gebraucht, können der Interviewerin durchaus bekannt sein. Um aber die Bedeutungszuweisungen der Schülerin zu verstehen, muss sich die interviewende Person auf die der Erzählung inhärenten Bedeutung einlassen. Es kann sein, dass die Schülerin hauptsächlich Freunde aus Online-Gemeinschaften und diese vielleicht noch nie gesehen oder getroffen hat. Eine solche Ansicht von Freundschaft kann sich durchaus von den Vorstellungen der interviewenden Person abgrenzen. Während der Erhebung sollte daher auf voreilige Interpretationen verzichtet werden. Lediglich offenes Herangehen an die Auswertung ermöglicht erst, die vielfältigen Möglichkeiten in der Vorstellungswelt von Subjekten festzuhalten, die während der Erhebung durch offene Fragen nicht in eine bestimmte Richtung gelenkt werden sollen. Die Datenerhebung ist folglich kaum standardisiert.

Ein weiteres Kennzeichen für die qualitative Forschung ist der häufige Bezug auf die Hermeneutik als wissenschaftstheoretischer Position. Es geht hier um das Verstehen, das abgegrenzt wird vom Erklären, wie es in der quantitativen Forschung erwartet wird. Daneben existiert die Auffassung, dass Wissenschaften beschreiben (Positivismus), erklären (Kritischer Rationalismus) oder verändern (Kritische Theorie) (vgl. Rook, Irle & Frey, zitiert nach Seipel &

Rieker, 2003). Eine Annäherung an die Abgrenzung des *Verstehens* zur wissenschaftlichen Zielsetzung des *Erklärens* gibt der Philosoph und Psychologe Wilhelm Dilthey (1894/1957): „Die Natur erklären wir, das Seelenleben verstehen wir" (S. 143). Die soziale Welt kann nach hermeneutischem Vorgehen bloß von ihrem Wesen her verstanden werden, d.h. aus der Sicht der Handelnden vor dem Hintergrund ihrer Gefühle, ihrer Einstellungen und Denkweisen. Dabei sollen deutungs- und handlungsgenerierende Strukturen rekonstruiert werden, wie ein Individuum etwa immer wieder die gleichen Handlungsabläufe inszeniert und begründet.

Die Interpretation von untersuchten Einzelfällen nähert sich ebenfalls einer subjektiven Konstruktion an, und zwar der des Forschers oder der Forscherin.

Im qualitativen Forschungsprozess gibt es keine zwingende Abfolge der einzelnen Untersuchungsphasen, er ist häufig zyklisch angelegt (→ Kap. 3.1.1). Dabei wechseln die Phasen der Datenerhebung und -auswertung einander ab, der Ablauf wiederholt sich und die anfangs gestellte Frage wird durch erste Ergebnisse modifiziert und erneut untersucht.

Der quantitative Forschungsansatz

In der quantitativen Forschungstradition besteht ein einheitliches methodologisches Grundverständnis, trotz verschiedener Ansätze, Erhebungsverfahren und Auswertungstechniken. Die quantitative Forschungsrichtung orientiert sich am nomothetischen Paradigma und abstrahiert von Einzelfällen, um allgemeingültige Aussagen zu treffen.

Im quantitativen Forschungsprozess wird die theoretisch hergeleitete Hypothesenüberprüfung (→ Kap. 3.1.1 und 3.2.3) fokussiert. Der hohe Standardisierungsgrad der Erhebungsmethoden ermöglicht die Durchführung mit repräsentativen Probandengrößen und die Gewinnung vergleichbarer Daten.[29] In der Datenanalyse werden hauptsächlich statistische Verfahren angewendet. Der Forschungsprozess verläuft meist linear – im Gegensatz zum zirkulären Verfahren, wobei einzelne Untersuchungsphasen deutlich voneinander unterschieden werden: Datenerhebung und -auswertung. Innerhalb dieser wissenschaftstheoretischen Position ist die zentrale Zielsetzung das *Erklären*. Die wissenschaftliche *Erklärung* wendet „[...] explizite Regeln sowie spezialisiertes und systematisches Wissen an" (Seipel & Rieker, 2003, S. 41). Ein Ereignis wird wissenschaftlich erklärt, wenn ein Satz, der dieses Ereignis beschreibt, aus einem Gesetz und einer Randbedingung logisch abgeleitet wird (vgl. Popper, 2005; Seipel & Rieker, 2003, S.

---

29 Auch in der qualitativen Forschung ist man um vergleichbare Daten bemüht, indem man beispielsweise teilstandardisierte Erhebungsmethoden verwendet, um zu bestimmten Forschungsinteressen Aussagen zu erhalten. Jedoch ist die Vergleichbarkeit der Daten nicht in der gleichen Weise gegeben wie in der quantitativen Forschung.

42; Breuer, 2009, S. 43). Als wissenschaftstheoretischer Bezugsrahmen wird in der quantitativen Forschung häufig der Kritische Rationalismus genannt, demzufolge hinter jedem Phänomen eine objektive Wahrheit existiert, die zwar mit empirischen Methoden nicht gänzlich zu erfassen ist, der man sich jedoch annähern kann (vgl. Popper, 2005). Es wird zudem angenommen, dass naturwissenschaftliche Gesetzmäßigkeiten die Phänomene dirigieren. Diese Regeln und Gesetze können erforscht und erfasst werden (vgl. Seipel & Rieker, 2003). Dabei geht jede wissenschaftliche Disziplin immer mit dem gleichen logischen Schlussverfahren, der deduktiv-nomologischen Erklärung, vor. Es geht um die Frage, warum und nach welchen Regeln und Gesetzen ein bestimmtes Phänomen auftritt. Der Kritische Rationalismus versteht darüber hinaus Wissen als fehlbar und erhebt die Forderung, es weiterzuentwickeln. Daher müssen (vorläufige) empirische Ergebnisse einer besonderen Kritik unterzogen werden – dem Falsifikationismus, der eine Hypothese nur als widerlegbar akzeptiert, jedoch nicht als verifizierbar. Theorien können sich der Wahrheit nur annähern, sie aber nicht belegen (vgl. Popper, 2005).

Zwischenfazit

Die oben skizzierten Forschungsansätze zeichnen sich durch bestimmte Merkmale aus. Merkmale des einen Paradigmas können in das andere übernommen werden. So kann ein quantitativer Forschungsansatz durchaus in der Erhebung offene Phasen beinhalten, indem z.B. keine Antwortmöglichkeiten vorgegeben werden, sondern der Proband oder die Probandin mit eigenen Worten antworten kann. Diese Offenheit als eigentliches Merkmal qualitativer Forschung könnte in eine quantitative Untersuchung integriert werden. Multimethodische Forschungsansätze sind im Forschungsalltag üblich. Eine Gegenüberstellung verdeutlicht das jeweils Charakteristische der qualitativen und quantitativen Forschung (Tabelle 1).

Tabelle 1: Vergleich qualitativer mit quantitativer Forschung

Qualitative Forschung	**Quantitative Forschung**
Verstehen	Erklären
Nähe zur Alltagswelt	Ferne zur Alltagswelt
Qualitative Relationen	Numerische Relationen
Induktion	Deduktion
Kleine Stichprobe (Einzelfall-Orientierung)	Große Stichprobe
Ideografisches Paradigma	Nomothetisches Paradigma
Zirkulärer Ablauf (flexibel)	Linearer Ablauf (fixiert)
(Über-)Prüfung bestehender theoretischer Konzepte	Generierung neuer theoretischer Konzepte
Geringer Standardisierungsgrad	Hoher Standardisierungsgrad

Die Vereinbarkeit der beiden Verfahren ist vor allem deshalb bedeutend, weil man auf eine Fragestellung eine angemessene Antwort finden möchte. In Abhängigkeit von der Fragestellung, vom Forschungsgegenstand, von der Zielsetzung der Forschung und dem Stand der Theoriebildung sind der methodische Ansatz und die Verfahren zu wählen. Für eine Kombination der beiden Ansätze sind nach Christian Seipel und Peter Rieker (2003, S. 214–225) das Erkenntnisinteresse, der Forschungsablauf und die Forschungsmethoden bedeutsam. Das zirkuläre Forschungsvorgehen eignet sich beispielsweise, wenn interpretative Auswertungsschritte wiederholt angewendet werden, um neue Aspekte eines Phänomens aufzudecken. Eine linear angelegte Untersuchung hingegen kann auch qualitativ durchgeführt werden.

Die vielfältigen Methoden innerhalb der Sozialforschung (→ Kap. 3.2.1–3.2.6) sollten ebenfalls betreffend ihres Einsatzes für das jeweilige Forschungsanliegen ausgewählt werden. Das Interview als Datenerhebungsmethode innerhalb einer qualitativ angelegten Untersuchung kann durch einen Leitfaden teilstandardisiert sein, um für alle Erkenntnisinteressen der bzw. des Forschenden vergleichbares Datenmaterial zu erhalten. Will man von allen Übergängen in der Schullaufbahn erfahren, so müssen diese, wenn nicht von der untersuchten Person selbst angesprochen, im Interview erfragt werden. Hierfür kann die oder der Interviewende einen halbstandardisierten Leitfaden (→ Kap. 3.2.2) verwenden, um sicherzustellen, bei der Erhebung für sie oder ihn relevante Forschungsinteressen anzusprechen. Es können ebenfalls quantifizierende Methoden in eine qualitativ angelegte Datenauswertung integriert werden. So können ergänzend zur qualitativen Inhaltsanalyse entwickelte Kategorien nach ihrer Häufigkeit im Material ausgezählt werden. Umgekehrt können qualitative Methoden in eine quantitativ angelegte Forschung integriert werden, indem bei der Datenerhebung offene und standardisierte Methoden verwendet werden.

Beispielsweise kann mittels standardisierter Beobachtung das Verhalten von Schülerinnen und Schülern einer Klasse beobachtet werden. Anschließend kann die oder der Forschende offene Fragen zu ausgewählten Sachverhalten aus der vorangegangenen Erhebungsphase schriftlich von ihnen beantworten lassen.

Innerhalb der sozialwissenschaftlichen Forschung gibt es verschiedene Versuche der Kombination von qualitativen und quantitativen Methoden. Seipel und Rieker (vgl. 2003, S. 237) systematisieren die Methodenkombination in vier Typen: Innerhalb eines Zeitraums können sie nebeneinander angewendet werden (Typ 1) oder aufeinander bezogen sein (Typ 2). Ebenso können sie nacheinander in unterschiedlicher Abfolge – erst qualitativ, danach quantitativ (Typ 3) oder erst quantitativ und dann qualitativ (Typ 4) – eingesetzt werden. Der erste Typ setzt qualitative und quantitative Methoden nebeneinander ein, weshalb die gegenseitige Bezugnahme nicht zwingend erforderlich ist. Ein Beispiel für den ersten Typ der Methodenkombination besteht darin, die Forschungsfrage mit qualitativen und quantitativen Instrumenten zu beantworten. So können Interviews mit Fragebogenerhebungen gemeinsam durchgeführt werden.

Wenn die Methoden entsprechend dem zweiten Typ miteinander kombiniert werden, bedarf dies einer stärkeren gegenseitigen Bezugnahme als beim ersten Typ. Es gibt zahlreiche Studien, die eine solche Methodenkombination einsetzen (vgl. Seipel & Rieker, 2003). Ein bekanntes Beispiel ist die Marienthal-Studie (vgl. Jahoda, Lazarsfeld & Zeisel, 1975), bei der für die Untersuchung über die Folgen von Arbeitslosigkeit qualitative und quantitative Methoden integriert wurden. Das hauptsächlich qualitativ gewonnene Datenmaterial in dieser Studie wurde sowohl quantifizierend als auch interpretativ ausgewertet (→ Kap. 3.2.1). Die Typen 3 und 4 der Methodenkombination sind Phasenmodelle, da hier qualitative und quantitative Methoden nacheinander eingesetzt werden. Der Typ 3 setzt in der ersten Phase qualitative Methoden für die Erhebung ein, wodurch relevante Themen für die Untersuchung identifiziert werden und somit die nachfolgenden quantitativen Erhebungsinstrumente entwickelt werden können. In der zweiten Phase dieses Typs werden dann die theoretischen Konzepte durch quantitative Methoden überprüft. Dieser Typ kombiniert vor allem nach den möglichen Ausrichtungen der jeweiligen methodischen Ansätze, nämlich den explorativen Charakter (→ Kap. 3.1.3) qualitativer Methoden mit dem hypothesenprüfenden Charakter (→ Kap. 3.1.1) quantitativer Methoden. Eine weitere Methodenkombination stellt ein anderes Phasenmodell, der vierte Typ, dar. Hierbei werden Daten mit quantitativen Methoden erhoben und ausgewertet (Phase 1). Anschließend können die so gewonnenen Ergebnisse mittels qualitativer Verfahren spezifiziert werden (Phase 2). So können Daten durch Fragebögen erhoben und skaliert ausgewertet werden (→ Kap. 3.2.3). Hierbei bilden sich besondere Fälle, die bezüglich ihrer Merkmale deutlich unterscheidbar sind. In einer anschließenden qualitativen Untersuchung mit Interviews könnten von der Gruppe der ersten, quantitativen Erhebung diejenigen Personen teilnehmen, die zu einer dieser besonderen Gruppen gehören. Dadurch verkleinert sich die Stichprobe. Interessant wäre es nun, in den Interviews Beschreibungen über bestimmte herausgefilterte Phänomene oder thematische Bereiche zu erheben, die Gründe für die Ergebnisse der ersten Untersuchungsphase liefern.

Für die Kombination von qualitativen und quantitativen Methoden ist es wichtig, bereits während der Untersuchungsplanung die Voraussetzungen und methodologischen Begriffe und Konzepte offenzulegen, die auch innerhalb einer Forschungstradition unterschiedlich verwendet werden. Ebenso sollten im Vorfeld der Untersuchung sowohl die jeweiligen Stärken als auch die Schwächen der Paradigmen bewusst sein. Nur durch umfassende Vorbereitungen und in Abhängigkeit von der Forschungsfrage kann entschieden werden (→ Kap. 3.1.1), ob qualitativ oder quantitativ vorgegangen werden soll oder ob eine Methodenkombination erforderlich ist.

3.1.4.2 Verfahren zur Erkenntnisgewinnung

Nachdem die Grundannahmen beider Positionen kurz dargelegt wurden, werden nachfolgend die Erkenntniswege der qualitativen und quantitativen Forschung vorgestellt. Neben der Induktion wird die Deduktion als Verfahren zur Gewinnung wissenschaftlicher Erkenntnisse beschrieben.

Induktion

Die Induktion lässt sich dem qualitativen Paradigma zuordnen, was jedoch einer Zuordnung zu quantitativen Untersuchungen nicht grundsätzlich entgegensteht. Erkenntnisgewinn mittels Induktion geht vom Einzelfall aus und bezieht die dort erworbenen Erfahrungen auf andere Fälle, d.h., er formuliert daraus eine Theorie.

> Der induktiv-empiristische Erkenntnisweg leitet durch Verallgemeinerungen wiederholt beobachtbarer Erfahrungstatsachen zu einer umfassenden Theorie hin.
> (Eberhard, 1999, S. 32)

Beispielsweise werden drei Schulverweigerinnen interviewt und eine Schulverweigerin beschreibt, wie sie in der Schule gemobbt wird. Aus der Erfahrungswelt dieser drei Individuen kann nun die Hypothese abgeleitet werden, dass das Mobbing eine Bedingung für die Schulverweigerung darstellt. Diese Bedingung, das Mobbing, kann als (vorläufige) Theorie formuliert werden.

Dieses Beispiel kann durch einen Syllogismus[30] überschaubar und einfach gestaltet werden.

Drei Schülerinnen sind Schulverweigerinnen.
Diese drei Schülerinnen werden in der Schule gemobbt.

Alle Schulverweigerer werden in der Schule gemobbt.

Die induktive Schlussfolgerung bedarf bestimmter Voraussetzungen bzw. Prämissen. Aus diesen Prämissen erfolgt eine Konklusion (Theorie, Hypothese oder Gesetz), dass diese Eigenschaft alle Elemente der Gesamtklasse besitzen. Nachfolgend wird die induktive Verallgemeinerung vom obigen Beispiel in die Prämissen des Schlusses zerteilt:

---

30 Syllogismen sind logische Schlussverfahren, die zwei Prämissen (Voraussetzungen) und eine Konklusion (Schlussfolgerung) enthalten. Nach diesem Muster sind alle Syllogismen aufgebaut.

Konklusion:	Ich beobachte drei Schulverweigerinnen und all diese werden in der Schule gemobbt.
Gesamtklasse:	Schulverweigerinnen
Teilklasse:	Ich beobachte drei Schulverweigerinnen.
Gleiche Eigenschaft:	werden in der Schule gemobbt

Die Konklusion ist in diesem Beispiel wahr. Aus den Prämissen wird geschlossen, dass alle Elemente der Gesamtklasse (Schulverweigerinnen) diese Eigenschaft (werden in der Schule gemobbt) besitzen: Alle Schulverweigerinnen werden in der Schule gemobbt. Induktionen sind aber nicht zwingend und logisch notwendig, wie ein weiteres Beispiel belegt: „Ich kann nicht Autofahren und ich bin eine Frau.“ Die induktive Schlussfolgerung, „Alle Frauen können nicht Autofahren“, ist trotz wahrer Prämissen widerlegt, da es viele Frauen gibt, die Autofahren können.

Daher kann man nicht logisch zwingend aus der Beobachtung eines Falls oder einiger Fälle auf alle Fälle schließen (vgl. Ritsert, 2003, S. 98).

Innerhalb der Wissenschaftstheorie existieren verschiedene Methoden zur induktiven Erkenntnisgewinnung. John Stuart Mill (vgl. 1981) versteht induktives Schließen als methodisches Fundament allen Wissens: Diese Position Mills, auch als Allinduktionismus bezeichnet, wurde heftig kritisiert. Dennoch gilt Mill bis heute als einer der Hauptvertreter empirisch orientierten Denkens. Nach Mill basieren alle unsere Folgerungen auf Erfahrung und Induktion. Nachfolgend werden zwei von ihm formulierte Forschungsmethoden vorgestellt – die Möglichkeit der Analyse von Kausalzusammenhängen durch *Übereinstimmung* und durch *Unterschied*. Diese Grundregel geht davon aus,

> [...] dass bei einem kausalen Prozess eine Veränderung jener Variablenkombination, die die Ursache repräsentiert, eine Veränderung jener Variablen, die die Wirkung beschreiben sollen, zur Folge hat.
>
> (Mill, 1843/1973, S. 430, zitiert nach Kelle, 2008, S. 165)

Bei der Methode der Übereinstimmung werden Fälle, in denen ein Phänomen auftritt, miteinander verglichen. Die Bedingungen, die in den verschiedenen Fällen vorhanden sind, stellen notwendige Bedingungen für das Auftreten des Phänomens dar: „Wenn alle Fälle, in denen das untersuchte Phänomen auftritt, nur einen Umstand gemeinsam haben, so ist dieser Umstand eine Ursache (oder Wirkung) des Phänomens“ (Mill, 1981, S. 224). Die Methode der Differenz als weitere Forschungsmethode zielt auf einen Fallvergleich ab, in denen das Phänomen auftritt bzw. nicht auftritt. Die Bedingungen, die beim Auftreten des Phänomens vorhanden sind, und die Bedingungen, die beim Nichtauftreten des Phänomens fehlen, werden als hinreichende Bedingungen für das Phänomen betrachtet (vgl. Kelle, 2008, S. 165). Die Methode des Unterschieds kann nur durch experimentelle Forschung angewandt werden. Mill empfiehlt der nicht-experimentellen Forschung, die beiden genannten Methoden zu kombinieren, wobei hier darauf verwiesen wird, dass dies zu drastischen Fehleinschätzungen kausaler Zusammenhänge führen kann (vgl. Kelle, 2008, S. 166).

Deduktion

Der Erkenntnistheoretiker und Philosoph Karl Popper kritisierte das Induktionsprinzip mit der Aussage: „Bekanntlich berechtigen uns noch so viele Beobachtungen von weißen Schwänen nicht zu dem Satz, dass alle Schwäne weiß sind" (Popper, 2005, S. 3). Viele Einzelbeobachtungen erlauben demnach keine Verallgemeinerung. Die Kritik Poppers am Induktionsprinzip ist Ausgangspunkt des bereits erwähnten Falsifikationismus, einer Wissenschaftstheorie des Kritischen Rationalismus. Der Falsifikationismus verdeutlicht die Grenzen der empirischen Forschung. Ein logisches Schließen gilt nach Popper beim Induktionsprinzip nicht. Logisches Schließen bedeutet, dass aus vorgegebenen Prämissen sich zwingend eine Konklusion, also Schlussfolgerung ergibt. Popper begründet, dass allgemeine Regeln nicht aus Einzelfällen abgeleitet werden können, wie es nach dem Induktionsprinzip erfolgt. Eine allgemeine Regel oder Gesetzmäßigkeit kann nicht verifiziert, also bewiesen werden, indem man sich auf Einzelfälle bezieht. Schließlich muss nach Popper eine Gesetzmäßigkeit nicht bewiesen, sondern falsifiziert (widerlegt) werden. Wir müssen also davon ausgehen, nie zu erfahren, ob es sicheres Wissen gibt, weshalb auch nicht von Wahrheit bzw. „wahr" gesprochen werden kann. Alle empirisch begründeten Gesetzmäßigkeiten oder Theorien müssen sich durch ständige Überprüfungen bewähren. Die Theorie der weißen Schwäne ist also solange bewährt, bis sie durch einen andersfarbigen Schwan widerlegt wird. Ziel der Wissenschaft ist für Popper immer die Weiterentwicklung einer Theorie, wenn vereinzelte Aspekte nicht bewährt sind. Nach ihm kann nur durch eine permanente Fehlerkorrektur eine Annäherung an die Wahrheit erfolgen. Kritisch an Poppers Verständnis von Wissenschaftstheorie ist die Implikation, dass die Menge an Theorien begrenzt ist.

Wie eben dargestellt wurde, können wissenschaftliche Wahrheitsfindungen nach Popper lediglich durch deduktive Schlüsse erfolgen. Das in der Wissenschaftslehre entsprechende deduktiv-nomologische Modell der Erklärung (D/N-Erklärung) wurde von Carl-Gustav Hempel und Paul Oppenheim (vgl. Hempel & Oppenheim, 1948, reproduziert in Hempel, 1977) ausgearbeitet und besteht aus einem durch deduktives Schließen zu erklärenden Satz (Explanandum) und einer Erklärung (Explanans). Das auch als Hempel-Oppenheim-Schema (HO-Schema) bekannte logische Modell kann entsprechend dargestellt werden:

Explanans (Antecedens; Ursache; Fall)	Gesetz Randbedingung
Explanandum (Resultat)	Erklärung, Phänomen

Das Explanans besteht aus (mindestens) einem Gesetz und (mindestens) einer Randbedingung. Durch einen Deduktionsschluss wird ein Explanandum mit einem Explanans verbunden – aus einer logischen Abfolge von Aussagen (Gesetz und Bedingung) wird ein Phänomen erklärt. Hierbei werden keine weiteren Informationen generiert, sondern eine einzelne Beobachtung oder ein Fall wird unter ein allgemeines Gesetz subsumiert (vgl. Seipel & Rieker, 2003, S. 42), weswegen es auch als *Subsumtionsmodell* bezeichnet wird. An einem Beispiel wird ein deduktives Schließen verdeutlicht:

Alle Jugendlichen sorgen sich um die Umwelt.
Jugendliche sind zwischen 14 und 21 Jahren alt.

Der 14-jährige Peter sorgt sich um die Umwelt.

Ausgangspunkt ist bei der D/N-Erklärung das zu erklärende Phänomen, das Explanandum („Peter sorgt sich um die Umwelt"). Sodann wird nach Gesetzen („Alle Jugendlichen sorgen sich um die Umwelt") und Randbedingungen („Peter ist 14 Jahre alt") gesucht, die notwendig sind, um das Resultat zu erklären.

Die Deduktion ist der Gegenbegriff zur Induktion und wird dem quantitativen Paradigma zugeordnet. „Der deduktiv-dogmatische Erkenntnisweg geht von der Richtigkeit einer bestimmten umfassenden Theorie [...] aus und reagiert [...] mit Antworten, die von jener Theorie [...] logisch abgeleitet werden" (Eberhard, 1999, S. 29).

Eine Gegenüberstellung von Induktion und Deduktion nach der Form der Syllogistik hebt das Verhältnis von Einzelnem und Allgemeinem bei deduktiven und induktiven Schlüssen deutlich hervor:

Alle Frauen können nicht Auto fahren.
Ich kann nicht Auto fahren.
Ich bin eine Frau.

Ich kann nicht Auto fahren (Deduktion).
Alle Frauen können nicht Auto fahren (Induktion).

Aus der allgemeinen Aussage und dem vorliegenden Fall wird deduziert, dass die Gesetzmäßigkeit in diesem Einzelfall gilt. Bei der Induktion wird eine Beobachtung als Fall betrachtet und eine allgemeine Aussage abgeleitet. In beiden Argumenten folgt eine wahre Konklusion.

In gültigen Deduktionen wird von den Prämissen auf die Konklusion geschlossen. Bei der Gültigkeit von Deduktionen kommt es nicht auf die tatsächliche Wahrheit an, auch eine Deduktion mit nicht bewährten Prämissen und nicht bewährten Konklusionen ist gültig. Als Eigenschaften gültiger Deduktionen lässt sich einerseits beschreiben, dass wahre Prämissen zu einer wahren Konklusion führen und einer nicht bewährten Konklusion mindestens eine nicht bewährte Prämisse vorausgeht. Wie beschrieben, ist eine Grundannahme des Kritischen Rationalismus, dass eine reale Welt unabhängig vom erkennenden Subjekt existiert (vgl. Seipel & Rieker, 2003, S. 43), in der Ereignisse nach gleichbleibenden Regeln oder Gesetzmäßigkeiten ablaufen, die es zu erklären gilt. Hierbei unterscheidet der Kritische Rationalismus bezüglich des Erkenntnisweges nicht zwischen Natur- und Sozialwissenschaften. Ein Gesetz in einem HO-Schema ist deterministisch, besitzt also uneingeschränkte Gültigkeit für alle Fälle. Diese wissenschaftstheoretische Position ist innerhalb der Sozialwissenschaften kaum erfüllbar (Diekmann, 2009, S. 170), da (noch) keine unbegrenzt gültigen Gesetze mit Raum-Zeit-Bezug bekannt sind. Dieses Problem verdeutlicht das Beispiel mit dem deduktiven Schluss „Ich kann nicht Auto fahren." Danach könnte dieser Deduktionsschluss auf jede Frau übertragen werden. Sicher kennen Sie viele Frauen, die sehr gut Auto fahren können. In der Forschungspraxis werden daher probabilistische Erklärungen, (d.h., Erklärungen gelten nur mit einer bestimmten Wahrscheinlichkeit), oder auch induktiv-statistische Erklärungen angewandt (vgl. Diekmann, 2009; Seipel & Rieker, 2003). Diese enthalten die gleichen Komponenten wie deduktiv-nomologische Erklärungen, jedoch mit nicht-deterministischen Gesetzen, d.h., sie gelten nicht für alle Fälle. Dafür werden weit kompliziertere Modelle mit eingeschränktem Gültigkeitsbereich angenommen (vgl. Schurz, 2008), als sie hier vereinfacht dargestellt werden. Folglich müsste die oben vorgenommene deduktiv-nomologische Erklärung, in eine induktiv-statistische Erklärung umgewandelt werden:

Mit hoher Wahrscheinlichkeit gilt: Alle Jugendlichen sorgen sich um die Umwelt.
Jugendliche sind zwischen 14 und 21 Jahren alt.

Der 14-jährige Peter sorgt sich mit hoher Wahrscheinlichkeit um die Umwelt.

Die induktiv-statistische Erklärung als Lösung für das Problem deterministischer Gesetze in sozialwissenschaftlichen D/N-Erklärungen ist in der Literatur umstritten, weil das zu Erklärende (Explanandum) nicht mehr logisch ableitbar ist und die Erklärung nur wahrscheinlich ist (vgl. Schnell, Hill & Esser, 2008; Seipel & Rieker, 2003).

Zwischenfazit

Das Verhältnis von Theorie, Empirie, Induktion und Deduktion kann schematisch vereinfacht dargestellt werden. Der Theorie-Empirie-Zirkel (s. Abbildung 1) zeigt induktives und deduktives Schlussfolgern und deren Verhältnis zum Allgemeinen (Theorie) und Besonderen (Empirie).

Abbildung 1: Theorie-Empirie-Zirkel

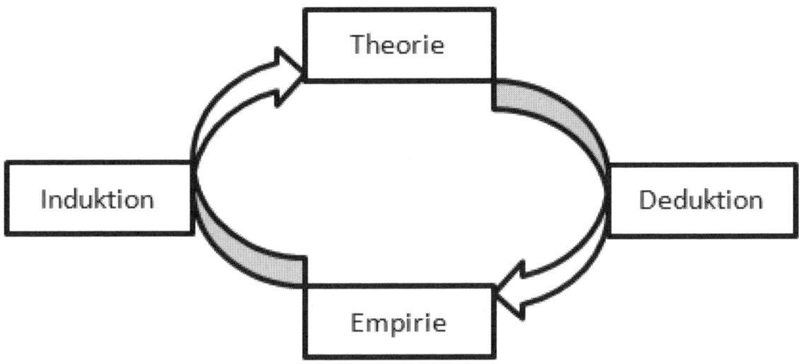

Der Zyklus beginnt und endet bei der Theorie: „Eine Hypothese ist bei induktiver Vorgehensweise das Resultat und bei deduktiver Vorgehensweise der Ausgangspunkt einer empirischen Untersuchung“ (Bortz & Döring, 2002, S. 35). Anhand dieses Zirkels lassen sich prototypische qualitative und quantitative Forschungsprozesse unterscheiden. Enthält die Theorie beispielsweise nur wenige Aussagen und bedarf weiterer Ausdifferenzierungen, ist das Ziel des Forschungsprozesses, weitere Theorieelemente bzw. inhaltliche Ausdifferenzierungen der Theorie zu generieren. Eine solche Situation verweist auf die Notwendigkeit qualitativ ausgerichteter Forschungsmethoden. Dagegen sind quantitativ ausgerichtete Forschungsmethoden ratsam, wenn die empirische Gültigkeit einer Theorie unzureichend ist. Die Erhöhung dieser empirischen Gültigkeit ist das Ziel dieses Forschungsprozesses.

3.1.4.3 Gütekriterien in der quantitativen und qualitativen Sozialforschung

Für die Bewertung der Güte, Geltung und Wissenschaftlichkeit von qualitativer und quantitativer Forschung bedarf es verschiedener Kriterien. Gütekriterien ermöglichen, eine vorliegende Untersuchung nach Fehlern und damit letztlich nach ihrer Qualität zu analysieren und zu beurteilen.

Jeder hat sicherlich schon einmal an einer Befragung oder an einem Interview teilgenommen. Bei solchen Erhebungen kann es durchaus vorkommen, dass der oder die Interviewende sich nicht immer an die Fakten hält oder bestimmte Ereignisse beschönigt. Auch kann es sein, dass man die Frage(n) aufgrund unbekannter Begriffe oder ungewohnter Formulierungen nicht richtig versteht. Manchmal kann beim Lesen des Forschungsberichts einer Untersuchung nicht nachvollzogen werden, wie die erhobenen Daten ausgewertet wurden und warum nur wenige und nicht mehrere Personen interviewt wurden. Grundsätzlich ist das in qualitativen Designs nicht falsch, aber es muss für die Leserin oder den Leser nachvollziehbar sein, wie das Design aufgebaut ist. Die Liste möglicher Fehlerquellen bei Untersuchungen lässt sich beliebig fortführen. Fehler können im gesamten Forschungsprozess auftreten. Um wissenschaftliche Untersuchungen bewerten zu können, bedarf es daher fester Bedingungen und Regeln.

In der qualitativen Forschung werden nicht die gleichen Regeln verwendet wie in der quantitativen. Innerhalb der quantitativen Forschung sind die klassischen Gütekriterien Objektivität, Reliabilität (Zuverlässigkeit) und Validität (Genauigkeit) etabliert. In der qualitativen Forschung gibt es unterschiedliche Ansichten über die allgemein akzeptierten Gütekriterien, aber auch Kritik daran, ob sie überhaupt angewendet werden sollen. Nachfolgend werden die Argumente für und gegen Gütekriterien in der quantitativen und qualitativen Forschung dargestellt.

Gütekriterien in der quantitativen Forschung

In der quantitativen Forschung werden einheitliche Kriterien angewendet, die danach fragen, wie objektiv, wie reliabel und wie valide eine wissenschaftliche Untersuchung ist.

Die (1) *Objektivität* ist dann gegeben, wenn die Untersuchungsergebnisse unabhängig von der untersuchenden Person sind. Durch ein hohes Maß an Standardisierung der Messinstrumente und eine genaue Anweisung zur Untersuchungsdurchführung kann subjektive Beliebigkeit im Einsatz von Untersuchungsinstrumenten und der Auswertung von erhobenen Daten weitgehend vermieden werden.

Die Objektivität wird differenziert in drei weitere Teilbereiche: (a) Die Durchführungsobjektivität zielt auf die Konstanz in den Untersuchungsbedingungen und ist dann garantiert, wenn etwa alle einen Test unter den gleichen Bedingungen, beispielsweise durch zuvor festgelegte, zugelassene Hilfsmittel, bearbeiten. (b) Auswertungsobjektivität ist gegeben, wenn das Ergebnis unabhängig von der Person ist, die einen Test auswertet. Dies gelingt vor allem durch zuvor festgelegte Kriterien. (c) Die Interpretationsobjektivität zielt darauf, dieselbe Leistung in gleicher Weise zu interpretieren, beispielsweise dadurch, dass ein Test mit einer festgelegten Fehlerfrequenz einer bestimmten Note zugeteilt wird.

(2) *Reliabilität* liegt vor, wenn bei wiederholter Untersuchung dasselbe Ergebnis erzielt wird. Die Messung der Genauigkeit eines Instruments kann durch das Test-Retest-Verfahren oder dem Paralleltest erfolgen (vgl. Amelang & Zie-

linski, 2002). Beim Test-Retest-Verfahren wird dasselbe Messinstrument für das gleiche Objekt nach einem gewissen Zeitintervall wiederholt. Die Schätzung der Reliabilität ergibt sich aus der Korrelation zwischen beiden Messungen (vgl. Seipel & Rieker, 2003). Das Wiedererkennen von Aufgaben kann zu Verzerrungen führen, weshalb das Verfahren ausschließlich eingeschränkt nutzbar ist. Ferner ist diese Testmethode nur dann anwendbar, wenn Lernzuwächse ausgeschlossen sind. Bei dem Paralleltest wird ein vergleichbares Messinstrument angewendet, beispielsweise A- und B-Tests mit gleichen Anforderungen. Die Tests müssen zu vergleichbaren Ergebnissen führen (→ Kap. 3.2.6).

(3) *Validität* eines Messinstruments liegt vor, wenn der Test das misst, was er zu messen angibt (vgl. Amelang & Zielinski, 2002). Ein Test im Fach Deutsch muss die Lehrziele, die im Lehrplan vorgeschrieben sind, abfragen (curriculare Validität). Selbstverständlich müssen die Lerninhalte des Tests zuvor im Unterricht erarbeitet worden sein. Hingegen ist der Test nicht valide, wenn für die Textanalyse historische Kenntnisse gefordert werden, die im Deutschunterricht nicht behandelt wurden.

Die Validität setzt voraus, dass die Messung objektiv und zuverlässig ist; reliabel ist die Messung nur, wenn sie objektiv ist. Die Gütekriterien stehen also in einem hierarchischen Verhältnis zueinander.

Gütekriterien in der qualitativen Forschung

In der qualitativen Forschung findet man eine größere Anzahl von Gütekriterien als in der quantitativen Forschung. In Anlehnung an Ines Steinke (vgl. 2000, S. 319) können drei Grundpositionen für den Umgang mit den Gütekriterien zusammengefasst werden: (1) Ablehnung von Gütekriterien, (2) Verwendung von quantitativen Kriterien für die qualitative Forschung durch Anpassung und Reformulierung sowie (3) die Entwicklung eigener Kriterien für die qualitative Forschung. Die unterschiedlichen Standpunkte und Ansichten bezüglich der Verwendung von Gütekriterien in der qualitativen Forschung sind hauptsächlich in den vielfältigen Forschungsmethoden und der geringen Standardisierbarkeit begründet (vgl. Seipel & Rieker, 2003, S. 128; Steinke, 2000, S. 322).

Ad (1) Ablehnung von Gütekriterien

In der ersten Position wird die Anwendung von Gütekriterien abgelehnt. Die Begründungen dafür sind verschieden. Für die Akzeptanz der qualitativen Forschung innerhalb der empirischen Wissenschaft ist eine Ablehnung von Kriterien problematisch, da Forschungsprozesse schwer nachvollziehbar werden, Forschungsergebnisse unverständlich bleiben und insgesamt die Forschung einer Beliebigkeit unterliegt (vgl. Steinke, 2000, S. 319). Daher sind wohl die meisten Forscherinnen und Forscher davon überzeugt, dass Gütekriterien für die qualitative Forschung notwendig sind.

Ad (2) Verwendung von quantitativen Kriterien für die qualitative Forschung durch Anpassung und Reformulierung

Die zweite Position überträgt die Kriterien der quantitativen Forschung (Objektivität, Reliabilität und Validität) auf die qualitative Forschung, um Beurteilungskriterien für beide Forschungsparadigmen zu vereinheitlichen (vgl. Steinke, 2000, S. 319f.). Um diese Kriterien in der qualitativen Forschung anwenden zu können, werden die drei Gütekriterien reformuliert und angepasst. In der Literatur existieren verschiedene Übertragungen auf die qualitative Forschung (vgl. u.a. Lincoln & Guba, 1985; Miles & Hubermann, 1994). Yvonna S. Lincoln und Egon G. Guba reformulierten vier Gütekriterien, die sich auf qualitative Forschungsergebnisse anwenden lassen (vgl. Lincoln & Guba, 1985). Ein Kriterium ist beispielsweise die Transferability, die aus der Validität abgeleitet wurde und die die Übertragbarkeit von Untersuchungsergebnissen beinhaltet. Die Ergebnisse einer Untersuchung sind demnach vom Kontext abhängig. In einem anderen Zusammenhang kommt es zu anderen Ergebnissen. Das Gütekriterium der Transferability ist u.a. angepasst, indem die Situation der Erhebung und die Auswertung genau beschrieben werden. So kann die Leserin oder der Leser der Untersuchung entscheiden, inwieweit die Ergebnisse auf einen anderen Kontext angewendet werden können. Mit der Reformulierung der klassischen Gütekriterien gehen grundsätzliche Unvereinbarkeiten bezüglich der Vorgehensweise, dem Erkenntnisziel und der Generalisierungsabsicht qualitativer Forschung einher. Steinke (2000) schreibt dazu: „Quantitative Kriterien können insbesondere aufgrund der vergleichsweise geringen Formalisierbarkeit und Standardisierbarkeit qualitativer Forschung nicht unmittelbar auf diese übertragen werden“ (S. 322).

Ad (3) Entwicklung eigener Kriterien für die qualitative Forschung

Eine dritte Position hält die Überprüfung der Güte qualitativer Forschung für notwendig, lehnt aber die Reformulierung quantitativer Gütekriterien ab und formuliert eigene für die qualitative Forschung. Derzeit finden sich innerhalb dieser Position keine allgemein anerkannten Qualitätskriterien für die qualitative Forschung (vgl. Seipel & Rieker, 2003, S. 131). Philipp Mayring (2002, 2010) formulierte eigene Gütekriterien für die qualitative Inhaltsanalyse, ein Verfahren zur Analyse von Datenmaterial. Juliet Corbin und Anselm Strauss (vgl. 1990) formulieren für die Grounded Theory ein Konzept mit besonderen Gütekriterien. Die *Grounded Theory* ist eine Methode zur Generierung einer Theorie durch ein theoretisches Sampling, also ein „[…] Prozess der Datensammlung, währenddessen der Forscher seine Daten parallel erhebt, kodiert und analysiert sowie darüber entscheidet, welche Daten als nächste erhoben werden sollen und wo sie zu finden sind“ (Glaser & Strauss, 1998, S. 58). Aufgrund der wissenschafts- und erkenntnistheoretischen Besonderheiten des qualitativen Forschungsparadigmas schlägt Steinke einen (1) Kernkriterienkatalog vor, der (2) operationalisierbar (angepasst) ist und (3) flexibel auf das jeweilige Forschungsfeld und den Gegenstand der Untersuchung übertragen werden kann. Der Katalog umfasst folgende sieben Kriterien:

- intersubjektive Nachvollziehbarkeit,
- Indikation,
- empirische Verankerung,
- Limitation,
- Kohärenz,
- Relevanz,
- reflektierte Subjektivität.

Diese Kernkriterien müssen dann für die jeweilige Untersuchung konkretisiert und modifiziert werden (vgl. Steinke, 2000, S. 323). In der qualitativen Forschung ist aufgrund der geringen Standardisierung eine Überprüfbarkeit durch Replikation (erneute Überprüfung) unmöglich (vgl. Steinke, 2000, S. 324).

Die *intersubjektive Nachvollziehbarkeit* kann jedoch durch die Dokumentation des Forschungsprozesses, die Interpretation in Gruppen und die Anwendung von kodifizierten Auswertungsverfahren erreicht werden. Kodifizierte Auswertungsverfahren sind beispielsweise die Qualitative Inhaltsanalyse oder die Grounded Theory, die durch regelgeleitetes und systematisches Verfahren das methodische Vorgehen vereinheitlichen. Sofern für die Auswertung kein ausgearbeitetes Verfahren verwendet wird, müssen alle Analyseschritte offengelegt werden.

Ein weiteres Kriterium ist die *Indikation,* also die Angemessenheit des gesamten Forschungsprozesses und seiner Komponenten, wozu nach Steinke das qualitative Vorgehen zählt sowie die Methodenwahl, die Transkriptionsregeln, die Samplingstrategie, die methodischen Einzelentscheidungen im Kontext der gesamten Untersuchung und die Bewertungskriterien (vgl. Steinke, 2000, S. 326–328; → Kap. 3.1.1). Hierbei werden alle Entscheidungen mit der Frage beurteilt: „War die Forschungsmethode angemessen oder geeignet, um die Fragestellung zu erforschen und zu beantworten?“, (Steinke, 2000, S. 327).

Die beschriebenen Verfahren der Theoriebildung durch Induktion bzw. Theorieprüfung durch Deduktion bieten sich für ein weiteres Kriterium an, die *empirische Verankerung*: „Die Bildung und Überprüfung von Hypothesen bzw. Theorien sollte in der qualitativen Forschung empirisch, d.h. in den Daten, begründet (verankert) sein“ (Steinke, 2000, S. 328).

Durch die *Limitation* werden die Grenzen von Theorien ermittelt. Dies gelingt etwa durch Fallkontrastierung, d.h., es werden verschiedene Fälle einander gegenübergestellt. Hierbei wird unterschieden in minimale und maximale Fallvergleiche. Unterscheiden sich die Fälle mehrheitlich nur in einzelnen Merkmalen, liegt eine minimale Fallkontrastierung vor. Hingegen liegt eine maximale Fallkontrastierung vor, wenn die untersuchten Fälle in vielen Merkmalen differieren (vgl. Kelle & Kluge, 2010). Nach der Fallkontrastierung erhält man ein Bündel von Bedingungen bzw. Merkmalen, die eine Theorie oder These ausmachen. Gleichzeitig werden dadurch die Grenzen einer

Theorie oder These aufgezeigt, wenn bestimmte Bedingungen nicht erfüllt werden, dann gilt die Theorie nicht. Diese Kriterienanwendung ist eine Fortführung der Induktion, indem analysiert wird, „[…] welche Bedingungen minimal erfüllt sein müssen, damit das in der Theorie beschriebene Phänomen auftritt" (Mill, zitiert nach Steinke, 2000, S. 329).

Die *Kohärenz* ist ein weiteres Kernkriterium. Hier wird geprüft, ob Interpretationen widerspruchsfrei sind. Sollten hierbei Widersprüche auftreten, sind diese offenzulegen (vgl. Steinke, 2000, S. 330).

Ein zusätzliches Kriterium ist die Prüfung auf *Relevanz*, also auf den Nutzen der entwickelten Theorie in der qualitativen Forschung. Hierbei muss beurteilt werden, inwiefern die Ergebnisse der Untersuchung einen Beitrag für die Wissenschaft leisten, indem sie beispielsweise neue Aspekte eines bereits bekannten Phänomens identifizieren.

Das Kriterium der *reflektierten Subjektivität* fokussiert die Rolle der oder des Forschenden als Subjekt und Teil der Untersuchung. Diese Rolle sollte methodisch geprüft werden. Wie beeinflusst der oder die Untersuchende die zu untersuchende Person durch sein bzw. ihr Auftreten, durch seine bzw. ihre Mimik. Oder: Ist man im fünften Interview als Interviewerin bereits einsilbig, weil man Antworten wiederholend wahrnimmt? Eine solche Reflexion bedarf z.B. einer Selbstbeobachtung im Forschungsfeld. Weiterhin kann die untersuchende Person den Auswertungsprozess beeinflussen, indem nur nach bestimmten Inhalten im Material gesucht wird und dadurch die Offenheit für neue Aspekte beeinträchtigt ist.

Steinkes Entwurf kann für viele Forschungsprojekte hilfreich sein, dennoch sollte beachtet werden, dass Steinke ein spezifisches Verständnis von qualitativer Sozialforschung annimmt, welches sich dann auch in den Voraussetzungen der Untersuchungen widerspiegeln muss.

Zusammenfassend kann festgestellt werden, dass in der quantifizierenden Forschung ein Konsens darüber besteht, dass die Gütekriterien Objektivität, Reliabilität und Validität verbindliche Maßstäbe darstellen. Hingegen gibt es für die Maßstäbe zur Bewertung der qualitativen Forschung weithin keinen Konsens. Die verschiedenen Vorschläge für die Gütekriterien legen jeweils ein spezifisches Verständnis von qualitativer Sozialforschung zugrunde und drücken damit die Vielseitigkeit qualitativer Forschung aus (vgl. Lüders & Reichertz, 1986). Christian Lüders (2011) sieht den Ausweg aus dieser Situation darin, „sich von der auf Dauer vermutlich vergeblichen Suche nach *den* Gütekriterien für *die* qualitative Sozialforschung zu befreien und den Weg für verfahrens- und gegenstandsbezogene Kriterien zu öffnen" (S. 82). Daher erscheint es umso wichtiger, für jede Untersuchung die wissenschaftstheoretische Position ausführlich darzustellen und darauf basierend nach angemessenen Gütekriterien zu suchen. Werden Gütekriterien missachtet, können Forschungen nicht bewertet werden und suggerieren Willkür und Beliebigkeit beim Untersuchungsvorgehen.

3.1.4.4 Fazit

In dem vorliegenden Beitrag wurden die spezifischen Hintergründe der quantitativen und qualitativen empirischen Sozialforschung skizziert. Die vereinfachte Gegenüberstellung der Merkmale beider Forschungsparadigmen zeigte die Differenzen deutlich auf. In der qualitativen und quantitativen Forschung werden unterschiedliche Ziele verfolgt. Dem Erkenntnisgewinn wird durch Empirie unterschiedliche Bedeutung zugesprochen und wissenschaftlich unterschiedlich begründet. Ausgehend von den Annahmen haben sich verschiedene Qualitätskriterien entwickelt, wobei in der qualitativen Forschung nur ein geringer Konsens darüber besteht, welche Kriterien für die Qualität von quantitativen Forschungsprozessen und die Gewinnung von Ergebnissen anzuwenden sind. Im vorliegenden Beitrag wurden die Differenzen auf einer wissenschafts- und erkenntnistheoretischen Ebene dargelegt, um nicht die Methoden selbst einem Paradigma zuzuordnen. Erst durch die konkrete Ausgestaltung in der Forschungssituation ergibt sich die Zuordnung zu einem Paradigma auf der methodischen Ebene. Die Forschungsparadigmen wurden in diesem Artikel vorgestellt und voneinander abgegrenzt. In der Forschungspraxis sind solche deutlichen Unterscheidungen nur selten möglich. Häufig werden quantitative und qualitative Methoden und ihre methodologischen Begründungen in einer Untersuchung gemeinsam angewendet.

Denken – Handeln – Diskutieren

Beim Lesen von Forschungsstudien sollten die Leserinnen und Leser auf der Grundlage der eigenen Erfahrungen und Überzeugungen in einen „inneren" Dialog mit der jeweiligen Studie treten können. Der „Schlüssel" zur Teilnahme an einem solchen Dialog ist die Forschungskompetenz. Nur wer in der Lage ist, die theoretischen Grundannahmen der jeweiligen Studie, ihr Forschungsdesign sowie die Tragweite ihrer Ergebnisse zu verstehen, kann sich mit Forschungsstudien kritisch und argumentativ auseinandersetzen.

1. Diskutieren Sie die folgenden Fragestellungen:
   a) Welche Probleme können Ihrer Meinung nach auftreten, wenn Forschungsvorhaben theoretisch nicht begründet werden?
   b) Warum könnten allzu strikte Abgrenzungstendenzen zwischen einzelnen Forschungsrichtungen für die Untersuchung eines Gegenstandes hinderlich sein?
   c) Wie kann man qualitative und quantitative Forschungen Ihrer Ansicht nach sinnvoll verbinden? Welche Methodenkombinationen bieten sich dabei ggf. an?
2. Analysieren Sie (ggf. in Ihrer Fachschaftsgruppe bzw. in Ihrem Seminar) eine Forschungsstudie aus dem Bereich der Schulforschung: Welchem Pa-

radigma folgt diese Studie? Welche Methoden wurden gewählt? Wie wurden die Gütekriterien beachtet? Welche Konsequenzen lassen sich aus der Studie ableiten?
Hier bieten sich z.B. die Studie „Lehre(r) in Zeiten der Bildungspanik" (Vodafone Stiftung Deutschland, 2012) oder die „Studie zur Entwicklung von Ganztagsschulen" (StEG, 2010) an.

Literatur

Amelang, M. & Zielinski, W. (2002). *Psychologische Diagnostik und Intervention* (3., korrigierte, aktualisierte und überarbeitete Aufl.). Berlin: Springer.

Arbeitsgruppe Bielefelder Soziologen (Hrsg., 1981). *Alltagswissen, Interaktion und gesellschaftliche Wirklichkeit. Symbolischer Interaktionismus und Ethnomethodologie. Ethnotheorie und Ethnographie des Sprechens* (5. Aufl.). Opladen: Westdeutscher Verlag.

Bortz, J. & Döring, N. (2002). *Forschungsmethoden und Evaluation für Human- und Sozialwissenschaftler* (4., überarbeitete Aufl.). Heidelberg: Springer.

Breuer, F. (2009). *Reflexive Grounded Theory. Eine Einführung für die Forschungspraxis.* Wiesbaden: VS Verlag für Sozialwissenschaften.

Corbin, J. & Strauss, A. (1990). Grounded theory research: Procedures, canons and evaluative criteria. In *Zeitschrift für Soziologie*, Jg. 19, (6), 418–427.

Diekmann, A. (2009). *Empirische Sozialforschung. Grundlagen, Methoden, Anwendungen* (5. Aufl.). Reinbek: Rowohlt.

Dilthey, W. (1894/1957). *Ideen über eine beschreibende und zergliedernde Psychologie. In W. Dilthey (Hrsg.), Gesammelte Schriften, Band V. Die geistige Welt. Einleitung in die Philosophie des Lebens. Erste Hälfte. Abhandlungen zur Grundlegung der Geisteswissenschaften* (S. 139–240). Stuttgart: Teubner.

Eberhard, K. (1999). *Einführung in die Erkenntnis- und Wissenschaftstheorie. Geschichte und Praxis der konkurrierenden Erkenntniswege* (2., durchgesehene und erweiterte Aufl.). Stuttgart: Kohlhammer.

Glaser, B. G. & Strauss, A. L. (1998). *Grounded Theory. Strategien qualitativer Forschung.* Bern: Huber.

Helmke, A., Piskol, K., Pikowsky, B. & Wagner, W. (2012). Schüler als Experten von Unterricht. Unterrichtsqualität aus Schülerperspektive. In Pädagogisches Landesinstitut Rheinland-Pfalz (Hrsg.), *Mit Heterogenität umgehen – Differenziert unterrichten in der Sekundarstufe* (S. 10–17). Velber: Friedrich.

Hempel, C. G. (1977). *Aspekte wissenschaftlicher Erklärung.* Übersetzt von Wolfgang Lenzen. Berlin: de Gruyter.

Jahoda, M., Lazarsfeld, P. F. & Zeisel, H. (1975). *Die Arbeitslosen von Marienthal. Ein soziographischer Vergleich.* Frankfurt am Main: Suhrkamp.

Kelle, U. & Kluge, S. (2010). *Vom Einzelfall zum Typus: Fallvergleich und Fallkontrastierung in der qualitativen Sozialforschung.* Wiesbaden: VS Verlag für Sozialwissenschaften.

Kelle, U. (2008). *Die Integration qualitativer und quantitativer Methoden in der empirischen Sozialforschung. Theoretische Grundlagen und methodologische Konzepte* (2. Aufl.) Wiesbaden: VS Verlag für Sozialwissenschaften.

Kuhn, T. S. (2007). *Die Struktur wissenschaftlicher Revolutionen.* (2. Ausgabe, 20., revidierte und um das Postskriptum von 1969 ergänzte Aufl.). Frankfurt am Main: Suhrkamp.

Lincoln, Y. S. & Guba, E. G. (1985). *Naturalistic Inquiry*. Beverly Hills: Sage.

Lüders, C. (2011). Gütekriterien. In R. Bohnsack, W. Marotzki, M. Meuser (Hrsg.), *Hauptbegriffe Qualitativer Sozialforschung* (3. Aufl., S. 80–89). Opladen: Budrich,.

Lüders, C. & Reichertz, J. (1986). Wissenschaftliche Praxis ist, wenn alles funktioniert und keiner weiß warum – Bemerkungen zur Entwicklung qualitativer Sozialforschung. In *Sozialwissenschaftliche Literatur Rundschau* Jg. 9, (12), 90–102.

Mayring. P. (2002). *Einführung in die qualitative Sozialforschung. Eine Anleitung zu qualitativem Denken* (5., überarbeitete und neu ausgestattete Aufl.). Weinheim: Beltz.

Mayring, P. (2010). *Qualitative Inhaltsanalyse. Grundlagen und Techniken* (11., aktualisierte und überarbeitete Aufl.). Weinheim: Beltz.

Miles, M. & Hubermann, M. (1994). *Qualitative data analysis. An expanded sourcebook* (2. Aufl.). London: Thousand Oaks.

Mill, J. S. (1981). Of the Four Methods of Experimental Inquiry. In J. S. Mill (Hrsg.), A System of Logic Ratiocinative and Inductive. Being a Connected View of the Principles of Evidence and the Methods of Scientific Investigation (Volume I, Book 3, Chapter 8). London: Routledge & Kegan Paul.

Popper, K. (2005). *Logik der Forschung* (Original 1934, 11. Aufl.). Tübingen: Mohr Siebek.

Ritsert, J. (2003). *Einführung in die Logik der Sozialwissenschaften* (2. Aufl.). Münster: Westfälisches Dampfboot.

Schnell, R., Hill, P. B. & Esser, E. (2008). *Methoden der empirischen Sozialforschung* (8., unveränderte Aufl.). München: Oldenbourg Wissenschaftsverlag.

Schurz, G. (2008). *Einführung in die Wissenschaftstheorie* (2. Aufl.). Darmstadt: Wissenschaftliche Buchgesellschaft.

Seipel, C. & Rieker, P. (2003). *Integrative Sozialforschung. Konzepte und Methoden der qualitativen und quantitativen empirischen Forschung*. Weinheim: Juventa.

StEG-Konsortium. (2010). *Ganztagsschule: Entwicklung und Wirkungen. Ergebnisse der Studie zur Entwicklung von Ganztagsschulen 2005–2010.* Zugriff am 22.05.2012 unter http://www.projekt-steg.de/files/pk101111/Ergebnisbroschuere_StEG_2010-11-11.pdf

Steinke, I. (2000). Gütekriterien qualitativer Forschung. In U. Flick, E. von Kardorff, I. Steinke (Hrsg.), *Qualitative Forschung. Ein Handbuch* (S. 319–331). Reinbek: Rowohlt.

Thomas, W. I. (1928). The Methodology of Behavior Study. In W. I. Thomas, D. S. Thomas (Hrsg.), *The Child in America: Behavior Problems and Programs* (S. 553–576). New York: Alfred A. Knopf.

Vodafone Stiftung Deutschland. (2012). *Lehre(r) in Zeiten der Bildungspanik. Eine Studie zum Prestige des Lehrerberufs und zur Situation an den Schulen in Deutschland.* Zugriff am 20.07.2012 unter http://www.vodafone-stiftung.de/scripts/getdata.php? DOWNLOAD =YES&id=16556

Michael Brock, Sebastian Rahtjen

3.1.5 Forschungsethik

Empirische Sozialforschung untersucht das Erleben, Verhalten und Handeln von Menschen. Damit sind Forschende immer an Personen gebunden, die ihnen in Form von Selbstberichten Auskünfte über bestimmte Sachverhalte erteilen können (Hussy, Schreier & Echterhoff, 2010, S. 41) bzw. deren Verhalten und Handeln beobachtet wird, um so zu Daten zu gelangen. Diese Beteiligung von Menschen an empirischen Untersuchungen sowie die Publikation der Forschungsergebnisse und die Tatsache, dass Forschen selbst menschliches Handeln ist, verändert das Leben von Menschen (Gläser & Laudel, 2009, S. 48). Dies wirft unter anderem Fragen darüber auf, welche leitenden Werte für Forschungshandeln gelten und wo die Grenze zwischen wissenschaftlichem Fortschritt und der Wahrung der Würde und der Unversehrtheit der Untersuchungspersonen zu ziehen sind. Forschende sind jedoch nicht nur den Untersuchungspersonen gegenüber ethisch verpflichtet, sondern auch gegenüber den Personen, die die Forschungsergebnisse rezipieren. Deshalb werden wir im Folgenden zunächst den Begriff der Forschungsethik klären. Anschließend diskutieren wir den Umgang mit Untersuchungspersonen sowie die Verarbeitung und Veröffentlichung von Daten und Ergebnissen unter ethischen wie rechtlichen Gesichtspunkten.

3.1.5.1 Allgemeine Grundlagen

Unter „Ethik“ kann in einer ersten Annäherung die Anwendung von Werten auf menschliches Verhalten verstanden werden (Gordon, 1975, zitiert nach Gläser & Laudel, 2009, S. 48). Übertragen auf die empirische Sozialforschung kann damit festgehalten werden, dass sich Forschungsethik mit Prinzipien und Regeln beschäftigt, „in denen mehr oder minder verbindlich und mehr oder minder konsensuell bestimmt wird, in welcher Weise die Beziehungen zwischen den Forschenden auf der einen Seite und den in sozialwissenschaftlichen Untersuchungen einbezogenen Personen auf der anderen Seite zu gestalten sind“ (Hopf, 2008, S. 590).

Während es in den USA bereits seit den 1950er und 1960er Jahren eine breite Diskussion forschungsethischer Fragen gab, kam es in Deutschland erst im Zuge der Verabschiedung verschiedener Ethikkodizes in den 1990er Jahren[31] zu einem forschungsethischen Diskurs (Gläser & Laudel, 2009, S. 48f). Diese durch ver-

31 Deutsche Gesellschaft für Soziologie (DGS) und Berufsverband Deutscher Soziologinnen und Soziologen (BDS) 1992; Deutsche Forschungsgesellschaft (DFG) 1998; Deutsche Gesellschaft für Erziehungswissenschaft (DGfE) 1999; Deutsche Gesellschaft für Psychologie (DGPs) 1998/1999.

schiedene wissenschaftliche Vereinigungen beschlossenen Kodizes formulieren einen Konsens über ethisches Handeln in den jeweiligen Professionen. Sie haben das Ziel, Forschende für ethische Probleme zu sensibilisieren und sie darüber hinaus zu ermutigen, ihr eigenes berufliches Handeln kritisch zu reflektieren (DGfE, 2010, S. 1; DGS & BDS, 1992, S. 1).

Neben diesen ethischen Verhaltensrichtlinien müssen sich Forschende an die geltenden Rechtsnormen halten. Die rechtliche Grundlage für sozialwissenschaftliche Untersuchungen sind das Bundesdatenschutzgesetz (BDSG) sowie die Datenschutzgesetze der einzelnen Bundesländer, welche Fragen der Erhebung, Aufbewahrung, Weitergabe und Veröffentlichung sozialwissenschaftlicher Daten regeln und damit direkten Einfluss auf sozialwissenschaftliche Untersuchungen haben (Hopf, 2008, S. 590).

In den nächsten Abschnitten werden die zentralen ethischen Grundsätze wissenschaftlichen Arbeitens dargestellt. Dabei beleuchten wir zunächst das Verhalten gegenüber den Untersuchungspersonen näher. Anschließend rücken ethische Fragen im Umgang mit den Daten und der (Fach-)Öffentlichkeit in den Fokus.

3.1.5.2 Verhalten gegenüber den Untersuchungspersonen.

Prinzip der informierten Einwilligung

Das 1983 vom Bundesverfassungsgericht (BVerfGE) anerkannte Recht auf informationelle Selbstbestimmung erteilt jeder Bürgerin und jedem Bürger die Befugnis, „grundsätzlich selbst über die Preisgabe und Verwendung seiner persönlichen Daten zu bestimmen“ (BVerfGE 65, S. 1, Leitsatz 1). Rechtlich ist dieser Grundsatz im Bundesdatenschutzgesetz (BDSG) verankert. Demnach ist die Teilnahme an Datenerhebungen stets freiwillig[32] und bedarf der informierten Einwilligung der Untersuchungspersonen (BDSG, §4). Eine solche Einwilligung liegt dann vor, wenn die an der Untersuchung Teilnehmenden „ausdrücklich und unübersehbar über die wesentlichen Modalitäten der vorgesehenen Verarbeitung ihrer Daten aufgeklärt worden [sind]“ (Metschke & Wellbrock, 2002, S. 25f.). Das beinhaltet auch die Aufklärung über die Identität der forschenden Institution und den Zweck der Erhebung (BDSG, §4, Abs. 3). Zudem müssen die Untersuchungspersonen ausdrücklich darauf hingewiesen werden, dass eine Nichtteilnahme folgenlos bleibt und der Widerruf der Einwilligung zu jeder Zeit möglich ist (Helfferich, 2011, S. 191).

Über das Recht auf informationelle Selbstbestimmung kann grundsätzlich schriftlich wie auch mündlich verfügt werden. Allerdings besitzt die Schriftform eine Garantiefunktion (Metschke & Wellbrock, 2002, S. 29). Sie dient den Unter-

32 Eine Ausnahme bildet der Mikrozensus (eine Haushaltsbefragung), bei dem für die meisten Fragen eine Auskunftspflicht besteht.

suchungspersonen als Schutz vor einer voreiligen und unbedachten Einwilligung; sichert die notwendige Transparenz der Datenverarbeitung und erlaubt es den untersuchten Personen oder Datenschutzbeauftragten, auch zu einem späteren Zeitpunkt die rechtsgemäße Verarbeitung der Daten zu kontrollieren (vgl. Metschke & Wellbrock, 2002, S. 29). In der Regel sollte immer eine schriftliche Einwilligung eingeholt werden. Ein mündliches Einverständnis ist nur in Ausnahmefällen rechtskräftig (Metschke & Wellbrock, 2002, S. 29; §4a BDSG). Die mündliche Einwilligung und die besonderen Umstände, die eine Entscheidung gegen eine schriftliche Form angemessen erscheinen lassen, sollten unter allen Umständen durch die Forschenden dokumentiert werden (Metschke & Wellbrock, 2002, S. 29; §4a, Abs. 2 BDSG).

Untersuchungspersonen treffen ihre Entscheidung für oder wider eine Teilnahme auf Grundlage fundierter Informationen. Auch bei umfassender Informierung der Untersuchungspersonen können Forschende nicht sicher sein, dass sie von den zu Erforschenden adäquat verstanden worden sind (Gläser & Laudel, 2009, S. 54; Hopf, 2008, S. 593). Das gilt in besonderem Maße für Kinder. Daher ist bei der Darstellung der Forschungshintergründe darauf zu achten, dass sie dem Wahrnehmungs- und Interpretationshorizont der untersuchten Gruppe entspricht und gleichzeitig keine zentralen Informationen vorenthalten werden (Hopf, 2008, S. 593). Jedoch kann es in Ausnahmefällen notwendig sein, den Untersuchungspersonen bestimmte Informationen zu verwehren bzw. sie bewusst zu täuschen, da das Wissen um die Details der Forschung die Ergebnisse verändern könnte (Gläser & Laudel, 2009, S. 54).

Möchten Sie beispielsweise die Häufigkeit kooperativer Lernformen im Unterricht durch Beobachtungsverfahren erheben, ist es plausibel anzunehmen, dass im Vorfeld informierte Lehrerinnen und Lehrer ihren Unterricht entsprechend planen und durchführen. Folglich sind andere Formen des Einverständnisses zu nutzen (DGfE, S. 3). In diesen Fällen wird die Einwilligung in die Verwendung der gesammelten Daten häufig im Nachhinein eingeholt. So können die Untersuchungspersonen beispielsweise vorübergehend über die tatsächlichen Ziele der Forschung im Unklaren gelassen werden. Nach der Datenerhebung werden sie über den wirklichen Zweck der Studie aufgeklärt und es wird ihnen nachträglich die Möglichkeit des Rückzugs ihrer Zustimmung gegeben (Hopf, 2008, S. 592). Dieses Vorgehen bietet sich jedoch nicht für jedes Forschungsdesign an. So wissen die Untersuchungspersonen bei verdeckten teilnehmenden Beobachtungen zu keiner Zeit, dass sie Teil einer wissenschaftlichen Untersuchung sind. Daher sind diese aus rechtlichen wie forschungsethischen Gründen abzulehnen (Hopf, 2008, S. 592). Weiterhin kann geprüft werden, ob sich nicht andere Forschungsdesigns anbieten, die die Beantwortung der Forschungsfrage ermöglichen und bei denen keine Unterschlagung von Informationen oder Täuschung der Untersuchungspersonen notwendig ist (Bortz & Döring, 2006, S. 44).

Bei der Untersuchung von Minderjährigen ergeben sich einige Besonderheiten in Bezug auf die informationelle Selbstbestimmung. Generell wird davon ausgegangen, dass Personen unter 14 Jahren noch keine ausreichende Einsichtsfähigkeit besitzen, der Verarbeitung personenbezogener Daten demnach nicht rechtskräftig zustimmen können (Metschke & Wellbrock, 2002, S. 30). Bis zum Erreichen einer natürlichen Einsichtsfähigkeit[33] vertreten die Eltern dieses Recht für ihre Kinder. Hier lassen sich jedoch keine verbindlichen Altersgrenzen festlegen und so ist die Einsichtsfähigkeit bis zum Erreichen der Volljährigkeit im Einzelfall zu prüfen (Metschke & Wellbrock, 2002, S. 30). Bei Befragungen von Minderjährigen sollte daher stets die Einwilligung der Eltern eingeholt werden. Aus dieser Einwilligung der Eltern kann jedoch nicht auf die Verpflichtung der Kinder geschlossen werden, an der Untersuchung teilzunehmen. Die Verweigerung der Teilnahme an einer Untersuchung durch die Heranwachsenden ist dann ein Ausdruck des durch die Einwilligung der Eltern übertragenen Rechts auf informationelle Selbstbestimmung und von den Forschenden zu akzeptieren (Metschke & Wellbrock, 2002, S. 31). Bei der Untersuchung von Minderjährigen sollten folglich stets die rechtlichen Vertreter sowie die Untersuchungspersonen eine informierte Einwilligung abgeben. Liegt eine schriftliche Einverständniserklärung der Eltern vor, reicht in der Regel die mündliche Zustimmung der minderjährigen Untersuchungspersonen. Sind am Forschungsvorhaben noch weitere Personen beteiligt, etwa Lehrkräfte im Rahmen einer Unterrichtsbeobachtung, so sind auch diesen die Hintergründe der Untersuchung transparent darzustellen (Society for Research in Child Development, 2007, Principle 4).

Dem Aspekt der Freiwilligkeit sollte bei Untersuchungen in Schulklassen besondere Aufmerksamkeit geschenkt werden. Einerseits kann die Freiwilligkeit der Teilnahme durch die Schulpflicht, und die damit verbundene Anwesenheitspflicht, eingeschränkt werden (vgl. Metschke & Wellbrock, 2002, S. 30). Deshalb sollten die Schülerinnen und Schüler ausdrücklich darauf hingewiesen werden, dass trotz der Anwesenheitspflicht die Möglichkeit besteht, die Teilnahme zu verweigern. Es erscheint deshalb sinnvoll, sich bereits im Vorhinein Gedanken darüber zu machen, wo sich diese Schülerinnen und Schüler im Falle einer Verweigerung aufhalten könnten. Andererseits können sich Schwierigkeiten ergeben, wenn die Teilnahme an der Befragung in der Gruppe zwar allgemein akzeptiert ist, einzelne Schülerinnen und Schüler jedoch nicht vorhaben, an der Untersuchung teilzunehmen. Fürchten diese Sanktionen (z.B. Ausschluss aus der Gruppe) aufgrund ihrer Nichtteilnahme, könnten sie sich so zur Teilnahme gezwungen fühlen. In diesem Zusammenhang können verschiedene Möglichkeiten, von der

33 „Natürliche Einsichts-, Urteils- und Verständnisfähigkeit" ist gegeben, wenn geistige Reife, Auffassungsgabe und Beurteilungsvermögen es erlauben, Wesen, Bedeutung und Tragweite einer Entscheidung voll erfassen zu können.

gründlichen Aufklärung bis hin zum „verdeckten Ausstieg" durch einen schriftlichen Vermerk auf dem Fragebogen, in Betracht gezogen werden.

Prinzip der Nichtschädigung

Das Prinzip der Nichtschädigung besagt, dass den untersuchten Personen durch die Teilnahme an wissenschaftlichen Untersuchungen kein physischer und psychischer Schaden entstehen darf (Gläser & Laudel, 2009, S. 51). Verletzungen oder physische Misshandlungen von Untersuchungspersonen während der Datenerhebung sind in der empirischen Sozialforschung nur selten dokumentiert worden; psychische Beeinträchtigungen, wie akute Angst-, Stress- oder Schuldgefühle, Schädigung der Selbstachtung oder des Selbstvertrauens von Personen sind hingegen häufiger zu verzeichnen (Gläser & Laudel, 2009, S. 50). Beeinträchtigungen und Schädigungen können sich nicht nur durch das eigentliche Untersuchungsvorhaben ergeben, sondern auch durch mögliche Folgen der Beteiligung an der Datenerhebung (Hopf, 2008, S. 594). Die von Forschenden gesammelten Daten können zu einer realen Gefahr für die Untersuchungspersonen werden, wenn diese Informationen über illegales, unmoralisches oder peinliches Verhalten dokumentieren und dritten Personen bekannt werden (Gläser & Laudel, 2009, S. 52). Forschende besitzen nicht, wie etwa Pfarrer oder Ärzte, ein Zeugnisverweigerungsrecht und können so durch gesetzlichen Druck zur Herausgabe ihrer Daten veranlasst werden (Hopf, 2008, S. 595).

Nicht nur im Falle von Informationen, die für strafrechtliche Verfolgungen relevant sein könnten, sind negative Konsequenzen durch das Bekanntwerden von wissenschaftlichen Daten zu erwarten. So könnten Erhebungen im schulischen Kontext unter Umständen auch Fragen zur Einschätzung des Unterrichts oder der Lehrkräfte durch die Schülerinnen und Schüler enthalten. Es ist damit zu rechnen, dass sich die Befragten aus Furcht vor negativen Konsequenzen weniger kritisch äußern, wenn sie Sorge haben, dass ihre Anonymität nicht gewahrt wird oder die Daten an die beurteilten Personen gelangen könnten. Daher sind auch Befragungssettings kritisch zu bewerten, in denen Lehrkräfte die Daten erheben oder sich während der Befragung im Raum befinden.

Auch wenn Sie Ihre Forschung sorgfältig planen und durchführen, kann es zu unvorhergesehenen Beeinträchtigungen der Untersuchungspersonen kommen. Die harmlos wirkende Frage nach den im elterlichen Haushalt lebenden Personen könnte ein Kind möglicherweise zum Weinen bringen, weil sich die Eltern vor kurzem getrennt haben und ein Elternteil ausgezogen ist. Solche Vorfälle sollten die Forschenden, sofern sie diese bemerken, zum sofortigen Handeln veranlassen (Bortz & Döring, 2006, S. 45). Auf jeden Fall sollte entsprechend auf das Kind eingegangen und eine den aktuellen Bedürfnissen des Kindes entsprechende Lösung gefunden werden, auch wenn dies den Abbruch der Untersuchung für diese Person bedeutet.

Die Zusicherung und Wahrung der Vertraulichkeit nimmt einen zentralen Stellenwert bei der Konzeption, Durchführung und Auswertung von Datenerhebungen ein. Vor diesem Hintergrund müssen Sie als Forschende sowohl bei der Datenerhebung als auch bei der Weiterverarbeitung von Daten sowie bei der Ergebnisdarstellung dafür Sorge tragen, dass diese für außenstehende Personen nicht einsehbar sind. Dabei ist besonders auf eine sichere Verwahrung der erhobenen Originaldaten[34], Verschwiegenheit gegenüber Dritten und auf einen aufmerksamen Umgang mit (unverschlüsselten) elektronischen Daten zu achten (Hopf, 2008, S. 596). Weiterhin müssen Sie vorhandene Kontaktdaten der Untersuchungspersonen (Wohnanschrift, E-Mail-Adressen, Telefonnummern usw.) unabhängig von den erhobenen Daten aufbewahren.

Selbst bei achtsamer Handhabung der Daten können die oben beschriebenen Schädigungen für die Untersuchungspersonen nicht ausgeschlossen werden, wenn etwa die Daten eindeutig einer bestimmten Schule, Klasse oder gar Person zugeordnet werden können. Aus diesem Grund müssen Forschende sowohl bei der Datenverarbeitung als auch bei der Veröffentlichung der Ergebnisse, darauf achten, dass die Daten so anonymisiert werden, dass daraus keine Rückschlüsse auf die Untersuchungspersonen, die Organisationen und regionale Kontexte, in deren Umfeld die Erhebung stattgefunden hat, gezogen werden können (vgl. Hopf, 2008, S. 596). Da der Widerruf der informierten Einwilligung zu jeder Zeit möglich ist (Helfferich, 2011, S. 191), muss auch eine nachträgliche Löschung der personenbezogenen Daten garantiert werden. Um dennoch die Anonymität sicherzustellen, empfiehlt sich die Erstellung eines persönlichen Codes für jede untersuchte Person.[35]

Empirische Sozialforschung kann nicht nur Schädigungen für einzelne Untersuchungspersonen nach sich ziehen. Nach Gläser und Laudel (2009, S. 52) können wissenschaftliche Studien auch dazu beitragen, dass sich Stereotype oder negative Bilder von untersuchten Gruppen verstärken. Forschende sollten sich daher der möglichen Konsequenzen, die eine Veröffentlichung ihrer Ergebnisse für einzelne Personen und Personengruppen haben könnte, bewusst sein. Besonders bei der Diskussion und Verwendung von Forschungsergebnissen in den Massenmedien sind die Konsequenzen der wissenschaftlichen Forschung nicht immer leicht abzuschätzen, da die Gefahr besteht, dass Ergebnisse aus dem Zusammenhang gerissen und/oder verkürzt dargestellt werden.

Dass selektive Berichterstattungen auch ein von den Forschenden nicht intendiertes Bild gesellschaftlicher Gruppen zeichnen können, zeigt z.B. die im Frühjahr 2012 vom Bundesministerium des Inneren veröffentlichte Studie „Lebenswelten junger Muslime in Deutschland" (Frindte, Boehnke, Kreikenbom &

---

34 Ausgefüllte Fragebögen, Beobachtungsprotokolle, Interviewtranskripte etc.

35 Eine Möglichkeit der Erstellung eines solchen Codes finden Sie in → Kapitel 3.1.1.

Wagner, 2011), welche mit Hilfe von unterschiedlichen Erhebungsinstrumenten (u.a. Fragebogen, Leitfadeninterviews) versuchte, Integrations- und Radikalisierungsprozesse junger Muslime zu beleuchten. Die Erstveröffentlichung der Ergebnisse erfolgte unter der Schlagzeile „Schock Studie" über die Internetseite einer Boulevardzeitung.[36] Diese berichtete in einer stark verkürzten Darstellung, dass ein Viertel der jungen Muslime der westlichen Welt abgeneigt seien und kein Interesse daran hätten, sich zu integrieren. Demgegenüber wurden sowohl die Vielschichtigkeit der Resultate als auch die Grenzen der Studie hinsichtlich der Repräsentativität oder der Interpretationen in der medialen Berichterstattung erst zu einem späteren Zeitpunkt aufgegriffen, da Muslime bereits stereotyp als nicht integrationswillig und radikal dargestellt worden waren.[37]

3.1.5.3 Verhalten gegenüber der (Fach-)Öffentlichkeit

Jochen Gläser und Grit Laudel (2009, S. 50) weiten den oben definierten Bereich der Forschungsethik auf das ethische Verhalten gegenüber den Nutzerinnen und Nutzern der Forschungsergebnisse (Fachkolleginnen und -kollegen, Studierende u.a.) aus. Auch die Interaktion von Wissenschaftlerinnen und Wissenschaftlern mit anderen Forschenden und der Öffentlichkeit ist für forschungsethisches Verhalten relevant. Im Fokus steht hier das redliche Arbeiten, d.h., Ergebnisse dürfen nicht manipuliert werden, und beim Rückgriff auf die Ergebnisse oder Gedanken anderer Personen sind stets die Quellen zu benennen (Gläser & Laudel, 2009, S. 56).

Hinsichtlich der Präsentation oder Veröffentlichung von Forschungsergebnissen verweist z.B. der Ethikkodex der DGS und des BDS (1992, S. 2) darauf, dass die „Resultate ohne verfälschende Auslassungen von wichtigen Ergebnissen dargestellt" werden sollen (siehe die Ausführungen zu Integrität und Objektivität des Kodex in Abs. 2). Demzufolge sollen explizit auch Daten in die Interpretation und Darstellung einfließen, die den eingangs formulierten Vermutungen oder Hypothesen (sofern diese vorhanden sind) entgegenstehen. Selbstverständlich dürfen auch keine weiteren Daten „erfunden" werden, wenn beispielsweise die Anzahl der erreichten Personen der Zielgruppe als zu klein eingeschätzt wird. Generell ist es sehr wichtig, bei der Darstellung des Forschungsprozesses auf eine ausreichende Transparenz zu achten, indem „Einzelheiten der Theorien, Methoden und Forschungsdesigns, die für die Einschätzung der Forschungsergebnisse und der Grenzen der Gültigkeit wichtig sind" (DGS & BDS 1992, Integrität und Objekti-

---

36 Solms-Laubach: Nach Schock Studie. Innenminister warnt radikale Muslime. Zugriff am 27.04.2012 unter http://www.bild.de/politik/inland/muslime/schock-studie-muslime-verweigern-integration-22901072.bild.html

37 Vgl. Interview mit dem Leiter der Studie Wolfgang Frindte in der Süddeutschen Zeitung vom 02.03.2012. Zugriff am 08.03.2012 unter: http://www.sueddeutsche.de/politik/autor-der-studie-zu-muslimen-in-deutschland-sarrazin-fuehlt-sich-bestaetigt-das-ist-tragisch-1.1298747

vität, Abs. 2) den Lesenden nach bestem Wissen mitgeteilt werden (→ Kap. 4.1). Denn nur vor dem Hintergrund umfangreicher Kenntnisse über den „Produktionsprozess“ der Forschungsergebnisse können die Lesenden die Ergebnisse kritisch reflektieren und diskutieren sowie die Untersuchung und ihre Resultate unabhängig von den Interpretationen der Forschenden bewerten (Meinefeld, 1985, S. 297). Eine Meta-Analyse wissenschaftlicher Artikel von Meinefeld (1985) zeigt, dass viele Publikation die geforderte Transparenz – und somit die Möglichkeit einer kritischen Bewertung der Forschung vermissen lassen. Heinz Sahner (1979) nimmt gar an, dass viele wissenschaftliche Studien nachträglich manipuliert wurden, um die Forschungshypothesen zu bestätigen.[38]

Ein wesentlicher Punkt ist weiterhin der Umgang mit Gedanken, die in Arbeiten anderer Personen entwickelt und geäußert wurden. Werden diese wörtlich oder sinngemäß übernommen, müssen sie in entsprechender Weise kenntlich gemacht werden. Diese deutlichen Verweise stellen eine der Grundtugenden des wissenschaftlichen Arbeitens und der Redlichkeit nicht nur in der empirischen Sozialforschung dar (→ Kap. 4.1).

Die vorangegangenen Ausführungen haben deutlich gemacht, dass ethische Abwägungen in jeder einzelnen Phase des Forschungsprozesses, wie er in → Kapitel 3.1.1 beschrieben ist, vorzunehmen sind. In Zweifelsfällen sollten Sie Ihre Bedenken mit erfahrenen Forscherinnen und Forschern oder auch Angehörigen der Zielgruppe Ihrer Untersuchung diskutieren (Bortz & Döring, 2006, S. 43). Konnten Ihre Bedenken dadurch nicht ausgeräumt werden, sollten Sie überlegen, von Ihrem Forschungsprojekt oder der Veröffentlichung Ihrer Ergebnisse Abstand zu nehmen. Letztendlich ist eine rationale Entscheidung zwischen einem Beitrag zum wissenschaftlichen Fortschritt und der Beeinträchtigung oder sogar Schädigung der Untersuchungspersonen auf allgemeiner Ebene nicht zu treffen (Hopf, 2008, S. 599). Schon deshalb nicht, weil die Frage, welche Untersuchung überhaupt zum wissenschaftlichen Fortschritt beiträgt, in den Sozialwissenschaften immer diskutiert werden kann (Hopf, 2008, S. 598).

Denken – Handeln – Diskutieren

1. Diskutieren Sie das folgende Beispiel unter forschungsethischen Aspekten: Im Jahr 1920 wollten John B. Watson und Rosalie Rayner nachweisen, dass Menschen emotionale Reaktionen erlernen können. Dazu untersuchten sie, wie sich der acht Monate alte Säugling Albert bei gleichzeitig dargebotenen Stimuli verhielt. Zunächst zeigten sie Albert eine weiße Ratte, auf die Albert mit Streicheln und Anfassen reagierte. Anschließend wurde Albert die Ratte

---

38 Auch neuere Meta-Analysen legen nahe, dass Forschende häufig nicht gewillt sind, Details über den Produktionsprozess ihrer Ergebnisse preiszugeben (vgl. McCullough, McGreary & Harrison, 2006; Wicherts, Borsboom, Kats & Molenaar, 2006).

immer zeitgleich mit einem lauten Geräusch dargeboten. Dieses Geräusch bewirkte bei Albert Weinen und Wegkrabbeln. Nachdem man beide Stimuli (Ratte, Geräusch) mehrfach gemeinsam dargeboten hatte, löste schon das bloße Zeigen der weißen Ratte bei Albert Weinen und Wegkrabbeln aus.
Für eine vertiefende Diskussion des genannten Beispiels bieten sich die Artikel von Watson & Rayner (1920) sowie Harris (1979) an.
2. Entwickeln Sie ein alternatives Forschungsdesign, mit der man das Problem erlernbarer emotionaler Reaktionen unter Berücksichtigung aktueller forschungsethischer Aspekte untersuchen könnte.
3. Benennen Sie schulische Situationen, in denen ethische Aspekte besonders beachtet werden müssen, und erläutern Sie, welche Konsequenzen sich daraus für Ihr pädagogisches Handeln ergeben.
4. Formulieren Sie einen eigenen „Ethik-Kodex", an dem sich Ihre Arbeit als Lehrerin oder Lehrer ausrichtet.

Literatur

Bortz, J. & Döring, N. (2006). *Forschungsmethoden und Evaluation für Human- und Sozialwissenschaftler: Mit 87 Tabellen* (4. Aufl.). Berlin: Springer.

Bundesdatenschutzgesetz in der Fassung der Bekanntmachung vom 14. Januar 2003 (BGBl. I S. 66), das zuletzt durch Artikel 1 des Gesetzes vom 14. August 2009 (BGBl. I S. 2814) geändert worden ist. Zugriff am 02.05.2012 unter http://www.gesetze-im-internet.de/bundesrecht/bdsg_1990/gesamt.pdf

Bundesverfassungsgericht (BverfGE 65,1) vom 15. Dezember 1983. Zugriff am 02.05.2012 unter http://sorminiserv.unibe.ch:8080/tools/ainfo.exe?Command=ShowPrintText&Name=bv065001

Deutsche Gesellschaft für Erziehungswissenschaft (DGfE). (2010). *Ethik-Kodex der Deutschen Gesellschaft für Erziehungswissenschaft (DGfE).* Zugriff am 02.05.2012 unter http://www.dgfe.de/fileadmin/OrdnerRedakteure/Service/Satzung/Ethikkodex_2010.pdf

Deutsche Gesellschaft für Soziologie & Berufsverband Deutscher Soziologen (Hrsg.). (1992). *Ethik-Kodex der Deutschen Gesellschaft für Soziologie (DGS) und des Berufsverbandes Deutscher Soziologen (BDS).* Zugriff am 02.05.2012 unter http://www.bds-soz.de/images/stories/formulare/ethik.pdf

Frindte, W., Boehnke, K., Kreikenbohm, H. & Wagner, W. (2011). Lebenswelten junger Muslime in Deutschland: Ein sozial- und medienwissenschaftliches System zur Analyse, Bewertung und Prävention islamistischer Radikalisierungsprozesse junger Menschen in Deutschland (1. Aufl.). Berlin: MEDIA CONSULTA.

Gläser, J. & Laudel, G. (2009). *Experteninterviews und qualitative Inhaltsanalyse: Als Instrumente rekonstruierender Untersuchungen* (Lehrbuch, 4. Aufl.). Wiesbaden: VS Verlag für Sozialwissenschaften.

Harris, B. (1979). Whatever Happened to Little Albert. *American Psychologist, 34* (2), 151–160. Zugriff am 27.03.2012 unter http://htpprints.yorku.ca/archive/00000198/01/BHARRIS.HTM

Helfferich, C. (2011). *Die Qualität qualitativer Daten: Manual für die Durchführung qualitativer Interviews* (4. Aufl.). Wiesbaden: VS Verlag für Sozialwissenschaften.

Hopf, C. (2008). Forschungsethik und qualitative Forschung. In U. Flick, E. von Kardorff & I. Steinke (Hrsg.), *Qualitative Forschung. Ein Handbuch* (6., durchgesehene und aktualisierte Aufl., S. 589–600). Reinbek: Rowohlt.

Hussy, W., Schreier, M. & Echterhoff, G. (2010). *Forschungsmethoden in Psychologie und Sozialwissenschaften für Bachelor*. Berlin: Springer. Zugriff am 27.03.2012 unter http://site.ebrary.com/lib/alltitles/docDetail.action?docID=10369919

McCullough, B., McGeary, K. A. & Harrison, T. D. (2006). Lessons from the JMCB Archive. *Jounal of Money, Credit and Banking, 38* (4), 1093-1107. Zugriff am 02.05.2012 unter http://muse.jhu.edu/journals/mcb/summary/v038/38.4mccullough.html

Meinefeld, W. (1985). Die Rezeption empirischer Forschungsergebnisse – eine Frage von Treu und Glaub: Resultate einer Analyse von Zeitschriftenartikeln. *Zeitschrift für Soziologie, 14* (4), 297–314

Metschke, R. & Wellbrock R. (2002). Datenschutz in Wissenschaft und Forschung. *Materialien zum Datenschutz* (28). Zugriff am 27.03.2012 unter http://www.datenschutz-berlin.de/attachments/47/Materialien28.pdf?1166527077

Sahner, H. (1979). Veröffentlichte empirische Sozialforschung: Eine Kumulation von Artefakten?: Eine Analyse von Periodika. *Zeitschrift für Soziologie, 8* (3), 267–278. Zugriff am 02.05.2012 unter http://www.zfs-online.org/index.php/zfs/article/viewFile/2393/1930

Society for Research in Child Development. (2007). *Ethical Standards for Research with Children.* Zugriff am 26.03.2012 unter http://www.srcd.org/index2.php?option=com_content&do_pdf=1&id=68

Solms-Laubach, F. (29.02.2012). Nach Schock Studie. Innenminister warnt radikale Muslime. Junge Muslime verweigern Integration. Zugriff am 27.04.2012 unter http://www.bild.de/politik/inland/muslime/schock-studie-muslime-verweigern-integration-22901072.bild.html

Süddeutsche Zeitung, Schulte von Drach, M. C. (02.03.2012): Autor der Studie zu Muslimen in Deutschland. „Sarrazin fühlt sich bestätigt – das ist tragisch“. Zugriff am 08.03.2012 unter http://www.sueddeutsche.de/politik/autor-der-studie-zu-muslimen-in-deutschland-sarrazin-fuehlt-sich-bestaetigt-das-ist-tragisch-1.1298747

Watson, J. B. & Rayner, R. (1920). Conditioned Emotional Reactions. *Journal of Experimental Psychology, 3* (1), 1–14. Zugriff am 27.03.2012 unter http://psychclassics.yorku.ca/Watson/emotion.htm

Wicherts, J. M., Borsboom, D., Kats, J. & Molenaar, D. (2006). The Poor Availability of Psychological Research Data for Reanalysis. *American Psychologist, 61* (7), 726–728.

3.2 Wahl der Forschungsinstrumente

Hinweise zum Lesen des Kapitels

In den folgenden Beiträgen werden Ihnen verschiedene Methoden, Verfahren und Forschungsprogramme der Schul- und Unterrichtsforschung vorgestellt. Es sind solche ausgewählt worden, die aktuell in der Schul- und Unterrichtsforschung, wie auch im Rahmen von Evaluationen bevorzugt eingesetzt werden: die Beobachtung, das Leitfadeninterview, die Analyse sozialer Netzwerke, der Fragebogen, das Experiment und schließlich die Diskursanalyse.

Die einzelnen Beiträge gehen auf die historische Genese der vorgestellten Verfahren ein und erläutern deren methodologische Grundlagen. Sie enthalten Hinweise zur Anwendung der Methoden im Forschungsprozess und erläutern diese beispielhaft an Forschungsprojekten aus den Bereichen der Schul- und Unterrichtsforschung. Dabei orientieren sich die Autorinnen und Autoren an dem in → Kapitel 3.1.1 entfalteten forschungslogischen Planungsmodell. Diese Bezugnahme soll es Ihnen ermöglichen, den aus methodologischer Sicht beschriebenen Forschungsprozess konkret nachvollziehen und anhand der Phasen des Forschungsprozesses Vergleiche zwischen den vorgestellten Methoden vornehmen zu können. Querverweise auf in anderen Beiträgen des Lehrbuches behandelte Aspekte und Fragestellungen geben Ihnen Hinweise zur weiteren Lektüre. Sie sollen die Lesbarkeit erhöhen und die Arbeit mit dem Lehrbuch einfacher gestalten.

Am Ende jedes Kapitels finden Sie Vertiefungsfragen, die Sie zu einer weiterführenden Beschäftigung mit den Inhalten des Kapitels anregen sollen. Diese Fragen dienen nicht der Wiederholung der Inhalte des jeweiligen Beitrags, sondern deren kritischer Reflexion.

Daniel Diegmann

3.2.1 Die Beobachtung

3.2.1.1 Alltagsbeobachtungen – journalistische Beobachtungen – Qualitätsmanagement – wissenschaftliche Beobachtungen

Beobachtungsverfahren gehören, neben schriftlichen und mündlichen Befragungen oder auch Dokumentenanalysen, zu den am häufigsten eingesetzten Methoden empirischer Forschung. Nicht nur in der Sozialwissenschaft, sondern auch und insbesondere in den Naturwissenschaften wird versucht, mittels Beobachtungen zu Erkenntnissen zu gelangen und Forschungsfragen zu beantworten. Man denke beispielsweise an Astronomen, die mithilfe von Fernrohren die Sterne und deren Bewegungen untersuchen oder Zoologen, die das komplexe Problemlöseverhalten von Schimpansen beobachten und daraufhin Rückschlüsse auf deren kognitive Leistungsfähigkeit ziehen. Aber auch in unserem *Alltag* spielen Beobachtungen eine wichtige Rolle. Fast ständig nehmen wir unsere Umwelt, die uns umgebenden Personen und Objckte mit all unseren Sinnen wahr. Auch wenn uns diese Wahrnehmungen nicht immer vollends bewusst sind, interpretieren wir sie. Diese Interpretationen machen wir wiederum zum Ausgangspunkt für eine eigene Reaktion oder Antwort.

Ein Lehrer beispielsweise, der aus der Ferne beobachtet, wie sich zwei Schülerinnen auf dem Schulhof laut Schimpfworte zurufen und sich körperlich nahe kommen, wird diese Beobachtung (meist sehr zügig) interpretieren, mit den eigenen Bewertungsmaßstäben für adäquates Verhalten in der Schule abgleichen und gegebenenfalls in den unterstellten Konflikt eingreifen.

Beobachtungen im Alltag sind für uns deshalb wirkmächtig, weil sie uns als wirklich und wahr gelten. An dem Wahrheitsgehalt einer eigenen Beobachtung zweifeln wir nur in wenigen Fällen, beispielsweise wenn der Einfluss psychoaktiver Substanzen oder eine eingeschränkte Geisteskraft unterstellt wird. Auch wissenschaftlichen Beobachtungen kommt eine Wirkmächtigkeit zu. Untersuchungsergebnisse, die auf Beobachtungen beruhen und die bestimmten Gütekriterien genügen bzw. deren Zustandekommen bestimmten Konventionen entspricht (→ Kap. 3.1.4), gelten als wahr und bestimmen den gesellschaftlichen, wissenschaftlichen, medialen und politischen Diskurs mit (Berger & Luckmann, 1971).

Beobachtungen, die häufig eine große Öffentlichkeit erreichen und bedeutende gesellschaftliche Diskussionen anregen, entstehen auch im *literarischen und journalistischen Kontext.* Es gibt beispielsweise eine ganze Reihe von Sozialreportagen, die durch die massenmediale Verbreitung Aufsehen erregten und politische Veränderungen erzwangen. Zu diesen zählt die viel zitierte Arbeit des amerikanischen Schriftstellers Upton Sinclair zu Beginn des 20. Jahrhunderts. In „The Jungle“ (Sinclair, 1978) beschreibt er dezidiert und äußerst anschaulich die Lebens- und Arbeitsbedingungen der Arbeiterklasse. Im besonderen Fokus stehen bei ihm die litauischen Einwandererinnen und Einwanderer, die in den Schlachthöfen und Konservenfabriken von Großunternehmen arbeiteten. Die Beschreibung der unhygienischen Arbeitsbedingungen, die leidvollen, trostlosen Lebensumstände der eingewanderten Familien, aber auch im Gegensatz dazu die von Korruption und Profitinteressen bestimmten Praktiken der Unternehmen, führten in den USA zu weitreichenden gesellschaftlichen und politischen Diskussionen – wenn auch auf Ebene der Gesetzgebung daraus keine bedeutenden Verbesserungen der Rechte der Arbeiterinnen und Arbeiter folgte. „The Jungle“ gilt trotzdem bis heute als eine der einflussreichsten Sozialreportagen. Sie war Anlass dafür,

Upton Sinclair für den Literaturnobelpreis vorzuschlagen und inspirierte Künstler wie Berthold Brecht, dessen berühmtes Theaterstück „Die heilige Johanna der Schlachthöfe“ auf Sinclairs Vorlage beruht. Im deutschsprachigen Raum erlangte seit den 1960er Jahren vor allem Günter Wallraff mit seinen sozialen Reportagen Beachtung. Wallraff arbeitete inkognito in Industriebetrieben, Stahlwerken, Fast-Food-Restaurants und Backfabriken, schleuste sich mithilfe verschiedener Identitäten in psychiatrische Kliniken oder Zeitungsredaktionen ein und berichtete infolgedessen von seinen Erfahrungen in Büchern und Zeitungsartikeln (vgl. Wallraff, 1988, 1999, 2009). Auch wenn die genannten Sozialreportagen und literarischen Berichte im Vergleich zu wissenschaftlichen Beobachtungen nicht den gleichen strengen Gütekriterien entsprechen und oftmals auch ethische Bedenken angemeldet wurden, haben sie nicht selten eine größere politische Wirkung entfaltet als die meisten Beobachtungsstudien der Sozialforschung.

Neben dem Alltag und den journalistischen Sozialreprotagen gibt es noch weitere (nicht-wissenschaftliche) Bereiche, in denen Beobachtungen eine wichtige Rolle spielen. So werden nicht selten zum Zwecke des *Qualitätsmanagements* und der Effizienzsteigerung in Wirtschaftsunternehmen, in Bildungseinrichtungen oder in der öffentlichen Verwaltung Verfahrensabläufe beobachtet und Bewertungen daraus abgeleitet. Die Institutionen werden dann dazu angehalten, Maßnahmen zu entwickeln, die eine Steigerung der Effizienz der Prozesse und der Qualität der Ergebnisse oder Produkte versprechen. Als Beispiel kann ein Großteil der externen Evaluationen im Schulsystem gelten, die in den verschiedenen Bundesländern durchgeführt werden (vgl. Böttcher, 2007). Hier sollen Unterrichtsbeobachtungen unter anderem dazu dienen, das Handeln der Lehrkräfte einzuschätzen und zu bewerten. Dies kann in Bezug auf Merkmale wie wertschätzendes Verhalten, die Beteiligung der Schülerinnen und Schüler am Unterricht, die Stärke des Anwendungsbezugs der Inhalte oder die Differenziertheit der Gestaltung von Lehr-Lern-Prozessen geschehen. Im Gegensatz zur Sozialforschung stehen hinter diesen Arten der Beobachtung immer ein direkter (ökonomischer) Verwertungszusammenhang und die Notwendigkeit von konkreten Maßnahmenplanungen in der pädagogischen Praxis im Anschluss an die Erhebungen.

Was unterscheidet nun aber wissenschaftliche von den bisher genannten nicht-wissenschaftlichen Beobachtungen? In den vorherigen Abschnitten wurden bereits Spezifika *sozialwissenschaftlicher Beobachtung* angedeutet. Dazu zählt die Orientierung an Gütekriterien der qualitativen bzw. quantitativen Sozialforschung (→ Kap. 3.1.4). Wissenschaftliche Beobachtungen müssen – in je spezifischer Gewichtung – den Forderungen nach Validität, Reliabilität und Objektivität genügen. Hinzu kommt der Umstand, dass wissenschaftliche Beobachtungen zuallererst in einem *wissenschaftlichen Verwertungszusammenhang* stehen. Aus ihnen müssen sich nicht notwendig und direkt konkrete Maßnahmen für die (pädagogische) Praxis ableiten lassen, sondern der Erkenntnisgewinn an sich ist deren Funktion. In Abgrenzung zu nicht-wissenschaftlichen Beobachtungen stellt Diekmann (2010, S. 550) zwei weitere Merkmale wissenschaftlicher Beobachtung fest. Zum einen ist dies der *Bezug auf Forschungshypothesen*. Diese sollen entweder in explorativen Beobachtungsstudien neu entwickelt oder in deskriptiven wie auch kausalen Untersuchungen im Vorfeld formuliert und dann bestätigt bzw. widerlegt werden. Zum anderen unterliegen Beobachtungen in der Sozialforschung einer *stärkeren Kontrolle und Systematik*. Dies betrifft sowohl die Beobachtungssituation an sich, wie auch die Auswertung der gesammelten Daten. Das bedeutet jedoch nicht, dass Beobachtungen stets hoch standardisiert sein müssen. Kontrolle und Systematik ergeben sich eher aus einer steten *selbstreflexiven Haltung* der forschenden Person bezüglich des Untersuchungsgegenstandes und einer *soliden wissenschaftstheoretischen und methodologischen Fundierung* (vgl. Flick, von Kardorff & Steinke, 2003, S. 251–331) der Untersuchungen. Die Methodologie gibt dabei Auskunft darüber, wie Theorie und konkrete Methode vermittelt werden. Erst diese erlaubt es, begründet zu entscheiden, warum, wie und was beobachtet werden soll. Ziel sollte es immer sein, eine Konsistenz aus wissenschaftstheoretischen und methodologischen Vorannahmen und Beobachtungspraxis zu gewährleisten. Hinzufügen möchte ich noch ein weiteres wichtiges Merkmal wissenschaftlicher Beobachtung, das diese von nicht-wissenschaftlichen Beobachtungen unterscheidet: Wissenschaftliche Beobachtungen unterliegen einer stärkeren Forderung nach *Transparenz*. Das bedeutet, dass die forschende Person dezidiert mitteilen muss, auf welchem Weg sie zu ihren Erkenntnissen gekommen ist, auf welche Art die Beobachtungen durchgeführt wurden, wie diese dokumentiert wurden, wie Ergebnisse entstanden sind und Interpretationen abgeleitet wurden. Diese Transparenz ist zuerst gegenüber der scientific community und anderen Abnehmerinnen und Abnehmern der Ergebnisse herzustellen, aber auch gegenüber den Beobachteten selbst (→ Kap. 3.1.5 und 4.1). Diese besondere Verantwortung liegt nicht zuletzt deshalb in den Händen der Forscherinnen und Forscher, weil Ergebnisse wissenschaftlich verwertet und veröffentlicht werden und (Argumentations-)Grundlage für wichtige politische Entscheidungen sein können.

Sozialwissenschaftliche Beobachtungen sollen im Fokus der folgenden Darstellungen stehen. Dabei wird in einem ersten Schritt erläutert, was Beobachten in der Sozialforschung im Allgemeinen und in der Schulforschung im Speziellen bedeutet und welche Formen der Beobachtung sich unterscheiden lassen. Darauf folgt eine kurze Darstellung der historischen Genese der Beobachtungsverfahren in der Sozialforschung. Es wird dabei deutlich werden, dass der beobachtende, sezierende Blick nicht immer als bedeutendes Instrument im Forschungsinventar erschien. Erst seit dem 19. Jahrhundert entwickelte sich eine recht beachtliche Tradition der Sozialforschung, die durch Beobachtungsverfahren zu Erkenntnissen kam. Auf den historischen Exkurs folgend werden die Erhebungssituation und damit im Zusammenhang stehende Problembereiche – wie auch Möglichkeiten der Auswertung von Daten aus Beobachtungssituationen – vorgestellt. In einem letzten Schritt soll mithilfe der Beispielstudie „Geschlechteralltag in der Schulklasse“ der Schulpädagogen Georg Breidenstein und Helga Kelle (1998) entlang des forschungslogischen Planungsmodells (→ Kap. 3.1.1) der Verlauf einer Beobachtungsstudie konkret nachvollziehbar gemacht werden.

3.2.1.2 Beobachten in der empirischen Sozialforschung

In seinem Übersichtswerk zur empirischen Sozialforschung weist Diekmann (2010, S. 548) darauf hin, dass in einem weiten Sinn alle Arten der Datenerhebung als Beobachtungsverfahren gelten könnten. Auch wenn eine Forscherin oder ein Forscher den Ausschlag des Zeigers eines Messgerätes ablese und den angezeigten Wert notiere oder wenn die angekreuzten Kästchen eines Fragebogens abgelesen würden, geschehe dies mittels visueller Wahrnehmung. Dies wäre aber ein zu weiter Begriff von Beobachtung, der auf nahezu alle Formen der wissenschaftlichen Datengewinnung zutreffen würde. Eine Abgrenzung zu mündlichen und schriftlichen Befragungen oder zu Dokumentenanalysen wäre über einen solchen Begriff nicht mehr möglich. *Deshalb spricht man in der empirischen Sozialforschung zumeist nur dann von Beobachtungen, wenn Menschen, deren Handeln und die daraus folgenden Verhaltensresultate, aber auch die Umgebung, in der dies hervorgebracht wird, direkt wahrgenommen und dokumentiert werden.*

Die Beobachtung kann, anders als der Name es nahelegt, neben den visuellen Reizen auch alle anderen sinnlichen Eindrücke umfassen: auditive, olfaktorische und haptische Reize wie auch Geschmacksreize. Zu den menschlichen Handlungen gehört das Sprachhandeln mitsamt der nonverbalen Ausdrucksformen (Mimik, Gestik etc.) wie auch die Art der Menschen, soziale Merkmale zum Ausdruck zu bringen. Letzteres kann über die Wahl der Kleidung, bestimmter zur Schau getragener Symbole oder auch Wohn- und Lebensformen geschehen.

Je nachdem, wie ein Forschungsvorhaben konzipiert ist (→ Kap. 3.1.4), gelangt Unterschiedliches in den Fokus der Beobachtung. Dabei können auch die Welt, die die Beobachteten umgibt, und der situative Beobachtungskontext in unterschiedlichem Maß in die Untersuchung einbezogen werden. In der Schulforschung ist dies in erster Linie die spezifische Schule selbst, in der die Untersuchung durchgeführt wird, wie auch deren lokale Verortung. Ein gutes Beispiel dafür bietet die Kontextbeschreibung der Studie von Breidenstein und Kelle (1998), die im Abschnitt „Am Beispiel“ noch genauer vorgestellt wird. In ihrer Untersuchung beschreiben die Forscherin und der Forscher zu Beginn der Arbeit ihre ersten Eindrücke der untersuchten Schule:

> Die Laborschule Bielefeld ist ein flaches, langgestrecktes Gebäude mit einem charakteristischen, an eine Fabrikhalle erinnernden Dach. Große Flächen grauen Sichtbetons und schnörkelloser Funktionalismus verweisen auf die Architektur der 70er Jahre. Die

> aufdringlichste Wahrnehmung beim Betreten des Gebäudes ist eine olfaktorische: Es *riecht* nach Schule, nach verbrauchter Luft und nach großen Mengen von Menschen. Doch man gewöhnt sich schnell an die Atmosphäre, und der optische und der akustische Sinn treten wieder in den Vordergrund. Schon auf der ‚Schulstraße' – ein [sic] sich durch das ganze Gebäude ziehender breiter [sic] Gang – gibt es viel zu sehen: An den Wänden hängen Produkte aus Kunstunterricht oder Projekten, eine Glaswand gewährt Einblick in einen Computerraum, in dem sich oft mehrere Kinder vor den Bildschirmen drängeln, und vor allem während der Pausen herrscht ein ständiges Kommen und Gehen im Gang.
>
> (Breidenstein & Kelle, 1998, S. 22)

Das Beispiel macht zum einen deutlich, dass ganz unterschiedliche Sinneseindrücke Gegenstand von Beobachtungen sein können, und zum anderen im schulischen Kontext nicht nur Unterricht, sondern auch außerunterrichtliche Situationen detailliert beobachtet und beschrieben werden können. Gerade bei Untersuchungen zur Schulkultur ist es sinnvoll, den Blick über den Unterricht hinaus auch auf außerunterrichtliche schulische Lebensbereiche zu lenken.

Beobachtungsverfahren können in der empirischen Sozialforschung im Allgemeinen und in der Schulforschung im Speziellen ganz unterschiedlich konzipiert sein. Es gibt nicht *die* Beobachtung, die einheitlich in allen Forschungskontexten Anwendung findet. Dies bedeutet wiederum, dass es notwendig ist, begründet und an der Forschungsfrage wie auch den wissenschaftstheoretischen und methodologischen Grundannahmen orientiert, genau zu überlegen, welche Art von Beobachtung sinnvoll ist und realisiert werden kann. Auch spezifische forschungsethische Fragen werden an dieser Stelle berührt (→ Kap. 3.1.5).

In den einschlägigen Lehrbüchern und Überblicksdarstellungen zu Beobachtungsverfahren (vgl. u.a. Atteslander, 1991; Brosius, Haas & Koschel, 2009; Diekmann, 2010; Lüders, 2003) finden sich mehr oder weniger ähnliche heuristische Kategorien, mit denen sich die Vielzahl möglicher Beobachtungsverfahren systematisch zusammenfassen und ordnen lässt. Das verfolgte Ziel dabei ist aber nicht allein, eine Überblicksdarstellung über Beobachtungsverfahren und deren Klassifikation zu erhalten, sondern eine darüber hinaus gehende Systematisierung des Wissens um Möglichkeiten und Grenzen der jeweiligen Beobachtungsformen. Im Folgenden sollen deshalb die wichtigsten davon genannt und Problembereiche erläutert werden, die damit in Verbindung stehen. Die verschiedenen Formen der Beobachtung unterscheiden sich bezüglich (1) der Rolle der beobachtenden Person, (2) der Beobachtungssituation, (3) der Spezifik der Erhebung und Protokollierung (vgl. Brosius et al., 2009, S. 192) und (4) der Auswertungsmethode.

Ad (1) Die Rolle der beobachtenden Person

Teilnehmende vs. nichtteilnehmende Beobachtung

Eine der wichtigsten Entscheidungen, die im Vorfeld einer Beobachtungsstudie gefällt werden muss, ist diejenige, welche Rolle die Forscherinnen und Forscher im Feld spielen und inwiefern diese am sozialen Geschehen der zu Untersuchenden teilnehmen sollen. Damit sind gleichzeitig die Fragen verbunden, inwieweit die Forschenden auf die Beforschten Einfluss nehmen, wie sie mit ihnen interagieren und an ihren Lebensvollzügen teilhaben sollen. Ziel ist es immer, natürliches Verhalten zu beobachten, also Verhalten, das so oder so ähnlich auch außerhalb von wissenschaftlichen Untersuchungen konstatiert werden könnte. Die Beobachtungen sollten also über den engen Kontext der Untersuchung hinausweisen und auf weitere (schulische) Situationen übertragbar sein. Dies kann dann verhindert werden, wenn die Beobachteten ihr Verhalten sehr stark der Beobachtungssituation anpassen. Ein Beispiel soll dies deutlich machen:

> Die Anwesenheit von Forschenden in einem Klassenzimmer, die noch dazu Protokolle anfertigen oder vielleicht sogar Videoaufnahmen machen, kann dazu führen, dass sich Lehrkräfte kontrolliert fühlen und ihr Verhalten so verändern, dass es den durch die Lehrkraft antizipierten Erwartungen der Forschenden entspricht. Es ist dabei vorstellbar, dass beispielsweise die Instruktionen und Erläuterungen an die Schülerinnen und Schüler besonders ausführlich und elaboriert geschehen, da sie sich nicht nur den Schülerinnen und Schülern gegenüber erklärt, sondern auch den weiteren Personen im Klassenraum. Die betreffende Lehrerin oder der Lehrer macht sich, beobachtet durch eine Wissenschaftlerin oder einen Wissenschaftler, Gedanken darüber, was diese für ein Bild von gutem Unterricht haben könnten, und möchte sich infolgedessen als besonders gute Lehrkraft darstellen und inszeniert Unterricht, von dem sie annimmt, dass dieser den pädagogischen, didaktischen und methodischen Ansprüchen der Beobachtenden entspricht. Dazu gehört neben einer hohen Transparenz von Lernzielen möglicherweise auch ein besonders wertschätzendes Verhalten der Klasse gegenüber oder ein methodisch differenzierter und differenzierender Unterricht.

Es ist kaum möglich, den Einfluss der Beobachtenden auf das Verhalten der Beobachteten gänzlich auszuschließen. Dies ist vor allem dann der Fall, wenn eine Beobachtung nicht verdeckt stattfindet (Girtler, 2001, S. 62–65). Gute Sozial- und Schulforschung reflektiert diesen Umstand jedoch immer und bezieht ihn bei der Interpretation und Erkenntnisgewinnung mit ein. Die Folge daraus kann dann sein, dass die eigentliche Forschungsfrage und deren Beantwortung ergänzt werden. Im oben genannten Beispiel rückt dann gegebenenfalls nicht nur die Unterrichtsqualität der Lehrkraft in den Blick, sondern auch Zuschreibungen, die sie bezüglich Personen aus der Wissenschaft vornimmt, und Erwartungen, die sich daraus ergeben.

Die Frage der Teilnahme oder Nicht-Teilnahme bei der Beobachtung stellt sich jedoch nicht nur im Hinblick darauf, ob die Beobachteten sich so verhalten, wie sie es normalerweise tun würden. Sie stellt sich auch im Hinblick auf die Beobachtenden. Der Grad der Teilnahme bzw. Nicht-Teilnahme muss stets so gewählt sein, dass die Gegenstände und Phänomene, die von Interesse sind, auch adäquat beobachtet werden können. So kann eine große Distanz zu den Beobachteten und ein möglichst verstecktes, unauffälliges Auftreten dazu führen, dass viele interessante Sachverhalte und spannende Erkenntnisse, die im Hinblick auf die Beantwortung der Forschungsfrage hilfreich sind, nicht in den Blick geraten, übersehen oder von den beforschten Personen selbst versteckt gehalten werden. Auch dies soll an einem Beispiel deutlich gemacht werden:

Eine Untersuchung zu den Ehrlichkeitspraxen von Schülerinnen und Schülern, die der Frage nachgeht, wie diese bestimmte schulische Leistungsnormen umgehen, indem sie beispielsweise Spickzettel auf ganz unterschiedliche, kreative Art und Weise benutzen, sie in Büchern, Toilettenspülkästen oder Kleidungsstücken verstecken, sich im Vorfeld von Testaten darüber auf dem Schulhof austauschen oder die Spickzettel mit großer Akribie zu Hause gemeinsam anfertigen, kommt nicht umhin, die Beobachtung dieser fast ausschließlich im Geheimen stattfindenden Formen des Umgangs mit schulischen Normen durch einen hohen Grad an Teilnahme am Leben der Schülerinnen und Schüler überhaupt erst zu ermöglichen.

Das letzte Beispiel macht aber auch deutlich, dass der teilnehmenden Beobachtung in der Schulforschung Grenzen gesetzt sind. Diese ergeben sich daraus, dass bestimmte Verhaltensweisen, gerade wenn diese nicht den schulischen Normen entsprechen, im Verborgenen stattfinden. Fällt es hier eventuell noch leicht, am sozialen Leben der Lehrerinnen und Lehrer teilzunehmen und selbst die Rolle als vertrauliche Lehrperson zu übernehmen, ist es in Bezug auf die Schülerinnen und Schüler und der Teilnahme an und dem Einleben in deren Kultur nur sehr begrenzt möglich. Dies verhindert nicht zuletzt ein möglicher großer Altersunterschied zwischen Beobachteten und Beobachtenden und der explizite Ausschluss von als erwachsen geltenden und etikettierten Personen aus manchen jugendkulturellen Praxen.

Ad (2) Die Beobachtungssituation

Reaktive vs. nicht-reaktive Beobachtung

Gerade wenn ein bestimmtes Verhalten oder Ereignis, das beobachtet werden soll, nur selten oder gar nicht auftritt, ist zu überlegen, ob man es nicht durch einen bestimmten Reiz, eine Frage oder Aufforderung an die Beobachteten initiiert bzw. provoziert (vgl. Brosius et al., 2009, S. 197). Dabei ist jedoch zu beachten, dass die Aufforderung die Person nicht in Bedrängnis bringt, sie psychisch oder physisch belastenden Situationen aussetzt (→ Kap. 3.1.5). Der Ethnomethodologe Harold Garfinkel ist einer der bekanntesten Forscher, der sogenannte reaktive Beobachtungen zur Erkenntnisgewinnung genutzt hat. In seinen „Krisenexperimenten" hat er versucht, das Wissen von Menschen im Alltag und dessen implizite, unausgesprochene Regeln zu rekonstruieren, indem er die oftmals routinisierten, veralltäglichten Handlungspraxen fragwürdig erscheinen lassen hat. So forderte Garfinkel beispielsweise seine Studierenden auf, sich einmal im Elternhaus wie eine fremde Person zu verhalten, besonders höflich zu sein, die Eltern zu siezen oder nach der Toilette zu fragen. Die Studierenden sollten dann beobachten, wie die anderen Familienmitglieder damit umgehen. In den meisten Fällen führte das Verhalten zu Irritationen, harschen Worten oder Eskalationen innerhalb der Familie, wenn die Studierenden ihr Verhalten nicht änderten. Damit konnte Garfinkel die sozialen Normen, die in Familien unhinterfragt gelten, aufdecken (vgl. Garfinkel, 2011, S. 35–75). Eine solche Erkenntnis ist nur durch die bewusste Initiation der Situation und dadurch möglich gewesen, dass Garfinkel bzw. seine Studierenden dem Alltagshandeln der Menschen ein „Bein gestellt“ und es „ins Stolpern“ (Breidenstein, 2008a, S. 207) gebracht haben.

Nicht-reaktives Verhalten wird im Gegensatz zum reaktiven Verhalten nicht durch die Forschenden initiiert. Vor dem Hintergrund der oben bereits ausgeführten Schwierigkeiten, als Beobachterin oder Beobachter keinen Einfluss auf das Forschungsfeld und deren Beteiligte zu nehmen, könnte man den Schluss ziehen, dass alle Beobachtungen reaktiver Art sein müssen. Dann reduziert sich die nichtreaktive Beobachtung auf verdeckte Beobachtung und die Beobachtung von Verhaltensspuren. Im engeren Sinne sollte deshalb von reaktiver Beobachtung nur dann die Rede sein, wenn die Verhaltensbeeinflussung und die Initiation von Handlungen bewusst durch die Forschenden vorgenommen werden.

Offene vs. verdeckte Beobachtung

Die Unterscheidung zwischen offenen und verdeckten Beobachtungen bezieht sich darauf, ob den beobachteten Personen bewusst ist, dass sie beobachtet werden. Wie bei den anderen Unterscheidungsmerkmalen sind die Grenzen auch hier fließend. Einer Gruppe von Schülerinnen und Schülern wird zu Beginn einer Untersuchung eventuell sehr bewusst sein, dass sie beobachtet werden. Im Laufe der Zeit werden sie dies aber möglicherweise vergessen und der Situation, beobachtet zu werden, keine Bedeutung mehr zumessen. Ob eine Beobachtung verdeckt oder offen durchgeführt werden sollte, hängt erneut sowohl mit forschungsethischen Fragen als auch mit Fragen der Erkenntnisgewinnung zusammen. Forschungsethik und Erkenntnisinteresse stellen oft konträre Anforderungen an das Vorgehen, so dass nicht beiden Aspekten in gleichem Maße Rechnung getragen werden kann. Manche Beobachtungen werden sicher nur verdeckt möglich sein, um Erkenntnisse zu einem Gegenstandsbereich zu gewinnen. Möchte man beispielsweise untersuchen und beobachten, wie Lehrerinnen und Lehrer mit einem Evaluationsbericht, der im Schulhaus ausliegt, umgehen, ob sie ihn beachten, darin lesen oder eher ignorieren, macht es sicher wenig Sinn, ihnen das Vorhaben vorher mitzuteilen, da dies mit großer Wahrscheinlichkeit ihr Verhalten beeinflussen würde. Auf der anderen Seite sind manche Beobachtungen auch nur offen möglich, da die zu beobachtenden Verhaltensweisen im Verdeckten vonstattengehen und, wenn die Forschenden nicht eingeweiht werden, normalerweise verborgen bleiben. Dies kann beispielsweise bei abweichendem und schulaversivem Verhalten der Fall sein. Aus forschungsethischer Perspektive muss stets die Frage beantwortet werden, wie viel die beobachteten Personen von der Untersuchung wissen müssen, um sich gegebenenfalls gegen eine Beobachtung entscheiden zu können. Gerade das heimliche Anfertigen von Audio- und Videoaufzeichnen ist aus dieser Sicht heraus nicht zulässig und stellt auch im juristischen Sinn einen Eingriff in die Persönlichkeitsrechte der Betroffenen dar.

Direkte vs. indirekte Beobachtung
Beobachtungen können das eigentliche menschliche Verhalten erfassen (direkte Beobachtung), aber auch die Resultate dieses Verhaltens (indirekte Beobachtung). In manchen Fällen wird es nur schwer möglich sein, das Verhalten direkt zu beobachten, weil es im Verborgenen stattfindet oder eine Beobachtung zu aufwendig wäre. Deshalb ist es auch möglich und zum Teil auch notwendig, die Ergebnisse des Verhaltens in den Blick zu nehmen. Beispielsweise werden sich Schülerinnen und Schüler, die eine Wand des Schulgebäudes (unerlaubt) mit einem Graffiti bemalen oder beschriften, kaum dabei beobachten lassen. Vielmehr würden sie eine Beobachtung als Kontrolle empfinden und ihre Sprayaktion beenden oder gar nicht erst damit beginnen. So kann es durchaus Sinn machen, nicht das Sprayen oder „Signieren" von Wänden (sogenanntes Taggen) an sich zu beobachten, sondern das Graffiti im Nachhinein zu untersuchen. Dann besteht die Möglichkeit, danach zu fragen, wann, wo, auf welche Art die Graffitis entstanden sind und gegebenenfalls auch, vor dem Hintergrund des Wissens um szenespezifische Tags, wer sie hergestellt hat, um daraus abzuleiten, welche Funktion sie im Leben von Jugendlichen erfüllen.

Offline- vs. Online-Beobachtung
Kinder und Jugendliche wachsen heute in mediatisierten Welten auf (Theunert & Schorb, 2010). Ein stetig wachsender Teil ihres Lebens findet in Auseinandersetzung mit Medien statt. Dies betrifft das Leben außerhalb, aber auch innerhalb der Schule. Gerade netzbasierte, audio-visuelle Medien gewinnen in konvergenten Medienwelten eine immer größere Bedeutung. Deshalb kann es sinnvoll und notwendig sein, auch das „Online-Verhalten" zu untersuchen (Marotzki, 2003). Doch nicht nur Heranwachsende betrifft die zunehmende Mediatisierung, sondern auch Erwachsene und damit im Speziellen Lehrkräfte, deren Arbeitsabläufe in wachsendem Maße netzgestützt organisiert werden. So können beispielsweise das Verhalten von Lehrerinnen und Lehrern in schulinternen Foren, im Kontext von E-Learning und Blended Learning (Petko, 2010), aber auch Chataktivitäten von Schülerinnen und Schülern ein wertvoller Untersuchungsgegenstand sein.

Ad (3) Die Spezifik der Erhebung und Protokollierung

Wenig strukturierte vs. hochstrukturierte Beobachtung
Ähnlich wie bei der Befragung (→ Kap. 3.2.2 und 3.2.3) ist es auch bei der Beobachtung für die Art des Erkenntnisgewinns von entscheidender Bedeutung, wie (vor-)strukturiert bzw. standardisiert die Datenerhebung ist. Dabei sollte der Grad der Standardisierung davon abhängig gemacht werden, wie viel Wissen über den zu untersuchenden Gegenstandsbereich vorliegt und welche wissenschafts- und objekttheoretischen, wie auch methodologischen Grundannahmen von den Forschenden vertreten werden (→ Kap. 3.1.3 und 3.1.4).

Immer dann, wenn ein großes Vorwissen über einen Gegenstandsbereich vorhanden ist, ist es möglich, dieses zu nutzen, um in Form einer standardisierten Beobachtung zu Erkenntnissen zu kommen. Bei standardisierten Beobachtungen wird, ähnlich wie auch bei Fragebogenerhebungen (→ Kap. 3.2.3), nicht das soziale Geschehen oder Verhalten von Personen in Gänze beobachtet, sondern einzelne, ausgewählte Merkmale. Die Protokollierung der zu beobachtenden Situation und Personen erfolgt dabei nicht in Form eines Textes, sondern anhand der Zuordnung eines beobachteten Verhaltens zu einer bestimmten, im Vorfeld der Untersuchung festgelegten Kategorie und deren Ausprägung. Dies bedeutet für die Forschenden, dass, bevor die Untersuchungen durchgeführt werden sollen, eine intensive theoretische Beschäftigung stattfindet und unter Einbezug der bisherigen empirischen Ergebnisse der Forschung ein Kategorienschema entwickelt werden muss, das möglichst vollständig ist, um alle relevanten Verhaltensformen bezüglich eines Merkmals erfassen und in der Ausprägung einschätzen zu können (Wellenreuther, 2000, S. 294–298).

Ist in der Wissenschaft nur ein geringes Vorwissen über einen Gegenstandsbereich vorhanden, so ist eine standardisierte Protokollierung wenig sinnvoll. Zu groß ist das Risiko, ein Kategorienschema zu entwickeln, das der empirischen Realität nur wenig entspricht. Deshalb bieten sich an dieser Stelle eher offene Beobachtungsverfahren an. Hierbei wird in Form eines Textes bzw. einer möglichst „dichten Beschreibung" (Geertz, 1987) versucht, die beobachtete Situation präzise und vollständig abzubilden. Das Anfertigen von Notizen und ausführlichen Protokollen kann dann später die Grundlage für eine interpretativ-hermeneutische Analyse sein (vgl. Ausführungen zur Unterscheidung der Beobachtungsformen nach der Auswertungsmethodik weiter unten). Die Schwierigkeit bei dieser Art von Beobachtung besteht darin, intensive Protokollierung und konzentrierte Beobachtung zu vereinbaren und aus der Vielzahl an Eindrücken, die gewonnen werden, die im Hinblick auf die Forschungsfrage relevanten Situationen auszuwählen. Darauf wird weiter unten im Abschnitt „Am Beispiel" noch einmal eingegangen.

Anhand von drei Beispielen aus der Schulforschung soll noch einmal der Unterschied zwischen standardisierten und offenen Beobachtungen verdeutlicht werden. Alle drei Beobachtungsbeispiele haben einen mehr oder weniger ähnlichen Untersuchungsgegenstand: die *Aufmerksamkeit von Schülerinnen und Schülern im Unterricht bzw. das Aufmerksamkeit aufrechterhaltende Verhalten der Lehrkräfte*. Auch wenn der Gegenstand ähnlich ist und auch wenn in allen drei Fällen Beobachtungsverfahren zum Einsatz kommen, sind die Untersuchungen sehr unterschiedlich konzipiert. Die Forscherinnen und Forscher kommen somit auch zu ganz unterschiedlichen Ergebnissen. Bei den Beispielen handelt es sich um das Münchner Aufmerksamkeitsinventar von Andreas Helmke und Alexander Renkl (1992), die Untersuchungen von Jürgen Zinnecker zum heimlichen Lehrplan (Zinnecker, 1975) und das Beispiel eines Beobachtungsbogens, der so oder so ähnlich bei Schulinspektionen zum Einsatz kommen könnte.

Beispiel 1: Das Münchner Aufmerksamkeitsinventar – Eine standardisierte Beobachtung

Ende der 1980er Jahre entwickelten die Schulforscher Helmke und Renkl mit dem Münchner Aufmerksamkeitsinventar ein Instrument, um das Aufmerksamkeitsverhalten von Schülerinnen und Schülern zu untersuchen und zu messen (Helmke & Renkl, 1992). Entsprechend ihrer wissenschaftlichen Herkunft – beide Forscher folgten einer quantitativ-szientistischen Forschungstradition – handelte es sich um ein weitestgehend standardisiertes Beobachtungsinstrument. Mit dessen Hilfe sollte es möglich gemacht werden, während des regulären Unterrichts die Aufmerksamkeit der Schülerinnen und Schüler zu beobachten und zu messen. Der Beobachtung liegt dabei ein Zeitstichprobenverfahren zugrunde. Dies bedeutet, dass ausgewählte oder alle Schülerinnen und Schüler einer Klasse abwechselnd nacheinander für einige Sekunden beobachtet werden. Innerhalb dieser kurzen Zeit wird das Verhalten der Schülerin bzw. des Schülers einer bestimmten Verhaltenskategorie zugeordnet. Das Münchner Aufmerksamkeitsinventar unterscheidet sechs verschiedene Kategorien von Aufmerksamkeitsverhalten, die wiederum in drei Oberkategorien zusammengefasst werden. Die Oberkategorien unterscheiden zwischen ON-TASK-Verhalten (Schüler/in beschäftigt sich mit der Aufgabe), OFF-TASK-Verhalten (Schüler/in beschäftigt sich *nicht* mit der Aufgabe) und NO-TASK-Verhalten (es liegt keine Aufgabe vor). Diese Verhaltensarten werden noch einmal differenziert, so dass die folgenden sechs Kategorien zu Stande kommen:

- ON-TASK passiv (Schüler/in erfüllt die gestellte Aufgabe; z.B. lesen, schreiben, rechnen)
- ON-TASK aktiv (Schüler/in wird ohne Aufforderung aktiv; z.B. sich melden, Mitschüler/in korrigieren)
- ON-TASK reaktiv, fremdinitiiert (Schüler/in folgt einer Aufforderung der Lehrkraft; z.B. Beantworten einer Frage)
- OFF-TASK passiv, nicht interagierend (z.B. Schüler/in träumt, döst vor sich hin)
- OFF-TASK aktiv, interagierend, störend (z.B. Schüler/in stört physisch oder verbal den Unterricht, schwätzt, albert herum)

- NO-TASK (Schüler/in hat keine Aufgabe)

Das beobachtete Verhalten der Schülerinnen und Schüler wird nun mithilfe dieses Schemas kategorisiert und eingeordnet. Neben dem Verhalten werden zudem zwei weitere Aspekte codiert: (a) der Kontext der Beobachtung (fachlich/nicht-fachlich; Arbeitsform etc.) und (b) das Unterrichtsfach. Als Protokolle dienen im ursprünglichen Inventar Strichlisten, die von den Forscherinnen und Forschern angefertigt werden. Es ist aber auch vorstellbar, die Beobachtung und Kategorisierung computergestützt durchzuführen und auszuwerten (Deimel & Schulte-Körne, 2006). Als Ergebnisse sind Häufigkeitsverteilungen oder die Berechnung von Zusammenhängen zwischen den verschiedenen Variablen denkbar (beispielsweise die unterschiedliche Verteilung des aktiven ON-TASK-Verhaltens auf die verschiedenen Unterrichtskontexte und Unterrichtsfächer).

Beispiel 2: Untersuchungen zum heimlichen Lehrplan – Eine offene Beobachtung

Das zweite Beispiel entstammt einer offenen, teilnehmenden Beobachtungsstudie, die von Zinnecker Anfang der 1970er Jahre durchgeführt wurde (Zinnecker, 1975). Zinnecker grenzte sich ganz explizit von quantifizierenden Methoden in der Sozialforschung ab und von einem Verständnis von Unterricht, das technologische Machbarkeit verspricht (Zinnecker, 1975, S. 7–14). Schul- und Unterrichtsforschung dürfe sich seiner Meinung nach nicht darauf beschränken, „quantifizierende Kolonnen und Reihen zu produzieren" (Zinnecker, 1975, S. 7), sondern müsse durch die Teilnahme am Geschehen in der Schule und im Unterricht den Blick öffnen für Details und scheinbar Belangloses. Erst dadurch werde es möglich, das, was in der Klasse wirklich passiert, die wichtigen Prozesse und Abläufe in ihrer Qualität zu beschreiben und sensibel zu analysieren (vgl. Zinnecker, 1975, S. 7f.). Zinnecker und seine Mitarbeiterinnen und Mitarbeiter nutzten keine standardisierten Beobachtungsprotokolle, sondern nahmen über mehrere Jahre hinweg immer wieder an Unterricht teil und fertigten infolgedessen detaillierte Verlaufsprotokolle an. So entstanden Beschreibungen, die im Nachhinein ausgewertet und interpretiert werden konnten. Nur durch den möglichst offenen Zugang zum Feld war es möglich herauszufinden, welche informellen Lernprozesse neben den vorangenommenen, intendierten Lernprozessen an Schulen vonstattengehen. Der *heimliche Lehrplan* (Zinnecker, 1975) konnte beschrieben werden, der neben dem offiziellen, öffentlich gemachten Lehrplan existiert. Zum heimlichen Lehrplan gehört beispielsweise, dass die Schülerinnen und Schüler selbst dafür sorgen, Ordnung im Klassenraum herzustellen und Aufmerksamkeit einzufordern. Die Kinder lernen, sich selbst Grenzen zu setzen, insbesondere dann, wenn der Lehrer der Ordnungsfunktion nicht (mehr) nachkommt. Ein Ausschnitt aus einem Beobachtungsprotokoll soll dies verdeutlichen und zugleich Beispiel für eine offene Form der Protokollierung geben.

> 10 Uhr 40. Die Schüler sind gerade mit dem Singen fertig. Der Lehrer gibt die Anweisung: ‚Nehmt Papier, Radiergummi und Bleistift.' Darauf folgt lautes Gemurmel und eine Schülerin fragt: ‚Warum denn das?' Der Lehrer: ‚Nun spielt mal nicht ver-

rückt, nur weil ihr gerade gesungen habt. – Die Bleistifte müssen nicht soo spitz sein.‘ Der Beobachter notiert, dass diese Worte einer Schar von Schülern gelten, die den Bleistiftanspitzer stürmt. Jemand macht Pst! zur Klasse. Der Lehrer: ‚Füllt das Arbeitsblatt genauso wie gestern aus.‘ [...] Die Klasse liest konzentriert und still.

11 Uhr 01. Der Test ist beendet. Der Lehrer beginnt, die Anweisungen für die nächste Aktivität zu geben. Ein Mädchen zischt den Mitschülern zu: Pst!

11 Uhr 06. [...] Ein Mädchen schlendert bei Hans vorbei und versetzt ihm spielerisch einen Schlag. Er springt hoch, geht zu ihr hin, klatscht sie laut hörbar auf den Rücken und rast davon. Der Lehrer: ‚Ich stelle fest, dass die meisten von euch den Text pünktlich fertig haben. Das freut mich. Jetzt macht euch mal die nächsten fünfzehn Minuten ans Rechtschreiben.‘ Ein Mädchen macht: Pst! Es wird ziemlich laut gemurmelt. Der Beobachter notiert, dass das Pst! ziemlich häufig an diesem Tag zu hören war. Es kam ausschließlich von den Schülern.

(Zinnecker, 1975, S. 63)

Wäre die gleiche Situation mit dem Münchner Aufmerksamkeitsinventar untersucht worden, dann hätte daraus sicher eine ganz andere Form von Ergebnis resultiert. Wahrscheinlich wäre festgestellt worden, dass ein großer Anteil des Verhaltens der Schülerinnen und Schüler auf aktives OFF-TASK-Verhalten fällt. Wie dies jedoch zustande kommt, welche Rolle die Lehrkraft dabei spielt und wie ganz allmählich die Ordnungsfunktion von den Schülerinnen und Schülern übernommen wird, bliebe dem Verfahren verschlossen.

Neben standardisierten und offenen Beobachtungen können auch teilstandardisierte Verfahren eingesetzt werden. Hierbei liegt der Beobachtung ein im Vorfeld der Untersuchung entwickeltes Kategorienschema zugrunde. Zudem erlauben es die Protokolle aber auch, Bemerkungen hinzuzufügen. Auch hierfür sei ein Beispiel gegeben. Es orientiert sich an Beobachtungsprotokollen, die im Rahmen von externen und internen Evaluationen im Schulsystem Anwendung finden.

Beispiel 3: Teilstandardisierte Beobachtung der Schulinspektion zur Aufmerksamkeit im Unterricht

Mit der Etablierung neuer Steuerungssysteme im Bildungssystem (→ Kap. 2.3), sind in allen Bundesländern externe Evaluationen eingeführt worden. Mit deren Hilfe versprechen sich die Kultusbehörden, schulische Qualität bewerten zu können und ausgehend von diesen Bewertungen Qualitätsentwicklung dateninduziert in Gang zu bringen. Neben Befragungen und Dokumentenanalysen (beispielsweise zur Bewertung von Schulprogrammen oder Fortbildungskonzepten) werden im Rahmen der Evaluationen zumeist auch Unterrichtsbeobachtungen durchgeführt (vgl. Böttcher, 2007). Dabei kann das Handeln der Lehrerinnen und Lehrer in den Blick genommen und danach gefragt werden, in welcher Weise es dazu beiträgt, die Aufmerksamkeit der Schülerinnen und Schüler aufrechtzuerhalten. Die unterschiedlichen Merkmale des Verhaltens und deren Ausprägungen können auf einer Skala eingeschätzt werden. Im folgenden Beispiel, das orientiert ist an Instrumenten, die in der externen Evaluation in sächsischen Schulen angewendet werden (Sächsisches Bildungsinstitut, 2006), ist der Beobachtungsbogen um eine Spalte ergänzt, in der offen Bemerkungen durch die beobachtende Person eingefügt werden können.

Beobachtungsbogen zur Untersuchung der Unterrichtsqualität

[...]

1. Aufrechterhalten von Aufmerksamkeit durch die Lehrkraft

1.1 Wertschätzendes Verhalten der Lehrkraft (Zutreffendes bitte ankreuzen!)

	trifft überhaupt nicht zu	⟷			trifft vollkommen zu	Bemerkungen
	- -	-	O	+	+ +	
Der Umgang mit den Schülerinnen und Schülern ist freundlich.						
Der Umgang mit den Schülerinnen und Schülern ist fair.						
Der Umgang ist von Anerkennung geprägt.						
Die Lehrkraft ermutigt die Schülerinnen und Schüler.						
Die Lehrkraft äußert positive Erwartungen bezüglich der Lernleistungen und des Lernverhaltens der Schülerinnen und Schüler.						

[...]

1.2 Beteiligung der Schülerinnen und Schüler (Zutreffendes bitte ankreuzen!)

	trifft überhaupt nicht zu	⟷			trifft vollkommen zu	Bemerkungen
	- -	-	O	+	+ +	
Die Schülerinnen und Schüler kommen zu Wort.						
Fragen der Schülerinnen und Schüler werden ernstgenommen und es wird darauf eingegangen.						
Schülerinnen und Schüler formulieren Lernziele mit.						
Schülerinnen und Schüler bestimmen die Lerninhalte mit.						
Schülerinnen und Schüler entscheiden mit, welche Methoden im Unterricht Anwendung finden.						

[...]

Neben der statistischen Auswertung des standardisierten Teils des Beobachtungsbogens besteht in diesem Fall auch die Möglichkeit, die Bemerkungen interpretativ auszuwerten, ähnlich wie dies bei der Auswertung offener Fragen im Fragebogen der Fall ist (→ Kap. 3.2.3).

Unmittelbare Protokollierung vs. vermittelnde Aufzeichnungen
Die in den vorherigen Beispielen hergestellten Protokolle können unmittelbar im Unterrichtsgeschehen angefertigt werden. Es besteht aber auch die Möglichkeit, vermittelt über Audio- oder Videoaufzeichnungen, die Beobachtungen im Nachhinein zu dokumentieren. Aufzeichnungen haben den Vorteil, dass sie immer wieder angehört oder angesehen werden können. Die wiederholte Beobachtung des Materials erlaubt es, sehr detaillierte Transkripte (Verschriftlichungen des Gesprochenen) und Protokolle (Verschriftlichungen der übrigen Wahrnehmungen, beispielsweise des Gesehenen) anzufertigen. Es besteht zudem die Möglichkeit, den Beobachtungsfokus bezüglich ein- und derselben Situation auf unterschiedliche Bereiche (des Klassenraums) zu lenken. Es wird ermöglicht, Szenen, die in einem ersten Moment eher unscheinbar waren und deshalb übersehen wurden, bei der wiederholten Schau in den Blick zu nehmen. Der Kritikpunkt bei Aufzeichnungen ist zumeist der, dass der Gesamteindruck und das authentische Erleben in der untersuchten Situation verloren gehen können. Deshalb kann es durchaus sinnvoll sein, trotz des Anfertigens von Aufzeichnungen, auch während der Untersuchungssituation anwesend zu sein und Notizen anzufertigen. Diese können im Nachhinein durch die Aufzeichnungen ergänzt werden und erlauben es zudem, den Gesamteindruck und die Fokusse der Beobachtung zu rekonstruieren und für eine Auswertung nutzbar zu machen.

Ad (4) Die Auswertungsmethodik

Statistisch-quantifizierende Auswertung vs. Interpretative Auswertung
Eng mit dem oben beschriebenen Grad der Standardisierung des Beobachtungsverfahrens ist die Form der Auswertung verbunden. Idealtypisch kann zwischen statistisch-quantifizierenden Auswertungsverfahren und interpretativ-hermeneutischen Verfahren unterschieden werden. Bei ersterem werden die Beobachtungen durch die Zuordnung zu Kategorien bzw. Indikatoren in Zahlenwerte überführt und damit der Berechnung statistischer Maßzahlen zugänglich gemacht. Dies können Häufigkeiten, Maße der zentralen Tendenz oder Streuungsmaße sein. Durch das Überführen in mathematische Ausdrücke können zudem komplexere statistische Berechnungen vorgenommen werden, wie beispielsweise Regressions-, Cluster- oder Diskriminanzanalysen (vgl. Bortz, 2005). Dadurch sind Aussagen auf hohem aggregierten Niveau möglich, die jedoch keine Aussagen zum Einzelfall und dessen Spezifität zulassen. Die Stärke interpretativer Auswertungsverfahren liegt dagegen gerade darin, den Einzelfall (das einzelne Subjekt, die einzelne Institution) in den Blick zu nehmen und danach zu fragen, welche spezifische Konstellation von Bedingungen dazu führt, dass er sich in der gegebenen Art und Weise realisiert, und welche subjektiven Sinnzuschreibungen dabei eine Rolle spielen. Auch durch interpretative Auswertungsverfahren können generalisierte Aussagen über mehrere Fälle hinweg gemacht werden. Dies kann mithilfe ver-

schiedener qualitativer Auswertungsverfahren über die induktive und abduktive Bildung von Kategorien, Codes oder Typen geschehen (Kleemann, Krähnke & Matuschek, 2009b). Wie oben bereits angedeutet, ist der Grad der Standardisierung der Erhebung zumeist eng an eines der genannten Auswertungsverfahren gebunden. Das bedeutet jedoch nicht, dass dies notwendig der Fall sein muss. Auch offene Beobachtungen und dementsprechende Textprotokolle sind einer quantitativen Auswertung zugänglich. Dazu bietet sich beispielsweise die qualitative Inhaltsanalyse nach Mayring (2010) an, die anschlussfähig für quantitative Analysen ist.

Neben den bisher beschriebenen Unterscheidungen von Beobachtungsverfahren werden in der Literatur des Weiteren die Differenzierung zwischen Selbstbeobachtung und Fremdbeobachtung, natürlicher und künstlicher Beobachtung, stationärer und variabler Beobachtung, interner und extern beauftragter Beobachtung, Beobachtung mit manueller und Beobachtung mit automatisierter Protokollierung und die Unterscheidung anhand der Zahl der Beobachtungsobjekte (Einzelfallstudie vs. Mehrfällestudie) aufgeführt. Zur näheren Erläuterung dessen sei auf die Publikationen von Oliver Böhm-Kasper und Horst Weißhaupt (2008, S. 111) und Hans Bernd Brosius et al. (2009, S. 192) verwiesen.

3.2.1.3 Historische Genese und Perspektiven

Entwicklung der Beobachtung als wissenschaftliche Methode

Die vorangegangenen Erläuterungen zum Beobachtungsverfahren und die Vielfalt der Möglichkeiten, Beobachtungen in der Sozial- und Schulforschung einzusetzen, deuten bereits auf eine längere Geschichte der Beobachtung hin, in deren Rahmen sich diese Methode ausdifferenzieren konnte. Nun mag man denken, dass Beobachten schon immer zum Kanon wissenschaftlicher Methoden gehörte, dass die sinnliche Wahrnehmung über Augen und Ohren schon immer Quelle der Erkenntnis gewesen sein muss. Dies ist jedoch nicht der Fall. Die sich in den letzten Jahrzehnten stetig entwickelnde Wissenschaftsgeschichte legt nahe, auch im Falle der Geschichte der Beobachtungen davon auszugehen, dass diese historisch kontingent ist. Das bedeutet, dass erst unter bestimmten Bedingungen in einer bestimmten historischen Epoche Beobachtungsverfahren uns als das erschienen, was sie heute sind: Quelle der Wahrheit und des Wissens. In seiner *Archäologie des ärztliches Blicks* (Foucault & Seitter, 2008) hat der französische Philosoph und Wissenschaftshistoriker Michel Foucault gezeigt, wie sich erst im 17. Jahrhundert, zunächst im medizinischen Kontext und dann darüber hinaus, ein empirischer, sezierender Blick entwickelt, der die Dinge und Personen fokussiert – sie, im foucaultschen Duktus gesprochen, unterwirft und in Beschlag nimmt. Auch neuere Untersuchungen legen nahe, davon auszugehen, dass sich die wissenschaftliche Beobachtung erst im Laufe der letzten Jahrhunderte entwickelte und als epistemologische Kategorie durchsetzte (vgl. u.a.

Daston & Lunbeck, 2011, S. 1–9). Auch wenn die Zeitpunkte, zu denen die Zäsuren durch die Wissenschaftshistoriker gesetzt werden, unterschiedlich sind, gehen sie dennoch zumeist davon aus, dass die Beobachtung in den Natur- und Geisteswissenschaften erst in der frühen Neuzeit (d.h. zu Beginn des 16. Jahrhunderts) zur methodischen Grundlage der Forschung wurde. Natürlich haben schon vorher Menschen ihre Welt sinnlich wahrgenommen und haben Forscherinnen und Forscher ihre Sinne genutzt. Dies geschah jedoch sporadisch und unregelmäßig mit dem Blick auf singuläre Ereignisse. Theologie und Naturphilosophie waren die Wissenschaften, denen zu dieser Zeit ein Erkenntniswert zugesprochen wurde. In der frühen Neuzeit erst wird die Beobachtung systematisch, kontinuierlich und auf der Suche nach Regelmäßigkeiten durchgeführt (Daston & Lunbeck, 2011, S. 1–9). Beobachtungsverfahren werden erst ab diesem Zeitpunkt standardisiert und die Ergebnisse der Beobachtungen niedergeschrieben und archiviert. In den Naturwissenschaften entwickelt sich eine ganze Reihe von technischen Instrumenten wie das Fernrohr, das Mikroskop oder das Endoskop, mit denen neue Blicke in die Welt, auf den Menschen und in den Menschen ermöglicht werden. Dies bedeutet jedoch nicht einfach eine zunehmende Spezialisierung einer schon immer dagewesenen Methode, sondern eine neue erkenntnistheoretische Grundlage und epistemische Neuausrichtung der Wissenschaft. Das Beobachtete wird dabei nicht zu etwas, dessen Entdeckung die neuen Techniken und Instrumente erst ermöglichten, sondern es wird durch diese neu konstruiert und hervorgebracht (vgl. Breidbach, 2005, S. 135–188).

Frühe Beobachtungsstudien

In den Sozialwissenschaften wurden Formen der (teilnehmenden) Beobachtung seit dem Beginn des 19. Jahrhunderts angewendet. Einer der Protagonisten dieser Zeit war Frédéric Le Play (1806–1882), der in Frankreich, den deutschen Provinzen und in Belgien Sozialstudien durchführte. Sein Habitus war dabei weniger der eines Wissenschaftlers denn der eines Sozialreformers, der die Verhältnisse untersuchte, in denen die Menschen lebten, mit dem Ziel, politische Veränderungen zu erwirken und Antworten auf die soziale Frage zu finden. Gegenstand seiner Untersuchungen war das Leben der Menschen in der Arbeiterklasse, insbesondere das der Minenarbeiter. So untersuchte er u.a. das Leben in den Bergwerken in Clausthal im Harz, aber auch in den Familien der Arbeiterinnen und Arbeiter. Dabei nutzte er Beobachtungen ebenso wie Befragungen und die Analyse von Haushaltsbudgets (Porter, 2011). In einer ähnlichen Tradition sozialreformerischer Arbeiten stehen auch Friedrich Engels (1820–1895), der die Lebens- und Arbeitsbedingungen irischer Arbeiterinnen und Arbeiter in Manchester untersuchte, Henry Mayhew (1812–1887) mit seinen Londoner Studien Mitte des 19. Jahrhunderts und Alexandre Parent-Duchâtelet (1790–1836) in Paris. Was die meisten Untersuchungen dieser Zeit verband, war, dass zwischen Forschenden und Beforschten meist eine große Nähe herrschte. Es wurden Menschen und Orte untersucht, die den beteiligten Personen wohlbekannt waren. Eine reflektierte Distanzierung und Unabhängigkeit vom Feld als wichtiges Kriterium objektivierter Beobachtung war kaum vorhanden (Porter, 2011, S. 288).

Beobachtungen zu Beginn des 20. Jahrhunderts

In einem genuin wissenschaftlichen Kontext werden dann zu Beginn des 20. Jahrhunderts die Arbeiten von Bronislaw Malinowski (1884–1942) und Margaret Mead (1901–1978) bedeutend. In ihren ethnologischen Studien, bei denen auf den Trobriand Islands oder in Samoa Beobachtungen durchgeführt wurden, nähern sie sich fremden Kulturen mit dem Ziel, deren Leben und Rituale zu beschreiben und die Frage danach zu beantworten, welche Funktion diese für die Gemeinschaft haben (vgl. u.a. Malinowski & Krafft-Bassermann, 1983; Mead, 1981). Auch im deutschsprachigen Raum werden in dieser Zeit bereits Beobachtungsstudien durchgeführt. Eine der bekanntesten ist die Untersuchung von Martha Muchow (1892–1933) zum Leben des Großstadtkindes (Muchow & Muchow, 1978). In dieser frühen Arbeit zur Kindheits- und Jugendkultur geht Muchow der Frage nach, wie sich Kinder und Jugendliche den städtischen Raum aneignen, wie sie sich in ihm bewegen und ihn umdeuten. Die Untersuchung wurde in den 1930er Jahren in Hamburg durchgeführt und gehört heute zu den Klassikern im Bereich der Beobachtungsstudien. Ein Auszug aus der Studie soll ein anschauliches Beispiel dafür geben, wie sich Muchow der kindlichen Lebenswelt genähert und diese gedeutet hat. Darin beschreibt sie die ganz eigenen, von denen der Erwachsenen unterschiedenen Aneignungsweisen des städtischen Raums durch die Kinder:

> Wichtiger dagegen ist der Uferrand. Die 26 hier jeweils mit etwa drei Meter Zwischenraum stehenden Prellsteine dienen einmal dazu, das Hineinfahren von Gespannen in den Kanal zu verhindern, zum anderen sollen daran die Trossen der anlegenden Schuten und Ewer befestigt werden. [...] Im übrigen wirkt die Prellsteinreihe trotz der Zwischenräume wie ein Gitter. Sie distanziert die Erwachsenen vom Uferrand; weiter als bis zu den Steinen geht niemand vor, sie zu berühren, kommt kaum einem Erwachsenen in den Sinn.
>
> Anders bei den Kindern! Kaum eines von Ihnen, das überhaupt bis zum Uferrand vorgegangen ist, unterlässt es, zu den Prellsteinen irgendeine Beziehung aufzunehmen. Man setzt sich auf den einen oder anderen der Steine oder schreitet im Spreizschritt über sie hinweg. Am häufigsten aber dient die ganze Reihe zum Bockspringen. Die Größeren verfahren dabei so, dass sie mit größeren Sprüngen oder Sprung mit nachfolgendem Schritt die Zwischenräume ausfüllen und sich so gleichsam skandierend am Ufer entlang bewegen. Die Kleinen nehmen jedes der nur einen halben Meter hohen Hindernisse einzeln und mit beträchtlicher Anstrengung.
>
> (Muchow & Muchow, 1978, S. 52f.)

Was die ethnologischen Studien Malinowskis und Meads, sowie die Studien Muchows verband, war, dass sie sich in eine Position der Befremdung gegenüber den beobachteten Kulturen begaben. Sie wurden nicht als etwas Alltägliches, Vertrautes erfahren, sondern als etwas Unbekanntes, dem man sich als kultureller Laie nähert. Diese entfremdete Haltung und Distanzierung wurden auch für eine ganze Reihe anderer Beobachtungsstudien konstitutiv und bestimmten nicht nur die Untersuchung geografisch entfernter Orte, sondern auch, wie im Fall Muchows, die Untersuchung der eigenen Gesellschaft (vgl. Hirschauer & Amann, 1997).

Als frühe Arbeit im deutschsprachigen Raum ist auch die Untersuchung „Die Arbeitslosen von Marienthal" von Marie Jahoda, Paul Lazarsfeld und Hans Zeisel (2009) zu nennen. Die als Marienthalstudie bekannt gewordene (Beobachtungs-) Studie wurde Anfang der 1930er Jahre in einem kleinen Ort in Gramatneusiedl in der Nähe von Wien durchgeführt. Das Besondere an diesem Ort war, dass durch die Wirtschaftskrise und die damit verbundene Schließung von Fabriken und Betrieben ein Großteil der Bewohnerinnen und Bewohner arbeitslos wurde. Über dreiviertel der Familien des Ortes waren in ihrer materiellen Existenz von Sozialleistungen in Form von Arbeitslosenunterstützung und Notstandshilfe abhängig (Jahoda et al., 2009, S. 38–41). Die Forschergruppe um Marie Jahoda ging daraufhin der Frage nach, wie diese massive Arbeitslosigkeit subjektiv bewältigt wird. Die Studie zeichnete nicht nur ein außergewöhnliches Untersuchungsfeld aus, sondern auch die innovative Verknüpfung von quantitativen und qualitativen (Beobachtungs-)Verfahren. So wurden beispielsweise die Ergebnisse aus offen protokollierten Beobachtungen bei Versammlungen oder Hausbesuchen mit Ergebnissen aus quantitativen Beobachtungen – beispielsweise wurde die Gehgeschwindigkeit der Menschen beobachtet und gemessen – kombiniert (Jahoda et al., 2009).

Wie das letzte Beispiel deutlich macht, entwickelten sich zu Beginn des 20. Jahrhunderts, neben den bereits vorgestellten qualitativen Ansätzen, quantitative Forschungsstrategien, die in Beobachtungsstudien integriert wurden. Das Zeitstichprobenverfahren (Time-Sampling-Verfahren) etwa, bei dem Verhalten direkt in einer natürlichen Umgebung und unter Berücksichtigung bestimmter Zeitintervalle beobachtet wird, wurde Ende der 1920er Jahre von Willard C. Olson entwickelt (vgl. Böhm-Kasper & Weishaupt, 2008, S. 112). Olson gehörte der Child-Study-Movement in den USA an und nutzte standardisierte Beobachtungsverfahren bei der Untersuchung von Vorschulkindern, die er für zu jung hielt, um sie mündlich oder schriftlich zu befragen. Grundaxiom seiner Untersuchungen war dabei die Unterscheidung zwischen normalem und abweichendem Verhalten der Kinder (Galton, 1979).

Untersuchungen in den USA: Die Chicago-School

In den USA entwickelte sich mit der sogenannten Chicago-School Anfang des 20. Jahrhunderts eine Institution, die über mehrere Jahrzehnte prägenden Einfluss auf die Sozialforschung und die Entwicklung von Beobachtungsverfahren hatte. An der Universität von Chicago bildete sich um die zentralen Figuren William I.

Thomas (1863–1947) und Robert E. Park (1864–1944) eine Gruppe von Sozialforscherinnen und -forschern, die Forschungsmethoden entwickelten, vielrezipierte empirische Studien veröffentlichten und für fast 40 Jahre die theoretische Diskussion in der Soziologie und darüber hinaus mitbestimmten. Waren die Arbeiten der Chicago-School in den ersten Jahrzehnten noch sehr stark quantitativ ausgerichtet und einem szientistischen Wissenschaftsverständnis verpflichtet, wurde im Laufe der Jahre auch der Bereich qualitativer Verfahren zunehmend weiterentwickelt. Gegenstände der Untersuchung waren zumeist im Bereich der Stadtsoziologie angesiedelt. Im Rahmen dessen wurden eine Vielzahl Minderheiten- und Subkulturstudien durchgeführt (Bulmer, 1986). In dieser Tradition stehen beispielsweise die Arbeiten von Howard S. Becker über Marihuana-Konsumentinnen und -konsumenten und die Kultur Musikschaffender (Becker, 1966). Anhand dieser Beispiele entwickelte Becker maßgebend die Theorie des Labeling (Becker, 1966). Weitere wichtige Vertreter waren Ernest Burgess, Herbert Blumer oder William F. Whyte. Letztgenannter veröffentlichte in den 1940er Jahren mit der Untersuchung zur „Street Corner Society“ (Whyte, 1996) eine Schrift, die bis heute besonders in der sozialen Arbeit rezipiert wird. In ihr beschreibt Whyte die Sozialstruktur eines italienischen Viertels. Dieses Viertel nannte er *Cornerville*. Entgegen der öffentlichen Meinung zu der Zeit kann er zeigen, dass Cornerville kein chaotischer, desorganisierter Ort ist, sondern das Leben der italienischen Einwanderinnen und Einwanderer hochorganisiert, jedoch nicht in die amerikanische Gesellschaft integriert ist (Whyte, 1996).

Das Centre for Contemporary Cultural Studies in Großbritannien

In Europa war seit den 1960er Jahren vor allem das Centre for Contemporary Cultural Studies an der Universität von Birmingham ein wichtiger Ort für die Entwicklung von Beobachtungsverfahren und -studien. Dort wurden, bis zur Schließung der Einrichtung im Jahr 2002, Untersuchungen im Bereich der Cultural Studies durchgeführt, die die Diskussion um Beobachtungsverfahren in verschiedenen wissenschaftlichen Disziplinen mitbestimmten. Der methodologische Forschungskontext war hier fast ausschließlich ein qualitativer. Theoretische Einflüsse entstammten aus dem Marxismus, Poststrukturalismus, der feministischen Theoriebildung und der Critical Race Theory (Schulman, 1993). Neben den Forschungsarbeiten von Stuart Hall und Angela McRobbie erreichten vor allem die Arbeiten von Paul Willis einen hohen Bekanntheitsgrad. In der sogenannten Lad-Studie (Willis, 1979), die im Original den Titel „Learning to labour. How working class kids get working class jobs“ trägt, geht Paul Willis der Frage nach, welche kulturellen Faktoren und Prozesse dafür verantwortlich sind, dass sich Sozialstrukturen reproduzieren und welche Rolle die Schule dabei spielt. Willis stellt konkret fest: „Die Schwierigkeit zu erklären, wieso Kinder der Mittelklasse Mittelklasse-Jobs kriegen, liegt in der Frage, warum die anderen es ihnen erlauben.

Die Schwierigkeit zu erklären, wieso Arbeiterkinder Arbeiter-Jobs kriegen, liegt in der Frage, warum sie's sich selbst erlauben" (Willis, 1979, S. 11). Seine teilnehmende Beobachtung führte Willis in einer Jungenschule einer britischen Industriestadt in den 1970er Jahren durch. Von Vorteil geriet ihm dabei sicher, dass er selbst noch relativ jung und der Altersunterschied zwischen ihm und den Beobachteten recht klein war. Dies ermöglichte es, einen tiefen Einblick in die Lebensweise der Jugendlichen zu erhalten. Er nahm, wie er selbst schreibt, nicht in der Rolle eines Lehrers, sondern in der eines Mitglieds der Klasse am Unterricht, an Situationen am Arbeitsplatz und an Beratungsgesprächen und -veranstaltungen teil. Neben der teilnehmenden Beobachtung setzte Willis ergänzende Gruppendiskussionen ein und führte informelle Interviews mit Eltern, Lehrkräften wie auch Berufsberaterinnen und -beratern (Willis, 1979, S. 18f.).

Beobachtungen in der Schulforschung
Mit den erwähnten Arbeiten Martha Muchows und Maurice Olsons Anfang des 20. Jahrhunderts und Paul Willis' in den 1970er Jahren sind bereits wichtige Beobachtungsstudien vorgestellt worden, die in der erziehungswissenschaftlichen Forschung und in der Schulforschung Bedeutung erlangten. Beobachtungsstudien besitzen hier also schon eine längere Tradition, im deutschsprachigen Raum wie auch international. Mit Breidenstein (2008b, S. 109) ist jedoch festzustellen, dass diese Untersuchungen selten den Unterricht im engeren Sinn in den Blick genommen haben. Es geht bei diesen eher um die Lebenswelt der Kinder und Jugendlichen, zu der die Schule natürlich als wichtiger Bestandteil gehört. In diesem Zusammenhang spielen aber weniger Phänomene der Unterrichtsgestaltung und der Lehr-Lern-Prozesse eine Rolle als Themen wie Freundschaft, Verliebtheit, Cliquen oder widerständiges Verhalten (Breidenstein, 2008b, S. 109).

Zu den qualitativen Beobachtungsstudien im schulischen Kontext, die große Beachtung fanden, gehören ganz sicher die Untersuchungen zum „hidden curriculum" in den 1970er Jahren. Der Begriff wurde von Philip W. Jackson geprägt und beschreibt die Lernprozesse und -ziele, die nicht im offiziellen Lehrplan verzeichnet sind und nichtsdestotrotz in der Schule verfolgt werden (Jackson, 1990). Anschließend daran hat Zinnecker sein Konzept des „heimlichen Lehrplans" (Zinnecker, 1975) und der schulischen „Hinterbühne" entwickelt, auf der die Akteure das Verhalten auf der „Vorderbühne" des Unterrichts vorbereiten und erproben (Zinnecker, 1978). In dieser Zeit entsteht die ebenfalls vielbeachtete Arbeit „Learning Lessons" des Soziologen Hugh Mehan (1979), der darin zeigt, wie Unterrichtsgeschehen darauf ausgerichtet ist, die Lehrkraft und nicht die Schülerinnen und Schüler in eine zentrale Position zu bringen (Breidenstein, 2008b, S. 109), aber auch, wie Lehrkräfte der Mittelschicht ihre Sprechweise (Prosodie, Wiederholungen, Alliterationen, Sprechgeschwindigkeit usw.) der Sprechweise der Schülerinnen und Schüler anpassen (Falkenberg & Kalthoff, 2008, S. 805).

In den 1990er Jahren wurden Beobachtungsstudien vornehmlich im Rahmen der peer-Kultur-Forschung eingesetzt. Beispiele sind hier die Studien zur Geschlechterforschung von Barrie Thorne (1993), von Donna Eder, Catherine C. Evans und Stephen Parker (1995) oder die nachfolgend ausführlicher vorgestellte Studie von Kelle und Breidenstein (1998). An der Schnittstelle von Migrationsforschung und peer-Kultur-Forschung steht die Studie von Cordula Weißköppel (2001), die als kulturell heterogen wahrgenommene Schulen untersucht und danach fragt, wie ethnische Differenz in diesem Zusammenhang artikuliert wird.

Aktuelle Ansätze und Tendenzen in der Schulforschung
In den letzten Jahren haben sowohl qualitative wie auch quantitative Beobachtungsverfahren in der Schulforschung Verbreitung gefunden. Qualitative Ansätze sind vor allem in der Tradition praxeologischer, ethnografischer und ethnomethodologischer Arbeiten weitergeführt und weiterentwickelt worden. Im deutschsprachigen Raum sind hier vor allem die Arbeiten zum Schülerjob von Breidenstein (2006) zu nennen, Beiträge zur Jungenforschung von Jürgen Budde und Ingelore Mammes (2009) oder auch Arbeiten, die die spezifischen Praktiken des Lehrens und Lernens im Unterricht fokussieren (vgl. u.a. Huf, 2006; Wiesemann, 2000). Quantitative Beobachtungsverfahren haben nicht zuletzt im Rahmen der seit Ende der 1990er Jahre regelmäßig und nahezu weltweit durchgeführten Large-Scale-Assessment-Tests an Bedeutung gewonnen. Bei den sogenannten TIMS-Studien wird durch videogestützte Auswertung von Unterrichtssequenzen in Mathematik und in den Naturwissenschaften das Verhalten von Lehrkräften untersucht und bewertet (vgl. u.a. Baumert, 1997; Hiebert et al., 2011).

3.2.1.4 Erhebung

Im Folgenden werden sowohl Hinweise für die Datenerhebung als auch für die Auswertung von Daten aus Beobachtungen gegeben. Da beide Phasen im Forschungsprozess stark davon abhängig sind, welche spezifische Art von Beobachtung durchgeführt werden soll, ist es an dieser Stelle notwendig, eine Einschränkung vorzunehmen. Die folgenden Ausführungen beziehen sich vornehmlich auf offene, qualitativ ausgerichtete Untersuchungsdesigns mit einem hohen Maß an Partizipation der Forschenden. Hierzu werden forschungspraktische Hinweise gegeben.

Bei quantitativen Untersuchungen, die auf Beobachtungen zurückgreifen, steht wiederum, ähnlich wie auch bei Befragungen mit quantitativer Ausrichtung, die theoriegeleitete Operationalisierung im Mittelpunkt. Dabei werden die zu untersuchenden Phänomene unter Verwendung von Modellen und empirischen Erkenntnissen in feststellbare (d.h. erfrag- bzw. beobachtbare) Indikatoren überführt und daraus ein Fragebogen, ein Leitfaden oder ein Beobachtungsschema erstellt. Deshalb sei an dieser Stelle auf die Kapitel zur schriftlichen Befragung (→ Kap. 3.2.3) und zum Experiment (→ Kap. 3.2.6) verwiesen.

Hinweise und Ausführungen zur Datenerhebung mit qualitativen Beobachtungsverfahren sollen nun anhand von vier, im Forschungsprozess chronologisch aufeinander folgenden Phasen strukturiert werden: (1) die Vorbereitung des Forschungsaufenthaltes, (2) der Einstieg in das Forschungsfeld, (3) der Feldaufenthalt und (4) der Ausstieg aus dem Forschungsfeld.

Ad (1) Die Vorbereitung des Feldaufenthaltes

Bei der Vorbereitung des Feldaufenthaltes geht es vor allem darum, ein theoretisches und methodologisches Vorverständnis zu schaffen, das die Untersuchung und das Finden von Antworten auf die zuvor gestellte Forschungsfrage anleitet. Nur so ist es möglich, die Erhebung gezielt und systematisch durchzuführen. Die eigene Arbeit muss in der bisherigen wissenschaftlichen Diskussion verortet und die Perspektiven der Untersuchung müssen eruiert werden. Zur Vorbereitung gehört ebenfalls die Auswahl der Untersuchungsgruppe und des Ortes, an dem die Untersuchung durchgeführt werden soll. Zudem ist es nötig, schon in dieser Phase erste mögliche Forschungsfokusse festzulegen bzw. die Phänomene zu bestimmen, die bei der Beobachtung weniger beachtet werden sollen. Dies hilft dann bei der eigentlichen Erhebung, die Vielzahl der Eindrücke, beispielsweise im Klassenraum oder auf dem Schulhof, zu strukturieren und systematisch zu erfassen. Dabei muss die Offenheit der Beobachtung bzw. die spätere Veränderung der Fokusse jedoch jederzeit möglich sein. Die Vorbereitung auf den Forschungsaufenthalt hat zudem die Funktion, eine völlig naive Beobachtung zu verhindern, die Gefahr läuft, allein Alltagstheorien und Stereotype zu bestätigen.

Bei einer naiven Beobachtung zum Thema „Geschlecht in der Schulklasse" beispielsweise gerät vornehmlich den Geschlechternormen entsprechendes, stereotypes Verhalten und Erscheinen in den Blick. Verhalten jenseits oder an den Grenzen der Geschlechterordnung (Thorne, 1993) gehen nicht selten verloren. Diese Erfahrung konnte ich häufig mit Studierenden machen, die auf Beobachtungsstudien vorbereitet wurden. Bei Frauen und Mädchen achteten sie besonders auf kommunikative Situationen, Geschwätzigkeit und auf als haushaltsnah attribuierte Tätigkeiten. Bei Männern fiel der Fokus auf den Umgang mit technischen Geräten oder als machtvoll erscheinende Verhaltensweisen (sich bedienen lassen, das Bestimmen von Gesprächsthemen etc.).

Ad (2) Der Einstieg in das Forschungsfeld

Hierbei gilt es in einem ersten Schritt die organisatorischen Vorbereitungen für die Beobachtung zu treffen. Genehmigungen müssen eingeholt werden (beispielsweise vom Schulträger, Schulamt oder von Eltern) und Personen kontaktiert werden, die Zugang zum Forschungsfeld verschaffen und die Forschenden darin einführen. Diese sogenannten Gatekeeper spielen in der traditionellen teilnehmenden Beobachtung eine wichtige Rolle. Sie haben Kontakt zu wichtigen Personen und besitzen Informationen, die für die Forschenden hilfreich sein können (Wittel, 2000). In Schulen sind häufig Lehrkräfte oder Schulleitungen wichtige Gatekeeper, da sie die Organisationsstruktur der Institution sowie viele Schülerinnen und Schüler wie auch Lehrkräfte und außerschulisches Personal genau kennen. Aber auch einzelne Schülerinnen und Schüler, die Ansehen in der Gruppe besitzen, können Zugang zu wichtigen jugendkulturellen Bereichen verschaffen.

Neben den organisatorischen Vorbereitungen muss in einem zweiten Schritt die eigene Rolle im Feld gefunden werden. Die Forschenden müssen sich die Frage stellen, in welcher Beziehung sie zu den Beforschten stehen und welche Rolle sie am ehesten an ihr Forschungsziel bringt. Ist dies eher die Rolle einer erwachsenen Lehrkraft, die Rolle einer Freundin oder eines Freundes, oder die Rolle einer elterlich-vertrauten Person? Oft ist die Suche nach der eigenen Rolle im Feld mit Unsicherheiten verbunden, weil unklar ist, ob die Beforschten die vorgeschlagenen Rollendefinitionen teilen. Deshalb ist hier mit besonderer Sensibilität vorzugehen und nötiges Vertrauen bei den Beforschten sukzessive zu gewinnen. Dieser Prozess kann dadurch unterstützt werden, dass die Forschenden ein möglichst hohes Maß an Transparenz gegenüber den Beforschten gewährleisten, ihnen Einsicht in Aufzeichnungen gewähren oder Forschungsziele kommunizieren, soweit dies möglich ist, ohne das Forschungsvorhaben zu gefährden und Verhaltensänderungen der Beteiligten zu provozieren. Durch das gewonnene Vertrauen wiederum wird es ermöglicht, dass die Forschenden am Leben der Beforschten teilhaben können und ihren Status als auffällige Fremde verlieren. Lothar Krappmann und Hans Oswald (1995) sprechen in diesem Zusammenhang von der Möglichkeit, durch Sichtbarkeit unsichtbar zu werden. Sie widersprechen damit gleichsam der Vorstellung, dass Forscherinnen oder Forscher, wenn sie sich nur möglichst unauffällig im Hintergrund und bedeckt halten, das Verhalten der Beforschten nicht beeinflussen würden. Vielmehr hat ein solches Verhalten Irritationen, Misstrauen, Schweigsamkeit und ungewöhnliches Verhalten der Beforschten zur Folge (Krappmann & Oswald, 1995).

Ad (3) Der Feldaufenthalt

In den eigentlichen Phasen des Feldaufenthaltes spielt die Suche nach der eigenen Rolle und Position in der Gruppe oder Klasse weiterhin eine Rolle. Stetig müssen die Fragen gestellt werden: Wie wirke ich den Personen gegenüber? Wie werde ich wahrgenommen? Welche Rolle wird mir zugewiesen? Inwiefern bestimmt meine Anwesenheit das Verhalten der anderen? Hinzu kommen an dieser Stelle noch die Erhebung und Dokumentation der Beobachtungen. Wie weiter oben bereits erwähnt, kann dies handschriftlich oder auch mithilfe audiovisueller Aufzeichnungstechnik geschehen. Sinnvoll erscheint es in jedem Fall, ein Forschungstagebuch mitzuführen und dieses für Aufzeichnungen von Beobachtetem, aber auch von spontanen Ideen zu nutzen. Praktikabel sind handliche Kladden, die zum einen genug Raum für Notizen geben, zum anderen aber auch leicht in der Tasche verstaut werden können. Gerade im Schulkontext bzw. in unterrichtlichen Situationen ist das Anfertigen von Notizen für die beteiligten Personen zumeist unproblematisch und erregt kein Aufsehen. Schreiben ist eine der gängigsten, am meisten akzeptierten schulischen Praxen, an die Schülerinnen und Schüler wie auch Lehrkräfte gewöhnt sind (Breidenstein & Kelle, 1998, S. 28f.).

Zumeist verläuft der Prozess der Dokumentation der Beobachtungen in zwei Schritten. In einem ersten Schritt werden (während der Beobachtung) kurze Notizen angefertigt, die dann im zweiten Schritt in ausführliche Beobachtungsprotokolle überführt werden. Robert M. Emerson, Rachel I. Fretz und Linda L. Shaw (1995) geben in ihrer Publikation „Writing Ethnographic Fieldnotes" einige wertvolle Hinweise für das Anfertigen von Notizen und Protokollen. Auf ihre Ausführungen wird im Folgenden immer wieder zurückgegriffen.

Feldnotizen, die während der Beobachtung angefertigt werden, sind eine Art Erinnerungsstützen für die Forschenden. Sie helfen im Nachhinein, wenn ausführliche Protokolle hergestellt werden müssen, Beobachtungen erneut zu vergegenwärtigen und zu beschreiben. Feldnotizen anzufertigen, ist eine anstrengende Aufgabe. Zum einen muss ständig zwischen Beobachten und Schreiben gewechselt werden. Zum anderen stellt sich stetig die Frage, ob die wirklich relevanten Ereignisse beobachtet werden. Das Notieren einer kompletten Unterrichtseinheit von 45 oder 90 Minuten kann dazu noch physisch anstrengend sein. Günstig ist es deshalb, ein eigenes System von Abkürzungen und Symbolen zu entwickeln, das es zulässt, Beobachtungen möglichst zeiteffizient zu notieren. Auch Formen der Stenografie oder Schnellschreibmethoden sind als hilfreich einzuschätzen (Emerson et al., 1995, S. 20). Die Texte lassen sich zudem durch Zeichnungen und Skizzen ergänzen, um sich so an die Situation und den Ort des Geschehens später gut zu erinnern. Die Notizen sollten in allen Fällen – zumindest für die Forschenden – gut lesbar und nicht undeutlich geschrieben sein, damit sie im Nachhinein nicht unbrauchbar werden. Die Feldnotizen sollten Informationen zu den relevanten anwesenden Personen und zu dem, was diese tun und sagen, enthalten. Dabei ist insbesondere die genaue Abfolge der Handlungen der Personen wichtig, da sich daraus Rückschlüsse ziehen lassen, wie die soziale Situation strukturiert wird, wie sie funktioniert. Daneben enthalten Feldnotizen auch Informationen über den Ort, an dem beobachtet wird, wenn nötig über Gegenstände, Inventar oder über akustische, haptische und olfaktorische Wahrnehmungen.

Zum *Wie* und *Was* kommt beim Notieren im Kontext von Beobachtungen auch das *Wo* und *Wann*. In den meisten Fällen wird es möglich sein, Notizen direkt während des Beobachtens anzufertigen. Dies ist beispielsweise dann der Fall, wenn eine Klasse beobachtet wird, wie sie eine schriftliche Leistungskontrolle erledigt. Die anwesenden Personen im Raum sind dann auf die Arbeit konzentriert, nehmen die Forscherin oder den Forscher gar nicht wahr oder stören sich nicht daran, dass diese oder dieser ebenfalls etwas zu Papier bringt. Es gibt aber auch

Situationen, in denen das Aufschreiben weniger üblich ist und bei den Anwesenden Unbehagen und Misstrauen erzeugen kann. Wenn beispielsweise eine Gruppe von Schülerinnen und Schülern die Forscherin mit zu einem geheimen Ort nehmen, an dem sie rauchen oder sie sich unerlaubt mit der Forscherin vom Schulgelände entfernen, kann es durchaus irritieren, wenn sie Zettel und Stift zur Hand nimmt und die Situation dokumentiert. In solchen Fällen ist es sinnvoller, direkt im Anschluss an die Situation Notizen anzufertigen. Die Art und Weise, wie Notizen angefertigt werden, hängt nicht nur von der Situation an sich ab, sondern auch davon, in welcher Phase des Erhebungsprozesses man sich befindet und welche Entwicklung die Beziehung der beteiligten Personen zueinander genommen hat. Dementsprechend ist es geboten, stets flexibel und kontextsensibel aufzuzeichnen und das eigene Vorgehen zu verändern, wenn es das Verhalten der Beobachteten zu stark beeinflusst (Emerson et al., 1995, S. 26).

Aus den Feldnotizen werden dann im Anschluss *Feldprotokolle* gefertigt. Dies sollte möglichst zeitnah im Anschluss an den Feldaufenthalt geschehen. Bei der Organisation der Feldaufenthalte ist deshalb darauf zu achten, dass von vornherein Zeiträume eingeplant werden, in denen die Protokollierung stattfindet. Für jede Stunde Beobachtung sollten 1–3 Stunden eingerechnet werden, die es braucht, um ein Protokoll niederzuschreiben (vgl. Emerson et al., 1995, S. 39). Liegt ein zu weiter Zeitraum zwischen Feldaufenthalt und Protokollierung, gehen viele wichtige Ereignisse und Details verloren. Selbst wenn diese notiert wurden, kann es dann vorkommen, dass die Notizen nicht mehr gedeutet und kontextualisiert werden können und im Resultat defizitäre, vereinfachende Protokolle entstehen. Mead (1977, S. 228) spricht in diesem Zusammenhang auch von „rapidly cooling notes“, um mit der Metapher auf das Verblassen von Erinnerungen und die Notwendigkeit ausführlicher, schnell verarbeiteter Notizen hinzuweisen. Zu der Zeit, die für die Protokollierung benötigt wird, kommt hinzu, dass es einen Ort braucht, an den man sich zurückziehen und an dem man konzentriert arbeiten kann. Auch dies sollte möglichst im Vorfeld der Erhebung geplant werden. Dies kann der eigene Schreibtisch sein oder auch ein ruhiges Klassenzimmer, in dem kein Unterricht stattfindet. In die Protokolle gehen dann Informationen aus den Notizen ein, zudem spontan Erinnertes und durch audiovisuelle Aufzeichnungen Dokumentiertes. Bei letzterem muss entschieden werden, inwiefern bzw. in welcher Phase des Forschungsprozesses eine Transkription der Aufzeichnungen sinnvoll ist und ressourcenadäquat umgesetzt werden kann. Im Gegensatz zu den Feldnotizen sind Feldprotokolle ausführliche und möglichst umfassende Beschreibungen der beobachteten Situation. Sie bilden eine anschauliche Erzählung von den Geschehnissen, von denen die Forschenden Zeuginnen und Zeugen waren. Schritt für Schritt zeichnen sie eine kohärente Geschichte der Ereignisse. Neben der hohen Detaildichte sind weitere Aspekte beim Schreiben von Wichtigkeit, die an dieser Stelle kurz zusammengefasst werden sollen:

- Feldprotokolle sollten weniger als Ergebnis, denn als Zwischenergebnis im Prozess der Protokollierung begriffen werden. Es können durchaus im Nachhinein immer wieder Dinge hinzugefügt werden oder es kann versucht werden, sukzessiv eine passende Sprache für das Erlebte zu finden. Oft ist es jedoch wichtiger, in einem ersten Schritt so schnell wie möglich so viel wie möglich zu Papier zu bringen und damit dem Vergessen zu entziehen. Erst im Anschluss daran sollten Überarbeitungen angestellt werden (vgl. Emerson et al., 1995, S. 46–65).
- Statt Ereignisse zu interpretieren und zusammenzufassen, sollte man sich bemühen, stets auf einer beschreibenden Ebene zu bleiben. Dies fällt zumeist dann schwer, wenn wenig über das Forschungsfeld bekannt und dieses noch sehr fremd ist. Strategien, die helfen, einen solchen deskriptiven Anspruch zu verfolgen, sind unter anderem das möglichst detailreiche, umfassende Beschreiben unter Verwendung vieler Adjektive und Adverbien. Visuelle Klischees und Stereotype sollten dabei jedoch vermieden werden. Zu den Strategien gehört auch der Einbezug von Dialogen und die wortwörtliche Transkription des Gesprochenen in Form von direkter Rede, oder auch die ausführliche Charakterisierung von zentralen Personen: wie diese sprechen, wie sie handeln und wie sie sich zu anderen verhalten (vgl. Emerson et al., 1995, S. 68–84).
- Interpretationen können durchaus in Protokollen Platz finden. Zumeist ist dies sogar unumgänglich. Dann sollten die Interpretationen jedoch immer als solche deutlich gekennzeichnet werden. Dies kann geschehen, indem die Forscherin oder der Forscher sich selbst als Produzentin bzw. Produzent der Interpretation in den Protokollen erwähnt (Bsp.: „Ich habe den Eindruck, Tim und Gabi tauschen über mehrere Bänke hinweg verliebte Blicke aus. Ich spüre ein leichtes Knistern in der Luft.“)
- Beim Protokollieren stellen sich Forscherinnen und Forscher mehr oder weniger bewusst ein Publikum vor, für das sie schreiben. Oft ist die Art und Weise des Schreibens in starkem Maße davon abhängig, welches Publikum imaginiert wird. Schreibt man für die Auftraggeberinnen und -geber einer Studie? Schreibt man für Studierende in einem Seminar oder ein wissenschaftliches Publikum? Oder schreibt man für diejenigen, die man vorher beobachtet hat? Empfehlenswert ist es, sich dies bewusst zu machen und zu versuchen, in einem ersten Schritt so zu formulieren, als ob man nur selbst und niemand anderes das Publikum ist. Erst in einem zweiten Schritt sollte überlegt werden, auf welche Art die Daten aufbereitet werden müssen, um adressatenadäquat zu sein (vgl. Emerson et al., 1995, S. 44f.).
- Die vielen Protokolle, die im Laufe einer Untersuchung angefertigt werden, stehen nicht unabhängig voneinander, sondern bilden einen Gesamtkorpus, bei dem die einzelnen Teile (Texte) in Beziehung zueinander stehen. Frühere Texte werden neu entstehende Texte beeinflussen. Forscherinnen und Forscher kön-

nen auf bereits bestehende Texte durchaus verweisen bzw. voraussetzen, dass diese den Kontext eines neuen Protokolls bilden. Dies ist nicht nur bei der Auswertung von Belang. Es bedeutet, dass keiner der Texte unabhängig von den anderen interpretiert werden kann. Auch bei der Protokollierung hat ein solches Verständnis Folgen. So muss beispielsweise nicht in jeder Beobachtungssituation alles von neuem in das Protokoll aufgenommen werden. Ein Klassenraum, in dem über mehrere Wochen Beobachtungen durchgeführt werden und an dem keine Veränderungen vonstattengehen, muss nur zu Beginn detailliert beschrieben werden (vgl. Emerson et al., 1995, S. 45–47).

Mit den angefertigten Protokollen stehen nun Texte zur Verfügung, die ausgewertet werden können.

3.2.1.5 Auswertung

Je nach wissenschaftstheoretischem und methodologischem Grundverständnis ist eine bestimmte Auswertungsstrategie zu wählen. In den meisten Fällen ziehen qualitative Daten, und um solche handelt es sich bei den beschriebenen offenen Protokollen, interpretative Auswertungen nach sich. Dazu zählen beispielsweise die verschiedenen Formen der Qualitativen Inhaltsanalyse, die im Anschluss an Mayring (2010) entwickelt wurden und auf die noch einmal umfassender eingegangen wird (→ Kap. 3.2.3). Ebenfalls sind Formen des Memorierens, Kodierens und der Bildung von Kodierfamilien, wie sie in der Grounded Theory Anwendung finden, möglich (vgl. Glaser & Strauss, 2005) wie auch die Inanspruchnahme der dokumentarischen Methode (Bohnsack, 2011).

Eine Auswertungsstrategie, die speziell für Ereignisse und Gespräche in natürlichen Situationen (d.h. Alltagssituationen) entwickelt wurde, ist die Konversationsanalyse (Kallmeyer & Schütze, 1976). Deshalb wird sie häufig im Rahmen von qualitativen Beobachtungsstudien angewendet. Wie den anderen Auswertungsstrategien auch, liegt der Konversationsanalyse eine bestimmte Vorstellung von Sozialität zugrunde. Sozialität – also die Form, wie sich Menschen zueinander im Alltag verhalten – wird dabei als etwas Geordnetes, Regelgeleitetes begriffen. Die Ordnung, die das menschliche Miteinander strukturiert, ist jedoch nicht stabil, gottgegeben und unumstößlich. Vielmehr ist es eine fragile Ordnung, die in jeder sozialen Situation erneut von den Beteiligten hergestellt werden muss. Ziel der Konversationsanalyse ist es nun, diese Ordnung bzw. die Herstellungsleistung der Individuen zur Aufrechterhaltung der Ordnung zu rekonstruieren und zu beschreiben. Sie geht der Frage nach, wie sich Individuen zueinander verhalten, wie sie ihre Interaktionen und Gespräche (zumeist unbewusst) aufeinander abstimmen. Dabei wird davon ausgegangen, dass das Handeln der Individuen aufeinander Bezug nimmt. Eine Handlung folgt chronologisch auf die andere und muss vor dem Hintergrund der bereits realisierten Handlungen verstanden werden und der Möglichkeiten und Grenzen von Reaktionen, die diese vorhergehenden Handlungen implizieren. So vollzieht sich gemeinsames Handeln, und die Vollzugswirklichkeit gilt es zu beschreiben (Kallmeyer & Schütze, 1976). Aus diesen Grundannahmen kann abgleitet werden, dass bei der konversationsanalytischen Auswertung:

(a) streng sequentiell vorgegangen werden muss. Was eine Sequenz im Text ist, muss im Vorfeld definiert und die spezifische Abfolge der Sequenzen dann untersucht werden.
(b) Kontextwissen einbezogen werden muss. Soweit bekannt, sollte Kontextwissen, das zur Verfügung steht, beispielsweise Besonderheiten der Gesprächssituation, bei der Analyse berücksichtigt werden. Vorangehen sollte jedoch immer eine formalsprachliche Analyse.
(c) fallvergleichend gearbeitet wird. Damit sollen zum einen die Gleichförmigkeit bestimmter Handlungsvollzüge aufgezeigt, aber zugleich systematisch Unterschiede in den Handlungsverläufen aufgedeckt werden.
(d) rekursiv vorgegangen wird. Nach einer Phase der Datenerhebung und Auswertung folgt, durch erste Erkenntnisse angeleitet, eine weitere Phase der Stichprobenauswahl, Erhebung und Auswertung

(Kleemann, Krähnke & Matuschek, 2009a).

Ein solches Vorgehen wird weiter unten „Am Beispiel" noch einmal konkret nachgezeichnet und die Schritte der Auswertung werden nachvollziehbar gemacht.

3.2.1.6 Am Beispiel: „Geschlechteralltag in der Schulklasse. Ethnografische Studien zur Gleichaltrigenkultur"

Als Beispiel für eine Beobachtungsstudie soll nun die Arbeit von Breidenstein und Kelle (1998) zum „Geschlechteralltag in der Schulklasse" entlang des forschungslogischen Planungsmodells (→ Kap. 3.1.1) genauer vorgestellt werden. Dies soll es ermöglichen, dass ein Großteil des Forschungsprozesses anhand eines Beispiels konkret nachvollzogen werden kann.

Formulierung und Präzisierung des Forschungsproblems

Forschungsproblem
Die Studie von Breidenstein und Kelle (1998) ist im Bereich der erziehungswissenschaftlichen Geschlechterforschung zu verorten. Die Autorin und der Autor interessieren sich im Speziellen für den Zusammenhang von Schule und Geschlecht. Sie untersuchen, ob dem Geschlecht in der Schule eine Bedeutung zukommt und, wenn ja, in welcher Weise. Folgt man den Annahmen von Stefan Hirschauer (2001), so ist davon auszugehen, dass Schulen, wie auch andere ge-

sellschaftliche Institutionen, keine geschlechtsneutralen Räume sind. Dies ist der Fall, obwohl wir uns Lehr-Lern-Prozesse durchaus jenseits von Geschlecht vorstellen mögen und Bildung auf den ersten Blick nicht geschlechtlich konnotiert erscheint. In unserer Gesellschaft existiert die implizite Norm des Anspruchs auf Bildung und damit ein Versprechen nach sozialem Aufstieg, das allen Menschen unabhängig von deren Geschlechtszugehörigkeit zukommen soll. Im Widerspruch dazu sind jedoch geschlechtsspezifische Aspekte und Ungleichbehandlungen in eine Vielzahl von Handlungen und Wissensbeständen in der Schule integriert. Die erziehungswissenschaftliche Geschlechterforschung hat darauf bereits in einer Vielzahl an Arbeiten hingewiesen (vgl. z.B. Kreienbaum, 2010). Der scheinbare Gegensatz aus gesellschaftlichen Normvorstellungen bzw. Idealen und der Schulwirklichkeit, in der Geschlecht eine bedeutende Rolle spielt, kann Initiation für eine wissenschaftliche Auseinandersetzung sein. Die Untersuchung im Kontext der erziehungswissenschaftlichen Geschlechterforschung zu verorten, ist jedoch noch ein zu allgemeines Unterfangen. Deshalb muss in einem ersten Schritt nun sowohl eine Klärung und Eingrenzung der zentralen Begrifflichkeiten wie auch des Gegenstandsbereiches stattfinden und diesbezüglich der aktuelle Forschungsstand dargestellt werden.

Theoretischer Rahmen

Breidenstein und Kelle konkretisieren ihr Forschungsinteresse, auch vor dem Hintergrund des aktuellen Forschungsstandes (s. Abschnitt unten zum Stand der Forschung), insoweit, dass weder der außerschulische Bereich noch das Verhalten der Lehrkräfte in den Blick genommen werden soll. Vornehmliches Interesse ist die Frage danach, wie Kinder untereinander im Schulalltag Geschlechtszugehörigkeit zum Ausdruck bringen. Zu den zentralen Begrifflichkeiten im Kontext der Arbeit von Breidenstein und Kelle gehören somit sowohl Schule, Geschlecht als auch die Gleichaltrigenkultur. Diese gilt es, zu erläutern und in einen Zusammenhang zu bringen. *Schule* ist für die Autorin und den Autor zu allererst ein sozialer Ort, an dem viele Menschen zusammenkommen und gemeinsam Zeit verbringen. Und sie ist ein „dichtbevölkerter Ort“ (Breidenstein & Kelle, 1998, S. 13). Als sozialer Ort besitzt die Schule eine Vielzahl von Regeln, die das Handeln der Akteure (Schülerinnen und Schüler, Lehrkräfte etc.) anleiten. Sie ist kein chaotischer, ungeordneter Raum, sondern besitzt allein schon durch die formelle Schulordnung, die Einteilung von Zeiten (Unterrichtszeiten, Pausenzeiten, Arbeitsphasen etc.) und die funktionale Strukturierung von Räumen (Fluren, Klassenräumen, Vorbereitungsräumen, Freiflächen, Sitzplänen etc.) ein hohes Maß an Organisation und Ordnung. Hinzu kommt die informelle Ordnung, die die Akteure entwickeln und an der sie ihr Verhalten ausrichten, auch wenn diese nirgends offiziell niedergeschrieben und kodifiziert wurde (Breidenstein & Kelle, 1998, S. 13). Schule ist aber nicht nur ein regelgeleiteter Ort, an dem die Aktivitäten der Beteiligten durch institutionalisierte Routinen gesteuert werden. Sie kann gleichsam als eine öffentliche Bühne verstanden werden, auf der die Schülerinnen und Schüler, Lehrkräfte und Eltern ihre Rollen erproben und spielen. Gerade die hohe „Dichte der Schulbevölkerung“ erzeugt ständig face-to-face-Situationen, bei denen sich die Beteiligten wechselseitig beobachten, Beobachtungen der anderen antizipieren, sich zueinander in Beziehung setzen und das Verhalten aufeinander abstimmen (Breidenstein & Kelle, 1998, S. 14). Die Metapher der Bühne erlaubt es, das beobachtete Geschehen in der Schule als Inszenierungen zu begreifen. Das bedeutet nicht, dass die Akteure dort bewusst, in der Art einer Darstellerin oder eines Darstellers im Theater, ihre Rollen ausspielen und willkürlich in jede beliebige Rolle wechseln können. Ganz im Gegenteil läuft ein Großteil des Handelns unbewusst und automatisiert ab. Die Bühnenmetapher ermöglicht es jedoch, in eine reflexive Distanz zum Gegenstandsbereich und den Personen zu treten, eine verfremdende Brille aufzusetzen. So soll es ermöglicht werden, jenes (kontingente) Handeln in den Blick zu nehmen, was den Mitgliedern des Feldes Schule nicht mehr sichtbar ist, weil es bereits in ihre Alltagsroutinen integriert ist (vgl. Marotzki, 2006, S. 118f.).

Geschlecht wird von Breidenstein und Kelle, diesen Vorannahmen stringent folgend, nicht als das kognitive oder naturgegebene Merkmal bzw. konsistente Selbstverständnis einer Person begriffen, wie dies in der Psychoanalyse, in der Kognitionspsychologie oder der Biologie geschieht. Geschlecht ist dagegen eine Aufführungspraxis, etwas, das (auf der schulischen Bühne) dargestellt wird. Geschlecht ist etwas, das man tut, in der Art und Weise, wie man sich kleidet, wie man sich bewegt, wie man Geschlecht (Jungen/Mädchen, Männer/Frauen) thematisiert. Die Autorin und der Autor stehen in einer Tradition praxeologischer Forschung, die im Anschluss an Candace West und Don H. Zimmermann (1987) den Begriff des *doing gender* für dieses Tun von Geschlecht verwenden (Breidenstein & Kelle, 1998). Mit dem Tun von Geschlecht durch die Beteiligten wird dieses sogleich hervorgebracht und werden Geschlechterkonzepte aktualisiert und reproduziert. Das Verständnis von Geschlecht als einer Aufführungspraxis eröffnet zugleich die Möglichkeit, es mithilfe einer Beobachtungsstudie zu untersuchen.

Den Begriff der *Gleichaltrigenkultur* verwenden die Autorin und der Autor deshalb, weil sie davon ausgehen, dass Gleichaltrige (peers) spezifische Praktiken und Regeln des Umgangs miteinander ausbilden. Für diese Regeln interessieren sich Breidenstein und Kelle, und weniger dafür, wie sich Erwachsene untereinander verhalten oder Erwachsene mit Kindern bzw. Heranwachsenden umgehen. Damit steht die Studie in der Tradition der angloamerikanischen peer culture-Forschung, die sich seit den 1980er Jahren entwickelte. Der Ansatz distanziert sich von der klassischen Sozialisationstheorie. Kinder und Jugendliche werden nicht als unfertige Erwachsene begriffen, die auf die Erwachsenenwelt vorbereitet werden müssen, sondern Kindsein gilt als eigenständige kulturelle Form mit spezifischen Erfordernissen innerhalb der Gleichaltrigengruppe (Breidenstein & Kelle, 1998, S. 17f.).

Die wissenschaftstheoretische und methodologische Perspektive, die Breidenstein und Kelle einnehmen, ist die der Ethnomethodologie und der Konversationsanalyse (→ Kap. 3.2.1.5; Breidenstein & Kelle, 1998, S. 18f.). Ausgehend von den begrifflichen und (wissenschafts-)theoretischen Grundlagen ist der Gegenstandsbereich nun soweit konkretisiert, dass gezielt der aktuelle Stand der Forschung eruiert werden kann. Die vorgenommenen Konkretisierungen und Einschränkungen im Verständnis der Forschungsgegenstände erlauben es, relevante von weniger relevanten Forschungsergebnissen zu unterscheiden und einen Bezug zu den bisherigen Forschungsarbeiten herzustellen, die in großer Nähe zur eigenen Arbeit liegen, weil sie ein ähnliches Verständnis von Geschlecht, Schule und Kindheit teilen.

Stand der Forschung
In die Recherche zum Forschungsstand beziehen Breidenstein und Kelle Untersuchungen ein, die Aussagen zur Bedeutung des Geschlechts für Kinder im Schulalltag machen. Dabei finden sie eine ganze Reihe von Veröffentlichungen der vergangenen zwei Jahrzehnte, die wichtige Ergebnisse der Schulforschung beinhalten. Sie stellen fest, dass die bisherige Annäherung an den Gegenstand eher davon gekennzeichnet ist, die Unterschiede im Erleben und Handeln von Mädchen und Jungen in der Schule zu beschreiben (vgl. Breidenstein & Kelle, 1998, S. 15). Dazu zählen Arbeiten, die die Bildung geschlechtshomogener Gruppen (schulische Arbeitsgruppen, Freundschaften etc.) untersuchen, wie auch die unterschiedlichen Aktivitäten und Sozialformen (raumgreifende, körperbetonte Aktivitäten in Großgruppen der Jungen vs. Aktivitäten in Kleingruppen der Mädchen), die unterschiedlichen Werte und Statusvariablen (Coolness und körperliche Kraft vs. Familie und äußeres Erscheinungsbild) und die unterschiedlichen Gesprächsformen (vgl. Breidenstein & Kelle, 1998, S. 15). Breidenstein und Kelle merken daraufhin jedoch an, dass allein der Blick auf die Geschlechterunterschiede die Gefahr in sich birgt, nur diese selbst ans Licht zu bringen und nichts darüber hinaus. Deshalb schlagen sie vor, den Blick von den Geschlechter*unterschieden*, zur Geschlechter*unterscheidung* zu wechseln. Dies bedeutet, dass das Ziel der Untersuchung nicht ist, die unterschiedlichen Lebenswelten von Jungen und Mädchen zu untersuchen, sondern der Frage nachzugehen, wie diese selbst von der Kategorie Geschlecht und der Unterscheidung zwischen Mädchen und Jungen, zwischen Männern und Frauen Gebrauch machen bzw. wie sie diese Unterscheidung im Alltag thematisieren. In ähnlicher Art und Weise ist zuvor bereits die amerikanische Soziologin Thorne vorgegangen. In ihrer Studie „Gender Play" (Thorne, 1993) konnte sie zeigen, dass sich Mädchen und Jungen nicht immer geschlechtskonform verhalten und Lebenswelten häufig geteilt werden. Nicht immer spielt Geschlecht eine Rolle, sondern je nach situativem Kontext wird diese Kategorie aktiviert. Der Alltag der Kinder und Jugendlichen sei eher als eine va-

riable Choreografie der Trennung und Vermischung der Geschlechter zu begreifen (Breidenstein & Kelle, 1998, S. 15). Bei Thorne liegt der Schwerpunkt auf den außerschulischen Praxen der Geschlechterunterscheidung, dem Verhalten der Kinder in der Freizeit, auf Spiel- und Sportplätzen. Breidenstein und Kelle interessieren dagegen vornehmlich die schulischen Kontexte.

Forschungsziel
Aus den theoretischen Grundannahmen und dem Wissen aus vorangegangenen Untersuchungen können Breidenstein und Kelle nun ihr eigenes Forschungsziel und ihre Forschungsfragen ableiten. Sie fassen auf der Grundlage dessen zusammen:

> Uns geht es hier darum, die Bedeutsamkeit der Geschlechterunterscheidung, anstatt vorauszusetzen, als empirische Frage zu behandeln: Es gilt jene Situationen und Praktiken zu identifizieren, die der Geschlechterunterscheidung [in der Schule; Anmerkung D. D.] Relevanz verleihen. Wie wird die Unterscheidung von Kindern in ‚Mädchen' und ‚Jungen' in sozialer Praxis zur Geltung gebracht? Unter welchen Vorzeichen und mit welchen Effekten kommt die Geschlechterunterscheidung zur Anwendung? Welchen sozialen ‚Sinn' ergibt sie?
>
> (Breidenstein & Kelle, 1998, S. 16)

Da es der Autorin und dem Autor weder um außerschulische Praxen der Geschlechterunterscheidung geht, noch um solche, die Kinder gemeinsam mit Erwachsenen hervorbringen, betreten sie zur Zeit der Erstellung der Studie thematisches Neuland. Insbesondere im deutschsprachigen Raum ist eine solche Studie bis dahin nicht durchgeführt worden. Mithilfe der Untersuchung kann also versucht werden, diese Forschungslücke zu füllen.

Planung und Vorbereitung der Erhebung

Forschungsplan
Um die Praktiken der Geschlechterunterscheidung zu untersuchen, war es für die Forscherin und den Forscher notwendig, eine Schule aufzusuchen, an der sie das vermutete Verhalten beobachten können. Um sowohl verschiedene Gruppen von Schülerinnen und Schülern miteinander vergleichen zu können und nicht nur den spezifischen Fall einer konkreten Schulklasse (zur *Vergleichsstudie* → Kap. 3.1.1) als auch die Entwicklung innerhalb der verschiedenen Gruppen zu erfassen (zur *Längsschnittstudie* → Kap. 3.1.1), wurden in der Erhebungsphase zwischen 1993 und 1996 zwei Schulklassen regelmäßig beobachtet (vgl. Breidenstein & Kelle, 1998, S. 21).

Im Rahmen der Untersuchung wechselten Erhebungsphasen im Feld und Auswertungsphasen im Forschungsteam einander ab. Dies hatte zwei Gründe: Zum einen sollte so der Gefahr begegnet werden, sich zu sehr im Forschungsfeld zu verstricken und die reflektierte Distanz zu verlieren (Gefahr des „going native"). Zum anderen dienten die Auswertungsphasen auch immer wieder der Reflexion der bisherigen Forschungserfahrungen, der Auswahl von Situationen, die zukünftig in den Blick genommen werden sollen, und einer gegenstandsorientierten Theoriebildung. Ein Forschungsdesign, das diesen Ansprüchen folgt, wird auch als *rekursives Forschungsdesign* bezeichnet (vgl. Breidenstein & Kelle, 1998, S. 21f.), die Art des Auswahlverfahrens (Samplings) heißt *selektives oder theoretisches Sampling* (vgl. Glaser & Strauss, 2005, S. 53–83).

Die notwendigen Ressourcen für die Studie wurden durch die Finanzierung der Deutschen Forschungsgemeinschaft gesichert. Die Untersuchungen von Breidenstein und Kelle waren Teil eines größeren Forschungsprojekts, das den Titel „Prozesse politischer Sozialisation bei 9- bis 12jährigen Jungen und Mädchen" trug und von 1993 bis 1997 an der Universität Bielefeld durchgeführt wurde. Neben an der Studie beteiligten Lehrerinnen und wissenschaftlichen Kolleginnen und Kollegen, mit denen sich Kelle und Breidenstein über die Arbeit und deren Ergebnisse austauschten, erhielten die Autorin und der Autor zudem Unterstützung bei der aufwendigen Arbeit der Transkription von Audiodokumenten, beim Lektorat der Texte und bei der Erstellung einer Druckvorlage. So konnten die personellen Voraussetzungen geschaffen werden, um die Studie durchzuführen und mit deren Abschluss 1998 bei einem Verlag zu publizieren (Breidenstein & Kelle, 1998, S. 5). Der zeitliche Aufwand für das Protokollieren der beobachteten Situationen machte es notwendig, diesen auf einen Umfang zu beschränken, der für die Forschenden handhabbar war. Dies bedeutete, dass bei der eigentlichen Protokollierung eine Auswahl der als relevant erachteten Szenen vorgenommen werden musste. Dies geschah vor dem Hintergrund des Forschungsinteresses und der Forschungsfrage (vgl. Breidenstein & Kelle, 1998, S. 143f.).

Konstruktion des Erhebungsinstruments

Die Untersuchungen fanden in Form teilnehmender Beobachtung statt. Die Beobachtungen waren offen und nicht standardisiert. So entstanden im Laufe der Arbeit Texte in Form von Feldprotokollen und Transkriptionen, die interpretativ ausgewertet werden konnten. Die Feldprotokolle sollten dabei möglichst detailreiche und genaue Beschreibungen des Geschehens in der Schulklasse sein (vgl. Breidenstein & Kelle, 1998, S. 27). Waren die Beobachtungen zu Beginn noch recht breit gefächert und auf das gesamte Geschehen in der Schulklasse hin ausgerichtet, kristallisierten sich im Laufe der Beobachtungen Situationen heraus, die als besonders ergiebig hinsichtlich der Beantwortung der Forschungsfrage erschienen. Diese wurden dann stärker in den Blick genommen (vgl. Breidenstein & Kelle, 1998, S. 30). Diese Fokusse strukturierten die Beobachtung sodann.

Auswahl der Teilnehmer/innen

Die Untersuchung von Breidenstein und Kelle wurde an der Bielefelder Laborschule durchgeführt. Dies hatte vor allem pragmatische Gründe, da die Laborschule als Versuchsschule eng an die wissenschaftliche, universitäre Einrichtung geknüpft ist, an der die beiden zur Zeit der Anfertigung der Studie arbeiteten. Deshalb war ihnen das Feld auch in gewissem Maße vertraut. Jedoch konnten an der Laborschule nicht alle Schülerinnen und Schüler jederzeit untersucht werden. Aus ökonomischen Gründen war es notwendig, eine Einschränkung der Untersuchungszeiträume, der Orte der Untersuchung und der Untersuchungsgruppen vorzunehmen. So entschied man sich, im gesamten Erhebungszeitraum von 1993 bis 1996 fünf acht- bis zwölfwöchige Erhebungsphasen durchzuführen. Erst die längeren Erhebungsphasen erlaubten es, sich intensiv am Leben der Schulklassen zu beteiligen und das Vertrauen der Schülerinnen und Schüler zu gewinnen. Bezüglich der Orte der Untersuchung wurde eine Einschränkung vorgenommen, indem bestimmte Formen des Schullebens beobachtet wurden. Zu diesen gehörten die Betreuungsstunden, die Beschäftigung der Schülerinnen und Schüler an den Schultischen, die Geschehnisse in den Pausen und die Klassenfahrten. Beobachtungen außerhalb dieser schulischen Institutionen fanden nicht statt. Als Beobachtungsgruppen wurden zwei Schulklassen ausgewählt, die vom vierten bis zum sechsten Schuljahr begleitet wurden. Die Kinder waren in dieser Zeit also etwa neun bis zwölf Jahre alt (vgl. Breidenstein & Kelle, 1998, S. 21–34).

Datenerhebung

Die Beobachtungen wurden von Breidenstein und Kelle im genannten organisatorischen Rahmen durchgeführt. Sie begaben sich jeweils nach etwa zweistündiger Beobachtung im Forschungsfeld an die Schreibtische, um detaillierte Protokolle anzufertigen (Breidenstein & Kelle, 1998, S. 21). Ziel der Erhebungen war es, die Kinder so zu beobachten, wie sie sich auch außerhalb eines Forschungskontextes verhalten, und möglichst tief in deren Lebenswelt einzutauchen. Die Autorin und der Autor weisen darauf hin, dass dies nicht immer möglich war. Es gab Situationen, bei denen es für die (erwachsenen) Forschenden nahezu unmöglich erschien, die Geschehnisse und das Verhalten der Kinder zu beobachten, ohne dieses maßgeblich zu verändern. Ein Beispiel dafür stammt aus der Beschreibung einer Situation, die sich auf der Klassenfahrt ereignet. In einem Protokollausschnitt erzählt Helga Kelle davon, wie sie sich mit einer Gruppe Mädchen gemeinsam in einem Zimmer der Jugendherberge aufhält, in dem gerade eine Art Discoveranstaltung stattfinden soll. Die Autorin nimmt die angespannte Situation und das Gefühl des Unbehagens sowohl bei den Kindern als auch bei sich selbst wahr:

> Alle Mädchen tanzen, doch sie scheinen durch meine Anwesenheit verhaltener zu werden. Judith fasst immer wieder ihre langen lockigen Haare zusammen, als machte sie einen Pferdeschwanz, um sie dann wieder loszulassen und zu schütteln. Nina tritt an mich heran, ich solle bloß nicht auf die Idee kommen, mir das hier zu merken oder aufzuschreiben. Aha, es ist eine intime Veranstaltung. Und ich störe sie doch spürbar. […] Irgendeine hat die Vorhänge aufgezogen, was immer an Discoatmosphäre da war, verflüchtigt sich jetzt. Ich habe das Gefühl, dass es kaum gelingen kann, solche

> intimen Situationen zu beobachten, ohne sie grundlegend zu verändern. Die Mädchen wirken jetzt etwas unsicher ob der Situation, und ich bin es auch. (Protokoll: H. K.)
> (Breidenstein & Kelle, 1998, S. 32f.)

Das Beispiel zeigt die Grenzen teilnehmender Beobachtung auf. Es macht zugleich aber auch deutlich, dass eine solche Situation nicht wertlos für die Untersuchung ist. In dem gegebenen Fall gibt sie nämlich Auskunft darüber, welche Bedeutung das Jugendherbergszimmer für die Mädchengruppe hat. Es dient zur Inszenierung von Intimität (Breidenstein & Kelle, 1998, S. 32f.).

Eine Anforderung bei der Beobachtung ist es, aus der Vielzahl an Eindrücken innerhalb einer Situation die relevanten Ereignisse auszuwählen. Beobachten ist immer ein selektiver Vorgang und nie kann das gesamte Geschehen im Blick behalten und notiert werden. Breidenstein und Kelle weisen darauf hin, dass dies insbesondere bei einer 20-köpfigen Schulklasse der Fall ist (Breidenstein & Kelle, 1998, S. 140). Es sei jedoch wichtig, diese notwendige Selektivität der Aufmerksamkeit in eine bewusste Fokussierung zu wenden. Die Wahrnehmung sollte nicht dem Zufall überlassen werden, sondern stetig reflektiert und kontrolliert werden, was und warum etwas in den Blick gerät, um zukünftige Beobachtungen gezielt und systematisch durchzuführen (Breidenstein & Kelle, 1998, S. 140). Für die Fokussierung geben die Autorin und der Autor zwei Möglichkeiten an. Entweder der Fokus könne auf bestimmte interessante Situationen gelegt werden (die inhaltliche Dimension) oder auf bestimmte Personen bzw. Orte (die formale Dimension) (Breidenstein & Kelle, 1998, S. 141). Um diese Fokussierungen zu planen, war es unabdingbar, dass Erhebungs- durch Auswertungsphasen unterbrochen wurden, so dass auf der Grundlage von Zwischenergebnissen oder Ergebnistendenzen neue Forschungsfokusse begründet ausgewählt werden konnten.

Die Erhebungen wurden so lange durchgeführt, bis es zu einer sogenannten Sättigung kam. Das bedeutet, dass eine ausreichende Anzahl an Beobachtungen durchgeführt wurde, um umfassende Aussagen zum Untersuchungsgegenstand, dem Geschlechteralltag in der Schulklasse, zu machen. Dass sich eine Sättigung einstelle, so führen Breidenstein und Kelle an, sei daran zu erkennen, dass während der Beobachtung bereits bestimmte Situationen mit Thesen, die auf der Grundlage früherer Beobachtungen entwickelt wurden, in Verbindung gebracht werden und auch während der Auswertung keine neuen Thesen entwickelt werden können (vgl. Breidenstein & Kelle, 1998, S. 142f.). Man erkennt in den beobachteten Situationen nichts Neues mehr, sondern ausschließlich bereits Bekanntes.

Datenauswertung

Aufarbeitung des Materials und Datenauswertung

Wie oben angedeutet, gehörten zur Aufbereitung des Materials die Erstellung von Beobachtungsprotokollen und die Transkription der hergestellten Audiodokumente. Insgesamt entstanden so 106 etwa fünf- bis sechsseitige Protokolle und 44 Transkriptionen (Breidenstein & Kelle, 1998, S. 149). Damit standen Breidenstein und Kelle Texte, man könnte auch sagen Erzählungen (Breidenstein & Kelle, 1998, S. 138–140), zur Verfügung, die qualitativ ausgewertet werden konnten. Zur Auswertung nutzten sie zwei wichtige Formen der qualitativen Analyse: (1) das Kodieren und (2) die sequentielle Analyse.

Ad (1) Das Kodieren

Das *Kodieren* war der erste Schritt der Analyse und hatte die Funktion, das gesamte gewonnene Material neu zu organisieren und thematisch zu ordnen. Beim Kodieren wurden die einzelnen Abschnitte der Beobachtungsprotokolle mit übergeordneten Begriffen versehen. Sie wurden kategorisiert. Abschnitte mit gleichen Begriffen wurden dann zusammengestellt. Daran anschließend wurde geprüft, ob eine weitere Ausdifferenzierung der Kategorie sinnvoll ist. War dies der Fall, wurden Sub-Codes erstellt und wiederum den Textabschnitten zugeordnet. Dabei war ein Abschnitt innerhalb der Beobachtungsprotokolle so definiert, dass es sich nicht um einzelne Sätze, sondern um ganze Ereignisse oder Geschichten handelte. Diese waren die Einheiten der Analyse (vgl. Breidenstein & Kelle, 1998, S. 149f.).

Der Prozess des Kodierens brachte in der Untersuchung eine analytische Ordnung hervor, die beispielsweise Auskunft über die verschiedenen Formen der Thematisierung bzw. Dramatisierung von Geschlecht durch die Schülerinnen und Schüler gab. So diente die Thematisierung von Geschlecht unter anderem der *Ordnung der Schulklasse*. Anhand der Kategorie Geschlecht sortierten sich Jungen und Mädchen im Schulalltag. Dies geschah beim *Bilden von Spielparteien*, beim *Verteilen von Arbeitstischen oder Zimmern* auf Klassenfahrten, beim *Organisieren pädagogischer Prozesse* oder beim *Argumentieren* innerhalb der Schulklasse (vgl. Breidenstein & Kelle, 1998, S. 37–60). Die Autorin und der Autor weisen aber darauf hin, dass die Kategorie Geschlecht auch für sie selbst (unbewusst) ein wichtiges Kriterium bei der (Ein-)Ordnung der Kinder war (vgl. Breidenstein & Kelle, 1998, S. 54–58). Breidenstein und Kelle können aufgrund des Vergleiches verschiedener Situationen zeigen, dass das Geschlecht nicht immer eine Rolle im Alltag der Kinder spielt. Die untersuchten Kinder greifen eher pragmatisch und vor dem Hintergrund situativer Bedingungen darauf zurück. So kann sich in einer Spielsituation die Gruppe der Kinder unabgesprochen in eine Mädchen- und eine Jungengruppe teilen, die dann gegeneinander spielen. In anderen Spielsituationen geschieht dies jedoch nicht, nämlich dann, wenn beispielsweise eine gerechte Aufteilung der Teams und ein faires Kräftemessen nicht gegeben wäre. Dann werden, ebenso unproblematisch, gemischtgeschlechtliche Gruppen gebildet (vgl. Breidenstein & Kelle, 1998, S. 38–43).

Ad (2) Die sequentielle Analyse

Nachdem das gesamte Datenmaterial kodiert war, wurden in einem zweiten Schritt der Auswertung einzelne Passagen ausgewählt, die einer *sequentiellen Feinanalyse* unterzogen wurden. Das Ziel war es, jeweils die typische Fallstruktur herauszuarbeiten und zu rekonstruieren (vgl. Breidenstein & Kelle, 1998, S. 149). Es sollte herausgefunden werden, wie sich ein spezifischer Interaktionsverlauf strukturiert, welchen Regeln er folgt (vgl. Breidenstein & Kelle, 1998, S. 150). Bei der Analyse der Fälle orientierten sich Breidenstein und Kelle deshalb an der Methode der Konversationsanalyse (vgl. den Abschnitt zur Auswertung von Beobachtungen). Am Beispiel „Lästern über das andere Geschlecht" (s. Abbildung 1) soll das Resultat einer solchen Analyse kurz dargestellt werden. Beim Beispiel handelt es sich um ein Pausengespräch von fünf Mädchen einer sechsten Klasse. Es geht um die anstehende Karnevalsfeier und die Frage, in welcher Verkleidung man dort auftreten wolle. Recht schnell stellt sich jedoch heraus, dass das eigentliche Thema der Unterhaltung das Lästern über die Jungen ist.

Abbildung 2: Lästern über das andere Geschlecht (Breidenstein & Kelle, 1998, S. 211).

„Carola: Ich find das voll schwierig, das Verhalten von den blöden Jungen nachzumachen als	(1) Explikation (Vorgabe des Themas)
N.N.: Wieso, das find ich überhaupt nicht schwer.	(2) Anwendung
N.N.: Ehj [Sie bewegt die flache Hand von unten nach oben über die Nase durch das Gesicht und schnieft dabei] [Gelächter]	
Georg: Sehr echt.	
N.N.: Ieh, nee, ist ja ekelig, immer so Rotz (?)	(3) Variation
Lisa: Ja, das ist echt.	
Carola: Also Frido imitier ich schon mal nicht, mit seiner Rotze	
Uta?: Und Nils auch nicht mit seinen Pickeln"	

(Breidenstein & Kelle, 1998, S. 211)

Die Interaktion realisiert sich hier über einen Dreischritt. Nachdem der Gegenstand (Jungen nachmachen) abstrakt angesprochen und sich darauf geeinigt wurde, wird dies an Beispielen konkretisiert und dann in einem dritten Schritt variiert und ausgeschmückt. Dabei geht es für die Beteiligten zum einen darum, sich zu ergänzen, aber auch die Vorrednerinnen in der Drastik der Darstellung zu übertreffen („ist ja eklig" → „Rotz", „Pickel"). Es wird ein „Spiel mit den Ekelschwellen" etabliert (Breidenstein & Kelle, 1998, S. 212).

Interpretation der Ergebnisse

Die Formen der Thematisierung von Geschlecht und die Sequenzanalysen lassen Breidenstein und Kelle zu folgenden Schlussfolgerungen kommen: Geschlechterunterscheidung findet in der untersuchten Gleichaltrigengruppe – unter Beteiligung verschiedener anderer Akteure (Lehrkräfte, Forscher/innen) – statt. Dies sei jedoch immer von situativen Faktoren und dem jeweiligen Kontext der Handlung abhängig. Geschlechterunterscheidung werde pragmatisch und strategisch eingesetzt. Sie stehe, und das unterscheide sie von anderen sozialen Kategorien, aufgrund der hohen Sichtbarkeit von Geschlecht, jederzeit zur Verfügung und sie lasse es zu, nahezu alle Individuen unter eine der zwei Ausprägungen (männlich, weiblich) zu subsumieren. Gerade in der Schule werde so leichterdings auf sie zurückgegriffen, da viele Sozialformen eine Aufteilung der Gesamtgruppe der Schülerinnen und Schüler nötig mache und mit dem Geschlecht eine Möglichkeit zur Verfügung steht, in der Regel zügig gleich große Gruppen zu bilden. Aus einer identitätstheoretischen Perspektive heraus lässt sich zudem aus den Ergebnissen ableiten, dass die Geschlechterunterscheidung eine grundlegendere Differenzierung, nämlich die zwischen dem *Eigenen* und dem *Anderen*, ermöglicht. Sie bietet den Akteuren (hier: den Schülerinnen und Schülern) die Möglichkeit zur Konstitution von Distinktion und Differenz. Dies ist ein grundlegender Sinn der Geschlechterunterscheidung. Die Geschlechterzugehörigkeit ist im Schulalltag jedoch nicht die einzige Form der Zugehörigkeit. Dazu kommt beispielsweise die Zugehörigkeit zur Gruppe der Kinder (gegenüber der Gruppe der Erwachsenen), die Zugehörigkeit zu einer bestimmten Schulklasse, zu einer Arbeitsgruppe oder zu einer bestimmten Clique. All diese Zugehörigkeiten sind im Schulalltag präsent und relevant. Sie werden je nach Situation bedeutend und von den Schülerinnen und Schülern eher pragmatisch aktiviert. Keine Zugehörigkeit bzw. Kategorie, auch nicht das Geschlecht, ist in allen Situationen relevant (vgl. Breidenstein & Kelle, 1998, S. 265–270).

Verwertung

Neben der eigentlichen Publikation im Juventa Verlag, in der die zentralen Ergebnisse der Studie von Breidenstein und Kelle zusammengestellt wurden, entstand auch eine Reihe weiterer Veröffentlichungen in Zeitschriften und Sammelbänden, die auf die Untersuchung zum Geschlechteralltag in der Schulklasse zurückzuführen sind (vgl. Breidenstein & Kelle, 1998, S. 5). Auch Studien anderer Autorinnen und Autoren knüpften an die Ergebnisse an und entwickelten vor dem Hintergrund dessen eigene Fragestellungen. Dazu gehört beispielsweise die soziometrische Studie von Georg Stöckli zur „Beliebtheit jenseits der Geschlechtergrenzen“ (→ Kap. 3.2.4). Die Studie von Breidenstein und Kelle hat jedoch nicht nur weitere empirische Arbeiten angeregt. Auch die theoretische Diskussion um Intersektionalität hat aufgrund der Untersuchung wichtige Impulse erfahren (vgl. Meuser, 2008, S. 650). Für den Schulalltag können die Ergebnisse die Sensibilität von Lehrkräften für Prozesse der Geschlechterunterscheidung stärken, aber auch den Blick schärfen für andere wichtige Formen der Konstitution von Zugehörigkeit innerhalb der Schule. Die Erkenntnisse können dabei behilflich sein, das eigene pädagogische Handeln auf Prozesse der Geschlechterunterscheidung und deren Funktion hin kritisch zu reflektieren.

Weitere Beispiele

Neben den bereits oben im Abschnitt zur historischen Genese genannten Beobachtungsstudien ist im Laufe der letzten Jahrzehnte eine Vielzahl weiterer Untersuchungen durchgeführt worden. Im Kontext teilnehmender Beobachtung sei dabei insbesondere die Arbeit von Jürgen Budde, Barbara Scholand und Hannelore Faulstich-Wieland (2008) zu Möglichkeiten und Grenzen gendersensibler Schulkultur erwähnt oder Buddes (2005) Untersuchung zur Inszenierung von Männlichkeit im gymnasialen Schulalltag. Ergebnisse aus Beobachtungen zur *Thematisierung und Artikulation von Ethnizität* (Doing Ethnicity) veröffentlichten beispielsweise Melanie Kuhn (2005), Yaliz Akbaba (2011) oder Cordula Weißköppel (2001).

Denken – Handeln – Diskutieren

1. Als Lehrerin oder Lehrer sollten Sie in regelmäßigen Abständen Ihren eigenen Unterricht bewerten/evaluieren. Verschaffen Sie sich dazu Klarheit über folgende Aspekte:
   a) Welche Bewertungskriterien ziehen Sie heran?
   b) Welche Beobachtungsverfahren sind zur Unterrichtsevaluation geeignet?
   c) Wie können Feldnotizen und Feldprotokolle sinnvoll und mit möglichst geringem zeitlichen und organisatorischen Aufwand in den Unterricht selbst bzw. in dessen Vor- und Nachbereitung integriert werden?
   d) Reflektieren Sie Ihre eigene Rolle und die Wirkung dieser Rolle auf das Beobachtete.
2. Um Kopf- bzw. Sozial- und Verhaltensnoten zu erteilen, müssen Sie Ihre Schülerinnen und Schüler systematisch beobachten.
   a) Welche Anforderungen an wissenschaftliche Beobachtungen halten Sie in diesem Kontext für notwendig?
   b) Welche Schwierigkeiten sehen Sie?

Bitte versetzen Sie sich in folgende Situation: Sie verfolgen eine Diskussion zwischen einem Kollegen A und einer Kollegin B. B hat bei A hospitiert und festgestellt, dass A Jungen anders behandelt als Mädchen und ihnen eher mal „was durchgehen“ lässt. Sie fragen sich, ob das bei Ihnen auch so ist und ob die Ungleichbehandlung von Mädchen und Jungen im Unterricht ein generelles Phänomen an Ihrer Schule ist. Entwerfen Sie einen Forschungsplan, der

Ihnen einen Zugang zu diesem Gegenstand erlaubt. Zusätzliche Anregungen finden Sie bei Budde (2006).

Literatur

Akbaba, Y. (2011, November). *(Un-)Doing Ethnicity im Unterricht: Das Schülerrepertoire zwischen Differenzmarkierung und Differenzdekonstruktion*. Ethnographie und Differenz in pädagogischen Feldern. Internationale Entwicklungen erziehungswissenschaftlicher Forschung, Erlangen.

Atteslander, P. M. (1991). *Methoden der empirischen Sozialforschung* (6. Aufl.). Berlin: de Gruyter.

Baumert, J. (1997). *TIMSS – Mathematisch-naturwissenschaftlicher Unterricht im internationalen Vergleich: Deskriptive Befunde*. Opladen: Leske + Budrich.

Becker, H. S. (1966). *Outsiders: Studies in sociology of deviance*. New York: Free.

Berger, P. L. & Luckmann, T. (1971). *Die gesellschaftliche Konstruktion der Wirklichkeit: Eine Theorie der Wissenssoziologie* (2. Aufl.). Frankfurt am Main: Fischer.

Böhm-Kasper, O. & Weishaupt, H. (2008). Quantitative Ansätze und Methoden in der Schulforschung. In W. Helsper (Hrsg.), *Handbuch der Schulforschung* (2. Aufl., S. 91–123). Wiesbaden: VS Verlag für Sozialwissenschaften.

Bohnsack, R. (2011). *Qualitative Bild- und Videointerpretation: Die dokumentarische Methode* (2. Aufl.). Opladen: Budrich.

Bortz, J. (2005). *Statistik für Human- und Sozialwissenschaftler: Mit 242 Tabellen* (6. Aufl.). Berlin: Springer.

Böttcher, W. (2007). *Schulinspektion: Evaluation, Rechenschaftslegung und Qualitätsentwicklung*. Münster: Waxmann.

Breidbach, O. (2005). *Bilder des Wissens: Zur Kulturgeschichte der wissenschaftlichen Wahrnehmung*. München: Fink.

Breidenstein, G. (2006). *Teilnahme am Unterricht: Ethnographische Studien zum Schülerjob*. Wiesbaden: VS Verlag für Sozialwissenschaften.

Breidenstein, G. (2008a). Allgemeine Didaktik und praxeologische Unterrichtsforschung. In M. A. Meyer, M. Prenzel & S. Hellekamps (Hrsg.), *Perspektiven der Didaktik* (S. 201–215). Wiesbaden: VS Verlag für Sozialwissenschaften.

Breidenstein, G. (2008b). Schulunterricht als Gegenstand ethnographischer Forschung. In B. Hünersdorf (Hrsg.), *Ethnographie und Erziehungswissenschaft. Methodologische Reflexionen und empirische Annäherungen* (S. 107–117). Weinheim: Juventa.

Breidenstein, G. & Kelle, H. (1998). *Geschlechteralltag in der Schulklasse: Ethnographische Studien zur Gleichaltrigenkultur*. Weinheim: Juventa.

Brosius, H.-B., Haas, A. & Koschel, F. (2009). *Methoden der empirischen Kommunikationsforschung: Eine Einführung* (5. Aufl.). Wiesbaden: VS Verlag für Sozialwissenschaften.

Budde, J. (2005). *Männlichkeit und gymnasialer Alltag: Doing gender im heutigen Bildungssystem*. Bielefeld: transcript.

Budde, J. (2006). Interaktionen im Klassenzimmer. Die Herstellung von Männlichkeit im Schulalltag. In S. Andresen, B. Rendtorff (Hrsg.), *Geschlechtertypisierungen im Kontext von Familie und Schule*. (Jahrbuch Frauen- und Geschlechterforschung in der Erziehungswissenschaft, Bd. 2, S. 113–119). Opladen: Budrich. Zugriff am 04.05.2012 unter http://www.pedocs.de/volltexte/2012/5353/pdf/JB_FGE_2006_02_Budde_Interaktionen_im_Klassenzimmer_D_A.pdf

Budde, J. (Hrsg.). (2009). *Jungenforschung empirisch: Zwischen Schule, männlichem Habitus und Peerkultur*. Wiesbaden: VS Verlag für Sozialwissenschaften.

Budde, J., Scholand, B. & Faulstich-Wieland, H. (2008). *Geschlechtergerechtigkeit in der Schule: Eine Studie zu Chancen, Blockaden und Perspektiven einer gender-sensiblen Schulkultur*. Weinheim: Juventa.

Bulmer, M. (1986). *The Chicago school of sociology: Institutionalization, diversity, and the rise of sociological research*. Chicago: University of Chicago Press.

Daston, L. & Lunbeck, E. (Hrsg.). (2011). *Histories of scientific observation*. Chicago: University of Chicago Press.

Deimel, W. & Schulte-Körne, G. (2006). *Modell Schriftsprach-Moderatoren (MSM): Abschlussbericht der wissenschaftlichen Begleitung nach vier Jahren*. Universität Marburg.

Diekmann, A. (2010). *Empirische Sozialforschung: Grundlagen, Methoden, Anwendungen* (vollständig überarbeitete und erweiterte Neuausgabe, 4. Aufl.). Reinbek: Rowohlt.

Eder, D., Evans, C. C. & Parker, S. (1995). *School talk: Gender and adolescent culture*. New Brunswick: Rutgers University Press.

Emerson, R. M., Fretz, R. I. & Shaw, L. L. (1995). *Writing ethnographic fieldnotes*. Chicago: University of Chicago Press.

Falkenberg, M. & Kalthoff, H. (2008). Das Feld der Bildung. In H. Willems (Hrsg.). *Lehr(er)buch Soziologie* (S. 797–816). Wiesbaden: VS Verlag für Sozialwissenschaften.

Flick, U., Kardorff, E. von & Steinke, I. (Hrsg.). (2003). *Qualitative Forschung: Ein Handbuch* (2. Aufl.). Reinbek: Rowohlt.

Foucault, M. & Seitter, W. (2008). *Die Geburt der Klinik: Eine Archäologie des ärztlichen Blicks* (8. Aufl.). Frankfurt am Main: Fischer.

Galton, M. (1979). Systematic Classroom Observation: British Research. *Educational Research, 21* (2), 109–115.

Garfinkel, H. (2011). *Studies in Ethnomethodology*. Cambridge: Polity Press.

Geertz, C. (1987). *Dichte Beschreibung: Beiträge zum Verstehen kultureller Systeme*. Frankfurt am Main: Suhrkamp.

Girtler, R. (2001). *Methoden der Feldforschung* (4. Aufl.). Wien: Böhlau.

Glaser, B. G. & Strauss, A. L. (2005). *Grounded theory: Strategien qualitativer Forschung* (2. Aufl.). Bern: Hans Huber.

Helmke, A. & Renkl, A. (1992). Das Münchener Aufmerksamkeitsinventar (MAI): Ein Instrument zur systematischen Verhaltensbeobachtung der Schüleraufmerksamkeit im Unterricht. *Diagnostica, 38* (2), 130–141.

Hiebert, J., Gallimore, R., Garnier, H., Bogard Givvin, K., Hollingsworth, H., Jacobs, J. et al. (2011). *Teaching Mathematics in Seven Countries: Results from the Timss 1999 Video Study*. National Center for Education Statistics.

Hirschauer, S. (2001). Das Vergessen des Geschlechts: Zur Praxeologie einer Kategorie sozialer Ordnung. *Kölner Zeitschrift für Soziologie und Sozialpsychologie: Geschlechtersoziologie, Sonderheft, 53* (41), 208–235.

Hirschauer, S. & Amann, K. (1997). *Die Befremdung der eigenen Kultur: Zur ethnographischen Herausforderung soziologischer Empirie*. Frankfurt am Main: Suhrkamp.

Huf, C. (2006). *Didaktische Arrangements aus der Perspektive von SchulanfängerInnen: Eine ethnographische Feldstudie über Alltagspraktiken, Deutungsmuster und Hand-*

lungsperspektiven von SchülerInnen der Eingangsstufe der Bielefelder Laborschule. Bad Heilbrunn: Klinkhardt.

Jackson, P. W. (1990). *Life in classrooms.* New York: Teachers College Press.

Jahoda, M., Lazarsfeld, P. F. & Zeisel, H. (2009). *Die Arbeitslosen von Marienthal: Ein soziographischer Versuch über die Wirkungen langandauernder Arbeitslosigkeit; mit einem Anhang zur Geschichte der Soziographie* (22. Aufl.). Frankfurt am Main: Suhrkamp.

Kallmeyer, W. & Schütze, F. (1976). Konversationsanalyse. *Studium Linguistik, 1* (1), 1–28.

Kleemann, F., Krähnke, U. & Matuschek, I. (2009a). Konversationsanalyse. In F. Kleemann, U. Krähnke & I. Matuschek (Hrsg.), *Interpretative Sozialforschung. Eine praxisorientierte Einführung* (S. 35–61). Wiesbaden: VS Verlag für Sozialwissenschaften.

Kleemann, F., Krähnke, U. & Matuschek, I. (Hrsg.). (2009b). *Interpretative Sozialforschung: Eine praxisorientierte Einführung.* Wiesbaden: VS Verlag für Sozialwissenschaften.

Krappmann, L. & Oswald, H. (1995). Unsichtbarkeit durch Sichtbarkeit: Der teilnehmende Beobachter im Klassenzimmer. In I. Behnken & O. Jaumann (Hrsg.), *Kindheit und Schule. Kinderleben im Blick von Grundschulpädagogik und Kindheitsforschung* (S. 39–50). Weinheim: Juventa.

Kreienbaum, M. A. (2010). Schule. In R. Becker & B. Kortendiek (Hrsg.), *Handbuch Frauen- und Geschlechterforschung* (S. 697–704). Wiesbaden: VS Verlag für Sozialwissenschaften.

Kuhn, M. (2005). Ethnische Unterscheidungen in der frühen Kindheit. In F. Hamburger, T. Badawia & M. Hummrich (Hrsg.), *Migration und Bildung. Über das Verhältnis von Anerkennung und Zumutung in der Einwanderungsgesellschaft* (S. 221–231). Wiesbaden: VS Verlag für Sozialwissenschaften.

Lüders, C. (2003). Beobachten im Feld und Ethnografie. In U. Flick, E. von Kardorff & I. Steinke (Hrsg.), *Qualitative Forschung. Ein Handbuch* (2. Aufl., S. 384–401). Reinbek: Rowohlt.

Malinowski, B. & Krafft-Bassermann, E. (1983). *Magie, Wissenschaft und Religion und andere Schriften* (Lizenzausgabe, ungekürzte Ausgabe). Frankfurt am Main: Fischer.

Marotzki, W. (2003). Online-Ethnographie: Wege und Ergebnisse zur Forschung im Kulturraum Internet. In B. Bachmair, P. Diepold & C. de Witt (Hrsg.), *Jahrbuch Medienpädagogik* (Bd. 3, S. 149–165). Opladen: Leske + Budrich.

Marotzki, W. (2006). Forschungsmethoden und -methodologie der Erziehungswissenschaftlichen Biographieforschung. In H.-H. Krüger (Hrsg.), *Handbuch erziehungswissenschaftliche Biographieforschung* (2. Aufl., S. 111–135). Wiesbaden: VS Verlag für Sozialwissenschaften.

Mayring, P. (2010). Qualitative Inhaltsanalyse: Grundlagen und Techniken (11. Aufl.). Weinheim: Beltz.

Mead, M. (1977). *Letters from the field, 1925–1975.* New York: Harper & Row.

Mead, M. (1981). *Kindheit und Jugend in Samoa* (Ungekürzte Ausgabe, 6. Aufl.). München: DTV.

Mehan, H. (1979). *Learning lessons: Social organization in the classroom.* Cambridge, Mass: Harvard University Press.

Meuser, M. (2008). Geschlechter und Geschlechterverhältnisse. In H. Willems (Hrsg.), *Lehr(er)buch Soziologie* (S. 631–653). Wiesbaden: VS Verlag für Sozialwissenschaften.

Muchow, M. & Muchow, H. H. (1978). *Der Lebensraum des Großstadtkindes.* Bensheim: päd. extra buchverlag.

Petko, D. (Hrsg.). (2010). Lernplattformen in Schulen: Ansätze für E-Learning und Blended Learning in Präsenzklassen. Wiesbaden: VS Verlag für Sozialwissenschaften.

Porter, T. M. (2011). Reforming Vision: The Engineer Le Play Learns to Observe Society Sagely. In L. Daston & E. Lunbeck (Hrsg.), *Histories of scientific observation* (S. 281–302). Chicago: University of Chicago Press.

Sächsisches Bildungsinstitut (Hrsg.). (2006). *Bogen zur Beurteilung der Unterrichtsqualität*. Dresden.

Schulman, N. (1993). Conditions of their Own Making: An Intellectual History of the Centre for Contemporary Cultural Studies at the University of Birmingham. *Canadian Journal of Communication, 18* (1).

Sinclair, U. (1978). *Der Dschungel*. Frankfurt am Main: März bei Zweitausendeins.

Theunert, H. & Schorb, B. (2010). Sozialisation, Medienaneignung und Medienkompetenz in der mediatisierten Gesellschaft. In M. Hartmann & A. Hepp (Hrsg.), *Die Mediatisierung der Alltagswelt* (S. 243–254). Wiesbaden: VS Verlag für Sozialwissenschaften.

Thorne, B. (1993). *Gender play: Girls and boys in school*. New Brunswick: Rutgers University Press.

Wallraff, G. (1988). *Ganz unten: Mit einer Dokumentation der Folgen* (Neuaufl.). Köln: Kiepenheuer & Witsch.

Wallraff, G. (1999). *Der Aufmacher: Der Mann, der bei Bild Hans Esser war* (3. Aufl.). Köln: Kiepenheuer & Witsch.

Wallraff, G. (2009). *Aus der schönen neuen Welt: Expeditionen ins Landesinnere*. Köln: Kiepenheuer & Witsch.

Weißköppel, C. (2001). *Ausländer und Kartoffeldeutsche: Identitätsperformanz im Alltag einer ethnisch gemischten Realschulklasse*. Weinheim: Juventa.

Wellenreuther, M. (2000). *Quantitative Forschungsmethoden in der Erziehungswissenschaft: Eine Einführung*: Juventa.

West, C. & Zimmermann, D. H. (1987). Doing Gender. *Gender and Society, 1* (2), 125–151.

Whyte, W. F. (1996). *Die Street corner society: Die Sozialstruktur eines Italienerviertels*. Berlin: de Gruyter.

Wiesemann, J. (2000). *Lernen als Alltagspraxis: Lernformen von Kindern an einer freien Schule*. Bad Heilbrunn: Klinkhardt.

Willis, P. (1979). *Spaß am Widerstand: Gegenkultur in der Arbeiterschule*. Frankfurt am Main: Syndikat.

Wittel, A. (2000). Ethnography on the Move: From Field to Net to Internet. *Forum Qualitative Sozialforschung, 1* (1).

Zinnecker, J. (1975). *Der heimliche Lehrplan: Untersuchungen zum Schulunterricht*. Weinheim: Beltz.

Zinnecker, J. (1978). Die Schule als Hinterbühne oder Nachrichten aus dem Unterleben der Schüler. In G.-B. Reinert & J. Zinnecker (Hrsg.), *Schüler im Schulbetrieb. Berichte und Bilder vom Lernalltag, von Lernpausen und vom Lernen in den Pausen* (Original-Ausgabe, S. 29–116). Reinbek: Rowohlt.

Franziska Heinze

3.2.2 Das Leitfadeninterview

Ob Fernsehen, Zeitung, Internet oder Radio – ungezählte Male begegnen uns Interviews, sobald wir Medien nutzen. Sie dienen der Gewinnung und Verbreitung neuer Erkenntnisse, der Einholung von Expertise oder der Darstellung persönlicher Sichtweisen. Die Grundstruktur von journalistischen Interviews ist einfach: Mindestens zwei Personen interagieren in Form eines Frage-Antwort-Verhaltens, wobei eine Person die Aufgabe des Gesprächführens (Interviewer/in) übernimmt, die andere Person die des Antwortens (Interviewte/r) (Haller, 2011).

Interviews finden auch in vielen anderen Bereichen Anwendung: Im Alltag kennen wir Interviews von Vorstellungsgesprächen, in der Medizin werden sie bei der Patientenanamnese eingesetzt, in der Psychologie dienen sie als diagnostisches Instrument, in der Justiz werden sie bei Verhören angewendet. Auch in den Sozialwissenschaften spielen Interviews eine wichtige Rolle: Unter dem Sammelbegriff des „Interviews" lassen sich hier eine Reihe von Erhebungsmethoden subsumieren, die durch eine mehr oder weniger offene Befragung von Personen einen Beitrag zur Rekonstruktion subjektiver Sichtweisen, biografischer Verläufe etc. leisten können. Eine spezielle Form des Interviews stellt das Leitfadeninterview dar.

In den folgenden Abschnitten erfahren Sie zunächst ein paar Eckpunkte über die historische Genese von Interviews. Weiterhin erhalten Sie eine begriffliche Einführung und Einordnung des Leitfadeninterviews in die Paradigmen der empirischen Sozialforschung sowie die Abgrenzung von anderen Interviewformen. Anschließend vollziehen Sie den Forschungsprozess von der Konstruktion eines Interviewleitfadens über die Durchführung eines leitfadengestützten Interviews bis hin zur Auswertung und Interpretation der Daten nach. Dabei wird ein Bezug zu den Gütekriterien empirischer Sozialforschung hergestellt und auf Vorzüge und Nachteile der Methode eingegangen. Der Abschnitt schließt mit einer Beispielstudie, anhand derer Sie die theoretisch erarbeiteten Phasen des Forschungsprozesses am konkreten Beispiel durchlaufen können.

3.2.2.1 Historische Genese

Vorläufer des Interviews lassen sich bis in die Antike hinein verfolgen. Heiner Legewie (2004, S. 1) verweist hierbei auf die Unterscheidung zwischen der Fragetechnik im Interview und dem Nutzen von Interviews (z.B. Rekonstruktion von Biografien). Als ein frühes Beispiel für die Entwicklung von Fragetechniken führt er den sokratischen Dialog an, dessen Ziel es ist, die/den Befragte/n durch die Form des Fragens zur Selbsterkenntnis bzw. zur Erkenntnis philosophischer Zusammenhänge zu führen. Daneben sind vereinzelte Beispiele von Datenerhebungen, insbesondere Volkszählungen, aus dem Alten Ägypten oder dem antiken Rom überliefert (Diekmann, 2010, S. 90).

Für das Mittelalter wird von einer Frühform der Meinungsforschung von Karl dem Großen (747/748–814) berichtet, „der mit einer Art Fragebogen auf einem Reichstag im Jahre 811 bei den Fürsten und Bischöfen etwas über die Meinung und Denkweise der Bevölkerung in Erfahrung zu bringen" versuchte (Diekmann, 2010, S. 91).

In der Frühen Neuzeit veränderten die Renaissance (15./16. Jahrhundert) und die Aufklärung (18. Jahrhundert) das intellektuelle Denken und brachten eine Abwendung von alten Dogmen mit sich.[39] In den Naturwissenschaften zeichnete sich eine Hinwendung zu empirisch-experimentellen Methoden ab (vgl. Bacon nach Krohn, 1620/2009). Gleichzeitig entwickelte sich ein gesteigertes (staatliches) Interesse an bevölkerungs- und sozialwissenschaftlichen Problemen (Diekmann, 2010, S. 91).

Im Deutschland des ausgehenden 17. Jahrhunderts begründete Hermann Conring die *Universitätsstatistik*, die als eine der Wurzeln der empirischen Sozialforschung gilt (Lazarsfeld, 1961). Die Universitätsstatistik war eher beschreibend und idiografisch orientiert (vgl. Diekmann, 2010, S. 95) – im Gegensatz zur zeitgleich in England entstandenen *politischen Arithmetik*.

Das 19. Jahrhundert rückte mit der Entwicklung von Kapitalismus und Industrialisierung die Soziale Frage stärker in den Mittelpunkt von Forschungsinteressen, was zu einer umfangreichen Erweiterung des methodischen Repertoires führte.

> Wenn auch methodisch nicht so verfeinert wie heute, so kam doch in den Enqueten, Surveys und sonstigen Untersuchungen sozialer Probleme des 19. Jahrhunderts ein breites Spektrum kreativer methodischer Neu- und Weiterentwicklungen zum Einsatz. Die Spannbreite reichte von qualitativen und quantitativen Umfragen, Experteninterviews und Beobachtungsstudien bis hin zur Inhaltsanalyse und Erhebung und Auswertung von Haushaltsbudgets.
>
> (Diekmann, 2010, S. 103; vgl. Kern, 1982; Lazarsfeld, 1961; Maus, 1962; Oberschall, 1972; Zeisel, 1960)

Für die Entwicklung des Interviews lieferten auch die psychologischen Disziplinen entscheidende Impulse (Legewie, 2004, S. 2). So machten beispielsweise Sigmund Freuds „Studien über Hysterie" (1895) oder Emil Kraeplin (1883), der die systematische Anlage und biografische Einbettung der Krankengeschichte etablierte, biografische Rekonstruktionen für psychoanalytische Studien bzw. psychiatrische Diagnostik nutzbar.

---

39 Besonders deutlich zeigt sich dies in der Kontroverse der französischen Literaturschaffenden (Querelle des Anciens et des Modernes, ca. 1680–1720): In der Académie française stritt man um 1680 darum, ob die Antike noch als Vorbild für die zeitgenössische Literatur und Kunst gelten könne oder zeitgemäßere Positionen erforderlich wären.

Das Interview als Forschungsinstrument wurde besonders in der Soziologie (weiter-)entwickelt. Zu Beginn des 20. Jahrhunderts ist hierbei vor allem der Beitrag der Marienthal-Studie von Marie Jahoda, Paul F. Lazarsfeld und Hans Zeisel zu nennen. Ein großes Verdienst für die Rezeption, Verbreitung und Institutionalisierung empirischer Sozialforschung im deutschsprachigen Raum kommt in der zweiten Hälfte des 20. Jahrhunderts der „Kölner Schule“ um René König zu. Dieser lieferte mit seinem „Handbuch der empirischen Sozialforschung“ (1962) eine „Kompilation der Summe des methodischen Wissens“ (Diekmann, 2010, S. 113). Der Beitrag von Erwin Scheuch darin dokumentiert den Wissensstand zur Methodologie des Interviews in der Sozialforschung.

3.2.2.2 Einordnung und Begriffsklärungen

In den Sozialwissenschaften wird unter dem allgemeinen Begriff des „Interviews“ eine Form der empirischen Datengewinnung durch Kommunikation verstanden. Nach Herbert Altrichter und Peter Posch (1998, S. 151) ist ein Interview ein Gespräch zwischen mindestens zwei Personen mit dem primären Zweck, Sichtweisen, Interpretationen und Bedeutungen kennen zu lernen, um Situationen besser verstehen zu können. Barbara Friebertshäuser und Antje Langer (2010) bezeichnen mit dem Begriff Interview

> eine verabredete Zusammenkunft, in der Regel eine direkte Interaktion zwischen zwei Personen, die sich auf der Basis vorab getroffener Vereinbarungen und damit festgelegter Rollenvorgaben als Interviewende und Befragte begegnen. Verschiedene Interviewtechniken dienen der Erhebung von Auskünften und Erzählungen der Befragten. (S. 438)

Aufgrund der festgelegten Rollenverteilung verläuft der Informationsfluss in einem Interview zumeist unidirektional, da es primär das Interesse der Forscherin bzw. des Forschers ist, etwas von der befragten Person zu erfahren. In dieser Definition des „Interviews“ sind zwei methodologische Annahmen enthalten, die grundlegend für diese Erhebungsmethode sind: Erstens stehen die „Auskünfte und Erzählungen der Befragten“ und damit die individuellen Sichtweisen im Mittelpunkt des Forschungsinteresses. Damit sind Leitfadeninterviews im Paradigma qualitativer Sozialforschung zu verorten. Diese versucht, „die Konstruktionen von Welt, die Haltungen, Handlungen und Interaktionen zugrunde liegen, zu rekonstruieren“ (Friebertshäuser & Langer, 2010, S. 437). Sie hat „den Anspruch, Lebenswelten ‚von innen heraus' aus der Sicht der handelnden Menschen zu beschreiben“ (Flick, von Kardoff & Steinke, 2010, S. 14). Qualitative Sozialforschung möchte „zu einem besseren Verständnis sozialer Wirklichkeit(en) beitragen und auf Abläufe, Deutungsmuster und Strukturmerkmale aufmerksam machen“ (Flick, von Kardoff & Steinke, 2010, S. 14).

Exkurs: Grundannahmen qualitativer Sozialforschung

(vgl. Flick, 2010a, S. 81–97)

Qualitative Sozialforschung nimmt an, dass Wirklichkeit durch die Interaktion von Individuen als soziale Wirklichkeit hergestellt wird, indem mindestens zwei Individuen gemeinsam Bedeutungen für ihre jeweilige Umwelt konstruieren, diese in einem Aushandlungsprozess verhandeln und sie den Objekten und Subjekten (willkürlich) zuschreiben (Ethnomethodologie). Beispielsweise wird die Bezeichnung der Frucht „Apfel“ erst dadurch verständlich, dass sich zwei oder mehr Personen darauf verständigt haben, genau diese Frucht mit dem Begriff „Apfel“ zu beschreiben. Jede Frucht mit den gleichen Merkmalen kann demnach auch mit dem Begriff „Apfel“ bezeichnet werden. Die Personen können den speziellen Apfel auch näher bestimmen, wenn sie ihm weitere Bedeutungsmerkmale wie „roter Apfel“ oder „saurer Apfel“ zuschreiben, wobei sie sich wiederum im Vorfeld über ein gemeinsames Bedeutungsverständnis von „rot“ bzw. „sauer“ einigen müssen. Aus diesem Grund hat soziale Wirklichkeit einen Prozescharakter: Bedeutungskonstruktionen und Zuschreibungen unterliegen einem ständigen Aushandlungsprozess, der zudem durch Reflexivität gekennzeichnet und kulturell gerahmt ist (Strukturalismus). Damit ist gemeint, dass die Begriffszuschreibung „Apfel“ nicht dauerhaft und unabhängig vom Subjekt der/des Zuschreibenden existiert, sondern hinterfragt und ggf. durch einen anderen Begriff ersetzt werden kann. Gleichsam sind scheinbar objektive Lebensbedingungen (z.B. die Existenz von Äpfeln) nicht per sé von subjektiver Bedeutsamkeit. Sie erhalten ihre Bedeutsamkeit erst durch die subjektive Zuschreibung von Bedeutung (symbolischer Interaktionismus). Wenn also eine Person die Existenz von Äpfeln annimmt und für bedeutsam erachtet, dann sind Äpfel für diese Person existent und bedeutsam. Soziale Wirklichkeit ist in einen kommunikativen Prozess eingebettet, da zur Bedeutungsaushandlung zunächst die Verständigung über Bedeutungszuschreibungen notwendig ist. Qualitative Sozialforschung setzt hier an, indem sie kommunikative Äußerungen zu erfassen sucht, in einen Text überführt und die darin enthaltenen subjektiven Bedeutungskonstruktionen und -zuschreibungen analysiert. Das Verstehen fungiert als ein Erkenntnisprinzip, um zu einer Rekonstruktion individueller bzw. sozialer Wirklichkeitskonstruktionen zu gelangen.

Zweitens ist die Rede von „direkte[r] Interaktion“ zwischen zwei oder mehr Personen auf der Basis „festgelegter Rollenerwartungen“. Interviews sind somit in eine *soziale Situation* eingebettet (vgl. Atteslander, 2003, S. 120). In dieser befinden sich die Interviewpartner/innen in „eine[r] Konstellation komplementärer Rollen (Erzählen – Interviewen)“ (Helfferich, 2011, S. 132), die durch ihre Kommunikation strukturiert wird. Dabei spielen die persönlichen Hintergründe von interviewter und interviewender Person (z.B. Alter, Geschlecht, Status) eine wichtige Rolle, da die Interaktion in der Interviewsituation von gegenseitigen Wahrnehmungen, Erwartungshaltungen und Einschätzungen geprägt ist (Schnell, Hill & Esser, 2008, S. 321f.). Beispielsweise ist die „Wahrnehmung des Anderen als ‚ganz anders‘ oder als eine Person mit Ähnlichkeiten zu der eigenen Person“ (Helfferich, 2011, S. 119) hierdurch geprägt. Entsprechend dieser Wahrnehmung(en) können geteilte Erfahrungs-, Wissens- und Deutungshintergründe angenommen oder negiert werden, was sich wiederum auf den Kommunikationsprozess und die Verstehensleistungen im Interview auswirken kann. Jede Interviewsituation ist von der spezifischen Interaktion der Interviewpartner/innen bestimmt und beruht auf einem Arbeitsbündnis zwischen Forscherin bzw. Forscher und interviewter Person. Das Zustandekommen dieses Arbeitsbündnisses stellt einen entscheidenden Grundstein für die gelingende Kommunikation während des Interviews dar.

Obwohl Interviews auch im wissenschaftlichen Kontext an Alltagskommunikation anknüpfen, unterscheiden sie sich von Alltagsgesprächen (Legewie, 2004, S. 1), da sie

- in einem anderen Handlungszusammenhang stehen: Sie sind Bestandteil eines Forschungsvorhabens bei dem das Erkenntnisinteresse der Forscherin/des Forschers, ihre/seine methodischen und inhaltlichen Entscheidungen den Handlungszusammenhang bestimmen und hervorbringen;
- ein anderes Setting haben: Interviews sind geplant und verfolgen ein bestimmtes Ziel, gleichzeitig werden sie mit einer festgelegten, asymmetrischen Rollenverteilung und nach vorgegebenen Regeln der Interviewführung durchgeführt;
- einer anschließenden Auswertung und Verwendung zugeführt werden: Interviews sind ein Instrument der Datenerhebung; die so erhobenen Daten werden anschließend aufbereitet, analysiert und interpretiert, bevor sie in einen Verwertungszusammenhang überführt werden.

Es existieren verschiedene Interviewformen (vgl. Flick, 2010a, S. 193–278), die unterschiedlichen Forschungstraditionen[40] entstammen. Christel Hopf (2010, S. 351f.) differenziert Interviews anhand von drei Fragen: 1) Ist die Interviewführung offen gestaltet oder orientiert sie sich an vorher ausformulierten Fragen? 2) Ist das Interview auf etwas fokussiert oder thematisch offen gehalten? 3) Ist ein Interview auf das Erzählen ausgerichtet oder zielt es auf die Beantwortung von Fragen? Friebertshäuser und Langer (2010, S. 439) hingegen nehmen eine „sehr grobe Kategorisierung“ vor und unterscheiden in *erzählgenerierende Interviews* und *Leitfadeninterviews*. Beispiele für Leitfadeninterviews sind das problemzentrierte Interview (Witzel, 1985; 2000), das Dilemma-Interview (Kohlberg, 1995) oder das fokussierte Interview (Merton & Kendall, 1979).

40 Qualitative Sozialforschung lässt sich auf drei grundlegende Forschungstraditionen zurückführen, aus denen sie ihre Grundannahmen generiert: den symbolischen Interaktionismus, die Ethnomethodologie und den Strukturalismus (vgl. Flick, 2010a, S. 81–97).

Im Gegensatz zu offenen, erzählgenerierenden Interviewformen[41], richtet sich das Erkenntnisinteresse bei *Leitfadeninterviews* auf vorab durch die Forscherin bzw. den Forscher als relevant ermittelte Themenkomplexe. Ziel ist es, subjektive Sichtweisen zu forschungsrelevanten Fragestellungen zu erfassen. Die Arbeit mit Leitfadeninterviews setzt dementsprechend ein gewisses Vorverständnis des zu untersuchenden Phänomens durch die forschende Person voraus. Leitfadeninterviews basieren auf einem vorstrukturierten Fragenkatalog. Je nachdem, wie eng sich die Interviewerin/der Interviewer an dem vorgegebenen Fragenkatalog orientiert oder wie flexibel sie/er damit umgehen kann, werden standardisierte und teilstandardisierte Leitfadeninterviews unterschieden.

Ein standardisierter Interviewleitfaden setzt sich aus einem festgelegten, vorstrukturierten Fragenkatalog und vorab formulierten Nachfragen zusammen, dessen Fragen in vorgegebener Reihenfolge sukzessive abgearbeitet werden. Alle Interviews einer Stichprobe werden hierbei unter möglichst gleichen Bedingungen und auf vergleichbare Art und Weise durchgeführt.

Teilstandardisierte Interviewleitfäden hingegen bieten die Möglichkeit, in der konkreten Interviewsituation den vorstrukturierten Fragenkatalog flexibel anzuwenden, die Reihenfolge der Fragen und die Formulierungen an den jeweiligen Gesprächsverlauf anzupassen, Themen zu ergänzen oder spezifische Vertiefungsfragen zu stellen. Dadurch können sich die Interviews einer Stichprobe in ihrer Schwerpunktsetzung und im Gesprächsverlauf unterscheiden.

Ein Vorteil von Leitfadeninterviews stellt das systematische Vorgehen entlang der vorab als relevant ermittelten Themenkomplexe dar. Die Interviewerin bzw. der Interviewer kennt im Voraus den roten Faden, der das Interviewgespräch durchziehen soll, während sie/er sich bei einem erzählgenerierenden Interview voll und ganz auf die Erzählstruktur der interviewten Person einlassen muss. Gleichzeitig sind Leitfadeninterviews offen für individuelle Erzählweisen – teilstandardisierte Leitfadeninterviews dabei in noch stärkerem Maße als standardisierte. Zudem ermöglicht die (Teil-)Standardisierung von Leitfadeninterviews die Vergleichbarkeit der Interviewaussagen einer Stichprobe und bietet ein Grundgerüst für die Auswertung der Daten.

Die (Vor-)Strukturierung des Interviews begrenzt andererseits auch den Horizont möglicher Antworten. Dies ist ein wesentlicher Nachteil dieser Vorgehensweise. So wird nur ein bestimmter – nämlich der von der Forscherin bzw. dem For-

---

41 Erzählgenerierende Interviews haben ein bestimmtes Thema zum Gegenstand bzw. Ausgangspunkt, sind bezüglich des Interviewverlaufs jedoch sehr offen gehalten. „In Abgrenzung zu Leitfaden-Interviews zielt hier die Interviewführung darauf, den Befragten weitgehend die Strukturierung des Gegenstandes zu überlassen und das Datenmaterial des Interviews nicht durch Vorgaben von Seiten des Forschenden vorzustrukturieren“ (Friebertshäuser & Langer, 2010, S. 440). Beispiele für erzählgenerierende Interviewformen sind u.a. das narrative Interview (vgl.Fischer-Rosenthal & Rosenthal, 1997; Schütze, 1983) oder das episodische Interview (Flick, 2010b).

scher fokussierte – Teil der zu rekonstruierenden individuellen Sichtweise überhaupt angesprochen. Andere, zusätzliche Perspektiven der interviewten Person(en) werden ausgeblendet. Somit wird aus der potenziellen Vielfalt möglicher Antworten letztlich nur ein begrenzter Ausschnitt aktiviert. Thomas Trautmann (2010) verweist diesbezüglich auf die „Möglichkeiten und Grenzen des Interviews als besondere kommunikative Konstellation" (S. 16). Zudem droht die Gefahr, dass die Verwendung eines Leitfadens in Interviews zu einer Frage-Antwort-Situation führt, in der die befragte Person ausgefragt wird und keinen Raum für eigene Themen und Darstellungen bekommt. Hopf (1978, S. 101) nennt dies „Leitfadenbürokratie", da die Vorstrukturierung des Interviewleitfadens das „Abhaken" bzw. „Abarbeiten" der einzelnen Leitfragen begünstige. Eine solche Haltung führe eher dazu, „dass der Leitfaden von einem Mittel der Informationsgewinnung zu einem Mittel der Blockierung von Information gerät" (Friebertshäuser & Langer, 2010, S. 440).

Je nach Anlage des Forschungsvorhabens unterscheidet sich die Rolle, die Leitfadeninterviews im Forschungsprozess zukommt: Im Rahmen qualitativer Forschung sind sie ein zentrales Erhebungsinstrument. Leitfadeninterviews können jedoch auch Bestandteil quantitativ ausgerichteter oder triangulativer Forschungsdesigns sein. Dann dienen sie zumeist der qualitativ-explorativen Erarbeitung von Zusammenhängen bzw. Erhebungsinstrumenten, die anschließend quantitativ geprüft werden oder sie werden zur qualitativen Spezifizierung quantitativ erschlossener Phänomene oder Zusammenhänge herangezogen (vgl. Hopf, 2010, S. 349f., ausführlich Flick 2010a, S. 39–54).

Wie sich die konkrete Arbeit mit Leitfadeninterviews im Forschungsprozess gestaltet, möchte ich Ihnen nachfolgend zeigen.

3.2.2.3 Der Forschungsprozess

Vom Forschungsproblem zur methodischen Entscheidung

Jede empirische Forschung beginnt mit einem *Forschungsproblem* oder Erkenntnisinteresse, für das Sie eine *forschungsleitende Frage* entwickeln. Die Beantwortung dieser Frage ist Ihr *Forschungsziel* (→ Kap. 3.1.1).

In Phase zwei des Forschungsprozesses erarbeiten Sie einen der Fragestellung entsprechenden *Forschungsplan*. Neben der Klärung von *Ressourcen, Organisation* und *Verfahrensweise* steht hier die Entwicklung eines *Basisdesigns* für das Forschungsvorhaben im Mittelpunkt. Die Entscheidung für oder gegen ein bestimmtes methodisches Vorgehen ist maßgeblich durch das Erkenntnisinteresse, die zentrale Fragestellung, aber auch die Zielgruppe eines Forschungsvorhabens und die methodische Anlage einer Studie mitbestimmt (vgl. Friebertshäuser & Langer, 2010, S. 438). Sind subjektive Sichtweisen und individuelle Erzählungen von Interesse, bietet sich die Arbeit mit Interviews an. Nach Cornelia Helfferich eignen sich Leitfadeninterviews insbesondere, wenn „subjektive Theorien und Formen des Alltagswissens zu rekonstruieren sind“ (Helfferich, 2011, S. 179) und gleichzeitig bestimmte vorab festgelegte Teilfragen quer durch die Interviews verfolgt werden sollen. Dies gilt beispielsweise für forschungsrelevante biografische bzw. subjektive Fragestellungen, bei denen nicht erwartet werden kann, dass die Interviewpartner/innen diese ohne einen externen Fragestimulus selbstständig thematisieren, oder für Forschungen mit einer größeren Stichprobe, bei denen Leitfadeninterviews die Vergleichbarkeit der Erzählungen und damit auch der Auswertung ermöglichen.

Von der methodischen Entscheidung zur Konstruktion eines Interviewleitfadens

Erscheint Ihnen die Methode des Leitfadeninterviews als hilfreich, um Ihre zentrale Forschungsfrage zu beantworten, beginnen Sie nun mit der Konstruktion des Erhebungsinstruments, d.h. des Leitfadens.

Die Erstellung eines Interviewleitfadens ist ein mehrteiliger Prozess, der sich aus verschiedenen Teilschritten zusammensetzt: 1) Sammlung möglicher Interviewfragen, 2) Entwurf eines Leitfadens, 3) Durchführen von Pretests und 4) Überarbeitung des Interviewleitfadens.

In einem ersten Schritt der Leitfadenkonstruktion sammeln Sie theoriegeleitet, aber ohne gedankliche Zensur mögliche Interviewfragen (Brainstorming), die zur Beantwortung der Forschungsfrage dienen können. Diese werden in einem zweiten Schritt von allgemein zu speziell geordnet und gruppiert, Redundanzen werden beseitigt und alle Fragen, die nicht zur Beantwortung der Forschungsfrage beitragen, werden eliminiert. Ein hilfreiches Prinzip zur Entwicklung von Interviewfragen ist das SPSS-Prinzip von Helfferich (2011, S. 182–185), welches die vier Schritte des Fragen-Sammelns, Prüfens, Sortierens und Subsumierens umfasst (s. Abbildung 1).

Abbildung 1: SPSS-Prinzip zur Leitfadenkonstruktion nach Helfferich

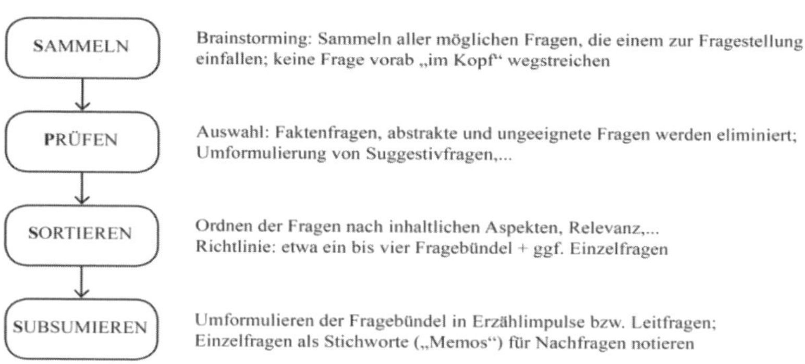

Aus den so gewonnenen Leitfragen erstellen Sie einen ersten Leitfadenentwurf. Der idealtypische Aufbau eines Interviewleitfadens sieht eine Einleitung, eine Hinführung zum Thema, einen Hauptteil und einen Schluss vor. In der Einleitung stellt sich die interviewende Person kurz vor, erklärt Zweck, Thema und die Regeln des Interviews, verweist auf Freiwilligkeit und Anonymität des Interviews (→ Kap. 3.1.5) und klärt organisatorische Details (z.B. Erlaubnis für die Aufzeichnung erfragen, Informieren über das Anfertigen von Gesprächsnotizen). Die Hinführung enthält „Warming-Up"-Fragen, die der interviewten Person den Einstieg in das Interview und das Thema ermöglichen. Im Hauptteil des Interviews werden dann die Leitfragen (s. Abbildung 2) bearbeitet und ggf. Nachfragen gestellt, Meinungen und Erwartungen der/des Interviewten erfragt. Der Schluss dient dazu, das Gespräch abzurunden und zu beenden. Hier gilt es, sich für die Mitwirkung am Interview zu bedanken und Raum für noch nicht besprochene Aspekte einzuräumen. Der Ausstieg aus der Interviewsituation kann weiterhin mit einem kurzen Nachgespräch, der Frage nach Kontaktdaten o.ä. verbunden werden.

Bevor Sie mit dem Leitfadenentwurf Interviews führen können, muss er zunächst auf Angemessenheit mit Blick auf Forschungsfrage und Zielgruppe sowie Zumutbarkeit überprüft werden. Folgende Kontrollfragen sind hierfür hilfreich:

- Ist der Leitfaden sprachlich korrekt und klar verständlich formuliert?
  - Werden ggf. zielgruppenspezifische linguistische Besonderheiten berücksichtigt?
    - Spielen Jugendsprache/Dialekte/... eine Rolle?
    - Werden die Interviews mit Nicht-Muttersprachlerinnen und Nicht-Muttersprachlern/Kindern/... durchgeführt?
- Ist der Leitfaden in sich logisch aufgebaut?
- Sind die Frageformulierungen logisch?
- Ist der Leitfaden sprachlich konsistent?
  - Wird ein einheitliches Sprachniveau eingehalten?
  - Wird ein einheitlicher Sprachstil realisiert?
- Sind die Interviewfragen für das Erreichen des Forschungsziels angemessen?
  - Erfassen die Interviewfragen Aspekte, die zur Beantwortung der Forschungsfrage beitragen?
- Ist der Leitfaden für die zu interviewenden Personen zumutbar?
  - Ist er zu lang?
  - Wird Rücksicht auf persönliche/intime Grenzen genommen?
  - Werden ethische Geschichtspunkte respektiert? (→ Kap. 3.1.5)

Ein Interviewleitfaden enthält verschiedene Fragetypen. Besonders häufig sind Erzählaufforderungen bzw. erzählgenerierende Fragen, Fakten-, Einstellungs-, Informations- und Wissensfragen. Problematisch hingegen sind Suggestivfragen, weil sie in der Frage schon die Antwort implizieren.

Fragetypen

– formale Aspekte

Erzählaufforderungen:	Können Sie mir mehr darüber erzählen? Können Sie mir ein Beispiel dafür geben?
Offene Fragen:	Wie war es …? Was haben Sie … gemacht?
Geschlossene Fragen:	Haben Sie am Tag X Person Y getroffen? Ja/nein
Suggestivfragen:	Haben Sie X gedacht? Sie haben doch X gemeint, oder?

– inhaltliche Aspekte:

Faktenfragen:	Was haben Sie in Situation X gemacht?
Einstellungsfragen:	Was denken Sie über X?

Zur Kontextualisierung der Interviews ist es notwendig, personenbezogene Daten zu erheben. Hierfür können Sie einen zusätzlichen Kurzfragebogen einsetzen, der die für Ihre Forschung relevanten persönlichen Informationen wie Alter, Geschlecht etc. erhebt. Dieser kann am Beginn oder am Schluss des Interviews platziert werden. Es empfiehlt sich, diese Daten nicht in der direkten Gesprächssituation zu erheben, um den Gesprächsfluss nicht zu stören und die Anonymität zu wahren.

Abbildung 2: Interviewleitfaden (Ausschnitt, Caspari, 2003; eigene Rekonstruktion anhand eines Interviewprotokolls)

Welche Überlegungen haben für Ihre Entscheidung, Lehrer/in für die Fächer X/Y zu werden, eine Rolle gespielt?

Welche Erfahrungen haben Sie als Schüler/in im Fremdsprachenunterricht (FSU) gemacht?

Gibt es einen Zusammenhang zwischen Ihren Erfahrungen als Schüler/in im FSU und Ihrer Berufswahl?

Können Sie das Verhältnis Ihrer beiden Fächer zueinander beschreiben/sie gewichten?

Welches sind für Sie als Lehrer/in die Probleme/Schwierigkeiten/Grunddilemmata im FSU?

Welche Ziele verfolgen Sie im FSU?

Welche persönlichen Schwerpunktsetzungen nehmen Sie im FSU vor?

Kann FSU einen Beitrag zum Interkulturellen Lernen leisten?

Wenn ja: Welchen? Warum?

Wenn nein: warum nicht?

Wie hat sich Ihre Perspektive auf Ihre Zielsetzungen im FSU im Laufe der Zeit/Berufsjahre verändert?

Welche Faktoren hatten einen wesentlichen Einfluss darauf?

Zur Erprobung des Leitfadens ist es notwendig, Pretests zu machen. Die Durchführung von Probeinterviews hat zum Ziel, die Abfolge und das Verständnis der Fragen zu testen, Antwortspielräume einzuschätzen und eine Vorstellung von der Dauer des Interviews zu bekommen. Da wir als Forscherinnen und Forscher nicht wissen können, was unsere jeweilige Zielgruppe für das Interview denkt und versteht, empfiehlt es sich, den Leitfadenentwurf unter möglichst realistischen Bedingungen mit möglichst unterschiedlichen Personen der Zielgruppe vorab auszuprobieren. Hierbei können Sie die Interviewführung erproben; gleichzeitig dienen Probeinterviews dazu, mit den befragten Personen am Ende der Interviews über die Interviewfragen und die Interviewführung zu reflektieren. Hierdurch erhalten Sie Hinweise darauf, ob die Personen der Zielgruppe die Fragen so verstehen, wie Sie sie gemeint haben, ob es Missverständnisse gibt und worin diese bestehen etc. Zusätzlich bekommen Sie Rückmeldungen zu Ihrer Interviewführung. Jede Erprobung des Interviewleitfadens zieht eine weitere Überarbeitung/Revision nach sich. Für Jochen Gläser und Gritt Laudel (2004) ist daher „die Arbeit am Interviewleitfaden [...] eigentlich nie abgeschlossen, sondern dauert bis zum letzten Interview an“ (S. 146).

Wenn die Interviews einer Studie von verschiedenen Personen durchgeführt werden, sind „Regieanweisungen“ zur Interviewdurchführung und eine Schulung der interviewenden Personen unerlässlich, damit die vergleichbare Durchführung der Interviews gewährleistet werden kann. Insbesondere, wenn Sie keine oder kaum Erfahrungen mit der Durchführung qualitativer Interviews besitzen, empfiehlt es sich, im Voraus die Interviewsituation einzuüben.[42] So können Sie die Vielfalt der Interaktionssituationen und -komplexe während eines Interviews einüben (ausführliche Erläuterungen finden Sie bei Helfferich, 2011, S. 119–154) und häufigen Fehlern vorbeugen.

Exkurs: Häufige Fehler bei der Interviewdurchführung

(vgl. Reinders, 2005, S. 237–247)

- das Abarbeiten der Interviewfragen („Leitfadenbürokratie“, vgl. Hopf, 1978, S. 101),
- das unangebrachte Unterbrechen des Redeflusses,
- das Nicht-Aushalten-Können von Pausen,
- das Stellen von Suggestivfragen oder überkomplexen Fragen,

42 Ungeübte Interviewer/innen können z.B. Freundinnen und Freunde oder Familienmitglieder als Versuchspartner/innen zum Einüben der Interviewführung gewinnen. Im Gespräch mit vertrauten Personen sind Sie zumeist weniger nervös oder aufgeregt und können sich leichter Rückmeldungen zu Ihrer Gesprächsführung holen. Kommilitoninnen und Kommilitonen bzw. Kolleginnen und Kollegen stellen ein weiteres „Übungsfeld“ dar.

- das Verzerren oder Verkürzen der Gesprächssituation durch einschränkende Fragestellungen,
- das Verschenken von Informationen bzw. das Vertiefen unwichtiger Themenfelder,
- das Verletzen der Anonymität.

Von der Erstellung des Erhebungsinstruments zur Durchführung des Interviews
Bevor Sie die Durchführung der Interviews beginnen können, ist es notwendig zu klären, welche Personen aus der gewählten Zielgruppe tatsächlich interviewt werden sollen. Die Auswahl der zu interviewenden Personen ist abhängig vom Forschungsziel und von der Anlage der Studie. Wollen Sie beispielsweise eine Expertenbefragung durchführen, müssen Sie vorher kriteriengeleitet eine Identifikation der Expertinnen und Experten vornehmen. Je nachdem, in welcher Größenordnung eine Studie angelegt ist, werden in Abhängigkeit vom Forschungsziel unterschiedlich viele Personen interviewt. Es gibt verschiedene Möglichkeiten, die dafür notwendige Stichprobe zusammenzustellen (→ Kap. 3.2.3). Bei qualitativen Studien ist die Fallzahl (z.B. Anzahl der durchgeführten Interviews) oft gering: der Einzelfall steht im Vordergrund, nicht die Repräsentativität der Ergebnisse. Die Auswahl des Einzelfalles setzt jedoch gewisse Grundkenntnisse desselben schon voraus, d.h., Sie müssen über bestimmte Vorinformationen zu einer Person verfügen, um entscheiden zu können, ob ein Interview mit dieser Person für Ihre Forschung geeignet ist oder nicht. Bei explorativen Studien, in denen der Einzelfall (noch) nicht bekannt ist, stellt das *theoretical sampling* in Anlehnung an die Grounded Theory (Glaser & Strauss, 1967) eine Möglichkeit der Stichprobenzusammenstellung dar. Theoretical sampling meint, dass die vorläufige Analyse der vorhandenen Daten für die weitere Sättigung der Stichprobe herangezogen wird und Kriterien dafür liefert, welche Gruppen oder Subgruppen von Populationen, Ereignissen oder Aktivitäten in die Stichprobe integriert werden müssen (vgl. Merkens, 2010; weiterführend Helfferich, 2011).

Die Identifikation und Auswahl der zu befragenden Personen ist der erste Schritt zur Vorbereitung der Interviewdurchführung. Im nächsten Schritt gewinnen Sie die potenziellen Interviewpartnerinnen und Interviewpartner für Ihre Forschung, indem Sie mit den betreffenden Personen Kontakt aufnehmen, sie über Ihre Forschung informieren und deren Bereitschaft für ein Interview erbitten. Im Anschluss an eine positive Rückmeldung vereinbaren Sie die konkreten Details (Datum, Ort und Zeit) des Interviews. Die Erfahrungen der Autorinnen und Autoren dieses Buches zeigen, dass insbesondere die Ansprache und Gewinnung von potenziellen Interviewpartnerinnen und Interviewpartnern sehr mühevoll und langwierig sein können. Planen Sie daher ausreichend Zeit hierfür ein. Es ist zudem hilfreich, im Vorhinein zu überlegen, welchen Gewinn die zu interviewenden Personen aus der Teilnahme an Ihrer Studie ziehen. Dies können Sie bei der

Akquise von Teilnehmenden argumentativ nutzen oder ggf. zusätzliche (materielle) Anreize schaffen. Als letzten Schritt der Vorbereitung stellen Sie die notwendigen Rahmenbedingungen der Interviewdurchführung sicher. Hierzu gehören die Organisation eines ruhigen Interviewraumes, das Vorhandensein aller Interviewmaterialien (Leitfaden, Kurzfragebogen, Stifte und Notizblock, ggf. Kärtchen), die Überprüfung der Funktionstüchtigkeit von Technik (Aufnahmegerät, Batterien/Akkus, ggf. Mikrofon) und die Schaffung einer entspannten Gesprächsatmosphäre (z.B. durch eine Tasse Kaffee/ein Glas Wasser etc.).

Wenn Sie diese organisatorischen Punkte geklärt haben, können Sie mit der Durchführung Ihrer Interviews beginnen. Hierfür gehen Sie Ihren Interviewleitfaden Schritt für Schritt durch. Die Tonaufzeichnung von Interviews empfiehlt sich sehr, weil sonst das gesprochene Wort nicht für die Analyse zugänglich werden kann. Die Präsenz eines Aufnahmegerätes führt häufig zu Unsicherheiten und/oder Hemmnissen auf Seiten der Gesprächspartnerinnen und Gesprächspartner. Dem können Sie vorbeugen, indem Sie im Vorfeld über die Aufnahme informieren, die Technik sicher bedienen können und das Aufnahmegerät schon einige Augenblicke vor Beginn des Interviews anschalten. Vergessen Sie nicht, die eindeutige Zustimmung Ihres Gegenübers zur Tonaufzeichnung einzuholen.

In Ihrer Rolle als Interviewer/in sind Sie an den Aussagen ihrer Interviewpartnerin/ihres Interviewpartners interessiert. Eine freundliche, offene Haltung hilft, die Interviewsituation in eine angenehme Gesprächssituation zu wenden, sodass Ihr Gegenüber nicht den Eindruck bekommt, ausgefragt zu werden. Zur Aufrechterhaltung des Gesprächs stehen Ihnen verschiedene Gesprächstechniken zur Verfügung. Steuerungsfragen lenken das Interviewgespräch im Sinne des Forschungsinteresses, Aufrechterhaltungsfragen („Wie geht es weiter?") signalisieren Interesse und Aufmerksamkeit der Interviewerin/des Interviewers. Auch aktives Zuhören („hm", „ja", „aha") zeugt von Aufmerksamkeit und gibt das Gefühl, dass die interviewende Person dem Gesprächsverlauf folgt. Paraphrasierungen greifen Gesagtes auf, formulieren es um und liefern damit auch ein Angebot von Deutungen. Gesagtes kann aber auch zurückgespiegelt („Sie sagten gerade … – können Sie das noch mal erläutern?") oder auf Widersprüche aufmerksam gemacht werden (zur Vertiefung des Themas Fragetypen und Gesprächstechniken: Gläser & Laudel, 2004, S. 116–137; Helfferich, 2011).

Die Interaktionssituation ist jedoch nicht nur durch Ihr Auftreten, Ihre spezifischen Forschungsinteressen und methodischen Zugänge bestimmt, auch die interviewte Person gestaltet diese mit. Daher empfiehlt es sich zu reflektieren, welchen Einfluss Faktoren wie z.B. Geschlecht, Alter, soziale Herkunft, ethnische Zugehörigkeit, Habitus etc. auf die Interviewsituation haben (können). Beispielsweise kann es sein, dass Sie als junger Mensch von einer älteren Person nicht als gleichberechtigte/r Gesprächspartner/in angesehen werden, ihre Geschlechtszugehörigkeit zu Vereinnahmungen führt („Männer/Frauen unter sich") oder Ihnen aufgrund Ihrer (vermeintlichen) ethnischen Zugehörigkeit bestimmte Positionen zugewiesen werden („Sie als Deutsch-Türke befürworten doch sicher die Einführung der doppelten Staatsbürgerschaft.") Achten Sie zudem auch auf die nonverbale Kommunikation im Interview (vgl. Trautmann, 2010, S. 15–17).

Reflexionen zur sozialen Situation im Interview, zur Interviewdurchführung allgemein sowie zur eigenen Rolle als Interviewer/in finden Platz im Postskriptprotokoll. Ein Postskriptprotokoll ist ein nachträgliches Gedankenprotokoll der Interviewerin/des Interviewers, in dem wesentliche Rahmenbedingungen (Gesprächsverlauf, Ort, Zeit, Gesprächsbedingungen und -umstände) sowie persönliche Einschätzungen der Interviewsituation und des Interviewverlaufs notiert werden. Während eines Interviews können vielfältige Fehler und Störungen (z.B. Unterbrechungen, technische Störungen) auftreten und auf die Interaktion zwischen den Gesprächspartnerinnen bzw. Gesprächspartnern zurück wirken. Auch diese sollten im Anschluss an das Interview im Postskriptprotokoll vermerkt werden.

Mit der Niederschrift des Postskriptprotokolls befinden Sie sich am Ende des Datenerhebungsprozesses. Sie verfügen nun über folgende Rohdaten: Kurzfragebögen, Gesprächs- und Postskriptprotokolle sowie Audioaufzeichnungen der Interviews.

Von der Datenerhebung zur Auswertung

Im Rahmen der Interviewauswertung bereiten Sie die in der Datenerhebung gewonnenen Rohdaten auf, um sie analysieren und interpretieren zu können. In einem ersten Schritt werden zunächst die Audiodaten transkribiert und in einen Schrifttext überführt.

Exkurs: Datenaufbereitung/Transkription

„Unter Transkription versteht man die graphische Darstellung ausgewählter Verhaltensaspekte von Personen, die an einem Gespräch teilnehmen" (Kowal & O'Connell, 2008, S. 438). Hierfür bestimmen Sie in Abhängigkeit von Ihrer Fragestellung bzw. Zielsetzung zunächst die zu transkribierenden Verhaltensmerkmale (z.B. verbale, prosodische, parasprachliche und außersprachliche Elemente) und wählen entsprechende Notationszeichen aus. Notationszeichen sind vorab festgelegte Zeichenkombinationen, die jeweils ein Verhaltensmerkmal repräsentieren, z.B. @...@ für „Lachen". Hierbei sind die Lesbarkeit und das verfügbare Zeichenrepertoire zu bedenken. Sie können entweder auf verfügbare Transkriptionsregelsysteme zurückgreifen oder eine eigene Notation entwickeln.[43]

---

43 Bei der Transkription wenden Sie im Durchschnitt eine Stunde Transkriptionszeit für fünf Minuten Audiomaterial auf. Diese Zahl ergibt sich in Abhängigkeit von der Länge des zu transkribierenden Audiomaterials, dessen Qualität und Komplexität, von der zur Verfügung stehenden technischen Unterstützung (analoge oder digitale Audiodaten, Transkriptionssoftware etc.) sowie

Gängige Transkriptionssysteme (Auswahl):

- Die *Konversationsanalystische Transkriptionsnotation* von Jefferson (1972) soll die Strukturen natürlicher Gespräche so genau wie möglich abbilden. Hinter diesem Transkriptionsverfahren steht die Auffassung, dass natürliche Konversation sich nicht vorwiegend aus Lauten bzw. Worten/Sinneinheiten zusammensetzt, sondern vordergründig durch Redebeiträge („Turns") bestimmt ist. Es werden turn-interne (z.B. Absetzen in der Rede, Intonationskurven) und turn-übergreifende Konversationsaspekte (z.B. Stimmführung am Ende des Redebeitrags, Pausen zwischen zwei Redebeiträgen) unterschieden und abgebildet.
- Die *Halbinterpretative Arbeitstranskription (HIAT)* von Ehlich & Rehbein (1976) legt ihren Fokus auf die möglichst exakte Wiedergabe der Zeitverhältnisse des Miteinandersprechens.
- Das *Gesprächsanalytische Transkriptionssystem (GAT)* von Selting, Auer, Barden, Bergmann, Couper-Kuhlen, Günthner, Meier, Quasthoff, Schlobinski & Uhmann (1998) stellt eine Vereinfachung und Zusammenfassung bestehender Transkriptionssysteme dar. Eine allgemeine Festlegung von Mindeststandards für Transkriptionen, die in Abhängigkeit von spezifischen Ansprüchen nach dem Zwiebelprinzip erweiterbar sind, bildet die Basis dieses Transkriptionssystems. Die Einfachheit der Darstellung und der Verzicht auf Sonderzeichen soll das Transkriptionssystem leicht handhabbar und lesbar machen.
- *Talk in Qualitative Research (TiQ)* von Bohnsack, Nentwig-Gesemann & Nohl (2007) ist eine Transkriptionsschreibweise, die im Rahmen der Dokumentarischen Methode, v.a. für Gruppendiskussionen oder biografische Interviews, Verwendung findet.

Anschließend wählen Sie das Transkriptionsformat (Partitur- oder Zeilenschreibweise) und legen fest, welche Fähigkeiten das Lesen der Transkripte bei verschiedenen Leserschaften (z.B. Laien, Linguisten, …) voraussetzt. Für diese soll das Transkript letztlich lesbar und dechiffrierbar sein, so dass sie die einzelnen Auswertungsschritte der/des Forschenden nachvollziehen können. Im Sinne der intersubjektiven Nachvollziehbarkeit ist es notwendig, diese Vorüberlegungen für die Leserin/den Leser Ihres Forschungsberichts transparent zu machen, also im Forschungsbericht festzuhalten.

Nach der Aufbereitung des Materials beginnt die eigentliche Datenauswertung. Ebenso wie bei der Auswahl einer Erhebungsmethode stellt sich die Frage nach der angemessenen Auswertungsmethode in Abhängigkeit von der Forschungsfrage und dem Datenmaterial. Sie können Leitfadeninterviews beispielsweise quantitativ auswerten, indem Sie die Auftretenshäufigkeiten von bestimmten Begriffen auszählen. Wenn Sie das Material qualitativ analysieren wollen, steht Ihnen eine Reihe von unterschiedlichen Auswertungsmethoden zur Verfügung (Flick, 2010a, S. 386–421; Schmidt, 2010).

Ihrer Vertrautheit mit Transkriptionen und Textverarbeitung. Hinzu kommt weiterer Zeitaufwand für Überarbeitungen und Fehlerkorrekturen.

Exkurs: Qualitative Inhaltsanalyse

Die Qualitative Inhaltsanalyse (Mayring, 2010) macht die im Text manifesten und latenten, d.h. die nicht explizierten, Kommunikationsinhalte zum Gegenstand der Analyse. Qualitative Inhaltsanalyse basiert auf der Annahme, dass formale Kommunikationsaspekte (z.B. die Reihenfolge, in der Inhalte erzählt werden) eine bedeutungstragende Funktion innerhalb des Textes haben. Des Weiteren liegt der Qualitativen Inhaltsanalyse die Annahme zugrunde, dass Menschen über die Art und Weise, wie sie Kommunikation gebrauchen (Was wird gesagt? Was wird ausgespart?), ihre Einstellungen und Deutungsmuster von Wirklichkeit kommunizieren. Qualitative Inhaltsanalyse geht systematisch und regelgeleitet vor und analysiert ihr Material unter einer theoretisch ausgewiesenen Fragestellung. Durch Aussagen über das zu analysierende Material versucht die Qualitative Inhaltsanalyse Rückschlüsse auf bestimmte Aspekte der Kommunikation, und darüber vermittelt auf die Sprecherinnen bzw. Sprecher, zu ziehen. Für die regelgeleitete Auswertung von Textmaterial entwickelte Philipp Mayring (2010, S. 60) ein allgemeines inhaltsanalytisches Ablaufmodell. Dieses umfasst folgende Analyseschritte: 1) Festlegung des Materials, 2) Analyse der Entstehungssituation, 3) Formale Charakterisierung des Materials, 4) Festlegung der Analyserichtung, 5) Theoretische Differenzierung der Fragestellung, 6) Bestimmung der Analysetechnik, 7) Definition der Analyseeinheiten und 8) Durchführung der Materialanalyse. Hierfür stehen der Forscherin bzw. dem Forscher drei Analysetechniken zur Verfügung: die Zusammenfassung, die Explikation oder die Strukturierung, die das Material in unterschiedlicher Art und Weise verdichten. Zum Beispiel wird der Text in der zusammenfassenden Inhaltsanalyse auf wenige Kernaussagen reduziert, die als Kategorien das Ergebnis des Analyseprozesses darstellen.

Exkurs: Grounded Theory

Grounded Theory ist keine reine Auswertungsmethode, sondern ein methodologisches Rahmenkonzept. Begründet wurde die Grounded Theory von Barney Glaser und Anselm Strauss (1967). Grounded Theory versteht die verschiedenen Phasen des Forschungsprozesses nicht als voneinander getrennte bzw. nacheinander zu durchlaufende Arbeitsphasen, sondern als einen Forschungskreislauf, in dem zu jedem Zeitpunkt die Rückkehr zu den Daten möglich sein sollte.

Eine zentrale Auswertungsmöglichkeit von Daten im Rahmen der Grounded Theory stellt das „offene Kodieren“ dar. Hierbei nähern sich die Forschenden dem Datenmaterial (z.B. Interviewtranskripte) möglichst unvoreingenommen, d.h. ohne theoretische Vorannahmen an das Material heranzutragen, und weisen ihm Codes zu. Dafür wird das Transkript in sinnvolle Analyseeinheiten segmentiert und Zeile für Zeile analysiert. Hilfreich ist es, dabei möglichst frei zum Text zu assoziieren und/oder theoriegenerierende Fragen (W-Fragen) an die Textpassage heranzutragen. Der Rückbezug zum Kontext des analysierten Segments sollte stets wiederhergestellt werden. Parallel notiert die Forscherin/der Forscher In-vivo-Codes (Originalzitate) sowie ihre/seine eigenen Gedanken und Assoziationen zum Textsegment und hält diese in Form von Memos fest. Anschließend formulieren sie abstrakte Codes, die in einer Codeliste gesammelt werden. Das gesamte Procedere wird an weiteren analyserelevanten Textstellen wiederholt.

Der Analyseprozess kann und sollte mehrfach durchlaufen und die Memos und Codelisten ergänzt werden (vgl. Böhm, Legewie & Muhr, 1992, S. 30–45; Muckel, 2007, S. 220–222).

Mit Auswertungsmethoden können Sie Ihre Daten systematisch und regelgeleitet analysieren und auswerten, um dadurch zu einer Beantwortung Ihrer Forschungsfrage zu kommen.

Von ausgewerteten Daten zur Verwertung
Im nächsten Schritt des Forschungsprozesses interpretieren Sie die ausgewerteten Daten, um Ihre Forschungsfrage zu beantworten. Damit Ihre Forschungsarbeit den Gütekriterien qualitativer empirischer Forschung[44] gerecht wird, sollten Sie für die Interpretation ein besonderes Augenmerk auf die intersubjektive Nachvollziehbarkeit Ihrer gesamten Vorgehensweise und die empirische Verankerung Ihrer Ergebnisse in den erhobenen Daten richten. Die erarbeiteten Ergebnisse sollten in sich stimmig sein (Kohärenz) und auf ihre Grenzen hin beleuchtet werden. Auch die Relevanz der Ergebnisse für das Forschungsvorhaben bzw. in einem größeren Kontext sollte reflektiert werden.

Die Ergebnisse Ihrer Forschung stellen Sie in einem Forschungsbericht zusammen (→ Kap. 4.1) und heben die Stärken und Schwächen Ihrer Arbeit hervor.

Damit schließt sich der Kreis des forschungslogischen Planungsmodells – Ihre Forschung wird wiederum anderen Forscherinnen und Forschern zugänglich und kann den Ausgangspunkt weiterer Forschungen darstellen.

3.2.2.4 Am Beispiel: „Fremdsprachenlehrerinnen und Fremdsprachenlehrer – Studien zu ihrem beruflichen Selbstverständnis" (Caspari, 2003)

Den forschungslogischen Ablauf einer Leitfadeninterviewstudie möchte ich Ihnen im Folgenden anhand einer Beispielstudie zeigen.

Theoretischer Rahmen
Daniela Caspari (2003) macht das unzureichende Wissen über berufsbezogene Selbstkonzepte von Lehrerinnen und Lehrern moderner Schulfremdsprachen (*Forschungsproblem*) zum Ausgangspunkt ihrer Forschung. Ihr *Forschungsziel* benennt sie, wie folgt:

> *In dieser Studie untersuche ich das berufliche Selbstverständnis von Lehrer/inne/n moderner Schulfremdsprachen.* Ich interessiere mich dafür, wie sich diese Leh-

44 Im Folgenden beziehe ich mich, wenn nicht anders gekennzeichnet, auf die Gütekriterien qualitativer empirischer Forschung nach Steinke (2010): intersubjektive Nachvollziehbarkeit, empirische Verankerung, Limitation, Kohärenz, Relevanz, Indikation, reflektierte Subjektivität (→ Kap. 3.1.4).

> rer/innen selbst sehen und verstehen, welche Vorstellungen, Meinungen und Überzeugungen sie gewonnen haben, welches Funktionsverständnis sie entwickelt haben und durch welche Faktoren sie dabei vermutlich beeinflusst worden sind.
>
> (Caspari, 2003, S. 12)

In einem ersten Schritt bestimmt Caspari Begriffskonzepte, wie den Begriff des Selbstkonzeptes, und Forschungsrichtungen (z.B. Lehrerforschung zum beruflichen Selbstverständnis, fremdsprachendidaktische Forschungen zum beruflichen Selbstverständnis, Subjektive Theorien als Ansatz zur Erforschung der Binnensicht), die im Zusammenhang mit ihrem Forschungsziel relevant erscheinen, und arbeitet den *Stand der Forschung* hierzu auf. Nach Aufbereitung der Forschungsarbeiten und -ergebnisse (vgl. Caspari, 2003, Kap. 2.1–2.3) kommt Caspari zu dem Schluss, dass das berufliche Selbstverständnis von Fremdsprachenlehrerinnen und -lehrern ein Phänomen ist, über das wenig bekannt ist und kaum empirisches Material vorliegt. Daher müsse sich dem Thema explorativ genähert werden (Caspari, 2003, S. 13). Da das berufliche Selbstverständnis zudem ein individuelles Phänomen ist, müsse es in seiner Einzigartigkeit untersucht werden (Caspari, 2003, S. 12). Diesbezüglich bezieht Caspari Subjektive Theorien als möglichen methodischen Ansatzpunkt mit in die Darlegung des theoretischen Rahmens ein (Caspari, 2003, Kap. 2.4). Abschließend definiert sie das berufliche Selbstverständnis von Fremdsprachenlehrer/innen

> als subjektive Theorien dieser Berufsgruppe über sich selbst in Bezug auf ihre berufliche Tätigkeit. Bei diesen Theorien handelt es sich um subjektive Konstrukte aus Wissen, Einstellungen, Gefühlen und Absichten, die die Personen aufgrund ihrer vielfältigen Erfahrungen im ausgeübten Beruf und aufgrund der Bewertung ihrer Erfahrungen gebildet haben.
>
> (Caspari, 2003, S. 85)

Diese Konkretisierung des Untersuchungsgegenstandes dient dazu, den theoretischen Rahmen der Untersuchung einzugrenzen, da dieser das weitere Vorgehen leitet.

Anlage der Studie

In einem zweiten Schritt bestimmt Caspari (2003) das *Basisdesign* der Studie: Diese verfolgt „einen *qualitativen bzw. explorativ-interpretativen Forschungsansatz*“ (S. 88) und soll die subjektiven Selbstkonzepte der untersuchten Personen zum Zeitpunkt der Erhebung abbilden. Anschließend widmet sie sich der Beschreibung der Anlage der Studie und des methodischen Vorgehens (vgl. Caspari, 2003, Kap. 3). Caspari definiert zunächst ihre Rolle(n) als Forscherin, bevor sie auf die Wahl und die *Konstruktion des Erhebungsinstruments* eingeht. Da subjektive Theorien nicht fertig abrufbar bzw. voll bewusst vorliegen, aber durch ein Gespräch mit entsprechenden Nachfragemöglichkeiten zugänglich gemacht werden können, entscheidet sie sich für „die Form des *problemzentrierten, teilstruk-*

turierten Interviews“ nach Witzel (1985) (Caspari, 2003, S. 93). Hiermit kann die Forscherin eine Situation schaffen, in der die untersuchten Personen sich ihrer Subjektiven Theorien überhaupt erst bewusst werden und diese reflektieren. Dabei sollen die Interviewpartner/innen möglichst frei zu Wort kommen, zugleich aber der thematische Fokus sichergestellt werden. Daran anschließend erarbeitet Caspari unter Rückgriff auf eigene berufliche Erfahrungen und fremdsprachendidaktische Diskurse einen teilstrukturierten Interviewleitfaden und führt Pretests (n=12) durch. Diese führen in der Folge zu einer Überarbeitung und Reduzierung des Interviewleitfadens sowie zur Veränderung der Darstellungsform: Der anfänglich entwickelte mehrseitige tabellarische Leitfaden wird durch ein einseitiges Mind-Map (Caspari, 2003, Anlage 4; s. Abbildung 3), in welchem die forschungsrelevanten Themenbereiche abgebildet sind,[45] und einen personendatenbezogenen Kurzfragebogen ersetzt. Daran anknüpfend thematisiert Caspari die *Auswahl der Teilnehmer/innen* (Caspari, 2003, S. 97–100): Um schulform- oder bundeslandbedingte Aspekte des beruflichen Selbstkonzeptes auszublenden, konzentriert sie sich auf Sekundarstufenlehrer/innen mit mindestens einer modernen Fremdsprache an Gymnasien und Gesamtschulen im Raum Mittelhessen. Hier wählt sie verschiedene Schulen in unterschiedlichen geografischen Räumen (Großstadt, Kleinstadt, ländlicher Raum) aus und spricht die potenziell in Frage kommenden Lehrerinnen und Lehrer an, ob sie an der Studie teilnehmen würden. Für die Stichprobenauswahl benutzt Caspari demnach ein mehrstufiges Verfahren, das zunächst eine kriteriengeleitete Auswahl und dann eine Auswahl nach Verfügbarkeit beinhaltet.

Durchführung der Studie

In einem dritten Schritt widmet sich Caspari der *Datenerhebung*. Die von ihr selbst durchgeführten Interviews dauern im Schnitt ca. 100 Minuten. Caspari fertigt sowohl Tonaufzeichnungen als auch Gesprächsprotokolle der Interviews an und ergänzt das Gespräch mit einem personenbezogenen Kurzfragebogen. Im Anschluss an das Interview fertigt sie Postskriptprotokolle mit „persönlichen Eindrücken zum Interviewpartner und zur Interviewsituation“ an (Caspari, 2003, S. 104). Die Darstellung der Erhebungssituation verbindet Caspari mit einer kritischen Betrachtung der Interviewsituation als sozialer Situation und damit verbunden ihrer Rolle als Interviewerin. Sie verweist auf die angefertigten Gesprächs- und Postskriptprotokolle als eine zusätzliche Datenbasis, die Kontextinformationen festhalten. Diese bezieht sie neben allgemeinen Fehlerquellen in die Reflexion der Erhebungssituationen ein (vgl. Caspari, 2003, S. 100–105).

45 Wenn es Ihnen schwer fällt, sich mit Hilfe des Mind-Maps konkrete Fragestellungen vorzustellen, vergleichen Sie den Ausschnitt aus dem Mind-Map mit dem rekonstruierten Interviewleitfaden (Abbildung 2).

Abbildung 3: Interviewleitfaden in Form eines Mind-Maps (Ausschnitt; Caspari, 2003; Nachbildung R.H.)

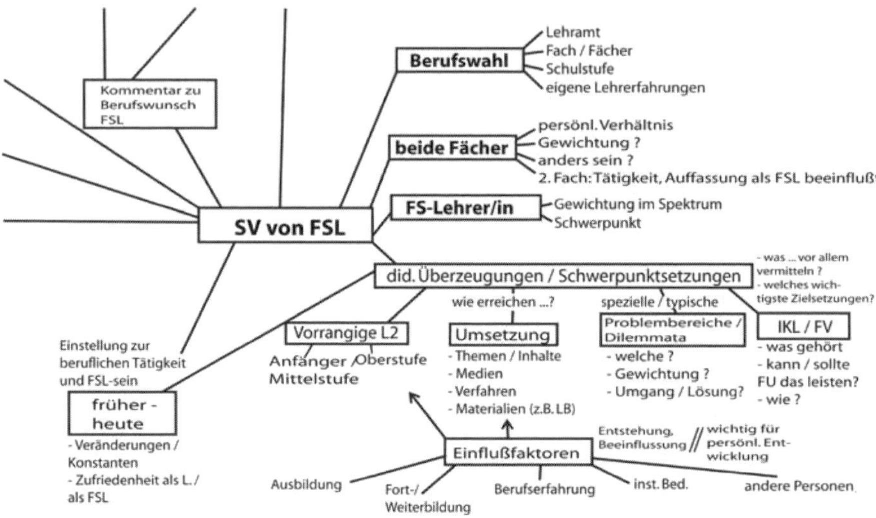

Aufbereitung, Auswertung und Interpretation

Bevor die erhobenen Daten ausgewertet und interpretiert werden können, ist ihre *Aufbereitung* notwendig. Hierfür nimmt Caspari eine Transkription der Tonaufzeichnungen der Interviews vor. Dies erfolgt in Anlehnung an Werner Kallmeyer und Fritz Schütze (1976) in einer „wortgetreue[n] Verschriftung des gesamten Interviewtexts in Standardsprache mit den (damals) geläufigen Regeln von Orthographie und Zeichensetzung sowie wichtiger parasprachlicher Informationen in möglichst einfacher und sparsamer Form" (Caspari, 2003, S. 108). Sie reflektiert, dass damit „sowohl eine Reduktion als auch eine Transformation der ursprünglichen Kommunikationssituation" verbunden ist (Caspari, 2003, S. 105), der transkribierte Text also nicht mehr dem Gesprächstext aus der Interviewsituation entspricht, wodurch Informationsverluste entstanden sein könnten. Für die anschließende *Auswertung* und *Interpretation* wählt sie ein mehrstufiges Verfahren. Zunächst widmet sie sich der Einzelfallanalyse und -interpretation, indem sie die einzelnen Interviewtranskripte sequenzanalytisch, also Kommunikationseinheit für Kommunikationseinheit analysierend, bearbeitet, themenbezogen auswertet und zu Statements verdichtet. Als Ergebnis der Einzelfallanalyse erstellt sie mit Hilfe der Statements Strukturbilder[46], die die rekonstruierte Subjektive Theorie

46 Strukturbilder sind eine grafische Darstellungsform, bei der einzelne Aussagen/Statements, die für die Subjektive Theorie der interviewten Person als zentral erscheinen, herausgefiltert und

des Einzelfalls repräsentieren. Fallübergreifend identifiziert sie anschließend Deutungsmuster zum beruflichen Selbstverständnis von Fremdsprachenlehrerinnen und Fremdsprachenlehrern, die sie in der Gesamtinterpretation in Bezug zum Stand der Forschung stellt.

Als zentrale Ergebnisse der Studie benennt Caspari (2003)

- die herausragende Bedeutung der subjektiven Deutungsmuster der Befragten sowohl für die einzelnen Komponenten wie für die Gesamtstruktur des beruflichen Selbstverständnisses (s. Kap. 4.1.1–4.1.3)
- die Bestätigung der These, dass es sich beim beruflichen Selbstverständnis von Fremdsprachenlehrer/inne/n um eine subjektive Großtheorie handelt (s. Kap. 4.1.4).

(Caspari, 2003, S. 270)

Den größten Gewinn ihrer Forschung sieht Caspari (2003) darin, „die Vielzahl und Vielfalt der das Selbstverständnis konstituierenden Elemente identifizieren und die Komplexität ihres Zusammenspiels auf[...]decken“ (S. 270) zu können. Die Ergebnisse liefern ihrer Einschätzung nach „wichtige Erklärungsansätze für einzelne, in der Lehrerforschung immer wieder beobachtete Phänomene, wie z.B. die eminent hohe Bedeutung der eigenen schulischen Lernerfahrungen auch noch nach langen Jahren der beruflichen Praxis, die Wichtigkeit zentraler Überzeugungen“ etc. (S. 271). Aus den Ergebnissen heraus lassen sich Anknüpfungspunkte für die *Verwertung* der Studie aufzeigen, die sowohl weitere Forschungsarbeiten nach sich ziehen als auch praktische Konsequenzen haben könnte.

Abschließend reflektiert Caspari die eigene Forschungsarbeit kritisch hinsichtlich ihrer Stärken und Schwächen und der Gütekriterien qualitativ-empirischer Forschung.

Verwertung
Die Studie von Caspari wurde in Forschungsberichten in Form einer Monografie, verschiedener Zeitschriftenartikel und Vorträge veröffentlicht. Die Ergebnisse und Reflexionen der Forscherin finden damit Eingang in den Wissenschaftsdiskurs und stehen für weiterführende Rezeptionen und Forschungen bereit.

Denken – Handeln – Diskutieren

1. Sie haben im Text erfahren, dass das Interview eine soziale sowie kommunikative Situation darstellt und durch persönliche Hintergründe, Wahrnehmungen, Erwartungshaltungen und Rollen geprägt ist. Stellen Sie sich nun verschiedene Interviewkontexte aus der Perspektive als Interviewerin bzw.

---

grafisch zueinander in Beziehung gesetzt werden (z.B. mit Hilfe von Verbindungslinien, Pfeilen, Operatoren; vgl. Scheele & Groeben, 1988).

Interviewer vor (z.B. Interview mit einem Schulleiter, mit einer Grundschülerin, mit einer muslimischen Schülerin, mit einem 17-jährigen Schulverweigerer).

a) In welcher Art und Weise können die oben genannten Faktoren die jeweilige Interviewsituation beeinflussen?
b) Wie könnten Sie diese Einflüsse minimieren?
c) Ist das Minimieren von Einflussfaktoren auf die soziale Situation Ihrer Meinung nach überhaupt sinnvoll? Diskutieren Sie mögliche Gründe, die dafür und/oder dagegen sprechen.

2. Als Lehrerin oder Lehrer führen Sie viele außerunterrichtliche Gespräche mit Schülerinnen und Schülern, aber auch mit Eltern.
   a) Welche Merkmale von Interviews (im Kontrast zu Alltagsgesprächen) weisen anlassbezogene Elterngespräche (z.B. Bildungsberatungsgespräche) auf?
   b) Welche Konsequenzen ergeben sich aus dieser Perspektive für Ihr Handeln und die Kommunikation in diesen Gesprächen?
3. Mündliche Leistungskontrollen und Prüfungen stellen ein wichtiges Instrument in der Bewertung von Leistungen von Schülerinnen und Schülern dar. Inwiefern können die Regeln der Leitfadenkonstruktion hinsichtlich der Aufgabenstellungen und der Durchführung hilfreich sein? Gehen Sie bei Ihrer Argumentation auch auf unterschiedliche Fragetypen und mögliche Fehler ein.
4. Das gesprochene Wort im Interview wird durch Tonaufzeichnung und Transkription in eine schriftlich vorliegende Textform gebracht. Überlegen Sie, welche Transformationen ein solcher Text durchläuft und welche Bedeutung dies für die Auswertung des Interviews hat.
5. Bitte versetzen Sie sich in die folgende Situation: Sie betreuen als Lehrerin oder Lehrer eine Schülerfirma. Sie wollen mit dieser Firma an einem nationalen Wettbewerb teilnehmen, müssen aber hierfür ein Evaluationskonzept vorlegen. Schwerpunkt dieses Konzeptes soll nach Vorgaben der Ausschreibung ein qualitatives Vorgehen sein, welches Struktur, Organisation und Professionalisierungsgrad der Schülerfirma erfasst. Entwerfen Sie ein entsprechendes Konzept bzw. einen Forschungsplan für die Evaluation Ihrer Schülerfirma.[47]

Literatur

Altrichter, H. & Posch, P. (1998). *Lehrer erforschen ihren Unterricht. Eine Einführung in die Methoden der Aktionsforschung* (3. Aufl.). Bad Heilbrunn: Klinkhardt.

47 Zusätzliche Anregungen finden Sie bei Haan, Grundmann und Plesse (2009).

Atteslander, P. (2003). *Methoden der empirischen Sozialforschung* (10. Aufl.). Berlin: de Gruyter.

Bacon, F. (1620/2009). Novum organum. Krohn, W. (Hrsg.), *Neues Organon (Novum Organum, 1620)*. Hamburg: Felix Meiner Verlag.Böhm, A., Legewie, H. & Muhr, T. (1992). *Kursus Textinterpretation: Grounded Theory. Textinterpretation und Theoriebildung in den Sozialwissenschaften. Lehr- und Arbeitsmaterialien zur Grounded Theory.* (Bericht aus dem interdisziplinären Forschungsprojekt ATLAS- Forschungsbericht Nr. 92–3).

Bohnsack, R., Nentwig-Gesemann, I. & Nohl, A.-M. (2007). *Die dokumentarische Methode und ihre Forschungspraxis. Grundlagen qualitativer Sozialforschung* (2. erweiterte und aktualisierte Aufl.). Wiesbaden: VS Verlag für Sozialwissenschaften.

Caspari, D. (2003). *Fremdsprachenlehrerinnen und Fremdsprachenlehrer. Studien zu ihrem beruflichen Selbstverständnis*. Tübingen: Gunter Narr Verlag.

Diekmann, A. (2010). Empirische Sozialforschung: Grundlagen, Methoden, Anwendungen. In *Rowohlts Enzyklopädie* (4. Auflage). Reinbek: Rowohlt.

Ehlich, K. & Rehbein, J. (1976). Halbinterpretative Arbeitstranskription (HIAT). *Linguistische Berichte, 45,* 21–41.

Fischer-Rosenthal, W. & Rosenthal, G. (1997). Narrationsanalyse biografischer Selbstrepräsentationen. In R. Hitzler & A. Honer (Hrsg.), *Sozialwissenschaftliche Hermeneutik* (S. 133–164). Opladen: Leske + Budrich.

Flick, U. (2010a). Das episodische Interview. In G. Oelerich & H.-U. Otto (Hrsg.), *Empirische Forschung und Soziale Arbeit. Ein Studienbuch* (S. 273–280). Wiesbaden: VS Verlag für Sozialwissenschaften.

Flick, U. (2010b). *Qualitative Sozialforschung: Eine Einführung* (3. vollständig überarbeitete u. erweiterte Aufl.). Reinbek: Rowohlt.

Flick, U., Kardorff, E. von & Steinke, I. (Hrsg.). (2010). *Qualitative Forschung. Ein Handbuch*. Reinbek: Rowohlt.

Friebertshäuser, B. & Langer, A. (2010). Interviewformen und Interviewpraxis. In B. Friebertshäuser & A. Prengel (Hrsg.), *Handbuch qualitative Methoden in der Erziehungswissenschaft* (3. vollständig überarbeitete Aufl., S. 437–455). Weinheim: Juventa.

Glaser, B. G. & Strauss, A. L. (1967). *The Discovery of Grounded Theory. Strategies for Qualitative Research*. Chicago: Aldine.

Gläser, J. & Laudel, G. (2004). *Experteninterviews und qualitative Inhaltsanalyse als Instrumente rekonstruierender Untersuchungen* (3. überarbeitete Aufl.). Wiesbaden: VS Verlag für Sozialwissenschaften.

Haan, G. de (Hrsg.); Grundmann, D. & Plesse, M. (2009). *Nachhaltige Schülerfirmen. Eine Explorationsstudie.* Berlin. Zugriff am 07.05.2012 unter http://www2.um.baden-wuerttemberg.de/servlet/is/44406/Explorationsstudie[1].pdf?command=download Content&filename=Explorationsstudie%5B1%5D.pdf

Haller, M. (2011). *Das Interview: Ein Handbuch für Journalisten* (5. überarbeitete Aufl.). Konstanz: UVK.

Helfferich, C. (2011). *Die Qualität qualitativer Daten. Manual für die Durchführung qualitativer Interviews* (4. Aufl.). Wiesbaden: VS Verlag für Sozialwissenschaften.

Hopf, C. (1978). Die Pseudo-Exploration. Überlegungen zur Technik qualitativer Interviews in der Sozialforschung. *Zeitschrift für Soziologie, 7*(2), 97–115. Zugriff am 17.01.2012 unter http://www.zfs-online.org/index.php/zfs/article/viewFile/2350/1887

Hopf, C. (2010). Qualitative Interviews: Ein Überblick. In U. Flick, E. von Kardorff & I. Steinke (Hrsg.), *Qualitative Forschung. Ein Handbuch* (S. 349–360). Reinbek: Rowohlt.

Jefferson, G. (1972). Side Sequences. In D. Sudnow (Hrsg.), *Studies in social interaction* (S. 294–338). New York: Free Press.

Kallmeyer, W. & Schütze, F. (1976). Konversationsanalyse. *Studium Linguistik, 1,* 1–28.

Kern, H. (1982). *Empirische Sozialforschung: Ursprünge, Ansätze, Entwicklungslinien.* München: Beck.

Kohlberg, L. (1995). *Psychologie der Moralentwicklung*. Frankfurt am Main: Suhrkamp.

Kowal, S. & O'Connell, D. C. (2010). Zur Transkription von Gesprächen. In U. Flick, E. von Kardorff & I. Steinke (Hrsg.), *Qualitative Forschung. Ein Handbuch* (S. 437–447). Reinbek: Rowohlt.

Lazarsfeld, P. F. (1961). Notes on the history of quantification in sociology: Trends, sources and problems. In H. Woolf (Hrsg.), *Quantification* (S. 147–203). Indianapolis: Bobbs-Merill.

Legewie, H. (1987). Interpretation und Validierung biografischer Interviews. In G. Jüttemann & H. Thomae (Hrsg.), *Biografie und Psychologie* (S. 138–150). Berlin: Springer. Zugriff am 24.02.2012 unter http://www.ssoar.info/ssoar/files/2008/441/bio_legewie.pdf

Legewie, H. (2004). *Vorlesungen zur qualitativen Diagnostik und Forschung*. Vorlesungsreihe im Studiengang Psychologie der Technischen Universität Berlin, Berlin. Zugriff am 27.02. 2012 unter http://www.ztg.tu-berlin.de/download/legewie/Dokumente/downloads. htm

Maus, H. (1962). Zur Vorgeschichte der empirischen Sozialforschung. In R. König (Hrsg.), *Handbuch der empirischen Sozialforschung* (Bd. 1) (S. 18–37). Stuttgart: Enke.

Mayring, P. (2010). *Qualitative Inhaltsanalyse. Grundlagen und Techniken* (11. aktualisierte und überarbeitete Aufl.). Weinheim: Beltz.

Merkens, H. (2010). Auswahlverfahren, Sampling, Fallkonstruktion. In U. Flick, E. von Kardorff & I. Steinke (Hrsg.), *Qualitative Forschung. Ein Handbuch* (S. 286–299). Reinbek: Rowohlt.

Merton, R. K. & Kendall, P. L. (1979). Das fokussierte Interview. In C. Hopf & E. Weingarten (Hrsg.), *Qualitative Sozialforschung* (S. 171–204). Stuttgart: Klett-Cotta.

Muckel, P. (2007) Die Entwicklung von Kategorien mit der Methode der Grounded Theory. In *Grounded Theory Reader* (S. 211–231). Köln: Zentrum für Historische Sozialforschung.

Oberschall, A. (Hrsg.). (1972). *The Establishment of Empirical Sociology*. New York: Harper & Row.

Reinders, H. (2005). *Qualitative Interviews mit Jugendlichen führen*. München: Oldenbourg.

Scheele, B. & Groeben, N. (1988). *Dialog-Konsens-Methoden zur Rekonstruktion Subjektiver Theorien: Die Heidelberger Struktur-Lege-Technik (SLT), konsensuale Ziel-Mittel-Argumentation und kommunikative Flußdiagramm-Beschreibung von Handlungen*. Tübingen: Francke.

Schmidt, C. (2010). Analyse von Leitfadeninterviews. In U. Flick, E. von Kardorff & I. Steinke (Hrsg.), *Qualitative Forschung. Ein Handbuch* (S. 447–456). Reinbek: Rowohlt.

Schnell, R., Hill, P. B. & Esser, E. (2008). *Methoden der empirischen Sozialforschung* (8. Aufl.). München: Oldenbourg.

Schütze, F. (1983). Biographieforschung und narratives Interview. *Neue Praxis, 13,* 283–293. Zugriff am 17.02.2012 unter http://www.ssoar.info/fileadmin/php/download. php?url=/ssoar/files/2009/950/schuetze-biographieforschung_und_narratives_interview.pdf

Selting, M., Auer, P., Barden, B., Bergmann, J., Couper-Kuhlen, E., Günthner, S., Meier, C., Quasthoff, U., Schlobinski, P., Uhmann, S. (1998). *Gesprächsanalytisches Transkriptionssystem (GAT)*. Zugriff am 24.02.2012 unter http://www.uni-potsdam.de/u/slavistik/vc/rlmprcht/textling/comment/gat.pdf

Steinke, I. (2010). Gütekriterien qualitativer Forschung. In U. Flick, E. von Kardorff & I. Steinke (Hrsg.), *Qualitative Forschung. Ein Handbuch* (S. 319–331). Reinbek: Rowohlt.

Trautmann, T. (2010). *Interviews mit Kindern. Grundlagen, Techniken, Besonderheiten, Beispiele.* Wiesbaden: VS Verlag für Sozialwissenschaften.

Witzel, A. (1985). Das problemzentrierte Interview. In G. Jüttemann (Hrsg.), *Qualitative Forschung in der Psychologie. Grundfragen, Verfahrensweisen, Anwendungsfelder* (S. 227–255). Weinheim: Beltz.

Witzel, A. (2000). Das problemzentrierte Interview. *Forum Qualitative Sozialforschung, 1* (1). Zugriff am 13.02.2012 unter http://www.qualitative-research.net/index.php/fqs/article/view/1132/2520

Zeisel, H. (1960). Zur Geschichte der Soziographie. In M. Jahoda, P. F. Lazarsfeld & H. Zeisel (Hrsg.), *Die Arbeitslosen von Marienthal* (2. Aufl., S. 101–138). Allensbach: Verlag für Demoskopie.

Christian Herfter, Michael Brock

3.2.3 Der Fragebogen

Die Befragung ist eine Methode, mit der Informationen über sozialwissenschaftliche Sachverhalte gesammelt werden (Kromrey, 1998, S. 337). Im Rahmen einer kommunikativen Situation werden Personen dazu angeregt, Auskunft über sich zu geben. Sie umfasst dabei sowohl das persönliche und telefonische Interview, als auch die schriftliche Form – den Fragebogen. Das Befragen bietet die Möglichkeit, Einblicke in nicht direkt beobachtbare psychische Prozesse oder Strukturen der befragten Personen (z.B. Meinungen, Einstellungen, Denkprozesse, Wissen) zu erhalten (Hussy, Schreier & Echterhoff, 2010, S. 68). Das Instrument der Befragung dokumentiert diese Prozesse und Strukturen jedoch nur indirekt, „indem es nicht die Eigenschaften von Sachverhalten erfaßt, sondern Aussagen über Eigenschaften von Sachverhalten“ (Kromrey, 1998, S. 337).

Fragen stellen bedeutet immer auch, dass sich zwei oder mehr Personen in eine soziale Situation begeben (Atteslander, 2003, S. 120). Diese soziale Situation wird insbesondere über verbale Kommunikation strukturiert und ist durch gegenseitige Wahrnehmungen, Erwartungshaltungen und Orientierungen der Teilnehmenden bestimmt (Schnell, Hill & Esser, 2008, S. 321f.). Von einer sozialen Situation kann in diesem Sinne auch dann gesprochen werden, wenn jemand für sich allein auf einen schriftlichen Fragebogen Antwort gibt (Atteslander, 2003, S. 123).

Gespräche im wissenschaftlichen Kontext zeichnen sich gegenüber anderen (Alltags-)Konversationen durch einige Besonderheiten aus. Die wissenschaftliche Befragung findet einzig und allein mit der Absicht statt, die Antworten der Befragten zu erhalten und somit Informationen über den Untersuchungsgegenstand zu gewinnen (Kromrey, 1998, S. 337). Daraus ergibt sich eine asymmetrische Beziehung zwischen den beteiligten Personen (Kromrey, 1998, S. 339). Mit anderen Worten: Während die Forschenden (fast ausschließlich) Fragen stellen, geben die Befragten (fast ausschließlich) Auskünfte über sich oder bestimmte Sachverhalte. Dabei macht sich jede Person aufgrund äußerer Merkmale (z.B. Geschlecht, Alter, Kleidung) und des Auftretens Vorstellungen von der jeweils anderen (Kromrey, 1998, S. 344). Je nachdem wie die Forschenden eingeschätzt werden, werden die befragten Person – etwa aus Angst vor Missbilligung oder dem Wunsch nach Anerkennung – bestimmte inhaltliche Antwortmöglichkeiten für angemessen halten und „sich mehr oder weniger zurückhaltend oder vertrauensvoll zeigen" (Kromrey, 1998, S. 345). Entgegen alltäglichen Konversationen, in denen auf Aussagen normalerweise positiv oder negativ reagiert wird, versuchen sich die Forschenden in wissenschaftlichen Befragungen neutral zu verhalten, d.h., sie sind angehalten, sich weder zustimmend noch ablehnend gegenüber den Äußerungen der befragten Personen zu zeigen (vgl. Diekmann, 2010, S. 439f.).

Die mitgeteilte Selbstauskunft (Antwort) im Rahmen einer Befragung ist das Ergebnis vielfältiger kognitiver und kommunikativer Prozesse. Die Güte[48] der Antworten lässt sich dabei durch die Mitteilungsabsichten der befragten Personen, durch das Verhalten und die Merkmale der Forschenden, durch die Interviewsituation und die Eigenschaften des Erhebungsinstrumentes (Fragenformulierung, Fragenreihenfolge und Antwortvorgaben) erklären (Diekmann, 2010, S. 442; Schnell et al., 2008, S. 323f.). Die zentrale Herausforderung besteht darin, die oben beschriebenen Prozesse bei der Konstruktion eines Befragungsinstrumentes und der Ausgestaltung der kommunikativen Situation zu berücksichtigen (Hussy et al., 2010, S. 71).

Peter Atteslander (2003, S. 146–148) beschreibt hierzu drei grundlegende Möglichkeiten, wie Befragungen gestaltet werden können:

1) In *wenig strukturierten Befragungen* werden Fragenreihenfolge und -formulierung dem Gesprächsverlauf angepasst. Die Gestaltung der Konversation orientiert sich an den Aussagen der befragten Personen.
2) In *teilstrukturierten Befragungen* nutzen die Forschenden einen vorgegeben Katalog mit vorformulierten Fragen, um die Konversation zu gestalten. The-

48 Die Wahl der anzulegenden Gütekriterien wird nicht zuletzt von methodologischen Grundannahmen und Forschungsparadigmen bestimmt. So wird beispielsweise in einer „klassischen" quantitativen Fragebogenstudie auf Validität, Reliabilität und Objektivität als Gütekriterien eines Erhebungsinstruments zu verweisen sein (→ Kap. 3.1.4).

men, die sich aus dem Gespräch ergeben, können auch hier aufgegriffen und weiter verfolgt werden.

Wenig- und teilstrukturierte Befragungen werden zur Ermittlung qualitativer Aspekte eingesetzt (Raithel, 2008, S. 66). Sie erfassen die Besonderheiten und subjektiven Sichtweisen der Befragten und dienen der Entdeckung neuer theoretischer Konzepte (Atteslander, 2003, S. 147; Seipel & Rieker, 2003, S. 13; → Kap. 3.2.2). Teilstrukturierte Befragungen sind weniger für Vergleichsstudien geeignet. Denn ändern sich das Erhebungsinstrument und die Erhebungssituation von Fall zu Fall, ist nicht mehr zu entscheiden, ob die Antwortunterschiede zwischen den Befragten auf Unterschiede der Messmethode (z.B. variierende Fragestellungen), Merkmale der Erhebungssituation (z.B. Verhalten der Forschenden) „oder auf tatsächliche Unterschiede der zu messenden Merkmale (z.B. Einstellungen) zurückzuführen sind“ (Maccoby & Maccoby, 1965, S. 40; zitiert nach Schnell et al., 2008, S. 323).

3) Demgegenüber zeichnen sich *stark strukturierte Befragungen* durch die Standardisierung der Erhebungssituation und der Befragungsinstrumente aus. Die Erhebungssituation, insbesondere die Interaktion zwischen Forschenden und Befragten, wird durch feste Vorgaben reglementiert. Dabei werden die Interviewerinnen bzw. Interviewer darauf trainiert, sich gegenüber den befragten Personen (möglichst) einheitlich zu verhalten (Scholl, 2009, S. 24). Das Erhebungsinstrument zeichnet sich dadurch aus, dass jeder Person die gleichen Fragen in der gleichen Formulierung und in einer festen Reihenfolge gestellt werden (Atteslander, 2003, S. 148). Sind zudem alle zur Verfügung stehenden Antwortvarianten vorgegeben, spricht man von einer vollstandardisierten Erhebung (Häder, 2010, S. 192). Die stark strukturierte Befragung ist „die methodische, empirische Umsetzung theoretischer Fragestellungen und theoretischer Konzepte“ (Scholl, 2009, S. 143) und benötigt daher ein hohes Maß an Vorwissen über den zu untersuchenden Gegenstand (Diekmann, 2010, S. 438). Indem das Erhebungsinstrument und die Erhebungssituation stark vereinheitlicht werden, werden die Antworten aller Befragten vergleichbar (Schnell et al., 2008, S. 323). Diese Vergleichbarkeit wird häufig durch die Beschränkung auf quantitative Daten weiter erhöht (Raithel, 2008, S. 66).

Im vorliegenden Kapitel beschäftigen wir uns in diesem Zusammenhang mit dem Fragebogen als dem Erhebungsinstrument stark strukturierter, schriftlicher Befragungen. Dabei werden zunächst die historische Entwicklung des Fragebogens als Instrument der Datenerhebung nachgezeichnet und Perspektiven des Verfahrens aufgezeigt. Der forschungsparadigmatischen Einordnung und dem Bezug zu den Gütekriterien empirischer Sozialforschung folgen die Darstellung des Erhebungsverfahrens und vielfältige Hinweise zur Konstruktion des Erhebungsinstruments.

Anschließend werden wichtige Techniken der Auswertung besprochen. Am Beispiel des Bullying- und Viktimisierungsfragebogen für Kinder (Marées & Petermann, 2009) und anhand des forschungslogischen Planungsschemas (→ Kap. 3.1.1) wird abschließend die Konstruktion des Erhebungsinstrumentes, von der theoretischen Grundsteinlegung bis zum fertigen Fragebogen, nachgezeichnet.

3.2.3.1 Historische Genese und Perspektiven

Antike und Mittelalter (8. Jahrhundert v. Chr. bis 14. Jahrhundert)

Standardisierte Fragelisten sind eine Erfindung der Bürokratien altorientalischer Großreiche (John & Viktor, 1884; zitiert nach Stagl, 1979, S. 61) und dienten vornehmlich der Erfassung wehrfähiger Männer oder zur Aufstellung von Agrar-, Handels-, und Gewerbestatistiken (Berner, 1983; zitiert nach Schnell, Hill & Esser, 2008, S. 17). Die ältesten Hinweise auf Datenerhebungen finden sich in Ägypten, China, Persien und Griechenland (ca. 3000 v. Chr.). Die ersten periodischen Bevölkerungsbefragungen wurden im Römischen Reich durchgeführt. Seit dem 5. Jahrhundert vor Christus wurde jeder mündige Bürger alle fünf Jahre mit Hilfe der „formulacensus" – einer standardisierten Frageliste – befragt und musste unter Eid Auskunft über seine Familien- und Vermögensverhältnisse geben (Güll, 2011, S. 20; Stagl, 1979, S. 615).

Im Jahr 813 war Karl der Große (747–814) daran interessiert, den Ursachen von Aufruhr und Unruhe in seinem Reich auf den Grund zu gehen (vgl. Petersen, Voß, Sabel & Grube, 2004). Zu diesem Zweck ordnete er eine Umfrage unter den geistlichen und weltlichen Würdenträgern an. Die Befragung stützte sich dabei auf einen schriftlich fixierten Fragenkatalog, der auf alle Befragten angewendet wurde. Die Antworten konnten frei formuliert werden. Zudem fanden sich konkrete Durchführungsanweisungen. Die Datenauswertung beschränkte sich auf die Aufzählung einzelner Aspekte.[49] Diese frühe Erforschung spezieller, sozialer Probleme stellt nach heutigem Kenntnisstand jedoch eine Ausnahme dar. Die Befragung der Bevölkerung mit standardisierten Fragebögen diente bis in die frühe Neuzeit vorrangig der „Staatsbeschreibung" (Schnell et al., 2008, S. 18).

Die erste großangelegte, ökonomisch motivierte Untersuchung wurde von Wilhelm dem Eroberer (1027–1087) 1085 nach der Invasion Englands in Auftrag gegeben (Schnell et al., 2008, S. 18). Dabei wurden umfangreiche Auskünfte über die eroberten Ländereien eingeholt und in den sogenannten „Doomsday Books" dokumentiert. Die frühen Formen der standardisierten Datenerhebungen dienten ausschließlich dem Zweck der effizienten Staatsverwaltung und beschränkten

49 Zum Beispiel die Aufzählung von „Gründen, weshalb die Männer gewöhnlich den militärischen Gehorsam verweigern" (Petersen et al., 2004, S. 742).

sich in der Datenauswertung lediglich auf das Zählen von Ereignissen und Merkmalen (Schnell et al., 2008, S. 17f.).

Frühe Neuzeit (15. bis 18. Jahrhundert)

Mit dem Aufkommen eines neuen Zeitgeistes in der Renaissance und der Aufklärung im frühen 17. Jahrhundert und dem gleichzeitig wachsenden Informationsbedarf der merkantilistischen Staaten aufgrund von bevölkerungs- und staatswissenschaftlichen Problemen nahmen auch die Erhebungen einen neuen Charakter an (Diekmann, 2010, S. 91f.; Schnell, Hill & Esser, 2008, S. 18f.). So entstanden im letzten Drittel des 17. Jahrhunderts die ersten wissenschaftlichen Akademien. Die Begründer dieser Akademien waren Anhänger der empirisch-experimentellen Wissenschaft, die Anfang des 17. Jahrhunderts durch Francis Bacon (1561–1626) und sein Werk „Novum Organum" (1620) begründet wurden (Stagl, 1979, S. 619). Das zentrale Ziel von Datensammlungen lag nun nicht mehr in der Beschreibung der Bevölkerung und des Staates, sondern in der Ermittlung von Regel- und Gesetzmäßigkeiten in den Daten (Stagl, 1979, S. 620). Zentrale Impulse für die Entwicklung der quantitativen Sozialforschung gingen vom Forschungsprogramm der *politischen Arithmetik* aus (Schnell et al., 2008, S. 19f.). Die durch die Verwaltungsstatistik erhobenen Daten wurden neu geordnet und in einen sachlogischen Zusammenhang gebracht (Zeisel, 1975, S. 133). Anfänglich beschränkten sich die Untersuchungen dieses Forschungszweigs auf das Datenmaterial aus Geburts- und Sterbelisten. Anhand dieser Listen wurden Aussagen über die durchschnittliche Lebenserwartung, Sterbefälle in unterschiedlichen Alters- und Geschlechtsgruppen sowie den Einfluss des Stadtlebens auf die Gesundheit und das Heiratsalter getroffen (Diekmann, 2010, S. 92f.; Schnell et al., 2008, S. 20). Eines der berühmtesten Werke dieser Zeit ist die von Sir William Petty (1623–1687) verfasste „The political anatomy of Ireland" (1672), die „wohl als erste systematisch-empirische Soziographie" (Diekmann, 2010, S. 93) bezeichnet werden kann und durch ihre „für die damalige Zeit souveräne Verwendung statistischer Methoden auffällt" (Zeisel, 1975, S. 114).

Zu dieser Zeit etablierte sich auch ein Raum für methodische Diskussionen. In sog. Fragebogenkonferenzen wurden Kontroversen geführt und die daraus resultierenden Ergebnisse dann in der „Philosopical Transactions" – der ersten periodisch veröffentlichten wissenschaftlichen Zeitschrift – publiziert (Stagl, 1979, S. 620f.).

Weitere Entwicklungsimpulse für die Fragebogenmethode gingen von Théophraste Renaudot (1586–1653) aus. In seiner Untersuchung über kranke Personen in ärmlichen Verhältnissen verwendet er Fragen in geschlossener Form. Aus einer Liste mit Vorgaben musste die zutreffende Antwort nur noch unterstrichen werden (Stagl, 1979, S. 623f.). Der hohe Grad der Standardisierung des Erhebungsinstruments beschränkte sich jedoch bis zum Ende des 19. Jahrhunderts bis auf einige Ausnahmen auf eine feste Fragenreihenfolge und -formulierung.

Neuere Geschichte (19. und 20. Jahrhundert)

Mitte des 19. Jahrhunderts wurden auch die Methoden der Datenauswertung entscheidend weiterentwickelt. Als Erster nutzte Adolphe Quêtelet (1796–1874) die Erkenntnisse der aus der Astronomie entlehnten Wahrscheinlichkeitstheorie, um den allgemeinen moralischen Standard der Bevölkerung zu charakterisieren (Zeisel, 1975, S. 119f.). Seine Auswertungsverfahren stellten noch keine elaborierten statistischen Methoden dar. Dennoch diente seine Anwendung der Gaußschen Normalverteilung auf empirische Daten als Anregung für neue Erklärungen sozialer Phänomene (Diekmann, 2010, S. 97). Zudem versuchte Quêtelet erstmals psychologische Eigenschaften (Mut, Gedächtnis, Wahrheitsliebe) zu erforschen. Die erfassten Merkmale waren zwar zumeist „zufällig und lückenhaft" (Zeisel, 1975, S. 121), doch deuteten seine Bemühungen in die „Richtung der heutigen psychologischen Einstellungs- und Persönlichkeitsforschung" (Diekmann, 2010, S. 97). Quêtelet griff allein auf bereits in der Staatsverwaltung vorhandene Daten zurück. „Aus dieser Beschränkung aufs ohnehin vorhandene Material resultierte eine datentechnische Verengung des Denk- und Analysehorizonts" (Kern, 1982, S. 50). Eine scharfe Kritik an Quêtelets quantifizierendem Ansatz formulierte der Franzose Frédéric Le Play (1806–1882). Die Statistik vermochte es seiner Ansicht nach nicht, die Komplexität zwischenmenschlichen Handelns abzubilden. Wichtige Aspekte gingen grundsätzlich in den Zahlen verloren (Kern, 1982, S. 53). Das Erkenntnisinteresse Le Plays stützte sich im Gegensatz zu dem Quêtelets auf die detaillierte Erforschung zwischenmenschlicher Verhältnisse. In seinen Untersuchungen über die „gesellschaftstypische Familie" (1855) beschränkte er seine Datenerhebungen auf einige wenige Haushalte und beschrieb „ganz penibel [...] die gesamten Lebensverhältnisse der erfaßten Familien" und zeichnete so „ein intimes Bild der Lebensverhältnisse" (Kern, 1982, S. 55). Ernst Engel (1821–1896), ab 1857 Präsident des *Königlichen Preußischen Statistischen Bureaus* und ein Bekannter Le Plays, griff sowohl die Daten der Le Playschen Detailanalyse, als auch Zahlenmaterial des *Sächsischen statistischen Amtes* auf und wertete sie mit Hilfe quantitativer Analysemethoden aus (Kern, 1982, S. 61–63; Oberschall, 1997, S. 79–82). Anhand von Ausgabe-Listen berechnete er die monetären Familienbudgets und leitete daraus sein bekanntes Budgetgesetz[50] ab. Engel trug mit der Verbindung von Detailanalyse und Statistik nicht nur dazu bei, dass auch kleinere soziale Einheiten wie die Familie in den Mittelpunkt quantitativer Analysen rückten. Er entwickelte mit der „Skala der Prioritäten" einen entfernten Vorläufer heutiger Messinstrumente (Petersen, Voß, Sabel & Grube, 2004, S. 738).

Der rasche industrielle Fortschritt des 19. Jahrhunderts ging vor allem in England mit massiven gesellschaftlichen Umbrüchen einher. Die damit assoziier-

---

50 „Je ärmer eine Familie ist, einen desto größeren Antheil von der Gesamtausgabe muss zur Beschaffung der Nahrung aufgewendet werden" (Engel, 1857, S. 28f.; zitiert nach Kern, 1982, S. 61).

ten sozialen Probleme (Lebensbedingungen der Arbeiter, Verstädterung, Kinderarbeit) führten zu einem verstärkten Interesse an der konkreten Lage der arbeitenden Menschen (Diekmann, 2010, S. 99f.). In der Folge entwickelten sich zahlreiche Forschungsaktivitäten. Kern (1982) spricht in diesem Zusammenhang von einer „Phase [der] schubartige(n) Herausbildung der empirisch-statistischen Gesellschaftsforschung – ein Vorgang, der aufs engste mit der sozialen Problematik der neuen Gesellschaft verflochten war" (S. 68). Im Zuge verstärkter Forschungsaktivitäten wurden auch die Erhebungsmethoden weiterentwickelt (Diekmann, 2010, S. 103f; Kern, 1982, S. 73f.): Professionelle Interviewer wurden eingesetzt, Prüftechniken zur Gültigkeit der ermittelten Daten entwickelt sowie Fragen der Datenauswertung erörtert. Zudem fanden die Untersuchungen eine immer stärkere theoretische Verankerung und folgten zum Teil dem Dreischritt der Hypothesenbildung, Ermittlung relevanter Daten und Prüfung der Hypothesen anhand der erhobenen Daten (Diekmann, 2010, S. 100). Zur Beantwortung ihrer Fragestellungen stützten sich Forschende nun nicht mehr ausschließlich auf Daten der amtlichen Statistik. Eigene Erhebungen dienten der Erfassung von relevanten Merkmalen, die zur Beantwortung der Forschungsfragen notwendig waren.

Orientiert am englischen Vorbild führte der *Verein für Sozialpolitik* im Deutschen Reich vor allem Untersuchungen zur Lage der arbeitenden Bevölkerung durch. Die eingesetzten Erhebungsinstrumente wiesen zwar einen hohen Grad der Standardisierung auf, reichten jedoch in Genauigkeit und Objektivität nicht an die Qualität der englischen Vorbilder heran (Kern, 1982, S. 89). Bei den Studien handelte es sich meist um Beschreibungen, deren „entscheidende Leistung [...] in der Materialbeschaffung über Teilgebiete der Gesellschaft [lag]" (Zeisel, 1975, S. 129). Die Schwächen der Datenerhebungen des Vereins für Sozialpolitik wurden vor allem von Gottlieb Schnapper-Arndt (1846–1904) kritisiert (Oberschall, 1997, S. 52–54). Er bemängelte u.a., dass die Auswahl der Untersuchungspersonen die Objektivität der erhobenen Daten nicht gewährleistet. Um Aussagen über die Lebenssituation von auf dem Land Arbeitenden zu treffen, wurden diese nämlich nicht selbst befragt, sondern die Landbesitzerinnen und Landbesitzer. Weiterhin unterbreitete er den Vorschlag, bereits vorgefertigte Antworten zu benutzen, um die Vergleichbarkeit der gewonnen Daten zu erhöhen. Max Weber (1864–1920) versuchte indes, den Fokus der Untersuchungen von einer Erfassung der materiellen Lebensbedingungen der Arbeiterinnen und Arbeiter hin zu einer Ermittlung ihrer Einstellungen und Orientierungen zu verschieben, denn „die eigentlichen Probleme in bezug auf die Lebensbedingungen der Landarbeiter [liegen] vorwiegend auf psychologischem Gebiet" (Weber, 1892, S. 5; zitiert nach Oberschall, 1997, S. 57). Zwar versuchte Weber ausgewählte Merkmale zu erheben, es gelang ihm jedoch nicht, die eingeführten psychologischen Konzepte messbar zu machen. Ein wesentlicher Grund dafür lag in der unzureichenden theoretischen Ausarbeitung der psychologischen Modelle (Kern, 1982, S. 99; Zeisel,

1975, S. 138). Zudem konnte Weber seine (unklaren) theoretischen Voraannahmen methodisch nicht überzeugend erfassen (Kern, 1982, S. 99).

Neueste Geschichte (20. und 21. Jahrhundert)

Die Erhebungstechniken zur Erfassung elaborierter psychologischer Konzepte wurden Anfang des 20. Jahrhunderts durch Beiträge aus der Psychologie entscheidend verfeinert (Zeisel, 1975, S. 140). Emory Bogardus (1882–1973) entwickelte 1926 einen Fragebogen, mit dem es erstmals gelingen sollte, die Einstellungen von Personen zu messen (vgl. Kern, 1982, S. 190–197). Aufgrund zahlreicher ethnischer Konflikte in den USA stellte sich der Forscher die Frage, wie sich verschiedene soziale Gruppen gegenseitig wahrnehmen. Bogardus ging davon aus, dass die Kontaktdichte zu Personen anderer Ethnien bzw. sozialer Gruppen, Hinweise auf die Einstellung gegenüber diesen Gruppen liefere. Die aus diesen Überlegungen entwickelte „Skala der sozialen Distanz" wurde 1928 von Louis Thurstone (1887–1955) und Ernest Chave (1886–1961) aufgegriffen und auf die Erfassung von Religiosität übertragen. Weitere wichtige Impulse für die Entwicklung der empirischen Sozialforschung gingen von der *Wirtschaftspsychologischen Forschungsstelle* in Wien und der Gruppe um Paul F. Lazarsfeld (1901–1976) aus. Unter dem Einfluss der empirischen Psychologie Charlotte und Karl Bühlers entwickelte er eine eigene Herangehensweise an soziale Problemstellungen (Kern, 1982, S. 163). Lazarsfeld bevorzugte es, gesellschaftliche Probleme mit Hilfe einer Vielzahl von Methoden „von der quantifizierenden Statistik bis zur qualitativen Beobachtung, zu studieren und zu begreifen" (Kern, 1982, S. 163). Vor allem während seiner Forschungstätigkeit am *Bureau of Applied Social Research* in den USA gelang es ihm, die Methoden der quantitativen Datengewinnung und die Anwendung statistischer Analysetechniken zu verfeinern (Diekmann, 2010, S. 111–113; Schnell, Hill & Esser, 2008, S. 39; Scholl, 2009, S. 16).

Das erste deutsche Forschungsinstitut für Sozialwissenschaften wurde 1919 in Köln gegründet. Wenig später folgte das Frankfurter Institut für Sozialforschung (1923). Nach dem zweiten Weltkrieg hatte vor allem das Kölner „Institut für Sozialwissenschaften" einen großen Anteil an der Rezeption und Verbreitung der modernen Methoden der empirischen Sozialforschung (Diekmann, 2010, S. 113). Zahlreiche Institutsgründungen zwischen dem Ende der 1940er und Anfang der 1970er Jahre etablierten die akademische und anwendungsorientierte Sozialforschung in Deutschland (Diekmann, 2010, S. 113). Unter den großen Forschungsinstituten wie z.B. dem Max-Planck-Institut für Bildungsforschung (Berlin) oder dem Deutschen Jugendinstitut (München und Halle) sind mit Blick auf die Entwicklung empirischer Methoden vor allem das „Zentralarchiv für Empirische Sozialforschung (ZA) und das „Zentrum für Umfragen, Methoden und Analysen" (ZUMA) von Bedeutung.

Rainer Schnell, Paul B. Hill und Elke Esser (2008) betonen jedoch, dass „der Anteil systematischer Methodenforschung im Bereich der Datenerhebungsverfahren beständig [sinkt]“ (S. 48). Dennoch ermöglicht vor allem die zunehmende Technisierung die Entwicklung innovativer Formen der Datenerhebung. Mit der zunehmenden Verbreitung des Internets ist eine relativ kostengünstige und zeitsparende Befragung einer großen Anzahl von Personen möglich (vgl. Diekmann, 2010, S. 522f.). Die Antworten werden direkt am Computer eingegeben und können von den Forschenden zu Auswertungszwecken von einem zentralen Sammelpunkt abgeholt werden. Die Daten befinden sich bereits in einem digitalen Format und müssen nicht wie in einer pen-and-paper Erhebung in eine Datenmaske eingepflegt werden. Damit werden Fehler bei der Codierung der Rohdaten minimiert. Neben der Entwicklung neuer Erhebungsformen steht besonders der Kommunikationsprozess zwischen Befragten und Fragenden im Fokus der Methodenforschung (Häder, 2010, S. 193f.). Weiterhin sind viele Forschende darum bemüht, Erhebungsinstrumente für die Erfassung spezifischer sozialer Tatbestände zu konstruieren oder weiterzuentwickeln. Solch ein Prozess der Entwicklung eines Fragebogens wird im weiter unten entfalteten Beispiel nachgezeichnet.

3.2.3.2 Erhebung

Der Fragebogen ist aus seiner historischen Genese heraus zunächst als ein reines Erhebungsinstrument zu verstehen, obgleich eine Reihe von Auswertungsmethoden für dieses Instrument entwickelt wurde. In den folgenden Abschnitten wird zunächst eine forschungsparadigmatische Einordnung gegeben und die wichtigsten Begriffe im Zusammenhang mit der Fragebogenentwicklung geklärt. Daran anschließend wird ein Bezug zwischen dem Entwurf eines Fragebogens und den Gütekriterien empirischer Sozialforschung hergestellt und auf dieser Grundlage der Unterschied zwischen einem Test und einem Fragebogen verdeutlicht. Der Abschnitt zur Erhebung schließt mit einem umfassenden Leitfaden zur Itemkonstruktion und der Bewertung des Fragebogens als Erhebungsinstrument im Vergleich zu alternativen Erhebungsformen.

Einordnung und Begriffsklärungen

Aus → Kapitel 3.1.4 ist Ihnen die Unterscheidung zwischen dem qualitativen und quantitativen Forschungsparadigma bekannt. „Das *qualitative Paradigma* hat das Ziel des *Verstehens* menschlichen Verhaltens […]. Das Ziel des *quantitativen Paradigmas* ist das ‚*Erklären*‘ der kulturell/sozial geschaffenen Wirklichkeit“ (Raithel, 2008, S. 11, H.i.O.; vgl. auch Opp, 2005, S. 66–76). Verstehen ist subjektbezogen und an die umfassende Analyse von Einzelfällen gekoppelt (Mayring, 2002, S. 24), während Erklären eng mit objektbezogenen und nomothetischen Aussagen – also allgemeingültigen Gesetzen – für eine Vielzahl von Fällen bzw. Personen verbunden ist (vgl. Lamnek, 2010, S. 243–247). „Mit Hilfe quantifizierender Methoden werden *Strukturen* über überindividuelle Zusammenhänge und Regeln zwischen Begebenheiten aufgedeckt, indem soziale Gegebenheiten über einen Operationalisierungsvorgang messbar gemacht werden“ (Raithel, 2008, S. 11f.).

Damit haben wir bereits eine Reihe von Begriffen gesammelt, deren Erklärung notwendig ist, um den Fragebogen als Methode verstehen zu können:

- Messen bzw. Quantifizierung
- Operationalisierung
- Objektbezogenheit und Standardisierung

„Messung ist die Zuordnung von Zahlen zu Objekten oder Ereignissen gemäß einer bestimmten Regel“ (Stevens, 1959, S. 18; zitiert nach Bortz, 1984, S. 43). Es gilt zu beachten, dass „immer nur Teilaspekte oder einzelne Merkmale einer Erscheinung gemessen werden“ können (Bortz, 1984, S. 42). Daraus ergibt sich die Forderung, nur „diejenigen Eigenschaften zu untersuchen und meßbar zu machen, die in Bezug auf eine bestimmte Fragestellung funktional wichtig sind bzw. die dazu beitragen, ein bestimmtes Verhalten und Erleben zu erklären“ (Bortz, 1984, S. 42).

So kann beispielsweise das Geschlecht einer Person durch Zahlen abgebildet werden. „1“ steht für ein männliches, „2“ für ein weibliches Geschlecht. Zudem sollte eine „Anderes“-Kategorie nach den Richtlinien des Deutschen Ethikrates (2012, S. 177) wählbar sein („3“). Auch fehlende Antworten können durch Zahlen repräsentiert sein („9“).

Nicht alle Teilaspekte oder Merkmale sind so unmittelbar zugänglich wie das Geschlecht. „Häufig ist das Ziel die Messung einer nicht direkt beobachtbaren Größe, d.h. eines theoretischen Konstrukts“ (Diekmann, 2010, S. 238).

Theoretische Konstrukte oder sog. latente Variablen sind beispielsweise das schulische Selbstkonzept, Ursachenzuschreibungen, emotionale Kontrolle, metakognitive Fertigkeiten, Strategien des (schulischen) Lernens, Leistungsmotivation, Kommunikationsverhalten, soziale Kompetenz u.v.m.

Den Prozess, in welchem theoretische Konstrukte messbar gemacht werden, nennt man Operationalisierung. Auf Grundlage des wissenschaftlichen Kenntnisstandes werden den theoretischen Konstrukten dabei konkret mess- bzw. beobachtbare Größen (Indikatoren) zugeordnet. „Dadurch wird entscheidbar, ob und in welcher Ausprägung die abstrakten (theoretischen) Begriffe in der (empirischen) Realität vorliegen“ (Hussy, Schreier & Echterhoff, 2010, S. 38). Man benötigt in diesem Sinne für theoretische Konstrukte zunächst eine *analytische Definition*, die sich auf das vorhandene Hintergrundwissen stützt und verdeutlicht, was unter einem bestimmten Begriff zu verstehen ist (Bortz, 1984, S. 39).

Folgendes Beispiel soll Ihnen verdeutlichen, wie Sie von festgestellten Größen der empirischen Realität auf das Vorliegen und die Beschaffenheit abstrakter, theoretischer Konstrukte schließen können. Zugleich möchten wir Ihnen damit die Idee einer analytischen Definition verdeutlichen.

Die Antworten der Schülerinnen und Schüler auf Fragen nach den Gründen für den schulischen Erfolg oder Misserfolg führen zu vermuteten Ursachen bzw. „Ursachenzuschreibungen" (Langfeldt, 2006, S. 53). Ursachenzuschreibungen bzw. Kausalattribuierungen sind Bestandteil von Kausalitätsüberzeugungen und werden im Zusammenhang mit Attributionstheorien erforscht. Die Kausalitätsüberzeugung ist dabei „die subjektive Überzeugung einer Person, dass ein bestimmtes Mittel ursächlich für ein bestimmtes Ergebnis ist" (Hosenfeld, 2002, S. 13). Attributionstheorien sind „Theorien der Informationsverarbeitung, die versuchen zu erklären, wie Menschen zu bestimmten Erklärungen gelangen, d.h. welche Informationen herangezogen und wie sie ausgewertet werden" (Hosenfeld, 2002, S. 17).

Es bleibt offen, wie die angegebenen begrifflichen Indikatoren der Ursachenzuschreibung empirisch erfasst werden können. Es fehlt also die Angabe von Operationen bzw. eine *operationale Definition* des Begriffes Ursachenzuschreibung (vgl. Bortz, 1984, S. 39). Operationale Definitionen setzen stets eine analytische Definition voraus. Zu einer analytischen Definition kann es eine Vielzahl operationaler Definitionen geben (vgl. Bortz, 1984, S. 41).

Im sich hier anschließenden Beispiel möchten wir Ihnen aufzeigen, wie aus der analytischen Definition aus dem obigen Beispiel eine operationale Definition gewonnen werden kann.

Überzeugungen können nur durch Befragung der betreffenden Person erhoben werden, da sich Überzeugungen bzw. Deutungsmuster nicht unmittelbar auf das gezeigte Verhalten auswirken (vgl. Wieser, 2008, S. 66–73). So genannte Überzeugungsfragen zielen „auf die Wahrnehmung und Einschätzung vergangener, gegenwärtiger oder zukünftiger Realität" (Schnell, Hill & Esser, 2008, S. 326). Weiter kennt man zwei zentrale Dimensionen, nach denen sich Attributionen differenzieren lassen: a) nach der Stabilität der Ursache (zeitlich stabil vs. variabel) und b) nach dem Ort der Ursache (innerhalb vs. außerhalb der Person) (Heider, 1958 zitiert nach Langfeldt, 2006, S. 54). Will man die Besonderheiten der Ursachenzuschreibung verstehen, so muss man diese sowohl für positive als auch für negative Ereignisse und sowohl im schulischen als auch im außerschulischen Kontext betrachten. Insgesamt erhält man also eine Vielzahl von Aspekten, die man durch Fragen in Erfahrung bringen muss, um sich dem theoretischen Konzept zu nähern. Ein Beispiel für eine solche Operationalisierung in Form eines Fragebogens liefert der Attributionsstil-Fragebogen für Kinder und Jugendliche (ASF-KJ) (Stiensmeier-Pelster, Schürmann, Eckert & Pelster, 1994).

Die Operationalisierung ist aufgrund der vielfältigen Art, wie diese vorgenommen werden kann, einer der wichtigsten und anspruchsvollsten Schritte sozialwissenschaftlicher Forschung. „Ziel muss es sein, den *Bedeutungskern* mit der gewählten Form der Operationalisierung zu treffen. Aber selbst optimale Operationalisierungen reduzieren zwangsläufig den *semantischen Gehalt* einer komplexen Variable. Also muss die Operationalisierung den semantischen Gehalt in einem möglichst geringen Ausmaß reduzieren“ (Hussy et al., 2010, S. 38).

Wir haben im Beispiel aus inhaltlichen Gründen eine Operationalisierung mittels Fragebogen ausgewählt und vorgestellt. Gleichermaßen sind für andere Untersuchungsbereiche aber auch Operationalisierungen durch physikalische Messungen, Zählen von Merkmalen, Beobachtungsverfahren, Dokumentenanalysen oder andere Testverfahren denkbar. Die hier vorgestellten generellen Überlegungen gelten davon unbenommen.

Objektbezogenheit der quantitativen Forschung meint eine Fokussierung auf einen eng gefassten und präzise operational definierten Forschungsgegenstand. Man strebt den Vergleich zwischen Untersuchungsobjekten bzw. Personen an, wobei man sich – den obigen Ausführungen folgend – auf einzelne Aspekte konzentriert und die Person *nicht* ganzheitlich bzw. holistisch wahrnimmt (Lamnek, 2010, S. 263–265).

Um diesen Vergleich zu ermöglichen, werden bei standardisierten Verfahren folgende Bedingungen vereinheitlicht:

- das Instrument, also der Fragebogen, indem die Fragen im Wortlaut und in der Reihenfolge jedem Befragten gleich gestellt und ihm verschiedene Antwortmöglichkeiten zur Auswahl gegeben werden;
- die Forschungssituation, also die Interaktion zwischen dem Interviewer und dem Befragten, indem die Interviewer zu einheitlichem Verhalten gegenüber dem Befragten trainiert werden;
- die Auswahl der Forschungsgegenstände, also die Stichprobenziehung der zu befragenden Zielpersonen, indem sie unabhängig von dem Interviewer durch Zufall oder Quotenvorgaben erfolgt.

(Scholl, 2009, S. 24)

Analoge Überlegungen müssen auch für die Standardisierung von Beobachtungen, dokumentarischen Methoden und nicht-reaktiven Verfahren angestellt werden.

Der Fragebogen, der sich aufgrund seiner schriftlichen Fixierung besonders gut für standardisierte Erhebungen eignet, wird häufig in quantitativ-orientierten Befragungsstudien eingesetzt. Die Qualität eines entwickelten Fragebogens wird daher an der Einhaltung „klassischer“ (d.h. der quantitativen Forschungstradition entstammenden) Gütekriterien gemessen (→ Kap. 3.1.4).

Bezugnahme auf die „klassischen" Gütekriterien empirischer Sozialforschung

Ein Fragebogen ist dann *objektiv*, wenn verschiedene Forscherinnen und Forscher bei denselben Untersuchungspersonen zu den gleichen Resultaten gelangen. Persönliche Einflussnahmen während der Durchführung, Auswertung und Interpretation sollen durch o.g. Regelwerk der Standardisierung minimiert werden (vgl. Bortz, 1984, S. 135; Rammstedt, 2010, S. 240–242).

Inhaltsvalidität eines Fragebogens liegt dann vor, wenn der Bedeutungskern aller zu untersuchenden Variablen getroffen wurde und ihr semantischer Gehalt dadurch möglichst wenig reduziert ist (Hussy et al., 2010, S. 39). Weiterführende Validitätskonzepte werden zur Unterscheidung des Fragebogens vom Test thematisiert.

„*Reliabilität* [Hervorhebung v. Verf.] liegt dann vor, wenn die gewählte Form der Operationalisierung im Wiederholungsfall vergleichbare Werte erbringt" (Hussy et al., 2010, S. 40). Leichte Variationen sind dabei durch veränderte körperliche und mentale Zustände möglich.

Exkurs

Eine praktikable Methode zur Feststellung der Reliabilität eines Fragebogens, der im Schulkontext Verwendung finden soll, ist die Wiederholungsmethode (Bortz, 1984, S. 136; Rammstedt, 2010, S. 244f.). Dabei sollte beachtet werden, dass sich Lern- bzw. Erinnerungseffekte einstellen können und – insbesondere bei Einstellungsfragen – Verhalten immer in einem situationalen und emotionalen Möglichkeitsraum („Rahmenbedingungen", „Tagesform") gezeigt wird. Als Zeitraum zwischen zwei Erhebungen empfiehlt sich ein Abstand von zwei bis sechs Wochen.

Als Maß der Reliabilität wird die (variablenweise) Korrelation (Bortz, 1984, S. 136, 384–388; Clauß, Ebner & Röhr, 1999, S. 56–75) zwischen den Ergebnissen der beiden Testzeitpunkte vorgeschlagen. Wird zudem die Stabilität einer Variable angenommen, so muss die Korrelation durch einen Vergleich der Mittelwerte (Clauß et al., 1999, S. 27–31) ergänzt werden.

Der Fragebogen im Vergleich zum Test

Möchten Sie einen Fragebogen entwickeln, dessen Ergebnisse quantitativ und möglichst genau bestimmte Eigenschaften *einzelner* Personen (im Vergleich zu einer Vergleichsgruppe) beschreiben soll, so haben Sie im wissenschaftlich-psychologischen Sprachgebrauch das Ziel, einen Test zu entwickeln (vgl. Hussy, Schreier & Echterhoff, 2010, S. 78f.).

Beispiele für Tests sind u.a. Intelligenztests und Persönlichkeitstests (vgl. Hussy et al., 2010, S. 79–81). Aber auch Aussagen zum Attributionsstil einer einzelnen Schülerin bzw. eines einzelnen Schülers können Sie nur mit Hilfe eines Tests verlässlich treffen (z.B. dem ASF-KJ von Stiensmeier-Pelster et al., 1994).

Die Anforderungen an die Entwicklung von Fragebögen und Tests ähneln sich dabei stark.

So werden bei beiden Gruppierungen von Fragen bzw. Items (Skalen) entwickelt, die homogen, differenzierend und distinktiv sein sollen. Homogenität bedeutet hierbei, dass eine Skala insgesamt nur ein einzelnes Merkmal erfasst. Ein Fragebogen bzw. Test kann mehrere Skalen enthalten. Eine einzelne Skala soll möglichst viele verschiedene Ausprägungsgrade eines Merkmals erfassen (Differenzierung) und eine Unterscheidung zwischen Personen mit hoher und geringer Merkmalsausprägung erlauben (Distinktionsfähigkeit) (Hussy et al., 2010, S. 82f.).

Angenommen es soll ein Fragebogen zur Zufriedenheit von Schülerinnen und Schülern mit ihrer Schule entworfen werden. Hierbei gibt es unterschiedliche Teilaspekte (Merkmale): Zufriedenheit mit dem Unterricht in den verschiedenen Fächern, Zufriedenheit mit Breite und Qualität außerschulischer Angebote, Zufriedenheit mit dem Klassen- und Schulklima, u.v.m.

Jedes dieser Merkmale lässt sich weiter untergliedern, so z.B. Zufriedenheit mit dem Mathematikunterricht. Mögliche Fragen (Items) könnten hier u.a. eine abwechslungsreiche Gestaltung, eine angstfreie Lernumgebung, die Vorbereitung und Interessiertheit der Lehrkräfte und den Medieneinsatz betreffen. Die einzelnen Items bilden dann die (homogene) Skala „Zufriedenheit mit dem Mathematikunterricht".

Die wesentlichen Unterschiede eines Tests zum Fragebogen ergeben sich aus einem veränderten Validitätsverständnis und der zusätzlichen Anforderung einer Normierung. Neben der Inhaltsvalidität müssen für die Items eines Test auch die Kriteriums- und die Konstruktvalidität erfüllt sein.[51] Kriteriumsvalidität liegt dann vor, wenn ein hohes Ausmaß an Übereinstimmung mit einem Außenkriterium, d.h. einem weiteren Indikator zum gleichen Merkmal besteht (Rammstedt, 2010, S. 251). Die Konstruktvalidität trifft Aussagen darüber, wie gut die Struktur des Merkmals durch die Operationalisierung abgebildet wurde. Hierzu kann a) die theoretisch begründete Struktur faktoranalytisch geprüft, b) ein weiteres, geprüftes Testverfahren zum Vergleich herangezogen, oder c) weitere beurteilende Personen in die Erhebung und Auswertung einbezogen werden (Rammstedt, 2010, S. 253).

Greifen wir erneut das Beispiel der Ursachenzuschreibungen von Schülerinnen und Schülern auf. Während die Inhaltsvalidität durch die theoretische Auseinandersetzung

51 Im Umkehrschluss bedeutet dies aber nicht, dass Fragebögen diese Validitätskriterien nicht auch erfüllen dürfen. Der eigentliche Unterschied zwischen Fragebogen und Test ist – wie eingangs erwähnt – der Geltungsanspruch.

bereits gegeben ist, muss für die Kriteriumsvalidität ein Außenkriterium herangezogen werden. Da Ursachenzuschreibungen nicht unmittelbar im gezeigten Verhalten erkennbar sind, sind Beobachtungen und Schulnoten keine geeigneten Außenkriterien. Denkbar und günstig wären in diesem Fall Einschätzungen von geschulten Fachkräften, die den Attributionsstil der Schülerinnen und Schüler in diagnostischen Gesprächssituationen feststellen. Stimmen diese Einschätzungen mit den erhobenen Stilen überein, so weist der Test bzw. Fragebogen eine hohe Kriteriumsvalidität auf.

Für die Konstruktvalidität bietet sich hier v.a. der Vergleich mit Hilfe anderer geprüfter Testverfahren an, also z.B. dem Fragebogen zur Erfassung der internalen/externalen und stabil/variablen Attributionstendenzen (IE-SV-F) von Dorrmann und Hinsch (1981).

Zu einem Test müssen – im Gegensatz zum Fragebogen – Angaben bzw. Normen vorliegen, die als Bezugssystem die Grundlage für eine Einordnung individueller Testergebnisse schaffen. „Die Testnormierung ermöglicht es, die Frage zu beantworten, ob eine Person unterdurchschnittlich, durchschnittlich oder überdurchschnittlich im Vergleich zu anderen Personen abgeschnitten hat" (Bühner, 2006, S. 43). An die Normen – genauer an die Anzahl und Eigenschaften der Personen, von denen diese Daten gewonnen werden – werden weitere Anforderungen gestellt (Repräsentativität, Anwerbung, Testbedingungen, Zusammensetzung; vgl. Bühner, 2006, S. 43f.).

Aufgrund des hohen Aufwandes ist es für empirische Fragestellungen im schulischen Kontext unüblich, Tests zu entwickeln. Man verwendet hier ungleich häufiger Fragebögen, was allerdings *nicht* als qualitativer Mangel der so erhobenen Daten missverstanden werden darf. Tests kommen in der Schule häufig als diagnostische Instrumente zum Einsatz (z.B. Tests zur Diagnostik der Lese-Rechtschreib-Schwäche). Diagnostik erfordert einerseits den Vergleich mit anderen Personen und andererseits einheitliche Standards. Diese Anforderungen können nur durch die erweiterten Gütekriterien, die an Tests gestellt werden, gewährleistet werden.

Darstellung des Erhebungsverfahrens – Konstruktion von Fragen

Nachdem die theoretischen Grundlagen und Qualitätsanforderungen an die Operationalisierung einer Fragestellung vorgestellt wurden, soll im folgenden Abschnitt wesentlich praxisorientierter ein Leitfaden zur Erstellung von Fragebogenitems gegeben werden. Die Vorstellung etablierter Fragetypen ist dabei als Anregung zu verstehen. Ein kreativer Umgang mit Frage- und Antwortformaten in Bezug auf Zielgruppe und Forschungsgegenstand ist stets möglich und auch wünschenswert.

Unabhängig von der konkreten Struktur der Frage lassen sich einige Regeln für gute Frageformulierungen aufstellen (vgl. Bühner, 2006, S. 68–71; Diekmann, 2010, S. 479–483; Porst, 2009, S. 95–114; Schnell, Hill & Esser, 2008, S. 334f.; Scholl, 2009, S. 152–156).

- Jeder Frageinhalt muss für das Forschungsziel relevant sein.
- Jede Frage muss widerspruchsfrei im Zusammenhang mit der vorherigen und nachfolgenden Frage stehen. Gegebenenfalls sind Übergangsformulierungen zu finden.
- Alle Fragen sollten jeweils nur einen Aspekt des Gegenstands thematisieren.
- Grammatik und Satzstruktur der Fragen müssen einfach sein. Doppelte Verneinungen oder Schachtelsätze sind zu vermeiden.
- Die Verständlichkeit der Fragen muss auf Grundlage der sprachlichen Ausdrucksfähigkeit und Vokabulars der zu befragenden Personen geprüft werden. Dies gilt insbesondere bei der Befragung von Kindern und Jugendlichen.
- Fragen sind wertneutral[52] zu stellen, Suggestivfragen zu vermeiden.

Beispiele guter und schlechter Fragen sowie eine Übung finden sich im Anschluss in dem Abschnitt *Am Beispiel*.

Strukturell kann man zunächst in Anlehnung an Schnell et al. (2008, S. 330) zwischen zwei Typen von Fragen unterscheiden: 1) geschlossene Fragen und 2) offene Fragen.

1) Geschlossene Fragen

Geschlossene Fragen zeichnen sich durch eine Vorgabe aller Antwortmöglichkeiten (vgl. Abbildung 1) aus und sind typisch für Fragebögen. Sie spiegeln als Ergebnis gut den oben beschriebenen Prozess der Operationalisierung wider. Sie werden immer dann verwendet, wenn a) die Antworten vereinheitlicht und vergleichbar gemacht werden sollen (Gegenstandsbezug), b) nur eine begrenzte Anzahl von Antworten möglich gemacht werden soll und c) diese quantifiziert bzw. gemessen werden sollen. Da das Erklären mit seinem allgemeingültigen Regel- und Begriffssystem und nicht das Verstehen im Mittelpunkt der Bemühungen steht, soll die befragte Person auf die vorgegebene Frage reagieren und sich auf dem feststehenden Antwortenspektrum einordnen (vgl. Scholl, 2009, S. 162). Daraus ergeben sich eine hohe Durchführungs- und Auswertungsobjektivität und ein geringerer Zeitaufwand bei der Beantwortung der einzelnen Items des Fragebogens (Diekmann, 2010, S. 477). Für geschlossene Fragen ergeben sich weitere übergreifende Qualitätsmerkmale: „Die Antwortkategorien […] sollten disjunkt (nicht überlappend)[53], erschöpfend[54] und präzise[55] sein" (Diekmann, 2010, S. 480).

52 Sie sollten insbesondere darauf achten, dass die Fragen nicht Ihre Erwartungen deutlich werden lassen sowie nicht durch Autoritäten o.ä. untermauert werden. Dies könnte dazu führen, dass sich die befragten Personen nicht trauen, ihre eigene Meinung zu offenbaren (vgl. Porst, 2009, S. 104).

53 Zwei verschiedene Antworten sollten nicht das gleiche meinen bzw. gemeinsame Aspekte thematisieren.

54 Jede Person sollte eine Option zum Ankreuzen als Antwort auf die Frage finden können.

55 Die Antwortmöglichkeiten sollten sprachlich unmissverständlich und kurz formuliert sein.

Bezugnehmend auf das Beispiel des Fragebogens zur Zufriedenheit von Schülerinnen und Schülern mit ihrer Schule (S. 264) soll eine Frage zur abwechslungsreichen Gestaltung des Mathematikunterrichts formuliert werden. In den folgenden Beispielen werden verschiedene Möglichkeiten vorgestellt, wie eine solche Frage gestellt werden kann.

Innerhalb der Gruppe der geschlossenen Fragen können verschiedene Fragetypen unterschieden werden.

Den ersten Fragetyp bilden *geschlossene Fragen mit Alternativenvorgabe*. Dabei kann festgelegt werden, ob eine einzelne oder mehrere Alternativen als Antwort angegeben werden können (Single-Choice vs. Multiple-Choice). Hierunter fallen auch die Ja-Nein-Fragen (vgl. Schnell et al., 2008, S. 330f.).

Abbildung 1: Beispiel für eine geschlossene Frage mit Alternativenvorgabe

Frage 1: Der Mathematikunterricht in meiner Klasse ist abwechslungsreich gestaltet.

☐ Ja ☐ Nein

Bei Auswahlfragen, bei denen es nicht sichergestellt werden kann, dass die Antwortkategorien erschöpfend formuliert werden können, bietet sich eine offene Sonstiges-Antwortmöglichkeit an. Bei solchen *Hybridfragen* (Schnell et al., 2008, S. 333) können die befragten Personen bei Bedarf eine andere Antwort aufführen.

Abbildung 2: Beispiel für eine Hybridfrage

Frage 2: Der Mathematikunterricht in meiner Klasse ist abwechslungsreich bezüglich der folgenden Aspekte *(Mehrfachnennungen sind möglich)*.

☐ Anspannung und Entspannung
☐ Aufgabenformen
☐ Unterrichtsformen (Gruppen- und Einzelarbeit)
☐ Medieneinsatz (Overheadprojektor, Tafel, Arbeitsblätter, Beamer, etc.)
☐ Sonstiges, nämlich ______________________

Häufig lassen sich Fragen zu Merkmalen nicht mit „Ja“ oder „Nein“, „Schwarz“ oder „Weiß“ beantworten, sondern es gibt eine Vielzahl von Abstufungen. Gerade für Überzeugungen, Meinungen oder Einstellungen bieten sich deshalb Ratingskalen an.

Im folgenden Beispiel werden verschiedene Formen der Beantwortung mittels Ratingskalen aufgezeigt. Die Diskussion der verschiedenen Formen folgt im Anschluss an das Beispiel.

Abbildung 3: Beispiele für verschiedene Formen einer Ratingskala

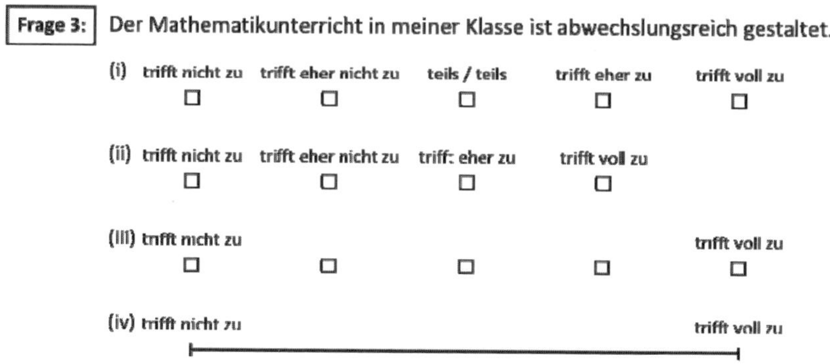

Die im Beispiel angegebenen Antwortformate unterscheiden sich hinsichtlich drei Dimensionen: a) gerade vs. ungerade Anzahl von Antwortkategorien, b) voll vs. teilweise beschriftet und c) gegliedert vs. ungegliedert.

Die Anzahl der Stufen bzw. Kategorien einer Ratingskala ist ein häufig diskutiertes Problem. „Ungeradzahlige Ratingskalen enthalten eine neutrale Mittelkategorie und erleichtern damit bei unsicheren Urteilen das Ausweichen auf die Neutralkategorie“ (Bortz & Döring, 2006, S. 180).

> Derartige Tests sind schwer auswertbar, wenn viele Untersuchungsteilnehmer – u.U. auch noch aus verschiedenen Motiven – die neutrale Kategorie wählen. Wenn möglich, sollte man derartige Itemkonstruktionen vermeiden, oder zumindest durch eine entsprechende Instruktion in ihrer Bedeutung präzisieren, indem man deutlich macht, ob die Mittelposition ausdrückt, dass (a) der Proband etwas nicht weiß, (b) er sich unsicher ist, (c) er die Frage nicht beantworten möchte, oder (d) er zwischen mehreren Antworten schwankt.
>
> (Bortz & Döring, 2006, S. 217)

Man muss also aus inhaltlichen Gesichtspunkten abwägen, ob man eine ungerade (i) oder eine gerade (ii) Anzahl an Kategorien zur Verfügung stellen möchte. Eine weitere Frage stellt sich bezüglich der Beschriftung der Zwischenkategorien. Während die Angabe der Pole unverzichtbar ist, können durch den Verzicht auf die Beschriftung der Zwischenkategorien (iii) die Komplexität und der Leseaufwand reduziert werden. Man ermöglicht der befragten Person zusätzlich mehr Freiräume für die individuelle Bedeutung der Abstufung.

Beim ungegliederten Antwortformat (iv) wird auf eine Abstufung und die Nennung von Zwischenkategorien verzichtet. Diese spiegeln damit die zugrunde liegende eindimensionale Variable am besten wider (Götze, Deutschmann & Link, 2002, S. 231). Ein weiterer Vorteil dieses ungegliederten bzw. grafischen

Antwortformates zeigt sich bei der Auswertung. Im Gegensatz zu den gegliederten Formaten können hier metrische Daten gewonnen werden.[56]

Neben den im Beispiel vorgestellten Bewertungen können auch Häufigkeiten, Intensitäten und Wahrscheinlichkeiten durch Ratingskalen abgebildet werden (Schnell et al., 2008, S. 331). Ein Verzicht auf eine Kennzeichnung der Kategorien in Textform und Rückgriff auf Symbole (z.B. Smileys) ist ebenfalls denkbar. Auch die Bildung bipolarer Skalen ist möglich. Hier werden einander entgegengesetzte Begriffe an die Endpunkte gestellt (z.B. schön – hässlich, leise – laut) (Götze et al., 2002, S. 233). Sie sollten zudem darauf achten, einzelne Items zu Skalen zu gruppieren und die Beschriftung der Antwortformate pro Skala nur einmal zu notieren. Dies reduziert den Aufwand für die Bearbeitung der einzelnen Fragen erheblich und erhöht die Validität der Antworten (vgl. Abbildung 6).

Neben Ratingskalen gibt es auch sog. Rangordnungs- bzw. Rankingverfahren. Das Ordnen von Untersuchungsobjekten nach einem vorgegebenen Merkmal stellt eine auch im Alltag geläufige Form des Urteilens dar. Das Aufstellen einer Rangordnung geht davon aus, dass sich die untersuchten Objekte hinsichtlich der Ausprägung eines eindeutig definierten Merkmals unterscheiden (Bortz & Döring, 2006, S. 155).

Der Unterschied zur Ratingskala ist der, dass die Objekte nicht anhand einer einheitlichen Skala (absolute Wichtigkeit) sondern durch den paarweisen Vergleich (relative Wichtigkeit) bewertet werden (vgl. Diekmann, 2010, S. 461). Damit lassen sich auch Objekte unterscheiden, die auf einer einheitlichen Skala den gleichen Wert erhalten hätten. Nachteilig ist an einem solchen Verfahren, dass man die Abstände zwischen zwei benachbarten Objekten der geordneten Liste nicht kennt. So können Rangplatz 1 und 2 sehr dicht beieinander liegen, während Rangplatz 2 und 3 sehr weit voneinander entfernt sind.

Abbildung 4: Beispiel für eine Rankingskala

Frage 4: Bitte ordne die folgenden Schulfächer danach, wie abwechslungsreich der Unterricht in deiner Klasse darin ist. ***Bitte gib dem abwechslungsreichsten Fach den Platz 1, dem darauf folgenden Fach den Platz 2, usw.***

Platz_____ - Deutsch
Platz_____ - Englisch
Platz_____ - Mathematik

2) Offene Fragen

Bei offenen Fragen hat man keine konkreten Erwartungen an oder Kenntnisse über den Raum möglicher Antworten der befragten Personen. Es werden daher

56 Weiterführende Informationen zu verschiedenen Qualitäten von Daten (sog. Skalenniveaus) erhalten Sie im Abschnitt zur Datenauswertung geschlossener Fragen.

keine Antwortmöglichkeiten vorgeschlagen und die Befragten bestimmen selbst die Formulierung der Antwort (Schnell et al., 2008, S. 330).

Abbildung 5: Beispiel für eine offene Frage

Frage 5: **Was ist für dich abwechslungsreicher Mathematikunterricht?**

Das Merkmal (im Beispiel der Abwechslungsreichtum des Mathematikunterrichts) wird nicht von der fragenden Person in Indikatoren zergliedert, sondern das Verständnis der befragten Person ermittelt (Scholl, 2009, S. 146). Mit offenen Fragen können daher Aspekte qualitativer Forschung und Operationalisierung in Fragebögen realisiert werden, obgleich die schriftliche Form der Beantwortung höhere Hürden für umfangreiche Antworten legt als die mündliche Form in Interviews. Nichtsdestotrotz ist ein Erfragen des Verständnisses zentraler Konzepte mittels offener Fragen von unschätzbarem Wert für die differenzierte Auswertung geschlossener Bewertungsfragen.

So könnten z.B. jene Schülerinnen und Schüler mit dem Abwechslungsreichtum des Mathematikunterrichts zufrieden sein, die darunter eine Variation von Aufgabenformen verstehen. Unzufrieden könnten jene Lernenden sein, die sich vergeblich einen vielfältigen Medieneinsatz oder eine Lehrkraft wünschen, die im Unterricht Witze erzählt oder hin und wieder das Unterrichtsthema aufgrund aktueller Vorkommnisse oder Anekdoten ganz verlässt.

Diese Differenziertheit der Auswertung könnte man in diesem Beispiel auch unter Verwendung von oben gewählter Frage 2 erreichen. Doch nicht immer ist es möglich oder günstig Hybridfragen zum Begriffsverständnis zu modellieren. Möchte man beispielsweise Veränderungswünsche von den Lernenden erfahren, so bietet es sich an, auf eine Vorgabe möglicher Veränderungen zu verzichten, da in diesem Fall durch die Vorgabe möglicherweise Bedürfnisse erst spontan geweckt werden (Scholl, 2009, S. 162).

Offene Fragen empfehlen sich nach Scholl (2009) immer dann, wenn „die eigenen Worte des Befragten für die Untersuchung wichtig sind […]; sich die Befragten in eigenen Worten ausdrücken können“ (S. 162) und wollen.

Fragebogenkonstruktion
Bisher haben wir uns der Konstruktion einzelner Fragen und Skalen zugewendet. Nachdem alle Fragekomplexe entworfen wurden, müssen Sie diese in eine sinn-

volle Reihenfolge bringen. Auch hier gibt es eine Vielzahl von Aspekten, die Sie berücksichtigen sollten.

Generell ist darauf zu achten, die Fragen logisch zueinander in Beziehung zu setzen, d.h. einen Lesefluss herzustellen und thematische Sprünge zu vermeiden (Scholl, 2009, S. 174). Grundsätzlich sollte der Fragebogen mit einer Vorstellung der fragenden Personen beginnen (ggf. Institut, Auftraggeber, u.ä.). Des Weiteren sind eine Aufklärung zum Thema und Hintergrund der Studie sowie eine Zusicherung der Anonymität, Freiwilligkeit und der Wahrung des Datenschutzes (→ Kap. 3.1.5) an den Beginn des Fragebogens zu stellen (vgl. Scholl, 2009, S. 175). Häufig wird hier auch eine Instruktion für das Vorgehen bei der Beantwortung der Fragen gegeben. Alternativ kann diese auch verlesen werden.

Den ersten Fragen eines Fragebogens kommt besondere Bedeutung zu. „An ihnen entscheidet sich das Engagement des Befragten zur Beantwortung des gesamten Fragebogens. Sie sollten dementsprechend interessant in das Thema einführen und leicht zu beantworten sein, um bestehende Ängste des Befragten über die Schwierigkeiten einer Befragung zu mildern“ (Schnell, Hill & Esser, 2008, S. 343). Tatsächlich werden Befragungssituationen häufig als Prüfungssituationen wahrgenommen. Dies dürfte insbesondere im Hochschul- und Schulkontext der Fall sein, da Studierende sowie Schülerinnen und Schüler eine Vielzahl von Prüfungen zu absolvieren haben und sich daher beim Ausfüllen eines Fragebogens auch eher in Prüfungssituationen hineinversetzt fühlen. Daher gilt es, auf die Spezifika einer Erhebungssituation als geschützte und anonyme Form der Meinungsäußerung, sowohl mündlich als auch schriftlich, im Fragebogen hinzuweisen. Aufgrund des verlangten einführenden Charakters ist auch die Praxis abzulehnen, Fragen nach sozialstatistischen Angaben (z.B. Alter, Geschlecht, usw.) an den Beginn des Fragebogens zu stellen. Da diese Fragen für die Befragten wenig interessant sind und vom eigentlichen Kern des Fragebogens ablenken, sollten sie in der Regel am Ende aufgeführt werden (Diekmann, 2010, S. 484f.).[57]

Jede Frage und die gegebene Antwort kann wiederum die Beantwortung der sich daran anschließenden Fragen beeinflussen (Schnell et al., 2008, S. 321). Dieser sog. Ausstrahlungseffekt (Schnell et al., 2008, S. 321; Scholl, 2009, S. 175) sollte einkalkuliert werden. Er kann sogar positiv genutzt werden. Stellt man beispielsweise eine offene Frage zum Begriffsverständnis eines zentralen Konzeptes

57 Man begegnet in diesem Zusammenhang häufig dem Argument, dass im Falle eines Abbruchs dann relevante Informationen zur Person verloren gingen. Bricht eine Person die Befragung ab, weil sie keine personenbezogenen Informationen preisgeben möchte, so würde sie das auch tun, wenn diese Fragen am Anfang des Fragebogens stehen. Wenn die Person aufgrund von „Erschöpfung“ abbricht, fehlen Ihnen dann wichtige Informationen zum Untersuchungsgegenstand. Zugespitzt formuliert: Was nützt es Ihnen Daten nach verschiedenen sozialstatistischen Merkmalen differenzieren zu können, wenn Ihnen die eigentlichen Daten fehlen?

an den Anfang des Fragebogens, so wird sich die befragte Person in den nachfolgenden Antworten auf dieses verbalisierte Verständnis stützen. Damit wird ein bestimmter Kontext geschaffen, „der ausgehend von allgemeinen Fragen zu einem Thema eine immer stärkere Präzisierung des thematischen Bereichs möglich macht (‚Trichterung‘)“ (Schnell et al., 2008, S. 343).

Zur optischen Gliederung des Fragebogens bieten sich Rahmen um die Frageblöcke bzw. Skalen an (für weitere Hinweise zur optischen Gestaltung Scholl, 2009, S. 176–178).

Nach Abschluss der Fragebogenkonstruktion schließt sich ein Pretest an. Pretests beziehen sich auf die Überprüfung der Brauchbarkeit und Gültigkeit des Instruments. Im Einzelnen soll geklärt werden, ob die Bedeutung von Fragen vom Befragten verstanden wird, bzw. ob Befragte offensichtlich unterschiedliche Bedeutungszuweisungen vornehmen, ob die Beantwortung Schwierigkeiten bereitet und welche Fragen Interesse, welche Aufmerksamkeit beim Befragten auslösen (Schnell et al., 2008, S. 347).

In einem Pretest führt man die Fragebogenerhebung in einem ersten Schritt mit einer einzelnen Person oder einer kleinen Gruppe von Personen der späteren Zielgruppe (z.B. Schülerinnen und Schüler einer neunten Klasse) zunächst regulär durch. Der Pretest unterscheidet sich von der späteren Erhebungssituation insofern, als dass in einem zweiten Schritt der Fragebogen Item für Item durchgegangen und unter Bezugnahme auf die oben genannten Aspekte gemeinsam mit den Befragten diskutiert wird. Aus den Erkenntnissen des Pretests heraus erfolgt dann ggf. eine Überarbeitung des Fragebogens.

Stärken und Schwächen des Fragebogens als Erhebungsinstrument

Der Fragebogen ist gleichzusetzen mit der Methode der schriftlichen Befragung von Personen. Die Stärken- und Schwächenanalyse erfolgt somit durch den unmittelbaren Vergleich mit der mündlichen Befragung – dem Interview. Ob man sich für eine schriftliche oder mündliche Befragung entscheidet, hängt u.a. vom Forschungsthema, dem Forschungsparadigma und von der Zusammensetzung und Größe der Stichprobe ab.

Ein Thema induziert ein bestimmtes Forschungsparadigma (→ Kap. 3.1.3). Während ein Interview eher durch einen qualitativen und subjektbezogenen Ansatz bestimmt ist (→ Kap. 3.2.2), eignet sich der Fragebogen – den obigen Ausführungen folgend – eher für eine quantitativ und objektbezogen orientierte Forschung.

Insgesamt ist die Verwendung eines Fragebogens also immer dann angebracht, wenn ich Aussagen von einer Vielzahl von Personen sammeln möchte. Dies begründet sich auch darin, dass „die Entwicklung eines guten Fragebogens mehr Vorkenntnisse und Vorarbeit voraussetz[t] als die Vorbereitung eines Interviews“ (Bortz, 1984, S. 164). Durch die Möglichkeit, mehrere Untersuchungsteilnehmerinnen und -teilnehmer in Gruppen (also z.B. in Schulklassen) zu befragen (Bortz, 1984, S. 180), reduziert sich der zeitliche Aufwand für Vorbereitung und Erhebung, der pro befragter Person aufgebracht werden muss. Stützt man sich zudem vorwiegend auf geschlossene Fragetypen, reduziert man den Zeitaufwand der Auswertung erheblich.

Die bisher aufgezeigten Unterschiede zwischen schriftlicher und mündlicher Befragung bezogen sich auf den Aufwand für Vorbereitung und Erhebung in Abhängigkeit von der Anzahl der zu befragenden Personen. Der bedeutendste Unterschied zwischen diesen Befragungsformen liegt jedoch in der Erhebungssituation.

> Schriftliche Befragungen erleben die Befragten als anonymer, was sich günstig auf die Bereitschaft zu ehrlichen Angaben und gründlicher Auseinandersetzung mit der erfragten Problematik auswirken kann. Es bleibt jedoch häufig unklar, wer den Fragebogen tatsächlich ausgefüllt hat, ob die vorgegebene Reihenfolge der Fragen eingehalten wurde, wieviel Zeit die Bearbeitung des Fragebogens erforderte etc.
>
> (Bortz, 1984, S. 164)

Jürgen Bortz (1984, S. 164, 180) macht hier auf den in der Literatur häufig benannten Kritikpunkt der unkontrollierten Erhebungssituation bei schriftlichen Befragungen aufmerksam.[58] Dieser Einwand ist im Schulkontext weniger berechtigt, da die Erhebung hier kontrolliert in der Schule – also z.B. im Klassenrahmen, beim Elternabend oder in der Schulkonferenz – durchgeführt werden kann. Hier sehen wir eher Probleme bezüglich der Freiwilligkeit (→ Kap. 3.1.5). Wie freiwillig ist das Ausfüllen eines Fragebogens, wenn alle anderen es tun und mich bei meiner „Verweigerung" beobachten können?

Um an einer schriftlichen Befragung teilzunehmen, müssen die befragten Personen die Fähigkeit besitzen, sich schriftlich äußern zu können. Gerade die schriftliche Befragung von Grundschulkindern sollte daher genauestens auf ihre Durchführbarkeit überprüft werden. Sollten keine ausreichenden Lese- und Schreibfertigkeiten gegeben sein, kann man den Fragebogen auch gemeinsam mit dem Kind bearbeiten. Zu berücksichtigen ist dann die veränderte Erhebungssituation gerade in Bezug auf die Rolle der beteiligten Personen. So kann es bei Auskünften zum Schulalltag sinnvoll sein, das Ausfüllen mit dem Kind den Eltern oder unbeteiligten Personen eines Forschungsinstituts zu übertragen und nicht den betreffenden Lehrerinnen und Lehrern.

Im folgenden Abschnitt widmen wir uns weiteren Fragestellungen im Zusammenhang mit der Befragung von (jüngeren) Kindern.

---

58 In diesem Zusammenhang möchten wir Sie darauf hinweisen, dass die Art der Befragungssituation bei Fragebögen keine Nachfragen über Motive des Antwortverhaltens der Teilnehmenden einerseits und keine Nachfragen über die Lesart der Fragestellungen seitens der Teilnehmenden andererseits zulässt. In anderen Worten: Die Fragestellungen müssen selbsterklärend und vollständig im Sinne Ihres Erkenntnisinteresses sein.

Befragung von Kindern

Kinder werden in der modernen Kindheitsforschung „grundsätzlich als vollwertige Mitglieder der Gesellschaft begriffen, die spezifische Bedürfnisse und Interessen haben" (Kränzl-Nagl & Wilk, 2000, S. 59). In diesem Kontext spricht Schweizer (2007, S. 57) vom Kind als kompetenten Akteur. Im Zusammenhang mit Befragungen von Kindern ist diese Perspektive auf Kinder insofern von Bedeutung, als „nur Kinder selbst als Experten über ihre Lebenssituation Auskunft geben können und sollen, und nicht Erwachsene die kompetenten Auskunftspersonen darüber sind (Mayall, 1994 zitiert nach Kränzl-Nagl & Wilk, 2000, S. 60; vgl. auch Lipski, 2000, S. 82).

Aus der empirischen Notwendigkeit heraus, Kinder selbst zu befragen, ergibt sich das Erfordernis, die Spezifika von Befragungen von Kindern zu kennen und zu berücksichtigen.

> So haben Kinder, entsprechend ihrem kognitiven Entwicklungsstand, eine unterschiedliche Wahrnehmung und ein unterschiedliches Verständnis von Zeit und Zeiträumen. [...] So zeigten die Erfahrungen im Rahmen von Pretests, daß Begriffe wie „am Wochenende" für Kinder zu unbestimmt und damit vieldeutig waren. Häufig in standardisierten Befragungen verwendete Antwortkategorien, wie „manchmal" oder „oft" sind ebenfalls nur mit Vorsicht einzusetzen, da sie im besonderen die Gefahr einer erwachsenenzentrierten Interpretation, die mit dem kindlichen Verständnis nicht übereinstimmt, in sich bergen.
>
> (Kränzl-Nagl & Wilk, 2000, S. 66)

Am Beispiel von Zeitangaben zeigt sich einerseits, dass ein gemeinsames Begriffsverständnis von Kindern und Erwachsenen hergestellt werden muss. Dies ist andererseits an die Voraussetzung gekoppelt, ein echtes Interesse daran zu haben, „die Welt der Kinder so wie diese sie sehen und erleben, zu verstehen" (Garbarino & Stott, 1992, S. 189 zitiert nach Kränzl-Nagl & Wilk, 2000, S. 67). Daher ist es insbesondere in Fragebögen für Kinder wichtig, offene Fragen nach dem Begriffsverständnis zentraler Konzepte vor die Einschätzung dieser Phänomene zu stellen (vgl. Kränzl-Nagl & Wilk, 2000, S. 71).

Weiter sei daran erinnert, dass Kinder eine Befragung als Prüfungssituation wahrnehmen können. Der erlebten Asymmetrie des Alltags muss hier entgegengewirkt werden, indem man den Kindern vermittelt, dass sie über Wissen verfügen, welches noch unbekannt, aber von großer Bedeutung ist (Kränzl-Nagl & Wilk, 2000, S. 67). Weiter sollte explizit auf die Freiwilligkeit und auf die Tatsache hingewiesen werden, dass die (verweigerte) Teilnahme keine (negativen) Konsequenzen nach sich zieht. Dies gilt insbesondere beim Einsatz von Fragebögen im Rahmen einer formativen Evaluation.

Bei Fragen zum Erfahrungsbereich der Kinder (z.B. Schule, Elternhaus, Freizeit, Freunde, usw.) gibt es „bisher keinen Hinweis aus der vorliegenden Forschung, daß bei Beachtung [der] altersspezifischen Voraussetzungen Kinder im

Vergleich zu Erwachsenen unzuverlässigere Informanten sind" (Lipski, 2000, S. 84). Neben der Beschränkung auf den unmittelbaren Erfahrungsbereich sollte darauf geachtet werden, dass die Altersspanne der befragten Kinder nicht zu groß gewählt wird. Zudem sollte jede Frage eine „Weiß nicht"-Option aufweisen, um zu vermeiden, dass die Kinder bei Unsicherheiten einfach raten (Lipski, 2000, S. 83).

3.2.3.3 Auswertung

Nachdem Sie auf den zurückliegenden Seiten erfahren haben, was ein Fragebogen ist, welche historische Genese er durchlaufen hat und wie Sie einen Fragebogen konstruieren und einsetzen, wird im folgenden Abschnitt erläutert, wie Sie die gewonnenen Daten auswerten können und auf was Sie dabei achten müssen.

Bevor konkrete Techniken der Auswertung vorgestellt werden, sollten Effekte thematisiert werden, die sich auf die Qualität der Daten auswirken können.

Einflussfaktoren auf das Antwortverhalten
Wenn Sie Fragen zum Verhalten von Personen stellen, so dürfen Sie nicht außer Acht lassen, dass es sich um berichtetes Verhalten handelt, welches vom tatsächlich gezeigten Verhalten abweichen kann (Schnell, Hill & Esser, 2008, S. 328). Des Weiteren ist die Prognose von zukünftigem Verhalten aufgrund einer geäußerten Verhaltensabsicht sehr vage, da das spätere Verhalten von einer Vielzahl (möglicherweise veränderter) Rahmenbedingungen abhängt (Diekmann, 2010, S. 473f.; Schnell et al., 2008, S. 328).

Die Frage „*Wirst du für die nächste Klassenarbeit in Mathematik lernen?*" wird sicher von den meisten Schülerinnen und Schülern bejaht. Wurde aber während der eingeplanten Vorbereitungs- und Lernzeit gerade ein neues Computerspiel veröffentlicht oder liegt eine Schönwetterlage vor, kann das gezeigte Verhalten von der Handlungsabsicht abweichen.

Ein weiteres wichtiges Phänomen, welches zur Verzerrung der Daten führen kann, ist die soziale Erwünschtheit (sE). Dabei geben die befragten Personen die Antworten nicht aufgrund ihrer eigenen Wertvorstellungen, Kenntnisse und Überzeugungen, sondern aufgrund vermuteter Erwartungen aus internalisierten Rollenerwartungen (kulturelle sE) oder aufgrund festgestellter Erwartungen in der Untersuchungssituation (situationale sE).

Bei dieser speziellen Form der Selbstdarstellung geht es also darum, die Anerkennung durch andere sicherzustellen. Da Normen je nach sozialer Gruppe und Interaktionskontext variieren, kann eine Selbstdarstellung im Sinne der sozialen Erwünschtheit in verschiedenen Kontexten auch ganz unterschiedlich ausfallen. (Hussy, Schreier & Echterhoff, 2010, S. 85).

Die Frage „*Wirst du für die nächste Klassenarbeit in Mathematik lernen?*“ kann in folgenden Kontexten ganz unterschiedlich beantwortet werden:

- Persönliches Gespräch mit der Mathematiklehrerin bzw. dem Mathematiklehrer
- Persönliches Gespräch mit der Vertrauenslehrerin bzw. dem Vertrauenslehrer
- Fragebogen, der im Klassenrahmen von der Lehrkraft durchgeführt und ausgewertet wird
- Fragebogen, der allein zu Hause am PC ausgefüllt wird
- Interview mit unbeteiligten Forscherinnen und Forschern
- Persönliches Gespräch im Freundeskreis
- Persönliches Gespräch mit den Eltern

Die Beeinflussung des Antwortverhaltens durch soziale Erwünschtheit muss bei Kindern um die Beeinflussung durch „personale Wünschbarkeit“ ergänzt werden.

> Dabei wird davon ausgegangen, daß bei Kindern in einem vermutlich höherem Ausmaß als bei Erwachsenen Antworten zu Lebensbereichen, die für sie sehr hohen Wert besitzen und im hohen Ausmaß emotional belegt sind, von dem, was sie für sich persönlich als wünschenswert ansehen [...] beeinflußt werden. Als ein solch zentraler und emotional hoch besetzter Lebensbereich kann Familie gelten. [...] Kinder scheinen bestrebt, die Integrität dieses Bereichs nach außen zu schützen, nicht zuletzt, da eine Abwertung ihrer Eltern ihre eigene Identität gefährden könnte.
>
> (Kränzl-Nagl & Wilk, 2000, S. 68)

Einen Überblick über weitere mögliche Einflussfaktoren auf das Antwortverhalten in Befragungen gibt Andreas Diekmann (2010, S. 471).

Im Folgenden sollen nun Techniken der Auswertung von Fragebogenitems vorgestellt werden. Dabei können wir die Techniken nur in Ansätzen einführen und Literaturempfehlungen geben, da eine ausführliche Vorstellung einer einzelnen Technik bereits mehrere Bücher füllen würde.

Auswertung offener Fragen

Bei der Auswertung offener Fragen sieht man sich mit großen Textmengen konfrontiert. Die zentrale Aufgabe ist es nun, diese Textmengen so zu reduzieren, dass man a) den Einzelaussagen gerecht wird (induktives Vorgehen) und b) die Aussagen von Personen eindeutig in bestimmte Gruppen (bzw. Kategorien oder Typen) einordnen kann. Dieser Aufgabe kann mit einer Vielzahl von Techniken begegnet werden, die Ihnen im Zuge der Auswertung von Interviews (→ Kap. 3.2.2) bereits vorgestellt wurden. Wir beschränken uns im Folgenden auf die Qualitative Inhaltsanalyse nach Philipp Mayring (2007), da diese auch für sehr große Datenmengen beherrschbar ist.

Der erste und schwerste Schritt in der Auswertung offener Fragen ist die Erstellung des Kategoriensystems. Kategorien sind dabei Verallgemeinerungen und Zusammenfassungen (im Sinne von Überschriften) von Aussagen. Diese werden dabei systematisch und regelgeleitet und unter Einbezug theoretischer Überlegungen gewonnen. „Mit Theoriegeleitetheit ist gemeint, daß der Stand der Forschung zum Gegenstand und vergleichbaren Gegenstandsbereichen systematisch bei allen Verfahrensentscheidungen herangezogen wird“ (Mayring, 2007, S. 45).

Eine Auflistung der Schritte bzw. Regeln der zusammenfassenden Inhaltsanalyse (Mayring, 2007) im Sinne eines Ablaufmodells zeigt Ihnen Tabelle 1.

Tabelle 1: Ablaufmodell zusammenfassender Inhaltsanalyse nach Mayring (2007, S. 60)

1. Schritt	Bestimmung der Analyseeinheiten
2. Schritt	Paraphrasierung der inhaltstragenden Textstellen
3. Schritt	Bestimmung des angestrebten Abstraktionsniveaus Generalisierung der Paraphrasen unter diesem Abstraktionsniveau
4. Schritt	Erste Reduktion durch Selektion Streichen bedeutungsgleicher Paraphrasen
5. Schritt	Zweite Reduktion durch Bündelung, Konstruktion, Integration von Paraphrasen auf dem angestrebten Abstraktionsniveau
6. Schritt	Zusammenstellung der neuen Aussagen als Kategoriensystem
7. Schritt	Rücküberprüfung des Kategoriensystems am Ausgangsmaterial

Auf die umfassende Darstellung der konkreten Regeln soll an dieser Stelle verzichtet werden. Wir wollen vielmehr anhand eines Beispiels verdeutlichen, wie die Erstellung eines Kategoriensystems zu einer offenen Frage in einem Fragebogen anhand der benannten Schritte ablaufen kann. Wir orientieren uns hierbei an der Studie von Thomas Götz und Anne Christiane Frenzel (2006) zur Phänomenologie schulischer Langeweile.

Will man das Phänomen schulischer Langeweile verstehen, benötigt man zunächst ein allgemeines Begriffsverständnis der Kinder und Jugendlichen von Langeweile. So könnte man folgendes Fragebogenitem entwickeln.

Abbildung 6: Mögliches Fragebogenitem zur Erfassung von Langeweile

Frage: **Stell dir vor, jemand kennt das Gefühl der Langeweile nicht und du sollst jetzt beschreiben, wie es sich anfühlt.**

____

____

____

Für die Erstellung des Kategoriensystems überträgt man einen Teil der gegebenen Antworten (Originalaussagen) in eine Tabelle (vgl. Tabelle 2). Empfehlenswert ist hier ungefähr ein Viertel aller Aussagen (vgl. Mayring, 2007, S. 75),[59] die zufällig ausgewählt werden sollten. Der Umfang der Teilstichprobe sollte je nach Umfang der Aussagen mindestens 30 Aussagen enthalten. Anderenfalls ist eine Erhöhung des Anteils (bis zum Gesamtumfang) empfohlen. Arbeitet man im Team, sollten zwei unterschiedliche Zufallsstichproben gebildet werden, die sich aber überschneiden dürfen.

Tabelle 2: Auswertung (fiktiver) Aussagen von Schülerinnen und Schülern zur Erklärung des Phänomens „Langeweile“ (Schritt 2 und 3 im Ablaufmodelmodell qualitativer Inhaltsanalyse)

Nr.	Originalaussage	Paraphrase	Generalisierung (1)
1	Wenn mir langweilig ist, dann denk ich, ich schlaf ein und bin total lethargisch.	ich denk ich schlaf ein	Schlapp sein
		ich bin total lethargisch	lethargisch sein
2	Langeweile ist wenn man denkt eine Sache geht nie vorbei und zieht sich wie Gummi.	man denkt eine Sache geht nie vorbei	geht nie vorbei
		zieht sich wie Gummi	zieht sich wie Gummi
3	In solchen Situationen habe ich das Gefühl da geht die ganze Kraft weg und ich kann mich gar nicht mehr zu Irgendwas aufraffen.	da geht die ganze Kraft weg	ohne Energie
		kann mich gar nicht mehr aufraffen	Schlapp sein
4	Bei Langeweile werden Sekunden zu Stunden.	Sekunden werden zu Stunden	wie in Zeitlupe
5	Wenn einem langweilig ist, dann hat man das Gefühl alles dauert ewig, man hängt nur noch rum und ist gar nicht mehr richtig dabei.	man hat das Gefühl alles dauert ewig	geht nie vorbei
		man hängt nur noch rum	teilnahmslos herumhängen
		man ist gar nicht mehr richtig dabei	teilnahmslos herumhängen
6	Man hat gar keine Power und fühlt sich total schlapp.	man hat einfach keine Power	ohne Energie
		man fühlt sich total schlapp	Schlapp sein
7	Langeweile raubt einem die ganze Energie.	LW raubt einem die ganze Energie	ohne Energie

59 Erfahrungsgemäß tritt bei größeren Stichproben dann eine Sättigung des Kategoriensystems ein, d.h., es werden durch Hinzunahme weiterer Aussagen kaum noch neue Kategorien gebildet. Zudem behalten Sie genügend Aussagen in der Hinterhand, um Ihr Kategoriensystem zu prüfen und auf dessen Güte zu prüfen.

Da die Aussagen später den übrigen Antworten im Fragebogen zugeordnet werden sollen, ist es hilfreich sich die Nummer des Fragebogens (Nr.) zu notieren. Nach Festlegung der Analyseeinheiten – in unserem Fall die vollständigen Antworten aller Schülerinnen und Schüler auf unsere Fragebogenfrage – werden die Originalaussagen paraphrasiert, wobei dort wesentliche Bestandteile der Aussage erhalten bleiben sollen. Die Generalisierung geschieht dann auf Grundlage des ersten Abstraktionsniveaus, welches inhaltsbezogen festgelegt wurde.

Abstraktionsniveau 1: Möglichst allgemeine, aber fallspezifische Äußerungen (pro Schüler/in) zum eigenen, individuellen Verständnis von Langeweile.

Hat man dieses Abstraktionsniveau für alle Aussagen erreicht (vgl. Tabelle 2), so streicht man bedeutungsgleiche Paraphrasen (Reduktion). Bei der Reduktion geht der unmittelbare Bezug von Aussage zu Person verloren (vgl. Tabelle 3). Dieser wird bei der anschließenden Anwendung des Kategoriensystems wieder hergestellt. Zur weiteren Arbeit mit den Generalisierungen empfiehlt es sich, diese zu bezeichnen.

Tabelle 3: Erste Reduktion durch Selektion und Streichen bedeutungsgleicher Paraphrasen (Schritt 4 im Ablaufmodelmodell qualitativer Inhaltsanalyse)

Bezeichnung	Reduktion (1)
g1.1	Schlapp sein
g1.2	lethargisch sein
g1.3	geht nie vorbei
g1.4	zieht sich wie Gummi
g1.5	ohne Energie
g1.6	wie in Zeitlupe
g1.7	teilnahmslos herumhängen

Danach versucht man durch Zusammenfassung ähnlicher Generalisierungen (Bündelung) und deren Zusammenfassung (Konstruktion/Integration) (Mayring, 2007, S. 62) ein Kategoriensystem zu bilden. Hierfür definiert man sich vorab ein zweites Abstraktionsniveau.

Abstraktionsniveau 2: Die Aussagen sollen nun fallübergreifend nicht mehr die Einschätzungen der einzelnen Person darlegen, sondern zu allgemeinen Begriffsverständnissen der Langeweile generalisiert werden.

Anhand der bisher gewonnenen Daten kann man nun ein Kategoriensystem bilden (Tabelle 4). Hierbei können sowohl die gewonnenen Daten der ersten Reduktion als auch theoretische Überlegungen wie z.B. Komponententheorien des emotionalen Erlebens (Götz & Frenzel, 2006, S. 151) einfließen.

Tabelle 4: Kategorienbildung durch Bündelung, Konstruktion und Integration von Paraphrasen auf Abstraktionsniveau 2 (Schritt 5 im Ablaufmodelmodell qualitativer Inhaltsanalyse)

Bezeichnung	**Generalisierung & Reduktion (2)**	**inbegriffene Reduktionen (1)**
K1	Müdigkeit/Trägheit	g1.1,g1.2,g1.5,g1.7
K2	subjektive Verlangsamung der Zeit	g1.3,g1.4,g1.6

Es fehlt nun die Aufbereitung des Kategoriensystems für die Kategorisierung, d.h. der Einordnung von Originalaussagen in eine oder mehrere Kategorien. Die Aufbereitung umfasst:

- Definition der Kategorien
  - eine genaue Beschreibung der Kategorien, ggf. mit Theoriebezug
  - eine Aufstellung aller Textbestandteile, die unter eine Kategorie fallen
- *Ankerbeispiele*, d.h. konkrete Textstellen/Originalaussagen, die zu einer Kategorie zugeordnet werden[60]
- *Kodierregeln*, d.h. dort, wo Abgrenzungsprobleme zwischen Kategorien bestehen, werden Regeln formuliert, um eindeutige Zuordnungen zu ermöglichen

Eine Kategorienbeschreibung könnte dann, wie folgt, aussehen:

Kategorie „Müdigkeit/Trägheit"

Definition: Die Schülerinnen und Schüler beschreiben die physiologische Emotionskomponente der Müdigkeit bzw. Trägheit.

Ankerbeispiele:

- Wenn mir langweilig ist, dann denk ich, ich schlaf ein und bin total lethargisch.
- In solchen Situationen habe ich das Gefühl da geht die ganze Kraft weg und ich kann mich gar nicht mehr zu Irgendwas aufraffen.
- […] man hängt nur noch rum und ist gar nicht mehr richtig dabei.
- Man hat gar keine Power und fühlt sich total schlapp.
- Langeweile raubt einem die ganze Energie.

Hat man alle Kategorien aufbereitet, überprüft man die Güte des Kategoriensystems. Hierzu verwendet man (falls möglich) eine Teilstichprobe mit Aussagen,

60 Diese entnehmen Sie dem Material, welches Sie zur Bildung der Kategorien verwendet haben. Wenn Sie Ihr Kategoriensystem später veröffentlichen (→ Kap. 4.1), sollten Sie diese Beispiele durch Aussagen des gesamten, dann kategorisierten Materials ergänzen.

die *nicht* zur Bildung des Kategoriensystems verwendet wurden. Auch hier empfiehlt sich ein Viertel aller Aussagen, falls damit mehr als 30 Aussagen umfasst sind. Zu jeder Aussage werden nun von zwei Personen (sog. Rater) unabhängig voneinander Paraphrasen gebildet und diese Paraphrasen in die Kategorien eingeordnet. Jede Paraphrase muss eindeutig einer Kategorie zugeordnet werden können. Ist dies nicht möglich, werden die Paraphrasen a) geteilt oder b) einer „Sonstiges"-Kategorie zugeordnet. Anschließend wird für jede Kategorisierung der Paraphrasen überprüft, ob eine Übereinstimmung erreicht wurde oder nicht. Zur Berechnung einer Maßzahl der Güte der Übereinstimmungen, und damit des Kategoriensystems, stehen verschiedene Methoden zur Verfügung. Die einfachste Möglichkeit ist, den Anteil von Übereinstimmungen, gemessen an der Gesamtanzahl von Ratings (also kategorisierten Paraphrasen), zu berechnen. Einen Überblick im Umgang mit verschiedenen Maßzahlen geben Juliane Raupp und Jens Vogelgesang (2009). Die gefundenen Nicht-Übereinstimmungen sind dann Anlass zur Überarbeitung des Kategoriensystems (vgl. Mayring, 2007, S. 75), was sich häufig in der Formulierung und Ergänzung von Kodierregeln manifestiert. Auch der Umfang der „Sonstiges"-Kategorie kann Anlass zur Überarbeitung des Kategoriensystems sein. Deren Anteil sollte 5% der Gesamtmenge an Aussagen möglichst nicht überschreiten. Hilfreich ist es hier häufig, die Antworten der „Sonstiges"-Kategorie nach Gemeinsamkeiten zu überprüfen und ggf. neue Kategorien zu bilden.

Die abschließende Kodierung des Gesamtmaterials basiert auf dem gleichen Vorgehen wie die Überprüfung der Güte des Kategoriensystems. Hier müssen im Unterschied zum vorher beschriebenen Vorgehen gefundene Differenzen zwischen den Ratern anhand des bestehenden Kategoriensystems gelöst werden. Gelingt dies nicht, müssen ggf. einzelne Kategorien oder das gesamte System wieder überarbeitet werden. Die gefundenen Kategorien können nun wie geschlossene Items behandelt werden. Wurde eine Paraphrase einer Aussage einer Kategorie zugeordnet, entspricht dies einer Zustimmung zu diesem „Item". Die so gebildeten „Items" können jetzt quantitativ ausgewertet werden.

Auswertung geschlossener Fragen

Geschlossene Fragen stellen den Kern von Fragebögen dar. Aus diesem Grund stellen wir Ihnen im folgenden Abschnitt Auswertungstechniken für diesen Fragetyp vor. Weiter oben haben Sie erfahren, wie man auch offene Fragen durch einen ersten Auswertungsschritt quantifizierbar macht, sie also wie geschlossene Items auswerten kann. Somit können die sich hier anschließenden Überlegungen auch dann für Sie interessant sein, falls Sie sich auf offene Fragen beschränken.

Generell gilt für die Auswertung geschlossener Fragen am Computer, dass man die Antwortmöglichkeiten der Fragen (bzw. Ausprägungen der Variablen) durch Zahlen repräsentiert. Dabei wird jeder Antwortmöglichkeit eine eindeutige

Zahl zugeordnet. Bei Fragen mit Mehrfachantworten wird jede Antwortmöglichkeit als einzelne Variable aufgefasst.

Zunächst diskutieren wir Skalenniveaus, d.h. die Qualität und Aussagekraft von Ergebnissen. Anschließend werden die Auswertungsmöglichkeiten für einzelne Variablen und jene für mehrere Variablen vorgestellt.

Skalenniveaus – Qualität und Aussagekraft von Ergebnissen
Unterschiedliche Fragetypen erzeugen Erhebungsdaten von unterschiedlicher Qualität und Aussagekraft (vgl. hierzu Raab-Steiner & Benesch, 2008, S. 132). Mit Hilfe eines Ja-Nein-Items kann man lediglich eine Gleichheit bzw. Ungleichheit ausdrücken. Daten, die diese Eigenschaft haben, nennt man *nominal* skaliert. Gegliederte Ratingskalen und Rankingskalen erzeugen *ordinale* Daten. Zusätzlich zur Gleichheit bzw. Ungleichheit lassen sich hier Rangordnungen zwischen den Ausprägungen feststellen. So ist z.B. „sehr gut“ etwas anderes *und* besser als „eher gut“. Wie bereits weiter oben bei den Rankingskalen thematisiert, können die Abstände zwischen benachbarten Ausprägungen stark differieren. Auch bei gegliederten Ratingskalen kann man nicht sicher sein, ob für die Befragten die Abstände (repräsentiert durch die semantischen Unterschiede der Beschriftungen) auch als gleichmäßig aufgefasst werden. Dies wird – insbesondere bei Schulnoten – in der Praxis aber häufig angenommen. Ungegliederte Ratingskalen hingegen, also auch Zahlen- und Prozentangaben sind „gleichmäßig“, d.h. *metrisch* skaliert. Damit sind neben Unterschieden und Relationen auch Differenzen zwischen zwei Werten empirisch auswertbar.

Exkurs

Schulnoten sind ordinal, aber nicht metrisch skaliert. Dies liegt in der Tatsache begründet, dass zur Bildung von Schulnoten prozentual erreichte Punktzahlen in Leistungstest zugrunde gelegt werden. Diese Prozentpunkte sind metrisch skaliert. Da aber jede Schulnote unterschiedlich „breite“ Prozentbereiche abdeckt, sind die Schulnoten zwar in eine Rangfolge zu bringen, der Abstand zwischen zwei Noten ist aber nicht interpretierbar. Ein Beispiel soll dies verdeutlichen. Angenommen für eine „1“ benötigt man mindestens 95% der erreichbaren Punkte, für eine „2“ mindestens 80% und für eine „3“ mindestens 70%. Während man auf Grundlage der Prozentskala die Differenz zwei erreichter Leistungen ebenfalls erneut auf der Prozentskala interpretieren kann (z.B. A = 97%, B = 94%; Differenz = 3%), ist dies auf der Notenskala nicht möglich (z.B. A = „1“, B = „2“; Differenz = 1?). Des Weiteren kann die „reale“ Leistung zweier Schülerinnen bzw. Schüler mit benachbarten Noten stark differieren. Hat A eine „1“ und B eine „2“, so kann deren Leistungsdifferenz gemessen in Prozentpunkten zwischen 1% und 20% liegen.

Will man neben Unterschieden, Relationen und Differenzen auch Verhältnisse empirisch auswerten, so muss die Skalierung einer Variablen einer *Verhältnisskala* entsprechen. Hierfür muss es einen in den Daten verankerten (nicht nachträglich festgelegten) Nullpunkt geben. Beispiele hierfür sind die bereits besprochene Prozentpunktskala, Zeitabschnitte, Alter, Temperatur in Kelvin usw.

Eine Aussage die sich auf ein Verhältnis von Prozentpunkten stützen könnte, ist z.B.: A (80%) ist doppelt so gut wie B (40%).

Nachdem nun die unterschiedlichen Fragetypen in die für die Auswertung maßgeblichen Skalenniveaus eingeordnet wurden, können nun verschiedene Arten der Ergebnisdarstellung für einzelne Variablen vorgestellt werden.

Auswertung einzelner Items (sog. univariate Analysen)
Die einfachste, und häufig zugleich aufschlussreichste Auswertung einzelner Items, ist die Angabe absoluter Häufigkeiten und relativer Häufigkeiten (Prozentwerte). Diese Art der Auswertung bietet sich für nominale und ordinale Daten an. Absolute Häufigkeiten geben dabei eher Hinweise darauf, ob bestimmte Schlussfolgerungen aufgrund der zugrunde liegenden Personenanzahl überhaupt haltbar sind. Beantworten beispielsweise nur 4 Personen eine bestimmte Frage, so sollte auf die Auswertung dieser Frage unter quantitativen Gesichtspunkten gänzlich verzichtet werden. Prozentwerte haben den Vorteil, dass diese die Anzahl der Personen „herausrechnen", d.h., sie sind immer unmittelbar vergleichbar. Weiter kann man Prozentwerte auf Grundlage verschiedener Personengruppen berechnen, um Strukturen in den Daten zu erkennen.

Angenommen, wir hätten die oben vorgestellte Befragung zum Begriffsverständnis von Langeweile (Götz & Frenzel, 2006) in vier Klassen verschiedener Altersstufen durchgeführt, dann könnten wir dabei folgende Ergebnisse erhalten.

Tabelle 5: Darstellung von Ergebnissen mittels Häufigkeiten und Prozentwerten.

Bei den zugrunde liegenden (fiktiven) Daten waren Mehrfachnennungen möglich, d.h., eine Person konnte mit ihrer Aussage verschiedene Bereiche ansprechen. Wurde ein einzelner Bereich mehrfach genannt, wurde dieser dennoch nur einmal gezählt. Damit entsprechen die Häufigkeiten der Nennungen zugleich Personenanzahlen.

Kategorie		**Kl. 4**	**Kl. 6**	**Kl. 8**	**Kl. 10**	**Summe**
K1	Häufigkeit	10	16	5	2	33
Müdigkeit/	Zeilenprozent	30,3 %	48,5 %	15,2 %	6,0 %	
Trägheit	Spaltenprozent	55,6 %	57,1 %	20,0 %	7,7 %	
K2	Häufigkeit	4	18	8	15	45
subj.Verlang-	Zeilenprozent	8,9 %	40,0 %	17,8 %	33,3 %	
samung der Zeit	Spaltenprozent	22,2 %	64,3 %	32,0 %	57,7 %	
...	...	...	...	...	...	...
Personenanzahl		18	28	25	26	97

Die (absoluten) *Häufigkeiten* zeigen auf, dass für Klasse 8 und 10 die Kategorie K1 nur sehr wenige Nennungen erhielt. Will man die Ergebnisse dieser Frage mit Ergebnissen anderer Fragen in Beziehung setzen, sind diese Kategorien mit sehr geringen Ausprägungen auszuklammern. Gleiches gilt für K2 in Klasse 4 und 8.

Die *Spaltenprozente* beziehen sich auf die Anzahl der Schülerinnen und Schüler in der entsprechenden Klasse. Dies ist möglich, da zwar Mehrfachnennungen im Sinne verschiedener Kategorien, aber nicht einzelner Kategorien (siehe Tabellenüberschrift) erfasst wurden. Spaltenprozente geben hier Aufschluss über die Bedeutung der Kategorien für die entsprechende Klasse. Beispielsweise sieht man, dass K1 für Klasse 4 die entscheidende Kategorie ist, während für Klasse 6 diese sich hinter K2 einordnet. Vergleicht man Spaltenprozente zeilenweise, sieht man die Bedeutung einzelner Kategorien im Vergleich verschiedener Klassen. So nimmt z.B. die Bedeutung von K1 mit zunehmendem Alter der Schülerinnen und Schüler ab.

Anhand von *Zeilenprozenten* kann man die Zusammensetzung der Gruppe von Personen überprüfen, deren Aussagen einer bestimmten Kategorie zugeordnet wurden. Will man also die ursprüngliche Gruppierung nach Klassen bzw. Altersstufen aufbrechen und eher inhaltlich orientierte Gruppen bilden, benötigt man diese Werte, um mögliche Überlagerungen von Alters- und inhaltlichen Effekten zu überprüfen.

Für metrische Daten (wie z.B. aus ungegliederten Ratingskalen) kann man die Werte nicht einfach zählen und dann wie eben beschrieben auswerten, da es prinzipiell unendlich viele mögliche Werte geben kann. Man hat nun zwei grundsätzlich verschiedene Möglichkeiten.

Erstens kann man die metrischen Daten durch Diskretisierung in ordinale Daten umwandeln. Hierzu legt man bestimmte Wertebereiche (sog. Intervalle) fest und ordnet alle Werte aus solchen Bereichen der gleichen Zahl zu. Darin liegt ein Vorteil ungegliederter Skalen, da man für das gleiche Item verschiedene Gliederungen vornehmen und datengeleitet prüfen kann, welche Gliederung sich am besten interpretieren lässt.

Angenommen Sie verwenden eine ungegliederte Ratingskala mit einer Länge von 10 cm. Die Auswertung erfolgt dadurch, dass zunächst die Entfernung der gesetzten Markierung vom linken Rand gemessen wird (vgl. Götze, Deutschmann & Link, 2002, S. 232). Möchte man die so gewonnenen metrischen Daten in eine vierstufige gegliederte Skala transformieren, teilt man die Länge der Skala in vier gleich lange Abschnitte und ordnet diesen Zahlen zu: [0 cm bis 2,5 cm] = 1; [2,6 cm bis 5,0 cm] = 2; [5,1 cm bis 7,5 cm] = 3; [7,6 cm bis 10 cm] = 4.

Eine gemessene Länge von 4,7 cm entspricht z.B. einer 2. Analog können Sie die gleiche Skala in 2, 3, 5 oder 7 Abschnitte unterteilen. Fällt ein Wert genau auf eine Abschnittsgrenze, müssen sie einheitlich entscheiden, ob er zum jeweils linken oder rechten Abschnitt gezählt wird.

Zweitens gibt es auch für metrische Daten spezielle Darstellungsmöglichkeiten. An dieser Stelle wollen wir uns auf die zwei am häufigsten verwendeten beschränken: das *arithmetische Mittel* und die *Standardabweichung*.

Das arithmetische Mittel (kurz: Mittelwert; Formelzeichen: M) erhält man, indem man die Summe aller Werte bildet und diese durch die Anzahl der Werte teilt. Dies entspricht dem Verfahren, wenn Sie den eigenen Zensurendurchschnitt oder den Ihrer Klasse berechnen. Aus mathematischer Sicht ist dieses Vorgehen für die (eigentlich) nur ordinal skalierten Zensuren bzw. Noten aus den bereits dargelegten Gründen fragwürdig. Der Mittelwert stellt in diesem Sinne ein Maß der zentralen Tendenz dar, welches die Vielzahl der Werte durch eine einzige (Maß-)Zahl repräsentiert (Raab-Steiner & Benesch, 2008, S. 166).

Die Standardabweichung (Formelzeichen: SD) ist ein Maß der Streuung, welches stets in Kombination mit dem Mittelwert anzugeben und zu verwenden ist. Je größer die Streuung, desto weniger repräsentiert der Mittelwert die Verteilung. In anderen Worten: Je kleiner die Streuung, desto einiger waren sich die befragten Personen. Die Kenntnis der Streuung ist insofern wichtig, als dass die quantitative Forschung die *Unterschiedlichkeit* von Merkmalsausprägungen bzw. Werten zu erklären versucht (Raab-Steiner & Benesch, 2008, S. 167).

Die Auswertung der folgenden Fragen mit ungegliederten Ratingskalen (Abbildung 6) lieferte die nachstehenden Ergebnisse.

Abbildung 7: Beispiel für ungegliederte Ratingskalen zum Abwechslungsreichtum des Mathematik- und Deutschunterrichts.

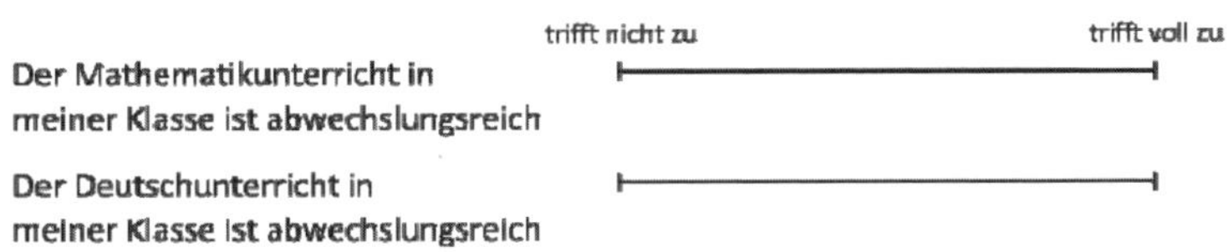

Die gemessenen Werte wurden dabei zunächst in Prozentwerte umgerechnet. „Trifft nicht zu" entspricht damit 0% und „trifft voll zu" 100%. Eine Analyse ergibt dann beispielsweise M_{Ma}=75,3; SD_{Ma}=10,1 und M_{De}=75,3; SD_{De}=40,3. Damit geben die Schülerinnen und Schüler ein eher positives Urteil für den Abwechslungsreichtum der beiden Fächer ab, welches zudem identisch erscheint. Im Fach Deutsch scheinen sich die Lernenden jedoch weniger einig zu sein als im Fach Mathematik. Durch die relativ hohe Standardabweichung von 40,3% scheint es in Deutsch zwei „Lager" von Schülerinnen und Schülern zu geben. Ein Lager, welches den Abwechslungsreichtum erfüllt sieht und eines, welches das eben nicht tut. In Mathematik ist das Urteil homogener, die Schülerinnen und Schüler sind eher einer Meinung.

Einen Überblick zu verschiedenen weiteren Möglichkeiten der (auch grafischen) Ergebnisdarstellung einzelner Variablen geben z.B. Walter Hussy, Margrit Schreier und Gerald Echterhoff (2010, S. 163–168) sowie Elisabeth Raab-Steiner und Michael Benesch (2008, S. 82–105).

Auswertung mehrerer Items (multivariate Analysen)
Um Fragen nach dem Zusammenhang verschiedener Merkmale zu klären, versucht man die Ergebnisse der entsprechenden Items zu verknüpfen. Auch hier gibt es eine Reihe von Techniken, wobei wir uns erneut auf die am häufigsten eingesetzte beschränken.

In der Sozialwissenschaft sind vor allem lineare Zusammenhänge zweier Variablen von Interesse. Linear heißt ein Zusammenhang dann, wenn die Wertepaare – als Punkte aufgefasst und in ein Diagramm eingetragen (vgl. Abbildung 1) – auf einer Linie liegen. In der Realität treten diese perfekten linearen Zusammenhänge sehr selten auf. Lineare Zusammenhänge lassen sich ebenfalls durch Maßzahlen, sog. Korrelationsmaße darstellen. Korrelationsmaße können Werte von *-1* bis *1* annehmen. Das Vorzeichen bestimmt die Richtung des Zusammenhangs, der Betrag die Stärke. Je kleiner der Zahlenwert, desto geringer der Zusammenhang.

In Abbildung 8 ist ganz links oben (1) ein idealer direkter Zusammenhang („Je größer Variable 1, desto größer Variable 2.“) dargestellt. Der Korrelationskoeffizient beträgt $r=1$. Im zweiten Diagramm wird ein starker direkter Zusammenhang mit $r=.8$ veranschaulicht. Korrelationen die in etwa *.8* erreichen, gelten in sozialwissenschaftlichen Forschungen als sehr gute Werte. Im dritten Diagramm ist ein nicht vorhandener Zusammenhang abgebildet. Variable 1 und Variable 2 sind also völlig unabhängig voneinander ($r=0$). Die beiden weiteren Diagramme zeigen indirekte Zusammenhänge („Je größer Variable 1, desto kleiner Variable 2.“). Dabei wird von den Beträgen zunächst ein starker indirekter ($r=-.7$) in Diagramm 4 und schließlich ein idealer indirekter ($r=-1$) Zusammenhang in Diagramm 5 dargestellt.

Abbildung 8: Visuelle Darstellung verschiedener linearer Zusammenhänge

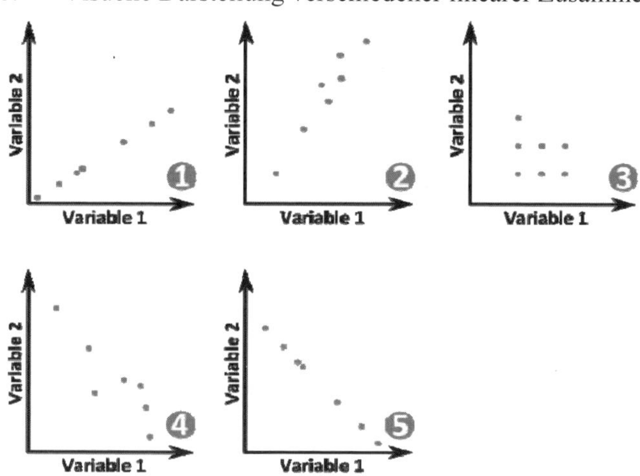

Je nach Skalenniveau der zugrunde liegenden Daten müssen verschiedene Korrelationsmaße ausgewählt werden. So verwendet man für nominale Daten z.B. den Kontingenzkoeffizienten *C*, für ordinale Daten z.B. Spearmans Rangkorrelation *R* und für metrische Daten z.B. Pearsons Produkt-Moment-Korrelation (Clauß, Ebner & Röhr, 1999, S. 61–71). Bei unterschiedlichem Datenniveau der Variablen greift man auf eine biseriale oder punktbiseriale Korrelation (Clauß et al., 1999, S. 71–75) zurück. Einen Überblick über weitere Zusammenhangsmaße in Abhängigkeit von Datenniveau und Fragestellung liefert der umfassende Entscheidungsbaum von Sven Blankenberger und Dirk Vorberg (1998; vgl. auch Vorberg & Blankenberger, 1999).

„[D]as Vorliegen eines Zusammenhangs zwischen zwei Variablen [bedeutet] keinesfalls, dass die eine Variable die andere kausal bedingt. [...] Kausalhypothesen lassen sich schlüssig nur mit experimentellen Versuchsplänen unter Kontrolle von Störvariablen“ (Hussy et al., 2010, S. 169) und Ausschluss aller Erklärungsalternativen (→ Kap. 3.2.6) prüfen.

Wichtig ist nicht nur die Höhe der Korrelation sondern auch ihre Signifikanz.[61] So sind schwache Zusammenhänge bei sehr kleinen Stichproben eher dem Zufall zuzuschreiben als bei sehr großen Stichproben. Verwenden Sie eine Statistiksoftware, so erhalten Sie diese Information zusammen mit dem Korrelationskoeffizienten. Hintergründe zur Bedeutung und Berechnung von Signifikanzen erhalten Sie bei Günter Clauss, Heinz Ebner und Michael Röhr (1999, S. 273–281).

Erhält man beispielsweise einen signifikanten Zusammenhang von r=.7 zwischen dem Abwechslungsreichtum im Mathematikunterricht und dem im Deutschunterricht, so ist dies ein deutliches Zeichen dafür, dass es zwischen diesen beiden Werten einen Zusammenhang geben muss. Worauf dieser Zusammenhang beruht, muss dann anhand der Kenntnisse um Theorie, Rahmenbedingungen und weiterer empirischer Ergebnisse interpretativ erörtert werden.

Neben Vermutungen über den Zusammenhang der Werte eines Individuums bezüglich zweier Variablen kann man auch Vermutungen über die Unterschiedlichkeit der Werte vieler Personen bezüglich einer Variablen äußern. Hier gilt es, eine Vielzahl von Fragen in einem Entscheidungsbaum zu beantworten, um den richtigen Test auszuwählen. Die erste Frage ist erneut die nach dem Datenniveau. Im Fall nominaler Daten hängt die Wahl des richtigen Instrumentes vom Umfang und von der Abhängigkeit (d.h. gemeinsame Personen) der Stichproben sowie der

61 Wenn der Zusammenhang zweier Variablen signifikant ist, so ist die Wahrscheinlichkeit, dass dieser Zusammenhang aufgrund von zufälligen Einflüssen zu erklären ist sehr gering (vgl. auch das Signifikanzkonzept beim Unterschied von Variablen in → Kap. 3.2.6).

Anzahl der Kategorien ab. Im Fall ordinaler und metrischer Daten ist dieser Entscheidungsbaum noch um einiges komplexer (Blankenberger & Vorberg, 1998).

Von zentraler Bedeutung bei der Analyse von Zusammenhängen oder Unterschieden mehrerer Variablen ist die korrekte Auswahl des Tests. Hat man diesen „gefunden“, muss man sich intensiv mit dessen Interpretierbarkeit auseinander setzen. Dies übersteigt jedoch die Möglichkeiten dieses einführenden Aufsatzes.

Weitere Auswertungstechniken

Die nachfolgend vorgestellte Liste weiterer Auswertungstechniken erhebt keinen Anspruch auf Vollständigkeit, sondern soll vielmehr Anreiz bieten bei verschiedenen Fragestellungen über alternative Methoden nachzudenken.

1) Die *Clusteranalyse* ist ein Methodenbündel, um eine Menge gegebener Daten zu gruppieren und zu klassifizieren (Clauß et al., 1999, S. 303). Sie eignet sich besonders gut bei Ratingskalen, um (Antwort-)Typen von Personen datengeleitet zu finden. Die zentrale Idee dabei ist, die Verschiedenheit der Personen innerhalb einer Gruppe gering zu halten und gleichzeitig die Verschiedenheit der Personen unterschiedlicher Gruppen zu maximieren. Die Anzahl der Gruppen kann dabei automatisch anhand theoretischer Vorüberlegungen oder anhand vorhandener empirischer Daten gewählt werden. Eine Einführung erhalten Sie z.B. bei Christian Schendera (2009).
2) Die *Hauptkomponentenanalyse* als eine Technik der explorativen Faktoranalyse ist eine Methode, die zur explorativen quantitativen Forschung eingesetzt wird. Sie kommt z.B. dann zum Einsatz, wenn die konventionelle Methode der Operationalisierung aufgrund der fehlenden Kenntnis des Gegenstandsbereiches versagt. Man sammelt eine Vielzahl von relevanten Fragen und stellt einen Fragebogen zusammen. Anhand der damit gesammelten Daten versucht man anschließend, einige wenige sog. Hauptkomponenten zu finden, die die Struktur der Daten erklären können. So wurden beispielsweise die zentralen Faktoren der Persönlichkeit (sog. Big-Five) gefunden (vgl. Lang & Lüdtke, 2005). Abschließend wählt man jene Items für den Test aus, die gut auf einen einzelnen Faktor „laden“, d.h. diesen gut repräsentieren. Einen ersten Überblick über diese wirkungsvolle und zugleich komplexe Methode geben verschiedene Werke zur Test- und Fragebogenkonstruktion (Bühner, 2006; Moosbrugger & Kelava, 2007).

Zusammenfassung

Die Methoden und Techniken der Auswertung sollten stets der Fragestellung und dem Datenmaterial angepasst sein. Dabei sollten auch nur jene Techniken verwendet werden, deren Ergebnisse man korrekt interpretieren kann. Zur Berechnung einfacher statistischer Kennzahlen und der Auswertung offener Fragen kann man sich (kostenfreier) Tabellenverarbeitungsprogramme bedienen. Für komplexere Anforderungen sollte der anfängliche Einarbeitungsaufwand in Statistikprogramme und -pakete zu Gunsten einer komfortableren Auswertung und umfangreicheren Funktionalität in Kauf genommen werden. Auch hier gibt es kostenfreie Alternativen.

3.2.3.4 Am Beispiel: „Der Bullying- und Viktimisierungsfragebogen für Kinder (BVF-K)"

Im Folgenden soll die Entwicklung eines Fragebogens anhand der Studie von Nandoli von Marées und Franz Petermann (2009) zum Bullying im Vor- und Grundschulalter exemplarisch nachgezeichnet werden. Wir orientieren uns bei der Darstellung am forschungslogischen Planungsmodell von Christian Herfter und Sebastian Rahtjen (→ Kap. 3.1.1).

Formulierung und Präzisierung des Forschungsproblems

Forschungsproblem
Bereits im Kindergarten kommt es zu aggressiven Übergriffen zwischen Kindern (Alsaker, 2004), die auch im Schulalltag regelmäßig auftreten. Während der Pausen lassen sich z.B. Prügeleien zwischen Schülerinnen und Schülern beobachten; einzelne Jugendliche werden ausgegrenzt oder schikaniert; Eltern berichten über Beschimpfungen und Anfeindungen gegen ihre Kinder in Internetforen oder sozialen Netzwerken. Diese aggressiven Handlungen können sich negativ auf die emotionale Entwicklung sowohl von Opfern als auch von Täterinnen und Tätern auswirken und zu Verhaltensauffälligkeiten führen (Marées & Petermann, 2009, S. 96). Um rechtzeitig zu intervenieren oder präventiv tätig werden zu können, kommt der frühen Erkennung (idealerweise im Vor- und Grundschulalter) ein hoher Stellenwert zu (vgl. Scheithauer, Hayer & Bull, 2007, S. 146–149). Es ist davon auszugehen, dass nicht alle Übergriffe unter den Augen von Erwachsenen stattfinden bzw. die Opfer aus Furcht vor Racheakten keine Hilfe suchen (Scheithauer et al., 2007, S. 98). Daher bleibt die Frage, wie die Täterinnen und Täter sowie die Opfer sicher und zuverlässig identifiziert werden können.

Theoretischer Rahmen und Stand der Forschung
Wie weiter oben dargestellt, müssen zunächst theoretische Konzepte gefunden werden, die das beschriebene Phänomen erfassen. Dabei wird unter Rückgriff auf das vorhandene Hintergrundwissen festgelegt, was genau unter diesem Konzept bzw. dem Begriff des Bullying zu verstehen ist (sog. analytische Definition). Marées und Petermann (2009) berufen sich in einer ersten Näherung an das Phänomen auf Dan Olweus (2006), nach dem mit dem Begriff des Bullying eine „besondere Form von Gewalt, bei der ein Opfer den wiederholten und beabsichtigten

negativen Handlungen einzelner oder mehrerer Täter/innen ausgesetzt ist“ (Olweus, 2006; zitiert nach Marées & Petermann, 2009, S. 97) bezeichnet. Die mit dieser Definition eingeführten Bezeichnungen werden im Folgenden weiter präzisiert. Die negativen Handlungen können physische und verbale oder psychische Formen annehmen und sowohl offen und direkt als auch verdeckt und indirekt erfolgen (Marées & Petermann, 2009, S. 97). Offene, direkte Formen des Bullying setzten eine unmittelbare Konfrontation von Täterinnen und Tätern mit den Opfern voraus. Dabei kann es zu körperlichen (physisches Bullying) oder verbalen Übergriffen (verbales Bullying) kommen (Marées & Petermann, 2009, S. 97). Die indirekten, verdeckten Formen (relationales Bullying) beschreiben Aggressionen auf der Beziehungsebene. Das Ziel dieser Handlungen ist die Schädigung von sozialen Bindungen (Scheithauer et al., 2007, S. 142). Dabei umfasst der Begriff des Bullying neben den Opfererfahrungen auch die Perspektive der Täterinnen und Täter. Jungen gehören unabhängig von der Bullyingform am häufigsten zur Gruppe der Täterinnen und Täter und der Opfer. Form und Frequenz von Bullying sind ebenfalls alters- und geschlechtsabhängig (Marées & Petermann, 2009, S. 97; vgl. auch Scheithauer, Hayer, Petermann & Jugert, 2006).

Im Anschluss an die analytische Definition des Begriffs muss weiterhin ergründet werden, welche Instrumente für die Erfassung des beschriebenen Phänomens bereits existieren. Eine Möglichkeit stellen Interviews mit den von Bullying betroffenen Schülerinnen und Schülern dar. Interviews können einen tieferen Einblick in die subjektive Wirklichkeitskonstruktionen der Täterinnen und Tätern sowie der Opfer geben (Scheithauer, Hayer & Petermann, 2003, S. 105f.). Zudem können sie auch bei jüngeren Kindern eingesetzt werden. Hierzu müssen die involvierten Schülerinnen und Schüler jedoch erst identifiziert werden. Des Weiteren ist eine umfangreiche Erfassung des Phänomens aus Kostengründen (Zeit- und Personalaufwand) kaum zu realisieren. Mit Hilfe eines Beobachtungsverfahrens ließe sich Bullying in seinem sozialen Kontext erfassen (Scheithauer et al., 2003, S. 109f.). Die Beziehungen von Täterinnen und Tätern sowie den Opfern könnten so auch außerhalb der Bullying-Situation analysiert werden. Standardisierte Beobachtungsbögen bieten darüber hinaus die Möglichkeit einer quantitativen Erfassung des Phänomens. Allerdings erscheint auch diese Form der Datenerhebung zu zeit- und kostenaufwendig. Zudem könnten den Augen der beobachtenden Personen verdeckte Episoden des Bullying entgehen. Mit Hilfe von Fragebögen kann mit relativ geringem zeitlichem, personellem und finanziellem Aufwand ein großer Teil an Informationen über die Häufigkeit des Auftretens von Bullying unter einer Vielzahl von Personen ermittelt werden (Marées & Petermann, 2009, S. 98). Die Schülerinnen und Schüler können als Experten für ihre Lebenssituation Auskunft über ihre eigenen Erfahrungen geben. Beim Einsatz der Fragebogenmethoden bleiben jedoch interaktive Zusammenhänge und subjektive Verarbeitungsmuster im Dunkeln.

Forschungsziel
Nach der Analyse der vorhandenen Erhebungsverfahren kommen Marées & Petermann (2009) zu dem Fazit, dass es bisher kein manualisiertes, d.h. standardisiertes Verfahren für den deutschsprachigen Raum gibt, „mit dem in ökonomischer Weise Bullying in Kindergarten und Grundschule erfasst werden kann" (S. 99). Ihr Ziel ist es daher, ein effizientes und kostensparendes (Diagnose-)Instrument (d.h. einen Test) zur Erfassung und Beschreibung von Bullying bei einer Vielzahl von Personen zu finden.

Planung und Vorbereitung der Erhebung

Forschungsplan
Für die Bestimmung des Basisdesigns möchten wir Sie noch einmal an die hier eingenommene Perspektive, in Bezug auf das Forschungsproblem erinnern. Das Ziel ist es, ein Instrument zu entwickeln, dass die Täterinnen und Täter sowie die Opfer verlässlich identifiziert und die verschiedenen Formen des Bullying erfasst. Marées & Petermann (2009) sind also daran interessiert, dass Phänomen zu messen und zu beschreiben. Die Ausrichtung der Erhebung folgt demnach einem deskriptiven Forschungsdesign. Da die Forschenden Vergleiche auf unterschiedlichen Ebenen anstreben (z.B. Geschlecht, Schulklassen, Schulen, Opfer, Täterinnen und Täter), handelt es sich um eine Vergleichsstudie. Die Erhebung findet einmalig statt, stellt also eine Momentaufnahme durch eine Querschnitterhebung dar. Die Autorin und der Autor klammern dabei die subjektiven Bedeutungen und das Erleben von Bullying für die involvierten Personen aus.

Konstruktion des Erhebungsinstruments
Die eingeführten theoretischen Begriffe werden in diesem Schritt messbar gemacht (Operationalisierung). Es müssen Indikatoren gefunden werden, die anzeigen, ob der Begriff in der Realität vorliegt oder nicht (Häder, 2010, S. 52). Auf Grundlage der Definition nach Olweus (2006) können drei zentrale Merkmale von Bullying herausgearbeitet werden: (1) das schädigende Wesen der Handlungen (negative Handlungen); (2) der Vorsatz der Handlungen (beabsichtigte Handlungen) und (3) der prozessuale Charakter (wiederholte Handlungen). Diese drei Aspekte werden im Folgenden schrittweise in messbare Indikatoren überführt.

Ad (1) Der unscharfe und mannigfaltige Begriff der negativen Handlungen muss zunächst begrifflich präzisiert und anschließend in beobachtbare Sachverhalte überführt werden. Folgen wir der oben ausgebreiteten Perspektive, lassen sich zunächst direkte und indirekte negative Handlungen voneinander unterscheiden. Kinder können dabei sowohl Opfer (direkte/indirekte Viktimisierung) als auch Initiator (direkte/indirekte Aggression) aggressiver Verhaltensweisen sein. Direkte Formen beinhalten sowohl physische Übergriffe als auch verbale Attacken; indirekte Formen bezeichnen die beabsichtigte Schädigung von sozialen

Beziehungen. Durch diese konkretere Bestimmung lassen sich den beiden Formen nun Verhaltensweisen zuordnen, die von den Kindern beobachtet werden können (Indikatoren). So könnten sich physische Übergriffe etwa durch „Schlagen", verbale Attacken durch „Anschreien" ausdrücken. Das Verbreiten von Gerüchten könnte wiederum als Indikator für indirekte Formen des Bullying herangezogen werden. Die gebildeten Indikatoren werden nun im Rahmen eines Fragebogens in Aussagen bzw. Fragen (Items) eingebettet. Bevor jedoch geeignete Fragen entworfen werden können, müssen weitere Aspekte in die Betrachtung einbezogen werden.

Ad (2) Während sogenannter Tobspiele zeigen Kinder spielerische Verhaltensweisen, die von Erwachsenen häufig als Bullying interpretiert werden können (Scheithauer, Hayer & Bull, 2007, S. 21). Deshalb muss bei einer Befragung von Kindern zu aggressiven Verhaltensweisen deren Handlungsintention zusätzlich verdeutlicht werden. Die Autorin und der Autor nutzen dazu u.a. Adjektive wie „absichtlich", „gemein" oder „böse", um die Zielgerichtetheit der Schädigung hervorzuheben.

Ad (3) Der prozessuale Charakter von Bullying kommt in sich ständig wiederholenden negativen Handlungen zum Ausdruck. Um diese zeitliche Dimension abzubilden, verknüpfen Marées & Petermann (2009) den Frageimpuls „Wie oft…" mit einer gegliederten Antwortskala. Diese weist drei Antwortkategorien auf, welche mit „nie", „manchmal" und „oft" beschriftet sind. Wenn Kinder mit „manchmal" oder „oft" antworten können, sollen sie zudem angeben, ob es sich bei der Täterin oder dem Täter bzw. dem Opfer, um einen Jungen oder ein Mädchen handelte (Marées & Petermann, 2009, S. 100).[62]

Auf Grundlage dieser Betrachtungen können nun Fragebogenfragen konstruiert werden. Die gewonnenen Antworten auf diese Items besitzen Indikatorfunktion für den untersuchten Sachverhalt (Häder, 2010, S. 54), d.h., sie sind in der Lage anzuzeigen, ob die befragten Kinder in Bullyingprozesse involviert sind oder nicht.

Wie weiter oben herausgearbeitet wurde, kann es zu einer analytischen Definition eine Vielzahl von operationalen Definitionen geben. So könnten beispielsweise für indirektes Bullying auch andere Operationalisierungen wie „absichtliches Ignorieren" oder „Ausschluss aus der Spielgruppe" gefunden werden. Jede dieser vorgeschlagenen Operationalisierungen erfasst den Bedeutungskern von indirektem Bullying jedoch nur teilweise (Hussy, Schreier & Echterhoff, 2010, S. 39). Um ihren semantischen Gehalt in größtmöglichem Maße widerzuspiegeln, werden komplexe Sachverhalte durch mehrere Items erfasst. In dem hier ausgebreiteten Beispiel muss daher ergründet werden, welche Items direktes bzw. indi-

62 Bei der Formulierung der Antwortkategorien sollte die unterschiedliche Wahrnehmung und das Verständnis von Zeit und Zeiträumen bei Kindern und Erwachsenen beachtet werden (Kränzl-Nagel & Wilk, 2000, S. 66).

rektes Bullying am besten widerspiegeln. Dafür können bereits bewährte Fragen aus Erhebungsinstrumenten entnommen werden oder Vorstudien mit Personen der Zielgruppe durchgeführt werden.[63] Marées und Petermann (2009, S. 100) stützen sich bei der Ermittlung der von ihnen verwendeten Items auf den *Children's Self-Experiences Questionnaire*. Die entnommenen Items wurden dabei übersetzt, inhaltlich und sprachlich vereinfacht und um die Täterperspektive ergänzt (Marées & Petermann, 2009, S. 100). Abbildung 1 verdeutlicht, dass die beiden Formen der Viktimisierung (direkt/indirekt) jeweils durch vier Items im Fragebogen repräsentiert werden. Die beiden Formen der Aggression (direkte/indirekte) werden analog jeweils durch vier Indikatoren gemessen. Die angeführten Beispielfragen zeigen zudem, wie die oben diskutierten Sachverhalte in konkreten Fragebogenfragen umgesetzt wurden.

Abbildung 9: Bullyingmodell in Anlehnung an Marées und Petermann (2009)

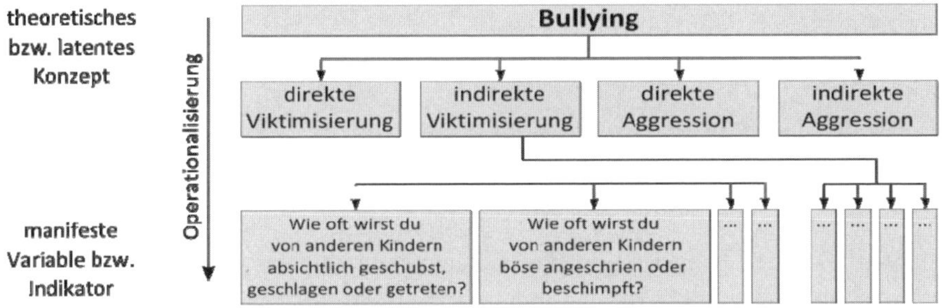

Exkurs: „Gute" Fragen – „Schlechte" Fragen

Anhand einiger Beispielfragen aus dem Bullying- und Viktimisierungsfragebogen für Kinder (BVF-K) (Marées & Petermann, 2009) werden wir unter Anwendung der oben formulierten Regeln den Unterschied zwischen einer „guten" und einer „schlechten" Frage näher erläutern. In der folgenden Tabelle sind drei Fragepaare dargestellt. Die Paare bestehen aus jeweils einer „guten" Frage – wie sie von Marées & Petermann (2009, S. 103) im BVF-K verwendet werden- und einer „schlechten" Frage.

63 Dabei lassen sich zwei grundlegende Typen solcher Vorstudien entwerfen. Zum einen könnten Forschende mit Hilfe offener Verfahren (Interview; offene Fragebogenfragen) erfassen, welche Vorstellungen Schülerinnen und Schüler von physischen und verbalen Übergriffen sowie von Beziehungsaggressionen haben. Das so ermittelte Verständnis fließt dann in die Konstruktion der Items ein. Des Weiteren könnten auch standardisierte Fragebogenerhebungen zur Findung passender Items herangezogen werden. Aus einer von den Forschenden erstellten umfassenden I-temliste könnten mit Hilfe mathematischer Verfahren (z.B. Faktorenanalyse) diejenigen Fragen extrahiert werden, die den latenten Sachverhalt am besten darstellen. Zur Einführung in die Faktorenanalyse siehe Bortz (2005, Kap. 15).

Tabelle 6: „Gute“ Fragen – „Schlechte“ Fragen

1	a	Wie oft lassen Dich andere Kinder nicht mitspielen?
	b	Dich lassen die anderen Kinder doch bestimmt oft nicht mitspielen, oder?
2	a	Wie oft schreist du andere Kinder böse an, beschimpfst, schubst oder schlägst sie?
	b	Wie oft schreist du andere Kinder böse an oder beschimpfst andere Kinder?
3	a	Wie oft wendest Du indirekte Aggression zur Zielerreichung an?
	b	Wie oft redest Du schlecht über ein anderes Kind, damit die anderen es nicht mehr mögen?

Das erste Fragepaar stellt zwei unterschiedliche Operationalisierungen indirekter Viktimisierung dar. Die Ausgrenzung aus der Spielgruppe dient Marées & Petermann (2009) hierbei als Indikator. Die erste Frageformulierung (1a) zeichnet sich durch ihre einfache grammatikalische Struktur und Satzkonstruktion aus. Sie ist kurz und präzise. Im Vergleich dazu wirkt die Frage 1b sperrig und umständlich. Sie dürfte sich gerade kleineren Kindern mit sich noch entwickelnden Lesekompetenzen nicht auf Anhieb erschließen. Zusätzlich besitzt sie suggestiven Charakter. Sie unterstellt den befragten Kindern, dass sie von Kameradinnen und Kameraden ausgegrenzt werden. So haben die Befragten eventuell das Gefühl, in die Ecke gedrängt zu werden. Das wiederum kann dazu führen, dass sich die Befragten bewusst gegen diese Verdächtigung wenden, auch wenn das nicht ihren wirklichen Erfahrungen entspricht (Porst, 2009, S. 104). Durch diese Art der Konfrontation könnten bei den Befragten zudem schmerzhafte und belastende Situationen in Erinnerung gerufen werden, die zu intensiven emotionalen Reaktionen führen könnten. Bei der Konstruktion des Erhebungsinstruments entscheiden wir uns folgerichtig für die Frage 1a.

In Bezug auf Satzstruktur und Vokabular sind die Fragen des zweiten Paares der Zielgruppe angemessen. Die Bedeutung der verwendeten Begriffe „schreien“, „beschimpfen“, „schubsen“ und schlagen“ dürfte sich den meisten Kindern erschließen. Die Differenzen liegen hier vielmehr in der Form der Operationalisierung. In Frage 2a zielen die eingesetzten Indikatoren sowohl auf Gesichtspunkte direkter, verbaler Viktimisierung (schreien, beschimpfen), als auch direkter, physischer Viktimisierung (schubsen, schlagen) ab. Es werden also mehrere Aspekte direkter Viktimisierung in ein und derselben Frage operationalisiert. Die Antworten auf diese Frage würden sich somit auch auf beide Facetten des Begriffs beziehen. Die gewonnen Informationen ließen sich in der Datenanalyse nicht mehr klar einem der beiden Aspekte zuordnen. Die gesammelten Informationen würden sich „vermischen“. Demzufolge sind Indikatoren für verbale und physische Formen in der Operationalisierung zu trennen. Das bedeutet, es müssen getrennte Fragen für beide Formen verfasst werden. Frage 2b bildet dementsprechend nur die verbalen Aspekte direkter Viktimisierung ab.

Das dritte Fragepaar unterbreitet zwei Vorschläge zur Messung indirekter Aggression. Bei näherer Betrachtung der beiden Fragen werden die unterschiedlichen sprachlichen Ebenen sichtbar. Während Frage 3a auf einer theoretischen Ebene mit dem Begriff „indirekte Aggression" arbeitet, werden in Frage 3b beobachtbare Verhaltensweisen genannt, die als Indikatoren für den angesprochenen theoretischen Begriff dienen (vgl. auch Abbildung 1). Ein Ziel bei der Frageformulierung ist es, dass alle befragten Personen die verwendeten Begriffe in gleicher Weise verstehen (Porst, 2009, S. 96). Theoretische Begriffe erschließen sich den meisten Befragten jedoch nicht ohne weiteres. Die unmittelbare Frage nach „indirekten Aggressionen" bietet den befragten Personen einen weiten Spielraum für Interpretationen. Die ermittelten Antworten auf Frage 3a ließen sich somit kaum oder gar nicht vergleichen. Daher muss der theoretische Begriff – wie oben beschrieben – konkretisiert und in Indikatoren überführt werden. Dabei ist darauf zu achten, dass die verwendeten Begriffe den Untersuchungspersonen auch bekannt sind (siehe Fragepaar 2). In diesem Zusammenhang erscheint auch das Wort „Zielerreichung" aus Frage 2a dem kindlichen Sprachschatz nicht angemessen und sollte, wie in Frage 3b, durch eine gegenständliche Darstellung („...damit die anderen es nicht mehr mögen") ersetzt werden.

Auswahl der Teilnehmer/innen

Zielgruppe der Untersuchung von Marées und Petermann (2009) sind Kinder im Vorschul- und Grundschulalter (4 bis 11 Jahren). Das konstruierte Erhebungsinstrument wurde deshalb 458 Kindern aus sechs Kindergärten und sechs Grundschulen zur Beantwortung vorgelegt. Die Stichprobe setzte sich aus 233 Jungen (51%) und 225 Mädchen (49%) mit einem Durchschnittsalter von acht Jahren zusammen.

Datenerhebung

Die Erhebung wurde abhängig vom Alter der Untersuchungspersonen in unterschiedlicher Form durchgeführt (vgl. Marées & Petermann, 2009, S. 101). Da Kinder im Kindergarten und der ersten Klasse noch nicht die notwendige Lese- und Schreibfähigkeit besitzen, um den Fragebogen zu beantworten, wurde die Befragung hier als standardisiertes Einzelinterview durchgeführt, d.h. der Fragebogen wurde gemeinsam ausgefüllt. „Zu jeder Frage wurde den Kindern ein Bild gezeigt, auf dem eine Strichmännchenzeichnung die erfragten Verhaltensweisen verdeutlichen sollte" (Marées & Petermann, 2009, S. 101). Die zweiten bis vierten Klassen wurden im Klassenverband befragt. Auf eine Unterstützung durch Bilder wurde bei dieser Teilstichprobe verzichtet. Eine leitende Person las dazu alle Fragen und Antwortvorgaben nacheinander vor und beantwortete auftretende Verständnisfragen.

Datenauswertung

Aufarbeitung des Materials und Datenauswertung
Die gesammelten Daten werden zu Auswertungszwecken in ein digitales Datenformat überführt. Um im Weiteren die Qualität des Erhebungsinstrumentes zu bestimmen, muss daraufhin geklärt werden, ob die im Fragebogen eingesetzten Indikatoren das theoretische Konstrukt auch abbilden, für das diese Indikatoren eine Operationalisierung darstellen (Schnell, Hill & Esser, 2008, S. 162). Hierfür werden statistische Verfahren angewandt, welche aus dem Datenmaterial abstraktere Zusammenhangsmuster extrahieren, „die den untersuchten Gegenstandsbereich auf übergeordneten Ebenen beschreiben, strukturieren und systematisieren" (Hussy, Schreier & Echterhoff, 2010, S. 151). Es werden Indikatoren, die hoch miteinander korrelieren, zu Faktoren zusammengefasst (Hussy et al., 2010, S. 150). Diese Faktoren entsprechen im Falle einer gelungenen Operationalisierung den theoretisch ermittelten Dimensionen von Bullying.

Interpretation der Ergebnisse
Marées & Petermann, (2009, S. 105) resümieren in Hinblick auf die von ihnen ermittelten Ergebnisse, dass Vorannahmen über die Konstrukte, die mit dem Fragebogen erfasst werden sollten, empirisch belegt werden konnten. „Insgesamt scheint das Verfahren somit ein erster vielversprechender Ansatz zu sein, um das Ausmaß von Bullying in dieser Entwicklungsphase zuverlässig zu bestimmen" (Marées & Petermann, 2009, S. 107).

Berichterstattung

Die finale Fassung des BVF-K wurde in einer Fachzeitschrift (Praxis für Kinderpsychologie und Kinderpsychiatrie) veröffentlicht. Eine umfassende Auseinandersetzung mit dem Fragebogen finden Sie bei Marées (2009). Das Instrument selbst ist bei Hogrefe erschienen (Marées & Petermann, 2010). Es ist somit öffentlich zugänglich und kann von verschiedenen Personengruppen (Forschende, Lehrkräfte, Personal im Kindergarten) eingesetzt werden. In pädagogischen Kontexten werden dadurch frühe Interventionen und Hilfen für die betroffenen Kinder möglich. Im Rahmen von Forschungsprojekten kann das Erhebungsinstrument repräsentative Ergebnisse über die Verbreitung des Phänomens an Kindergärten und Schulen ermöglichen. Zudem sind Verknüpfungen mit den Ergebnissen soziometrischer Erhebungen (→ Kap. 3.2.4) denkbar. So wäre u.a. die Untersuchung eines vermuteten Zusammenhangs zwischen Opfererfahrungen und der Außenseiterrolle in der Schulklasse möglich.

3.2.3.5 Weitere Beispiele

Eine weitere Darstellung der Konstruktion eines Fragebogens zur Gewaltproblematik bei Heranwachsenden finden Sie in den Ausführungen von Leif Beckers und Franz Petermann (2011) zur Erfassung von reaktiver und proaktiver Aggression für die fünfte bis zehnte Klasse. Einen inhaltlich anders gelagerten Fragebogen erstellen Pohlmann und Möller (2010) zu den Studienwahlmotiven von Lehramtsstudierenden.

Denken – Handeln – Diskutieren

1. Die Bereitschaft der Schülerinnen und Schüler zu lernen ist eine der wichtigsten Voraussetzungen für das Gelingen von Unterricht. „Motivation (Motiviertheit) umfasst [dabei] all diejenigen Prozesse, die zielgerichtete Verhaltensweisen in konkreten Situationen auslösen und aufrecht erhalten. […] Lernmotivation (Lernmotiviertheit) bezeichnet die Form der Motivation, welche die Absicht oder die Bereitschaft einer Person beschreibt, sich einer konkreten Situation mit einem Gegenstand lernend auseinander zu setzen" (Langfeldt, 2006, S. 49).
   a) Entwickeln Sie aus der analytischen Definition von Langfeldt (2006) eine operationale Definition.
   b) Vergleichen Sie Ihre Operationalisierung mit denen, die Ihre Kolleginnen und Kollegen bzw. Kommilitoninnen und Kommilitonen entwickelt haben. Diskutieren Sie die Unterschiede im Hinblick auf den semantischen Gehalt von *Lernmotivation*.

   Zusätzliche Anregungen finden Sie bei Spinath und Schöne (2003).
2. Im Text (vgl. Tabelle 6) wurden Ihnen drei Paare guter und schlechter Fragen vorgestellt. Diskutieren Sie die nachfolgenden Paare in ähnlicher Weise wie im Anschluss an Tabelle 6 und identifizieren Sie die guten Fragen (vgl. zur Quelle der guten Fragen Marées & Petermann, 2009).
   a) Wie oft musst du Beleidigungen von anderen Kindern ertragen?
      Wie oft sagen andere Kinder gemeine Dinge zu dir?
   b) Wie oft zwingt dich ein anderes Kind, etwas zu tun, was du nicht tun willst?
      Wie oft wirst du gegen deinen Willen gezwungen die Wünsche eines anderen Kindes zu erfüllen?
   c) Wie oft tust du anderen Kindern absichtlich weh?
      Wie oft vermeidest du es, anderen Kindern nicht absichtlich weh zu tun?
   d) Wie oft sagst du zu einem anderen Kind, „Wenn du nicht tust, was ich will, bist du nicht mehr mein/e Freund/in"?

Wie oft sagst du zu deinen Freundinnen oder Freunden: „Wenn du nicht tust, was ich will, will ich nicht mehr mit dir befreundet sein"?

3. Diskutieren Sie die verschiedenen Gütekriterien (Objektivität, Reliabilität und (Inhalts-)Validität) der durch einen Fragebogen erhaltenen Daten in Abhängigkeit vom eingesetzten Fragetyp und Antwortformat.
4. Durch die Zusammenfassung von Textstellen bei der Auswertung offener Fragen nach Mayring (2007) entstehen locker verbundene Kategorien. Diskutieren Sie auf konzeptioneller Ebene Vor- und Nachteile der so gewonnenen Kategorien.
5. Stellen Sie sich vor, Sie sind als Lehrerin oder Lehrer Mitglied in der Steuergruppe Ihrer Schule. In Ihrem Schulprogramm haben Sie festgelegt, dass sich die Schule im Hinblick auf die Kooperation zwischen Lehrkräften qualitativ weiterentwickeln möchte. Um eine Weiterentwicklung programmatisch initiieren zu können, wurden Sie und weitere Kolleginnen bzw. Kollegen beauftragt, einen Fragebogen zur Erhebung des Ist-Standes zu entwickeln. In der letzten Sitzung der Steuergruppe wurde festgelegt, dass zu folgenden Bereichen Fragen erstellt werden sollen: (i) Organisation und Führungsstil der Schulleitung, (ii) Abstimmung der Unterrichtsgestaltung und -entwicklung, (iii) Abstimmung des pädagogischen Konzepts und Programms der Schule, (iv) Abstimmung über Schwerpunkte, Sequenzierung des Unterrichts und Einsatz von Unterrichtsmaterialien, sowie (v) Austausch und Verständigung über Disziplinfragen.
   a) Erarbeiten Sie für eine Schulart Ihrer Wahl und zu den genannten Bereichen gemeinsam einen Fragebogen.
   b) Diskutieren Sie anschließend, inwieweit Ihr Fragebogen dafür geeignet sein könnte, auch die fortlaufende Entwicklung sichtbar zu machen.

Zusätzliche Anregungen finden Sie bei Gerecht, Steinert, Klieme und Döbrich (2007).

Literatur

Alsaker, F. D. (2004). *Quälgeister und ihre Opfer: Mobbing unter Kindern –und wie man damit umgeht.* Bern: Hans Huber.

Atteslander, P. (2003). *Methoden der empirischen Sozialforschung* (10. Aufl.). Berlin: de Gruyter.

Beckers, L. & Petermann, F. (2011). Der Reaktive-Proaktive-Aggression-Fragebogen für die fünfte bis zehnte Klasse (RPA 5–10): Faktorenstruktur und psychometrische Eigenschaften. *Psychologie in Erziehung und Unterricht, 58* (4), 319–329.

Blankenberger, S. & Vorberg, D. (1998). *Die Auswahl statistischer Tests und Maße.* Zugriff am 12.08.2011 unter http://wcms.uzi.uni-halle.de/download.php?down=3622&elem=1255189

Bortz, J. (1984). *Lehrbuch der empirischen Forschung für Sozialwissenschaftler*. Berlin: Springer.

Bortz, J. (2005). *Statistik für Human- und Sozialwissenschaftler*. Heidelberg: Springer.

Bortz, J. & Döring, N. (2006). *Forschungsmethoden und Evaluation für Human- und Sozialwissenschaftler* (4. Aufl.). Berlin: Springer.

Bühner, M. (2006). *Einführung in die Test- und Fragebogenkonstruktion* (2. Aufl.). München: Pearson.

Clauß, G., Ebner, H. & Röhr, M. (1999). *Statistik für Soziologen, Pädagogen, Psychologen und Mediziner* (3. Aufl.). Thun: Deutsch.

Deutscher Ethikrat. (2012). *Intersexualität: Stellungnahme*. Berlin. Zugriff am 24.02.2012 unter http://www.ethikrat.org/dateien/pdf/stellungnahme-intersexualitaet.pdf

Diekmann, A. (2010). *Empirische Sozialforschung: Grundlagen, Methoden, Anwendungen*. Reinbek: Rowohlt.

Dorrmann, W. & Hinsch, R. (1981). Der IE-SV-F.: Ein differentieller Fragebogen zur Erfassung von Attribuierungsgewohnheiten in Erfolgs- und Mißerfolgssituationen. *Diagnostica, 27* (4), 360–378.

Gerecht, M., Steinert, B., Klieme, E., Döbrich, P. (2007). *Skalen zur Schulqualität: Dokumentation der Erhebungsinstrumente. Pädagogische EntwicklungsBilanzen mit Schulen (PEB)* (Materialien zur Bildungsforschung, 2., überarb. Aufl., Bd. 17). Frankfurt am Main: Gesellschaft zur Förderung Pädagogischer Forschung. Zugriff am 09.05.2012 unter http://www.pedocs.de/volltexte/2010/3104/pdf/MatBild_Bd10_D_A.pdf

Götz, T. & Frenzel, A. C. (2006). Phänomenologie schulischer Langeweile. *Zeitschrift für Entwicklungspsychologie und Pädagogische Psychologie, 38* (4), 149–153.

Götze, W., Deutschmann, C. & Link, H. (2002). *Statistik: Lehr- und Übungsbuch mit Beispielen aus der Tourismus- und Verkehrswirtschaft*. München: Oldenbourg.

Güll, R. (2011). Historische Volkszählungen: Census Populi im Imperium Romanum. *Statistisches Monatsheft Baden-Württemberg* (3), 20–21.

Häder, M. (2010). *Empirische Sozialforschung* (2. Aufl.). Wiesbaden: VS Verlag für Sozialwissenschaften.

Hosenfeld, I. (2002). *Kausalitätsüberzeugungen und Schulleistungen*. Münster: Waxmann.

Hussy, W., Schreier, M. & Echterhoff, G. (2010). *Forschungsmethoden in Psychologie und Sozialwissenschaften für Bachelor*. Berlin: Springer.

Kern, H. (1982). *Empirische Sozialforschung*. München: Beck.

Kränzl-Nagl, R. & Wilk, L. (2000). Möglichkeiten und Grenzen standardisierter Befragungen unter besonderer Berücksichtigung der Faktoren soziale und personale Wünschbarkeit. In F. Heinzel (Hrsg.), *Methoden der Kindheitsforschung. Ein Überblick über Forschungszugänge zur kindlichen Perspektive* (S. 59–75). Weinheim: Juventa.

Kromrey, H. (1998). *Empirische Sozialforschung: Modelle und Methoden der Datenerhebung und Datenauswertung* (8. Aufl.). Opladen: Leske + Budrich.

Lamnek, S. (2010). *Qualitative Sozialforschung: Lehrbuch* (5. Aufl.). Weinheim: Beltz.

Lang, F. R. & Lüdtke, O. (2005). Der Big Five-Ansatz der Persönlichkeitsforschung: Instrumente und Vorgehen. In S. Schumann & H. Schoen (Hrsg.), *Persönlichkeit. Eine vergessene Größe der empirischen Sozialforschung* (S. 17–27). Wiesbaden: VS Verlag für Sozialwissenschaften.

Langfeldt, H.-P. (2006). *Psychologie für die Schule*. Weinheim: Beltz.

Lipski, J. (2000). Zur Verläßlichkeit der Angaben von Kindern bei standardisierten Befragungen. In F. Heinzel (Hrsg.), *Methoden der Kindheitsforschung. Ein Überblick über Forschungszugänge zur kindlichen Perspektive* (S. 77–86). Weinheim: Juventa.

Marées, N. von. (2009). Der Bullying- und Viktimisierungsfragebogen: Konstruktion und Analyse von Instrumenten zur Erfassung von Bullying im Vor- und Grundschulalter. Dissertation, Universität Bremen. Zugriff am 05.12.11 unter http://elib.suub.uni-bremen.de/diss/docs/00011350.pdf

Marées, N. von & Petermann, F. (2009). Der Bullying- und Viktimisierungsfragebogen für Kinder (BVF-K): Konstruktion und Analyse eines Verfahrens zur Erhebung von Bullying im Vor- und Grundschulalter. *Praxis der Kinderpsychologie und Kinderpsychiatrie, 58* (2), 96–109.

Marées, N. von & Petermann, F. (2010). *BVF-K: Bullying- und Viktimisierungsfragebogen für Kinder*. Göttingen: Hogrefe.

Mayring, P. (2002). *Einführung in die qualitative Sozialforschung: Eine Anleitung zu qualitativem Denken* (5. Aufl.). Weinheim: Beltz.

Mayring, P. (2007). *Qualitative Inhaltsanalyse: Grundlagen und Techniken* (9. Aufl.). Weinheim: Beltz.

Moosbrugger, H. & Kelava, A. (Hrsg.). (2007). *Testtheorie und Fragebogenkonstruktion.* Heidelberg: Springer.

Oberschall, A. (1997). *Empirische Sozialforschung in Deutschland 1848–1914*. Freiburg: Alber.

Opp, K.-D. (2005). *Methodologie der Sozialwissenschaften: Einführung in Probleme ihrer Theorienbildung und praktischen Anwendung* (6. Aufl.). Wiesbaden: VS Verlag. für Sozialwissenschaften.

Petersen, T., Voß, P., Sabel, P. & Grube, N. (2004). Der Fragebogen Karls des Grossen: Ein Dokument aus der Vorgeschichte der Umfrageforschung. *Kölner Zeitschrift für Soziologie und Sozialpsychologie, 56* (4), 736–745.

Pohlmann, B. & Möller, J. (2010). Fragebogen zur Erfassung der Motivation für die Wahl des Lehramtsstudiums (FEMOLA). *Zeitschrift für Pädagogische Psychologie, 24* (1), 73–84.

Porst, R. (2009). *Fragebogen: Ein Arbeitsbuch* (2. Aufl.). Wiesbaden: VS Verlag für Sozialwissenschaften.

Raab-Steiner, E. & Benesch, M. T. (2008). *Der Fragebogen: Von der Forschungsidee zur SPSS-Auswertung*. Stuttgart: UTB.

Raithel, J. (2008). *Quantitative Forschung: Ein Praxiskurs* (Lehrbuch, 2. Aufl.). Wiesbaden: VS Verlag für Sozialwissenschaften.

Rammstedt, B. (2010). Reliabilität, Validität, Objektivität. In C. Wolf & H. Best (Hrsg.), *Handbuch der sozialwissenschaftlichen Datenanalyse* (S. 239–258). Wiesbaden: VS Verlag für Sozialwissenschaften.

Raupp, J. & Vogelgesang, J. (2009). *Medienresonanzanalyse: Eine Einführung in Theorie und Praxis* (OnlinePlus, Zusatzmaterialien). Wiesbaden: VS Verlag für Sozialwissenschaften. Zugriff am 10.02.2012 unter http://app.gwv-fachverlage.de/ds/resources/w_44_2471.pdf

Scheithauer, H., Hayer, T. & Bull, H. D. (2007). Gewalt an Schulen am Beispiel von Bullying: Aktuelle Aspekte eines populären themaS. *Zeitschrift für Sozialpsychologie, 38* (3), 141–152.

Scheithauer, H., Hayer, T., Jugert, G. & Petermann, F. (2006). Physical, verbal, and relational forms of bullying among German students: Age trends, gender differences, and correlates. *Aggressive Behavior, 32* (3), 261–275.

Scheithauer, H., Hayer, T. & Petermann, F. (2003). *Bullying unter Schülern: Erscheinungsformen, Risikobedingungen und Interventionskonzepte*. Göttingen: Hogrefe.

Schendera, C. F. (2009). *Clusteranalyse mit SPSS*. München: Oldenbourg.

Schnell, R., Hill, P. B. & Esser, E. (2008). *Methoden der empirischen Sozialforschung* (Lehrbuch, 8. Aufl.). München: Oldenbourg.

Scholl, A. (2009). *Die Befragung* (2. Aufl.). Konstanz: UVK.

Schweizer, H. (2007). *Soziologie der Kindheit: Verletzlicher Eigen-Sinn*. Wiesbaden: VS Verlag für Sozialwissenschaften.

Seipel, C. & Rieker, P. (2003). *Integrative Sozialforschung: Konzepte und Methoden der qualitativen und quantitativen empirischen Forschung*. Weinheim: Juventa.

Spinath, B. & Schöne, C. (2003). Ziele als Bedingungen von Motivation am Beispiel der Skalen zur Erfassung der Lern- und Leistungsmotivation (SELLMO). In J. Stiensmeier-Pelster & F. Rheinberg (Hrsg.), *Diagnostik von Motivation und Selbstkonzept* (Tests und Trends, Jahrbuch der pädagogisch-psychologischen Diagnostik, Bd. 2, S. 29–40). Göttingen: Hogrefe.

Stagl, J. (1979). Vom Dialog zum Fragebogen.: Miszellen zur Geschichte der Umfrage. *Kölner Zeitschrift für Soziologie und Sozialpsychologie, 31* (4), 587–610.

Stiensmeier-Pelster, J., Schürmann, M., Eckert, C. & Pelster, A. (1994). *Attributionsstil-Fragebogen für Kinder und Jugendliche (ASF-KJ)*. Göttingen: Hogrefe.

Vorberg, D. & Blankenberger, S. (1999). Die Auswahl statistischer Tests und Maße. *Psychologische Rundschau, 50* (3), 157–164.

Wieser, D. M. (2008). *Literaturunterricht aus Sicht der Lehrenden: Eine qualitative Interviewstudie*. Wiesbaden: VS Verlag für Sozialwissenschaften.

Zeisel, H. (1975). Zur Geschichte der Soziographie. In M. Jahoda, P. F. Lazarsfeld & H. Zeisel (Hrsg.), *Die Arbeitslosen von Marienthal. Ein soziographischer Versuch über die Wirkungen langandauernder Arbeitslosigkeit. Mit einem Anhang zur Geschichte der Soziographie*. (S. 113–142). Frankfurt am Main: Suhrkamp.

Daniel Diegmann

3.2.4 Die Diskursanalyse

In diesem Kapitel werden das Forschungsprogramm der Diskurstheorie und die Diskursanalyse als deren methodische Umsetzung vorgestellt, die in der Erziehungswissenschaft und in der Schulforschung in den letzten Jahren zunehmend an Bedeutung gewonnen haben. Es soll deutlich werden, dass es sich dabei nicht um ein völlig einheitliches Programm handelt, sondern vielmehr um eine Reihe theoretischer Aussagen, die auf vielfältige Art und Weise in der Forschung nutzbar gemacht werden. Michel Foucault, einer der Wegbereiter der Diskursanalyse, sprach in diesem Zusammenhang von einer Werkzeugkiste, die zur Verfügung gestellt wird und deren Inhalte ganz unterschiedlich zum Einsatz gebracht werden können. Ziel einer Diskursanalyse sei es, so Foucault, die (begrifflichen) Werkzeuge zu verwenden, um Macht, deren Effekte und die Möglichkeiten des Widerstandes gegen diese Macht zu beschreiben:

> Alle meine Bücher [...] sind [...] kleine Werkzeugkisten. Wenn die Leute sie aufmachen wollen und diesen oder jenen Satz, diese oder jene Idee oder Analyse als Schraubenzieher verwenden, um die Machtsysteme kurzzuschließen, zu demontieren oder zu sprengen, einschließlich vielleicht derjenigen Machtsysteme, aus denen diese meine Bücher hervorgegangen sind – nun gut, umso besser.
>
> (Foucault, 1976, S. 53)

In dem ersten Teil des Kapitels wird dargestellt, was Diskursanalyse bedeutet, welche unterschiedlichen Spielarten es gibt und welche gemeinsame Schnittmenge diese verbindet. Dabei wird auf die für die Diskursanalyse zentralen Begrifflichkeiten von *Wissen*, *Diskurs*, *Macht* und *Subjekt* einzugehen sein, und wie diese miteinander in Verbindung gebracht werden. Zudem wird an dieser Stelle die Abgrenzung zur Diskursethik von Jürgen Habermas (vgl. 1991) verdeutlicht. In einem zweiten Teil des Kapitels folgt eine Darstellung der historischen Genese der Diskursanalyse, deren Ausgang in strukturalistischen Ansätzen und die zunehmende Ausdifferenzierung in den unterschiedlichen wissenschaftlichen Disziplinen. Im dritten und vierten Teil dieses Kapitels steht das forschungspraktische Vorgehen im Kontext diskursanalytischer Forschung von der Datenerhebung bis zur Auswertung im Mittelpunkt. Daran anschließend dient die Studie „Bilder von Fremden“ von Höhne, Kunz und Radtke (2005) als ein Beispiel, an dem der Fortgang einer Diskursanalyse in der Schulforschung konkret nachvollzogen wird. Dies geschieht entlang des in → Kapitel 3.1.1 vorgestellten forschungslogischen Planungsmodells. Zum Abschluss dieses Kapitels werden weitere Studien innerhalb der Erziehungswissenschaft und der Schulforschung genannt, die in der Tradition diskursanalytischen Vorgehens stehen.

3.2.4.1 Begriffsbestimmungen und Grundannahmen

Zunächst muss festgehalten werden, dass die Bestimmung dessen, was die Diskursanalyse ist, recht unterschiedlich vorgenommen wird. Gilt sie den einen als Theorie (vgl. Nonhoff, 2001; Bogdal, 2007), wird sie bei anderen zu Methode oder Methodologie (vgl. Parker 2003). Bei manchen Autorinnen und Autoren fallen in ihr Methode, Methodologie und Theorie zusammen (vgl. Bublitz, 1999; Diaz-Bone, 1999). Wieder andere verstehen sie vornehmlich als Methoden-Kritik (vgl. Schrage, 1999). An dieser Stelle soll und kann diese Unbestimmtheit nicht aufgelöst werden. Für die folgenden Ausführungen nehme ich jedoch an, dass es sich bei der Diskursanalyse um ein mehr oder weniger heterogenes Ensemble von Aussagen handelt, das behilflich sein soll, wissenschaftliche Erkenntnisse zu produzieren. Sie ist zugleich Theorie, indem sie ein System an Aussagen mit einem gemeinsamen begrifflichen Kern zur Verfügung stellt, *und* Methodologie und Methode, da dieser Kern das (konkrete) diskursanalytische Vorgehen anleitet. Damit schließe ich mich hier weitestgehend der Einordnung von Bublitz (vgl. 1999) und Diaz-Bone (vgl. 1999) an.

Ziel der Diskursanalyse ist die Rekonstruktion von *Wissensordnungen* und deren Genealogie. Es soll also beschrieben werden, wie ein bestimmtes Wissen zu einer bestimmten Zeit entsteht und wie und durch wen dieses Wissen legitimiert, also *Wahrheit* konstituiert wird. Der Soziologe Reiner Keller (2004) definiert die Diskursforschung in diesem Sinne als Beschäftigung mit der „(Re-) Produktion von Sinnsystemen/Wissensordnungen, den darin eingebundenen sozialen Akteuren, den diesen Prozessen zu Grunde liegenden Regeln und Ressourcen sowie ihren Folgen in sozialen Kollektiven" (Keller, 2004, S. 7).

Eine besondere Rolle bei der Konstitution von Wissenssystemen spielt die Sprache, da sie unser Wissen strukturiert. Sie gilt gleichsam als *performativ*. Das bedeutet, dass sie die Dinge hervorbringt, von der sie spricht. Sprache ist also nicht ein Abbild oder eine Repräsentantin objektiver Wirklichkeit. Sprache bietet auch nicht die Möglichkeit, uns der Wirklichkeit immer weiter zu nähern und diese genauer zu erfassen. Im Gegenteil dazu gilt die Sprache im Kontext diskursanalytischer Ansätze als wirklichkeitskonstitutiv. Deshalb beschäftigt sich diskursanalytische Forschung auch insbesondere mit dem Gebrauch der Sprache, wie mit ihr umgegangen wird, wie gesprochen und geschrieben wird (Keller, 2004, S. 8).

Der performative Charakter der Sprache ist eines der verbindenden Merkmale der unterschiedlichen diskursanalytischen Ansätze. In seinem Handbuch zur sozialwissenschaftlichen Diskursanalyse fügt Keller (2010a, S. 11) dieser konstruktivistischen Vorannahme weitere Merkmale hinzu. Dies sei zum einen der mehr oder weniger deutliche Bezug zu den Texten des französischen Philosophen Michel Foucault und hierbei insbesondere der Bezug zur „Archäologie des Wissens" (Foucault, 1981), die 1969 erstmalig veröffentlicht wurde und in der Foucault wissenschaftstheoretische Grundannahmen eines diskursanalytischen Programms formuliert. Foucault beschreibt darin die Diskursanalyse als Analyse von Aussagen und Aussageformationen, die strategisch und regelgeleitet hervorgebracht werden (Foucault, 1981, S. 115–127). Diese Aussageformationen sind historisch bedingt und kontingent[64]. Sie entstehen in bestimmten gesellschaftlichen Zusammenhängen einer Zeit, verändern sich jedoch oder werden durch Zäsuren in neue Formationen überführt. Diskursanalytisches Denken ist also immer auch histori-

64 Kontingent bedeutet in diesem Fall, dass eine bestimmte Aussageformation ermöglicht wurde, dies jedoch nicht notwendig so hätte geschehen müssen. Auch andere Aussageformationen wären denk- und realisierbar gewesen.

sierendes Denken. Als weiteres verbindendes Merkmal diskursanalytischer Ansätze nennt Keller (2010a, S. 11), dass bei diesen auf simplifizierende Erklärungen durch unabhängige Variablen verzichtet wird, vielmehr die verschiedenen Elemente eines Gegenstandsbereiches in wechselseitiger Abhängigkeit begriffen werden (sog. post-positivistisches, deskriptiv-rekonstruktives Vorgehen). Damit wird die Interpretation im Sinne des qualitativen Forschungsparadigmas (→ Kap. 3.1.4) zu einem notwendigen Bestandteil diskursanalytischen Vorgehens (Keller et al., 2010a).

Die Diskursanalyse findet, wie oben angedeutet, in unterschiedlichen Wissenschaftsdisziplinen Anwendung: in der Sozialwissenschaft, aber auch in der Literaturwissenschaft, der Philosophie oder der Geschichtswissenschaft. Diese nehmen einen je spezifischen disziplinären Blickwinkel auf den Gegenstandsbereich ein und nutzen die Diskursanalyse auf ihre eigene Art und Weise. Während literaturwissenschaftliche Diskursanalysen zumeist einen sehr fokussierten Blick auf die interessierenden Textkorpora[65] und deren semantische Strukturen werfen, fast ausschließlich diese betrachten und sozio-ökonomische Entstehungszusammenhänge weniger berücksichtigen, rücken in sozialwissenschaftlichen Diskursanalysen gesellschaftliche Akteure und soziale Praxen in den Fokus, die Texte und die darin enthaltenen Wissensordnungen hervorbringen (Keller et al., 2010a, S. 11). Somit trifft man im Kontext der Diskursanalyse sowohl auf mikroskopisch-linguistische, situativ orientierte Arbeiten als auch auf solche, die gesellschaftliche Makrodimensionen beleuchten. In seinem Einführungsband unterscheidet Keller (2004, S. 20–59) sechs unterschiedliche Ansätze der Diskursforschung. Dies sind wiederum Sammelbegriffe für Arbeiten unterschiedlicher Autorinnen und Autoren und sollen an dieser Stelle kurz erwähnt werden, um die große Rezeptionsweite zu verdeutlichen:

(1) *discourse analysis*: Sie wird beispielsweise von dem Sprachwissenschaftler Teun Van Dijk vertreten und untersucht in eher mikroskopischer Perspektive, „wer in einem kommunikativen Ereignis wie, warum und wann Sprache gebraucht" (Keller, 2004, S. 20). Dabei soll vor allem ein interdisziplinärer Brückenschlag zwischen Sprach- und Kognitionsforschung geleistet werden.
(2) *(Korpus-) Linguistisch-historische Diskursanalysen*: Diese stellen eine Verbindung von Geschichtswissenschaft und Sprachforschung her. Dabei werden große Textmengen auch mit quantifizierendem Zugriff analysiert.
(3) *Kritische Diskursanalyse*: Dieser Ansatz – Keller sieht ihn durch Linguistinnen und Linguisten wie Norman Fairclough, Ruth Wodak, Siegfried Jäger und Jürgen Link vertreten – fragt nach den kollektiven Wissensordnungen und versucht diese mithilfe der Analyse von Diskursen zu erschließen. Auch

65 Damit ist eine bestimmte Menge von Texten gemeint, die für die Analyse zusammengestellt werden.

das Hegemonie-Konzept nach Antonio Gramsci (2012) findet hier Platz und wird nutzbar gemacht. Dieses verweist auf die engen Beziehungen zwischen Wissensordnungen und politischer Macht wie auch auf die Prozesse, in denen Partialinteressen als Allgemeininteressen definiert und durchgesetzt werden.

(4) *Kulturalistische Diskursforschung*: Diese Forschungsrichtung geht aus der soziologischen Theorietradition hervor. Im Zentrum des Erkenntnisinteresses steht die interaktive Aushandlung symbolischer Ordnungen und Wissensdefinitionen durch soziale Akteure in kollektiven Interpretationsprozessen. Zu den Autoren dieses Ansatzes zählen Reiner Keller, die Soziologen Joseph R. Gusfield, Robert Wuthnow oder William Gamson. Aber auch Pierre Bourdieu wird aufgrund seiner Arbeiten zu sozialen Praxen hier zugeordnet.

(5) *Diskurstheorien*: Hierunter fallen die Diskurstheorien im engeren Sinne, wie sie der Politikwissenschaftler Ernesto Laclau, die Politikwissenschaftlerin Chantal Mouffe und der Philosoph Michel Foucault begründet haben. Diese fanden später in die Cultural Studies, in die Feministische Theorie und in den Postkolonialismus Eingang.

(6) *Wissenssoziologische Diskursanalyse*: Dieser Ansatz wird von Reiner Keller in Anschluss an die Wissenssoziologie von Peter Berger und Thomas Luckmann (1971) entwickelt. Damit soll eine Verbindung zwischen der oben erwähnten kulturalistischen Strömung und den Diskurstheorien gezogen werden. Keller sieht in einem solchen Ansatz die Möglichkeit, die gesellschaftlichen Produktionsprozesse objektivierter Wissensordnungen, deren institutionelle Stabilisierung und die subjektive Aneignung zu beleuchten (Keller, 2004, S. 56–59).

Neben den oben bereits erwähnten Punkten verbindet diese Ansätze trotz ihrer unterschiedlichen Perspektiven ein ähnlicher Kern, in dem die Begriffe *Wissen*, *Diskurs*, *Macht* und *Subjekt* zueinander in Verbindung gebracht werden. *Wissen* wird dabei verstanden als eine Vielzahl von Aussagen über die Welt. Durch Wissen werden Behauptungen aufgestellt, wie die Welt verfasst ist, was in ihr als wahr gilt und was als unwahr. Dabei bildet Wissen, einem konstruktivistischen Verständnis folgend, die Welt und die Elemente, aus denen sie zusammengesetzt ist, jedoch nicht ab, sondern bringt sie erst hervor.

Dies soll an einem Beispiel deutlich werden: In seiner Schrift „Überwachen und Strafen" beschreibt Michel Foucault (1994), wie im 19. Jahrhundert das Gefängnis als moderne Disziplinarapparatur entsteht – analog zur Entstehung von Schulen, militärischen Lagern und Industriefabriken – und damit erst die Vorstellung von abweichendem Verhalten. Man kann sagen: Devianz und Delinquenz werden damit erst erfunden. Foucault fordert in Bezug auf die Strafjustiz einen Perspektivenwechsel. Strafmittel und Gefängnis seien nicht dazu da, Straftaten zu verhindern oder zu unterdrücken, sondern erlauben es, diese zu differenzieren, zu ordnen und nutzbar zu machen.

> Das Gefängnis lässt eine sichtbare, stigmatisierte und weitgehend unverwüstliche Gesetzwidrigkeit entstehen, die insgeheim nützlich weil zugleich widerspenstig und fügsam ist. Das Gefängnis bezeichnet, isoliert und unterstreicht eine Form der Gesetzwidrigkeit, die symbolisch alle anderen zu umfassen scheint, die es ihm aber gerade gestattet, die anderen Formen zu übersehen oder zu tolerieren. Diese vom Gefängnis herausgehobene Form der Gesetzwidrigkeit ist die Delinquenz. Die Delinquenz [...] ist Effekt des Strafsystems (und zwar des Haftstrafsystems) und trägt zur Differenzierung, Ordnung und Kontrolle der Gesetzwidrigkeiten bei.
> (Foucault, 1994, S. 356)

Ein ähnliches Beispiel liefert der Historiker Philippe Ariès. Dieser beschreibt in seinem Buch zur Geschichte der Kindheit (Ariès, 2003), wie etwas für uns heutzutage Selbstverständliches, nämlich Kindheit, erst im Laufe des 16. Jahrhunderts – zunächst einmal auch beschränkt auf einzelne gesellschaftliche Gruppen – erfunden wird. Kindheit und die damit verbundenen Vorstellungen vom Wesen der Kinder und deren Entwicklung gehen einher mit einer institutionellen Separierung von Erwachsenen und Kindern durch die Institution Schule.

Wissen beziehungsweise die Strukturen unserer Denkordnungen entstehen jedoch nicht rein zufällig. Wissen wird diskursiv, d.h. regelgeleitet hervorgebracht. *Diskurse* sind die Regeln der Entstehung von anerkanntem Wissen, die Vorgaben und die Legitimation dessen, was gesagt und geschrieben werden darf und berechtigt ist, einen Anspruch auf Wahrheit zu reklamieren. Diskurse legen fest, *was* gesagt und geschrieben werden darf, aber auch *wie* dies zu geschehen hat, *wer* die legitimen Sprecherinnen und Sprecher sind und von welchen *Orten* aus diese sich Gehör verschaffen. Wie Karin Knorr-Cetina (1991) in ihren wissenschaftssoziologischen Arbeiten anschaulich beschreibt, ist zum Beispiel das Labor ein solch typischer Ort legitimierter Erkenntnis- und Wissensproduktion der Naturwissenschaftlerinnen und Naturwissenschaftler, deren (symbolisches) Handeln festgelegten, nichtsdestoweniger willkürlichen Rationalitäten folgt. Diskursanalysen werden mit dem Ziel durchgeführt, genau diese Konstitutionsregeln gesellschaftlichen Wissens, Denkens und daraus folgenden Handelns zu rekonstruieren. Jäger (2011) bezeichnet Diskurse metaphorisch als „Fluss von Wissen bzw. sozialen Wissensvorräten durch die Zeit [...], der individuelles und kollektives Handeln und Gestalten bestimmt, wodurch er Macht ausübt" (S. 92). Er macht damit zum einen auf die geschichtliche Bedingtheit von Wahrheitsproduktion aufmerksam und zugleich darauf, dass diese bezüglich der Wirkung von Machteffekten zu analysieren ist. Wissen ist zudem nicht aus subjektivistisch-psychologischer Perspektive heraus zu verstehen, sondern als Produkt sozialer Prozesse.

Im Zitat von Siegfried Jäger wurde bereits deutlich, dass die Begriffe Wissen und Diskurs in einem engen Verhältnis zum Begriff der *Macht* stehen. Die Begriffe sind wechselseitig aufeinander bezogen. Diskurse üben Macht aus, indem sie menschliches Denken und Handeln bestimmen. Damit wird das berühmte Bacon'sche Diktum „Wissen ist Macht" umgekehrt. Wissen befähigt nicht allein das einzelne Subjekt, sich in der Welt zurechtzufinden und sich durchzusetzen. Wissen bestimmt vielmehr, wie dieses Subjekt die Welt versteht, ordnet und sich selbst darin ein- und unterordnet. Die Macht besitzt somit kein klares Zentrum und geht nicht von einzelnen machtvollen Personen aus. Sie ist eher diffus und dezentral organisiert und wirkt omnipräsent über den Einfluss gesellschaftlicher Wissens- und Wahrheitsvorstellungen. Eine der bekanntesten Definitionen in diesem Sinne stammt von Michel Foucault (1994, S. 38). Er schreibt, dass Macht

> nicht als Eigentum, sondern als Strategie aufgefasst wird, dass ihre Herrschaftswirkungen nicht einer ‚Aneignung' zugeschrieben werden, sondern Dispositionen, Techniken, Funktionsweisen; [...] nicht so sehr das erworbene und oder bewahrte 'Privileg' einer herrschenden Klasse [...]. Andererseits richtet sich diese Macht nicht einfach auf Verpflichtung oder Verbot an diejenigen, welche ‚sie nicht haben'; sie sind ja von der Macht eingesetzt, die Macht verläuft über sie und durch sie hindurch; sie stützt sich auf sie, ebenso wie diese sich in ihrem Kampf gegen sie darauf stützen, dass sie von der Macht durchdrungen sind.

In der Definition Foucaults wird noch ein weiterer wichtiger Aspekt deutlich: Macht ist nicht allein repressiv, sondern auch produktiv. Sie verbietet nicht allein etwas, sondern bringt auch Dinge – Wissen, Wahrheit, soziale Gegenstände als Handlungsorientierungen, Subjektvorstellungen – hervor.

Ein Begriff, der ähnlich wie der der Macht konstitutiv für die Diskursanalyse ist, ist der Begriff *Subjekt* bzw. *Subjektivierung* als „Herstellung" des Subjekts. Aus dem oben zur Macht Gesagten leitet sich ab, dass das Subjekt keinen freiheitlich-autonomen, souveränen Status mehr beanspruchen kann, wie dies besonders im Anschluss an die Aufklärung im 18. Jahrhundert proklamiert wurde. Im Gegenteil dazu wird es in seiner theoretischen und praktischen Selbstbestimmung als ein Produkt von Machtmechanismen (Disziplinen und Kontrollen) ausgewiesen. Und dies geschieht gerade aufgrund seiner Subjektwerdung (Foucault, 1994, S. 216–219). Das Subjekt wird regiert bzw. geführt mit Mitteln der Individualisierung. Auf das Individuum bezogene Zuschreibungen wie *heteronom* und *autonom* werden damit kontextualisiert und verlieren ihren Status als ontologische Wesensmerkmale. Das traditionelle erkennende, sich selbst bewusste und handelnde Individuum wird identifiziert als Produkt historischer Kräfte. Es ist einer diskursiven Macht unterworfen, die es subjektiviert und damit in ihm bestimmte Programme und Praktiken des Selbst installiert. Dies geschieht immer auch mit Hilfe von Moralcodes, rechtlichen Kodifizierungen und asketischen Momenten (Foucault, 1989). Wie Gerhard (1999, S. 97) ausführt, kommen somit im Begriff des Subjekts zwei Bedeutungen zum Vorschein: zum einen das Unterworfensein unter jemanden durch Kontrolle und Abhängigkeit und zum anderen das Verhaftetsein in seiner eigenen Identität durch Bewusstsein und Selbsterkenntnis.

Daraus folgend bedeutet *Diskursanalyse* die methodische Umsetzung dieser begrifflichen und theoretischen Vorannahmen. Ziel der Diskursanalyse ist die Beschreibung und Rekonstruktion von gesellschaftlichen Wissensordnungen, deren Bedeutung für die Subjektkonstitution und die Beantwortung der Frage, welche Machtsysteme dem zu Grunde liegen.

Exkurs und Gegenentwurf: Der Diskurs-Begriff in der Diskursethik

Ein weiterer bedeutender Kontext, in dem der Begriff des Diskurses eine prominente Stellung innehat, ist die Diskursethik, die vor allem im Anschluss an die Texte Karl-Otto Apels (1990) und Jürgen Habermas‘ (1983, 1988, 1991) entwickelt wurde. Dabei steht jedoch die Bedeutung des Begriffes zum Teil in diametralem Widerspruch zum bisher explizierten Begriffsverständnis. Die Diskursethik, die in der Tradition der Kritischen Theorie (Horkheimer, 1992) und der Theorie kommunikativen Handelns (Habermas, 1995) steht, konstruiert den sogenannten macht- bzw. herrschaftsfreien Diskurs als eine normative, ethische Richtschnur, die soziales Handeln und gesellschaftliche Verständigungsprozesse anleiten soll. Ziel ist es dabei, den gesellschaftlichen Austausch der Argumente so zu gestalten, dass die (autonomen und vernunftbegabten) Kommunikationspartnerinnen und -partner gleichberechtigt sind, dass alle die Möglichkeiten haben, sich zu äußern, dass die Kommunikation symmetrisch verläuft und die Entscheidungsfindung allein durch den Zwang des besseren Arguments erfolgt. Inwieweit eine Gesellschaft und deren Kommunikationsstrukturen diesen Ansprüchen genügt, bestimme zugleich deren Emanzipationsgrad. Diskurse befinden sich gleichsam im Gestaltungsspielraum der Subjekte. Sie bilden keine überindividuelle Ordnung. Damit ergeben sich gegensätzliche Vorannahmen zur Diskursanalyse im Hinblick auf die Möglichkeiten (a) der Autonomie des Subjekts, (b) einer macht- und herrschaftsfreien Gesellschaft und (c) der Positionierung von Subjekten zum Diskurs.

3.2.4.2 Historische Genese und Perspektiven

Die Diskursanalyse ist ein relativ junges Forschungsprogramm. Ideengeschichtlich hat sie ihre Wurzeln im Strukturalismus, in dem insbesondere die Arbeiten des schweizerischen Linguisten Ferdinand de Saussure (1857–1913) und des französischen Ethnologen Claude Lévi-Strauss (1908–2009) Bedeutung erlangten (vgl. Dosse, 1999b, 1999a; Diaz-Bone, 2006). Saussures Beitrag zur Entwicklung der Diskursanalyse liegt unter anderem darin, eine Zeichentheorie (Semiotik) entwickelt zu haben, die Sprache nicht mehr wie in den traditionellen Sprachtheorien als Abbild einer vorhandenen Wirklichkeit versteht, sondern als ein geschlossenes System von Zeichen, die regelgeleitet aufeinander verweisen und Strukturen ausbilden (de Saussure et al., 2001). Zeichen integrieren zum einen ein bestimmtes Laut- oder Schriftbild als Bedeutungsträger (Signifikant) und zum anderen eine vorgestellte Bedeutung (Signifikat). Sie repräsentieren jedoch nicht eine außersprachliche Wirklichkeit.

Dies soll an einem Beispiel konkretisiert werden: Der Begriff „Stuhl“ besitzt ein Schriftbild, das Sie soeben beim Lesen visuell wahrgenommen haben. Zudem verweist er auf eine Reihe von Vorstellungen, die Sie damit verbinden: mehrere „Beine“, eine „Sitzfläche“, eine „Lehne“. Diese Vorstellungen sind jedoch ebenfalls sprachlich verfasst durch weitere Zeichen und gelten nicht als Repräsentanten außersprachlicher Objekte, die Sie dem Begriff „Stuhl“ zuweisen würden – auch wenn Sie annehmen, dass Sie genau jetzt, in diesem Moment gerade, auf einem solchen sitzen. Im System der Sprache grenzen sich sowohl die Lautbilder als auch Vorstellungen zu den Zeichen voneinander ab. Sie sind untereinander nicht identisch. Durch diese Differenzierung entsteht die spezifische Bedeutung eines Zeichens (vgl. Stefanowitsch, 2012). Am oben aufgeführten Beispiel heißt dies: Die Bedeutung von „Stuhl“ kommt erst zustande durch die Abgrenzung zu den Zeichen, die Nicht-Stuhl sind, wie „Hocker“, „Bank“, „Sessel“, „Couch“ etc.

Dieses Denken in den Kategorien *System*, *Struktur* und *Differenz* greift der Ethnologe Claude Lévi-Strauss (1984) auf und überträgt es auf gesellschaftliche und kulturelle Zusammenhänge. Er versteht die verschiedenen Formen menschlichen Handelns in der Form geordnet, dass sie universelle Strukturen konstituieren. Dies führt er beispielsweise am Heiratsverhalten und der Mythenbildung in den vom ihm untersuchten Kulturen aus (Lévi-Strauss 1984). Lévi-Strauss geht in seinen frühen Arbeiten noch von einem geschlossenen System der Differenzen und Oppositionen aus. Dieser Ansatz wird später von ihm selbst und von den Autorinnen und Autoren, denen das Attribut *poststrukturalistisch* gegeben wurde, überwunden (vgl. Diaz-Bone, 2006). Zu letzteren gehören unter anderem die französischen Philosophen Roland Barthes (1915–1980), Michel Foucault (1926–1984) und Jacques Derrida (1930–2004). Bei ihnen wird die Vorstellung eines geschlossenen (Sprach-)Systems und universeller Strukturen aufgegeben zugunsten der Vorstellung von deren Veränderbarkeit und historischer Kontingenz. Damit wird der analytische Blickwinkel zugleich gewechselt: Im Fokus steht nicht mehr die Rekonstruktion einer universellen, bedeutungsstiftenden Tiefenstruktur, sondern die Praxis der Hervorbringung und Veränderung systemischer (Differenz-)Strukturen. Diaz-Bone (2006) stellt fest, dass damit aber weder der metaphysik- und teleologiekritische Impetus[66] des Strukturalismus aufgegeben wird. Dieser sei vielmehr erweitert worden. Den Poststrukturalismus zeichne eine

66 Teleologie bezeichnet den zweckmäßigen Ablauf von Entwicklungen bzw. die zweckmäßige Ausrichtung von Objekten auf (immanente) Ziele hin. Metaphysik ist die Beschäftigung mit Ursachen „hinter“ den Dingen und mit den letzten Ursachen. Die poststrukturalistische Kritik richtet sich dementsprechend gegen eine Vorstellung der Welt, die zweckmäßig konstruiert ist und der letzte, allgemeine (göttliche oder vernünftige) Ursachen zugrunde liegen.

„Aufwertung der Praxis gegenüber der Struktur sowie [...eine] Einbeziehung einer (nicht zielgerichteten) Sicht auf die (geschichtliche) Herkunft der Struktur" (Diaz-Bone, 2006, S. 251) aus.

Die ausgeführten theoretischen Konzepte wurden im Laufe der letzten 30 Jahre und insbesondere seit den 1990er Jahren immer wieder rezipiert und für die diskursanalytische Forschung nutzbar gemacht. Sowohl in den Sprachwissenschaften als auch in der Geschichtswissenschaft, der Politologie, den Kulturstudien und vielen anderen Geistes- und Sozialwissenschaften ist eine vielfältige Rezeptionsgeschichte festzustellen, die mittlerweile weltweit fruchtbare Blüten getrieben hat. Durch die Vervielfältigung der disziplinären Perspektiven wurden zudem viele unterschiedliche Gegenstandsbereiche diskursanalytisch erschlossen. Zu diesen gehört an exponierter Stelle die Geschlechterforschung (vgl. u.a. Butler, 1991, 1997; Butler et al., 2011; Fausto-Sterling, 2000; Gallagher & Laqueur, 1987; Laqueur 1990), aber auch die Postcolonial Studies, die sich mit der gesellschaftlichen Bedeutung von Kolonialismus und Imperialismus auseinandersetzt (vgl. u.a. Epprecht, 2008; Hanke, 2007; Reuter, 2011), oder das weite Feld der Cultural Studies, deren Vertreterinnen und Vertreter (Alltags-)Kulturen analysieren und vergleichen (vgl. u.a. Becker, 2012; Diaz-Bone, 2010; Fellner, 2006).

Neben der thematischen Ausweitung des Feldes ist in den letzten Jahren zudem ein Bemühen darum festzustellen, für das diskursanalytische Vorgehen konkrete methodische Regeln zu entwickeln, die die Datenerhebung und deren Auswertung anleiten. Mittlerweile sind auch im deutschsprachigen Raum eine Reihe von Versuchen unternommen worden, Forschungsstrategien wie die Qualitative Inhaltsanalyse, die Dokumentarische Methode, die Konversationsanalyse, Lexikometrische Analysen oder verschiedene Kodierverfahren an diskursanalytische Fragestellungen anschlussfähig zu machen (vgl. Keller et al., 2010b). Der theoretischen Differenzierung folgte damit eine methodologische und methodische.

3.2.4.3 Die Diskursanalyse in der Erziehungswissenschaft und in der Schulforschung

In der deutschsprachigen Erziehungswissenschaft und in der Schulforschung im Speziellen wurde die Diskursanalyse in den 1980er und 1990er Jahren nur recht zögerlich rezipiert. Jedoch kann auch hier in den letzten zehn Jahren eine zunehmende Berücksichtigung diskursanalytischer Fragestellungen festgestellt werden. Im anglo-amerikanischen Raum dagegen besitzt sie eine weitaus längere Tradition (vgl. Peters, 2004). Die Erziehungswissenschaftlerin Nicole Balzer (2004) unterscheidet mit Blick auf die verschiedenen Rezeptionslinien zwischen jenen Ansätzen innerhalb der erziehungswissenschaftlichen Rezeption, die eher *bildungshistorisch orientiert* sind, und denen, die eher auf die *Subjektkritik* ausgerichtet sind. Erstere zielen auf eine kritische Annäherung an die Geschichte der Pädagogik und auf deren Dekonstruktion (Balzer, 2004, S. 16–21). Sie fordern eine Neujustierung des Blickes auf das pädagogische Denken, indem die Pädagogikgeschichte nicht mehr allein als eine Fortschrittsgeschichte und als eine Geschichte zunehmender Humanisierung und Emanzipation aufgefasst wird, sondern auch als eine Geschichte der Machtsysteme, der Disziplinierungen, von Repression und von Kontrolle (vgl. Pongratz, 1989). Beispielhaft dafür steht auch die Arbeit von Daniel Schmidt (2000), der im Anschluss an die Analysen Michel Foucaults die Geschichte der Schule und des aufklärerischen Subjekts als eine Geschichte disziplinierter und überwachter Körper entwirft. Die zweite Rezeptionslinie – diejenige der Subjektkritik – gründet in der Kritik Michel Foucaults am abendländischen Subjektdenken (vgl. Balzer, 2004, S. 21–29). Die betreffenden Autorinnen und Autoren fordern eine Neubestimmung des neuzeitlichen Subjekts, jenseits des Spannungsfeldes von Autonomie und Heteronomie. Individualität und Selbstbestimmung werden nicht als Ziele pädagogischen Handelns postuliert, sondern als Technologien des Selbst verstanden, die in Machtsysteme integriert sind. Macht und Selbstbestimmung gelten nicht als Gegensätze, sondern werden als verschiedene Seiten einer Medaille – nämlich der westlichen Moderne – zusammengeführt. Beispielgebend sind hier die Arbeiten von Käte Meyer-Drawe (2012; Meyer-Drawe & Fischer, 1990) und Alfred Schäfer (1996) zu nennen. Für eine mittlerweile schon etwas ältere, jedoch immer noch nutzbare, da recht umfassende Übersicht der Rezeption der Diskursanalyse in der Pädagogik kann auf die Auswahlbibliografie von Gabriella Schmitz (2004) verwiesen werden. In den letzten zehn Jahren hat sich die Vielfalt der Gegenstände erziehungswissenschaftlicher Diskursanalysen noch einmal stark vergrößert. So sind diskursanalytische Arbeiten entstanden im Bereich der sozialen Arbeit (Kessl, 2011), der Sexualpädagogik (Eder, 2003), der Förderpädagogik (Pfahl, 2010), der Medienpädagogik (Hoffarth, 2009; Katheder, 2008) und der Erwachsenenpädagogik (Kossack, 2006; Venth, 2006), aber auch in Bezug auf spezifische schulpädagogische Gegenstände wie Schulbücher (Fuchs, 2011; Höhne, 2003; Höhne et al., 2005; Osterloh, 2008), Ganztagsbildung (Dzierzbicka & Horvath, 2008) oder die Diskussion um Heterogenität (Budde, 2012).

3.2.4.4 Erhebung

Wie oben bereits angedeutet, handelt es sich bei der Diskursanalyse nicht um eine einheitliche Theorie, Methode oder Methodologie, sondern um eine Reihe von Aussagen darüber, wie die Welt beschaffen ist und wie die Elemente der Welt zueinander in Verbindung stehen. Diese Aussagen wiederum bilden das Fundament des Forschungsprozesses und sollen diesen anleiten. Das bedeutet, dass die Methodologie und die Methoden diese Aussagen wieder aufgreifen und auf den Forschungsprozess hin konkretisieren. Diaz-Bone (2006) spricht vor dem Hintergrund der methodischen Offenheit der Diskursanalyse und aufgrund der Notwendigkeit eines regelgeleiteten Vorgehens von einem *methodologischen Holismus*, der anzustreben sei. Diesen kennzeichnen grundlegend zwei Merkmale: (1) das Primat der (konstruierten) Theorie, aus der erst die Annahmen hervorgehen und konstruiert werden, wie die Realität beforscht werden kann, und (2) das Aufgreifen der Prinzipien der Theorie und deren Wiederholung in der Methodologie und Methode. Theorie, Methodologie und Methode sollen so einen „ästhetischen Zusammenhang“ (Diaz-Bone, 2006, S. 247) bilden bzw. konsistent aufeinander verweisen.

Da sich Diskurse in Sprache niederschlagen, arbeiten Diskursanalysen vornehmlich mit textförmigen Daten. Dies können sowohl sogenannte natürliche Texte (Zeitungsausschnitte, Protokolle, Gesetzestexte, Dokumente jeglicher Art, z.B. aus der Verwaltung etc.) sein als auch solche, die in Forschungsprojekten erst erhoben wurden (Transkripte von Interviews, Gruppendiskussionen, ethnografische Protokolle etc.). Es kann sich um Aktualtexte handeln (beispielsweise Transkripte von Beratungsgesprächen) wie auch um Vergangenheitsmaterial (beispielsweise Transkripte aus autobiografisch-narrativen Interviews). Die Zusammenstellung der Daten wird als *Korpusbildung* bezeichnet und erfolgt mit Blick auf die zu beantwortende Forschungsfrage. Dabei werden verschiedene Texte zusammengetragen, die den spezifischen, zu untersuchenden Diskurs abbilden. Ein Datenkorpus entsteht meist sukzessive, da zu Beginn der Analyse selten genau festgestellt werden kann, welche Texte Bedeutung erlangen und eine hohe Relevanz besitzen und welche nicht. Das bedeutet jedoch, dass während des Forschungsprozesses in regelmäßigen Abständen kontrolliert werden muss, wie das vorläufige (Teil-)Datenkorpus sinnvoll ergänzt werden kann.[67] Keller (2004, S. 86f.) formuliert für die Korpusbildung einige praktikable Leitfragen, die man sich stellen sollte, wenn man die Daten zusammenträgt:

> Welche Daten passen zur verfolgten Fragestellung? Welche Zeiträume und welche sozialräumlichen Einheiten sollen erfasst werden? Stehen die Daten im anvisierten Gegenstandsbereich zur Verfügung? Welcher Datenumfang kann im Rahmen der verfügbaren Ressourcen erhoben und mit der anvisierten Form der Datenanalyse bearbeitet werden? Durch welche Quellen können die Daten erschlossen werden? Sind die Quellen selektiv? Nach welchen Kriterien treffen sie ihre Vorauswahl? Ist deswegen eine Ergänzung bzw. Korrektur der Datensammlung notwendig? […] wann ist die Datensammlung abgeschlossen? Wie kann das begründet werden?

Die Fragen zielen auf die je spezifische diskursanalytische Fragestellung, die zur Verfügung stehenden Ressourcen, die anzuwendenden Auswertungsmethoden, aber auch auf das Vergleichsmoment, das Diskursanalysen innewohnt.

---

67 Eine Orientierung kann hier die theoriegeleitete Fallauswahl bieten, die in der Grounded Theory von Glaser und Strauss entwickelt wurde (vgl. Glaser & Strauss, 2005, S. 53–83).

Um die spezifischen diskursiven Formationen und Formen der Wahrheitsproduktion zu einer bestimmten Zeit, an einem bestimmten Ort zu eruieren, sollte die diskursanalytische Fragestellung wie auch die daran anschließende Korpusbildung ein Vergleichsmoment besitzen. Erst dies ermöglicht es, die Eigenarten eines Diskurses festzustellen und abzugrenzen von anderen diskursiven Formationen. Dementsprechend sollten Diskursanalysen entweder in einer historisch-diachronen Perspektive und/oder einer synchron-kulturvergleichenden Perspektive durchgeführt werden. Zur Verdeutlichung sollen an dieser Stelle zwei Beispiele angeführt werden:

Das Beispiel einer historisch-diachronen Perspektive

Nehmen wir an, eine Forscherin oder ein Forscher möchte diskursanalytisch untersuchen, wie heutzutage ein bestimmter Geschlechterdiskurs, also eine bestimmte Form des Sprechens und Schreibens über Geschlecht und Sexualität, in der pädagogischen Literatur Niederschlag findet. Dann kann es sinnvoll sein, sich nicht nur aktuelle Texte der letzten vier bis fünf Jahre vorzunehmen, sondern das Typische dieser Erzählungen über das Geschlecht, über das, was als männlich und weiblich gilt, darüber, welche Formen des Begehrens und welche Geschlechtssubjekte konstruiert werden, über einen längeren Zeitraum zu untersuchen, um Zäsuren, Brüche und Veränderungen aufzuzeigen. Das Typische im aktuellen Diskurs wird dann deutlich über die Abgrenzung zu Diskursen, die anders verfasst sind und nach anderen Regeln funktionieren. Damit würde eventuell ein Datenkorpus entstehen, der (Sexual-)Pädagogische Fachtexte, populärwissenschaftliche Literatur zum Thema, Schulgesetze, Lehrpläne etc. der letzten 50 Jahre umfasst.

Beispiel einer synchron-kulturvergleichenden Perspektive

Der Geschlechterdiskurs kann jedoch nicht nur vor dem Hintergrund einer historischen Perspektive analysiert werden und große Zeitabschnitte in den Blick nehmen. Auch ein synchroner Vergleich ermöglicht es, das Typische eines Diskurses festzustellen. Dabei würden dann Texte eines eher kurzen Zeitraumes verwendet werden, die jedoch aus unterschiedlichen Kulturen stammen. Dies müssen nicht unbedingt Kulturen sein, die geografisch weit voneinander entfernt liegen. Es können ebenso Kulturen sein, die auf engem Raum (beispielsweise innerhalb einer Stadt) beieinander leben. So ist es vorstellbar, den Geschlechterdiskurs innerhalb der konservativ-bürgerlichen Kultur mit dem Geschlechterdiskurs der linksliberalen Kultur zu vergleichen, um die Frage zu beantworten, welche Normalitäten im Geschlechterverhältnis und in der Sexualität konstruiert werden. Infrage kämen dann Texte, die innerhalb dieser Kulturen produziert werden und die eine bestimmte Wahrheit über Geschlecht und Sexualität sprechen: Partei- und Veranstaltungsprogramme, Handzettel, Zeitschriften und Magazine, Protokolle von Reden oder auch Transkripte von Interviews, die mit Angehörigen der beiden Kulturen geführt wurden.

Aus dem entstandenen Gesamtdatenkorpus müssen anschließend die Daten ausgewählt werden, die einer Feinanalyse unterzogen werden sollen. Bei dieser können nicht alle Daten des Gesamtkorpus berücksichtigt werden (→ Kap. 3.1.1). Deshalb ist ein selektives Vorgehen nötig. Die Einschränkung des Datenmaterials birgt die Gefahr in sich, dass wichtige Teile des Diskurses (sogenannte *Diskursfragmente*) ausgeblendet werden. Andererseits ermöglicht diese erst eine intensive, interpretativ-analytische Untersuchung. Eine Möglichkeit, die Auswahl der Texte anzuleiten, ist das Verfahren des *Theoretical Samplings*, das im Kontext der *Grounded Theory* entwickelt wurde (Glaser & Strauss, 2005). Es verweist darauf, dass nicht erst die Analyse und Auswertung der Daten nach theoretischen Vorannahmen zu geschehen habe, sondern bereits deren Auswahl und Zusammenstellung reflektiert und theoriegeleitet geschehen soll. Dies bedeutet wiederum, dass schon während der Korpusbildung eine intensive Beschäftigung mit den Texten stattfinden muss. Geschieht die erste Auswahl der Texte eventuell über Stich- und Schlagworte, wird in einem nächsten Schritt die inhaltliche Auseinandersetzung mit dem gesamten Text notwendig (Keller, 2004, S. 86).

3.2.4.5 Auswertung

Sowohl hinsichtlich der Korpusbildung als auch der Auswertung des Datenmaterials können bei Diskursanalysen verschiedene Strategien angewendet werden. Bei der Auswertung stehen hier qualitative und quantitative Methoden zur Verfügung. Diese orientieren sich zumeist an den Verfahren, die auch allgemein in der Sozialwissenschaft genutzt werden (vgl. Keller et al., 2010b). Die Auswahl der Auswertungsstrategie richtet sich stets eng an der Forschungsfrage aus und an den Zielen, die die Forscherinnen und Forscher mit einer Diskursanalyse verfolgen.

Bei qualitativen Strategien umfasst die Auswertung die interpretativ-analytische Lektüre der ausgewählten Texte oder Textfragmente. Bezogen auf ein einzelnes Aussageereignis bedeutet dies die „Analyse seiner Situiertheit und materialen Gestalt, die Analyse der formalen und sprachlich-rhetorischen Struktur und die interpretativ-analytische Rekonstruktion der Aussageinhalte" (Keller, 2004, S. 93). Es geht also erst einmal um die Kontextualisierung eines Textes und die Frage, *wer* eine Aussage *wo* für *wen* produziert. Dabei sollte sowohl der historisch-soziale und zeitgeschichtliche als auch der institutionell-organisatorische und der situative Kontext berücksichtigt werden (Keller, 2004, S. 96). Die spezifische Verbindung von Kontext und Textdokument muss dabei aus dem Material selbst herausgearbeitet werden und darf nicht vorschnell vor dem Hintergrund eines spezifischen Vorwissens axiomatisch unterstellt werden. Auch die Frage nach der Textsorte, den Auflagen, Verlagen und institutionalisierten Rezeptionswegen spielt hier eine Rolle. Nach der Kontextualisierung findet die interpretative Analyse der Inhalte eines Textes statt. Dabei können über Paraphrasierungen und Konzepte des Kodierens, des Kommentierens und des Erstellens von Memos einzelne Textpassagen verdichtet, analytisch zergliedert und detailgenau interpretiert werden. Das Ziel ist die Erstellung einer Matrix oder eines Schemas, durch welche die Gehalte, die Funktionsweisen und die Wirkungen von Diskursen beschrieben werden können (Keller, 2004, S. 97).

Auch quantitative Auswertungsstrategien können diskursanalytisch nutzbar gemacht werden. Dabei spielen besonders quantitative Inhaltsanalysen oder lexikometrische Analysen eine Rolle. Sie zielen auf das Auftauchen und die Verbreitung bestimmter Themen, Aussagen und Begriffe im Diskurs wie auch auf deren Kookkurrenz (das *gemeinsame* Auftauchen bestimmter Aussagen und Begrifflichkeiten im Diskurs). Der Vorteil quantitativer Verfahren liegt in der Möglichkeit, auch sehr große Textmengen, die über einen langen Zeitraum hinweg entstanden sind, zu untersuchen (vgl. Dzudzek et al., 2009). Dabei kann (1) über ein im Vorfeld entwickeltes Kategoriensystem eine bestimmte Menge an Texten bzw. Textabschnitten kodiert werden (vgl. Früh, 2011), oder können (2) im Vorfeld lexikalische Einheiten definiert werden, deren quantitative Beziehungen zueinander bestimmt werden sollen (vgl. Dzudzek et al., 2009, S. 234). Bei Erstem steht die Interpretationsarbeit zu Beginn der Entwicklung des Kategoriensystems. Bei Zweitem verschiebt sich die Interpretation zeitlich gesehen weiter nach hinten, auf die Phase nach der statistischen Auswertung.

3.2.4.6 Am Beispiel: „Bilder von Fremden"

Am Beispiel der Studie „Bilder von Fremden. Was unsere Kinder aus Schulbüchern über Migranten lernen sollen", die von 1998 bis 2000 von Thomas Höhne, Thomas Kunz und Frank-Olaf Radtke (2005) durchgeführt wurde, soll nun entlang der Phasen des Forschungsprozesses, die Sie in → Kapitel 3.1.1 kennengelernt haben, ein diskursanalytisches Vorgehen konkret nachvollziehbar gemacht werden. Wie der Titel der Publikation bereits deutlich macht, geht es in der Untersuchung darum, herauszufinden, welche Bilder, welches Wissen und welche Wahrheit über Migration und über Migrantinnen und Migranten in Schulbüchern konstruiert werden. Der Begriff des Bildes ist dabei im weiten Sinn zu verstehen, nicht nur als ikonografische Abbildung, sondern als ein Insgesamt symbolischer Formen. Es geht in der Studie also darum, den Diskurs über Migrantinnen und Migranten, wie er in Schulbüchern öffentlich wird, zu analysieren.

Formulierung und Präzisierung des Forschungsproblems

Forschungsproblem
Die Beschäftigung mit dem Migrations-Diskurs in Schulbüchern kann vielfältig motiviert sein. Manchmal reicht ein Blick in das aktuelle Schulbuch des eigenen Kindes oder befreundeter Kinder aus, um Aufmerksamkeit zu erregen. Nicht selten bleiben wir an Texten oder Abbildungen hängen, weil sie uns irritieren, Anstoß erregen oder uns ob der Darstellungen sogar wütend machen. So erging es

auch den ersten Autorinnen und Autoren, die sich in den 1970er Jahren mit Schulbüchern kritisch hinsichtlich der Darstellungen von Männern und Frauen auseinandersetzten. Die Beschäftigung mit den Schulbüchern war damals weniger akademisch motiviert, als aus persönlicher Betroffenheit der Eltern von Schulkindern heraus entstanden. Die in den Büchern dargestellten Geschlechterkonzepte erschienen antiquierten Rollenbildern verpflichtet, Frauen waren unterrepräsentiert und dies stand in krassem Missverhältnis zum Selbstbewusstsein, das sich seit Ende der 1960er Jahre in der bundesdeutschen Gesellschaft entwickelte (vgl. Fichera, 1996). Ein ähnlicher Entdeckungszusammenhang scheint auch die Studie von Höhne, Kunz und Radtke zu Grunde zu liegen (Höhne et al., 2005, S. 9). Aufmerksam gemacht auf ein Schulbuch durch den Hinweis einer Mutter und die darauf folgende Diskussion im Rahmen eines Seminars, in dem das Thema Erziehung und Migration behandelt wurde, entstand die Idee, sich systematisch und theoriegeleitet mit dem Gegenstand auseinanderzusetzen (Höhne et al. 2005, S. 9). Das Ziel sollte es sein, die allgemeine Bedeutung des Schulbuches im öffentlichen Diskurs zu untersuchen, und im Speziellen die Migrationsthematik dabei zu beleuchten. Um dieses Vorhaben zu realisieren, mussten zunächst der theoretische Rahmen aufgezeichnet, der Stand der Forschung zusammengefasst und das konkrete Forschungsziel formuliert werden.

Theoretischer Rahmen

Für die Autoren war zunächst einmal zu klären, was *Schulbücher* sind und auf welche Weise sie sich diesen annähern wollten. Sie stellen fest, dass trotz einer doch regen nationalen und internationalen Schulbuchforschung eine Theorie des Schulbuches fehlt. Die Schulbuchforschung besitzt also keine Gegenstandstheorie, die Aussagen darüber trifft, um was es sich bei dem Gegenstand überhaupt handelt und wie dieser erforscht werden kann (vgl. Höhne, 2003, S. 58). Natürlich gibt es eine ganze Reihe von Schulbuchanalysen, die aus fachdidaktischer Perspektive die Qualität von Schulbüchern und die Güte der Inhalte zu bewerten und zu kontrollieren anstreben. Auch Rezeptions- und Wirkungsforschung wird ergänzend durchgeführt. Das Schulbuch als Medium interessiert jedoch nur insofern, als es stetig überarbeitet, aktualisiert und verbessert werden muss. Wer dies tut und unter welchen Prämissen, bleibt unklar (Höhne, 2003, S. 28). Hinzu kommt nicht selten eine Objektivitätsprämisse, die unterstellt, dass die Inhalte der Schulbücher einem objektiven Wissen und einer ebensolchen Wahrheit entsprächen bzw. dieses abzubilden hätten.

Demgegenüber stellen die Autoren ihr Verständnis von Schulbüchern, das sie in eine allgemeine Medien- und Wissenstheorie einbetten. Gleichsam versuchen die Autoren, das Medium Schulbuch als Teil der politischen Kultur zu konzeptualisieren (Höhne, 2003, S. 28). Da das westliche politische System nationalstaatlich verfasst ist, stellt sich die Frage, welche Bedeutung das Schulbuch in diesem

Kontext einnimmt. Das Schulbuch gilt bei Höhne, Kunz und Radtke als ein öffentliches Medium neben anderen (Fernsehen, Radio, Printmedien, Internet etc.), in dem ausgehandelt wird, wie soziale Wirklichkeit zu sehen ist und wie über diese gesprochen werden kann (Höhne et al., 2005, S. 9). Es ist also kein Container objektiven Wissens. Vielmehr ist ihm eine Art gesellschaftliche Arena vorgeschaltet, in der entschieden wird, was als wahr gelten darf und was nicht, was legitim ist und was nicht, was normal ist und was nicht und was daraufhin als Konglomerat in Schulbüchern abgebildet werden darf. Schulbücher sind jedoch nicht nur Ergebnisse gesellschaftlicher Aushandlungen und Kontroversen, sondern aktualisieren deren Ergebnisse stets neu und bringen sie hervor. Schulbücher sind damit auch Medien der politischen Diskussion, durch die in einer mediatisierten Welt und massenmedialen Öffentlichkeit die Vielfalt der Meinungen zu einem vorläufigen Konsens gerinnt (Höhne et al., 2005, S. 9). Wissen in Schulbüchern ist sodann nicht objektives, eindeutiges Wissen, sondern kontingentes, legitimiertes, dominantes, performatives Wissen. Dieses Verständnis von Schulbüchern erlaubt es hinsichtlich des interessierenden Themas zu rekonstruieren, welches Wissen über Migration, Einwanderung und die Menschen, die von Einwanderung betroffen sind, sich in Schulbüchern wiederfindet, wie dieses zugleich hervorgebracht wird. Damit ist gleichsam die Möglichkeit gegeben, dieses Wissen mit demjenigen aus anderen (Massen-)Medien zu vergleichen und deren Verhältnis zueinander zu bestimmen.

Migration beziehungsweise Migrantinnen und Migranten als die Subjektpositionen, die mit dem Begriff Migration verknüpft sind, werden im Zusammenhang der Studie, den diskurstheoretischen Annahmen folgend, nicht als objektiver Tatbestand verstanden, der in der Welt einfach nur festgestellt werden könnte. Migration gilt demgegenüber als diskursiver Tatbestand. So ist Migration weder dem Diskurs vorgängig, noch wird sie lediglich durch diesen abgebildet. Stattdessen ist davon auszugehen, dass Migration erst durch den Diskurs als Zeichen (Signifikant und Signifikat) hervorgebracht wird. Erst das Sprechen und Schreiben über Migration führt zu dessen Thematisierung, Problematisierung und Hervorbringung. Eng geknüpft an den Begriff der Migration ist zudem der Begriff der *Kultur*. Auch dieser wird von den Autoren als diskursiv konstruiert angenommen. Es kann festgestellt werden, dass dieser zumeist als Differenzierungskategorie fungiert, die es erlaubt, zwischen dem *Eigenen* und dem *Fremden* zu unterscheiden. Diskurse über Kultur haben damit die grundlegende soziale Funktion von Distinktion und Identitätsbildung, aber auch von Krisenartikulation. In dieser Hinsicht löste der Begriff im 19. Jahrhundert den der *Rasse* ab, dessen funktionales Äquivalent er bilden konnte (Höhne, 2001).

Theoretisch und methodologisch stellen Höhne, Kunz und Radtke fest, dass im Rahmen der Diskursanalyse eine Vielzahl an Theorien und Methoden existiert, die zur Anwendung gebracht werden. Sie schlagen angesichts dessen ihren eigenen Ansatz vor, den sie *Thematische Diskursanalyse* nennen (vgl. Höhne et al., 2005, S. 28–45). Dabei geht es um die „Rekonstruktion spezifischer semantisch-thematischer Grundstrukturen von diskursivem, d.h. sprachlich-zeichenhaftem Material" (Höhne et al., 2005, S. 28). Den Begriff „thematisch" verwenden die Autoren deshalb, weil sie davon ausgehen, dass Diskurse vornehmlich thematisch gebunden sind, d.h., dass sich die verschiedenen diskursiven Elemente (Begriffe, Konzepte etc.) einem inhaltlich bestimmten Diskurs zuordnen lassen. So könne man beispielsweise vom Migrationsdiskurs sprechen oder vom Menschenrechtsdiskurs. Diskurse stellen für die Autoren die zeichenförmig-sprachliche Gestalt gesellschaftlich dominanten Wissens dar. Die Untersuchung dieser Gestalt soll jedoch nicht textimmanent durchgeführt werden, sondern im Hinblick auf die gesellschaftliche Praxis der Wissensproduktion und intersubjektiver Bedeutungsgenerierung (Höhne et al. 2005, S. 29). Damit öffnet sich der Diskursbegriff bei Höhne, Kunz und Radtke in mehrere Richtungen: (a) Er bezeichnet eine thematisch gebundene, sprachlich-semiotische Einheit, (b) er bezieht sich auf unterschiedliche Wissensbereiche (Ökonomie, Politik, Sport etc.), (c) er verweist auf verschiedene soziale Institutionen und Akteure (Medien, Parlament, Schule, Bundeskanzlerin, Studierende etc.), (d) er realisiert sich in unterschiedlichen Praxisformen (Kundengespräch, Parlamentsrede, Unterricht etc.) wie auch (e) in unterschiedlichen medialen und sozialen Formen (Buch, Gespräch etc.) (Höhne et al. 2005, S. 30).

Stand der (Schulbuch-)Forschung

Bezüglich des Stands der Schulbuchforschung stellen die Autoren Höhne, Kunz und Radtke neben dem oben erwähnten Theoriedefizit, auch ein Empiriedefizit fest: Zwar gebe es im Bereich der Geschlechterforschung bereits eine ganze Reihe von Untersuchungen und Erkenntnissen. Diese seien durch die Kultusbehörden auch in Maßstäbe und Bewertungskriterien für geschlechtersensible Darstellungen in Schulbüchern überführt worden. Was aber Untersuchungen zur Darstellung von Migrantinnen und Migranten angeht, so könne dies, zumindest für den deutschsprachigen Raum, nicht behauptet werden. Dazu lägen vergleichsweise wenige Untersuchungen vor (Höhne et al., 1999, S. 13).

Die wenigen Studien, die es gebe, seien dadurch gekennzeichnet, dass sie vorwiegend älteren Datums sind, sich fast ausschließlich auf den Grundschulbereich beziehen und auch methodisch mit eher geringem Aufwand vorgehen: Mit recht einfachen Kategoriensystemen wird die Thematisierung und Dethematisierung von Migration quantifiziert und gemessen (Höhne et al., 1999, S. 13). Die Zusammenstellung der Datenkorpora wird dabei kaum reflektiert. Ein weiteres Defizit bisheriger Analysen sei noch dazu, dass andere Medien wie Handbücher für Lehrerinnen und Lehrer wie auch öffentliche Medien nicht berücksichtigt werden. Das defizitäre Bild differenziert sich ein wenig und wird durch gehaltvolle Beiträge ergänzt, bezieht man auch Untersuchungsergebnisse aus anderen Ländern mit ein. So konnte van Dijk (1992) in einer inhaltlich und methodisch überzeugenden Studie bezüglich niederländischer Schulbücher feststellen, dass – wenn Migrantinnen und Migranten überhaupt dargestellt werden – diese Darstellungen unter wenige Hauptkategorien subsummiert werden können: Einwanderung, kulturelle Unterschiedlichkeit, Rassenbeziehung, Kriminalität und abweichendes Verhalten. Diese trifft erstaunlicherweise fast identisch auch für die öffentlichen Massenmedien zu (vgl. van Dijk, 1992).

Als problematisch erachten Höhne, Kunz und Radtke einen weiteren Aspekt in der bisherigen Forschung: Ihr liege in den meisten Fällen ein Begriffsrealismus und Sprachpositivismus zu Grunde. So werde in ihr implizit und explizit davon ausgegangen, dass es so etwas wie eine „richtige Darstellung“ von Migration in Schulbüchern geben kann, eine Darstellung, die die „wirkliche Migrationsrealität“ abbildet. Diese werde als positiver Gegenhorizont gegenüber der herkömmlichen Darstellung entwickelt und normativ aufgeladen. Den Autorinnen und Autoren von Schulbüchern unterstelle man ein falsches Bewusstsein und eine Ideologie, die zu einseitigen, verkürzenden, defizitären – zu grundweg falschen – Formen der Thematisierung von Migration führen würden (Höhne et al., 1999, S. 17–22). Höhne, Kunz und Radtke (1999, S. 20) stellen entgegen der bisherigen Forschungsansätze fest, dass auch diese Unterscheidung in eine richtige und eine falsche Darstellung von Migration eine Konstruktion ist. Es muss vorausgesetzt werden, dass auch Autorinnen und Autoren der Studien und deren Aussagen diskursiv präformiert und determiniert sind. Auch für sie gebe es kein Außerhalb des Diskurses (Höhne et al., 1999, S. 21). Höhne, Kunz und Radtke schlussfolgern dementsprechend, dass es sinnvoller wäre, anstatt von vornherein Begriffe und Konzepte normativ zu setzen, die Funktion der hegemonialen Diskurse zu analysieren, wie auch deren *bestimmte* semantische Elemente und Effekte (Höhne et al., 1999, S. 21).

Forschungsziel

Aus den theoretischen Vorannahmen und dem (defizitären) Forschungsstand leiten Höhne, Kunz und Radtke nun ihr eigenes Forschungsziel und ihre Forschungsfragen ab. Sie formulieren zunächst eine allgemeine Fragestellung, die dann weiter operationalisiert wird. Diese lautet:

> Wie werden Migranten seit Anfang der 1980er Jahre in Schulbüchern dargestellt? Lassen sich Veränderungen in der [sic] Darstellungsformen in den 1990er Jahren beobachten?
>
> (Höhne et al., 2005, S. 25)

Die Schulbuchanalysen sollen dabei nicht losgelöst werden von der Analyse anderer (massen-)medialer Darstellungen (beispielsweise in Lehrplänen, im Fernsehen und in Zeitungen), sondern es soll eine vergleichende Perspektive eingenommen werden, die diese mit berücksichtigt. Ziel ist damit auch eine medienübergreifende Untersuchung, über die Gemeinsamkeiten und Unterschiede der Darstellungsformen in Schulbüchern und anderen Medien eruiert werden können (Höhne et al., 2005, S. 26).

Untersuchungsgegenstand der Analyse ist – im Sinne der thematischen Diskursanalyse – der Migrantendiskurs. Diesen gilt es zu rekonstruieren. Es geht dabei aber nicht nur darum, die verwendete Sprache, die Bilder und das grafische Material zu untersuchen, sondern mit Hilfe der Diskursanalyse die Frage zu beantworten, welches gesellschaftliche *Wissen* über Migration in Schulbüchern zu finden ist. Damit ist zugleich ein dominantes gesellschaftliches Migrations-Wissen gemeint, das politisch-administrativ und wissenschaftlich legitimiert ist (Höhne et al., 2005, S. 27). Mit der Untersuchung sei, so die Autoren, nicht der pädagogische Anspruch verbunden, Schulbücher zu evaluieren und (vermeintlich) zu verbessern. Eine solche pragmatische Schulbuchevaluation würde Gefahr laufen, keine Aufschlüsse über die Strukturen des Schulbuchwissens zu geben. Die normativen Grundlagen der Bewertung und Verbesserung und deren diskursive Verwobenheit blieben einer kritischen Analyse überdies auch nur schwer zugänglich (Höhne et al., 2005, S. 27).

Bei der Analyse des gesellschaftlichen Migrations-Wissens zielen die Autoren insbesondere auf folgende Aspekte und versuchen die Teilfragen dazu zu beantworten (Höhne et al., 2005, S. 33–45):

- *Monosemierungs- und Vereindeutigungsprozesse*: Wie wird die (eigentlich uneindeutige) Bestimmung von Begriffen und Konzepten wie „Migration" und „Migrant/in" vereindeutigt? Wie wird Bedeutungsoffenheit im Migrationsdiskurs eingeschränkt?
- *Thematisierungsformen*: Welche Formen der impliziten und expliziten Thematisierung von Migration und welche Formen der thematischen Subsumtion sind festzustellen?
- *Argumentationsformen*: Welche Argumentationszusammenhänge werden deutlich? Was wird über Migration behauptet? Was wird dabei vorausgesetzt?
- *Differenzsetzungen*: Wie werden kulturelle Unterschiede und Gemeinsamkeiten konstituiert? Wie werden verschiedene Migrationssubjekte konstruiert und voneinander abgegrenzt?
- *Kollektivsymbole*: Gibt es Symbole und Metaphern, auf die im Migrationsdiskurs stetig zurückgegriffen wird? Welche Funktion haben diese Metaphern?

Planung und Vorbereitung der Erhebung

Forschungsplan

Aus der Forschungsfrage der Untersuchung von Höhne, Kunz und Radtke können bereits grundlegende Merkmale des Untersuchungsdesigns abgeleitet werden: Um Veränderungen des Migrationsdiskurses festzustellen, ist eine Vergleichsstudie notwendig (→ Kap. 3.1.1). Dieser Vergleich kann sowohl synchron als auch diachron durchgeführt werden. Die Autoren der Studie entschieden sich, beide Vergleichsdimensionen einzubeziehen. Zum einen wurden also Schulbücher unterschiedlicher Jahrzehnte zum Datenkorpus hinzugefügt, zum anderen aber auch Schulbücher unterschiedlicher deutscher Bundesländer, die im selben Zeitraum auf dem Schulbuchmarkt angeboten und in Schulen genutzt wurden. Das erste Auswahlkriterium erlaubte, übergreifende historische Veränderungen zu untersuchen, zweitens ermöglichte es, spezifische politische Kontexte in den jeweiligen Bundesländern als Bedingungsfaktoren zu berücksichtigen (Höhne et al., 2005, S. 45–60).

Ziel der Studie war es, die Typizität des Migrationsdiskurses bzw. die Typizität der Regelhaftigkeit der Aussagenproduktion zu untersuchen und zu beschreiben. Die typischen semantischen Elemente und deren Verknüpfung im Diskurs sollten aufgezeigt werden. Dabei war ein möglichst valides rekonstruktiv-interpretatorisches Vorgehen notwendig. Grundannahme war dabei, dass sich das Typische im Besonderen, das heißt im einzelnen Fall wiederspiegele, das Ganze im Kleinen enthalten sei (Höhne et al., 2005, S. 46). Quantitative Repräsentativität wurde nicht angestrebt (Höhne et al., 2005, S. 29).

Um die thematische Diskursanalyse durchzuführen, bedurfte es personeller und materieller Ressourcen. Diese wurden durch die Volkswagenstiftung im Rahmen der Förderinitiative „Das ‚Fremde' und das ‚Eigene' – Probleme und Möglichkeiten interkulturellen Verstehens" bereitgestellt. Somit konnte die diskursanalytische Schulbuchstudie von Höhne, Kunz und Radtke zwischen 1998 und 2000 realisiert werden. Unterstützt wurde die aufwendige Studie durch das Georg-Eckert-Institut für Internationale Schulbuchforschung, auf deren Expertise zurückgegriffen werden konnte (Höhne et al., 2005, S. 10).

Konstruktion des Erhebungsinstruments

Da es sich bei der Studie um eine interpretativ-analytische Arbeit handelte, war kein Erhebungsinstrument im eigentlichen Sinn im Vorfeld zu konstruieren. Weder bedurfte es eines Leitfadens, wie dies bei Interviews der Fall ist, noch eines theoretisch hergeleiteten und operationalisierten Kategoriensystems, wie dies zum Beispiel bei schriftlichen Befragungen eingesetzt wird. Angeleitet wurde die Untersuchung jedoch von den weiter oben aufgeführten diskurs- und argumentationsanalytischen wie auch sprachwissenschaftlichen Grundannahmen (vgl. Höhne et al., 2005, S. 33–45). Diese Annahmen stellten ein heuristisches Instrumentarium zur Verfügung, das Grundlage der Analyse bildete.

Zusammenstellung des Datenkorpus

Analog zur Auswahl der Teilnehmerinnen und Teilnehmer einer Studie bei mündlichen und schriftlichen Befragungen oder Beobachtungen, müssen bei einer Diskursanalyse, die auf nicht-reaktives Datenmaterial zurückgreift, geeignete Dokumente ausgewählt werden, die analysiert werden sollen. Da in der Studie von Höhne, Kunz und Radtke nicht alle Texte, die auf den Migrantendiskurs verweisen, in Gänze einbezogen werden konnten, war eine Vorauswahl notwendig – gerade auch deshalb, weil die intensive Beschreibung und Interpretation der Texte sehr aufwendig ist. Dabei sollten die ausgewählten Texte eine hohe *Korpus-Sicherheit* versprechen. Das bedeutet, dass die Auswahl nach plausiblen qualitativen Kriterien geschehen musste, bei denen davon auszugehen war, dass das Korpus „Bilder von Fremden" im Sinne des Forschungsprojektes beinhaltete (Höhne et al., 2005, S. 45). Die erste Auswahl der Texte und die Eingrenzung des Datenkorpus fand entlang folgender Dimensionen statt (Höhne et al., 2005, S. 47–50):

- *Die Begrenzung durch die Diskursform*: Die (mediale) Diskussion um Migration wurde in Deutschland in den 1980er und 1990er Jahren auch bezüglich des bundesrepublikanischen Bildungssystems geführt. Deshalb gingen die Autoren davon aus, dass sich der Migrationsdiskurs in Schulbüchern niedergeschlagen haben musste.
- *Die zeitliche Dimension*: Die Gesamtmenge der Schulbücher wurde auf die Schulbücher begrenzt, die in den Jahren zwischen 1980 bis 1995 auf dem Markt und zugelassen waren.[68] Dies wurde mit der zunehmenden gesellschaftspolitischen Diskussion der Themen „Einwanderung" und „Multikultur" in dieser Zeit begründet.
- *Die thematische Dimension*: Es wurden nicht die Schulbücher aller Unterrichtsfächer untersucht, sondern nur solche, bei denen gesellschaftspolitische Themen, und damit auch die Thematisierung von Migration, in besonderem Maße erwartet wurde. Dies waren die Bücher der Fächer Geografie, Geschichte, Sozialkunde und die Grundschulbücher für das Fach Sachkunde.
- *Die politische Dimension*: Verglichen werden sollten zudem nicht die Schulbücher aller Bundesländer, sondern es wurden zwei Bundesländer begründet ausgewählt. Dies waren die Bundesländer Hessen und Bayern. Die Auswahl kam deshalb zustande, weil man aufgrund der unterschiedlichen parteipolitischen Ausrichtung (links-liberal vs. konservativ) unterschiedliche Thematisierungsweisen von Migration vermutete. Außerdem zeichnete die Bundesländer eine unterschiedliche Zulassungspraxis bei Schulbüchern aus. Hinzu kam, dass in der bayerischen Landesverfassung, die wiederum die Lehrpläne

68 Der Untersuchungszeitraum wurde im Laufe der Forschungsarbeiten ausgeweitet auf die Jahre 1980 bis 1996 (Höhne et al., 2005, S. 54f.).

normiert, der *Heimat*begriff explizit vorkommt. Auch hier erwartete man Auswirkungen auf die Inhalte der Schulbücher und die Thematisierung von Migration und Fremdheit (Höhne et al., 2005, S. 47–50).

Diese Eingrenzung reichte jedoch noch nicht aus. Es wäre rein forschungspraktisch immer noch nicht möglich gewesen, alle Bücher des Untersuchungszeitraumes für die betreffenden Fächer in Hessen und Bayern einer Feinanalyse zu unterziehen. Deshalb war eine weitere Beschränkung notwendig:

- Das Konzept der *virtuellen Schülerbiografie* sollte helfen, das Datenkorpus weiter einzugrenzen. Es wurden dabei nur all diejenigen Bücher ausgewählt, auf die eine Schülerin oder ein Schüler im Untersuchungszeitraum zwischen 1980 und 1995 mit der höchsten Wahrscheinlichkeit treffen konnte. Ausgewählt wurden die meistverwendeten Schulbücher in den verschiedenen Jahrgängen (Höhne et al., 2005, S. 55–60). Die Beschaffungszahlen der Schulen konnten, so ist anzunehmen, über die Kultusbehörden oder Verlage ermittelt werden.

Datenerhebung und Datenauswertung

Aufarbeitung des Materials und Datenauswertung

Da in der Untersuchung auf Daten beziehungsweise Dokumente zurückgegriffen wurde, die bereits im Schulsystem und in den Verlagen vorhanden waren, musste keine Datenerhebung im eigentlichen Sinn durchgeführt werden. Nach der Anschaffung der Schulbücher – und gegebenenfalls deren Vervielfältigung – konnte die Analyse der Texte beginnen. In diese wurden sowohl textliche als auch bildliche Darstellungen einbezogen.

In einem ersten Schritt wurden die Inhalte der Schulbücher noch einmal sondiert und die Seiten ausgewählt, die dem Migrationsdiskurs als zugehörig erschienen. Dafür wurde ein spezifisches *semantisches Feld*[69] konstruiert. Das semantische Feld zum Thema Migration enthielt Begriffe, wie „Ausländer“, „Einwanderung“, „Zuwanderung“, „Flüchtlinge“, „Asyl“, „Integration“, „Rassismus“ etc. (Höhne, 2010, S. 432). Diese galten als Markierungen von Texten zur Migrationsthematik. Die Elemente des semantischen Feldes speisten sich aus dem Vorwissen der Autoren und einer ersten Sichtung der zu untersuchenden Dokumente. Das semantische Feld wurde im Laufe der Untersuchung verändert, wenn neue, für den Migrationsdiskurs bedeutende Elemente entdeckt wurden. Die Seiten, die das Datenkorpus nun im engeren Sinne ausmachten, wurden nummeriert, um später immer wieder identifizieren zu können, auf welches Dokument ein bestimmtes Ergebnis verweist. Das ist gerade dann wichtig, wenn die Dokumente für den Vergleich neu geordnet werden.

---

69 Ein semantisches Feld bezeichnet eine Menge von Begriffen, die ihrer Bedeutung nach zueinander gehören.

Nun wurde für die Feinanalyse jede einzelne Seite noch einmal in verschiedene Fragmente untergliedert. Bestand eine Seite beispielsweise aus (1) einer Überschrift, (2) einem Textblock und (3) Bildern, wurden drei Fragmente konstruiert, die je einzeln und im Vergleich untersucht werden konnten (Höhne 2010, S. 438–443). Für jedes einzelne Fragment wurde die Frage gestellt, wie Migrantinnen und Migranten dargestellt werden, welche (Migrations-)Subjekte in den Texten konstruiert und welche Attribute ihnen zugewiesen werden. „Migrant/in“ galt dabei nicht als eine spezifische, in der gesellschaftlichen Realität existente Person, sondern als semantisches Zeichen, das prinzipiell bedeutungsoffen ist, durch andere Zeichen im Dokument jedoch vereindeutigt wird. Die Autoren sprechen in diesem Zusammenhang von Monosemierungen, mit deren Hilfe in Texten Bedeutungen von Begriffen eingegrenzt und festgelegt werden. Die bildliche Porträtdarstellung von Personen auf einer Schulbuchseite wird so beispielsweise vereindeutigt, indem diese im beigefügten Text als „Ausländer“, „Asylbewerber“ oder „Spätaussiedler“ bezeichnet werden. Damit gibt der Text eine spezifische Lesart vor und schließt alternative Lesarten – dass es sich bei den abgebildeten Personen beispielsweise um „deutsche Arbeiter“ oder um „Menschen ganz allgemein“ handelt – aus. Neben der Darstellung von Migrantinnen und Migranten interessierte die Autoren auch, welche weiteren Subjekte im Migrationsdiskurs konstruiert werden und mit welchen sprachlichen Mitteln ein Unterschied zwischen ihnen und den Migrantinnen und Migranten selbst hergestellt wird. Solche semantischen Unterscheidungen wurden als Differenzsetzungen rekonstruiert. Eine wichtige Differenz kann beispielsweise diejenige zwischen „wir (Deutschen)“ und „sie (die Ausländer)“ bilden.

Bei der Analyse der Fragmente wurde streng sequentiell vorgegangen und Sequenz für Sequenz der spezifische Bedeutungsgehalt der semantischen Elemente rekonstruiert. Ergebnis der Analysen konnten dann Bedeutungsmatrizen sein, wie die folgende.

Abbildung 1: Matrix des Migrationsdiskurses nach Höhne (2010, S. 442)

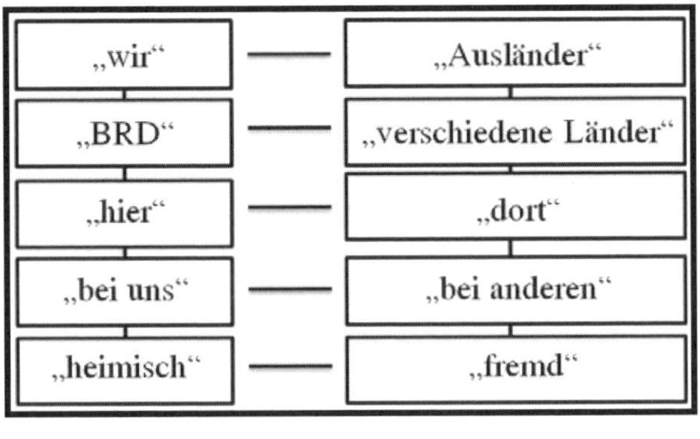

Die Matrix in Abbildung 1 veranschaulicht die Bedeutungen und Differenzsetzungen im Migrationsdiskurs. Sie ist ein semantisches Gerüst, das einer Schulbuchseite zu Grunde liegen kann und mit anderen zu Tage geförderten Matrizen im Laufe der Analyse verglichen werden konnte (vgl. Höhne, 2010, S. 443). Dies geschah in der Untersuchung von Höhne, Kunz und Radtke im Vergleich der hessischen und bayerischen Schulbücher, aber auch im Vergleich zu Darstellungen in den Lehrplänen der betreffenden Länder sowie im Vergleich zu Darstellungen in den Massenmedien (Höhne, 2010, S. 444).

Interpretation der Ergebnisse

In Bezug auf die Forschungsfrage konnten die Autoren der Studie aus ihren Ergebnissen folgende Schlussfolgerungen ziehen:

Die Analyse der Schulbücher und Massenmedien zeichnete eine hohe Konvergenz in der Thematisierung von Migration aus. Die Darstellungen, Differenzsetzungen und Kollektivmetaphern ähnelten einander. Dies betraf beispielsweise die Differenz „wir – sie" und die Differenz „deutsch – nicht-deutsch". Zu den Gemeinsamkeiten im Diskurs zählten zudem die Attribuierung der Migrantinnen und Migranten als „kulturell fremd" und die Zuschreibung typisierender Themenfelder wie „Wohnungsprobleme" oder „Ghetto". Türkische Migrantinnen und Migranten gelten im Diskurs als prototypische Fremde (vgl. Höhne, 2010, S. 445).

Trotz der Gemeinsamkeiten der Differenzsetzung konnten auch Unterschiede aufgezeigt werden. So wurde in hessischen Schulbüchern und Lehrplänen trotz der Betonung der Differenz eher deren Anerkennung und eine symmetrische Beziehung zu den Nicht-Migrantinnen und Nicht-Migranten betont. In bayerischen Schulbüchern und Lehrplänen hingegen fanden sich eher bekenntnishafte Betonungen von „Christentum", „Abendland" und „Europa" und eine automatische Qualifizierung von Fremdheit und Andersheit als problematisch und konflikthaft (Höhne 2010, S. 445).

Verwertung

Die strukturelle Analyse des Migrationsdiskurses kann Anlass für weitere Untersuchungen sein. So ist es beispielsweise vorstellbar, den Zeitraum der Untersuchung zu verändern, um die Frage zu beantworten, ob es im Laufe der letzten 15 Jahren zu Veränderungen im Migrationsdiskurs gekommen ist. Auch eine international vergleichende Schulbuchanalyse kann bei den Ergebnissen von Höhne, Kunz und Radtke ihren Ausgang nehmen und Gemeinsamkeiten und Unterschiede in der Darstellung von Migration in Schulbüchern verschiedener Länder zu Tage fördern. Neben Wissenschaftlerinnen und Wissenschaftlern können die Ergebnisse im Bildungssystem auch von Pädagoginnen und Pädagogen rezipiert und genutzt werden. Sie können sowohl Lehrerinnen und Lehrer als auch Schulbuchautorinnen und -autoren und die Zulassungsbehörden für den Gegenstand sensibilisieren.

Auch wenn die Autoren der Studie deren Zweck nicht in der Evaluation und Verbesserung von Schulbüchern sehen, so kann aus der Auseinandersetzung mit der Studie dennoch ein kritisch-reflektierter Umgang mit Schulbuchdarstellungen – auch im Unterricht selbst, mit Schülerinnen und Schülern – erwachsen.

Weitere Beispiele

Da es sich bei der Diskursanalyse um ein relativ junges Forschungsprogramm handelt, das in der Erziehungswissenschaft, im Gegensatz zu anderen sozialwissenschaftlichen Disziplinen, erst seit den 1990er Jahren in zunehmendem Maße rezipiert wurde, sind die empirischen Untersuchungen, vor allem auch solche, die im Schulkontext angesiedelt sind und die auf diskursanalytische Ansätze zurückgreifen, bisher eher selten. Nichtsdestotrotz ist in der Erziehungswissenschaft im Allgemeinen, wie auch in der Schulforschung im Speziellen, ein zunehmendes Interesse an diskursanalytischen Fragestellungen wahrzunehmen (Balzer, 2004). Davon zeugen eine Reihe von Sammel- und Tagungsbänden, die in den letzten Jahren publiziert worden sind und in denen theoretische Annäherungen und empirische Analysen zusammengeführt wurden (vgl. u.a. Pongratz et al., 2004; Ricken & Rieger-Ladich, 2004; Weber & Maurer, 2006). Wichtige Beispiele diskursanalytischer Studien im Schulkontext sind daneben die Studie von Monika Jäckle (2009) zum Geschlechterdiskurs in der Schule, Maarten Simons' (2001) Analysen zum Regime des Qualitätsmanagements im Schulsystem, die bereits weiter oben erwähnte Studie von Lisa Pfahl (2010) zum Behindertendiskurs, aber auch die spannende Studie von André Grzeszyk (2012) zur Konstitution des School Shooters, die an der Grenze von Schul- und Medienforschung angesiedelt ist, wie auch Antje Langers (2008) Analyse zur Disziplinierung der Körper von Schülerinnen und Schülern in der Schule.

Denken – Handeln – Diskutieren

1. Bitte versetzen Sie sich in die folgende Situation: Sie werden als Lehrerin oder Lehrer von Ihrer Schulleitung dazu aufgefordert, im Fachunterricht die Heterogenität der Schülerinnen und Schüler stärker zu berücksichtigen. Sie stellen sich daraufhin die folgenden Fragen: (1) In welchem Umfang ist das Thema Heterogenität in der öffentlichen bildungswissenschaftlichen Diskussion vertreten? (2) *Wie* wird über Heterogenität gesprochen? (3) Werden bestimmte Reaktionen auf Heterogenität vorgegeben bzw. erwartet? (4) Wird eine fehlende Reaktion auf Heterogenität bewertet und wie fällt diese Bewertung ggf. aus?

   Sie entschließen sich diesen Fragen nachzugehen und bildungswissenschaftliche Texte zum Thema „Heterogenität" diskursanalytisch zu untersuchen.

Entwickeln Sie aus diesem Anliegen einen Forschungsplan und gehen Sie insbesondere auf folgende Aspekte ein:

a) Diskutieren Sie, welchen diskurstheoretischen bzw. -analytischen Vorannahmen Sie sich anschließen wollen und können, und treffen Sie eine begründete Entscheidung.
b) Erarbeiten Sie Kriterien zur Strukturierung Ihres Datenkorpus: Begründen Sie, welche Texte Sie warum heranziehen und wie Sie das Datenkorpus eingrenzen würden.
c) Erstellen Sie ein semantisches Feld zum Begriff „Heterogenität“, welches Ihnen bei der Auswahl und der Eingrenzung Ihres Datenmaterials hilft. Welche Begriffe sind im Zusammenhang mit „Heterogenität“ im bildungswissenschaftlichen Diskurs relevant?
d) Wählen Sie ein Ihrer Forschungsfrage entsprechendes Vorgehen zur Auswertung unter Berücksichtigung der unter a) getroffenen Vorannahmen aus und analysieren Sie unter dieser Perspektive Ihr Datenmaterial.
e) Erstellen Sie eine Matrix, die den von Ihnen rekonstruierten Diskurs zur Heterogenität abbildet.

Anregungen zur Untersuchung dieses Themas finden Sie bei Jürgen Budde (2012).

2. Analog zu den Überlegungen aus 1. kann die diskursanalytische Betrachtung folgender weitere Begriffe für die Diskussion und die Praxis in Schule und Unterricht fruchtbare Erkenntnisse liefern: Kompetenz, Schulentwicklung, Qualitäts-, Klassen- und Übergangsmanagement, gehirngerechtes Lernen, Bullying/Mobbing, Jungenkrise und Schule, Jungen als Bildungsverlierer, Underachievement (von Jungen), Inklusion, Evaluation, lebenslanges Lernen, Partizipation.[70]

   Erstellen Sie in Anlehnung an die unter 1. entfalteten Schritte einen Forschungsplan bzw. entwickeln Sie eine eigene empirische Arbeit zu einem der vorgeschlagenen oder einem selbst gewählten Diskursthema.

3. Neben der Analyse von Texten kann auch und insbesondere die Untersuchung von Bildmaterial Einblicke in gesellschaftliche Diskurse bieten.
   a) Überlegen und diskutieren Sie, welche Aspekte Sie bei einer diskursanalytischen Untersuchung von Bildmaterial beachten möchten.
   b) Mit welchen Argumenten halten Sie es für gerechtfertigt, ein Korpus basierend auf Titelbildern des *Spiegels* zur Rekonstruktion eines gesellschaftlichen Diskurses zu erstellen?

70 Für weitere Begriffe und einen Einblick in die Vielfalt diskursanalytischer Betrachtungen sei Ihnen das Glossar der Gegenwart, herausgegeben von Ulrich Bröckling, Susanne Krasmann und Thomas Lemke (2004) empfohlen. Die dort vorliegenden Texte eignen sich ebenfalls gut, um die Erstellung von Diskursmatrizen einzuüben und zu festigen.

c) Welche Diskursthemen aus der Schul- und Unterrichtsforschung sowie -praxis halten Sie im Hinblick auf eine Bildanalyse bzw. die Analyse der Titelbilder des Spiegels für relevant?

Die Titelbilder des *Spiegels* sind online verfügbar unter: http://www.spiegel.de/spiegel/print.

Literatur

Apel, K.-O. (1990). *Diskurs und Verantwortung. Das Problem des Übergangs zur postkonventionellen Moral*. Frankfurt am Main: Suhrkamp.

Ariès, Ph. (2003). *Geschichte der Kindheit* (15. Aufl.). München: DTV.

Balzer, N. (2004). Von den Schwierigkeiten, nicht oppositional zu denken. Linien der Foucault-Rezeption in der deutschpsrachigen Erziehungswissenschaft. In N. Ricken & M. Rieger-Ladich (Hrsg.), *Michel Foucault. Pädagogische Lektüren* (S. 15–35). Wiesbaden: VS Verlag für Sozialwissenschaften.

Becker, R. C. (2012). *Black Box Computer. Zur Wissensgeschichte einer universellen kybernetischen Maschine*. Bielefeld: transcript.

Berger, P. L. & Luckmann, T. (1971). *Die gesellschaftliche Konstruktion der Wirklichkeit. Eine Theorie der Wissenssoziologie* (2. Aufl.). Frankfurt am Main: S. Fischer.

Bogdal, K.-M. (2007). *Historische Diskursanalyse der Literatur* (2. Aufl.). Heidelberg: Synchron.

Bröckling, U., Krasmann, S. & Lemke, T. (Hrsg.). (2004). *Glossar der Gegenwart*. Frankfurt am Main: Suhrkamp.

Bublitz, H.. (1999). Diskursanalyse als Gesellschafts-„Theorie". In H. Bublitz (Hrsg.) *Das Wuchern der Diskurse. Perspektiven der Diskursanalyse Foucaults* (S. 22–48). Frankfurt am Main: Campus Verlag.

Budde, J. (2012). Die Rede von der Heterogenität in der Schulpädagogik. Diskursanalytische Perspektiven. In *Forum Qualitative Sozialforschung/Forum: Qualitative Social Research* 13 (2). Zugriff am 17.06.2012 unter http://www.qualitative-research.net/index.php/fqs/article/view/1761/3356

Butler, J. (1991). *Das Unbehagen der Geschlechter*. Frankfurt am Main: Suhrkamp.

Butler, J. (1997). *Körper von Gewicht. Die diskursiven Grenzen des Geschlechts*. Frankfurt am Main: Suhrkamp.

Butler, J., Wördemann, K. & Stempfhuber, M. (2011). *Die Macht der Geschlechternormen und die Grenzen des Menschlichen.* Berlin: Suhrkamp.

Diaz-Bone, R. (1999). Probleme und Strategien der Operationalisierung des Diskursmodells im Anschluss an Michel Foucault. In H. Bublitz (Hrsg.): *Das Wuchern der Diskurse. Perspektiven der Diskursanalyse Foucaults* (S. 119–135). Frankfurt: Campus Verlag.

Diaz-Bone, R. (2006). Zur Methodologisierung der Foucaultschen Diskursanalyse. In *Historical Social Research* 31 (2), 243–274.

Diaz-Bone, R. (2010). *Kulturwelt, Diskurs und Lebensstil.* Wiesbaden: VS Verlag für Sozialwissenschaften.

Dosse, F. (1999a). *Geschichte des Strukturalismus. Die Zeichen der Zeit.* Frankfurt am Main: Fischer-Taschenbuch-Verlag.

Dosse, F. (1999b). *Geschichte des Strukturalismus. Das Feld des Zeichens.* Frankfurt am Main: Fischer-Taschenbuch-Verlag.

Dzierzbicka, A. & Horvath, W. (2008). Diskursanalyse zu „Ganztagsbildung“. In T. Coelen & H.-U. Otto (Hrsg.), *Grundbegriffe Ganztagsbildung* (S. 878–886). Wiesbaden: VS Verlag für Sozialwissenschaften.

Dzudzek, I., Glasze, G., Mattissek, A. & Schirmel, H. (2009). Verfahren der lexikometrischen Analyse von Textkorpora. In G. Glasze & A. Mattissek (Hrsg.), *Handbuch Diskurs und Raum. Theorien und Methoden für die Humangeographie sowie die sozial- und kulturwissenschaftliche Raumforschung* (S. 233–260). Bielefeld: transcript.

Eder, F. (2003). Diskurs und Sexualpädagogik. Der deutschsprachige Onanie-Diskurs des späten 18. Jahrhunderts. In *Paedagogica historica* 39 (6), 719–735.

Epprecht, M. (2008). *Heterosexual Africa? The history of an idea from the age of exploration to the age of AIDS.* Athens, Ohio: Ohio University Press; South Africa: University of KwaZulu-Natal Press.

Fausto-Sterling, A. (2000). *Sexing the body. Gender politics and the construction of sexuality.* New York: Basic Books.

Fellner, M. (2006). *Psycho movie. Zur Konstruktion psychischer Störung im Spielfilm.* Bielefeld: transcript.

Fichera, U. (1996). *Die Schulbuchdiskussion in der BRD – Beiträge zur Neugestaltung des Geschlechterverhältnisses. Bestandsaufnahme und Sekundäranalyse.* Frankfurt am Main: Peter Lang.

Foucault, M. (1976). *Mikrophyik der Macht. Michel Foucault über Strafjustiz, Psychiatrie und Medizin.* Berlin: Merve.

Foucault, M. (1981). *Archäologie des Wissens.* Frankfurt am Main: Suhrkamp.

Foucault, M. (1989). *Der Gebrauch der Lüste.* Frankfurt am Main: Suhrkamp.

Foucault, M. (1994). *Überwachen und Strafen. Die Geburt des Gefängnisses.* Frankfurt am Main: Suhrkamp.

Früh, W. (2011). *Inhaltsanalyse. Theorie und Praxis* (7. Aufl.). Konstanz: UVK.

Fuchs, E. (2011). Aktuelle Entwicklungen der schulbuchbezogenen Forschung in Europa. In *Bildung und Erziehung* 64 (1), 7–77.

Gallagher, C. & Laqueur, Th. W. (1987). *The Making of the modern body. Sexuality and society in the nineteenth century.* Berkeley: University of California Press.

Gerhard, U. (1999). Identität und Identifizierung – zum Anteil literarischer Verfahren an den Wanderungspolitiken des 20. Jahrhunderts. In H. Bublitz (Hrsg.), *Das Wuchern der Diskurse. Perspektiven der Diskursanalyse Foucaults* (S. 97–108). Frankfurt am Main: Campus Verlag.

Glaser, B. G. & Strauss, A. L. (2005). *Grounded theory. Strategien qualitativer Forschung.* (2. Aufl.) Bern: Hans Huber.

Gramsci, A. (2012). *Gefängnishefte. Kritische Gesamtausgabe in 10 Bänden.* Hamburg: Argument.

Grzeszyk, A. (2012). *Unreine Bilder. Zur medialen (Selbst-)Inszenierung von School Shootern.* Bielefeld: transcript.

Habermas, J. (1983). *Moralbewusstsein und kommunikatives Handeln.* Frankfurt am Main: Suhrkamp.

Habermas, J. (1988). *Der philosophische Diskurs der Moderne. Zwölf Vorlesungen.* Frankfurt am Main: Suhrkamp.

Habermas, J. (1991). *Erläuterungen zur Diskursethik.* Frankfurt am Main: Suhrkamp.

Habermas, J. (1995). *Theorie des kommunikativen Handelns.* Frankfurt am Main: Suhrkamp.

Hanke, Ch. (2007). *Zwischen Auflösung und Fixierung. Zur Konstitution von „Rasse" und „Geschlecht" in der physischen Anthropologie um 1900.* Bielefeld: transcript.

Hoffarth, B. (2009). *Performativität als medienpädagogische Perspektive. Wiederholung und Verschiebung von Macht und Widerstand.* Bielefeld: transcript.

Höhne, Th. (2001). Kultur als Differenzierungskategorie. In H. Lutz & N. Wenning (Hrsg.), *Unterschiedlich verschieden. Differenz in der Erziehungswissenschaft* (S. 197–213). Opladen: Leske + Budrich.

Höhne, Th. (2003). *Schulbuchwissen. Umrisse einer Wissens- und Medientheorie des Schulbuches.* Frankfurt am Main: Fachbereich Erziehungswissenschaft der Johann-Wolfgang-Goethe-Universität.

Höhne, Th. (2010): Die thematische Diskursanalyse – dargestellt am Beispiel von Schulbüchern. In R. Keller, A. Hirseland, W. Schneider & W. Viehöver (Hrsg.), *Handbuch sozialwissenschaftliche Diskursanalyse. Band 2: Forschungspraxis* (4. Aufl., S. 424–453). Wiesbaden: VS Verlag für Sozialwissenschaften.

Höhne, Th., Kunz, Th. & Radtke F.-O. (1999). Bilder von Fremden. Formen der Migrantendarstellung als der „anderen Kultur" in deutschen Schulbüchern von 1981–1997. Zwischenbericht. Frankfurt am Main. Zugriff am 17.06.2012 unter http://www.uni-frankfurt.de/fb/fb04/personen/radtke/Publikationen/Bilder_von_Fremden.pdf

Höhne, Th., Kunz, Th. & Radtke F.-O. (2005). *Bilder von Fremden. Was unsere Kinder aus Schulbüchern über Migranten lernen sollen.* Frankfurt am Main: Fachbereich Erziehungswissenschaften der Johann-Wolfgang-Goethe-Universität.

Horkheimer, M. (1992). *Traditionelle und kritische Theorie* (5. Aufl.). Frankfurt am Main: Fischer.

Jäckle, M. (2009). *Schule M(m)acht Geschlechter. Eine Auseinandersetzung mit Schule und Geschlecht unter diskurstheoretischer Perspektive.* Wiesbaden: VS Verlag für Sozialwissenschaften .

Jäger, S. (2011). Diskurs und Wissen. Theoretische und methodische Aspekte einer Kritischen Diskurs- und Dispositivanalyse. In R. Keller, A. Hirseland, W. Schneider & W. Viehöver (Hrsg.), *Handbuch Sozialwissenschaftliche Diskursanalyse. Band 1: Theorien und Methoden* (3. Aufl., S. 91–124). Wiesbaden: VS Verlag für Sozialwissenschaften.

Katheder, D. (2008). *Mädchenbilder in deutschen Jugendzeitschriften der Gegenwart.* Wiesbaden: VS Verlag für Sozialwissenschaften.

Keller, R. (2004). *Diskursforschung. Eine Einführung für SozialwissenschaftlerInnen* (2. Aufl.). Wiesbaden: VS Verlag für Sozialwissenschaften.

Keller, R., Hirseland, A., Schneider, W. & Viehöver, W. (2010a). Die vielgestaltige Praxis der Diskursforschung. Eine Einführung. In R. Keller, A. Hirseland, W. Schneider & W. Viehöver (Hrsg.), *Handbuch sozialwissenschaftliche Diskursanalyse. Band 2: Forschungspraxis* (4. Aufl. S. 7–18). Wiesbaden: VS Verlag für Sozialwissenschaften.

Keller, R., Hirseland, A., Schneider, W. & Viehöver, W. (Hrsg.) (2010b). *Handbuch sozialwissenschaftliche Diskursanalyse. Band 2: Forschungspraxis* (4. Aufl.). Wiesbaden: VS Verlag für Sozialwissenschaften.

Kessl, F. (2011). Diskursanalytische Vorgehensweisen. In G. Oelerich (Hrsg.), *Empirische Forschung und Soziale Arbeit. Ein Studienbuch* (S. 313–322). Wiesbaden: VS Verlag für Sozialwissenschaften.

Knorr-Cetina, K. (1991). *Die Fabrikation von Erkenntnis. Zur Anthropologie der Naturwissenschaft*. Frankfurt am Main: Suhrkamp.

Kossack, P. (2006). *Lernen beraten. Eine dekonstruktive Analyse des Diskurses zur Weiterbildung*. Bielefeld: transcript.

Langer, A. (2008). *Disziplinieren und entspannen. Körper in der Schule – eine diskursanalytische Ethnographie*. Bielefeld: transcript.

Laqueur, Th. (1990). *Making sex. Body and gender from the Greeks to Freud.* Cambridge: Harvard University Press.

Lévi-Strauss, C. (1984). *Die elementaren Strukturen der Verwandtschaft* (2. Aufl.). Frankfurt am Main: Suhrkamp.

Meyer-Drawe, K. (2012). *Diskurse des Lernens* (2. Aufl.). München: Fink.

Meyer-Drawe, K. & Fischer, M. (1990). *Illusionen von Autonomie. Diesseits von Ohnmacht und Allmacht des Ich*. München: P. Kirchheim.

Nonhoff, M. (2001). Soziale Marktwirtschaft – ein leerer Signifikant? Überlegungen im Anschluss an die Diskurstheorie Ernesto Laclaus. In J. Angermüller, K. Bunzmann & M. Nonhoff (Hrsg.), *Diskursanalyse. Theorien, Methoden, Anwendungen* (S. 193–208). Hamburg: Argument.

Osterloh, K. (2008). *Weißsein in Politikschulbüchern. Eine diskursanalytische Untersuchung*. Saarbrücken: VDM Verlag.

Parker, I. (2003). Die diskursanalytische Methode. In U. Flick, E. von Kardorff & I. Steinke (Hrsg.), *Qualitative Forschung. Ein Handbuch* (2. Aufl., S. 546–556). Reinbek: Rowohlt.

Peters, M. A. (2004). Why Foucault? New Directions in Anglo-American Educational Research. In L. Pongratz, M. Wimmer, W. Nieke & J. Masschelein (Hrsg.), *Nach Foucault. Diskurs- und machtanalytische Perspektiven der Pädagogik* (S. 195–219). Wiesbaden: VS Verlag für Sozialwissenschaften.

Pfahl, L. (2010). *Techniken der Behinderung. Der deutsche Lernbehinderungsdiskurs, die Sonderschule und ihre Auswirkungen auf Bildungsbiografien*. Bielefeld: transcript.

Pongratz, L. A. (1989). *Pädagogik im Prozeß der Moderne. Studien zur Sozial- und Theoriegeschichte der Schule*. Weinheim: Deutscher Studienverlag.

Pongratz, L., Wimmer, M., Nieke, W. & Masschelein, J. (Hrsg.) (2004). *Nach Foucault. Diskurs- und machtanalytische Perspektiven der Pädagogik.* Wiesbaden: VS Verlag für Sozialwissenschaften.

Reuter, J. (Hrsg.) (2011). *Schlüsselwerke der Postcolonial Studies.* Wiesbaden: VS Verlag für Sozialwissenschaften.

Ricken, N. & Rieger-Ladich, M. (Hrsg.) (2004). *Michel Foucault. Pädagogische Lektüren.* Wiesbaden: VS Verlag für Sozialwissenschaften.

Saussure, F. de, Bally, Ch. & Sechehaye, A. (2001). *Grundfragen der allgemeinen Sprachwissenschaft* (3. Aufl.). Berlin: de Gruyter.

Schäfer, A. (1996). *Das Bildungsproblem nach der humanistischen Illusion.* Weinheim: Deutscher Studienverlag.

Schmidt, D. (2000). *Der pädagogische Staat. Die Geburt der staatlichen Schule aus dem Geist der Aufklärung*. Baden-Baden: Nomos.

Schmitz, G. (2004). *Auswahlbibliographie zur Michel Foucault-Rezeption.* In N. Ricken & M. Rieger-Ladich (Hrsg.), *Michel Foucault. Pädagogische Lektüren* (S. 303–310). Wiesbaden: VS Verlag für Sozialwissenschaften.

Schrage, D. (1999). Was ist ein Diskurs? Zu Michel Foucaults Versprechen, „mehr" ans Licht zu bringen. In H. Bublitz (Hrsg.), *Das Wuchern der Diskurse. Perspektiven der Diskursanalyse Foucaults* (S. 63–74). Frankfurt am Main: Campus Verlag.

Simons, M. (2001). Governmentality, education and quality management. Toward a critque of the permanent quality tribunal. In *Zeitschrift für Erziehungswissenschaft* 5 (4), 617–633.

Stefanowitsch, A. (2012). Sprache und Ungleichheit. In *Aus Politik und Zeitgeschichte 62* (16–17), 27–33.

van Dijk, T. A. (1992). Rassismus heute. Der Diskurs der Elite und seine Funktion für die Reproduktion des Rassimus. In A. Kalpaka & N. Räthzel (Hrsg.), *Rassismus und Migration in Europa. Beiträge des Kongresses „Migration und Rassismus in Europa", Hamburg, 26. bis 30. September 1990* (S. 289–313). Hamburg: Argument.

Venth, A. (2006). *Gender-Porträt Erwachsenenbildung. Diskursanalytische Reflexionen zur Konstruktion des Geschlechterverhältnisses im Bildungsbereich.* Bielefeld: Bertelsmann.

Weber, S. & Maurer, S. (Hrsg.) (2006). *Gouvernementalität und Erziehungswissenschaft. Wissen – Macht – Transformation.* Wiesbaden: VS Verlag für Sozialwissenschaften.

Michael Brock

3.2.5 Die Analyse sozialer Netzwerke: Soziometrie

Mit dem Eintritt in die Schule eröffnen sich Kindern zahlreiche neue Kontaktmöglichkeiten zu Gleichaltrigen. In Peerbeziehungen können Heranwachsende ihre sozialen Bedürfnisse nach Akzeptanz und Intimität stillen (Stöckli, 1997, S. 14f.). Durch den Kontakt mit Gleichaltrigen entwickeln Kinder „ein Gefühl für Beziehungen und moralische Reglementierungen, erfahren die Bedeutung von Intimität und finden Wege zu einem tieferen gegenseitigen Verstehen" (Stöckli, 1997, S. 17). Bei den Klassenangehörigen handelt es sich jedoch „keineswegs nur um Freunde, aber doch um diejenigen, auf die man sich tagtäglich beziehen muss, zu denen man sich in ein Verhältnis setzen muss und an denen man sich in alltäglicher Interaktion orientiert" (Breidenstein, 2008, S. 945). Aus diesen alltäglichen Interaktionen entwickeln sich Beziehungsverhältnisse verschiedener Art: enge Freundschaften, lockere Kameradschaften, feste Cliquen und ebenso Situationen der Isolation und Ablehnung (Fend, 1991, S. 219).

Indem sie die Spielregeln für bestimmte Interaktionsabläufe angeben, bilden Gruppennormen die Grundlage für dauerhafte Beziehungen zwischen Schülerinnen und Schülern (Petillon, 1980, S. 27). Diese gewährleisten, dass Interaktionsverhalten erwartbar wird und „Sicherheiten nicht immer verunsichert, Vertrauen nicht immer wieder enttäuscht wird" (Prior, 1976; zitiert nach Petillon, 1980, S. 29). Normen und dahinterstehende Wertvorstellungen bedingen eine bestimmte Struktur der sozialen Beziehungen. Soziale Strukturen in Schulklassen bezeichnen daher „ein mehr oder weniger stabiles Beziehungsmuster zwischen den Beteiligten" (Petillon, 1980, S. 39). Gruppennormen und Gruppenstrukturen weisen jeweils einen formellen und einen informellen Bereich auf (Petillon, 1980, S. 27). Der formelle Bereich dient „der Erreichung schulischer Ziele [...] und [wird] durch die sichtbaren Aktivitäten bei Anwesenheit des Lehrers als Vermittler von Wissen und als Aufsichtsperson repräsentiert" (Petillon, 1980, S. 27). Die Art der Beziehung zwischen den Schülerinnen und Schülern, Kommunikationsvorgänge sowie die Inhalte, Methoden und die Bewertung von Leistungen sind hierbei durch die Lehrkraft bestimmt. Die formellen Erwartungen, die an einzelne Schülerinnen und Schüler herangetragen werden, beschränken sich größtenteils auf die soziale Leistungsfähigkeit (z.B. Hilfsbereitschaft) und das Ausmaß unterrichtsgemäßen Verhaltens (z.B. Pünktlichkeit) (vgl. Petillon, 1980, S. 40).

Die informellen Normen entziehen sich hingegen meist dem Einfluss der Lehrkräfte. Sie verkörpern die Erwartungen der Schülerinnen und Schüler nach sozialer Anerkennung, Freundschaft, Zugehörigkeit, Selbstgestaltung und den Austausch von Interessen (Petillon, 1980, S. 27). Informelle Normen entwickeln sich aus vielfältigen Interaktionen der Schülerinnen und Schüler untereinander. Die Verletzung dieser Verhaltensvorschriften wird „durch den Entzug von Sympathie, von sozialer Anerkennung und Teilnahme an gemeinsamen Aktivitäten bestraft" (Petillon, 1980, S. 34). Hieraus entstehen informelle Strukturen, in denen Personen im Zentrum der Aufmerksamkeit stehen, andere bleiben von der Gruppe unbeachtet oder werden ausgeschlossen.

Die soziale Position von Kindern und Jugendlichen in der Schulklasse steht in einer engen Verbindung zu ihrer emotionalen, sozialen und kognitiven Entwicklung. Abgelehnte und isolierte Kinder zeigen häufiger Gefühle der Anspannung, Furchtsamkeit, Nervosität, Angst vor Leistungsversagen und Gefühle der Unzulänglichkeit und Hilflosigkeit als beliebte Klassenangehörige (Petillon, 1987, S. 148). Unbeachtete Schülerinnen und Schüler verfügen weiterhin über ein ungünstigeres soziales Selbstkonzept (Fend, 1991, 237) und verhalten sich häufiger aggressiv und feindselig gegenüber ihren Altersgenossen (Rubin, Bukowski & Parker, 1998, S. 655f.). Zudem müssen sie häufiger eine Klasse wiederholen und haben ein höheres Risiko die Schule abzubrechen als ihre beliebten Klassenkameradinnen und -kameraden (Rubin et al., 1998, S. 672–674). Empirische Zusammenhänge finden sich auch in Verbindung mit dem Phänomen des Bullying: Nahezu alle Kinder, die unter aggressiven Übergriffen ihrer Altersgenossen leiden, werden auch gleichzeitig von diesen abgelehnt (Schuster, 1997; zitiert nach Schuster, 1999, S. 179). Kenneth H. Rubin, William M. Bukowski und Jeffrey G. Parker (1998) resümieren nach einer Analyse der vorhandenen Forschungsarbeiten: „Experiencing difficulties with peers is a consistent risk factor for later adjustment“ (S. 681).

Diese Befunde zeigen, dass den informellen Gruppenstrukturen der Schulklasse eine hohe Bedeutsamkeit für die zukünftige Entwicklung von Kindern und Jugendlichen zukommt. Vor diesem Hintergrund beschäftigt sich der folgende Beitrag mit der Frage, wie die soziale Position von Schülerinnen und Schülern in der Klasse ermittelt werden kann. Hierzu wird Ihnen der soziometrische Test als Erhebungsmethode vorgestellt und der Umgang mit den Ergebnissen im schulischen Kontext diskutiert. Anschließend wird anhand einer Untersuchung von Georg Stöckli (2005) der Einsatz der Erhebungsmethode in der Schul- und Unterrichtsforschung illustriert. Zunächst werden anhand der historischen Entwicklung der Methode wichtige Begriffe im Rahmen des Verfahrens geklärt.

3.2.5.1 Historische Genese und Perspektiven

Die Entwicklung des soziometrischen Tests wird dem Sozialpsychologen Jakob Levy Moreno zugeschrieben. Eine zentrale Rolle spielte hierbei Morenos Anstellung als Arzt eines Flüchtlingslagers zur Zeit des ersten Weltkriegs (vgl. Pruckner, 2004, S. 162f.). Unter den Flüchtlingen kam es häufiger zu Konflikten, die sich entlang bestimmter Kriterien wie nationale Zugehörigkeit, Parteizugehörigkeit oder Sexualität entwickelten. Moreno erkannte, dass die Flüchtlinge unter Missachtung all dieser Kriterien zusammen leben und arbeiten mussten, was seines Erachtens der Grund für die zahlreichen Verwerfungen war. Daraufhin gestaltete Moreno das Lager derart um, dass sich die Menschen ihre Wohn- und Arbeitsgruppen selbst aussuchen konnten. Dafür befragte er die Personen, mit wem sie gerne zusammen arbeiten bzw. wohnen möchten. Im Anschluss an die Umgestaltung verbesserte sich das Klima im Lager sichtbar. Im Jahr 1925 emigrierte Moreno in die USA. Dort führte er seine Forschungen fort. Mit seinen Arbeiten erlangte er eine gewisse Bekanntheit, und so engagierte ihn das amerikanische Landwirtschaftsministerium, um seine Ideen in groß angelegten Um- und Ansiedlungspläne einzubringen.

Anhand seiner vielfältigen Erfahrungen in eigenen Forschungsprojekten entwickelte Moreno die Lehre der Soziometrie, die er als „Wissenschaft der Messung zwischenmenschlicher Beziehungen“ (Moreno, 1959, S. 19) definierte. Zentral für Morenos Denken ist der theoretisch postulierte Gegensatz zwischen Oberflächen- und Tiefenstruktur (vgl. Ameln, Gerstmann & Kramer, 2009, S. 240f.). Die Oberflächenstruktur lässt sich auch als offizielle oder formale Struktur bezeichnen. Sie findet sich z.B. in hierarchischen Strukturen einer Organisation (z.B. Schule) oder den sich dort manifestierten formalen Rollen (z.B. Lehrkräfte, Schülerinnen und Schüler). Die Tiefenstruktur (auch soziometrische Matrix genannt) repräsentiert die emotionalen und informellen Beziehungen von Gruppenmitgliedern. Während die Oberflächenstruktur oftmals klar beschreibbar ist, resultiert die Tiefenstruktur aus verborgenen und nicht näher beschreibbaren Kräften. Die soziometrische Matrix baut sich aus allen affektiven und sozialen Beziehungen eines Menschen auf (Dollase, 1975, S. 93). Die Intensität und Art der Beziehungen sind dabei bestimmt durch emotionale Hin- und Abwendungsprozesse zwischen den Individuen, die Moreno auch als Wahlen bezeichnet (vgl. Ameln et al., 2009, S. 241). Sie erfolgen zu jedem Zeitpunkt, sind meist unbewusst und stellen die Grundlage jeder menschlichen Beziehung dar. Die Ergebnisse von Wahlen treten an der Oberfläche als Anziehung, Abstoßung oder Gleichgültigkeit (Neutralität) zwischen Personen hervor (Pruckner, 2004, S. 165). Jeder Wahl liegen bestimmte Kriterien zu Grunde. Die Beziehungsnetze von Personen unterscheiden sich je nachdem, welches Kriterium den Hin- und Abwendungsprozessen zu Grunde liegt (vgl. Ameln et al., 2009, S. 241). Die Zahl der Kriterien ist unendlich groß und „es sind die spezifischen Bedürfnisse (bzw. deren Überschneidungen) der Menschen, die uns in verschiedenen Gruppenkonstellationen mit unterschiedlichen Wahlkriterien zusammenkommen lassen“ (Ameln et al., 2009, S. 241).

Hat beispielsweise ein Schüler die freie Wahl, setzt er sich während eines Klassenausfluges eher neben Klassenangehörige, die er gerne mag. Das Wahlkriterium wäre hier Beliebtheit. Bei der Wahl der Klassensprecherin oder des Klassensprechers entscheidet sich der Schüler eher für die Person, die die Fähigkeit besitzt, Einfluss auf (klasseninterne) Entscheidungen zu nehmen.

Moreno geht davon aus, dass die Oberflächen- und die Tiefenstruktur in den seltensten Fällen deckungsgleich sind (Ameln et al., 2009, S. 240f.). Die Abweichung zwischen den beiden Strukturen wird als soziodynamische Differenz bezeichnet. Dabei steigen soziale Konflikte und Spannungen „proportional zur soziodynamischen Differenz zwischen offizieller Gesellschaft und soziometrischer Matrix“ (Moreno, 1981; zitiert nach Pruckner, 2004, S. 164). Bringt man diese Strukturen zur Deckung, dann würden sich Konflikte und Spannungen verringern. Für Moreno ist die Gesundheit oder Pathologie eines Menschen immer ein Niederschlag der Gesundheit oder der Pathologie seiner sozialen Beziehungen (Ameln et al., 2009, S. 225f.). Die Gesundung des Individuums kann daher nicht beim Einzelnen ansetzen, sondern muss die Gesundung des gesamten sozialen Netzwerks zum Ziel haben (Ameln et al., 2009, S. 226). Hier knüpfen Morenos sozialrevolutionäre Gedanken an: Indem Gruppen von innen her umgeformt werden und ihre Beziehungen zu anderen Gruppen verändert werden, sollen Sozialrevolutionen kleineren Ausmaßes in Gang gesetzt werden (Moreno, 1949, S. 114). Diese soziometrischen Revolutionen seien sogar so weitreichend, dass sie zur Lösung internationaler Spannungen beitragen können (Moreno, 1954, S. XXI).

Für die Initiation dieser soziometrischen Umbrüche bietet Moreno ein Instrumentarium an, das sich auf die drei Konzepte Soziometrie, Soziodrama und

Gruppenpsychotherapie stützt. Im Rahmen der Soziometrie werden mit Hilfe des soziometrischen Tests (auch Wahlverfahren) zunächst die Tiefenstrukturen einer Gruppe aufgedeckt. Hierzu nennen die Gruppenmitglieder im Rahmen einer Befragung diejenigen Personen, die sie in Bezug auf ein bestimmtes Kriterium wählen würden. Die Ergebnisse des soziometrischen Tests sollen der Selbsterkenntnis der Gruppe dienen, „um so wiederum Prozesse der Integration und Therapie zu ermöglichen" (Friedrichs, 1990, S. 256). Mit Hilfe der Methoden des Psychodramas und der Gruppenpsychotherapie werden die Gruppen bei der Reflexion der Ergebnisse unterstützt und der Integrationsgrad der Gruppe erhöht (vgl. Ameln et al., 2009, S. 227f.). Überall dort, wo der soziometrische Test die Basis für die Veränderung von Gruppenstrukturen bildet, spricht man auch von „hot sociometry" (Ardelt & Laireiter, S. 668).

Obwohl von Moreno ursprünglich als Interventionsprogramm im psychologischen Kontext entwickelt, fand die Soziometrie Eingang in die Sozialwissenschaften. Sie gilt als Vorläufer der heutigen Netzwerkanalyse, die sich mit der Beschreibung und Erklärung von sozialen Beziehungen und daraus resultierenden Handlungen beschäftigt (Schnell, Hill & Esser, 1995, S. 170). Entgegen Morenos ursprünglicher Intention dient der soziometrische Test in der empirischen Sozialwissenschaft ausschließlich der Analyse von Gruppenstrukturen („cold sociometry") (Ardelt & Laireiter, 1999, S. 668). So geriet der sozialrevolutionäre Gedanke Morenos mit der Rezeption seiner Forschungsmethode in den Sozialwissenschaften bereits drei Jahre nach der Veröffentlichung seines Hauptwerkes „Die Grundlagen der Soziometrie" (1937) wieder in den Hintergrund (Dollase, 1975, S. 87). Durch die zweigleisige Entwicklung der Soziometrie ist die Frage der Urheberschaft Morenos auch zweifach zu beantworten: Während Moreno die Entwicklung der Interventionssoziometrie zweifelsohne zugerechnet werden kann, bedienten sich bereits Forscher vor Moreno soziometrischer Wahlverfahren zur Erfassung von Gruppenstrukturen (Dollase, 1975, S. 89). Zu nennen sind hier beispielsweise Siegfried Bernfeld (1922), der sich der Beschreibung der Kontakte innerhalb eines Freundinnenkreises widmete; Karl Reininger (1924) untersuchte die sozialen Beziehungen in einer Schulklasse und Wilhelm Hoffer (1922) erforschte die freundschaftlichen Verbindungen einer Gruppe jüdischer Jungen (vgl. Dollase, 1973, S. 28–30). Die sozialwissenschaftliche Verwendung des soziometrischen Tests erlebte in den 1970er Jahren einen Aufschwung (Dollase, 1975, S. 88; Rubin, Bukowski & Parker, 1998, S. 649). Dabei wurde die ursprüngliche Form des Verfahrens der Wahlen und Ablehnungen vielfach modifiziert und erweitert. Dollase (1975) resümiert Mitte der 1970er Jahre, „dass alle Erhebungsinstrumente der Sozialforschung auch schon mal in der Soziometrie eingesetzt worden sind" (S. 88) (vgl. auch Rubin et al., 1998, S. 649–651). Auch in der Interventionssoziometrie wurden neue Verfahren wie der Diamant der Gegensätze oder das soziale Netzwerkinventar entwickelt und in der Gruppenpsychotherapie eingesetzt (vgl. Ameln et al., 2009, S. 249–251, 256–260).[71] In der heutigen empirischen Sozialforschung werden soziometrische Daten vorrangig dazu benutzt, den Einfluss der Gruppenstruktur auf Meinungsbildungsprozesse und Verhalten der Gruppenmitglieder zu untersuchen (soziometrische Kontextanalyse) (Diekmann, 2010, S. 496). Weiterhin steht die Dynamik von sozialen Beziehungen im Fokus sozialwissenschaftlicher Untersuchungen (Diekmann, 2010, S. 496).

3.2.5.2 Erhebung

In den folgenden Abschnitten wird die Erhebung sozialer Netzwerke mittels des soziometrischen Tests dargestellt und diskutiert. Zunächst werden wichtige Begriffe geklärt und eine forschungsparadigmatische Einordnung des Verfahrens vorgenommen. Daran anschließend werden Hinweise für die Konstruktion gegeben und der Bezug zu den klassischen Gütekriterien der empirischen Sozialforschung hergestellt. Abschließend wird Stellung zu den Stärken und Schwächen des soziometrischen Tests genommen.

Einordnung und Begriffsklärungen

In den Sozialwissenschaften hat sich eine Vielzahl von soziometrischen Erhebungsverfahren zur Messung sozialer Beziehungen etabliert (Dollase, 1973, S. 36; Friedrichs, 1990, S. 255). Im Zentrum der soziometrischen Methodik steht jedoch der soziometrische Test[72], „der die gegenseitigen Präferenzen bzw. Ablehnungen von Gruppenmitgliedern mit Hilfe eines Papier-und-Bleistift-Verfahrens erfasst" (Ameln, Gerstmann & Kramer, 2009, S. 243). Der soziometrische Test eignet sich besonders zur Untersuchung der sozialen Struktur von kleineren, abgeschlossenen Gruppen, deren Mitglieder bereits miteinander vertraut sind (Diekmann, 2010, S. 499; Friedrich, 1990, S. 256).

Beim soziometrischen Test handelt es sich nicht um eine eigenständige Erhebungstechnik. Er stellt vielmehr eine besondere Form des Fragebogens dar. Bei „regulären" Fragebogenerhebungen werden individuelle Merkmale von Personen (Meinungen, Einstellungen, Wissen etc.) erfasst (Diekmann, 2010, S. 495). Der soziometrische Test thematisiert demgegenüber die Einbettung von Befragten in soziale Netzwerke (Diekmann, 2010, S. 495). Ein soziales Netzwerk ist „a specific set of linkage among a defined set of persons" (Mitchell, 1969, S. 2). Mit Hilfe des soziometrischen Tests können Sie verschiedene Merkmale ermitteln, die sich

---

71 Näheres zum Diamanten der Gegensätze finden Sie bei Carlson-Sabelli, Sabelli und Hale (1994). Eine Darstellung des sozialen Netzwerkinventars erfolgt bei Treadwell, Leach und Stein (1993).

72 Der soziometrische Test darf im Sinne der psychologischen Diagnostik nicht als Test bezeichnet werden, da er den angelegten Validitätskriterien und erweiterten Anforderungen an eine Normierung nicht entspricht (→ Kap. 3.2.3). In dieser Darstellung wird der Terminus aufgrund seiner weiten Verbreitung dennoch verwendet.

aus der Beziehung von zwei oder mehr Personen zueinander ergeben. Relationale Merkmale kennzeichnen die Beziehung einer Person zu jeweils einer anderen Person (Jansen, 1999, S. 47). Auf ihrer Basis lassen sich komplexere strukturelle Merkmale ableiten, die Auskunft über die Gestalt des gesamten sozialen Netzes (Dichte des Netzwerks, Untergruppen, etc.) geben (Jansen, 1999, S. 51).

Genau wie bei „regulären" Fragebogenverfahren geht es bei der Analyse sozialer Netzwerke darum, soziale Gegebenheiten (in diesem Falle Beziehungen) messbar zu machen (→ Kap. 3.2.3). Messen bedeutet, dass nach einem festen Regelkanon Merkmalsausprägungen Zahlen (Messwerte) zugeordnet werden (Raithel, 2008, S. 40). Wie Sie bereits weiter oben erfahren haben, ist die Zahl der inhaltlichen Bezugspunkte von Beziehungen (Beliebtheit, Arbeitsbeziehungen, etc.) unendlich groß (Ameln et al., 2009, S. 241; Schnell, Hill & Esser, 1995, S. 245). Eine Berücksichtigung aller inhaltlichen Beziehungen in der Analyse des sozialen Netzwerkes ist derart aufwendig, dass sie aus forschungspraktischen Gründen nicht zu realisieren ist (Schnell et al., 1995, S. 245). Bei der Analyse sozialer Gruppenstrukturen sollten Sie sich daher auf einige wenige inhaltliche Aspekte von Beziehungen beschränken (Friedrichs, 1990, S. 255).

Die Messbarmachung (Operationalisierung) eines bestimmten Teils des sozialen Netzwerks erfolgt über die Formulierung einer Fragebogenfrage, auch (manifestes) Kriterium genannt (Friedrichs, 1990, S. 257). Beim soziometrischen Test antwortet jedes Gruppenmitglied „auf eine soziometrische Frage dadurch, daß es einige der Gruppenmitglieder, auf die das in der Frage bezeichnete Kriterium paßt, nennt" (Dollase, 1973, S. 40).

Stellen Sie beispielsweise einem Schüler die Frage, neben welchen Klassenangehörigen er gerne während eines Klassenausfluges sitzen möchte, kann er daraufhin einige Personen benennen. Seine Antworten geben Ihnen darüber Aufschluss, welche Schülerinnen und Schüler er sympathisch findet.

Darstellung des Erhebungsverfahrens

Bei der Konstruktion eines soziometrischen Tests sind verschiedene methodische Entscheidungen zu treffen. Zunächst müssen Sie darüber entschieden, welches Kriterium (1) der Wahl zu Grunde liegen soll und welcher Wahlmodus (2) Ihrem Forschungsinteresse und der untersuchten Gruppe angemessen erscheint. Weiterhin müssen Sie klären, ob Sie (3) Handlungskonsequenzen (z.B. die Umstrukturierung der Gruppe) auf der Grundlage Ihrer Ergebnisse ankündigen oder nicht.

(1)Wahlkriterium

Wie bereits dargestellt wurde, bildet eine Gruppe eine Vielzahl sozialer Netzwerke aus. Ausschlaggebend für die Gruppenstruktur ist der inhaltliche Fokus (das Kriterium), der der Wahl der Gruppenmitglieder zu Grunde liegt (Ameln, Gerstmann & Kramer, 2009, S. 241, Schnell, Hill & Esser, 1995, S. 245). Da aus Ressourcengründen nicht alle Netzwerke untersucht werden können, beschränken sich Analysen sozialer Gruppenstrukturen meist auf ganz bestimmte inhaltliche Perspektiven von Beziehungen (Kriterien) (Friedrichs, 1990, S. 255; Schnell et al., 1995, S. 245;). Welche Art der Beziehung (z.B. Beliebtheit, intellektuelle Attraktivität) Sie erforschen wollen, hängt im Wesentlichen von Ihrer Forschungsfrage ab. In der Schul- und Unterrichtsforschung haben sich vor allem Untersuchungen zur Beliebtheit von Schülerinnen und Schülern etabliert (Rubin, Bukowski & Parker, 1998, S. 652).

Haben Sie die zu untersuchende soziale Struktur durch die Forschungsfrage festgelegt, muss diese durch ein entsprechendes Kriterium in Form einer Fragenbogenfrage messbar gemacht werden (Operationalisierung). Dazu müssen Sie ein direkt beobachtbares (manifestes) Kriterium finden, das das theoretisch-abstrakte (latente) Kriterium (z.B. Beliebtheit) widerspiegelt. Stöckli (2005, S. 303) nutzt beispielsweise die Frage nach den Mitschülerinnen oder Mitschülern, neben denen eine Person auf dem Weg zu einem Klassenausflugsziel im Zug gerne sitzen möchte (manifeste Variable), als Anzeiger (Indikator) für die Beliebtheitsstruktur (latentes Kriterium) einer Klasse. Die Wahl einer Person zur Klassensprecherin oder zum Klassensprecher (manifestes Kriterium) würde andererseits darüber Aufschluss geben, welche Person am besten in der Lage ist, Entscheidungen in ihrem Sinne durchzusetzen. Das erfasste latente Kriterium wäre in diesem Fall die Entscheidungsstruktur einer Klasse (Petillon, 1980, S. 84).

Bei der Formulierung der Fragebogenfrage sollten Sie generell darauf achten, dass diese sich auf konkrete Situationen beziehen (Ameln et al., 2009, S. 245). So könnte man mit folgender Frage versuchen, Aufschluss über die Beliebtheitsstruktur einer Klasse zu bekommen: „Mit welcher Mitschülerin/mit welchem Mitschüler würdest du gerne eine Reise unternehmen?“. Diese Formulierung lässt jedoch offen, welches Ziel diese Reise haben soll und bietet den Befragten damit einen großen Interpretationsspielraum. Für die Wahlentscheidungen der Befragten ist es nicht unerheblich, ob sich eine Schülerin oder ein Schüler vorstellt, die Reise gehe z.B. in ein Fußballcamp oder es handle sich um den eben bereits thematisierten Klassenausflug. Denn in Abhängigkeit des Reiseziels werden sich auch die Wahlkriterien ändern (Fußballcamp – sportliche Leistung; Klassenausflug – Sympathie). Besser wäre hier eine konkrete Angabe wie beispielsweise „Mit wem würdest du gerne auf einem Klassenausflug in einem Zimmer übernachten?“, die deutlicher auf das zu Grunde liegende latente Kriterium Sympathie verweist.

Auch abstrakt formulierte Fragen wie z.B. „Wer in der Klasse ist deine Freundin/dein Freund?“ stellen die Informantinnen und Informanten vor Interpretationsprobleme. Denn vor der Formulierung eines Urteils müssen die Befragten den theoretischen (abstrakten) Begriff der Freundschaft zunächst entschlüsseln. Dabei bieten sich den befragten Personen eine Vielzahl von möglichen Deutungen an. So könnte die Wahl aufgrund tiefer emotionaler Verbundenheit, hoher Sympathie oder häufiger Spielkontakte mit einer Person getroffen werden. Die ermittelten Antworten der Befragten ließen sich für Forschende schwer interpretieren, da nicht deutlich wird, auf welchem Kriterium (emotionale Verbundenheit, Sympathie, Spielkontakte) das Urteil der Befragten basiert. Vor einer Befragung müsste zunächst das theoretische Konzept der Freundschaft, „das in Wirklichkeit ein Bündel von Kriterien [ist]“ (Moreno, 1981; zitiert nach Ameln et al., 2009, S. 245), konkreter definiert und in seine einzelnen manifesten Kriterien zerlegt werden. Anschließend könnten die manifesten Kriterien einzeln erfragt werden.

Die Befragten sollen durch Kriterien, die in ihrem Interesse liegen und Realitätscharakter haben, zur Abgabe von Wahlen motiviert werden (Ingenkamp, 2008, S. 275). Denn die einzelnen Gruppenmitglieder haben kein Interesse daran, ihre wahren Sympathien und Ablehnungen offen zu legen, solange damit keine persönliche Motivation verbunden ist (Moreno, 1954, S. 41). Illusionäre Fragen wie „Mit wem würdest du gerne zum Mond fliegen“ besitzen nur einen hohen Stellenwert für Kinder, die sich für phantastische Reisen interessieren. Bei den übrigen Befragten könnte das Kriterium Desinteresse an der Befragung erzeugen. Mangelndes Interesse oder Unsicherheit bezüglich der mit einer Frage verbundenen Intention führen häufig zu Zufallsnennungen oder auch bewusst verzerrten Antworten (Petillon, 1980, S. 83). Daher empfiehlt es sich Kriterien zu wählen, die im unmittelbaren Erleben der Schülerinnen und Schüler verankert sind und eine hohe Relevanz für sie besitzen (vgl. Tabelle 1).

Tabelle 1: Ausgewählte manifeste und latente Kriterien

Manifestes Kriterium	**Latentes Kriterium**	**Quelle**
Sitznachbar/in in der Schulklasse	Beliebtheit	Petillon (1980)
Sitznachbar/in während eines Klassenausflugs	Beliebtheit	Stöckli (1997, 2005)
Zusammenarbeit im schulischen Gruppensetting	Leistung	Stöckli (1997)
Wahl zum/zur Klassensprecher/in	Einfluss/Entscheidungsstruktur	Petillon (1980)

(2) Wahlmodus

Bei der Konstruktion des soziometrischen Tests müssen Sie weitere Entscheidungen hinsichtlich der Gestaltung des Wahlverfahrens treffen. Zentraler Ausgangspunkt Ihrer Entscheidungen ist die zu Grunde liegende Forschungsfrage. Doch auch forschungspraktische Gründe (Ressourcen) können Ihre Wahl für oder wider einen Wahlmodus beeinflussen.

Zunächst müssen Sie festlegen, ob sich die Befragung nur auf positive Wahlen beschränkt oder ob Sie auch Ablehnungen (negative Wahlen) von Gruppenmitgliedern zulassen. Die Erhebung beider Möglichkeiten reichert Ihre „Diagnose um wesentliche Daten an" (Dollase, 1973, S. 93) und Sie können ein detaillierteres Bild der Gruppe entwerfen. Zudem eröffnet Ihnen die Identifizierung von abgelehnten Schülerinnen und Schülern gezieltere Möglichkeiten der Umgestaltung von Klassen (Dollase, 1973, S. 93; Petillon, 1980, S. 85). Krüger (1976, S. 25–28) vermutet jedoch, dass sich Menschen im Alltag nicht primär damit beschäftigen, mit welchen Personen sie lieber nichts zu tun haben möchten. Die Frage nach Ablehnungen führe dann zu einer Suche nach Personen, die man nicht leiden kann. Damit „schafft man sich so erst die Phänomene, die man untersuchen will" (Krüger, 1976, S. 26). In der aktuellen soziometrischen Forschung werden Ablehnungen in den meisten Fällen zugelassen, gleichzeitig wird jedoch betont, dass diese nicht erzwungen werden sollten (Ingenkamp, 2008, S. 275).

Eine weitere Entscheidung ist dahingehend zu treffen, ob die Zahl der Wahlen begrenzt werden soll oder nicht. Die unbeschränkte Angabe von Personen erlaubt spontane Antworten und bietet Ihnen eine breitere Auswertungsbasis (Dollase, 1973, S. 41; Petillon, 1980, S. 85). Die Begrenzung der Wahlen hat demgegenüber den Vorteil, dass Ihnen sowohl die Datenerhebung, als auch die Datenauswertung erleichtert werden (Dollase, 1973, S. 41). Die Beschränkung der Wahlen kann auf unterschiedlichem Wege erfolgen. Zum einen könnten die Befragten veranlasst werden, eine feste Anzahl von Personen zu wählen, die weder unter- noch überschritten werden darf. Dabei ergibt sich das Problem, dass Personen isoliert erscheinen, die an einer späteren Stelle gewählt werden würden, diese Stelle jedoch außerhalb der Wahlbegrenzung liegt (Ardelt & Laireiter, 1999, S. 669). Weiterhin werden Schülerinnen und Schüler mit vielen sozialen Kontakten zur willkürlichen Auswahl von Klassenangehörigen gezwungen; Personen mit wenigen Kontakten müssten den Kreis an Partnerinnen und Partnern hingegen künstlich ausdehnen (Dollase, 1973, S. 41). Besonders kritisch ist die verpflichtende Nennung von Ablehnungen zu bewerten (s.o.). Entscheiden Sie sich für eine Begrenzung, empfiehlt es sich, eine obere Grenze für Wahlen und Ablehnungen einzuführen. Damit sehen sich sozial expansive Schülerinnen und Schüler zwar weiterhin vor dem Problem, ihre potentiellen Wahlen zu selektieren; Personen mit weniger sozialen Kontakten sind jedoch nicht verpflichtet, zusätzliche Personen zu nennen.

Darüber hinaus besteht die Möglichkeit, dass die Befragten ihre Wahlen in eine Rangfolge bringen. Das Ziel dieser Reihung ist es, Auskünfte über den Stellenwert einzelner Wahlen einzuholen, wobei der bedeutendsten Wahl der oberste Listenplatz zukommt (Dollase, 1973, S. 46). Die Gewichtung der Wahlen kann dabei wichtige Informationen über strukturelle Aspekte der Gruppe liefern (Dollase, 1973, S. 46). Hier bieten sich Ihnen grundsätzlich zwei Möglichkeiten an: (a) eine Reihung aller Gruppenmitglieder oder (b) die Ordnung der abgegebenen Wahlen. Die erste Möglichkeit erfordert eine Erhebungssituation, in der jedes Mitglied angewiesen wird, einen Rangplatz für jedes andere Gruppenmitglied festzulegen. Es handelt sich hierbei um eine Vollerhebung, die die größtmögliche Information über die Gruppe bietet (Ameln et al., 2009, S. 245). Die Datenerhebung und Auswertung erweist sich jedoch als äußerst aufwendig. Zudem ergeben sich Interpretationsprobleme für Ranglisten: So kann ein hinterer Platz (z.B. A wählt B auf Platz 9 von 10) sowohl auf eine geringe positive Wahl, als auch auf eine neutrale oder gar negative Wahl hindeuten (Ameln et al., 2009, S. 245). Weiterhin besteht im Rahmen eines Verfahrens mit begrenzten Wahlen die Möglichkeit, die abgegebenen Wahlen der Befragten zu ordnen. Der Vorteil dieser Verfahrensweise ergibt sich vor allem aus dem geringen Aufwand, mit dem zusätzliche Informationen (z.B. durch Nummerierung der Wahlen) gewonnen werden können.

Sie können den Wahlmodus des soziometrischen Tests außerdem so erweitern, dass die Befragten nicht nur angeben, welche Gruppenmitglieder sie wählen würden, sondern zusätzlich eine Einschätzung abgeben, von welchen anderen Gruppenmitglieder sie in Bezug auf ein Kriterium Wahlen bzw. Ablehnungen erhalten würden (Ameln et al., 2009, S. 246). Diese Vorgehensweise, auch soziometrischer Perzeptionstest genannt, erlaubt Ihnen einen Vergleich der Selbst- und Fremdwahrnehmung der Gruppenmitglieder (Ameln et al., 2009, S. 246; Friedrichs, 1990, S. 257). Eine weitere Möglichkeit der Nutzung des Wahlverfahrens besteht darin, von den Befragten Begründungen für ihre Wahlen einzuholen. In Form einer offenen Frage (→ Kap. 3.2.3) werden die Gründe für eine Wahl erhoben. Mit dieser Vorgehensweise lassen sich die Regeln (Gruppennormen) für die Vergabe von Sympathie bzw. Antipathie erhellen (Ingenkamp, 2008, S. 273).

Haben Sie alle Entscheidungen hinsichtlich des Wahlkriteriums und des Wahlmodus getroffen, werden sogenannte Datenblätter angefertigt. Hier tragen die Befragten ihre Nennungen ein. Ein Beispiel für ein solches Datenblatt sehen Sie in Abbildung 1.

Abbildung 1: Datenblatt

Meine Nummer ist die ☐														
Neben welcher Mitschülerin oder welchem Mitschüler würdest du gerne sitzen?														
	1	2	3	4	5	6	7	8	9	10	11	12	13	14
▶														
Neben welcher Mitschülerin oder welchem Mitschüler würdest du in der Klasse nicht gerne sitzen?														
	1	2	3	4	5	6	7	8	9	10	11	12	13	14
■														

(3) Ankündigung von Handlungskonsequenzen
Im Unterschied zur „cold sociometry“ hat die „hot sociometry“ das Ziel, Gruppen auf der Basis soziometrischer Daten derart umzugestalten, dass sich der Integrationsgrad der Gruppe erhöht. Damit ist sie bereits in ihrem Wesen mit erwartbaren Handlungskonsequenzen verknüpft. Antizipierte Folgen scheinen dabei einen Einfluss auf die Antworten der Befragten zu besitzen. Denn je deutlicher der soziometrische Test mit Handlungskonsequenzen verknüpft ist, desto größer ist die Stabilität der Ergebnisse (Friedrichs, 1990, S. 268). Moreno (1954, S. 40) erklärt weiterhin, dass sich die tatsächlichen (unverfälschten) Wahlen dann offenbaren, wenn die Befragten ausreichend am Test interessiert sind und selbst zur Mitarbeit angeregt werden. Bei der Ankündigung von Handlungskonsequenzen eröffnet sich für die Gruppenmitglieder die Möglichkeit, ihre persönlichen Wünsche in den Umgestaltungsprozess der Gruppe einzubringen. Die Befragten treten damit aus der Rolle des Untersuchungsobjekts heraus und werden zur aktiven Gestaltung der eigenen Situation angeregt, was eine bedeutende Motivation zur Teilnahme am Test darstellen kann (Bjerstedt, 1956, S. 49).

Soziometrische Kontextforschung („cold sociometry“) wird in erster Linie zum Zwecke der Forschung betrieben. Da hier keine Umgestaltung von Gruppen vorgesehen ist, entfällt die Ankündigung von Handlungskonsequenzen. Warum verzichten Forschende im Rahmen der „cold sociometry“ auf diese wichtige Quelle der Motivation? Das hat zum einen praktische Gründe, denn gerade bei großen Stichproben verfügen die Forschenden nicht über die Ressourcen eine Umgestaltung der Gruppen zu initiieren und zu begleiten (Bjerstedt, 1956, S. 50). Zum anderen sind nach Åke Bjerstedt (1956, S. 50f.) die empirischen Unterschiede zwischen Wahlverfahren mit und ohne Ankündigung von Maßnahmen zu vernachlässigen. Rainer Dollase (1973, S. 46f.) weist zudem darauf hin, dass Befragte bei der Ankündigung von Handlungskonsequenzen Wahlstrategien verfolgen. Kompetente Personen werden etwa entgegen des eigenen Wunsches nicht als Partner gewählt, da eine Erwiderung der Wahlen – und somit eine Zusammenarbeit- als unwahrscheinlich angesehen wird. Bjerstedt (1956, S. 51) macht darauf aufmerksam, dass die Initiierung von Maßnahmen mit der Aufgabe der Anonymität der Befragten einhergeht. Aus Furcht vor negativen Konsequenzen könnten Befragte somit bestimmte Wahlen oder Ablehnungen unterlassen. Die Vermutung, dass sie bei der Wahl einer in der Klasse unbeliebten Person in der Gunst der Lehrkraft sinken, könnte Schülerinnen und Schüler dazu bewegen, die Wahl zu unterlassen (Bjerstedt, 1956, S. 51).

Konstruktion und Durchführung

Wie Sie bereits erfahren haben, handelt es sich beim soziometrischen Test um ein Fragebogenverfahren. Im Gegensatz zu „regulären“ Fragebogen, die zahlreiche Fragen mit vielfältigen inhaltlichen Bezügen umfassen, beinhaltet der soziometrische Test in der Regel nur sehr wenige Fragen zu verschiedenen Kriterien. Ausnahmen stellen soziometrische Testbatterien dar, in denen eine Reihe von soziometrischen Fragen beantwortet werden sollen (vgl. Dollase, 1973, S. 69–76). Die Überlegungen zur Reihung der Fragen und die Einhaltung einer inhaltlichen Konsistenz gestalten sich bei der Konstruktion eines Wahlverfahrens folglich weniger komplex (→ Kap. 4.2.4).

Sie sollten den soziometrischen Fragebogen mit einer Vorstellung der forschenden Person(en) beginnen (ggf. Institut, Auftraggeber, u.ä.). Daran anschließend sollten das Thema und der Hintergrund der Untersuchung erläutert sowie die Anonymität, Freiwilligkeit und Wahrung des Datenschutzes zugesichert werden (Scholl, 2009, S. 174). In „regulären" Fragebogen kommt den ersten Fragen die Aufgabe zu, interessant in das Thema einzuführen und den Befragten die Ängste vor den Schwierigkeiten der Fragen zu nehmen (Schnell, Hill, Esser, 1995, S. 321). Soziometrische Befragungen bestehen jedoch nur aus wenigen Fragen, die inhaltlich nicht sehr abwechslungsreich sind. Um dennoch das Interesse der Befragten für die Untersuchung zu wecken, sollten Sie während der mündlichen Testinstruktion (s.u.) nachdrücklich darauf hinweisen, dass Sie an der Meinung der Befragten interessiert sind. Dazu sollten die Befragten direkt angesprochen werden, z.B. „Dabei sind wir besonders an *Ihrer/Eurer* Meinung interessiert". Das Gefühl, dass die eigene Meinung ernst genommen wird, stellt für Befragte ein zentrales Motiv für die Teilnahme an Befragungen dar (Diekmann, 2010, S. 441). Fragen zu sozialstatistischen Angaben (z.B. Alter, Geschlecht usw.) sollten am Ende des soziometrischen Fragebogens stehen.

Damit die Anonymität der Befragten bei der späteren Verwertung der Daten gewahrt bleibt, weisen Sie jeder Person einen persönlichen Code zu. Da für die Umgestaltung von Gruppen die einzelnen Befragten identifiziert werden müssen, spielt die Wahrung der Anonymität bei der „hot sociometry" eine untergeordnete Rolle. Die Zuteilung von Codes hat jedoch auch praktische Gründe, die vor allem mit der Gestaltung der Datenblätter zusammenhängen (z.B. Übersichtlichkeit). Deshalb kann auch bei der „hot sociometry" durchaus auf diese Vorgehensweise zurückgegriffen werden. Der Code kann etwa aus einer Kennziffer oder einer Buchstabenkombination bestehen. Vor der Durchführung werden dafür die Namen aller Gruppenmitglieder an eine für alle gut sichtbare Fläche (z.B. Tafel; Flipchart) geschrieben. Hinter jedem Namen wird dann ein entsprechender persönlicher Code vermerkt. Anschließend werden die Befragten mit einer Testinstruktion in das weitere Vorgehen eingeführt. Bei der Instruktion sollten Sie folgende Dinge berücksichtigen (vgl. Petillon 1980, S. 86)[73]:

---

73 Eine ausformulierte Instruktionen finden sie beispielsweise bei Petillon (1980, S. 86).

- Die Befragten sollen zur Teilnahme motiviert werden.
- Eventuelle Konsequenzen der Wahlen werden angekündigt.
- Das Wahlkriterium wird erläutert.
- Der Wahlmodus wird erläutert.
- Die Vertraulichkeit und die Anonymität werden zugesichert.

Als nächstes tragen die Befragten ihren persönlichen Code in das Datenblatt ein (vgl. Petillon, 1980, S. 87). Das Vorgehen können Sie beispielhaft an einer Schülerin oder einem Schüler demonstrieren. Dann werden die Befragten gebeten, nacheinander zu jeder Person eine Einschätzung hinsichtlich der dargebotenen Kriterien vorzunehmen.

Weitere soziometrische Erhebungsverfahren

Neben dem soziometrischen Test existieren weitere Fragebogenverfahren, mit denen soziale Netzwerke untersucht werden können. Beim sogenannten Beurteilungsverfahren (auch Peer-Assessment) (vgl. Dollase, 1973, S. 48–53) werden alle Personen einer Gruppe gebeten, alle anderen Mitglieder hinsichtlich verschiedener Merkmale mit Hilfe einer mehrstufigen Skala einzuschätzen. Die Enden der Skala sind mit bipolaren Begriffspaaren (sympathisch/unsympathisch; gesellig/ungesellig) beschriftet. Mit dieser Methode lässt sich ein charakteristisches Merkmalsprofil jedes Gruppenmitglieds ermitteln. Auch negative Kriterien können damit relativ unauffällig erhoben werden. Als erheblicher Nachteil gilt die lange Durchführungszeit.

Neben der Befragung von Personen können soziale Kontakte von Personen auch über Beobachtungsverfahren ermittelt werden. Dabei schließen die Forschenden aus den Interaktionshäufigkeiten auf die Beziehungen zwischen den Personen (Friedrichs, 1990, S. 266). Die soziometrische Beobachtung erfolgt ebenfalls hinsichtlich eines Kriteriums (z.B. Wahl der Spielpartnerin/des Spielpartners) (Pruckner, 2004, S. 180). Zwar beinhalten Verhaltensbeobachtungen Hinweise auf die soziometrische Struktur einer Gruppe, sie sind „jedoch von einer Punkt-zu-Punkt Entsprechung weit entfernt“ (Dollase, 1973, S. 53). Moreno (1954, S. 35) selbst betont, dass durch Beobachtungen nur Oberflächenbeurteilungen von Gruppen möglich sind. Zudem müssen für die Beobachtung bestimmte Voraussetzungen erfüllt sein. Die Personen sollten in Settings beobachtet werden, in denen spontane Gruppierungen (z.B. in der Hofpause; bei der Gruppenbildung im Sportunterricht) möglich sind, denn hier offenbaren sich die informellen Strukturen in besonderem Maße (Höhn & Seidel, 1969; zitiert nach Dollase, 1973, S. 53). Es muss zudem sichergestellt werden, dass im Beobachtungszeitraum alle Gruppenmitglieder anwesend sind (vgl. Höhn & Seidel, 1976, S. 15). Nur so hat jede Person die Möglichkeit, mit den anderen Mitgliedern in Kontakt zu treten. Es können keine Aussagen über die vorherrschende Gruppenstruktur getroffen werden, wenn einzelne Personen aus der Beobachtungsepisode ausgeblendet werden oder sich nicht am beobachteten Ort befinden. Denn „daß jemand eine unbeachtete Randfigur ist, darf nicht nur daraus geschlossen werden, daß man von ihm keine Aufzeichnungen besitzt“ (Höhn & Seidel, 1976, S. 15). Obwohl sie nur Hinweise auf die soziometrische Gruppenstruktur geben und in der Durchführung aufwendig sind, können sich aus Beobachtungen leitende Fragestellungen für eine soziometrische Forschung ergeben.

Bezugnahme auf die „klassischen“ Gütekriterien empirischer Sozialforschung

Ein soziometrischer Test ist dann objektiv, wenn zwei Forschende mit dem gleichen Erhebungsinstrument zu übereinstimmenden Ergebnissen kommen. Objektivität während der Durchführung, Auswertung und Interpretation wird durch einen hohen Grad der Standardisierung des Erhebungsverfahrens gewährleistet (Hussy, Schreier & Echterhoff, 2010, S. 22).

Ein Wahlverfahren besitzt dann eine hohe Validität, wenn das latente Kriterium das manifeste Kriterium in hohem Maße widerspiegelt (Ameln, Gerstmann & Kramer, 2009, S. 243). Hanns Petillon (1981, S. 216–226) konnte in Vergleichen von soziometrischen Daten mit Urteilen von Lehrerinnen und Lehrern, Selbsteinschätzungen der Befragten und weiteren Verfahren zeigen, dass das Kriterium der Wahl zur Sitznachbarin bzw. zum Sitznachbarn Aspekte tatsächlicher Sympathien und Antipathien widerspiegelt.

Reliabilität liegt dann vor, wenn wiederholte Messungen mit einem Erhebungsinstrument zu den gleichen Werten gelangen (Raithel, 2008, S. 46). Untersuchungen von Petillon (1981) weisen darauf hin, dass der soziometrische Status zwischen der vierten und siebten Klasse relativ stabil ist (vgl. Fend, 1991, S. 232–234). In der „hot sociometry“, in der Veränderungsprozesse der Gruppe angestrebt werden, ist die Reliabilität als Maß für die Güte eines Tests kritisch einzuschätzen (Ardelt & Laireiter, 1999, S. 671; vgl. auch Dollase, 1973, S. 258). Eine geringe Reliabilität sei demnach kein Hinweis auf mangelnde Güte des soziometrischen Tests, sondern weise auf Veränderungsprozesse in der Gruppe hin.

Friedrich (1990) merkt an, „daß zahlreiche Untersuchungen weniger die Validität oder Reliabilität soziometrischer Ergebnisse messen, als die […] Konstanz der Wahlen in der Zeit, und sich dabei weniger auf die gesamte soziometrische Matrix beziehen als vielmehr auf Teile, z.B. den Status einer Person“ (S. 269).[74]

74 Zur Vertiefung der Diskussion um Validität und Reliabilität des soziometrischen Tests siehe Dollase (1973, S. 258–281)

Stärken und Schwächen des soziometrischen Tests

Der soziometrische Test bietet Ihnen die Möglichkeit mit einfachen Mitteln und geringem Zeitaufwand einen tieferen Einblick in die Struktur einer Gruppe zu erlangen (Petillon, 1980, S. 178). Das Verfahren ermöglicht es, Alltagsbeobachtungen sozialer Sachverhalte mit empirischen Daten zu untermauern (Oswald, 1977; zitiert nach Petillon, 1981, S. 178). Dabei kann er als sinnvoller Ausgangspunkt des sozialen Lernens dienen und dessen Wirkungen abbilden (Petillon, 1981, S. 178; Stöckli, 1997, S. 134). Um verlässliche Ergebnisse zu erzielen, müssen alle Befragten zum Zeitpunkt der Erhebung anwesend sein. Die Abwesenheit einer Person kann bereits ein verzerrtes Bild der Gruppe zeichnen (Schnell, Hill & Esser, 1995, S. 246). Daher sollten Sie sich vor der Befragung vergewissern, ob alle Untersuchungspersonen in der Lage sind an der Befragung teilzunehmen.

Der soziometrische Test zeigt nur einen Schnappschuss der Gruppenstruktur in Bezug auf ein bestimmtes Kriterium. Die Befragung mit Hilfe eines anderen Kriteriums oder zu einem anderen Zeitpunkt kann zu verschiedenen Ergebnissen führen (Ameln, Gerstmann & Kramer, 2009, S. 248). Die Ergebnisse können folglich nicht auf die Struktur der Gruppe in allen Dimensionen erweitert werden (Friedrichs, 1990, S. 257).

Wie Sie erfahren haben, können aus den Ergebnissen des Wahlverfahrens Aussagen über die Stellung der einzelnen Person im sozialen Netzwerk und über Eigenschaften der Gruppe abgeleitet werden. Bei der Interpretation der Daten sollten Sie jedoch folgende Dinge beachten:

Aus den soziometrischen Daten lassen sich keine Aussagen über das subjektive Erleben der sozialen Position ableiten (Fend, 1991, S. 220; Stöckli, 1997, S. 132). Allein die physische Nähe zu anderen Schülerinnen und Schülern kann Einfluss auf die subjektive Wahrnehmung und Gefühle der Gruppenzugehörigkeit haben (Stöckli, 1997, S. 132). So erleben selbst Isolierte und Abgelehnte ihre soziale Position möglicherweise nicht als randständig. Zudem beschränken soziometrische Erhebungen ihre Betrachtung häufig auf Kontakte in der Schulklasse (Oswald & Krappmann, 1984). Damit bleiben Peer-Beziehungen außerhalb der Schule, die eine zentrale Quelle zur Befriedigung sozialer Bedürfnisse darstellen, unbeachtet. Schlüsse auf generelle Einsamkeitserfahrungen isolierter Personen in der Schulklasse erscheinen daher ohne weitere Untersuchungen nicht zulässig. Wenngleich Stöckli (1997) darauf hinweist, dass „die *fehlende Nutzung* [H.i.O.] bzw. die *Meidung* [H.i.O.] einer so vielfältigen sozialen Ressource, wie sie die Schulklasse darstellt, auf tiefgreifende Beziehungsprobleme verweist“ (S. 139).

Einseitige soziometrische Wahlen sind vorrangig ein Indikator für soziale Attraktivität. Sie liefern keine direkten Informationen über die reale Beziehungsdichte oder Beziehungshäufigkeit der Gruppenmitglieder (Stöckli, 1997, S. 132). Auch wechselseitige Nennungen zeugen zwar „von einer beachtlichen gegenseitigen Aufmerksamkeit und Sympathie zwischen zwei Kindern" (Stöckli, 1997, S. 133), sie sagen jedoch nichts über die Qualität (z.B. Häufigkeit, Stärke) der Beziehung aus (Stöckli, 1997, S. 133).

Zudem sind bei der Anwendung des soziometrischen Tests ethische Bedenken zu berücksichtigen. Zwar konnten Wirkungen soziometrischer Untersuchungen auf das Verhalten und Empfinden der Befragten empirisch noch nicht belegt werden (Stöckli, 1997, S. 133f.), jedoch sollte vor dem Einsatz des soziometrischen Tests bedacht werden, dass er für einige Befragte mit emotionalen und psychischen Belastungen einhergehen kann.

3.2.5.3 Auswertung

Die Auswertung soziometrischer Daten erfolgt mit Hilfe von Diagrammen (Soziogrammen), Matrizen und der Berechnung von Indizes. Im Folgenden soll die Auswertung anhand einer fiktiven Beispieluntersuchung nachvollzogen werden. Befragt wurde eine Gruppe von Schülerinnen und Schülern, die seit längerem zusammen an einem Projekt arbeitet und über Probleme in der Zusammenarbeit berichten. Die Gruppe besteht aus vier Schülerinnen (A, B, C, D) und fünf Schülern (E, F, G, H, I). Die Befragten konnten eine unbegrenzte Anzahl von positiven und negativen Wahlen abgeben. Die formulierten Kriterien lauteten dementsprechend „Mit wem möchtest du am liebsten in der Projektgruppe zusammenarbeiten?" bzw. „Mit wem möchtest du nicht in der Projektgruppe zusammenarbeiten?". Die abgegebenen Wahlen und Ablehnungen wurden von den Befragten nicht in eine Rangfolge gebracht.

(1) Soziomatrix
Alle abgegebenen positiven und negativen Wahlen (Ablehnungen) werden zunächst in eine Soziomatrix eingetragen (vgl. Abbildung 2). Sie ermöglicht Ihnen sowohl die Analyse des Status einzelner Personen in der Gruppe als auch der Beziehungen der Gruppenmitglieder untereinander.

In den Zeilen und Spalten der Matrix werden die Namen oder die zur Anonymisierung erzeugten Codes der befragten Personen angegeben. Um Übertragungsfehler zu vermeiden, empfiehlt es sich, die Matrix gemäß der Reihenfolge der Gruppenmitglieder im verwendeten Datenblatt zu beschriften (Petillon, 1980, S. 93). In der Regel werden entlang der Horizontalen die Wählenden, längs der Vertikalen die gewählten Personen dargestellt (Dollase, 1973; 120–121). Da sich die befragten Personen nicht selber wählen können, wird die Diagonale schwarz eingefärbt. Abbildung 2 zeigt die Soziomatrix für die befragte Projektgruppe. In den Zeilen wird abgetragen, welche Schülerinnen und Schüler von dem jeweiligen Gruppenmitglied gewählt bzw. abgelehnt werden. In den letzten drei Spalten sind die Summen der abgegebenen Wahlen bzw. Ablehnungen sowie die Summe aller erhaltenen Wahlen (positive und negative) abgebildet. Diese Werte werden auch als Randsummenwerte bezeichnet (Dollase, 1973, S. 152). In den Spalten lassen sich die erhaltenen positiven und negativen Wahlen ablesen. Am unteren Ende der jeweiligen Spalte befinden sich ebenfalls die Randsummenwerte.

Abbildung 2: Soziomatrix

Wählende Person		gewählte Person									Abgegebene Wahlen		
		1	2	3	4	5	6	7	8	9	+	–	total
		A	B	C	D	E	F	G	H	I			
1	A		+			+	+			–	3	1	4
2	B	+				+	+				3	0	3
3	C					+			+	–	2	1	3
4	D										0	0	0
5	E	+	+				+		–		3	1	4
6	F	+	+			+					3	0	3
7	G								+		1	0	1
8	H			+						–	1	1	2
9	I			–		+					1	1	2
erhaltene Wahlen	+	3	3	1	0	5	3	0	2	0			
	–	0	0	1	0	0	0	0	0	4			
total		3	3	2	0	5	3	0	2	4			

Die Soziomatrix ermöglicht Ihnen einen Überblick über die sozialen Beziehungen jedes einzelnen Gruppenmitglieds zu jedem anderen Mitglied (Petillon, S. 93).[75] So können Sie beispielsweise in der neunten Zeile lesen, dass Person I das Gruppenmitglied E (5. Spalte) wählt; umgekehrt jedoch E (5. Zeile) eine Zusammenarbeit mit I (9. Spalte) ablehnt. Neben solchen inkongruenten Beziehungen (positive trifft auf negative Wahl) lassen sich in der Soziomatrix auch gegenseitige Wahlen (z.B. A-B) und Ablehnungen (C-I) sowie unerwiderte Wahlen (z.B. von G an H) erkennen.

Die einfachen Additionen der Wahlen und Ablehnungen zu Randsummenwerten ermöglicht es Ihnen weiterhin Aussagen über den soziometrischen Status einzelner Gruppenmitglieder zu treffen. Dieser wird mit Hilfe bestimmter Bezeichnungen charakterisiert, von denen im Folgenden einige vorgestellt werden (vgl. Pruckner, 2004, S. 182). Der *Star* der Gruppe ist der Schüler E. Er vereint viele positive Wahlen auf sich. Der Schüler G kann als *Vergessener* bezeichnet werden. Er wählt zwar selbst, wird aber von niemandem gewählt. Schülerin D wird weder gewählt, noch wählt sie selber andere Personen. Sie bildet in dieser Gruppe die *Isolierte*. Eine Zusammenarbeit in der Projektgruppe mit Schüler I wird von vier Gruppenmitgliedern abgelehnt; keine Person möchte mit ihm zu-

75 Die gegenseitigen Beziehungen der Gruppenmitglieder lassen sich besonders gut aus einer reziproken Soziomatrix ablesen (vgl. Petillon, 1980, S. 95–100). Hier werden alle Wahlen und Ablehnungen zweifach, als abgegebene und erhaltene Nennung, eingetragen. Durch die Verwendung bestimmter Symbole lassen sich einseitige und gegenseitige Wahlen schneller erkennen.

sammenarbeiten. Sein Status wird als der *Abgelehnte* bezeichnet. Tabelle 2 zeigt einige soziometrische Parameter, die sich direkt aus den Randsummenwerten bzw. der Soziomatrix ableiten lassen.[76]

Tabelle 2: Soziometrische Kennwerte (vgl. Ameln, Gerstmann & Kramer, 2009, S. 247, Tabelle 15.1.)

Berechnung des Kennwertes	**…erlaubt Rückschlüsse auf:**
Anzahl positiver Wahlen, die eine Person erhalten hat	Beliebtheit
Anzahl negativer Wahlen, die eine Person erhalten hat	Ablehnung
Summe aller positiven und negativen Wahlen, die eine Person erhalten hat	Aufmerksamkeit, die die Gruppe der Person entgegenbringt
Summe der positiven/negativen Wahlen, die eine Person abgegeben hat	Wünsche nach Kontakt/Distanzierung (nur wenn die Anzahl der Wahlen nicht begrenzt ist)
Verhältnis von abgegebenen zu erhaltenen Wahlen einer Person	Integration in die Gruppe
Summe der übereinstimmenden positiven Wahlen	Fähigkeit zu adäquater Selbst-/Fremd-Wahrnehmung und Beziehungsgestaltung
Summe der übereinstimmenden negativen Wahlen	Fähigkeit zu adäquater Selbst-/Fremd-Wahrnehmung und Beziehungsgestaltung
Summe der Inkongruenzen (positive trifft auf negative Wahl)	Misslingende Beziehungsgestaltung, mangelnde Integration der Gruppe
Summe der nicht erwiderten Wahlen	Mangelnde Integration in die Gruppe

Mit Hilfe der Soziomatrix können nicht nur Aussagen über einzelne Gruppenmitglieder getroffen werden; sie ermöglicht darüber hinaus einen Einblick in die Eigenschaften der gesamten Gruppe. Wichtige Kennzahlen auf der Ebene der Kollektive sind etwa der Gruppenkohäsionsindex (innerer Zusammenhalt der Gruppe) oder der Integrationsindex (Einbindung von Randpersonen) (vgl. Dollase, 1973, S. 158–174; vgl. Höhn & Seidel, 1976, S. 47–55).

(2) Soziogramm

Auf der Grundlage der Daten aus der Soziomatrix lassen sich die interpersonellen Beziehungen einer Gruppe grafisch in einem Soziogramm darstellen. Das Soziogramm wird immer dann eingesetzt, wenn über den soziometrischen Status hinaus auch strukturelle Phänomene (z.B. Untergruppen) in die soziometrische Analyse einbezogen werden sollen (Dollase, 1973, S. 106). Untergruppen, Außensei-

76 Einen Überblick zur Berechnung von weiteren Kennzahlen auf der Ebene der einzelnen Gruppenmitglieder geben Dollase (1973, S. 152–158) sowie Höhn & Seidel (1976, S. 44–47).

ter, Stars oder isolierte Personen lassen sich durch die grafische Darstellung leicht identifizieren (Ameln et al., 2009, S. 247). Bevor Sie das Soziogramm einer Gruppe erstellen können, müssen Sie Symbole festgelegen, die die einzelnen Gruppenmitglieder und ihre Beziehungen untereinander abbilden. In der Regel werden für Personen Kreise, Dreiecke oder ähnliche geometrische Figuren verwendet; die Beziehungen werden durch Linien oder Pfeile symbolisiert. Für die Abbildung der hier untersuchten Gruppe wurden folgende Symbole verwendet:

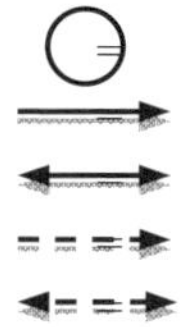

Schülerin bzw. Schüler
einseitige Zuneigung (positive Wahl)
gegenseitige Zuneigung
einseitige Ablehnung
gegenseitige Ablehnung

Dieses System von Symbolen könnte durch farbliche Linien (z.B. grün für positive Wahl; rot für Ablehnung) oder weitere Symbole (Kreis für Frau; Dreieck für Mann) modifiziert und erweitert werden (vgl. Ameln et al., 2009, S. 252, Abbildung 15.4.; Moreno, 1954, S. 67, Abbildung 2). Wie feingliedrig ein Symbolsystem ist, hängt von der Forschungsfrage und der Größe der untersuchten Gruppe ab. Um die Übersichtlichkeit zu wahren, sollten Sie bei der Darstellung Überschneidungen der einzelnen Linien weitestgehend minimieren. Mit der Anzahl der Wahlen und der Größe der Gruppe steigt jedoch auch die Komplexität und Unübersichtlichkeit der Darstellung (Ameln et al., 2009, S. 247). Daher kann es sich als Vorteil erweisen, die Wahlen zu beschränken oder nur ausgewählte Aspekte der Soziomatrix (z.B. Trennung nach Geschlecht oder positiven und negativen Wahlen) abzubilden (Ameln, et al., 2009, S. 247). Abbildung 3 zeigt die Struktur der untersuchten Projektgruppe.

Abbildung 3: Soziogramm

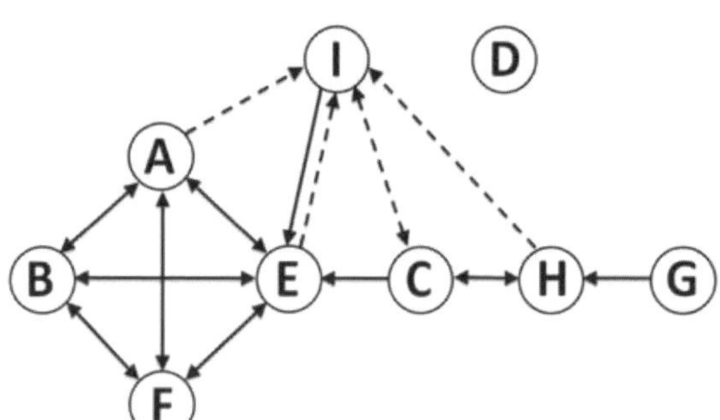

Die dargestellte Gruppenstruktur lässt sich nun nach typischen soziometrischen Konfigurationen untersuchen (vgl. Pruckner, 2004, S. 182). Die Personen A-B-E-F wählen sich alle gegenseitig (reziproke Wahl) und erhalten nur wenige Wahlen von anderen Schülerinnen und Schülern. Damit bilden sie eine *Clique*. Die Clique kann in die *Dreiecke* A–B–E, A–F–E, A–F–B und B–E–F unterteilt werden. Die Befragten H und C wählen sich gegenseitig und lassen sich daher als *Paar* charakterisieren. Auch die Clique ließe sich in einzelne Paarbeziehungen zergliedern. Eine *Kette* von Beziehungen entsteht, indem G die Person H wählt, H wählt C und dieser wiederum E. In Ketten sind auch gegenseitige Wahlen möglich. Die präsentierten Figuren gelten nicht nur für positive Wahlen. Es finden sich auch negative Dreiecke (Pruckner, 2004, S. 182) oder negative Stars (*Igel*) (Höhn & Seidel, 1976, S. 28). Eine Übersicht weiterer soziometrischer Konstellationen finden Sie bei Hildegard Pruckner (2004, S. 182) und Moreno (1954, S. 69–71).

(3) Zum Umgang mit den Ergebnissen in Schule und Unterricht
Moser (1977) warnt davor, die Ergebnisse des soziometrischen Tests als verborgene Informationsquelle zu nutzen oder Einzelne durch „geheime Manipulation" (S. 41) zu integrieren. Denn diese Strategien würden von den Schülerinnen und Schülern leicht durchschaut und führten zur Belastung des Vertrauensverhältnisses von Lehrkräften und Klasse. Daher müssen den Befragten die Absichten, die mit dem soziometrischen Test verfolgt werden, immer transparent gemacht werden. Soziometrische Erhebungen in Schulklassen sollten daher stets mit angekündigten Handlungskonsequenzen verbunden sein. Sie müssen im Vorfeld prüfen, zu welchem Zweck Sie das Erhebungsverfahren einsetzen möchten, wie Sie mit den gewonnen Daten umgehen wollen und ob Sie die angestrebten Maßnahmen auch praktisch umsetzen können.

Im schulischen Kontext finden sich vielfältige Anwendungsbereiche des soziometrischen Tests (vgl. Gerlach, 2009). So kann er zur Überprüfung alltagsbasierter Hypothesen über die Gruppenstruktur der Klasse herangezogen werden; die Grundlage für die Bildung von Arbeitsgruppen sein; zur Analyse von Störungen in der Gruppe dienen; helfen die Problemlagen einzelner Schülerinnen und Schüler frühzeitig zu erkennen oder die Rollenstruktur in einer Gruppe erhellen.

Ein Lehrer beobachtet, dass es in seiner Klasse vermehrt zu Anfeindungen gegenüber einer bestimmten Gruppe kommt. Die Provokationen scheinen von einer anderen Gruppe auszugehen, die sich um einen Rädelsführer formiert. Der Lehrer vermutet, dass sich die Mitglieder der beiden Gruppen ablehnend gegenüber stehen und befürchtet, dass auch andere Klassenangehörige die Mitglieder der diffamierten Gruppe außerhalb des Unterrichts meiden. Um seine Vermutungen zu überprüfen, führt er einen soziometrischen Test durch. Er teilt der Klasse mit, dass die Ergebnisse dazu dienen sollen, die ständigen Unruhen gemeinsam mit allen Klassenangehörigen aufzuarbeiten. Er wählt das Kriterium der Sitznachbarschaft, um die Beliebtheitsstruktur der Klasse abzubilden.

Die Ergebnisse zeigen, dass sich entgegen seiner Erwartungen, keine negativen Nennungen zwischen den Mitgliedern der beiden augenscheinlich „verfeindeten" Gruppen ergeben. Auch die übrigen Klassenangehörigen zeigen kaum Ablehnungen gegenüber Angehörigen aus beiden Gruppen. Eine daraufhin initiierte Gesprächsrunde mit beiden Parteien fördert zu Tage, dass alle leidenschaftliche Fußballfans sind. Die Gruppe der Provokateure hegt jedoch Sympathien für eine äußerst erfolgreiche Mannschaft, während die Gruppe der Opfer allesamt einem wenig erfolgreichen Klub anhängen. Jeweils zu Beginn der Woche sehen sie sich den Schmährufen der Anhänger der siegreichen Mannschaft ausgesetzt, während ihr Team wieder einmal verloren hat. Dass diese oberflächlichen verbalen Auseinandersetzungen die Beziehungen zwischen den Mitgliedern beider Gruppen nicht belasten, blieb dem Lehrer jedoch verborgen.

Bei der Auswertung der Ergebnisse sollten Sie auf einen sensiblen Umgang mit den soziometrischen Daten achten. Befragte mit wenigen Wahlen und vielen Ablehnungen könnten besonders belastet werden und gekränkt reagieren, insbesondere wenn sie nicht mit diesem Ergebnis gerechnet haben (Ameln et al., 2009, S. 247f.). Auch Hans-Peter Krüger (1976, S. 27f.) betont, dass die Bewusstwerdung einer Differenz zwischen der sozialen Position und den eigenen sozialen Bedürfnissen zu einer erhöhten psychischen und emotionalen Belastung bei ausgegrenzten Kindern führen kann. Generell dürfen die Ergebnisse des soziometrischen Tests nicht der Selbstwertsteigerung oder der gruppendynamischen Abstrafung der Klassenangehörigen dienen (Ameln et al., 2009, S. 248). Vielmehr gilt es zusammen mit den Gruppenmitgliedern herauszuarbeiten, welche Beweggründe und Dynamiken den Wahlen und Ablehnungen zu Grunde liegen (Ameln et al., 2009, S. 248), um auf dieser Basis gemeinsam über die Reorganisation der Klasse nachzudenken. Die Entscheidung für die Anwendung der soziometrischen Befragung verlangt also im Vorfeld Entscheidungen sowohl hinsichtlich der Belastbarkeit der Befragten als auch im Hinblick auf die Fähigkeiten und Erfahrung der Lehrkräfte im Umgang mit den Ergebnissen (Ardelt & Lairaiter, 1999, S. 668f.).

Generell lassen sich keine allgemeinen Verfahrenspläne für den Umgang mit soziometrischen Daten erstellen. Merkmale der Gruppe (z.B. Grad des Vertrauens innerhalb der Gruppe) und der einzelnen Mitglieder (z.B. Alter) sowie das Anwendungsgebiet des Tests und die Kontextbedingungen (z.B. Zeit für Reorganisation der Gruppe) haben entscheidenden Einfluss auf die Art und Weise der gruppendynamischen Umgestaltung. An dieser Stelle können lediglich einige Impulse für die pädagogische Arbeit gegeben werden. Als Leitsatz gilt jedoch, dass Soziometrie „dann ihren Wert [hat], wenn sie den Beteiligten als Selbsteinschätzungsmöglichkeit dient" (Moser, 1977, S. 41).

Falko von Ameln, Ruth Gerstmann und Josef Kramer (2009, S. 248) empfehlen, die Gruppenmitglieder zunächst darüber aufzuklären, dass es sich bei den Ergebnissen des Tests nicht um eine unverrückbare „Gruppenwahrheit" handelt, sondern einzig um eine *Momentaufnahme* hinsichtlich *eines* Wahlkriteriums. Der

Einsatz anderer Wahlkriterien kann zu anderen Resultaten führen. Um die Ergebnisse des soziometrischen Tests richtig einordnen und deuten zu können, sollten Sie die Befunde immer mit ihren Beobachtungen und den Eindrücken aus Gesprächen vergleichen (Moreno, 1954, S. 37). Einzelgespräche können Ihnen darüber Aufschluss geben, wie abgelehnte oder isolierte Personen ihre soziale Position in der Klasse wahrnehmen und empfinden. Denn nicht in jedem Fall muss eine Randposition durch ein Gruppenmitglied auch als Belastung wahrgenommen werden (vgl. Gerlach, 2009 S. 44f.; Stöckli, 1997, S. 132). Um die Beweggründe, die hinter Wahlen und Ablehnungen stehen, gemeinsam mit der Gruppe zu ermitteln und zu reflektieren, empfiehlt Jürgen Friedrich (1990, S. 267) ein anonymisiertes Soziogramm als Diskussionsgrundlage zu verwenden. Als Leitlinie für den Austausch könnten Ihnen die Reflexionsfragen bei Ameln et al. (2009, S. 248) dienen. Auch die Angabe von Wahl- bzw. Ablehnungsgründen im Datenblatt kann als Gesprächsgrundlage herangezogen werden. Kooperative Lernformen und die themenzentrierte Interaktion (Cohn & Terfurth, 2007) bieten hier Ansatzpunkte, um die soziale Integration der Gruppe zu fördern. Zudem bieten außerschulische Träger verschiedenste Projekte zum Thema Klassenklima an.

Parallel zur Aufarbeitung der Ergebnisse mit den Schülerinnen und Schülern sollten Sie ihr eigenes Handeln und ihre Rolle in den gruppendynamischen Prozessen der Klasse reflektieren. Unterstützend könnten hier kollegiale Beratungen oder Supervisionen durchgeführt werden.

3.2.5.4 Am Beispiel: „Beliebtheit jenseits der Geschlechtergrenze. Ein Vergleich zwischen ausschließlich gleichgeschlechtlich beliebten und gleich- und andersgeschlechtlich beliebten zehnjährigen Kindern"

In den folgenden Abschnitten soll der Einsatz des soziometrischen Tests in einer Studie zu geschlechtsübergreifenden Kontakten unter Grundschulkindern illustriert werden. Bei der Darstellung dient das forschungslogische Planungsmodell von Christian Herfter und Sebastian Rahtjen (→ Kap. 3.1.1) als Leitfaden.

Formulierung und Präzisierung des Forschungsproblems

Forschungsproblem

Die Orientierung auf das gleiche Geschlecht gilt als universelles und prägendes Merkmal der frühen Kindheit (Carter, 1987; zitiert nach Stöckli, 2005, S. 298). Durch zahlreiche Untersuchungen konnte die Separierung in eine Mädchen- und Jungenwelt in dieser Alterspanne empirisch belegt werden. Bei Interaktionen und beim Spiel bevorzugen Kinder gleichgeschlechtliche Partnerinnen und Partner und erleben eine weitaus größere Akzeptanz bei gleichgeschlechtlichen Peers (vgl. Stöckli, 2005, S. 298). Kontakte zwischen den Geschlechtern sind in der frühen Kindheit nur selten zu verzeichnen (16 bis 20%). Diese Befunde haben dazu geführt, dass sich die Forschung lange Zeit nicht mit dem Phänomen von in beiden Geschlechtern beliebten Kindern auseinandergesetzt hat (Stöckli, 2005, S. 298). Dabei bietet der schulische Rahmen in Form des koedukativen Unterrichts und der großen Anzahl von Peers Schülerinnen und Schülern vielfältige Gelegenheiten der „Inszenierung von Geschlecht" (Breidenstein & Kelle, 1998) und verschiedener Formen der Grenzziehungsarbeit (Thorne, 1993). Hier erkennt Stöckli (2005) jedoch eine Forschungslücke, denn zu den Merkmalen der Heranwachsenden, die sowohl im eigenen als auch im anderen Geschlecht beliebt sind, sind bis dahin nur wenige Forschungsergebnisse zusammengetragen worden. Er verfolgt daher das Ziel, die ausschließlich im gleichen Geschlecht beliebten und in beiden Geschlechtern beliebten Kinder im Hinblick auf vier Merkmale zu vergleichen: Die Beliebtheit im eigenen Geschlecht; die schulische Kompetenz; die emotionale Befindlichkeit und das Vorhandensein romantischer Interessen (Stöckli, 2005, S. 299). Die folgende Betrachtung beschränkt sich auf die ersten beiden Aspekte der Untersuchung.

Theoretischer Rahmen und Stand der Forschung

(1) Beliebtheit
Bei der Aufarbeitung des Forschungsstandes zur Beliebtheit „grenzüberschreitender" Kinder sichtet Stöckli (2005, S. 299f.) zunächst Beobachtungsstudien zum Interaktionsverhalten von Grundschulkindern. Die Ergebnisse zeigen, dass sich das geschlechtsübergreifende Interaktionsverhalten größtenteils auf beliebte Mädchen und wenig beliebte Jungen beschränkt. Beobachtungen spiegeln jedoch nicht unbedingt die Beliebtheit im anderen Geschlecht wieder, denn Interaktionen zwischen Jungen und Mädchen sind häufig verbunden mit aggressivem und unerwünschtem Verhalten der Jungen (Sroufe et al., 1993; zitiert nach Stöckli, 2005, S. 299). Stöckli (2005, S. 299f.) bezieht daher soziometrische Befragungen in seine theoretische Betrachtung ein, da diese die Beliebtheit unter Peers adäquater erfassen. Die vom Autor zusammengetragenen Ergebnisse zeigen, dass sowohl die sehr beliebten, als auch die wenig beliebten Kinder mehr Freundschaften im anderen Geschlecht haben als durchschnittlich beliebte Kinder. Jedoch weisen die betrachteten Arbeiten methodische Schwächen auf. So wurde beispielsweise die Wahl andersgeschlechtlicher Nennungen forciert, indem alle befreundeten Klassenangehörigen des eigenen und des anderen Geschlechts anzugeben waren. Zudem wurden lediglich Freundschaften (wechselseitige Wahlen) mit Kindern des anderen Geschlechts betrachtet.

Um die Beliebtheit der Befragten zu ermitteln, entscheidet sich Stöckli (2005, S. 300) für ein soziometrisches Wahlverfahren. Dabei beschränkt sich die Untersuchung nicht auf wechselseitige Beziehungen, sondern richtet seine Betrachtung auch auf einseitige Wahlen (Beliebtheit). Als Beliebte werden diejenigen Kinder bezeichnet, die viele Wahlen und wenige Ablehnungen und deutlich mehr Wahlen als Ablehnungen erhalten. Die Abgrenzung zu anderen soziometrischen Statusgruppen[77] nimmt der Autor anhand des Verfahrens von John D. Coie, Kenneth A. Dodge und Heide Coppotelli (1982) vor (vgl. Stöckli, 2005, S. 303). Den Ausgangspunkt der Einteilung bilden die erhaltenen Wahlen und Ablehnungen im eigenen Geschlecht.

(2) Einsamkeit und soziale Zufriedenheit
Viele Studien belegen einen Zusammenhang zwischen dem sozialen Status in der Klasse und den Gefühlen von Einsamkeit und sozialer Unzufriedenheit (vgl. Stöckli, 2005, S. 300). Jedoch beschränken sich diese Untersuchungen weitestgehend auf gleichgeschlechtliche Peers oder nutzen soziometrische Ranglisten zur Ermittlung der Beliebtheit. Stöckli (2005, S. 300) resümiert, dass eine Verbindung der Beliebtheit im anderen Geschlecht mit sozialer Zufriedenheit bei Kindern weitestgehend offen ist. In seiner Untersuchung versteht der Forscher unter Einsamkeit „ein über längere Zeit andauerndes, subjektiv empfundenes und grundlegendes Beziehungs*defizit* [H.i.O.] und die damit einhergehende, negativ erlebte *emotionale Befindlichkeit* [H.i.O.]" (Stöckli, 1997, S. 140).[78]

Forschungsziel
Die Analyse der vorhandenen Forschungsergebnisse hat gezeigt, dass nur wenige Daten zu den Merkmalen von Kindern im Grundschulalter, die sowohl bei Jungen als auch bei Mädchen beliebt sind, vorliegen. Stöckli (2005) strebt deshalb mit seiner Untersuchung einen Vergleich zwischen ausschließlich vom eigenen Geschlecht und vom gleichen und anderen Geschlecht gewählten Kindern aus der 4. Klasse im Hinblick auf ausgewählte Merkmale an. Aus den bestehenden Forschungslücken leitet der Autor dazu drei Forschungsfragen ab:

(1) Beliebtheit

F1: *Sind von beiden Geschlechtern gewählte Kinder beliebter im eigenen Geschlecht als ausschließlich gleichgeschlechtlich gewählte Kinder?*
F2: *Welchen Status haben von beiden Geschlechtern gewählte und ausschließlich gleichgeschlechtlich gewählte Kinder im gleichen Geschlecht?*
(2) Einsamkeit und soziale Zufriedenheit

F3: *Welcher Zusammenhang besteht zwischen der Beliebtheit im anderen Geschlecht und der Einsamkeit der Kinder?*

77 Abgelehnte, Kontroverse, Unbeachtete, Mittlere und eine Restgruppe, die sich keiner der genannten Kategorien zuordnen lassen (vgl. Stöckli, 2005, S. 303).
78 Diese Definition entstammt einer früheren Publikation des Autors (Stöckli, 1997), in der er sich auf das dasselbe Konzept der Einsamkeit stützt. In der hier vorgestellten Studie wurde der Begriff der Einsamkeit nicht expliziert.

Planung und Vorbereitung der Erhebung

Forschungsplan

Die angestrebte Untersuchung stellt eine Vergleichsstudie von Kindern im Grundschulalter dar. Als Vergleichsdimensionen dienen die angesprochenen Merkmale. Die Vergleichbarkeit der Daten soll durch die Messung der relevanten Merkmale ermöglicht werden. Die Untersuchung basiert somit auf dem quantitativen Forschungsparadigma. Die Erhebung findet einmalig statt und kann als eine Momentaufnahme mit Hilfe einer Querschnitterhebung charakterisiert werden.

Konstruktion des Erhebungsinstruments

In diesem Schritt werden die für die Erhebung relevanten Merkmale messbar gemacht. Die zentrale Aufgabe besteht darin, Indikatoren zu finden, die zeigen, ob ein Phänomen in der Realität vorliegt oder nicht (Häder, 2010, S. 52). Die zu operationalisierenden theoretischen Begriffe sind (1) Beliebtheit und (2) Einsamkeit.

(1) Beliebtheit

Stöckli (2005, S. 303) bezeichnet die Kinder als beliebt, die viele Wahlen und wenige Ablehnungen und deutlich mehr Wahlen als Ablehnungen auf sich vereinen. Die Identifizierung der Beliebten setzt ein soziometrisches Wahlverfahren voraus. Das manifeste Kriterium (Fragebogenfrage) muss dabei so konzipiert sein, dass es die Beliebtheitsstruktur (latentes Kriterium) der Gruppe widergespiegelt. Der Forscher stützt sich bei der Formulierung seiner Fragebogenfragen (manifestes Kriterium) auf ein Szenario, dass das Zusammensein während eines Klassenausfluges thematisiert. Dabei beruft sich Stöckli (2005, S. 303) auf Ergebnisse einer Studie von Aster und Kuckartz (1988), nach der Klassenfahrten von Schulkindern als angenehmste Erinnerung an Schule, noch vor der Klassengemeinschaft und Freundschaften, genannt wurden. Der Wahlmodus ließ sowohl positive als auch negative Wahlen zu. Die Nennungen wurden auf jeweils drei Gruppenmitglieder begrenzt. Der Forscher führt die eingesetzten Fragebogenfragen mit einer Situationsbeschreibung ein, in der das Szenario, in dem die Wahlen getroffen werden sollen (Zugfahrt zu einem Klassenausflugsziel), näher beschrieben wird (vgl. Stöckli, 2005, S. 303). Anschließend formuliert er folgende Fragen (manifeste Kriterien):

(a) Mit welchen drei Mitschülerinnen und Mitschülern möchtest du am liebsten im gleichen Abteil reisen?
(b) Mit welchen drei Mitschülerinnen und Mitschülern möchtest du sicher nicht im gleichen Abteil reisen?

(2) Einsamkeit und soziale Unzufriedenheit

Einsamkeit, hier verstanden als ein langanhaltendes, subjektiv empfundenes Beziehungsdefizit mit einhergehender negativer emotionaler Unzufriedenheit, wird mit Hilfe des „Loneliness And Social Dissatisfaction Questionnaire“ von Steven R. Asher, Shelley Hymel und Peter D. Renshaw (1984) messbar gemacht. Der Forscher verwendet eine von ihm übersetzte Version des Fragebogens. Das Erhebungsinstrument besteht aus 16 Fragen. Es erfasst unterschiedliche Wahrnehmungen zur eigenen sozialen Situation, die sich dem Begriff der Einsamkeit zuordnen lassen (Stöckli, 1997, S. 125f.). Die Items thematisieren direkt die Gefühle der Einsamkeit („Ich bin einsam“); weiterhin werden bestehende („Ich fühle mich ausgeschlossen“) oder nicht vorhandene Beziehungsprobleme („Es fällt mir leicht neue Freunde oder Freundinnen zu finden“) benannt. Die Antworten werden auf einer fünfstufigen Skala mit den kategorisierten Antwortvorgaben von „stimmt immer“, „stimmt meistens“, „stimmt manchmal“, „stimmt selten“ und „stimmt gar nicht“ erfasst. Das Erhebungsinstrument wurde vom Forscher hinsichtlich seiner Güte überprüft und erzielte bezüglich Reliabilität und Validität befriedigende Ergebnisse (→ Kap. 3.2.3).

Auswahl der Teilnehmer/innen

Die Zielgruppe der Untersuchung waren Kinder im Grundschulalter. Es wurden 406 Kinder aus 20 vierten Klassen in der deutschsprachigen Schweiz befragt (vgl. Stöckli, 2005, S. 302f.). In der Stichprobe befanden sich 200 (49%) Mädchen und 206 Jungen (51%) mit einem Durchschnittsalter von 10 Jahren. Die Stärke der befragten Klassen schwankte zwischen 14 und 24 Schülerinnen und Schülern.

Datenerhebung

Die Datenerhebung erfolgte im Klassenverband (vgl. Stöckli, 2005, S. 304f.). Zunächst füllten die Schülerinnen und Schüler gemeinsam mit einer Testleiterin den soziometrischen Test aus. Daran anschließend beantworteten sie einzeln den Fragebogen.

Datenauswertung

Aufarbeitung des Materials und Datenauswertung

Zunächst überführte Stöckli (2005) die Ergebnisse des soziometrischen Tests in eine Soziomatrix. So konnten die Wahlen und Ablehnungen sowie die einseitigen und gegenseitigen Nennungen leicht abgelesen werden. Zur weiteren Auswertung des Datenmaterials wurden alle Antworten des Fragebogens und die soziometrischen Daten in ein digitales Datenformat übertragen.

Zu Beginn mussten die beiden Vergleichsgruppen aus den soziometrischen Daten selektiert werden (vgl. Stöckli, 2005, S. 305). Wahlen ausschließlich vom eigenen Geschlecht erhielten 291 (72%) der befragten Kinder. Darunter fanden sich 150 Mädchen und 141 Jungen. 77 Mädchen und 80 Jungen bekamen in dieser Gruppe andersgeschlechtliche Ablehnungen. Wahlen von beiden Geschlechtern bezogen insgesamt 65 Kinder (16%). Jungen (17,5%) erhielten dabei unwesentlich häufiger auch Wahlen vom anderen Geschlecht als Mädchen (14,5%). Sieben Mädchen und 13 Jungen bekamen auch Ablehnungen vom anderen Geschlecht. Nach der Bildung der Vergleichsgruppen konnten nun die Forschungsfragen beantwortet werden.

F1: *Sind von beiden Geschlechtern gewählte Kinder beliebter im eigenen Geschlecht als ausschließlich gleichgeschlechtlich gewählte Kinder?*

Zur Beantwortung der Forschungsfrage wurden zunächst die Randsummenwerte der Soziomatrix (erhaltene Wahlen und Ablehnungen) betrachtet. Wie sich zeigt, erhielten die gleich- und andersgeschlechtlich gewählten Kinder deutlich mehr Wahlen als nur vom eigenen Geschlecht Gewählte (vgl. Stöckli, 2005, S. 305). Zudem erhielten sie deutlich mehr Wahlen denn Ablehnungen als die Klassenangehörigen mit ausschließlich gleichgeschlechtlichen Nennungen. Schülerinnen und Schüler mit Wahlen von beiden Geschlechtern erreichten zudem mehr gegenseitige Nennungen im eigenen Geschlecht als die Vergleichsgruppe. Gleich- und andersgeschlechtlich gewählte Kinder sind damit beliebter im eigenen Geschlecht als nur vom eigenen Geschlecht gewählte Kinder.

F2: *Welchen Status haben von beiden Geschlechtern gewählte und ausschließlich gleichgeschlechtlich gewählte Kinder im gleichen Geschlecht?*

Die Ermittlung des Status der Gruppenmitglieder erfolgte auf der Grundlage des Verfahrens von Coie, Dodge und Coppotelli (1982) (vgl. Stöckli, 2005, S. 306). Danach gehören Kinder mit andersgeschlechtlichen Wahlen im eigenen Geschlecht häufiger zu den Beliebten (21,7%) und seltener zu den Abgelehnten (3,3%) und Unbeachteten (5,0%) als nur im eigenen Geschlecht Gewählte (Beliebte: 16,0%; Abgelehnte: 12,6%; Unbeachtete: 13,9%). Die Statusgruppe der Anderen, in der diejenigen eingetragen werden, die keiner der restlichen Gruppen zuzuordnen sind, gehören mit 45% der gleich- und andersgeschlechtlich Gewählten mehr Kinder an als aus der Vergleichsgruppe (30,3%).

F3: *Welcher Zusammenhang besteht zwischen der Beliebtheit im anderen Geschlecht und der Einsamkeit der Kinder?*

Die Datenanalyse ergab hier einen deutlichen Unterschied zwischen Jungen und Mädchen: Während von beiden Geschlechtern gewählte Mädchen seltener Gefühle der Einsamkeit und eine höhere soziale Zufriedenheit berichteten als ihre ausschließlich im gleichen Geschlecht gewählten Mitschülerinnen, ergab sich an dieser Stelle kein Effekt für die Jungen (vgl. Stöckli, 2005, S. 307).

Interpretation der Ergebnisse

Die Befunde zur Beliebtheit von Grundschulkindern im anderen Geschlecht korrespondieren mit den Ergebnissen vorhandener Untersuchungen. Die Studie des

Forschers bestätigt, dass die Kontakte von Grundschulkindern zu großen Teilen auf das eigene Geschlecht beschränkt sind (vgl. Stöckli, 2005, S. 309f.). Analog zu den Ergebnissen von Donna M. Kovacs, Jeffrey G. Parker, Lois W. Hoffman (1996) gehören Kinder mit gleich- und andersgeschlechtlichen Wahlen im eigenen Geschlecht häufiger zu den Beliebten und erhalten mehr gegenseitige Wahlen als die ausschließlich im eigenen Geschlecht gewählten Kinder. Es sind jedoch nicht ausschließlich die Beliebten, die als „Brücke" zum anderen Geschlecht fungieren. Ein großer Teil der im gleichen und anderen Geschlecht Gewählten gehört der Restgruppe der Anderen an, deren Status sich nicht eindeutig bestimmen lässt. Diese Befunde sprechen laut Stöckli (2005, S. 310) gegen das Modell von Dexter C. Dunphy (1963), nachdem die Durchmischung der Geschlechter in einer Gruppe von den beliebten Klassenangehörigen eingeleitet werde.

Die Ergebnisse haben gezeigt, dass Gefühle der Einsamkeit bei den Mädchen stärker sind, je seltener sie vom anderen Geschlecht gewählt werden. Währenddessen zeigen bei Mädchen gewählte Jungen keine Unterschiede zu ihren ausschließlich im eigenen Geschlecht genannten Mitschülern. Der Forscher schließt daraus, dass die Einsamkeitsgefühle der Mädchen stark von den von Jungen erhaltenen Wahlen abhängen und der Einfluss über den Wahlstatus im eigenen Geschlecht hinaus geht (Stöckli, 1997, S. 107f.).[79]

Berichterstattung

Die Ergebnisse der Forschung wurden zunächst in einer eigenständigen Publikation (Stöckli, 1997) und später in einer Fachzeitschrift veröffentlicht. Die praktische Relevanz der Ergebnisse lässt sich an dieser Stelle nicht einschätzen.

Weitere Beispiele

In einer Panelstudie von Fend (1991) wird die Stabilität von Beliebtheits- und Geltungsstatus bei Jugendlichen im Alter von 13 bis 18 Jahren erfasst. Zudem werden die Merkmale von Meinungsführern sowie von beliebten und weniger beliebten Kindern ermittelt. Einen Zusammenhang von Bullying-Erfahrungen und dem sozialen Status von Schülerinnen und Schülern untersuchen die Studien von Schuster (1997, 1999).

Denken – Handeln – Diskutieren

1. Sie haben kennengelernt, dass *Beliebtheit* ein sehr häufig untersuchtes Wahlkriterium in soziometrischen Tests ist.

79 Der Forscher geht in der hier vorgestellten Studie nicht näher auf die Befunde zur Einsamkeit und sozialen Zufriedenheit ein. Die Diskussion der Ergebnisse finden Sie jedoch bei Stöckli (1997).

a) Welchen Stellenwert hat dieses Wahlkriterium für Sie (als angehende oder praktizierende Lehrkraft) im schulischen Kontext?
b) Entwerfen Sie Fragen zur *Beliebtheit* für verschiedene Altersgruppen von Schülerinnen und Schülern (z.B. Klasse 1, 4, 6, 9 und 12).

2. Sie haben im Text erfahren, dass sich der soziometrische Test als *Erkenntnis*instrument dafür eignet, Alltagsbeobachtungen mit empirischen Daten zu untermauern.
   a) Auf welche Beobachtungen im schulischen Alltag könnte dies Ihrer Meinung nach zutreffen?
   b) Wie würden Sie damit umgehen, wenn Sie Diskrepanzen zwischen Ihren Beobachtungen und den soziometrischen Daten feststellen? Diskutieren Sie mögliche Handlungsszenarien auch in Bezug auf die Rolle der verschiedenen eingenommenen Perspektiven.
3. Entwerfen Sie Szenarien, in denen Ihnen die Anwendung des soziometrischen Tests als *Interventions*instrument (*hot sociometry*) unter realen schulischen Bedingungen als sinnvoll erscheint. Diskutieren Sie Ihre Szenarien auch hinsichtlich der Frage, wie Sie handlungsleitende Informationen und Anonymität vereinbaren können.
4. Stellen Sie sich vor, Sie sind Klassenlehrerin oder -lehrer in einer neunten Klasse. Sie erhalten einen Brief von einem Vater, der Sie darauf hinweist, dass sich seine Tochter fürchtet zur Schule zu gehen. Er führt aus, dass seine Tochter von Mitschülerinnen und Mitschülern gemobbt wird. Weiter fordert der Vater Sie auf, diesem Problem nachzugehen. Entwerfen Sie einen Forschungsplan, der Ihnen einen Zugang zu diesem Sachverhalt erlauben könnte. Beachten Sie dabei, dass sich Täterinnen und Täter sowie Opfer nur sehr selten selbst zu erkennen geben. (Zusätzliche Anregungen finden Sie bei Schuster, 1997).
5. Überlegen Sie, wie Sie die Ergebnisse aus 4) nutzen könnten, um das Gespräch mit der Klasse zu suchen und die Situation für alle Beteiligten nachhaltig zu verbessern.

Literatur

Ameln, F., Gerstmann, R. & Kramer, J. (2009). *Psychodrama* (2., überarbeitete und erweiterte Aufl.). Heidelberg: Springer.

Ardelt, E. & Laireiter, A. (1999). Messung sozialer Beziehungen. In E. Roth (Hrsg.), *Sozialwissenschaftliche Methoden. Lehr- und Handbuch für Forschung und Praxis* (5., durchgesehene Aufl., S. 668–673). München: Oldenbourg.

Asher, S. R., Hymel, S. & Renshaw, P. D. (1984). Loneliness in Children. *Child Development, 55* (4), 1456–1464.

Aster, R. & Kuckartz, U. (1988). Jugend und Schule: Eine Sekundaeranalyse schulspezifischer Fragen der Shell-Studie „Jugendliche und Erwachsene ’85“. *Zeitschrift für Sozialisationsforschung und Erziehungssoziologie, 8* (3), 200–212.

Bjerstedt, Å. (1956). *Interpretations Of Sociometric Choice Status: Studies Of Workmate Choices In The School Class And Selected Correlates*. Lund: Gleerup.

Breidenstein, G. (2008). Peer-Interaktion und Peer-Kultur. In W. Helsper & J. Böhme (Hrsg.), *Handbuch der Schulforschung* (2., durchgesehene und erweiterte Aufl., S. 945–964). Wiesbaden: VS Verlag für Sozialwissenschaften.

Breidenstein, G. & Kelle, H. (1998). *Geschlechteralltag in der Schulklasse: Ethnographische Studien zur Gleichaltrigenkultur*. Weinheim: Juventa.

Carlson-Sabelli, L., Sabelli, H. & Hale, A. E. (1994). Sociometry and Sociodynamics. In P. Homes, M. Karp & Watson Michael (Hrsg.), *Psychodrama since Moreno. Innovations in Theory and Practice* (S. 147–185). London: Routledge.

Cohn, R. C. & Terfurth, C. (2007). *Lebendiges Lehren und Lernen: TZI macht Schule* (5. Aufl.). Stuttgart: Klett-Cotta.

Coie, J. D., Dodge, K. A. & Coppotelli, H. (1982). Dimensions and Types of Social Status: A Cross-Age Perspective. *Development Psychology, 18* (4), 557–570.

Diekmann, A. (2010). *Empirische Sozialforschung: Grundlagen, Methoden, Anwendungen* (vollständig überarbeitete und erweiterte Neuausgabe 2007, 4. Aufl.). Reinbek: Rowohlt.

Dollase, R. (1973). *Soziometrische Techniken: Techniken der Erfassung und Analyse zwischenmenschlicher Beziehungen in Gruppen*. Weinheim: Beltz.

Dollase, R. (1975). Soziometrie als Interventions- und Meßinstrument. *Gruppendynamik, 6* (2), 82–92.

Dunphy, D. C. (1963). The Social Structure of Urban Adolescent Peer Groups. *Sociometry, 26* (2).

Fend, H. (1991). „Soziale Erfolge" im Bildungswesen: Die Bedeutung der sozialen Stellung in der Schulklasse. In R. Pekrun & H. Fend (Hrsg.), *Schule und Persönlichkeitsentwicklung. Ein Resümee der Längsschnittforschung* (Bd. 11, S. 217–238). Stuttgart: Enke.

Friedrichs, J. (1990). *Methoden empirischer Sozialforschung* (Sozialwissenschaft, Bd. 28, 14. Aufl). Opladen: Westdeutscher Verlag.

Gerlach, H. (2009). Das Soziogramm in der Berufsschulklasse: Über den Nutzen soziometrischer Analysen in der berufsschulischen Bildung. *Erziehungswissenschaft und Beruf, 57* (1), 31–46.

Häder, M. (2010). *Empirische Sozialforschung* (2., überarbeitete Auflage). Wiesbaden: VS Verlag für Sozialwissenschaften.

Höhn, E. & Seidel, G. (1976). *Das Soziogramm: Die Erfassung von Gruppenstrukturen ; eine Einführung für die psychologische und pädagogische Praxis* (4., vollständig neu bearbeitete Auflage). Göttingen: Hogrefe.

Hussy, W., Schreier, M. & Echterhoff, G. (2010). *Forschungsmethoden in Psychologie und Sozialwissenschaften für Bachelor: Mit 38 Abbildungen und 23 Tabellen*. Berlin: Springer.

Ingenkamp, K. (2008). *Lehrbuch der pädagogischen Diagnostik* (Studium Paedagogik, 6., neu ausgestattete Aufl.). Weinheim: Beltz.

Jansen, D. (1999). *Einführung in die Netzwerkanalyse: Grundlagen, Methoden, Anwendungen* (Lehrtexte Soziologie). Opladen: Leske + Budrich.

Kovacs, D. M., Parker, J. G. & Hoffmann, L. W. (1996). Behavioral, Affective, and Social Correlates of Involvement in Cross-Sex Friendship in Elementary School. *Child Development, 67* (5), 2269–2286.

Krüger, H.-P. (1976). *Soziometrie in der Schule: Verfahren und Ergebnisse zu sozialen Determinanten der Schülerpersönlichkeit* (Beltz-Studienbuch). Weinheim: Beltz.

Mitchell, J. (1969). The Concept And Use Of Social Networks. In J. Mitchell (Ed.), *Social networks in urban situations: analyses of personal relationships in Central African towns* (S. 1–50). Manchester: University Press.

Moreno, J. L. (1949). Sociometry and marxism. *Sociometry, 12* (1), 106–143.

Moreno, J. L. (1954). *Die Grundlagen der Soziometrie: Wege zur Neuordnung der Gesellschaft*. Köln: Westdeutscher Verlag.

Moreno, J. L. (1959). *Gruppenpsychotherapie und Psychodrama: Einleitung in die Theorie und Praxis*. Stuttgart: Thieme.

Moser, H. (1977). *Methoden der Aktionsforschung: Eine Einführung*. München: Kösel.

Petillon, H. (1980). *Soziale Beziehungen in Schulklassen*. Weinheim: Beltz.

Petillon, H. (1981). Validität und Reliabilität des soziometrischen Tests. In K. Ingenkamp (Hrsg.), *Wert und Wirkung von Beurteilungsverfahren. Untersuchungen zu den Gütekriterien und der Wirkung diagnostischer Instrumente in der Schule* (Beltz-Forschungsberichte, Bd. 27, S. 177–231). Weinheim: Beltz.

Petillon, H. (1987). *Der Schüler: Rekonstruktion der Schule aus der Perspektive von Kindern und Jugendlichen*. Darmstadt: Wissenschaftliche Buchgesellschaft.

Pruckner, H. (2004). Soziometrie: Eine Zusammenschau von Grundlagen, Weiterentwicklungen und Methodik. In J. Fürst, K. Ottomeyer & H. Pruckner (Hrsg.), *Psychodrama-Therapie. Ein Handbuch.* Wien: Facultas.

Raithel, J. (2008). *Quantitative Forschung: Ein Praxiskurs* (2., durchgesehene Aufl.). Wiesbaden: VS Verlag für Sozialwissenschaften.

Rubin, K. H., Bukowski, W. M. & Parker, J. G. (1998). Peer Interactions, Relationships, And Groups. In W. Damon & N. E. Eisenberg (Eds.), *Handbook of child psychology. Social, Emotional, And Personality Development* (5. Aufl., S. 619–700). New York: Wiley.

Schnell, R., Esser, E. & Hill, P. B. (1995). *Methoden der empirischen Sozialforschung* (5. Aufl.). München: Oldenbourg.

Scholl, A. (2009). *Die Befragung* (2. Aufl.). Konstanz: UVK.

Schuster, B. (1997). Außenseiter in der Schule: Prävalenz von Viktimisierung und Zusammenhang mit sozialem Status. *Zeitschrift für Sozialpsychologie, 28* (4), 251–264.

Schuster, B. (1999). Zu brav oder zu böse? Mobbing-Opfer und Abgelehnte im Prisoner's Dilemma-Paradigma. *Zeitschrift für Sozialpsychologie, 30* (2–3), 179–193.

Stöckli, G. (1997). *Eltern, Kinder und das andere Geschlecht: Selbstwerdung in sozialen Beziehungen*. Weinheim: Juventa.

Stöckli, G. (2005). Beliebtheit jenseits der Geschlechtergrenze: Ein Vergleich zwischen ausschließlich gleichgeschlechtlich beliebten und gleich- und andersgeschlechtlich beliebten zehnjährigen Kindern. *Zeitschrift für Soziologie der Erziehung und Sozialisation, 25* (3), 297–314.

Thorne, B. (1993). *Gender Play: Girls and boys in school*. Buckingham: Open University Press.

Treadwell, T. W., Leach, E. & Stein, S. (1993). The Social Networks Inventory: A Diagnostic Instrument Measuring Interpersonal Relationships. *Small Group Research, 24* (2), 155–178.

Christian Herfter

3.2.6 Das Experiment

Das Experiment ist der Titel eines deutschen Filmes von Oliver Hirschbiegel aus dem Jahr 2001, der auf dem Stanford-Prison-Experiment aus dem Jahr 1971 basiert (IMDB, 2001), einem sozialwissenschaftlichen Experiment der Uni Stanford unter Leitung des Psychologen Philip Zimbardo. Kern der Handlung der filmischen Adaption ist, dass eine Gruppe von Männern gegen eine finanzielle Vergütung „Häftlinge" und „Wachen" eines Gefängnisses spielen sollen. Die Häftlinge werden in Gefängniszellen eingeschlossen und müssen bestimmten Regeln folgen. Die Wachen sollen die Ordnung aufrechterhalten, jedoch keine physische Gewalt anwenden. Jeder der Teilnehmenden kann das „Gefängnis" jederzeit verlassen, verzichtet dann aber auf die vorher in Aussicht gestellte Bezahlung. Diese erhalten die Teilnehmer nur dann, wenn sie die vereinbarten zwei Wochen durchhalten. Zunächst ist die Stimmung zwischen den Gruppen eher von Unsicherheit und Empathie gekennzeichnet. Bald beginnen jedoch Unstimmigkeiten und die Wachen setzten drastischere Sanktionen durch, um ihre Autorität zu bewahren (IMDB, 2001). Im Gegensatz zur verfilmten Adaption kommt es im realen Experiment nicht zur physischen Gewalteinwirkung. Dennoch musste der Versuch nach nur sechs Tagen abgebrochen werden, weil die Wachen sadistische und die Häftlinge depressive Verhaltensweisen sowie Anzeichen für extremen Stress zeigten (Zimbardo, 2011).

Was macht nun dieses „Experiment" zu einem Experiment im sozialwissenschaftlichen Sinne? Die Gruppe um Philip Zimbardo warb in einer lokalen Zeitschrift Studierende für eine Studie zu den Auswirkungen des Gefängnislebens. Eine Auswahl von 24 gesunden, intelligenten, männlichen Studenten der sozialen Mittelschicht wurde aus allen Bewerbungen getroffen und zufällig auf die Gruppe der „Häftlinge" und „Wachen" verteilt. Die Forscherinnen und Forscher variierten also unter Konstanthaltung möglichst vieler Variablen – also „beliebige[r] Merkmale oder Eigenschaften eines Menschen, Lebewesens, Objektes, Systems,[sic] etc." (Huber, 1997, S. 20) – die Variable der Gruppenzugehörigkeit bzw. der Rolle im Gefängnis. Dies hat einen entscheidenden Vorteil: Die beobachteten Veränderungen des Verhaltens können auf den Einfluss der Gruppenzugehörigkeit und nicht auf den Einfluss anderer Variablen (Alter, sozialer Herkunft, Geschlecht usw.) zurückgeführt werden.

Im nachfolgenden Abschnitt wird das Experiment als Werkzeug des Erkenntnisprozesses und dessen Logik im Zusammenhang mit seiner Relevanz für die kausale Forschung knapp erörtert. Daran schließt sich ein kurzer historischer Abriss über die Entwicklung des Experiments an. Ausgehend von den zu diesem

Punkt zur Verfügung stehenden Begrifflichkeiten und Überlegungen wird der Zusammenhang zwischen der Forschung an Schulen und dem Experiment genauer diskutiert. Anschließend wird ein Ausblick auf verwandte Techniken der Erhebung und Auswertung gegeben, um im letzten Abschnitt anhand eines Beispielprojektes alle Phasen des Forschungsprozesses entlang des forschungslogischen Planungsmodells (→ Kap. 3.1.1) zu skizzieren und Ihnen einen Einblick in die voraussetzungsreiche Arbeit mit Experimenten im Schulkontext zu geben.

3.2.6.1 Das Experiment und kausale Schlussfolgerungen

Das Ziel kausaler Forschung „ist der exakte Beweis für eine [...] Beziehung zwischen einer unabhängigen Variable (Ursache) und einer abhängigen Variable (Wirkung)“ (Scholl, 2009, S. 87) in einer strengen zeitlichen Abfolge (→ Kap. 3.1.3). Im Beispiel des Stanford-Prison-Experiments ist die Ursache die Gruppenzugehörigkeit, das gezeigte, veränderte Verhalten die Wirkung. Das Experiment ist dabei ein Instrument, diese Zusammenhänge aufzuzeigen, d.h., empirisch zugänglich zu machen.

Der Psychologe Oswald Huber (1997, S. 62) benennt zwei charakterisierende Bedingungen des Experiments. Erstens wird durch die Forscherin bzw. den Forscher mindestens eine Variable systematisch variiert und gleichzeitig dokumentiert, welchen Effekt diese Veränderung bewirkt. Zweitens muss die Wirkung aller anderen Variablen ausgeschaltet werden.

Obgleich ein empirisch zweifelsfreier Nachweis niemals zu erbringen ist, ist „wohl der größte Teil aller Forschungsbemühungen in den Sozialwissenschaften [...] darauf ausgerichtet, Gründe für die sie interessierenden Phänomene herauszufinden, Ursache-Wirkungs-Beziehungen zu identifizieren oder kurz: Kausalitäten zu bestätigen“ (Bortz, 1984, S. 363). Die Ursache für den nicht zu erbringenden fehlerfreien Beweis liegt in der Natur der sozialwissenschaftlichen Hypothesen[80]. Diese sind entgegen den meisten naturwissenschaftlichen Hypothesen nicht deterministisch, d.h., sie gelten nur mit einer bestimmten Wahrscheinlichkeit.

Am Beispiel: Nicht jeder erwachsene junge Mensch wird sein Verhalten der Rolle als Häftling oder Wache anpassen. Aufgrund der Erkenntnisse aus dem Stanford-Prison-Experiment wird man jedoch eine bestimmte Wahrscheinlichkeit für das Auftreten bestimmter Verhaltensweisen in Abhängigkeit der eingenommenen Rolle vermuten.

Der „Beweis“ erfolgt daher meist über statistische und wahrscheinlichkeitstheoretische Ansätze (vgl. Diekmann, 2010, S. 125) und ist erst dann abgeschlossen,

80 Unter Hypothese soll dabei „eine Aussage über einen Zusammenhang zwischen sozialen Merkmalen, d.h. eine Beziehung zwischen zwei (oder mehr) Variablen verstanden“ werden (Diekmann, 2010, S. 124).

wenn alle alternativen Erklärungsmodelle bzw. Hypothesen ausgeschlossen werden können (vgl. Bortz, 1984, S. 363; Scholl, 2009, S. 87; Wellenreuther, 2005, S. 38). Nur wenn diese Bedingung erfüllt ist, kann neben einem „einfachen" Zusammenhang (Korrelation) auch eine Ursache-Wirkungs-Beziehung (Kausalität) unterstellt werden.

Ein Beispiel zur Illustration verschiedener möglicher Ursache-Wirkungs-Beziehungen (vgl. Gniewosz, 2011, S. 78f.): Ausgehend von einem festgestellten Zusammenhang zwischen dem akademischen Selbstkonzept von Schülerinnen und Schülern – also der Einschätzung, ob sie sich selbst in einem bestimmten Schulfach kompetent fühlen – und den erhaltenen Schulnoten sind verschiedene Erklärungsmodelle bzw. Hypothesen möglich.

1) Die Schulnoten beeinflussen das Selbstkonzept.
2) Ein günstigeres Selbstkonzept führt zu einer intensiveren Beschäftigung mit dem Thema und diese führt zu besseren Leistungen in Form von Noten.
3) Eine sog. dritte Variable ist für den Zusammenhang verantwortlich – z.B. Intelligenz. Intelligentere Kinder und Jugendliche weisen ein günstigeres Selbstkonzept und bessere Noten auf.

In den nachfolgenden Abschnitten werden Sie kennen lernen, wie man anhand von Experimenten alternative Erklärungen ausschließen und so die Brücke zwischen Korrelation und Kausalität schlagen kann. Zunächst wird dabei die Verwendung des Experiments in der wissenschaftlichen Erkenntnisgewinnung in Vergangenheit und Gegenwart aufgezeigt, bevor dessen Relevanz im schulischen Kontext vorgestellt wird. Dem schließt sich die Analyse des Experiments im Erhebungs- und Auswertungszusammenhang an. Die Erhebungsphase im Forschungsprozess wird dabei eingehender beleuchtet, da diese die Charakteristika des Experiments im Wesentlichen bestimmt.

3.2.6.2 Historische Genese und Perspektiven des Experiments

Im Gegensatz zu den in den zurückliegenden Kapiteln vorgestellten Methoden bzw. Techniken empirischer Sozialforschung handelt es sich beim Experiment nicht um eine Forschungsmethode (i.S. von Technik) als solche, sondern eher um ein „Werkzeug" der Wissensgenerierung in einer Vielzahl von kulturellen, sozialen und fachlichen Kontexten (Steinle, 2002, S. 409). In diesem Sinne unterscheidet sich auch die historische Genese des Experiments von denen der bisher vorgestellten Techniken. Im Mittelpunkt stehen hier erkenntnistheoretische (epistemische) und wissenschaftstheoretische Fragestellungen, die sich in erster Linie aus der naturwissenschaftlichen und seit Ende des 19. Jahrhunderts auch aus der experimentalpsychologischen Forschungstradition heraus ergeben.

Als einen Wegbereiter des modernen Experiments benennt der Historiker Friedrich Steinle (2002, S. 408) den Philosophen und Wissenschaftstheoretiker

Francis Bacon, der in seinem 1620 erschienenen Werk *Novum Organon* eine Vielzahl unterschiedlicher erkenntnistheoretischer Funktionen des Experiments vorstellt, darunter auch die Schaffung und Klassifikation neuer Phänomene und die Unterscheidung zwischen bestehenden Hypothesen und Theorien. Zugleich forderte Bacon alle Forschenden auf „selbst empirisch zu arbeiten und wissenschaftliche Schlussfolgerungen aufgrund solcher eigenen Beobachtungen zu ziehen. Er brach damit mit einer Denktradition, die vor allem [...] auf die Autorität klassischer Werte baute und diese in der Wissenschaft als anerkannte Autorität betrachtete" (Häder, 2010, S. 340).

Das „breite" Verständnis der Erkenntnismöglichkeiten mittels des Experiments wurde durch den wissenschaftlichen Diskurs, spätestens aber durch die Arbeiten des englischen Philosophen John Stuart Mill Mitte des 19. Jahrhunderts dahingehend eingegrenzt, dass das Experiment ausschließlich zur Untersuchung kausaler Beziehungen verwendet werden sollte (vgl. Steinle, 2002, S. 408). Dabei stand ein Wandel vom passiven zum aktiven Verständnis von Experimenten im Vordergrund. Der begrifflichen Konzeption Mills ist es zu verdanken, „dass bei Experimenten nicht mehr nur einfach von außen beobachtet, sondern auch aktiv in die Wirklichkeit eingegriffen wird" (Häder, 2010, S. 340).

Noch klarer forderte der französische Physiker und Wissenschaftstheoretiker Pierre Duhem Anfang des 20. Jahrhunderts eine Beschränkung der Verwendung des Experiments auf das Überprüfen von Theorien, die Deduktion (Steinle, 2002, S. 409; zum Begriff der Deduktion → Kap. 3.1.4). Diese Perspektive wurde die *Standardsichtweise* des 20. Jahrhunderts und hielt sich auch in den wegweisenden Arbeiten Thomas Kuhns zur Entwicklung wissenschaftlicher Theorien (Steinle, 2002, S. 409; vgl. auch Kuhn, 1993).

Diese (deduktive) Sichtweise fasst Friedrich Steinle (2002, S. 418), wie folgt, zusammen: „There was a theory that led to expecting a certain effect; the expectation led to designing and conducting an experiment; and the success of the experiment counted as support for the theory."

Friedrich Steinle (2002, S. 419) fordert in seinen weiteren Ausführungen eine Rückkehr zu einem breiteren Verständnis der erkenntnistheoretischen Möglichkeiten des Experiments hin zum erkundenden Experimentieren (*exploratory experimentation*), worunter er eine systematische Variation relevanter Variablen versteht. Diese mögliche Zukunftsperspektive greife ich an verschiedenen Stellen erneut auf, dann etwa, wenn das Design-Experiment in der Schul- und Unterrichtsforschung oder das qualitative Experiment in der Abgrenzung zum quantitativen vorgestellt werden.

3.2.6.3 Das Experiment in der Schul- und Unterrichtsforschung

In der Schul- und Unterrichtsforschung sind Experimente im Gegensatz zur psychologischen Forschung eher selten. Dies geht auf historisch gewachsene Vorurteile, aber auch auf methodologische und methodische Bedenken zurück (Seel, Pirnay-Dummer & Ifenthaler, 2009, S. 554). Der grundlegende Einwand, auf den sich die Lernforscher Norbert Seel, Pablo Pirnay-Dummer und Dirk Ifenthaler (2009), aber auch die Psychologen Andreas Zendler und Till Pfeiffer (2009) beziehen, ist jener, dass „das Experiment als wissenschaftliche Methode [...] der Komplexität unterrichtlichen Geschehens mit der Vielzahl relevanter Faktoren mit möglicherweise wechselseitiger Beeinflussung nicht angemessen“ (S. 209) sei.

Die Unangemessenheit steht in einem Spannungsfeld zur Aussage, dass „die Nutzung experimenteller Methoden in der pädagogisch-psychologischen Forschung der wahrscheinlich prominenteste, wenn nicht sogar einzige Weg [ist], den kausalen Zusammenhang zwischen zwei Variablen zu überprüfen“ (Hardy, 2008, S. 123).

Das Experiment hat insbesondere in der Erforschung der Wirksamkeit von Unterrichtsmethoden zentrale Bedeutung erlangt (Wellenreuther, 2005, S. 43).[81] Hierbei werden beispielsweise die Effektivität von Klassenführungstechniken (Good, Grouws & Ebmeier, 1983), die Auswirkungen verschiedener Schriftspracherwerbsmethoden auf den Lernerfolg im Lesen und Rechtschreiben (Kirschhock, Martschinke, Treinies & Einsiedler, 2002) oder der Einfluss von Personalisierung von Lernmaterial und Möglichkeiten, bei dessen Auswahl mit zu entscheiden, auf die Motivation von Lernenden (Cordova & Lepper, 1996) untersucht. Letztgenannter Studie ist ein eigener Abschnitt dieses Kapitels (→ Kap. 3.2.7.9) gewidmet.

Auch im Bereich der Behandlung sonderpädagogisch relevanter Störungen, d.h. der Evaluation von Interventionsmaßnahmen, kann die experimentelle Forschung wichtige Beiträge leisten. Insbesondere wenn man daran interessiert ist, „welche Interventionsmaßnahmen geeignet sind, die unerwünschten Begleiterscheinungen einer sonderpädagogischen Störung zu minimieren, hat sich die experimentelle Forschungsmethode als hilfreich erwiesen, um die Wirksamkeit vorgeschlagener Maßnahmen zu prüfen“ (Hasselhorn, Grube, Mähler & Roick, 2007, S. 906).

Abseits des klassischen Verständnisses einer Überprüfung abgeschlossener Prozesse entwickelt sich eine Auffassung des Experiments über das Verständnis als Instrument der Forschung hinaus zu einem „sich selbst überwachenden Prozess der Mikro-Reform“ (Seel et al., 2009, S. 566). Mit Mikro-Reformen sind dabei das Überprüfen und Verbessern von Bildungsprozessen (educational designs)

---

81 An dieser Stelle sei auf die Notwendigkeit der Berücksichtigung von Interaktionseffekten hinsichtlich der Eigenschaften der Lernenden (aptitudes) und der unterrichtlichen Maßnahmen (treatments) verwiesen (Hasselhorn & Gold, 2006, S. 255; Terhart, 2000, S. 84).

basierend auf kontinuierlich gewonnenen (empirischen) Erkenntnissen und Prinzipien während des Prozessverlaufes gemeint (Collins, Joseph & Bielaczyc, 2004, S. 15). Experimente, mit denen das Ziel formativer Evaluation verfolgt wird, werden als Design-Experimente bezeichnet (→ Kap. 3.2.7.6).

3.2.6.4 Erhebung

Im folgenden Abschnitt steht die Erhebungsphase des Experiments im Vordergrund, welche auch die Charakteristika dieses Instruments im Wesentlichen bestimmt. Dabei wird sich ausgehend von einer Beschreibung des Aufbaus von Unterrichtsexperimenten den zentralen Begrifflichkeiten und Eigenschaften genähert, um sich dann verschiedenen Formen des Experiments und damit verbundenen Validitätskonzepten zuzuwenden. Den Abschluss des Abschnittes „Erhebung" bildet die Diskussion von Vor- und Nachteilen von Experimenten im Schul- und Unterrichtskontext.

Will man die Wirksamkeit bestimmter Unterrichtsmethoden oder Trainings mittels Experimenten untersuchen, so lässt sich das Vorgehen prototypisch in vier Phasen unterteilen (vgl. Weyers, 2007, S. 42; Zendler & Pfeiffer, 2009, S. 212):

1) In der ersten Phase werden Personen (meist Schülerinnen und Schüler) vergleichbaren Gruppen zugeordnet.
2) In der zweiten Phase nehmen alle oder eine Teilgruppe der Lehrkräfte an Weiterbildungen zum geplanten Training bzw. zur intendierten Unterrichtsmethode teil. Damit soll sichergestellt werden, dass die Lehrerinnen und Lehrer Vertrautheit im Umgang mit den Materialien und dem Vorgehen in den späteren Lehr-Lern-Situationen entwickeln können und so eine vergleichbare Vorgehensweise im Unterricht zeigen. Es soll auf diese Weise auch das Instruktionsverhalten der Lehrkräfte kontrolliert und als Wirkfaktor ausgeschlossen werden. Alternativ oder ergänzend kommen Schulungsmaterialien zum Einsatz.
3) In der Phase der Implementierung wird die Methode bzw. das Training im Unterricht bei einer oder mehreren Gruppen durchgeführt. Dabei ist darauf zu achten, dass diese „in Bezug auf wichtige Lernbedingungen wie Lernzeit, Art ausgeführter Aktivitäten und Interaktionsformen stark standardisiert" werden (Zendler & Pfeiffer, 2009, S. 212). Bei anderen Gruppen wird nach einer „tradierten" Methode unterrichtet.
4) In der vierten Phase werden Messungen zur Feststellung der Wirkung des Trainings bzw. der Unterrichtsmethode durchgeführt.

Um die Wirkung innerhalb der vierten Phase feststellen zu können, ist eine dem Training vorgeschaltete Messung erforderlich, die idealerweise auch vor der Zuordnung zu den Gruppen (Phase 1) geschieht. Nur so können Veränderungen überhaupt ermittelt werden, um diese dann auf die eingeführte Methode zurückzuführen (Diekmann, 2010, S. 343; Häder, 2010, S. 341).

Von zentraler Bedeutung in allen vier Phasen sind „die Möglichkeiten der Kontrolle der relevanten Variablen" (Seel et al., 2009, S. 554). Im obigen Falle sind dies die eingesetzten Unterrichtsmethoden und die Vertrautheit der Lehrkräfte mit diesen Methoden. An dieser Stelle unterscheidet sich die experimentelle Forschung von der deskriptiven (auch ex-post-facto) Forschung.

Neben der Manipulation des interessierenden Phänomens müssen störende Variablen durch geeignete Techniken kontrolliert werden. „Störvariablen sind Einflussgrößen, die ebenfalls die abhängige [d.h. relevante, C.H.] Variable beeinflussen können" (Gniewosz, 2011, S. 79). Hierfür bietet sich eine Reihe von Techniken an (vgl. Gniewosz, 2011, S. 80f.):

- *Kontrollgruppe(n).* Eine Gruppe von teilnehmenden Personen, die *nicht* der experimentellen Bedingung (dem Training bzw. der Methode) ausgesetzt werden. Die Wirkung eines Trainings oder einer Unterrichtmethode kann dann belegt werden, wenn sich Veränderungen (Lernerfolge) in der Experimentalgruppe (also jener Gruppe, die mit der neuen Methode unterrichtet wird), aber nicht in der Kontrollgruppe zeigen.
- *Parallelisierung (Matching).* Die teilnehmenden Personen werden so auf die verschiedenen Gruppen verteilt, dass sie bezüglich bestimmter Merkmale, die als störende Variablen angenommen werden, gleichverteilt sind. So beeinflussen beispielsweise im schulischen Kontext Geschlecht und Intelligenz die Wirkung von Unterrichts- bzw. Trainingsmethoden. Ziel ist es somit, eine Geschlechtergleichverteilung und ein einheitliches Intelligenzniveau in allen Gruppen zu erreichen. Hierfür sind vorher durchgeführte Testungen notwendig. Je mehr störende Variablen existieren, desto schwieriger wird dieses Verfahren (Böhm-Kasper & Weishaupt, 2008, S. 94).
- *Randomisierung.* Die teilnehmenden Personen werden nach dem Zufallsprinzip in die verschiedenen Gruppen eingeteilt. Dabei muss die Wahrscheinlichkeit gleich groß sein, dass die Personen der Kontrollgruppe wie einer Experimentalgruppe zugeteilt werden. Bei ausreichend großen Stichproben (mehr als 30 Personen) kann „davon ausgegangen werden, dass sich die externen Faktoren [die Störvariablen, C.H.] mit hoher Wahrscheinlichkeit auf die beiden Gruppen gleich verteilen" (Böhm-Kasper & Weishaupt, 2008, S. 94f.).
- *Standardisierung von Situationsmerkmalen.* „Wenn bekannt ist, welche Eigenschaften der Situation die abhängige Variable beeinflussen, ist es sinnvoll, diese auszuschalten" (Gniewosz, 2011, S. 80) oder konstant zu halten. Dies wird durch die oben angesprochene Standardisierung in der Phase der Implementierung, aber auch in der Phase der Schulung erreicht. Ist beispielsweise ein Einfluss a) der Lernzeit und b) von Baulärm auf die Wirk-

samkeit von Trainings- bzw. Unterrichtsmethoden zu vermuten, sollte a) konstant gehalten und b) ausgeschaltet werden.

- *Kontrolle von Erwartungseffekten.* Alle an Experimenten beteiligten Personen können Erwartungen bzgl. eines Experiments entwickeln. Dies kann man kontrollieren, indem man die Teilnehmenden nicht oder nur teilweise über Ziele und Hypothesen des Experiments aufklärt. Dies kann beispielsweise dadurch erreicht werden, dass der Einsatz unterschiedlicher Unterrichtsmethoden in den verschiedenen Gruppen gegenüber den Lernenden nicht thematisiert wird. Insgesamt sind die erwünschten Effekte bezüglich des Ausschlusses von Störvariablen gegenüber ethischen Einwänden abzuwägen.
- *Kontrolle von Lerneffekten in Tests.* Es ist möglich, dass „die Vorher-Messung die Nachher-Messung beeinflusst, z.B. aufgrund von Lerneffekten in Tests" (Diekmann, 2010, S. 343f.). Man legt dann den Solomon-Vier-Gruppen-Versuchsplan zu Grunde, um die Effekte des Messinstruments zu isolieren (Diekmann, 2010, S. 344). Hierzu bildet man zwei Vergleichsgruppen (VG) und zwei Experimentalgruppen (EG). VG 1 wird ohne besonderes Training vor und nach einem bestimmten Zeitraum getestet, VG 2 nur nach dem festgelegten Zeitraum. EG 1 wird ebenfalls vor und nach einem bestimmten Zeitraum getestet (gleicht also VG 1). In besagtem Zeitraum erfolgt das eigentliche Training. EG 2 erhält das gleiche Training (wie EG 1), wird (wie VG 2) allerdings nur nach dem festgelegten Zeitraum getestet. Im Vergleich der beiden EG bzw. VG kann so der Lerneffekt infolge der Testdurchführung isoliert werden, im Vergleich von VG und EG der eigentlich zu untersuchende Trainingseffekt.

Tabelle 1: Die Solomon-Vier-Gruppen-Versuchsplanung

		vorher	**Zeitraum**	**nachher**
Experimentalgruppen	EG1	Test	Training	Test
	EG2		Training	Test
Vergleichsgruppen	VG1	Test		Test
	VG2			Test

Die für das Experiment zentrale Kontrolle von Fehlerquellen bzw. Störvariablen verringert einerseits die „Anzahl plausibler Alternativerklärungen für die beobachteten Befunde" und erhöht so die innere Validität (Böhm-Kasper & Weishaupt, 2008, S. 93). Andererseits sinkt durch die Kontrolle der Bedingungen der Erhebungssituation die externe oder ökologische Validität, da die Ergebnisse einer Untersuchung dann nicht mehr über die besonderen Bedingungen der Erhebungssituation hinausweisen bzw. generalisierbar sind (Böhm-Kasper & Weishaupt, 2008, S. 93). Mit Generalisierbarkeit ist das Ausmaß bezeichnet, mit dem „Untersuchungsergebnisse auf weitere (natürliche) Bedingungen und Settings,

Populationen und Messvariablen übertragen werden können" (Hardy, 2008, S. 124). Dies zeigt zudem deutlich, dass die experimentelle Unterrichtsforschung auch im Hinblick auf die Einhaltung der Gütekriterien ein schwieriges Unterfangen ist (Hardy, 2008, S. 125)[82].

3.2.6.5 Qualitatives vs. quantitatives Experiment

Das bisher dargestellte Verständnis des Experiments bezog sich auf das Überprüfen von Hypothesen und beschränkte sich damit auf die im aktuellen wissenschaftlichen Diskurs prominente quantitative Auslegung dieser Methode. In Anlehnung an das Verständnis Francis Bacons (1620; 2010) ist es aber ebenso möglich, Hypothesen zu gewinnen, d.h., Strukturen eines Forschungsgegenstands qualitativ zu explorieren (Burkhart, 2010, S. 252).

Gemeinsam ist beiden Begriffsverständnissen, dass es sich um ein aktives Eingreifen in den zu untersuchenden sozialen Gegenstand handelt. Während beim qualitativen Experiment die Prinzipien der Offenheit und Flexibilität gegenüber der Festlegung des Gegenstands und einer Entwicklung von Hypothesen und Struktur dominieren (Burkhart, 2010, S. 257; Lamnek, 2010, S. 585f.), stehen beim quantitativen Experiment Hypothesen- und Strukturprüfung eines genau festgelegten Gegenstands im Vordergrund.

Mögliche Fragestellungen für ein qualitatives Experiment[83] könnten in Anlehnung an den Soziologen Siegfried Lamnek (2010, S. 588) sein: Wie verhält sich eine Schulklasse, wenn einzelne Schülerinnen und Schüler fehlen? Wie verhält sich eine Schulklasse, die ihren Lehrplan selbst gestalten darf? Was geschieht, wenn eine Lehrerin bzw. ein Lehrer Jugendsprache verwendet? Wie verändern sich die Beziehungen einer Klasse (untereinander und zur Lehrperson) während eines Klassenausfluges?

Entscheidend hierbei ist, die veränderte Situation bewusst herzustellen und sich offen und verstehend dem Gegenstand zu nähern (zum Anspruch qualitativer Forschung vgl. Flick, von Kardorff & Steinke, 2003, S. 14; → Kap. 3.1.4).

> nicht von schon Bekanntem, von Hypothesen aus, sondern zielt auf Neues, auf *Entdeckungen.* Es verwendet nicht Variablen, sondern sucht und findet *Strukturen.* Dies sind *alle Arten* von Abhängigkeiten, Beziehungen, Relationen, nicht nur kausale. Relationen sind *qualitativer* Art, sie lassen sich zumeist nicht messen, weil sie nicht nur Verläufe, sondern auch Negationen, Widersprüche, unstabile Abhängigkeiten, Umspringbeziehungen und Brüche einbeziehen.
>
> (S. 725)

---

82 Objektivität und Reliabilität ordnen sich als Gütekriterien der Validität an dieser Stelle unter. Alternativerklärungen, die sich aus Einflüssen von Personen oder Zufallsfehlern ergeben, müssen ebenso ausgeschlossen werden.

83 Auf eine Angabe möglicher Fragestellungen für quantitative Experimente wird an dieser Stelle verzichtet. Verwiesen sei an dieser Stelle auf den Abschnitt „Am Beispiel" (→ Kap. 3.2.6.).

Nicht zuletzt hebt sich das qualitative Experiment vom quantitativen durch eine Fokussierung der Analyse auf Gemeinsamkeiten ab: „Weniger das Trennende als das Gemeinsame ist für die Beurteilung der Befunde von Bedeutung" (Lamnek, 2010, S. 587). Unterschiede zwischen den Gruppen sind dagegen das essentielle Element für die statistische Analyse quantitativer Daten aus Experimenten.

Ein weiterer Unterschied zeigt sich darin, dass beim quantitativen Experiment nur einzelne und vorher festgelegte Variablen verändert werden, während beim qualitativen alle Einflüsse zu variieren sind – auch die Gruppe der Teilnehmenden (Burkhart, 2010, S. 257; Lamnek, 2010, S. 586f.).[84] „Die Gesamtheit der Veränderung von Strukturen ist hier gerade der Forschungsgegenstand" (Kleining, 1986, S. 725). Um im Kontext qualitativer Experimente belastbare Aussagen zu Strukturen treffen zu können, bedarf es der Einhaltung qualitativer Gütekriterien (vgl. Steinke, 2003; → Kap. 3.1.4) und der (Weiter-)Entwicklung einer eigenen Methodologie und Methodik.[85] Da das qualitative Experiment diesbezüglich immer noch unterentwickelt ist (Lamnek, 2010, S. 592), wird es trotz seines großen heuristischen Potenzials nur sehr selten eingesetzt und spielt eine untergeordnete Rolle (Burkhart, 2010, S. 260).

Ich beschränke mich in den nachfolgenden Darstellungen daher weiterhin auf die dominierende quantitative Form des Experiments.

3.2.6.6 Formen des Experiments

Unter dem Begriff *Experiment* findet man in der Forschungspraxis eine Vielzahl unterschiedlicher Konzepte und Formen, die nachfolgend kurz vorgestellt werden. Für eine umfassende Darstellung sei der einführende Aufsatz der Erziehungswissenschaftlerin Ilonca Hardy (2008) empfohlen.

1) Laborexperimente

Laborexperimente tragen ihren Namen aufgrund des Ortes, an denen sie durchgeführt werden: in Labors pädagogischer oder psychologischer Forschungseinrichtungen. Gemeint sind dabei Experimente, die *nicht* in der „natürlichen" Umgebung der teilnehmenden Personen, sondern in einem kontrollierten bzw. künstlichem Rahmen durchgeführt werden.

„Durch die hohe Standardisierung der Versuchsbedingungen im Laborexperiment […] wird die interne Validität und damit die Wahrscheinlichkeit erhöht, die erwarteten Zusammenhänge […] aufzudecken" (Hardy, 2008, S. 127). Zugleich stehen Laborexperimente in der Kritik, durch diese Reduktion nicht o-

84 Parallelen sind hier zum theoretical sampling der Soziologen Barney Glaser und Anselm Strauss (1999) festzustellen. Auch dort ist eine, sich der entwickelnden Theorie angepasste, Auswahl von Teilnehmenden ein wichtiger Aspekt der Methodologie.

85 Ansätze finden sich bei Gerhard Kleining (1986; zusammenfassend bei Lamnek, 2010) und Kleining und Witt (2000).

der nur wenig auf die „reale“ schulische Lernsituation übertragbar und damit wenig ökologisch valide zu sein (vgl. Bronfenbrenner, 1993).

2) Feldexperimente
Um das Problem der fehlenden Übertragbarkeit der in Laborexperimenten gewonnenen Erkenntnisse in die (Schul-)Realität zu umgehen, liegt es nahe, die experimentelle Forschung im Feld, d.h. in der Schule selbst durchzuführen. Das Feldexperiment entspricht dem Laborexperiment insoweit, als dass auch hier ein Versuch der Kontrolle aller beeinflussenden Faktoren unternommen wird. Die höhere ökologische Validität hat den Preis einer „häufig größeren Unschärfe und geringeren Eindeutigkeit [der] Ergebnisse“ (Petersen, 2002, S. 66), d.h. einer geringeren internen Validität. Daher sind Feldexperimente weniger gut als Laborexperimente zum Analysieren detaillierter Zusammenhänge geeignet. „Doch sie können dazu dienen, Laborexperimente zu validieren, indem sie feststellen, wie sehr ein im Labor entdeckter Faktor tatsächlich wirksam ist. Diese sich gegenseitig ergänzende Funktion von Feld- und Laborexperimenten wird allerdings bisher in der Sozialforschung wenig genutzt“ (Petersen, 2002 S. 66).

3) Experimentelle Trainingsstudien
Experimentelle Trainingsstudien erweitern die „klassische“ Perspektive der Laborexperimente um die soziale Dimension. „Dies bedeutet, dass Elemente natürlicher Lernkontexte, wie die soziale Bedeutungsaushandlung unter Lernenden, bewusst im experimentellen Vorgehen berücksichtigt und zugelassen werden“ (Hardy, 2008, S. 128). In diesem Vorgehen versucht man einen Kompromiss zwischen interner und ökologischer Validität durch Standardisierung einerseits und Berücksichtigung sozialer Kontexte andererseits zu finden.

4) Mikrogenetische Experimente
Die Psychologen Robert Siegler und Kevin Crowley (1991) machen im Zusammenhang mit der Entwicklung von Strategien und Problemlöseprozessen bei Kindern auf die Notwendigkeit eines besonderen methodischen Vorgehens aufmerksam. Ein Vorgehen, welches die notwendigen detaillierten Daten über Veränderungen liefert, sind die sog. mikrogenetischen Experimente. Sie sind gekennzeichnet durch a) längsschnittliche empirische Daten während der gesamten Zeitspanne des Entwicklungsprozesses zu jedem Kind, b) eine hohe Dichte an Daten im Verhältnis zur „Geschwindigkeit“ des Prozesses und c) eine intensive Auseinandersetzung mit Einzelschritten bzw. -aufgaben, um Rückschlüsse auf zentrale Teilprozesse der Entwicklung ziehen zu können (Siegler & Crowley, 1991, S. 606).

5) Quasi-Experimentelle Feldstudien und Design-Experimente
Sowohl die bereits vorgestellten Design-Experimente als auch die hier neu einzuführenden quasi-experimentellen Feldstudien genügen nicht den klassischen Kriterien (quantitativer) Experimente. Man verzichtet bei beiden Ansätzen auf eine

(zufällige) Zuweisung von Personen zu unterschiedlichen Gruppen und strebt eine „Untersuchung von Verhalten in natürlichen Kontexten, z.B. im Klassenverband" (Hardy, 2008, S. 131) zur Erhöhung externer bzw. ökologischer Validität an (Hardy, 2008, S. 132). Die Schwierigkeit besteht nun darin, dass sich die Teilnehmenden „schon von vornherein systematisch in relevanten Merkmalen unterscheiden" können und dass im natürlichen Kontext „die Möglichkeit der Kontrolle von Abläufen stärker eingeschränkt" ist als bei den vorher genannten Formen des Experiments (Hardy, 2008, S. 132). Dies führt zu einer Verminderung der internen Validität, da eine Kontrolle relevanter Störvariablen nicht vollständig erfüllt ist (Gniewosz, 2011, S. 82).

Bei Designexperimenten stehen detaillierte Analysen authentischer Lehr-Lern-Prozesse zur nachhaltigen Entwicklung (die sog. formative Evaluation) neuer Unterrichtsprinzipien im Vordergrund (Collins et al., 2004, S. 15; Hardy, 2008, S. 134). Dabei wird auf Vergleichsgruppen weitestgehend verzichtet, wodurch „die Objektivität von Beobachtungen, die Übertragbarkeit von Schlussfolgerungen auf andere Lernkontexte und andere Lernende und die Validität kausaler Schlussfolgerungen" bezweifelt werden können (Hardy, 2008, S. 134). Nichtsdestotrotz erfüllen sie ihre anfangs genannten Funktionen.

3.2.6.7 Bewertung

Die Bewertung des Experiments als methodisches Setting soll entlang von drei Dimensionen erfolgen:

a) möglichen Effekten, die sich auf Datenqualität und Interpretation sowie die Teilnehmenden auswirken können,
b) Schwierigkeiten des klassischen Experiments im Schulkontext und
c) ethischen Problemen

Zu a): Das Experiment zeichnet sich durch eine wirkungsvolle Kontrolle von Störvariablen aus und ist dennoch nicht frei von Fehlerquellen bzw. Effekten auf die Datenqualität. Die Bildungsforscher Oliver Böhm-Kasper und Horst Weishaupt (2008, S. 95) benennen hier in Anlehnung an die empirische Sozialforscherin und -forscher Rainer Schnell, Elke Esser und Paul Hill (1995) sowie die Bildungsforscher Louis Cohen, Lawrence Manion und Keith Morrison (2000) drei zentrale Phänomene. Zunächst sind *Reifeprozesse* zu erwähnen, also Veränderungen, die durch Entwicklungsprozesse der Person und nicht durch das Experiment als solches (z.B. die erfolgten Unterrichtsmethoden) erklärt werden können. Auch ist es möglich, dass die Teilnahme am Vortest das Ergebnis im abschließenden Test beeinflusst. Diesen und weitere Effekte der Versuchsleitung, -teilnehmenden oder -situation bezeichnet man als *reaktive Messeffekte* (vgl. Sarris & Reiß, 2005, S. 110–116). Den beiden hier ausgeführten Effekten kann durch die Einteilung der untersuchten Personen in die oben vorgestellten Vergleichsgruppen begegnet werden (Hasselhorn et al., 2007, S. 906). Bei der Verwendung von Tests kann sich ein Effekt zeigen, den man als *Regression zur Mitte* bezeichnet. Personen mit sehr hohen Testwerten (z.B. in Intelligenztests) weisen in Wiederholungstests – unabhängig von der zu testenden Variable – häufiger niedrigere und Personen mit eher niedrigeren Werten eher höhere Testwerte auf. Dies ist ein rein mathematisch zu erklärendes Phänomen, da bei sozial normierten Tests die „Wahrscheinlichkeit, dass extreme Messwerte bei einer zweiten Messung noch extremer werden, [...] deutlich geringer [ist], als die Wahrscheinlichkeit, dass sich die Messwerte dem Mittelwert annähern" (Böhm-Kasper & Weishaupt, 2008, S. 95).

Eine Einstellungs- und Verhaltensänderung kann auch bereits dadurch herbeigeführt werden, dass sich die Personen bewusst sind, unter (wissenschaftlicher) Beobachtung zu stehen. Dieser Effekt wird als *Hawthorne-Effekt* bezeichnet und stellt eine Einschränkung der internen Validität dar[86].

Zudem ist es denkbar, dass auch die bloße Einführung einer neuen Unterrichtsmethode einen Einfluss auf das Verhalten bzw. auf die Einstellungen der Lernenden hat. Auch deshalb sollte keine „Wartegruppe" eingerichtet werden, sondern die Vergleichsgruppe „eine ähnlich intensive und theoretisch relevante Instruktion erhalten wie die experimentelle Gruppe" (Hardy, 2008, S. 132).

Zu b): Schwierigkeiten des klassischen Experiments im Schulkontext werden von Andreas Zendler und Till Pfeiffer (2009, S. 211f.) anhand dreier Kritikpunkte beschrieben. Erstens wird bemängelt, dass die zentralen Kategorien relevanter Einflussgrößen auf Lehr-Lern-Prozesse im Klassenunterricht (Lehrperson, Kontext, Prozess und Produkt – nach Dunkin und Biddle, 1974) nur unzureichend in ihrer *Ganzheitlichkeit (Multifaktorialität)* berücksichtigt werden (Zendler & Pfeiffer, 2009, S. 211). Zweitens wird beklagt, „dass die in Unterrichtsexperimenten verwendeten Unterrichtseinheiten für schulisches Lernen insgesamt zu *wenig relevant*[87] sind. Zudem betont dieser Kritikpunkt das ungünstige Verhältnis von Aufwand und Ertrag in Unterrichtsexperimenten" (Zendler & Pfeiffer, 2009, S. 211). Der Vorwurf *inadäquater Messung von Unterrichtsvariablen* schließlich bezieht sich auf Güte und Angemessenheit der verwendeten Instrumente in Abhängigkeit o.g. Kategorien von Einflussgrößen (vgl. Shavelson, Webb & Burstein, 1986, S. 54). Eine weitere Herausforderung benennt der Erziehungswissenschaftler Stefan Weyers (2007, S. 46) mit dem *Implementierungsproblem* im Kontext von Unterrichtsexperimenten. Es wird häufig stillschweigend vorausgesetzt, dass „die rele-

86 Benannt ist der Hawthorne-Effekt nach seinem Entdeckungsort in einer Untersuchung über die Veränderung von Arbeitsbedingungen in den 1920er Jahren. Allgemein wird jeglicher Einfluss des Erhebungsverfahrens auf das Verhalten als Reaktivität bezeichnet (Diekmann, 2010, S. 341).

87 Hier wird erneut auf die mangelnde ökologische Validität i.S. einer Beschränktheit auf spezifische Unterrichtssequenzen Bezug genommen.

vanten Merkmale, die zum Programm gehören, von den Lehrern auch im Unterricht umgesetzt werden können“ (Wellenreuther, 2005, S. 46). Allerdings kann dies nicht ohne Weiteres vorausgesetzt werden, sondern setzt die eingangs erwähnte Einarbeitungsphase für Lehrkräfte voraus.

Zu c): Aufgrund der systematischen Beeinflussung von Variablen und der damit einhergehenden, im Forschungskontext induzierten Beeinflussung von Individuen, spielen ethische Gesichtspunkte bei der Bewertung von Experimenten eine besondere Rolle. Neben offensichtlichen Tabuthemen, wie Untersuchungen zu Auswirkungen von Gewalt oder Entzug von Privilegien, sind sowohl „Probleme der Induktion von selbstwert- oder persönlichkeitsrelevanten Merkmalen[88] durch Experimente und auch Fragen der Offenlegung von Zielen eines Experiments“ (Gniewosz, 2011, S. 83) zu reflektieren (vgl. auch Burkhart, 2010, S. 261; umfassend bei Patry, 2002).

3.2.6.8 Auswertung

Im Kern der Überlegungen steht beim Experiment die Versuchsplanung und dabei insbesondere Aspekte des Forschungsplans, der Auswahl der Teilnehmerinnen und Teilnehmer sowie der Konstruktion des Erhebungsinstrumentes. Die konkrete Erhebungsmethode (z.B. Befragung, Beobachtung) ist dabei zunächst nur dem Forschungsziel verpflichtet. Aus den obigen Darlegungen wird allerdings eine Dominanz quantitativer, standardisierter und reaktiver Verfahren im aktuellen Wissenschaftsdiskurs deutlich. Daran anschließend gibt es auch keine Auswertungsmethoden, die unmittelbar mit dem Experiment verbunden wären. Vielmehr richtet sich die Auswertung nach den verwendeten Erhebungsmethoden. Dennoch sollen einige Techniken vorgestellt werden, welche häufig in kausalen bzw. experimentellen Designs zum Einsatz kommen. Vor Beginn der statistischen Auswertung, wie sie im quantitativen Paradigma üblich ist, muss zunächst „[d]ie inhaltliche Hypothese […] in eine mathematische Schreibweise gebracht und somit in eine statistische Hypothese überführt werden“ (Rasch, Hofmann, Friese & Naumann, 2006, S. 45). Die Wirkung unterrichtlicher Maßnahmen oder, allgemeiner gesagt, des Treatments stellt sich als Unterschied zwischen den gemessenen Daten der Experimental- und Kontrollgruppe dar. Sie wird daher als Unterschiedshypothese geprüft (Bortz, 1984, S. 400). Einschränkend gilt: „Die Schlußfolgerung, die Unterschiede zwischen den Stichproben repräsentierten Treatmenteffekte, ist jedoch nur zulässig, wenn gewährleistet ist, daß die Stich-

---

88 So könnte beispielsweise durch zu schwere Aufgaben die eigene Kompetenz in einem bestimmten Themengebiet infrage gestellt werden. Je nachdem, wie bedeutsam diese Kompetenz für den Selbstwert bzw. das Selbstkonzept einer Schülerin oder eines Schülers ist, kann dies Auswirkungen auf die Persönlichkeit haben.

proben vor der Untersuchung in bezug auf alle untersuchungsrelevanten Merkmale vergleichbar sind" (Bortz, 1984, S. 401).

Die Auswahl der entsprechenden Auswertungsmethode orientiert sich am Skalenniveau (Nominal-, Ordinal-, Intervall- und Verhältnisskala; vgl. Bortz, 1984, S. 44f.) und an der Frage, ob die zu vergleichenden Daten aus derselben (abhängigen) Personengruppe oder verschiedenen (unabhängigen) Gruppen stammen. Die Grundidee ist dabei, zu prüfen, ob die auf der Grundlage der vorliegenden Stichproben erhaltenen Verteilungen aus der gleichen oder verschiedenen Grundgesamtheiten stammen.[89] Man fragt also danach, wie wahrscheinlich der empirisch gefundene Unterschied zwischen den Variablen „unter allen möglichen rein theoretisch denkbaren Differenzen" ist (Rasch et al., 2006, S. 45). In anderen Worten: Wenn die Unterschiede zwischen Experimental- und Kontrollgruppe bzw. zwischen Vor- und Nachtest so groß sind, dass sie nicht auf zufällige Schwankungen der Stichprobe, sondern auf verschiedene Verteilungen der Grundgesamtheit zurückzuführen sind, dann kann man von einer „echten" Wirkung des Treatments bzw. des Trainings ausgehen.[90]

Bereits für nominalskalierte Daten kann der *χ^2-Vierfeldertest* eingesetzt werden. Will man beispielsweise feststellen, „ob es zwischen Jungen und Mädchen einen Unterschied hinsichtlich der erlebten Belastung nach einem Sportwettkampf mit gemischten Mannschaften gibt" (Clauß, Ebner & Röhr, 1999, S. 202), so muss man zunächst annehmen, dieser Unterschied bestehe nicht (sog. Nullhypothese). Ziel ist es dann, diese Hypothese zu widerlegen, womit die ursprüngliche Vermutung (sog. Alternativhypothese) belegt ist. Man berechnet dann auf Grundlage der empirischen Verteilung (sog. Vierfeldertafel) die Prüfgröße χ^2 und vergleicht diese mit der theoretischen Verteilung[91] möglicher Grundgesamtheiten. Diese entnimmt man tabellarischen Darstellungen aus Nachschlagewerken oder verwendet statistische Programmbibliotheken (z.B. IBM SPSS und R). Ist der

89 Es sei an die Bedeutung der verwendeten Begriffe erinnert: Eine Stichprobe ist eine Auswahl von Personen, die man konkret untersucht (z.B. die Klasse 7c). Die Grundgesamtheit ist dabei die Menge aller Personen, aus denen ich meine Stichprobe wählen kann (z.B. alle siebten Klassen einer Schule). Eine Verteilung gibt zu jeder Ausprägung einer Variablen (z.B. Geschlecht mit den Ausprägungen weiblich, männlich) an, wie häufig diese vorkommen. Verteilungen lassen sich als Tabelle, Grafik oder näherungsweise als Funktion beschreiben.

90 Man spricht in diesem Zusammenhang von Signifikanztests. Wenn ein Unterschied der Werte einer Variable signifikant ist, so ist die Wahrscheinlichkeit, dass dieser Unterschied aufgrund von zufälligen Einflüssen zu erklären ist, sehr gering (sog. Fehlerwahrscheinlichkeit – vgl. Rasch et al., 2006, S. 57f.). Die Fehlerwahrscheinlichkeit ist die Frage danach, mit welcher Sicherheit die (statistische) Hypothese überprüft werden soll (z.B. mit 95% Sicherheit, was einen Fehler von 5% erlaubt; in anderen Worten: Mit 5% Wahrscheinlichkeit ist der Zusammenhang doch anders als „bewiesen").

91 Entscheidend für die theoretische Verteilung sind die Fehlerwahrscheinlichkeit α und die Anzahl der Freiheitsgrade, die in diesem Fall bei 1 liegt (vgl. Clauß et al., 1999, S. 202; Rasch et al., 2006, S. 53–55).

empirische Wert kleiner als der theoretische, so wird die Nullhypothese beibehalten. Im Beispiel würde dies bedeuten, dass sich die erlebte Belastung zwischen Jungen und Mädchen eben nicht signifikant voneinander unterscheidet (vgl. die Berechnung des vorgestellten Beispiels bei Clauß et al., 1999, S. 202f.). Der χ^2-Vierfeldertest setzt zwei unabhängige Stichproben voraus, ist also geeignet für den Vergleich von Experimental- und Kontrollgruppe und lässt sich bezüglich der Anzahl möglicher Ausprägungen der untersuchten Variable auch noch ausbauen (vgl. Clauß et al., 1999, S. 207–210). Will man allerdings Veränderungen innerhalb einer Gruppe untersuchen, muss man auf den (korrigierten) Test von McNemar (Clauß et al., 1999, S. 227–229) ausweichen.

Ein sehr beliebter Test für die Untersuchung von Unterschieden bei abhängigen und unabhängigen Stichproben ist der sog. *t-Test.* Dieser Test ist allerdings sehr voraussetzungsreich.[92] Beim Vergleich von zwei Gruppen (unabhängige Stichproben) ist das Vorgehen nahezu identisch zum Vorgehen beim χ^2-Vierfeldertest – es ändern sich nur die Berechnung der empirischen Größe und die Verteilungsfunktion der Grundgesamtheit (Clauß et al., 1999, S. 222f.). Beim t-Test für Unterschiede von Stichproben können die Mittelwerte nicht unmittelbar verglichen werden, weil zwischen den Variablen (Vorher-Nachher) Korrelationen bestehen können. Deshalb geht man zu den Differenzen zwischen den Merkmalsausprägungen über – z.B. die Differenzen der erreichten Punkte in Vor- und Nachtest. „Es ist zu entscheiden, ob der Mittelwert […] der Differenzen im allgemeinen Null ist oder signifikant von Null abweicht“ (Clauß et al., 1999, S. 235).

In diesem Zusammenhang ist kritisch zu bemerken, dass die Signifikanz der Differenz zweier Variablen vom Stichprobenumfang abhängig ist, d.h., „durch eine Erhöhung des Stichprobenumfangs [kann] theoretisch jeder noch so kleine Effekt signifikant gemacht werden“ (Rasch et al., 2006, S. 66). Daher wird das Konzept der Signifikanz durch die sog. *Effektstärke* ergänzt. Häufig wird diese als Distanz zwischen (geschätzten) Mittelwerten der Grundgesamtheiten (Populationen) angegeben. Ein häufig verwendeter Schätzer ist Cohens d. „Der Kennwert d […] gibt an, um wie viele Streuungseinheiten sich zwei Gruppen unterscheiden, unabhängig von der zu Grunde liegenden Populationsstreuung in einer bestimmten Untersuchung“ (Rasch et al., 2006, S. 67). Ob ein Effekt als groß oder eher klein zu bewerten ist, richtet sich in erster Linie nach inhaltlichen Gesichtspunkten. Als Richtwerte gibt der Statistiker Jacob Cohen (1988) 0,2 für einen kleinen, 0,5 für einen mittleren und 0,8 für einen großen Effekt an.

Auch *Korrelationen* (→ Kap. 3.2.5) können auf Entwicklungsprozesse hinweisen. So sollten die Testwerte vor dem Training in Experimental- und Kontrollgruppe hoch korrelieren (d.h. einen hohen Zusammenhang aufweisen), wäh-

---

92 So muss die Variable metrisch und die Stichproben bzgl. dieser Variable bei (nahezu) identischer Varianz normalverteilt sein (Rasch et al., 2006, S. 59).

rend die Posttest-Werte nach dem Training nur gering korrelieren sollten. Die geringe Korrelation verweist auf jenen Unterschied, der sich (intendiert) aus erlebtem Training bzw. fehlendem Training ergibt. Korrelationen innerhalb der gleichen Gruppe weisen auf sog. *Moderatoren* hin. Dics sind Einflussfaktoren, die die Wirkung des Trainings auf das untersuchte Phänomen (z.B. Lesefertigkeit) beeinflussen, aber nicht Gegenstand des Trainings sind (z.B. Qualität des Arbeitsgedächtnisses – phonologische Schleife). Um eine gewünschte Entwicklung innerhalb der Experimentalgruppe zu zeigen, ist die Richtung des Effektes entscheidend. Zeigt eine höhere Punktzahl in einem Test eine verbesserte Leistung an, so sollte im Durchschnitt ein Punktezugewinn durch das Training zu beobachten sein.

Einen umfassenden Überblick über verschiedene statistische Methoden und einen Entscheidungsbaum zum Finden des „richtigen" Verfahrens findet man im Aufsatz der Psychologen Dirk Vorberg und Sven Blankenberger (1999).

Wie sich die bisher theoretisch betrachteten Aspekte der Erhebung und Auswertung von Daten in der Forschungspraxis darstellen, wird im folgenden Abschnitt anhand des bereits erwähnten Unterrichtsexperiments der Psychologin Diana Cordova und des Psychologen Mark Lepper (1996) entlang des forschungslogischen Planungsmodells (→ Kap. 3.1.1) ausführlich dargestellt.[93]

3.2.6.9 Am Beispiel: „Intrinsic Motivation and the Process of Learning" (Cordova & Lepper, 1996)

„Interessante Tätigkeiten gehen uns leicht von der Hand. Das Interesse an einem Thema bringt uns dazu, ein einschlägiges Buch darüber zu lesen, ohne dass uns jemand dazu anhält oder belohnt" (Hasselhorn & Gold, 2006, S. 103). Eigene Beobachtungen im schulischen Kontext können dazu führen, den Zusammenhang von Interesse und eigeninitiativem Lernen als Forschungsanlass zu nehmen bzw. diesen Zusammenhang zum *Forschungsproblem* zu machen. So könnte uns – von der Gegenstandsspezifität des Interesses ausgehend (vgl. Krapp, 2010, S. 312) – beispielsweise interessieren, welchen Einfluss das eingesetzte Unterrichtsmaterial auf die Lernmotivation und das Lernen der Schülerinnen und Schüler hat.

Um das Forschungsproblem klarer fassen zu können, schließen wir eine Analyse der bestehenden Fachliteratur hinsichtlich des *Theoretischen Rahmens* und des *Stands der Forschung* an. Dabei ist zunächst der Begriff der Motivation zu definieren: „*Motivation (Motiviertheit)* umfasst all diejenigen Prozesse, die zielgerichtete Verhaltensweisen in konkreten Situationen auslösen und aufrechterhalten" (Langfeldt, 2006, S. 49).

---

93 Die im folgenden Abschnitt kursiv gesetzten Begriffe entsprechen den in → Kap. 3.1.1 formulierten Phasen des Forschungsprozesses.

Da Motivation hier als eine (unbestimmte) Menge von Prozessen beschrieben wird, ist der Einfluss auf Motivation nicht direkt feststellbar (d.h., Motivation ist eine latente Variable) und muss durch Indikatoren (sog. manifeste Variablen) beschrieben werden. Zur Operationalisierung von Einflussfaktoren auf die Motivation betrachten wir im Folgenden zunächst die Stufen der Motivation nach den Psychologen Richard Ryan und Edward Deci (2000). Geordnet entlang der „Internalisierung der Ziele und Autonomie der Entscheidungen“ (Langfeldt, 2006, S. 63) von gering zu hoch ergeben sich folgende Stufen:

1. Motivationslosigkeit
2. Extrinsische Motivation
   2.1 Externale Kontrolle
   2.2 Introjektion
   2.3 Identifikation
   2.4 Integration
3. Intrinsische Motivation

Damit zeichnen Richard Ryan und Edward Deci (2000) ein differenzierteres Bild des Phänomens menschlicher Motivation. Die Motivationslosigkeit, ein Zustand ohne Absicht einer Handlung, stellt dabei die unterste, die intrinsische Motivation als Prototyp selbstbestimmten Handelns (Ryan & Deci, 2000, S. 61f.) die höchste Stufe dar. Intrinsische Motivation ist dabei als Absicht definiert, „eine bestimmte (Lern-)Handlung um ihrer selbst willen auszuführen, etwa weil sie Spaß macht, Interessen stillt oder eine persönliche Befriedigung verspricht“ (Langfeldt, 2006, S. 60). Im Spektrum zwischen Motivationslosigkeit und intrinsischer Motivation findet sich die extrinsische Motivation, die sich hinsichtlich des Grades ihrer Internalisierung abstufen lässt. In der Stufe der externalen Kontrolle ist das gezeigte Verhalten dadurch bestimmt, äußeren Ansprüchen zu genügen, d.h., Strafe zu vermeiden und Belohnung zu erhalten (Ryan & Deci, 2000, S. 61). Personen, die durch Introjektion motivierte Handlungen ausführen, versuchen Schuld und Angst zu vermeiden, sowie Stolz und eine Steigerung des Selbstwerts zu erreichen (Ryan & Deci, 2000, S. 62). Die von „außen gesetzte[n] Ziele und Anforderungen, Gebote und Verbote werden übernommen“ (Langfeldt, 2006, S. 62) und so der Grad an empfundener Selbstbestimmtheit gesteigert (Ryan & Deci, 2000, S. 62).

> Die Motivation von Schülerinnen und Schülern, sich mit einem Lerngegenstand zu befassen, um gute Leistungen zu erbringen und dafür gelobt bzw. belohnt zu werden, würde in diese Stufe eingeordnet werden.

Eine Form der extrinsischen Motivation, die mit mehr Autonomie bzw. Selbstbestimmung einhergeht, ist die Regulation durch Identifikation. Die Person hat sich mit der individuellen Bedeutsamkeit des Verhaltens identifiziert und geht eine Selbstverpflichtung zur Erfüllung der Ziele ein (Langfeldt, 2006, S. 62; Ryan & Deci, 2000, S. 62).

Eine Schülerin, die sich in der Grammatikstunde aktiv einbringt, weil sie es für wichtig für ihren Schreibstil hält, der wiederum für ihr berufliches Ziel als Autorin von großer Bedeutung ist, hat sich mit den Zielen des Unterrichts identifiziert.

„Integration entsteht, wenn die Verhaltensregulation durch Identifikation vollständig in das Selbst der Person integriert wird, wenn die von außen herangetragenen Ziele und Anforderungen als persönliche Ziele übernommen und konfliktfrei in das eigene Ziel- und Wertesystem eingeordnet werden" (Langfeldt, 2006, S. 62). Dennoch bleibt das Handeln extrinsisch motiviert, weil es von einem angenommenen „Nutzen" her rührt, der sich vom Verhalten selbst trennen lässt (Ryan & Deci, 2000, S. 62).

Anhand des nunmehr präzisierten Phänomens „Motivation" lassen sich Einflussfaktoren diskutieren, die die Stufe der Motivation beeinflussen können. Dem Modell von Richard Ryan und Edward Deci (2000) ist ein Bedürfnis von Individuen nach Autonomie bzw. Selbstbestimmtheit vorausgesetzt, welches den zentralsten aller Einflussfaktoren darstellt, die im Folgenden benannt werden sollen. Auch den Wunsch nach Kompetenzerleben einer Person thematisieren Richard Ryan und Edward Deci (2000, S. 65; vgl. auch Harter, 1978) als Einflussfaktor auf die Ausprägung der Motivation. Schließlich wird (situationales) Interesse als motivationaler Zustand beschrieben, „der primär durch die besonderen Anreizbedingungen der (Lern-)Umwelt hervorgerufen wird" (Krapp, 2010, S. 312) und sich somit als Einflussfaktor erweist. So beschreiben auch Cordova und Lepper (1996, S. 716), dass umso besser gelernt bzw. erinnert wird, je stärker die Verbindung von Material zu Themen, Personen bzw. Figuren oder Ideen von hohem Interessenwert für die Lernenden ist (vgl. auch Hidi, 1990; Lepper & Cordova, 1992).

Die Möglichkeit, Aufgaben zu wählen, (Selbstbestimmtheit) und die Verbindung des Lernmaterials mit Themen, Personen und Ideen von hoher Relevanz für die Schülerinnen und Schüler (Interesse) sollen nachfolgend als Differenzierungsmerkmale für die Lernmaterialien in Experimental- und Kontrollgruppe(n) verwendet werden.

Offen ist bisher jedoch, wie wir Motivation seitens der Schülerinnen und Schüler „feststellen" können. Ein möglicher Indikator ist die selbstberichtete Freude beim Lernen und Handeln. Einerseits kann man die Lernenden direkt danach fragen, wie ihnen das Lernmaterial gefallen hat (Rating). Andererseits bietet sich ein Vergleich mit dem Lieblingsspiel und -fach an (Ranking). Auch kann man danach fragen, wie hoch das Engagement ist, sich mit den Lernmaterialen auch außerhalb des Fachunterrichts zu beschäftigen (vgl. Cordova & Lepper, 1996, S. 723).

Eine weitere Variable, die mit einer hohen Stufe der Motivation konfundiert, ist die sog. Beteiligung an Aufgaben (*task involvement*), die man mit „sich Mühe geben" umgangssprachlich beschreiben kann. Cordova und Lepper (1996, S. 724f.) verwenden hier die Indikatoren a) Effizienz der Lösungen bzw. taktisches Vorgehen, b) Verwendung von Hinweisen, c) gewählter Schwierigkeitsgrad und d) Anteil richtiger Lösungen.

Abschließend bleibt noch zu thematisieren, wie eine hohe Stufe der Motivation das Lernverhalten beeinflusst. Intrinsische Motivation und Interesse äußern sich beim Lernen „im subjektiven Erleben durch die Verbindung von positiven emotionalen Zuständen während der Interessenhandlung [...] und einer hohen subjektiven Wertschätzung des Interessengegenstandes" (Krapp, 2010, S. 312). Zudem führen Interesse und intrinsische Motivation an einem Lerngegenstand zum „Wunsch, mehr über diese Sache zu erfahren, sich ausführlicher zu informieren und das eigene Wissen immer wieder zu aktualisieren" (Hasselhorn & Gold, 2006, S. 104). Während die positiven emotionalen Zustände durch das o.g. Rating- bzw. Rankingverfahren und die Wertschätzung durch die Beschäftigung mit den Lerninhalten außerhalb des Unterrichts bereits abgebildet sind, steht eine Operationalisierung des vertieften Auseinandersetzens mit den Lerninhalten noch aus. Cordova und Lepper (1996, S. 725) greifen hier auf einen standardisierten Test zurück. Dessen Ergebnisse lassen anhand möglicherweise verschiedener Testergebnisse in Experimental- und Kontrollgruppe Rückschlüsse auf den Einfluss der Motivation auf das Lernverhalten zu.

Damit können wir das *Forschungsziel* nun anhand von drei Hypothesen formulieren:

1. Die Verbindung des Lernmaterials mit Themen, Personen und Ideen von hoher Relevanz für die Schülerinnen und Schüler erhöht die Stufe der Motivation.
2. Die Möglichkeiten der Wahl bezüglich des Lernmaterials erhöhen die Stufe der Motivation.
3. Die durch 1. und 2. erreichte höhere Stufe beeinflusst die schulische Leistung positiv.

Implizit ist darin eine vierte Hypothese enthalten, die zentral für kausale Forschung ist:

4. Alternative Deutungen der Erhöhung der Stufe der Motivation und der Zunahme der Leistung können im gegebenen experimentellen Setting ausgeschlossen werden.

Basierend auf den Vorüberlegungen zu Forschungsproblem, theoretischem Rahmen, Stand der Forschung und dem daraus formulierten Forschungsziel, soll nun ein konkreter *Forschungsplan* erstellt werden.

Hierfür ist es zunächst offensichtlich, dass wir mindestens zwei Gruppen von Lernenden und mindestens zwei Erhebungszeitpunkte wählen müssen, um Unterschiede im Effekt verschiedenen Materials und Veränderungen der schulischen Leistungen feststellen zu können. Als Basisdesign muss also eine längsschnittliche Vergleichsstudie gewählt werden (→ Kap. 3.1.1).

Ausgehend von der Idee, das Lernen an und mit pädagogischen Unterrichtsspielen am Computer zu untersuchen, bilden Cordova und Lepper (1996, S. 717) zunächst drei Gruppen von Schülerinnen und Schülern. Die Lerneinheiten von Gruppe 1 werden mit „einfachen" unterrichtlichen Computerspielen gestaltet.[94] Diese Spiele greifen auf eine neutrale Gestaltung des Spielfeldes und der Oberfläche und geometrische Figuren (z.B. Dreiecke) zurück und verzichten auf eine Einbettung in eine Fantasiewelt. Die Spiele für Gruppe 2 weisen eine Einbettung auf, verwenden eine spieltypische optische Gestaltung, die aber ohne persönlichen Bezug zur Schülerin bzw. zum Schüler ist. In Gruppe 3 schließlich wird durch vorangestellte Fragen und Entscheidungen die Einbettung personalisiert, d.h. die bevorzugte Fantasiewelt (z.B. Weltraum, Piraten) kann gewählt werden. Gruppe 2 und 3 werden nochmals geteilt: Teilgruppe A erhält Wahlmöglichkeiten bezüglich der Ausgestaltung der Fantasiewelt, Teilgruppe B erhält diese Möglichkeiten nicht. So wird in Teilgruppe A beispielsweise der Name der Schülerin oder des Schülers in die Rahmengeschichte eingebettet und die Spielfigur (z.B. das Raumschiff) in der gewünschten Darstellung verwendet.

Für die Datenerhebung werden drei Zeiträume festgelegt. *Vor* der Trainings- bzw. Unterrichtsphase wird ein Vortest zur Feststellung der mathematischen Leistungsfähigkeit im Bereich Arithmetik (Cordova & Lepper, 1996, S. 718) durchgeführt. Zugleich werden Informationen zur möglichen Personalisierung der Fantasiewelt erhoben. *Während* der Lernphasen am Computer wurden Daten zur „Beteiligung an Aufgaben" automatisch protokolliert (sog. Logging). *Nach* der Arbeit mit den Unterrichtsspielen wird erneut ein Mathematiktest und eine Befragung zu den o.g. Aspekten der Lernfreude und Bereitschaft der außerunterrichtlichen Auseinandersetzung durchgeführt.[95]

Im Folgenden werden wir betrachten, warum es zur Beantwortung der aufgestellten Hypothesen notwendig ist, das beschriebene Design mit fünf Gruppen

94 Gruppe 1 dient als Kontrollgruppe, die aber aus oben ausgeführten Gründen keine „Wartegruppe" ohne unterrichtliches Computerspiel sein sollte.

95 An dieser Stelle wird neben der Festlegung auf die Erhebungszeitpunkte zugleich die Entscheidung für die Methodik implizit mit getroffen. So benötigt man einen bzw. mehrere Leistungstests (standardisierte Tests – z.B. DEMAT oder Klassenarbeit), eine Protokollierung der Arbeit am PC und eine Befragung (schriftlich oder mündlich) am Ende der Trainingsphase.

und drei Erhebungszeitpunkten in seiner Komplexität beizubehalten. Dies wird anhand von sechs Vereinfachungsversuchen dargelegt.

1. Wir verzichten auf Gruppe 1, die Vergleichsgruppe.
Wir können die erste Hypothese nicht mehr zweifelsfrei belegen bzw. widerlegen, da eine höhere Stufe der Motivation auch aufgrund der bloßen methodischen Einführung von pädagogischen Unterrichtsspielen am Computer zu erklären sein kann.

2. Wir verzichten auf Gruppe 2.
Wir können nicht nachweisen, dass die individuelle Verankerung (Personalisierung) bedeutsam ist (Hypothese 1). So könnte beispielsweise das allgemeine Interesse an einer (nicht-schulischen) Fantasiewelt die Motivation gesteigert haben.

3. Wir verzichten auf die Unterteilung der Gruppen 2 und 3 in die Teilgruppen 2A, 2B und 3A, 3B.
Die zweite Hypothese, dass die Wahlmöglichkeiten die Stufe der Motivation beeinflussen, kann nicht mehr untersucht werden.

4. Wir verzichten auf den Vortest und/oder Leistungstest.
Veränderungen in der Schulleistung (Hypothese 3) sind auf diese Weise nicht mehr feststellbar, da die Vergleichsbasis fehlt.

5. Wir verzichten auf die begleitende Datensammlung (Logging).
Die Komponente „Beteiligung an Aufgaben“ ist nicht mehr untersuchbar. Damit fehlen Informationen darüber, wie Computerspiele die Schulleistung verbessern. Die dritte Hypothese wäre dann nur noch unzureichend beantwortbar.

6. Wir verzichten auf die abschließende Befragung.
Es ist nicht feststellbar, ob sich die Stufe der Motivation wirklich erhöht. Einzig die mögliche Erhöhung der Schulleistung wäre noch feststellbar. Die Gründe hierfür blieben jedoch unklar.

Ein weiterer beachtenswerter Aspekt des Forschungsplans sind die Ressourcen, die für Erhebung und Auswertung zur Verfügung stehen. Exemplarisch soll gezeigt werden, wie das Thema Lernen auf einen konkreten Lernbereich eingegrenzt wird, um die ohnehin hohe Komplexität des Gegenstandes nicht noch weiter zu steigern. In der vorliegenden Studie soll unter anderem die Auswirkung der Motivation auf die Schulleistung untersucht werden. Schulleistung ist allerdings sehr breit gefächert, weshalb es einen enormen Aufwand erfordert, diese in ihrer Breite zu erfassen. Wir beschränken uns also zunächst auf ein Fach – in diesem Fall Mathematik – und schränken dieses weiter ein, denn auch ein umfassender Leistungstest in Mathematik wäre zu komplex. Im vorliegenden Beispiel wird zunächst die Arithmetik und dann noch konkreter die Grundrechenarten mit

Klammersetzung bei drei Zahlen (z.B. *(1+2)×3*) als Untersuchungsgegenstand für die Lernleistung festgelegt.

Zur *Auswahl der Teilnehmerinnen und Teilnehmer* kommt ein mehrstufiges Verfahren zum Einsatz (Cordova & Lepper, 1996, S. 717). Zunächst werden zwei private Grundschulen (vermutlich) nach Verfügbarkeit, d.h. willkürlich ausgewählt. Auf der zweiten Stufe werden alle Schülerinnen und Schüler der jeweils vierten und fünften Klasse in die Studie aufgenommen. Es handelt sich, unter Annahme der Bereitschaft aller Eltern, um eine Totalerhebung. Für die Zuordnung der Schülerinnen und Schüler zu den fünf Gruppen kommt nur die zufällige Auswahl (Randomisierung) in Frage, da eine Auswahl nach Kriterien (z.B. Geschlecht) die vermuteten Effekte des Unterrichtsmaterials überlagern würde.

Bei der *Konstruktion des Erhebungsinstrumentes* steht hier die Entwicklung des mathematischen Spiels, d.h. seiner Spielregeln, seiner Gestaltung und seiner Protokollierung im Mittelpunkt. Das Spiel basiert strukturell auf klassischen Brettspielen mit einer Art Würfel, einem Spielstein und Spielfeldern. Mathematischer Hintergrund sind die Grundrechenarten und die Klammersetzung bei drei Zahlen. Den Schülerinnen und Schülern werden drei zufällige Zahlen präsentiert, die sie mit den Operatoren und Klammern zu einem möglichst großen Ergebnis kombinieren sollen. Dabei darf jede Zahl und jeder Operator nur einmal vorkommen. Das Ergebnis muss berechnet werden und im Falle einer korrekten Berechnung darf ein Zug im Spiel um diese Feldanzahl weitergezogen werden (Cordova & Lepper, 1996, S. 717).

> Beispiel: 1,2,3 – mögliche Kombinationen sind 1×2+3 = 5 oder (3+1)×2 = 8. Das Maximum erhält man mit der Kombination (1+2)×3 = 9.

Die Einbettung in die Fantasiewelt (Gruppen 2 und 3) wird anhand eines einführenden Startbildschirms, einer kurzen schriftlichen Einführung mittels einer in dieser Fantasiewelt verankerten Geschichte und anhand der Gestaltung des Spielplans erreicht. So werden in Gruppe 1 einfache geometrische Formen (Dreieck, Viereck) und in den Fantasiegruppen Planeten und Raumschiffe verwendet (Cordova & Lepper, 1996, S. 719). Die für die Teilgruppen 2A und 3A eingeräumten Wahlmöglichkeiten umfassen den Schwierigkeitsgrad und die Modifikationen der Fantasiewelt (z.B. Form und Name des Raumschiffes) (Cordova & Lepper, 1996, S. 721). Während des Spiels werden z.B. die Anzahl der Felder pro Zug „nach vorn", die Häufigkeit der Nutzung von Hinweisen bei falscher Lösung, der gewählte Schwierigkeitsgrad und der Anteil korrekt gelöster Aufgaben protokolliert (Cordova & Lepper, 1996, S. 724f.). Des Weiteren werden Abkürzungen und Sonderfelder in den Spielplan eingebaut, die bestimmte Vorteile im Spielverlauf ermöglichen. Deren gezielte „Ansteuerung" durch die spielende Person wird als strategisches Verhalten zunächst protokolliert, um später interpretiert zu werden (Cordova & Lepper, 1996, S. 717).

Zudem mussten die verwendeten Leistungstests ausgewählt bzw. (weiter-) entwickelt und der Fragebogen entlang der erarbeiteten Indikatoren entworfen werden.

Zur *Erhebung* und *Aufbereitung des Materials* lassen sich anhand der vorliegenden Unterlagen zur Experimentalstudie von Cordova und Lepper (1996) kaum Aussagen treffen. Aufgrund der detaillierten Beschreibung des Untersuchungsplans sind aber bezüglich der Erhebung (zur Kontrolle der Durchführungsobjektivität) kaum Spielräume offen. Bezüglich der Aufbereitung lässt sich eine Eingabe der in Papierform ausgefüllten Leistungstests und Befragungen in ein digitales Datenformat vermuten, welches eine statistische Auswertung am Computer erlaubt.

Im Zuge der *Auswertung* werden zunächst Mittelwerte und Standardabweichungen auf Grundlage der erhobenen Daten (z.B. 7-stufige Ratingskalen, Anzahl genutzter Hinweise, Schrittweite pro Aktion) berechnet (vgl. Cordova & Lepper, 1996, S. 723f.).

Für die Frage nach der Freude am Spiel kam eine 7-stufige Likertskala zum Einsatz. Eine Eins entsprach dabei dem Urteil „Ich hatte überhaupt keine Freude" – eine Sieben „Ich hatte sehr, sehr viel Freude". Je größer der Mittelwert ist, desto mehr mochten die Kinder das Spiel. Je kleiner die Standardabweichung ist, umso einiger waren sich die Kinder bezüglich ihrer Einschätzung.

Wie wir bereits wissen, ist es nicht ausreichend, die Mittelwerte der verschiedenen Gruppen bzgl. der Freude am Spiel zu vergleichen. Anhand dieses Vergleichs ist zwar zunächst eine Zunahme der Zufriedenheit von Gruppe 1 (keine Fantasiewelt, 3.97), über Gruppe 2 (einheitliche Fantasiewelt: ohne Wahl 4.58, mit Wahl 5.44) zu Gruppe 3 (persönliche Fantasiewelt: ohne Wahl 5.89, mit Wahl 6.50) zu beobachten. Zu klären bleibt jedoch, wie wahrscheinlich der empirisch gefundene oder ein stärkerer Unterschied zwischen den Variablen „unter allen möglichen rein theoretisch denkbaren Differenzen" ist (Rasch et al., 2006, S. 45).

Zur Beantwortung dieser Frage stehen eine Reihe statistischer Testverfahren zur Verfügung. Cordova und Lepper (1996) verwenden die sog. Varianzanalyse (ANOVA – *analysis of variance*) mit einem F-Test, der zur Prüfung der Signifikanz genutzt wird (zum Verfahren vgl. Peck, Olsen & Devore, 2011, S. 834–858). Wie auch bei den oben vorgestellten Methoden vergleicht man eine empirisch ermittelte Kenngröße mit einer theoretischen Verteilung. Ist der ermittelte Wert größer als der theoretische, so kann man von einem signifikanten, also überzufälligem Effekt unter einer gewissen Fehlerwahrscheinlichkeit ausgehen.

So kann man das Ergebnis $F(1,65) = 33.02,\ p < .0001$ in Bezug auf die Gruppe 1 (Cordova & Lepper, 1996, S. 723), wie folgt, interpretieren: Schülerinnen und Schüler in der Vergleichsgruppe (Gruppe 1) mögen das Spiel signifikant weniger als die Schülerinnen und Schüler in allen anderen vier (Experimental-) Gruppen. Die Sicherheit dieser Aussage beträgt 99,99%.

Nun werden die Ergebnisse hinsichtlich der eingangs formulierten Hypothesen *interpretiert* (vgl. Cordova & Lepper, 1996, S. 726–728).

Dabei kommen Cordova und Lepper zu folgenden Schlussfolgerungen: Die Fantasiewelt hat eine hohe Relevanz für die Schülerinnen und Schüler und erhöht die Stufe der Motivation. Die Personalisierung zeigt hier einen zusätzlichen motivationssteigernden Effekt (Hypothese 1).

Auch die zweite Hypothese ließ sich bestätigen: Die Möglichkeit der Aufgabenwahl hat einen positiven und signifikanten Einfluss auf die Motivation der jeweiligen Gruppe. Das Maximum erreicht man mit personalisierter Fantasiewelt und Möglichkeiten der Wahl (Hypothese 2).

Die Effekte einer höheren Motivationsstufe auf die mathematische Leistung sind hingegen weniger deutlich. Unterschiede werden v.a. bei der Gruppe ohne Fantasiewelt-Bezug und in den Bereichen „Wahl einer hohen Schwierigkeitsstufe“, „Verwendung komplexer Operationen“ und „Strategischem Spiel“ erkennbar (Hypothese 3).

Die vierte Hypothese, die implizit formuliert wurde, fließt auch nur mittelbar in die Interpretation ein. Doch es lässt sich konstatieren, dass der Ausschluss alternativer Interpretationsmöglichkeiten[96] tatsächlich durch das Untersuchungsdesign ermöglicht wird.

Die *Verwertung* als (vorläufig) letzter Schritt im Forschungskreislauf wurde in diesem Fall in Form der Veröffentlichung eines Artikels in einer Fachzeitschrift realisiert (Cordova & Lepper, 1996). Ebenso ist es denkbar, dass Cordova und Lepper im Rahmen ihrer Lehrtätigkeiten an verschiedenen Universitäten Erkenntnisse aus diesen Studien eingebracht haben. Ob und wie die Erkenntnisse der vorliegenden Studie in die Entwicklung aktueller Lernspiele eingeflossen sind, ist indes unklar.

Denken – Handeln – Diskutieren

1. Beantworten Sie die eingangs gestellte Frage, was das Stanford-Prison-Experiment zu einem Experiment im sozialwissenschaftlichen Sinne macht.
2. Stellen Sie sich vor, Sie sind Lehrerin oder Lehrer. Sie unterrichten ein bestimmtes Thema (z.B. *Seifen* im Chemieunterricht) unter der Verwendung der Gruppenpuzzle-Methode. Sie wollen auch Ihren Kolleginnen und Kollegen dieses Vorgehen empfehlen, da Sie den Eindruck haben, dass die

96 Welche alternativen Interpretationsmöglichkeiten ausgeschlossen wurden, zeigt sich deutlich an den oben vorgestellten (erfolglosen) Vereinfachungsversuchen.

Schülerinnen und Schüler mit dieser Methode mehr lernen und gleichzeitig eine positivere Einstellung zum Unterricht bzw. zum Thema zeigen. Wie können Sie empirisch prüfen, inwieweit Ihr Eindruck berechtigt ist? In anderen Worten: Entwerfen Sie einen Forschungsplan zur Verifikation oder Falsifikation Ihrer Annahme unter (realen) schulischen Bedingungen. Zusätzliche Anregungen zur Aufstellung des Forschungsplans finden Sie bei Markus Tepner, Burkhard Roeder und Insa Melle (2009).

3. Diskutieren Sie statistische Verfahren, die für den Nachweis der in 2) aufzustellenden Hypothese(n) geeignet sind. Gehen Sie insbesondere auf die Voraussetzungen der diskutierten Verfahren sowie die Bedeutung von Signifikanz und Effektstärke ein.

Literatur

Bacon, F. (1620, 2010). *Novum Organum: Forgotten Books*. Zugriff am 14.06.2011 unter http://books.google.de/books?id=6JNf6vz5vg8C

Böhm-Kasper, O. & Weishaupt, H. (2008). Quantitative Ansätze und Methoden in der Schulforschung. In W. Helsper & J. Böhme (Hrsg.), *Handbuch der Schulforschung* (S. 91–123). Wiesbaden: VS Verlag für Sozialwissenschaften.

Bortz, J. (1984). *Lehrbuch der empirischen Forschung für Sozialwissenschaftler*. Berlin: Springer.

Bronfenbrenner, U. (1993). *Die Ökologie der menschlichen Entwicklung: Natürliche und geplante Experimente* (5. Aufl.). Frankfurt am Main: Fischer.

Burkhart, T. (2010). Qualitatives Experiment. In G. Mey & K. Mruck (Hrsg.), *Handbuch Qualitative Forschung in der Psychologie* (S. 252–262). Wiesbaden: VS Verlag für Sozialwissenschaften.

Clauß, G., Ebner, H. & Röhr, M. (1999). *Statistik für Soziologen, Pädagogen, Psychologen und Mediziner* (3. Aufl.). Thun: Deutsch.

Cohen, J. (1988). *Statistical power analysis for the behavioral sciences* (2. Aufl.). Hillsdale, NJ: L. Erlbaum Associates.

Cohen, L., Manion, L. & Morrison, K. (2000). *Research methods in education* (5. Aufl.). London: Routledge Falmer.

Collins, A., Joseph, D. & Bielaczyc, K. (2004). Design Research: Theoretical and Methodological Issues. *The Journal of the Learning Sciences, 13* (1), 15–42.

Cordova, D. I. & Lepper, M. R. (1996). Intrinsic Motivation and the Process of Learning: Beneficial Effects of Contextualization, Personalization, and Choice. *Journal of Educational Psychology, 88* (4), 715–730.

Diekmann, A. (2010). *Empirische Sozialforschung: Grundlagen, Methoden, Anwendungen* (4. Aufl.). Reinbek: Rowohlt.

Dunkin, M. J. & Biddle, B. J. (1974). *The study of teaching*. New York: Holt, Rinehart and Winston.

Flick, U., Kardorff, E. von & Steinke, I. (2003). Was ist qualitative Forschung? Einleitung und Überblick. In U. Flick, E. von Kardorff & I. Steinke (Hrsg.), *Qualitative Forschung. Ein Handbuch* (2. Aufl., S. 13–29). Reinbek: Rowohlt.

Glaser, B. G. & Strauss, A. L. (1999). *The discovery of grounded theory: Strategies for grounded research*. New York: Aldine de Gruyter.

Gniewosz, B. (2011). Experiment. In H. Reinders, H. Ditton, C. Gräsel & B. Gniewosz (Hrsg.), *Empirische Bildungsforschung* (S. 77–84). Wiesbaden: VS Verlag für Sozialwissenschaften.

Good, T. L., Grouws, D. A. & Ebmeier, H. (1983). *Active mathematics teaching*. New York: Longman.

Häder, M. (2010). *Empirische Sozialforschung: Eine Einführung* (2. Aufl.). Wiesbaden: VS Verlag für Sozialwissenschaften.

Hardy, I. (2008). Das Experiment in der pädagogisch-psychologischen Forschung: Prinzipien des Designs an ausgewählten Beispielen. In F. Hellmich (Hrsg.), *Lehr-Lernforschung und Grundschuldpädagogik* (S. 123–142). Bad Heilbrunn: Klinkhardt.

Harter, S. (1978). Effectance Motivation Reconsidered Toward a Developmental Model. *Human Development, 21* (1), 34–64.

Hasselhorn, M. & Gold, A. (2006). *Pädagogische Psychologie: Erfolgreiches Lernen und Lehren*. Stuttgart: Kohlhammer.

Hasselhorn, M., Grube, D., Mähler, C. & Roick, T. (2007). Experimentelle Forschung: Was leistet sie für die Sonderpädagogik? In J. Walter & F. B. Wember (Hrsg.), *Sonderpädagogik des Lernens* (Handbuch Sonderpädagogik, Bd. 2, S. 897–910). Göttingen: Hogrefe.

Hidi, S. (1990). Interest and Its Contribution as a Mental Resource for Learning. *Review of Educational Research, 60* (4), 549–571.

Huber, O. (1997). *Das psychologische Experiment: Eine Einführung* (2. Aufl.). Bern: Hans Huber.

IMDB. (2001). *Das Experiment,* The Internet Movie Database. Zugriff am 02.02.2012 unter http://www.imdb.com/title/tt0250258

Kirschhock, E.-M.; Martschinke, S.; Treinies, G. & Einsiedler, W. (2002). Vergleich von Unterrichtsmethoden zum Schriftspracherwerb mit Ergebnissen zum Lesen und Rechtschreiben im 1. und 2. Schuljahr. *Empirische Pädagogik, 16* (4), 433–452.

Kleining, G. (1986). Das Qualitative Experiment. *Kölner Zeitschrift für Soziologie und Sozialpsychologie, 38* (4), 724–750.

Kleining, G. & Witt, H. (2000). Qualitativ-heuristische Forschung als Entdeckungsmethodologie für Psychologie und Sozialwissenschaften: Die Wiederentdeckung der Methode der Introspektion als Beispiel. *Forum Qualitative Sozialforschung, 1* (1). Zugriff am 03.02.2012 unter http://www.qualitative-research.net/index.php/fqs/article/download/1123/2494

Krapp, A. (2010). Interesse. In D. H. Rost (Hrsg.), *Handwörterbuch pädagogische Psychologie* (4. Aufl., S. 311–323). Weinheim: Beltz.

Kuhn, T. S. (1993). *Die Struktur wissenschaftlicher Revolutionen* (12. Aufl.). Frankfurt am Main: Suhrkamp.

Lamnek, S. (2010). *Qualitative Sozialforschung: Lehrbuch* (5. Aufl.). Weinheim, Basel: Beltz.

Langfeldt, H.-P. (2006). *Psychologie für die Schule*. Weinheim: Beltz.

Lepper, M. R. & Cordova, D. I. (1992). A Desire to Be Taught: Instructional Consequences of Intrinsic Motivation. *Motivation and Emotion, 16* (3), 187–208.

Patry, P. (2002). *Experimente mit Menschen: Einführung in die Ethik der psychologischen Forschung*. Bern: Hans Huber.

Peck, R., Olsen, C. & Devore, J. L. (2011). *Introduction to statistics and data analysis* (4. Aufl.). Boston, MA: Brooks/Cole Cengage Learning.

Petersen, T. (2002). *Das Feldexperiment in der Umfrageforschung*. Frankfurt am Main: Campus-Verlag.

Rasch, B., Hofmann, W., Friese, M. & Naumann, E. (2006). *Quantitative Methoden: Einführung in die Statistik* (Bd. 1, 2. Aufl.). Berlin, Heidelberg: Springer.

Ryan, R. M. & Deci, E. L. (2000). Intrinsic and Extrinsic Motivations: Classic Definitions and New Directions. *Contemporary Educational Psychology, 25* (1), 54–67.

Sarris, V. & Reiß, S. (2005). *Kurzer Leitfaden der Experimentalpsychologie*. München: Pearson Studium.

Schnell, R., Esser, E. & Hill, P. B. (1995). *Methoden der empirischen Sozialforschung* (5. Aufl.). München: Oldenbourg.

Scholl, A. (2009). *Die Befragung* (2. Aufl.). Konstanz: UVK.

Seel, N. M., Pirnay-Dummer, P. & Ifenthaler, D. (2009). Quantitative Bildungsforschung. In R. Tippelt & B. Schmidt (Hrsg.), *Handbuch Bildungsforschung* (S. 551–570). Wiesbaden: VS Verlag für Sozialwissenschaften.

Shavelson, R. J., Webb, N. M. & Burstein, L. (1986). Measurement of teaching. In M. C. Wittrock (Hrsg.), *Handbook of research on teaching* (S. 50–91). New York: Macmillan.

Siegler, R. S. & Crowley, K. (1991). The microgenetic method: A direct means for studying cognitive development. *American Psychologist, 46* (6), 606–620.

Steinke, I. (2003). Gütekriterien qualitativer Forschung. In U. Flick, E. von Kardorff & I. Steinke (Hrsg.), *Qualitative Forschung. Ein Handbuch* (2. Aufl., S. 319–331). Reinbek: Rowohlt.

Steinle, F. (2002). Experiments in History and Philosophy of Science. *Perspectives on Science, 10* (4), 408–432.

Tepner, M., Roeder, B. & Melle, I. (2009). Effektivität des Gruppenpuzzles im Chemieunterricht der Sekundarstufe I. *Zeitschrift für Didaktik der Naturwissenschaften, 15,* 7–29. Zugriff am 18.04.2012 unter http://www.ipn.uni-kiel.de/zfdn/pdf/15_Tepner.pdf

Terhart, E. (2000). *Lehr-Lern-Methoden: Eine Einführung in Probleme der methodischen Organisation von Lehren und Lernen* (3. Aufl.). Weinheim: Juventa.

Vorberg, D. & Blankenberger, S. (1999). Die Auswahl statistischer Tests und Maße. *Psychologische Rundschau, 50* (3), 157–164.

Wellenreuther, M. (2005). *Lehren und Lernen – aber wie? Empirisch-experimentelle Forschungen zum Lehren und Lernen im Unterricht* (2. Aufl.). Baltmannsweiler: Schneider Verlag Hohengehren.

Weyers, S. (2007). *Der Forschungsprozess,* Universität Frankfurt a. M. Methoden empirischer Sozialforschung. Zugriff am 02.02.2012 unter http://www.uni-frankfurt.de/fb/fb04/personen/weyerss/SoSe07_MeS/3Forschungsprozess.pdf

Zendler, A. & Pfeiffer, T. (2009). Methodische Befunde zu durchgeführten Unterrichtsexperimenten. *Empirische Pädagogik, 23* (2), 208–228.

Zimbardo, P. G. (2011, 14. Juni). *The Stanford Prison Experiment.* Zugriff am 02.02.2012 unter http://www.american-buddha.com/stanford.prison.htm

4. Was ist der Nutzen von Schul- und Unterrichtsforschung?

Melanie Schmidt, Franziska Heinze, Christian Herfter

4.1 Der Forschungsbericht

Erinnern Sie sich an den Rücktritt des Politikers Karl-Theodor zu Guttenberg im Jahr 2011?[97] Der Nachweis zahlreicher nicht kenntlich gemachter Zitate (Plagiate) in der Dissertation des Politikers wurde von starkem medialen Interesse begleitet und führte letztlich zu einer Aberkennung des Doktortitels und dem Rücktritt zu Guttenbergs von seinen Ämtern. Plagiate stellen die Verletzung einer der Grundtugenden wissenschaftlichen Arbeitens dar: die für Dritte nachvollziehbare Verwendung fremder Gedanken und Aussagen innerhalb der eigenen Argumentation. Über die Kennzeichnung von Zitaten hinausgehend steht Nachvollziehbarkeit als zentrales Gütekriterium im Mittelpunkt der Gestaltung einer wissenschaftlichen Publikation.

Große wie kleine Forschungsprojekte münden in der Regel in eine Dokumentation der Ergebnisse der Forschung für Fachpublikum, Öffentlichkeit oder Auftraggeber. Je nach Zweck des Forschungsvorhabens[98] steht Ihnen eine ganze Reihe unterschiedlicher Darstellungsformen für Forschungsberichte zur Verfügung. Im weiteren Sinne verstehen wir unter einem Forschungsbericht jede Form von wissenschaftlicher Publikation, die den theoretischen Rahmen, die Anlage, den Ablauf und die Ergebnisse eines Forschungsvorhabens vorstellt.[99] Forschungsbe-

---

97 Internetnutzerinnen und -nutzer konnten in der Dissertation von Karl-Theodor zu Guttenberg zahlreiche nicht kenntlich gemachte Zitate nachweisen – anhand eines eigens dafür eingerichteten Wikis namens „Guttenplag“.

98 In der Wissenschaft unterscheidet man theoriegenerierende und empirische Forschungsprojekte sowie Projekte, die einen Beitrag zur Weiterentwicklung von Methoden liefern (→ Kap. 3.1.1).

99 Hierbei kann es sich um einen wissenschaftlichen Artikel, eine Buchveröffentlichung oder einen Beitrag in einem Sammelband, einen Forschungsbericht, multimediale oder Posterpräsentationen, Vorträge oder auch um studentische Arbeiten wie Seminararbeiten und Referate, Bachelor-, Master- oder Diplomarbeiten handeln.

richte im engeren Sinne meinen wissenschaftliche Projektberichte über Studien; mit dem Begriff wissenschaftliche Artikel bezeichnen wir Publikationen in Fachmedien. Grob kann zunächst in mündliche und schriftliche Darbietungsformen unterschieden werden (vgl. Hug & Poscheschnik, 2010, S. 192–195). Zu mündlichen Darstellungsformen zählen beispielsweise Seminarreferate, Kurz- oder Fachvorträge, Forschungsberichte auf Tagungen, in Praxiskontexten oder für Auftraggeberinnen und Auftraggeber. Sie bieten die Möglichkeit, situative und zielgruppenspezifische Besonderheiten aufzugreifen und innerhalb der Darstellung anzupassen. Schriftliche Darstellungsformen sind diesbezüglich weitaus starrer. Zweckgebundene schriftliche Darstellungsformen (wie Forschungsberichte bei Auftragsforschung oder als Leistungsnachweis im Rahmen des Studiums) unterliegen festgelegten Richtlinien und formalen Vorgaben der jeweiligen Institutionen. Da die schriftsprachliche Äußerung aus Gründen der Beständigkeit und Nachvollziehbarkeit das wichtigste Kommunikationsmedium in den Wissenschaften darstellt (vgl. Karmasin & Ribing, 2009, S. 12), sind schriftliche Forschungsberichte häufiger anzutreffen. Daher beziehen wir uns in der Folge vor allem auf diese Form(en) von Forschungsberichten.[100]

Mit Hilfe eines Forschungsberichtes leistet die Autorin oder der Autor einen Betrag zur aktuellen Diskussion und zur Theoriebildung im eigenen Forschungsgebiet, entwickelt anwendungsbezogene Implikationen und stellt weiteren Forschungsbedarf heraus. Dem Primat der Nachvollziehbarkeit folgend ist die eigene Forschung dabei so darzustellen, dass diese einer fachlich-empirischen Überprüfung unterzogen werden kann. Dazu gehört das sorgfältige Einhalten von Qualitätskriterien (→ Kap. 3.1.4), wie z.B. das exakte Zitieren von benutzten Quellen – ein Kriterium, dessen Missachtung weitreichende Folgen haben kann, wie die eingangs erwähnte Plagiatsaffäre um Karl-Theodor zu Guttenberg deutlich macht.

4.1.1 Qualitätskriterien

Am Beispiel der bildungswissenschaftlichen Studien im polyvalenten Bachelor Lehramt der Universität Leipzig erläutern wir Ihnen, wie Sie einen guten wissenschaftlichen Forschungsbericht schreiben können. Im Rahmen eines bildungswissenschaftlichen Moduls führen die Studierenden empirische Untersuchungen an Schulen durch und erstellen in diesem Zusammenhang Forschungsberichte, die mit Hilfe eines Qualitäts- bzw. Bewertungsrasters (Universität Leipzig, 2010) bewertet werden.[101] Dieses Bewertungsraster kann über die Verwendung als Be-

100 Als weiterführende Literatur zu mündlichen Forschungsberichten empfehlen wir Bernstein, 1991.

101 Da den Studierenden eine große Bandbreite an Themen angeboten wird, der Forschungsbericht aber zugleich möglichst fair und gerecht bewertet werden soll, wurde in den vergangenen Semestern ein Qualitäts- bzw. Bewertungsraster (Universität Leipzig, 2010) entwickelt, auf dessen Basis die Ar-

wertungsinstrument in der universitären Lehrerbildung hinaus als Möglichkeit der Qualitätsüberprüfung und -sicherung eigener und fremder (empirischer) Forschungsberichte genutzt werden.

Innerhalb des Bewertungsrasters wird zwischen *inhaltlichen* und *sprachlich-formalen Qualitätskriterien* unterschieden. Während sich inhaltliche Qualitätskriterien auf die strukturierte und vollständige Wiedergabe der eigenen Forschung beziehen, dienen sprachlich-formale Anforderungen der nachvollziehbaren und verständlichen Darstellung des Inhaltes. Zu letzterem zählen u.a. die Besonderheiten des wissenschaftlichen Schreibens und die optisch ansprechende Gestaltung einer wissenschaftlichen Arbeit.

Inhaltliche Qualitätskriterien

(1) Aufbau der Arbeit (Strukturiertheit der Darlegung)
(2) Begründung der Themenwahl, Ab- und Eingrenzung des Themas (pädagogische Relevanz)
(3) Angemessene Auswahl und Analyse der Literatur (Bezug zum Forschungsziel)
(4) Stringente Herleitung und klare Formulierung der Forschungsfrage und ggf. Hypothese (argumentative Untermauerung)
(5) Begründete Auswahl und Beschreibung der Forschungsmethode (Bezug zum Forschungsziel, Gegenstandsangemessenheit)
(6) Durchführung, Beschreibung des Forschungsfeldes (Rahmenbedingungen, Versuchspersonen, Erhebungssituation etc.)
(7) Angemessene Darstellung der Ergebnisse (z.B. Diagramme, Tabellen, Text)
(8) Diskussion und Interpretation der Ergebnisse (Rückbezug zu Forschungsziel und Literatur sowie Beantwortung der Forschungsfrage)
(9) Kritische inhaltliche und methodische Reflexion (Stärken und Schwächen der eigenen Arbeit)
(10) Pädagogische Implikationen
(11) Aussagen zum weiteren Forschungsbedarf

Sprachlich-formale Qualitätskriterien

(12) Formale Strukturierung (Deckblatt, Inhalts- und Literaturverzeichnis, Anhänge etc.)
(13) Formale Darstellung (Layout)
(14) Sprachliche Darstellung (Ausdruck, Rechtschreibung, Fachsprache)
(15) Zitieren und Quellen angeben (vollständig, einheitlich, hilfreich)

---

beiten begutachtet werden. Als Grundlage hierfür dienten bereits bestehende „Checklisten" (wie z.B. bei Roos & Leutwyler, 2011, S. 287–289), das forschungslogische Planungsmodell (nach Herfter & Rahtjen, → Kap. 3.1.1) sowie die Gütekriterien von Forschung nach Steinke (2003; → Kap. 3.1.4), die sich unseres Erachtens auch auf Forschungsberichte anwenden lassen.

Ein wesentliches Qualitätsmerkmal stellt der sinnlogische *Aufbau der wissenschaftlichen Arbeit (1)* dar. Unter funktionalen Gesichtspunkten werden wissenschaftliche Arbeiten grob in Einleitung, Hauptteil und Schluss (vgl. Karmasin & Ribing, 2009, S. 25) gegliedert. Da an Ihrer Arbeit interessierte Leserinnen und Leser sich neben dem Inhaltsverzeichnis zunächst die Einleitung und den Schluss ansehen werden, um einen Überblick über die Arbeit zu bekommen und zu beurteilen, ob sich das Lesen des gesamten Textes lohnen könnte, sollte auf diese Kapitel besondere Sorgfalt verwendet und sie sollten aufeinander abgestimmt werden (vgl. Burchert & Sohr, 2008, S. 79). Unter inhaltlichen Gesichtspunkten lässt sich die gesamte Arbeit in zwei Teile unterscheiden: in die Problemdarstellung (bzw. den Problemaufriss) und in den eigenen Ansatz zur Problemlösung. Beide Teile folgen einem einheitlichen Aufbau entlang des forschungslogischen Planungsmodells nach Christian Herfter und Sebastian Rahtjen (→ Kap. 3.1.1) und sollen für die Leserin bzw. den Leser klar voneinander abgegrenzt sein (Franck, 2005, S. 101). In der Problemdarstellung werden das zu untersuchende Forschungsproblem, seine Relevanz für das Forschungsgebiet und der derzeitige Wissensstand beschrieben. Die Problemdarstellung mündet in die Formulierung einer Forschungsfrage. Der Teil der Problemlösung hat die Beantwortung der Forschungsfrage zum Gegenstand und beinhaltet die detaillierte Beschreibung der Untersuchungsanlage, der Erhebung, der Auswertung und der Schlussfolgerungen.

Wir empfehlen Ihnen, vor Beginn des Schreibprozesses eine Gliederung anzufertigen. Auch wenn diese im Laufe des Schreibens evtl. immer wieder revidiert werden wird, dient sie Ihnen als eine Orientierung gegen das nicht immer zielführende „Drauflosschreiben“ (Franck, 2005, S. 100). Die Gliederung verleiht einem Text einen inneren Zusammenhang, einen „roten Faden“ (Kornmeier, 2009, S. 94f.). Letztlich bildet Ihre fertige Gliederung (bzw. das Inhaltsverzeichnis) die Struktur der gesamten Forschungsarbeit ab und erleichtert die Textnavigation für die Lesenden. Die Überschriften sollten Sie aussagekräftig und verständlich formulieren. Achten Sie dabei darauf, dass diese einen konkreten Bezug zum Inhalt des Textes aufweisen (vgl. Kornmeier, 2009, S. 95). Auf diese Weise können sich die Leserinnen und Leser erschließen, welchen Inhalt sie erwarten dürfen.

Für das Erstellen von Gliederungen gibt Kornmeier (2009, S. 94; ergänzt durch Karmasin & Ribing, 2009, S. 46) folgende Hinweise:

- Nummeriert werden nur die Kapitel- oder Absatzüberschriften des Textteils; Inhalts- und Literaturverzeichnis sowie Anhang werden folglich nicht nummeriert, sollten aber im Inhaltsverzeichnis erscheinen.
- In einer Gliederung muss einem Gliederungspunkt (z.B. 1.1) mindestens ein weiterer Gliederungspunkt auf derselben Gliederungsebene folgen (folglich: 1.2).

- Ober- und Unterpunkte sollten thematisch richtig zugeordnet werden: ein Oberpunkt (z.B. 1.1) sollte inhaltlich durch seine Unterpunkte (z.B. 1.1.1, 1.1.2) möglichst vollständig erfasst werden.
- Unterpunkte sollten keine wortgetreue Wiederholung des Oberpunktes darstellen, sondern diesen konkretisieren.
- Die Gliederungstiefe sollte maximal vier Ebenen umfassen (z.B. 1.1, 1.1.1, 1.1.1.1, 1.1.1.2, ...).
- Ausführungen, die Sie als erwähnenswert empfinden, die aber nicht zum eigentlichen Thema gehören, weisen Sie als „Exkurs“ aus (z.B. „1.2 Exkurs: Die Schulpädagogik in der Zeit der Weimarer Republik“).

Wenden wir uns nun dem Anfang einer Arbeit zu: Der Einleitung. Sie soll „zum Lesen einladen“ (Franck, 2005, S. 49), informativ und verständlich gestaltet sein und eine Einführung in das Forschungsthema geben. Mit der Einleitung eröffnen Sie zugleich die Problemdarstellung und *begründen die Themenwahl (2)*, indem Sie u.a. die Relevanz des Themas für die Forschung und das pädagogische Handeln in Schule und Unterricht (sog. *pädagogische Relevanz*) aufzeigen sowie den Forschungsgegenstand präzisieren (*Ab- und Eingrenzung des Themas*: „Worum geht es genau?“; Franck, 2005, S. 51; vgl. auch Roos & Leutwyler, 2011, S. 287). Anschließend stellen Sie dar, welches Ziel in der Arbeit verfolgt wird und wie die Arbeit aufgebaut ist.

In einem nächsten Schritt müssen Sie den theoretischen Rahmen und den Stand der Forschung darlegen. Dies dient der weiteren Begründung und Problematisierung des Erkenntnisinteresses Ihrer Arbeit. In der Diskussion des aktuellen Wissenstandes zu einem Thema werden sowohl die Ergebnisse theoretischer Erkenntnisbildung (Theorien, Modelle, Hypothesen) als auch der empirischen Forschung (Daten, Fakten) vorgestellt und kritisch reflektiert. An dieser Stelle können z.B. widersprüchliche oder uneindeutige Ergebnisse aus der bisherigen Forschung aufzeigt werden, die weiteren Forschungsbedarf rechtfertigen. Sie treten hier in einen Dialog mit anderen Wissenschaftlerinnen und Wissenschaftlern Ihres Forschungsgebietes und deren Texten, indem sie auf diese verweisen und deren Äußerungen zitieren. Die Qualität dieser Darstellung wird anhand der *angemessenen Auswahl und Analyse der Literatur mit Fokus auf das Forschungsziel (3)* beurteilt (vgl. zur Rolle des Literaturstudiums Bortz, 1984, S. 24). Als Frage formuliert: „Ist der Theorieteil übersichtlich, strukturiert und auf die Forschungsfrage hin zugespitzt?“ (Roos & Leutwyler, 2011, S. 288).

Ein besonderes Augenmerk beim Schreiben des Forschungsberichtes liegt auf der verständlichen und nachvollziehbaren *Formulierung des Forschungsziels (4)*, d.h. einer oder mehrerer *Forschungsfragen* oder *Hypothesen*. Diese bilden den Kern jeder wissenschaftlichen Arbeit (Karmasin & Ribing, 2009, S. 12; → Kap. 3.1.2). Im Sinne der Verständlichkeit und Nachvollziehbarkeit müssen Sie das Forschungsziel *stringent* aus theoretischem Rahmen und Stand der Forschung *herleiten*. Der Ertrag Ihrer wissenschaftlichen Arbeit liegt in der Beantwortung dieser Forschungsfrage(n). Mit der Darlegung Ihrer Fragestellungen und Annahmen über den Untersuchungsgegenstand (Hypothesen, Prognosen) schließt die Problemdarstellung ab.

Der erste Abschnitt der Problemlösung beinhaltet eine detaillierte Beschreibung der Untersuchungsanlage. Dabei müssen zunächst das Forschungsdesign der Studie und die Verortung in wissenschaftstheoretischen Paradigmen erläutert werden (→ Kap. 3.1.3 und 3.1.4). Daran knüpft *die Auswahl und Beschreibung der Forschungsmethoden (5)* an (Roos & Leutwyler, 2011, S. 288). Hier sind sowohl Erhebungs- als auch Auswertungsmethoden zu berücksichtigen. Bei den Begründungen ist der Bezug zu Forschungsziel und Forschungsplan herzustellen: Forschungsmethodische Entscheidungen müssen intersubjektiv nachvollziehbar und dem Gegenstand angemessen getroffen werden (zu diesen und weiteren Gütekriterien empirischer Sozialforschung vgl. Steinke, 2003; → Kap. 3.1.4). Zweitens müssen Sie im Zuge der *Beschreibung des Forschungsfeldes (6)* die Auswahl der *Teilnehmerinnen und Teilnehmer* begründen sowie die *Rahmenbedingungen* der Untersuchung und die *Erhebungssituation* darstellen. Zur Bewertung der Qualität dieses Abschnittes des Forschungsberichtes[102] werden erneut die Gütekriterien der intersubjektiven Nachvollziehbarkeit (hier im Sinne einer präzisen Dokumentation) und der Indikation des Forschungsprozesses (hier v.a. der Samplingstrategie) herangezogen.

Nachdem Sie beschrieben haben, wie Sie methodisch vorgegangen sind und welche Rahmenbedingungen für Ihre Forschung gelten, folgt entsprechend dem forschungslogischen Planungsmodell die *angemessene Darstellung der Ergebnisse (7)*. Diese umfasst neben einer „Verdichtung" in Tabellen, Diagrammen oder Textform (Roos & Leutwyler, 2011, S. 288) auch eine Trennung von Darstellung und Bewertung bzw. Interpretation.[103] Eine Trennung muss nicht derart verstanden werden, dass zunächst eine vollständige Ergebnisdarstellung erfolgen muss bevor diese interpretiert werden darf. Es ist ebenso möglich, für jede Teilfrage im Wechselspiel von Darstellung und Interpretation zu verfahren. Unabhängig von der Wahl des Forschungsparadigmas muss die Beantwortung „jede[r] Frage in diesem Teil mit den Daten belegbar" sein (Roos & Leutwyler, 2011, S. 288). Dieses Qualitätskriterium nennt die Psychologin Ines Steinke (2003) „empirische Verankerung" (S. 328f.).

---

102 Vgl. Anmerkung zuvor.

103 Bei der Verwendung qualitativer Verfahren ist dies mitunter schwierig, da bereits in der Gewinnung der Daten (subjektive) Interpretationsleistungen der Beteiligten erforderlich sind (Flick, von Kardorff & Steinke, 2003, S. 20–22) – im Gegensatz zu quantitativen Verfahren, in denen die Objektivität ausdrückliches Qualitätskriterium ist (→ Kap. 3.1.4).

Der in der Forschungslogik nächstfolgende Schritt ist die *Diskussion und Interpretation der Ergebnisse (8)*. Wie aus dem Planungsmodell (→ Kap. 3.1.1) zu entnehmen ist, müssen in diesem Teil der (Rück-)*Bezug zum theoretischen Rahmen, zum Stand der Forschung, zu den Ergebnissen und* vor allem *zum Forschungsziel* hergestellt werden. Hierbei stehen neben der Beantwortung der Forschungsfrage (Roos & Leutwyler, 2011, S. 288) die empirische Verankerung sowie die Kohärenz der gewonnenen Aussagen (Steinke, 2003, S. 330) im Mittelpunkt der Qualitätsprüfung. Auch das Erkennen der Grenzen der eigenen Interpretationen (Steinke, 2003, S. 329f.) ist von hoher Relevanz (→ Kap. 3.1.4).

Im Schlussteil Ihrer Arbeit greifen Sie auf die in Ihrer Einleitung dargelegten Ausführungen zurück, resümieren Ihre Forschungsarbeit und prüfen, ob das mit der Arbeit verfolgte Ziel erreicht wurde. Sie sollten hier die folgenden Fragen beantworten können (nach Kornmeier, 2009, S. 152):

- Wie lassen sich wesentliche Aussagen meiner Arbeit auf einen Nenner bringen?
- Welche Fragen konnte ich in meiner Arbeit beantworten bzw. nicht beantworten?
- Welche Stärken und Schwächen hat meine Arbeit?
- Welche Verbesserungsvorschläge kann ich Personen unterbreiten, die sich in Zukunft mit meinem oder einem ähnlichen Thema beschäftigen?
- Welche wissenschaftliche oder praktische Relevanz wird das von mir bearbeitete Thema in Zukunft haben?
- Welche Fragen oder Probleme, die sich im Zusammenhang mit meinem Thema ergeben, werden meines Erachtens künftig an Bedeutung gewinnen?

Der Schluss sollte zudem eine *kritische inhaltliche und methodische Reflexion (9)*, d.h. eine Darstellung der *Stärken und Schwächen der eigenen Arbeit,* enthalten, da die Schulung der Selbsteinschätzung im Kontext von Studien- und Qualifizierungsarbeiten ein wichtiges Ziel darstellt. Hierfür prüfen Sie Ihre Forschung hinsichtlich möglicher Fehler und Ungenauigkeiten. In diesem Kontext sollten Sie reflektieren, wie Sie als Forscherin bzw. Forscher auf die Daten und Ergebnisse eingewirkt haben könnten (Steinke, 2003, S. 330f.). Zweitens sollten Sie hinsichtlich der Qualität Ihrer Arbeit sowohl die Relevanz der Fragestellung als auch die Tragweite der gewonnenen Ergebnisse und Interpretationen diskutieren (Steinke, 2003, S. 330). Die Ergebnisse dieses Reflexionsprozesses fließen in den Verwertungszusammenhang ein (vgl. Roos & Leutwyler, 2011, S. 289): Für das professionelle Handeln in Lehr-Lern-Situationen und im Umgang mit Kindern und Jugendlichen sollten *pädagogische Implikationen (10)* abgeleitet werden, um damit einen Beitrag für die Praxis zu leisten. Mit der Formulierung von offenen Fragen und *Aussagen zum weiteren Forschungsbedarf (11)* tragen Sie zum wissenschaftlichen Kenntnisstand bei und geben dem Schlussteil die Funktion eines Ausblicks.

Unter inhaltlichen Gesichtspunkten ist Ihr Forschungsbericht nun vollständig. Für dessen Qualität ist allerdings nicht allein die inhaltliche Aufbereitung des Forschungsvorhabens von Bedeutung, sondern auch die formale Darstellung des Inhaltes, der sprachliche Stil sowie das korrekte, einheitliche und für die Lesenden hilfreiche Verwenden wissenschaftlicher Literatur.[104] Daher erläutern wir im folgenden Abschnitt sprachlich-formale Qualitätskriterien für wissenschaftliche Arbeiten.

Ein wissenschaftlicher Text muss zudem bestimmte Anforderungen an Form und Format erfüllen, wodurch er sich von anderen schriftsprachlichen Dokumenten, z.B. einem journalistischen Zeitschriftenartikel, deutlich unterscheidet (vgl. Karmasin & Ribing, 2009, S. 12).

Die *formale Strukturierung (12)* unterliegt einem idealtypischen Aufbau:

1. *Titelblatt/Deckblatt*: Hier benennen Sie das Thema Ihrer Arbeit, eventuell den Namen Ihrer Betreuer/in sowie Ihren Namen und einige persönliche Daten. Meist gibt es an Ihrer Universität oder Ihrem Institut Vordrucke bzw. Formulare für das Titelblatt, an denen Sie sich orientieren können.

2. Ggf. *Ehrenwörtliche Erklärung*: Diese kann auch am Ende der Arbeit stehen. Sie erklären darin, dass Sie die Arbeit selbst verfasst und lediglich die von Ihnen im Quellenverzeichnis angegebenen Quellen verwendet haben

3. *Kurzzusammenfassung/Abstract:* Hier fassen Sie das Thema und die wesentlichsten Punkte Ihrer Forschung zusammen, um der Leserin/dem Leser einen ersten Überblick über die Arbeit zu geben.

4. *Vorwort*: Bei längeren Arbeiten, z.B. Dissertationen, findet sich meist ein Vorwort, bei Seminararbeiten o.ä. wird darauf verzichtet.

5. *Inhalts-, Tabellen- und Abbildungsverzeichnis*: Diese Übersichten sind formal notwendig und vereinfachen die Orientierung im Forschungsbericht.

6. Der wissenschaftliche *Text* an sich: Dieser ist in eine Einleitung, einen Hauptteil und einen Schluss gegliedert.

7. *Literaturverzeichnis*: Hier geben Sie alle von Ihnen verwendeten Quellen an.

8. *Anhang:* An dieser Stelle können Sie ergänzende Dokumente und Materialen (z.B. Ihre erhobenen Daten) einfügen, sowie die Quellen, aus denen Sie im Text zitieren bzw. auf die Sie verweisen.

(in Anlehnung an Karmasin & Ribing, 2009, S. 41–43; Burchert & Sohr, 2008, S. 73; Hug & Poscheschnik, 2010)

---

104 Die Einhaltung sprachlich-formaler Qualitätskriterien ist von besonderer Bedeutung, da z.B. Studierende durch das Verfassen von Forschungsberichten Kompetenzen im wissenschaftlichen Schreiben erwerben und nachweisen sollen.

Für die Form und Gestaltung von Wissenschaftstexten gilt ein aus der Architektur bekannter Grundsatz: „Form follows function" – Die Form einer Sache leitet sich aus den Nutzungsabsichten ab (oder sollte dies zumindest tun). Somit ist auch die *formale Darstellung (13)* (bzw. das *Layout*) eines Wissenschaftstextes zweckmäßig: Sie soll dazu beitragen, dass die Lesenden die Inhalte des Textes schneller und besser erfassen können. Anhand einer übersichtlichen formalen Darstellung Ihres Textes können Sie (nach Kornmeier, 2009, S. 241):

(1) *Ordnung* mit Hilfe eines Inhaltsverzeichnisses schaffen, durch Unterteilungen in mehrere Kapitel (s.o.),
(2) *Informationen* transportieren, z.B. durch Hervorhebungen, Abbildungen, Tabellen,
(3) durch ansprechende Gestaltung zum Weiterlesen *motivieren.*

Das Layout des Gesamttextes selbst sollte eher nüchtern und schlicht gehalten sein. Meist haben die Institute der Hochschulen jeweils festgelegte Richtlinien für die Gestaltung einer wissenschaftlichen Abhandlung, an denen Sie sich orientieren können.[105] In jedem Falle ist es empfehlenswert, bereits frühzeitig Formatierungsregeln für die eigene Arbeit festzulegen und diese konsequent anzuwenden.

Die korrekte *sprachliche Darstellung (Ausdruck, Rechtschreibung, Fachsprache) (14)* einer wissenschaftlichen Arbeit stellt ein weiteres Qualitätskriterium dar. Eine wissenschaftliche Arbeit wird für eine interessierte (Fach-)Öffentlichkeit geschrieben, weshalb man die Rezipientinnen und Rezipienten bereits während des Schreibens gedanklich einbeziehen sollte. Anhand des Wissenschaftstextes wird ein indirekter Kommunikationsprozess mit den Lesenden in Gang gesetzt, denn diese müssen Ihren Text zwar „entschlüsseln", um sich das darin enthaltene Wissen anzueignen – sie können jedoch nicht mit Ihnen in Dialog treten bzw. direkte Rückfragen stellen (Esselborn-Krumbiegel, 2010, S. 11). Ihre Aufgabe als Autorin oder Autor ist folglich, den Rezeptionsprozess so gut wie möglich zu unterstützen und die Lesenden durch den Text zu begleiten (vgl. Roos & Leutwyler, 2011, S. 122). Sie sollten der Leserin bzw. dem Leser mit Ihrem Text wenig Spielraum für Interpretationen lassen (Berger, 2010, S. 88). Dies erreichen Sie durch eine einheitliche Form und logische Gliederung, aber auch durch eine verständliche und präzise Sprache. Verständlich zu schreiben ist dabei nicht gleichbedeutend mit Einfachheit bzw. Unterkomplexität. Im Umkehrschluss ist die Verwendung komplizierter Formulierungen aber auch nicht gleichbedeutend mit Wissenschaftlichkeit (vgl. Kornmeier, 2009, S. 209; Berger, 2010, S. 89).

Die sprachliche Gestaltung des Textes soll in erster Linie die Vermittlung des Inhaltes unterstützen: Ziel Ihrer Arbeit ist es, Informationen nachvollziehbar zu

105 Beispiele für Gestaltungsrichtlinien finden Sie bei Doris Berger (2010, S. 84–86) sowie Matthias Karmasin und Rainer Ribing (2009, S. 49–72).

transportieren. In wissenschaftlichen Texten dominiert das Erklären und Begründen gegenüber dem Erzählen (Esselborn-Krumbiegel, 2010, S. 45). Wortwahl und Satzkonstruktion ordnen sich dieser Prämisse unter. Wissenschaftssprache zeichnet sich diesbezüglich durch Sachlichkeit in der Formulierung, Klarheit und Präzision in der Argumentation aus (vgl. Franck, 2005, S. 60). Weiterhin müssen Sie (sprachlich) zwischen Ihrer persönlichen Meinung und Einschätzung und der Darstellung des Sachverhaltes unterscheiden. Um ein Gefühl für den angemessenen Schreibstil herauszubilden, empfehlen wir Ihnen das Lesen von Fachpublikationen aus der betreffenden Fachdisziplin, da fast alle Wissenschaftsdisziplinen einen eigenen Fachjargon entwickelt haben, den Sie berücksichtigen sollten (wie z.B. das „Juristen-“ oder „Soziologendeutsch“, Burchert & Sohr, 2008, S. 107).[106]

Nachfolgend möchten wir Ihnen einige Hinweise geben, die Sie beim Schreiben eines Forschungsberichts berücksichtigen können.

Achten Sie auf eine korrekte Wortwahl. Grundsätzlich sollten Sie journalistische und saloppe Ausdrücke sowie Floskeln vermeiden, wie z.B. *am Puls der Zeit, das bittere Ende, grünes Licht* (vgl. Kornmeier, 2009, S. 217). Da es in Ihrem Text um die möglichst eindeutige Darstellung von Inhalten geht, und nicht um möglichst viele Interpretationsmöglichkeiten des Geschriebenen, sollten Sie rhetorische Stilmittel wie beispielsweise die Ironie nicht gebrauchen. Gegen eine variantenreiche Sprache ist dennoch nichts einzuwenden, da zu viele Wortwiederholungen die Lesenden langweilen. Allerdings gilt dies nicht für Fachtermini und andere zentrale Begriffe Ihrer Arbeit: „Wer dieselbe Sache meint, muss sie mit demselben Wort bezeichnen, da es einen spezifischen Umstand konkret benennt“ (Kornmeier, 2009, S. 193).

Streichen Sie Überflüssiges. Gehen Sie Ihren geschriebenen Text nach Erstellung der Rohfassung auf Füllwörter und Füllsätze durch: Löschen Sie alle Textbestandteile, die nicht notwendig sind. Wörter wie z.B. *eben, ja, besonders* können Behauptungen relativieren. In wissenschaftlichen Texten geht es aber gerade darum, Behauptungen aufzustellen und diese argumentativ zu unterlegen. Im Anschluss an die Schreibtrainerin Helga Esselborn-Krumbiegel (2010) gilt demnach: „Können Sie Ihre Ergebnisse nicht hinreichend stützen, rettet Sie auch ein ‚gewissermaßen‘, ‚natürlich‘ und ‚wohl‘ nicht“ (S. 63).

Setzen Sie Adjektive nur sparsam ein. „Erforderlich und erwünscht sind [Adjektive] nur dann, wenn man damit zwischen Substantiven unterscheiden will“ (Kornmeier, 2009, S. 197). Beispielsweise drückt die Verwendung des Adjektivs bei „eine *neue* Auflage des Lehrbuchs“ einen qualitativen Unterschied gegenüber älteren Auflagen z.B. hinsichtlich Aktualität usw. aus. Prüfen Sie also, ob die von

106 Eine humorvolle Auseinandersetzung mit dem Schreibstil in verschiedenen Disziplinen finden Sie bei Wulf Rehder (1998, S. 31–42).

Ihnen verwendeten Adjektive einen Sachverhalt tatsächlich näher bestimmen und streichen Sie diese im Zweifelsfall (Esselborn-Krumbiegel, 2010, S. 65).

Gebrauchen Sie nur wenige Fremdwörter. „Fremdwörter machen einen Text nicht unbedingt wissenschaftlicher und sind daher nur [...] dann [zu verwenden], wenn auch eine Notwendigkeit besteht“ (Berger, 2010, S. 89). Wenn Sie mit einem Fremdwort etwas Spezifisches ausdrücken möchten, für das keine adäquate Umschreibung oder ein anschaulicheres deutsches Wort vorliegt, können Sie auf Fremdwörter zurückgreifen (Kornmeier, 2009, S. 164). Berücksichtigen Sie hierbei, dass Fremdwörter nicht vorbehaltlos einer vermeintlichen Fachsprache zugeordnet werden können: Nicht immer sind Fremdwörter identisch mit Fachbegriffen.[107] Letztere hingegen sind ein unentbehrlicher und wesentlicher Bestandteil des wissenschaftlichen Textes (vgl. Kornmeier, 2009, S. 210). *Formulieren Sie kurze und prägnante Sätze.* Ähnlich dem Gebrauch von Fremdwörtern verhält es sich mit syntaktischen Mitteln: „Ein Text wird nicht wissenschaftlicher, indem mehr Fremdwörter eingebaut oder indem längere und komplexere Sätze formuliert werden“ (Roos & Leutwyler, 2011, S. 128). Im Gegenteil kann die Kommunikation mit der Leserin oder dem Leser dadurch eher beeinträchtigt werden. Bevorzugen Sie stattdessen einen Wechsel aus kurzen und mittellangen Sätzen (Kornmeier, 2009, S. 229). Als Orientierung gilt: Ein Satz sollte nur eine Aussage enthalten und nicht länger als eine bis zwei Zeilen sein (vgl. Berger, 2010, S. 88; Franck, 2005, S. 223). Wichtige Aussagen gehören dabei in den Hauptsatz, alle begleitenden Informationen in Nebensätze (Esselborn-Krumbiegel, 2010, S. 46).

Mit Hilfe von Konjunktionen (z.B. *ebenso, ähnlich, daraus folgt, deshalb*) lassen sich Sätze und Absätze angemessen miteinander verbinden. Als „Konnektoren“ dienen weiterhin Präpositionen (*trotz, wegen, statt*), Adverbien (*deshalb, trotzdem, insofern*) und zusammengesetzte Wendungen (*aus diesem Grund, im Unterschied zu*, Esselborn-Krumbiegel 2010, S. 35). Sie erleichtern den Lesefluss und die Nachvollziehbarkeit Ihrer Gedanken (Kornmeier, 2009, S. 229).

Setzen Sie den Nominalstil nur gezielt ein. In einigen Stilratgebern zum wissenschaftlichen Schreiben werden Sie den Hinweis finden, auf Nomen möglichst zu verzichten und stattdessen eher Verben zu verwenden, da ihr Text sonst stark an „Verwaltungsdeutsch“ (Kornmeier, 2009, S. 164) erinnern könnte. Auf den Lesefluss wirkt eine Anhäufung von Nomen und Nominalkonstruktionen (z.B. abgeleitete Verben und Adjektive, wie *Nutzung*, *Klarheit*) störend. Allerdings gehören Nominalisierungen nicht aus der wissenschaftlichen Sprache verbannt,

107 Diese Unterscheidung ist mitunter schwierig. Da die Verwendung von Fachbegriffen in wissenschaftlichen Texten unentbehrlich ist, haben Sie sprachlich hier weniger Möglichkeiten der Umschreibung sondern müssen die Balance zwischen Kreativität im Stil und der exakten Verwendung der Fachbegriffe wahren. Um Fachtermini gut identifizieren zu können sollten Sie z.B. darauf achten, welche Begriffe in Publikationen Ihres Themengebietes besonders häufig verwendet werden.

denn sie transportieren viele Informationen in wenigen Worten (Esselborn-Krumbiegel, 2010, S. 54).

Achten Sie auf eine geschlechtergerechte Sprache. Sprachliches Handeln ist einerseits das Ergebnis von Denken und Wahrnehmung der Welt; andererseits werden soziale Wirklichkeiten auch durch Sprache konstruiert. Dies drückt sich auch in der sprachlichen Repräsentation von Frauen und Männern in (wissenschaftlichen) Texten aus (vgl. Klann-Delius, 2005; Stahlberg & Sczesny, 2001). Nachdem im Wissenschaftsbereich historisch bedingt ein männlich dominierter Sprachgebrauch vorherrschte (vgl. Krais, 2000), finden Bemühungen zur Gleichstellung der Geschlechter zunehmend Eingang in den (wissenschaftlichen) Sprachgebrauch. Geschlechtergerechte Sprache ist eine Maßnahme, die Gleichstellung von Frauen und Männern zu verwirklichen. Beim Schreiben wissenschaftlicher Texte sollten Sie daher beachten, stets beide Geschlechter anzusprechen.

In Anlehnung an die Wirtschaftswissenschaftlerin Doris Berger (2010, S. 91) können Sie hierfür:

- geschlechtsneutrale Begriffe wählen, z.B. *Lehrperson, Lehrende*
- beide Geschlechter ausdrücklich erwähnen, z.B. *Lehrerinnen und Lehrer*
- die verkürzte Paarform verwenden: z.B. *Lehrer/innen*
- die weibliche Form anhand von Klammern zum Ausdruck bringen: z.B. *Lehrer(inn)en*; diese Form der Darstellung wird jedoch nur sehr selten genutzt
- das Binnen-I verwenden, z.B. *LehrerInnen, SchülerInnen*

Achten Sie bei allem Schreibweisen auf die grammatikalisch korrekte Form.[108]

Wissenschaftliches Arbeiten erfordert es, dass Sie an den aktuellen Wissensstand eines Themas anknüpfen, ihn fortführen oder ergänzen (vgl. Standop & Meyer, 2004, S. 35). Sie setzen sich mit Ergebnissen und Argumenten anderer Forscherinnen und Forscher in Ihrem Fachgebiet auseinander, indem Sie diese in Ihrer Arbeit referieren und kritisch diskutieren. Anhand von Bezugnahmen auf andere Arbeiten (*Zitieren und Quellen angeben (15)*) können Sie zeigen, dass Sie die aktuelle wissenschaftliche Diskussion zu Ihrem Forschungsgebiet kennen. Bei der Quellenauswahl sollten Sie auf Aktualität[109] achten. Durch Zitate gewinnt ein Text an Nachvollziehbarkeit und Qualität. Als Zitat wird hierbei *jede* Form der Übernahme fremder Gedanken oder fremden Wissens bezeichnet. Zitate dienen dem Zweck, die eigene Argumentation zu untermauern: Der Verweis auf andere Forschende des jeweiligen Themengebietes „belegt" die Richtigkeit der eigenen Aussagen (Kornmeier, 2009, S. 264). Ein Zitat sollte „sich [dabei] organisch in

---

108 Ein Beispiel: „Die Lehrer/innen gehen gern in die Schule." ist korrekt, während „Den Lehrer/innen macht ihre Arbeit Spaß." grammatikalisch falsch ist. Richtig müsste es lauten: „Den Lehrern/Lehrerinnen macht ihre Arbeit Spaß."

109 Ausgangspunkt der Recherche sollten vornehmlich die Publikationen der letzten fünf Jahre bilden. Eine Ausnahme stellen dabei Standardwerke dar.

den Text einfügen" (Standop & Meyer, 2004, S. 36), also entweder an Ihren eigenen Schreibstil angepasst (beim sinngemäßen Zitieren) oder grammatikalisch korrekt in die eigene Satzkonstruktion integriert werden (beim wörtlichen Zitieren).

Es entspricht der Redlichkeit und einer der Grundtechniken wissenschaftlichen Arbeitens, fremde Gedanken kenntlich zu machen (Kornmeier, 2009, S. 259). Schließlich sollte jede Leserin und jeder Leser Ihre Gedankengänge und die ursprünglichen Textstellen selbst nachprüfen können (vgl. auch Rost, 2008, S. 240). Da übernommene Aussagen aus ihrem ursprünglichen Sinnzusammenhang gerissen werden, sollten Sie beachten, die Absicht der Autorin bzw. des Autors nicht zu verfälschen (Standop & Meyer, 2004, S. 36).

Nachfolgend möchten wir Ihnen einige *Techniken des korrekten Zitierens* vorstellen.

Es lässt sich zwischen der Kurzzitation („amerikanische" oder „Harvard-Zitierweise") und der Fußnotenzitation („deutsche Zitierweise") unterscheiden (vgl. Kornmeier, 2009, S. 260). In den Sozialwissenschaften wird gegenwärtig die amerikanische Kurzzitation genutzt, da sie wesentlich platzsparender ist. Die Quellenangabe wird dabei im Fließtext in der direkten Umgebung der zitierten Aussage platziert, also entweder nach dem Ende des Zitates,

„Richtig zitieren ist wichtig!" (Heinze, Herfter & Schmidt, 2012, S. 405)

oder – falls der Name der Autorin oder des Autors im Text genannt wird – hinter diese Angabe,

Heinze, Herfter und Schmidt (2012) sind sich einig: „Richtig zitieren ist wichtig!" (S. 405)

Unabhängig von der Zitierweise lassen sich zwei Arten von Zitaten unterscheiden die im Text auf unterschiedliche Weise dargestellt werden: die wörtlichen und die sinngemäßen Zitate. Die fremde Äußerung wird beim wörtlichen Zitieren unverändert, also original- und buchstabengetreu[110], übernommen und durch Anführungszeichen markiert. In einem wissenschaftlichen Text sollen Ihre eigenen Gedanken zum Ausdruck kommen, daher werden wörtliche Zitate nur sehr sparsam verwendet (vgl. Roos & Leutwyler, 2011, S. 82).Wenn die zitierte Aussage von besonderem Gewicht oder derart pointiert und gelungen formuliert ist, dass Sie es mit eigenen Worten nicht besser ausdrücken könnten, entscheiden Sie sich für das wörtliche Zitieren.

110 Eine Aussage wortwörtlich zu übernehmen, bedeutet, dass auch Rechtschreib-, Zeichen-, Grammatikfehler der ursprünglichen Textstelle beibehalten werden (Kornmeier, 2009, S. 262).

Im Umgang mit wörtlichen Zitaten gibt es einiges, das Sie berücksichtigen müssen, z.B. Hervorhebungen, Auslassungen und Anmerkungen. Hinweise hierzu finden Sie u.a. bei Martin Kornmeier (2009), Friedrich Rost (2008) sowie Ewald Standop und Matthias Meyer (2004).

Auf längere Zitate sollten Sie nur zurückgreifen, wenn Sie es für unbedingt nötig empfinden – mehr als eine halbe Seite Ihrer Arbeit sollte ein wörtliches Zitat aber keinesfalls umfassen. Längere Gedankengänge lassen sich „in wenigen eigenen Worten besser auf den Punkt bringen oder klarer mit der eigenen Fragestellung in Verbindung bringen" (Roos & Leutwyler, 2011, S. 84). Besser ist es daher, in diesem Falle indirekt zu zitieren. Hierbei werden die Aussagen anderer Autoren nicht im Wortlaut übernommen sondern paraphrasiert und dabei gleichzeitig komprimiert: Diese Paraphrasierungen gelten als Teil Ihrer Eigenleistung (vgl. Esselborn-Krumbiegel, 2010, S. 117). Genau wie beim wörtlichen Zitieren folgt der Quellenverweis am Ende des zitierten Satzes oder der zitierten Passage.[111] Die Anführungsstriche, die die direkte Wiedergabe kennzeichnen, entfallen beim sinngemäßen Zitat. Aufgrund der fehlenden Anführungszeichen ist es für die Lesenden schwierig einzuschätzen, wann ein indirektes Zitat beginnt und wann es endet. Sie sollten deshalb den Umfang entsprechend kennzeichnen.

Im Anschluss an Heinze (2012, S. 15–25) …

Die nachfolgenden Aussagen stützen sich auf Herfter (2012, S. 15–25):

Mit Schmidt (2012, S. 15–25) kann argumentiert werden, dass …

Alle im Text verwendeten Zitate müssen eindeutig einer Quelle im Literaturverzeichnis zugeordnet werden können.[112] Der Wirtschaftswissenschaftler Martin Kornmeier (2009, S. 267) benennt vier Kriterien für ein Quellenverzeichnis, das dem Anspruch der Nachvollziehbarkeit gerecht wird: Richtigkeit, Vollständigkeit[113], Einheitlichkeit, Übersichtlichkeit. (z.B. durch alphabetische Sortierung der Quellen). Ausführliche Hinweise zur Gestaltung eines Literaturverzeichnisses

111 Um ein indirektes Zitat kenntlich zu machen, wird oft der Zusatz „vgl." („vergleiche") verwendet. Einige Autorinnen und Autoren (z.B. Kornmeier, 2009) fordern dies zwingend. Andere verwenden „vgl." dagegen nur, wenn sie auf weitere Literatur hinweisen möchten, in denen der zitierte Gedanken elaboriert, d.h. in einer längeren Textpassage ausführlich dargelegt, oder das angerissene Thema weitergeführt wird (z.B. Franck, 2005). Im Zweifelsfalle orientieren Sie sich am besten an dem von Ihnen gewählten Zitiersystem oder an der Konvention, die an der jeweiligen Fakultät herrscht, an der Sie Ihre Arbeit schreiben.

112 Für konkrete Hinweise zur eindeutigen Zuordenbarkeit vgl. Heiko Burchert und Sven Sohr (2008, S. 90), z.B. wie mehrere Werke derselben Autorin/desselben Autors zitiert werden können.

113 Vollständig heißt dabei nicht übervollständig: „Literaturstellen, die zwar im Rahmen der Textreflexion eine z.T. nicht unwesentliche Rolle gespielt haben, nicht jedoch beim Verfassen der Arbeit selber, haben in einem Literaturverzeichnis nichts zu suchen" (Burchert & Sohr, 2008, S. 76).

finden Sie bei Norbert Franck (2005, S. 27, 143–145) sowie zu mustergültigen Literaturangaben bei Friedrich Rost (2008, S. 263–276).

4.1.2 Verwendungszweck und Darstellungsform

Ihr Forschungsbericht ist nun vollständig und bereit, veröffentlicht zu werden. Dabei ist die Darstellungsform maßgeblich vom Verwendungszweck und der Zielgruppe abhängig.

Wie am Beginn des Kapitels erwähnt erfüllen Forschungsberichte verschiedene Zwecke. Die Psychologen Theo Hug und Gerald Poscheschnik (2010, S. 191) listen Folgende auf: Neben der Aneignung oder Verfeinerung forschungsmethodischer Kompetenzen dienen Forschungsberichte in der Regel der Veröffentlichung empirischer Ergebnisse in Fachmedien, der Rechenschaftslegung gegenüber Auftraggeberinnen bzw. Auftraggebern oder der Kommunikation wissenschaftlicher Erkenntnisse für praktische Anwendungsfelder. Bei studentischen Forschungsberichten steht die Veröffentlichung in Fachmedien weniger im Fokus; der Zweck ist hier ein anderer: Mit einem Forschungsbericht sollen Studierende nachweisen, dass sie Vorgehensweisen und Methoden empirisch-wissenschaftlicher Arbeit beherrschen und anwenden können. Im Rahmen des Studiums dienen Forschungsberichte meist der Erbringung einer Leistung oder fungieren als Qualifizierungsarbeit zum Abschluss des Studiums und werden bewertet.[114]

Eine häufig anzutreffende, aber hier noch nicht thematisierte Darstellungsform von Forschungsberichten ist die Posterpräsentation. Sie stellt eine Kombination aus mündlicher und schriftlicher Darbietung dar, ordnet die mündliche Darstellung jedoch der schriftlichen unter. In prägnanter und visuell-grafisch anschaulicher Form werden Forschungsvorhaben bzw. -ergebnisse für eine festgelegte Zielgruppe aufbereitet und präsentiert (weiterführende Hinweise bei Hess, Tosney & Liegel, 2006). Gleichzeitig besteht in der Regel die Möglichkeit der direkten Kommunikation mit der Forscherin bzw. dem Forscher über das jeweilige Forschungsprojekt.

Gleichwohl schriftliche und mündliche Forschungsberichte die zentralen Darstellungsformen wissenschaftlicher Forschung ausmachen, so sollten Sie sich dennoch die Grenzen (schrift-)sprachlicher Darstellungen vergegenwärtigen. Buchstaben und Wörter sind relativ statisch und vernachlässigen die visuelle Rezepti-

114 In den bildungswissenschaftlichen Studien an der Universität Leipzig werden die Forschungsberichte der Studierenden zur Leistungsfeststellung im Rahmen einer Modulprüfung genutzt. Ihre Bewertung orientiert sich an den beschriebenen elf inhaltlichen Qualitätskriterien und erfolgt pro Kriterium auf einer vierstufigen Likertskala. Die erreichten Punkte werden addiert und in die entsprechende Notenskala (1,0 bis 5,0) umgerechnet. Die Verletzung eines oder mehrerer sprachlich-formaler Qualitätskriterien führt pro Kriterium zur Abstufung um je eine Notenstufe (also zum Beispiel von 1,3 auf 1,7). Dies unterstreicht den besonderen Wert wissenschaftlicher Arbeitsweisen im Rahmen des Studiums.

onsebene (vgl. hierzu und zu den folgenden Ausführungen Hug & Poscheschnik, 2010, S. 195-200). Visualisierungen und multimediale Darstellungen können sprachliche Darbietungsformen ergänzen und erweitern. Zu nennen sind beispielsweise multimediale softwaregestützte Präsentationen (z.B. Duarte, 2009), Animationen (z.B. prezi.com), 3-D-Visualisierungen oder interaktive Elemente (z.B. slides.html5rocks.com; Hehn & Riempp, 2010). Verschiedene Ausgabekanäle (auditiv, bildlich-visuell und schriftlich-visuell) sprechen unterschiedliche Rezeptionskanäle an und ermöglichen eine mehrkanalige Verarbeitung.

Forschungsberichte haben unabhängig von der konkreten Darstellungsform verschiedene kommunikative Funktionen: Neben der Darstellung und Beschreibung von Forschungsvorhaben und -Ergebnissen und der damit verbundenen impliziten Rekonstruktions- bzw. Verstehensleistung dienen sie der Berichtslegung im Falle von Auftragsforschung, der Formulierung von handlungsbezogenen Implikationen für praktische Anwendungsfelder oder der Anknüpfung an wissenschaftliche Diskurse und Theoriebildung. So können sie wiederum zum Ausgangspunkt weiterer Forschungen oder praktischer Arbeiten werden. Damit schließt sich der Kreis im Forschungsprozess.

Denken – Handeln – Diskutieren

1. Da die geschlechtergerechte Sprache eine Maßnahme darstellt, die Gleichstellung von Frauen und Männern zu verwirklichen, sollten Sie beim Schreiben wissenschaftlicher Texte stets beide Geschlechter ansprechen. Evaluieren Sie unter diesem Aspekt verschiedene wissenschaftliche Texte aus Monografien, Sammelbänden und (pädagogischen) Fachzeitschriften. Tauschen Sie sich über Ihre Beobachtungen aus und diskutieren Sie, welche Wirkungen die jeweiligen vorgefundenen Verwendungen im Hinblick auf das behandelte Thema, die Leserinnen und Leser und/oder die Personen, über die geschrieben/berichtet wird, entfalten könnten.
2. Einigen Sie sich in Ihrer Gruppe auf ein bildungswissenschaftlich relevantes Thema.
   a) Stellen Sie in Einzelarbeit ein mögliches Inhaltsverzeichnis auf und verfassen Sie dazu eine Einleitung.
   b) Tauschen Sie Ihre jeweiligen Gliederungen und Einleitungen untereinander aus und geben Sie sich gegenseitig – im Sinne eines Peer-Reviews – eine konstruktive Rückmeldung.
   c) Kommen Sie über Ihre Rückmeldungen miteinander ins Gespräch und reflektieren Sie Vor- und Nachteile einer gegenseitigen Kenntnisnahme und Kommentierung von Texten.
3. Auch Schülerinnen und Schüler sollten so zeitig wie möglich daran gewöhnt werden, Qualitätskriterien beim Schreiben von Hausarbeiten einzu-

halten. Erstellen Sie (ggf. im Team mit Kolleginnen und Kollegen sowie mit Schülerinnen und Schülern) einen „Leitfaden“ für das Schreiben von Hausarbeiten an Ihrer Schule oder für eine bestimmte Alters- bzw. Klassenstufe, in dem Sie entsprechende Qualitätskriterien formulieren.

Literatur

Berger, D. (2010). *Wissenschaftliches Arbeiten in den Wirtschafts- und Sozialwissenschaften: Hilfreiche Tipps und praktische Beispiele*. Wiesbaden: Gabler.

Bortz, J. (1984). *Lehrbuch der empirischen Forschung für Sozialwissenschaftler*. Berlin: Springer.

Burchert, H. & Sohr, S. (2008). *Praxis des wissenschaftlichen Arbeitens: Eine anwendungsorientierte Einführung* (2. Aufl.). München: Oldenbourg.

Duarte, N. (2009). *Slide:ology: Oder die Kunst, brillante Präsentationen zu entwickeln*. Sebastopol: O'Reilly.

Esselborn-Krumbiegel, H. (2010). *Richtig wissenschaftlich schreiben*. Paderborn: Schöningh.

Flick, U., Kardorff, E. von & Steinke, I. (2003). Was ist qualitative Forschung? Einleitung und Überblick. In U. Flick, E. von Kardorff & I. Steinke (Hrsg.), *Qualitative Forschung: Ein Handbuch* (Rowohlts Enzyklopädie, 2. Aufl., S. 13–29). Reinbek: Rowohlt.

Franck, N. (2005). *Handbuch wissenschaftliches Arbeiten*. Frankfurt am Main: Fischer.

Hehn, T. & Riempp, R. (2010). *PDF@Flash: Multimediale interaktive PDF-Dokumente durch Integration von Flash*. Heidelberg: Springer.

Hess, G. R., Tosney, K. & Liegel, L. (2006). *Creating Effective Poster Presentations*. Letzter Zugriff am 03.02.2012 unter http://www.ncsu.edu/project/posters/NewSite/

Hug, T. & Poscheschnik, G. (Hrsg.). (2010). *Empirisch Forschen: Über die Planung und Umsetzung von Projekten im Studium* (Studieren, aber richtig). Stuttgart: UTB.

Karmasin, M. & Ribing, R. (2009). *Die Gestaltung wissenschaftlicher Arbeiten: Ein Leitfaden für Seminararbeiten, Bachelor-, Master- und Magisterarbeiten, Diplomarbeiten und Dissertationen* (4. Aufl.). Wien: Facultas.wuv.

Klann-Delius, G. (2005). *Sprache und Geschlecht: Eine Einführung*. Stuttgart: Metzler.

Kornmeier, M. (2009). *Wissenschaftlich schreiben leicht gemacht: Für Bachelor, Master und Dissertation* (2. Aufl.). Bern: Haupt.

Krais, B. (2000). *Wissenschaftskultur und Geschlechterordnung: Über die verborgenen Mechanismen männlicher Dominanz in der akademischen Welt*. Frankfurt am Main: Campus.

Rehder, W. D. (1998). *Der deutsche Professor: Handbuch für Studierende, Lehrer, Professoren und solche, die es werden wollen* (2. Aufl.). Frankfurt am Main: Edition Wötzel.

Roos, M. & Leutwyler, B. (2011). *Wissenschaftliches Arbeiten im Lehramtsstudium: Recherchieren, schreiben, forschen*. Bern: Hans Huber.

Rost, F. (2008). *Lern- und Arbeitstechniken für das Studium* (5. Aufl.). Wiesbaden: VS Verlag für Sozialwissenschaften.

Stahlberg, D. & Sczesny, S. (2001). Effekte des generischen Maskulinums und alternativer Sprachformen auf den gedanklichen Einbezug von Frauen. *Psychologische Rundschau, 52* (3), 131–140.

Standop, E. & Meyer, M. L. G. (2004). *Die Form der wissenschaftlichen Arbeit: Ein unverzichtbarer Leitfaden für Studium und Beruf* (17. Aufl.). Wiebelsheim: Quelle und Meyer.

Steinke, I. (2003). Gütekriterien qualitativer Forschung. In U. Flick, E. von Kardorff & I. Steinke (Hrsg.), *Qualitative Forschung: Ein Handbuch* (Rowohlts Enzyklopädie, 2. Aufl., S. 319–331). Reinbek: Rowohlt.

Universität Leipzig. (2010). *Beurteilungsschema zum Praktikumsbeleg der Schulpraktischen Studien I* (unveröff. Forschungsbericht). Leipzig: Erziehungswissenschaftliche Fakultät.

Melanie Schmidt, Juliane Keitel

4.2 Von Daten zu Taten: Die Nutzung von Forschungsergebnissen an der Schule

> „Die Erde ist ein Irrenhaus. Dabei könnte das bis heute erreichte Wissen der Menschheit aus ihr ein Paradies machen."
>
> Joseph Weizenbaum (1923–2008)
> in der Süddeutschen Zeitung vom 8. Januar 2008

Es scheint auf den ersten Blick ein unpassendes Zitat zu sein, das wir unserem Beitrag vorangestellt haben. Es stammt von Joseph Weizenbaum, einem Computerexperten, der auch als Gesellschaftskritiker und „professioneller Zweifler" (Illinger, 2012) galt und sich philosophisch mit dem (Miss-)Verhältnis von Wissen und Handeln auseinandersetzte. Seine oben zitierten Worte beziehen wir auf Schule und das Schulsystem: *„Die Schule ist ein Irrenhaus. Dabei könnte das bis heute erreichte Wissen aus der bildungs- und erziehungswissenschaftlichen Forschung aus ihr ein Paradies machen."* Auch wenn die Vergleiche sowohl mit „Irrenhaus" als auch mit „Paradies" als überzeichnet erscheinen mögen, so kann daran doch verdeutlicht werden, in welch widersprüchlicher Beziehung sich Forschung über die Schule einerseits und die Verwendung von Forschungsergebnissen an der Schule und innerhalb eines bildungspolitischen Gefüges andererseits offenbar befinden. Es scheint keine direkten Wege zu geben, auf denen Forschungsergebnisse in Schulen gelangen, um dort innovative Entwicklungen zu bewirken und das Denken und Handeln von Institutionen, Organisationen sowie ihrer Mitglieder zu verändern. Steht also „ein bisschen mehr Paradies" weiterhin in den Sternen?

Bildungs- und erziehungswissenschaftliche Forschung soll prinzipiell dem Anspruch gerecht werden, dass die Erkenntnisse den Handlungsfeldern zugutekommen, über die geforscht wird. Für die Schulen und das Bildungssystem soll also das aus Forschung gewonnene wissenschaftliche Wissen für die Gestaltung der Praxis nutzbar gemacht und insofern mit praktischem, als Handlungsvermögen verstandenem Erfahrungswissen verbunden werden (vgl. Kuper, 2006, S. 8). Wissenschaftliches Wissen stellt dabei sowohl den theoretischen Rahmen für die Beschäftigung mit Daten als auch das Ergebnis eines Verarbeitungsprozesses von Daten dar.[115]

Der Schulforscher Harm Kuper beschreibt zwei wesentliche Problemfelder, die für die Nutzung von Wissen aus wissenschaftlicher Forschung und Theoriebildung in schulischen Handlungskontexten, etwa für Schul- und Unterrichtsentwicklung, bedeutsam sind:

1) Zunächst muss zwischen verschiedenen Formen des Wissens unterschieden werden, die relevant werden, wenn aus wissenschaftlichen Erkenntnissen praktische Taten für die Schulentwicklung abgeleitet werden sollen, nämlich dem wissenschaftlichen Wissen einerseits und dem auf alltäglichen beruflichen Erfahrungen beruhenden Praxiswissen der an Schule Handelnden andererseits.

2) Die Rezeption und Nutzung wissenschaftlichen Wissens durch schulische Praktikerinnen und Praktiker sollte dazu führen, dass deren Erfahrungswissen so modifiziert, so erweitert wird, dass diese in der Konsequenz in komplexen und sich stetig verändernden Situationen kompetent und professionell handeln können. Vorausgesetzt ist hierbei allerdings der erfolgreiche Transfer von einer Wissensform in die andere, welcher eine traditionelle Herausforderung der Bildungswissenschaften darstellt (Tenorth, 1990).

Zu diskutieren, wie *Daten* aus Forschungsprojekten, aus externen und internen Evaluationen, aber auch aus Forschungsarbeiten von Studierenden oder Lehrerinnen und Lehrern, zu *Taten* werden können, heißt, dass gleichsam diskutiert werden muss, wie wissenschaftliches Wissen in außerwissenschaftlichen Kontexten rezipiert und genutzt wird. In diesem Kapitel gehen wir deshalb folgenden Fragen nach: Was bedeutet *Wissen* und wie hängt es mit Handeln zusammen? Welche Wissens*formen* lassen sich unterscheiden? Welche Herausforderungen birgt der Transfer von wissenschaftlichem Wissen in andere Wissensformen? Letztlich soll somit die Frage aufgeworfen werden, wie wissenschaftliches Wissen zu verändertem Handeln führen kann, wie also aus Daten ganz konkrete Taten werden.

Am Beispiel der Schulinspektion bzw. der externen Evaluation, einem bildungspolitischen Steuerungsinstrument, an das derzeit große bildungspolitische Erwartungen und Hoffnungen geknüpft werden (→ Kap. 2.1 und 2.3), möchten wir die aufgeworfenen Fragen weiter verfolgen und stellen dar, welche Möglichkeiten des Umgangs mit der Rückmeldung von Daten aus Evaluationen Schulen haben.

---

115 Wir danken Christian Herfter für seine wertvollen Hinweise und seine hilfreiche Begleitung im Entstehungsprozess dieses Kapitels.

4.2.1 Wie kann aus wissenschaftlichem Wissen schulspezifisches Handeln werden? – Versuch einer theoretischen Grundlegung

Der historische Ursprung des Begriffs *Wissen* liegt im Bestreben einer Abgrenzung gegenüber dem bloßen Glauben und Meinen begründet (vgl. Gottschalk-Mazouz, 2007). Wissen wurde in seiner ursprünglichen Begriffsverwendung als eine empirisch erfassbare und objektiv gültige, zeitstabile Wahrheit aufgefasst (Thiel, 2007, S. 154). Jedoch ist Wahrheit oder Wahrhaftigkeit immer an eine bestimmte Zeit und einen (gesellschaftlichen und subjektbezogenen) Kontext gebunden und damit weder völlig objektiv noch dauerhaft gültig (vgl. Kuhn, 1976, → Kap. 3.1.3). Dennoch lässt sich „wahres" von „falschem" Wissen unterscheiden, und zwar entlang einer gesellschaftlichen Aushandlung bzw. Vereinbarung über die Gültigkeit von Wissen, die an Gütekriterien der Wissensproduktion geknüpft ist. So gelten die Wissenschaften deshalb als gesellschaftlich anerkannte „Produktionssysteme" von Wissen, weil das aus Forschungsergebnissen gewonnene Wissen strengen Produktionsregeln und Kontrollen unterworfen ist. Aus diesem Grund wird Wissen in der heutigen Diskussion nicht im Sinne objektiv gültiger Wahrheiten behandelt, sondern als „erfahrungsbasierte *kognitive Überzeugungen und Erwartungen* [...], deren Wahrheitsgehalt jeweils klärungsbedürftig ist und strittig sein kann" (Wehling, 2008, S. 21f.), die aber an den eigenen Erfahrungen geprüft und damit als „wahr" angesehen werden können. Diesem Verständnis folgend werden neben den im Allgemeinen gesellschaftlich anerkannten Wahrheiten auch „vage Ahnungen und bloße Vermutungen" (Wehling, 2008, S. 22) dem Wissen zugerechnet. Wissensbestände stellen für Personen und Organisationen Deutungsmuster dar, mit denen sie die soziale Welt interpretieren und denen entsprechend sie ihr Handeln gestalten.

4.2.1.1 Wissensformen

Der Wissensbegriff ist aber hinsichtlich des Umfangs zu differenzieren, in welchem den Personen ihre Wissensbestände zugänglich sind. Hier lässt sich zwischen explizitem und implizitem Wissen unterscheiden. Ein *explizites* Wissen ist verlautbar, d.h. sprachlich realisierbar und dem Bewusstsein zugänglich, und entspricht am ehesten dem, was man alltagssprachlich unter Wissen verstehen würde. Zu dieser Form des Wissens gehören beispielsweise Faktenwissen, Überzeugungen, Kenntnis von Regeln, Ursachenzuschreibungen; es kann somit als ein theoretisches Welt-Erkennen im Sinne eines *„knowing that"* (Ryle, 2000, S. 27) verstanden werden, „welches auf die Generierung wie die Validierung von allgemeine[m], personenunabhängige[m] Wissen gerichtet ist" (Schützeichel, 2008, S.

61; vgl. Bohnsack, 2010, S. 29). In Organisationen wie der Schule[116] äußert sich explizites Wissen formalisiert in der Gestalt von Regeln, Regulationen oder Standardprozeduren – man denke beispielsweise an Versetzungsbestimmungen, Hausordnungen, Gremienordnungen etc. Dieses Wissen dient der Orientierung in der Welt, dem Nachdenken, dem Sich-verständlich-Machen, dem Sich-Erklären, der geistigen Auseinandersetzung von Personen und Organisationen mit ihrer Umwelt. Es lässt sich also festhalten, dass explizites Wissen für die verschiedenen Formen des Denkens, Handelns und Kommunizierens die Funktion einer Entscheidungsgrundlage einnehmen kann. Aus verschiedenen möglichen Optionen wird eine begründete Auswahl getroffen (Kurtz, 2007, S. 502; vgl. Wottawa & Thierau, 2003). Handeln kann dabei als „ein menschliches Verhalten (einerlei ob äußeres oder innerliches Tun, Unterlassen oder Dulden) bezeichnet werden, wenn und insofern als der oder die Handelnden mit ihm einen subjektiven Sinn verbinden" (Weber, 1972, S. 1).[117] Der „subjektive Sinn" einer Handlung bezeichnet den angestrebten Zweck, der mit der Handlung verfolgt werden soll – d.h., es werden Handlungen gewählt, die für das Erreichen eines bestimmten Ziels als sinnvoll erachtet werden (Miebach, 2010, S. 20; vgl. auch Joas, 1996). Den Handlungsabsichten müssten demzufolge immer schon persönliche Bewertungen und Einschätzungen der Wahloptionen, also „Evaluationen", zugrundeliegen, die mehr oder weniger bewusst bzw. explizit vorliegen.

Implizite Wissensbestände[118] dagegen sind den Wissensträgern – darunter werden sowohl Personen als auch Organisationen verstanden – nicht bewusst und werden nicht sprachlich gefasst (vgl. Polanyi, 1966). Das implizite Wissen wird als habitualisiert verstanden, in Form von in den Körper hinein „geschriebenen" Gewohnheiten (als „Wissen des Körpers", Keller & Meuser, 2011, S. 10; vgl. Bourdieu, 1976). Es äußert sich in individuellen und sozialen Handlungen – also in der „Praxis" bzw. den „Praktiken" (Bohnsack, Nentwig-Gesemann & Nohl, 2007) – die „unterhalb [...] der Schwelle reflexiver Zuwendung liegen" (Keller & Meuser, 2011, S. 10). Gleichzeitig schöpft es aus den tatsächlich erlebten Hand-

116 In der Definition des Begriffs Organisation orientieren wir uns an Armin Nassehi (2011), der sagt: „Organisationen [...] sind soziale Gebilde, die mehr oder weniger genaue Mitgliedschaftsbedingungen aufweisen und sich über Entscheidungen reproduzieren. Außerdem handelt es sich bei Organisationen um Einheiten, denen man Handlungen und Kommunikationen zurechnen kann – und zwar Handlungen und Kommunikationen, die vor allem Entscheidungsformen annehmen. Weil Organisationen zurechnungsfähig sind, können sie fast wie Personen behandelt werden, [...] weil man ihnen Handlungen zurechnen kann, die Entscheidungen sind" (S. 85). Das organisationale Wissen ist jedoch umfänglicher als das Wissen jeder einzelnen Person, die der Organisation zugehörig ist.

117 Somit umfasst der Handlungsbegriff im Sinne Max Webers auch jene Prozesse, die wir als Denken oder Kommunizieren bezeichnet haben.

118 Explizite und implizite Wissensbestände sind innerhalb von Personen und Organisationen untrennbar ineinander verwoben und wurden hier nur der Nachvollziehbarkeit halber getrennt dargestellt (vgl. Przyborski & Slunecko, 2010).

lungen und wird durch diese auch verändert. Man kann dieses Wissen auch als *„knowing how"* (Ryle, 2000, S. 27) bezeichnen. Pointiert formuliert ließe sich implizites Wissen wie folgt beschreiben: Man *weiß*, wie etwas geht, man kann etwas, aber man kann es nicht erklären (vgl. Neuweg, 2004).

Beispielsweise kann ein erfahrener Lehrer relativ schnell und sicher bei einer Schülerin eine Lese-Rechtschreib-Schwäche diagnostizieren, ohne genau zu wissen, wie er zu dieser Diagnose kommt (vgl. ähnliche Beispiele bei Willke, 2011, S. 43).

Implizites Wissen korrespondiert mit Routinehandlungen, die unbewusst immer wieder auf die gleiche Weise vollzogen werden und über die man nicht nachdenken muss, etwa wenn man die Klinke einer Tür betätigt. Man tut dies immer auf die gleiche Weise. Erst wenn diese Handlung problematisch wird, d.h., wenn die Routine des Klinkens nicht mehr zum Öffnen der Tür führt, wird die „Schwelle reflexiver Zuwendung" (Keller & Meuser, 2011, S. 10) überschritten. Das Verständnis von Handeln als Folge zweckrationaler Überlegungen ist auf diese Form von Handlungen nicht anwendbar: „Das Handeln selbst ist in seinem Vollzug nicht sinnhaft. Denken, Erkennen und Handeln fallen auseinander" (Keller & Meuser, 2011, S. 16). Personen können ihren Handlungen also oft erst nachträglich einen subjektiven Sinn, eine Intentionalität, zuschreiben – nachdem ein Handeln bereits vollzogen wurde (vgl. Bohnsack, 2010).

Da reflexiv zugängliches Wissen nicht unmittelbar mit dem Handeln verbunden ist, lassen sich Routinen nur schwer verändern, selbst wenn sie nicht (mehr) zweckmäßig sind.

Zum Beispiel kann eine Lehrerin oder ein Lehrer, die bzw. der sich regelmäßig in Fachzeitschriften über neue Erkenntnisse aus der Schul- und Unterrichtsforschung informiert, erfahren, dass Lehrende oft unbewusst Mädchen und Jungen bezüglich ihrer Leistungsfähigkeit stereotypisieren, indem sie Mädchen für fleißiger und Jungen für intelligenter halten und damit implizit das Erreichen und das Vergeben guter oder schlechter Zensuren begründen. Dennoch bedeutet dies nicht, dass die Lehrenden, obwohl sie um diesen Tatbestand wissen, nicht weiterhin diese stereotypen Unterscheidungen in ihrem Handeln unbewusst treffen.

Da ein Großteil unserer täglichen Handlungen aus Routinen und nicht aus zweckgerichtetem Handeln besteht, könnte dies eine Erklärung dafür sein, dass der Einfluss wissenschaftlichen Wissens auf die Veränderung schulischer Praxis so gering ausfällt.

Aus der Perspektive der Lehrkräfte und Schulen, die wissenschaftliches Wissen verwenden (sollen), ist dieses Wissen zunächst explizit, weil es ihnen in Form von Vorträgen oder Forschungsberichten sprachlich vermittelt wird. Es ist dabei allerdings (noch) nicht in ihre Handlungen eingelassen oder aus eigenen Handlungen heraus entstanden. Wissenschaftliches Wissen unterscheidet sich demnach vom *berufspraktischen Erfahrungswissen,* das als Teil des *Alltagswissens* (vgl. Flick, 1995)[119] aufzufassen ist. Berufspraktisches Erfahrungswissen erhält seine Bedeutsamkeit in für das berufliche Handeln konkreten und komplexen Situationen, in denen das Individuum oder die Organisation schnell und routiniert reagieren muss. Die Differenz zwischen wissenschaftlichem und handlungspraktischem Wissen ist demnach in den unterschiedlichen Kontexten der Herstellung bzw. Entstehung des Wissens zu suchen. Während das handlungspraktische Wissen den Erfordernissen des Berufes entsprechende Deutungsmuster zur Verfügung stellt, die unter Handlungsdruck entstehen, werden wissenschaftliche Deutungsmuster unter handlungsentlasteten Bedingungen produziert, z.B. in der Beobachtung von Handlungen außerhalb der Handlungen selbst (Beck & Bonß, 1989, S. 27). Die Produktion wissenschaftlichen Wissens entsteht durch die Anwendung gegenstandsangemessener Forschungsmethoden in der Datenerhebung und -auswertung (→ Kap. 3.1.4). Durch gegenseitiges, kritisches Begutachten (peer reviews) von Forschungsergebnissen innerhalb der Forschungsgemeinschaft (vgl. Neidhardt, Mayntz, Weingart & Wengenroth, 2008) wird die Güte des Wissens bzw. die Qualität seiner Produktion überprüft. Was Wissenschaften gegenüber anderen Produktionszusammenhängen von Wissen wie der zufälligen Alltagserfahrung einzelner Personen auszeichnet, „ist zum einen die Begründetheit ihrer Aussagen, zum anderen der systematische Zusammenhang ihrer Aussagen" (Poser, 2007, S. 43). Wissenschaftliches Wissen manifestiert sich in Form von (mehr oder weniger elaborierten) Theorien, Modellen, Hypothesen und Daten, die für die Praxis Deutungsangebote bereitstellen und von den Praktikerinnen und Praktikern durch Interpretation erschlossen werden müssen. Alltagswissen ist dagegen stärker an Situationen und Ereignisse, d.h. Erfahrungen, gebunden und weist in größerem Umfang implizite Wissensbestände auf (Flick, 1995, S. 72).

Für einige stark interaktionsabhängige Berufe (z.B. das Lehramt oder psychologische und medizinische Berufe) wird auch das *Professionswissen* bedeutsam. Es stellt eine eigenständige Form von Wissen dar, die zwischen wissenschaftlichem und (berufs-)praktischem Wissen vermittelt. Diese Vermittlung erfolgt anhand von Reflexionsprozessen (zum Austausch wissenschaftlicher und professioneller Wissensbestände vgl. Herfter & Schroeter, 2012, S. 31–37). Professionalität lässt sich dabei als ein Handeln unter Unsicherheit charakterisieren, bei welchem die sonst genutzten Routinen versagen – d.h., Lehrende müssen häufig Entscheidungen treffen, weil es aufgrund der Komplexität schulischen Handelns keine dauerhaft gültigen Routinen gibt, auf die man zurückgreifen kann (vgl. Kuper,

119 Im Gegensatz zum wissenschaftlichen Wissen handelt sich beim Alltagswissen um „weniger explizite und klar definierte Wissensbestände, die beim Individuum in bestimmten sozialen Kontexten (Gruppen, Berufsgruppen, lokale, kulturelle, auch nationale Kontexte) rekonstruierbar sind" (Flick, 1995, S. 72).

2006, Heinrich, 2007). In diesen Prozessen kann wissenschaftliches Wissen eine Grundlage für rationales Entscheiden bereitstellen.

Wenn sich eine Lehrkraft beim Elterngespräch zum Beispiel mit nicht vorhergesehenen aggressiven und beleidigenden Vorwürfen konfrontiert sieht, dann kann sie zunächst für sich feststellen, auf wessen Seite sich das Problem befindet. In einem nächsten Schritt kann sie versuchen, mithilfe gezielter Ich-Botschaften (vgl. Gordon, 2004) die Situation zu entschärfen und zu einem sachlichen Gespräch zurück zu kehren. In dem Falle dieses Elterngesprächs kann ihr also ein Wissen aus bzw. über Kommunikationstheorien helfen, sinnvolle oder angemessene Entscheidungen zu treffen.

4.2.1.2 Umgang mit wissenschaftlichem Wissen in der Praxis

Da wissenschaftliches Wissen und seine Ausdrucksformen (u.a. Publikationen, Vorträge) innerhalb von Forschungsvorhaben und Theoriebildung entstehen, sind sie notwendigerweise indexikal, d.h., sie können nur in Bezugnahme auf diesen spezifischen situativen Entstehungskontext verstanden werden (Kuper, 2008, S. 65). Problematisch ist dabei, dass diese Indexikalität „bei der Übertragung in einen praktischen Kontext nicht nur Verständnisprobleme aufwerfen kann, sondern auch auf eine eigenständige Verwendungslogik trifft, die sich vom wissenschaftlichen Wissen her nicht determinieren lässt“ (Kuper, 2008, S. 65). Praktische Relevanz, so zeigen Studien (Beck & Bonß, 1989, S. 37), erlangen wissenschaftliche Argumentationen nur, wenn sie ihrer sozialwissenschaftlichen Identität entkleidet werden (Beck & Bonß, 1989, S. 27): Wissenschaftliches Wissen ist dann als solches gar nicht mehr zu erkennen, sondern wird umgearbeitet bzw. neu konstruiert und an die Erfordernisse der Praxis angepasst (Thiel, 2007; Stamm, 2003). Verwendung wird also nicht begriffen als „deduktive ‚Anwendung wahrer Ergebnisse‘, sondern als Prozeß des induktiven *Umgangs mit handlungsentlastend produzierten Deutungsangeboten*“ (Beck & Bonß, 1989, S. 27). Metaphorisch gesprochen: Wissenschaft hat ihre eigene Sprache *und* Grammatik. Eine mechanistische Wort-für-Wort-Übersetzung in die Sprache der beruflichen Wissensbestände von Lehrerinnen und Lehrern unter Übernahme der dort herrschenden Grammatik muss zwangsläufig scheitern. Einzig durch eine Neukonstruktion der Bedeutung unter Berücksichtigung beider Grammatiken können Aussagen der Wissenschaft im beruflichen Wissen nutzbar gemacht werden.

Die Übertragung wissenschaftlichen Wissens in die Praxis erfolgt stets selektiv-strategisch und angepasst an die Relevanzordnungen der praktischen Handlungsfelder (vgl. Beck & Bonß, 1989, Willke, 2011). Relevanzordnungen geben in diesem Prozess den „thematischen und den motivationalen Rahmen vor, in dem sich eine Welt erschließt. Als relevant erweist sich das, was zur Lösung von [aktuellen und dringlichen] Problemen und Krisen beiträgt“ (Schützeichel, 2008,

S. 71). Die Neukonstruktion von wissenschaftlichem Wissen durch die Praxis ist demnach mehr als ein bloßes Registrieren von Fakten (Taylor, 1991, zitiert nach Flick, 1995, S. 59), nämlich das Ergebnis einer Reihe von Bedeutungszuschreibungen durch Personen und Organisationen, die auf bereits Erlebtem und Erfahrenem beruhen.

Die Zuschreibung von Bedeutung soll am Beispiel des Umgangs mit den Ergebnissen aus einer externen Evaluation verdeutlicht werden, da diese häufig als ein wissenschaftliches Vorgehen deklariert und in diesem Sinne von den Mitgliedern der Schulen und der Schulaufsicht verstanden wird (vgl. Böttger-Beer & Koch, 2008). In Sachsen werden nach einer externen Evaluation die erhobenen Daten sowohl an die einzelne Schule als auch an die Schulaufsicht zurückgemeldet (→ Kap. 2.3). Es ist anzunehmen, dass beide Systeme unterschiedliche Informationen, und aufgrund ihrer Erfahrungen eben auch ein individuelles, organisationsspezifisches Wissen, aus diesen ableiten.

Da die Daten in allen Schularten mithilfe derselben Instrumente erhoben und in einem standardisierten Berichtsformat zurückgemeldet werden, liegt für die Schulaufsicht in Sachsen eventuell der Gedanke der Vergleichbarkeit nahe, so dass die in der Schulaufsicht tätigen Personen die Evaluationsberichte vermutlich auch unter diesem Blickwinkel lesen und rezipieren. Nehmen wir einmal an, eine Referentin der Schulaufsicht stellt fest, dass in allen Schulen ihres Verantwortungsbereichs die aggregierten Daten zum Indikator „Differenzierung" (SBI, 2010, S. 6, 15) Handlungsbedarf anzeigen, was bedeuten würde, dass dieser Indikator bei fast allen Unterrichtsbeobachtungen negativ bewertet wurde. Daraufhin kann es sein, dass sie diesem Datum eine Relevanz zuschreibt, die sich einerseits durch die Beobachtung dieser auffälligen Häufung der negativen Bewertung begründet, und die andererseits in der Aufmerksamkeit liegen könnte, die seitens der Schuladministration, der sie ja angehört, strategischen bildungspolitischen Zielen wie „Individuelle Förderung durch situationsgerechtes und individualisiertes Lehren und Lernen" (SMK, 2008, S. 5) aktuell zukommt. Eine Relevanzzuschreibung würde sich in diesem Fall aus einer Kombination von persönlicher Wahrnehmung und den für die Organisation wichtigen Zielen ergeben.[120] Dies kann geschehen, indem die Referentin Beziehungen zu schon bestehenden Erfahrungen mit dem Thema Differenzierung im Unterricht herstellt, die z.B. in ihrer eigenen (Lehrerinnen-)Biografie oder in Erfahrungen, die sie als Mutter mit dem Unterricht ihrer Kinder gemacht hat, verankert sein können; oder indem sie auf Wissen z.B. in Form von Vorschriften, Regeln, Kooperationsverträgen etc. zurückgreift, die in ihrer Organisation zu diesem Thema bereits vorhanden sind, und es mit dem neuen Wissen verknüpft. Die Referentin stößt dabei vielleicht auf Fortbildungsangebote zum Thema Differenzierung, die bisher

120 Gründe für Relevanzzuschreibungen zu einem Datum liegen jedoch nicht immer nur in den Personen oder in der Logik der einzelnen Organisation selbst, sondern sie werden auch von außen an sie herangetragen. Dies kann z.B. dann der Fall sein, wenn bei einer externen Evaluation aller allgemeinbildenden Schularten landesweit negative Qualitätsurteile zur Differenzierung im Unterricht vergeben wurden und die erhobenen Daten also widerspiegeln, dass die aufgestellten Kriterien diesbezüglich nicht oder in nur geringem Maße erfüllt wurden (vgl. SBI, 2009a, S. 23, 42, 62).

nicht abgerufen wurden, die eventuell einer Neukonzeption bedürfen, oder sie stellt fest, dass es noch gar keine zu diesem Thema gibt.

Für die einzelne Schule dagegen muss eine Vergleichbarkeit der bei ihr erhobenen Daten mit anderen Schulen nicht zwingend die Perspektive sein, unter der sich die Akteure den Daten nähern. Für sie kann der Vergleich möglicherweise dann als relevant eingestuft werden, wenn sie um ihren Standort fürchten und um Anmeldezahlen mit anderen Schulen konkurrieren muss. Wenn also die Schule sich mit einem zurückgemeldeten Handlungsbedarf zum Indikator „Differenzierung im Unterricht" auseinandersetzt, dann kommt sie mit großer Wahrscheinlichkeit zu anderen Relevanzzuschreibungen, zu anderen Interpretationen und zu anderem Wissen als die Schulreferentin. Die Relevanzzuschreibungen der Schule können dabei sowohl angelehnt an eine schulpolitische Argumentation als auch vor dem Hintergrund eigener, z.B. standortspezifischer Problemlagen und Bedingungen vorgenommen werden.[121]

4.2.2 Bessere Steuerung durch mehr Wissen? – Herausforderungen bei der Nutzung von Forschungsergebnissen an Schulen am Beispiel externer Evaluation

Wie Ergebnisse aus wissenschaftlicher Forschung Verwendung im schulischen Kontext finden und wie sie wirken, ist seit einiger Zeit ein wichtiges Forschungsthema, das im Zusammenhang mit der Einführung von neuen Steuerungsinstrumenten seitens der Bildungspolitik (→ Kap. 2.3) weiterhin an Bedeutung gewinnt. Am Beispiel der Schulinspektion bzw. externen Evaluation lässt sich darstellen, wie wissenschaftliches Wissen als Ressource für praktische Handlungskontexte nutzbar gemacht werden kann (vgl. Kuper, 2006).[122]

4.2.2.1 Erwartungen an die Wirksamkeit von Daten aus der externen Evaluation

Durch externe Schulevaluation werden Daten über Qualitätsprozesse und Ergebnisse von Schulen erhoben, ausgewertet und zurückgemeldet. Zuständig für die Durchführung des Verfahrens ist entweder die Schulaufsicht selbst oder eine schulaufsichtsnahe oder auch eine unabhängige Institution. Im Unterschied zur wissenschaftlichen Forschung in der Verantwortung von Universitäten und wissenschaftlichen Instituten werden die Ergebnisse externer Evaluationen auch als bildungspolitisches Steuerungswissen verstanden und sollen als entwicklungsrelevantes Regula-

121 Als Beispiele seien Forderungen zum Umgang mit Heterogenität oder zur Implementierung von Ganztagsangeboten angeführt, die teilweise in der aktuellen bildungspolitischen Diskussion zur Inklusion eine Rolle spielen oder die an Schulen relevant werden, an denen die Eltern für ihre Kinder z.B. verstärkt Ganztagsangebote oder Differenzierung im Unterricht einfordern.

122 Die externe Schulevaluation wird häufig als ein an wissenschaftliche Methoden des Erkenntnisgewinns angelehntes Verfahren dargestellt (für Sachsen vgl. Böttger-Beer & Koch, 2008), weshalb sie als Beispiel für die Verwendung wissenschaftlicher Erkenntnisse dienen soll.

rium fungieren. Es wird demnach erwartet, dass Evaluationsergebnisse bei der Schul- und Unterrichtsentwicklung genutzt werden, wenngleich die Schulen selbst entscheiden können, ob und wie sie mit den Ergebnissen arbeiten werden (vgl. u.a. SBI, 2008, S. 5). Neben dem Ziel einer systematischen Weiterentwicklung der Schule ist der externen Evaluationen aber auch eine Kontrollfunktion inhärent. Die Bewertung des Qualitätszustandes einzelner schulischer Bereiche als „nicht ausreichend" impliziert nämlich, dass diese nicht die bildungspolitisch gesetzte Norm erfüllen und Verbesserungsmaßnahmen ergriffen werden müssten.

Mit der Einführung der externen Evaluation ist zudem die Übertragung von Verantwortung an die Einzelschule verbunden: Sie ist für die Qualitätsentwicklung und das Erreichen bildungspolitisch vorgegebener Ziele, die z.B. in den Bildungsstandards formuliert sind, vor Ort zuständig und in diesem Zusammenhang aufgefordert, die Qualität ihrer Arbeit regelmäßig und systematisch zu überprüfen bzw. überprüfen zu lassen (vgl. Bohl & Kiper, 2009; → Kap. 2.3). Auch wird erwartet, dass die Schule die Prozesse der Interpretation und Nutzung von Evaluationsergebnissen weitgehend selbständig gestaltet, während sich Bildungspolitik und Schulaufsicht als traditionelle Steuerungs- und Kontrollinstanzen eher zurückziehen und sich auf das Setzen von Rahmenvorgaben beschränken.

Mit der Rückmeldung von Daten aus der externen Evaluation an die Schulen ist die bildungspolitische Hoffnung verbunden, dass Unsicherheiten im Handeln verringert werden können, weil mit der externen Evaluation „wissenschaftlich validiertes Wissen als Ressource für praktische Entscheidungen mobilisiert wird" (Kuper, 2008, S. 65). Diese Entscheidungen könnten dann nahtlos in Entwicklungszielen und -maßnahmen für die Schule münden (vgl. Kardorff, 2006). Die hierbei zugrundeliegende Annahme lautet: Mehr Wissen führe gewissermaßen automatisch zu besserer und rationalerer Steuerung (Wehling, 2008, S. 17) – was sowohl die einzelne Schule als auch die Steuerung des Bildungssystems insgesamt betrifft. Vernachlässigt wird dabei allerdings die Differenz zwischen *Informationen* über das System und Steuerungs*wissen*[123] (Heinrich, 2007, S. 76), denn

> weder die Steuerleute [d.h. Bildungspolitik und Bildungsadministration] noch die Erziehungswissenschaftler könnten derzeit begründet angeben, was konkret aus den Ergebnissen eines System-Monitorings oder der Leistungstests und Vergleichsarbeiten für die Handlungskoordination auf Schulebene oder gar auf Unterrichtsebene zu folgen hätte.
> (Heinrich, 2007, S. 309)

Heuristische Wirkmodelle, in denen Vermutungen über die Rezeption und Nutzung externer Evaluationsergebnisse angestellt werden (vgl. u.a. das Wirkmodell zur

---

123 Wissenschaftliches Wissen ist für seine Adressaten zunächst lediglich eine Menge von Informationen, die erst durch interne Verarbeitungs- und Konstruktionsprozesse in Wissen umgewandelt wird, so wie beispielsweise ein Buch zwar das gebündelte Wissen einer Autorin bzw. eines Autors enthält, für den Lesenden aber zunächst nur Informationen bereitstellt.

sächsischen Evaluation von Böttger-Beer, Vaccaro & Koch in Abbildung 1), geben ein Beispiel für das Verständnis einer „Machbarkeit“ von Veränderungen durch mehr Wissen. Das Wirkmodell der externen Evaluation in Abbildung 1 stellt einen idealtypischen Ablauf der Nutzung von Evaluationsergebnissen vor: Es wird davon ausgegangen, dass Evaluationsberichte von schulischen Akteurinnen und Akteuren auf eine bestimmte Weise „richtig“ rezipiert werden können, was dann direkt zu weiteren Schritten in der schulischen Qualitätsentwicklung führt.

Abbildung 1: Wirkmodell der externen Evaluation (Böttger-Beer, Vaccaro & Koch, 2010, S. 332)

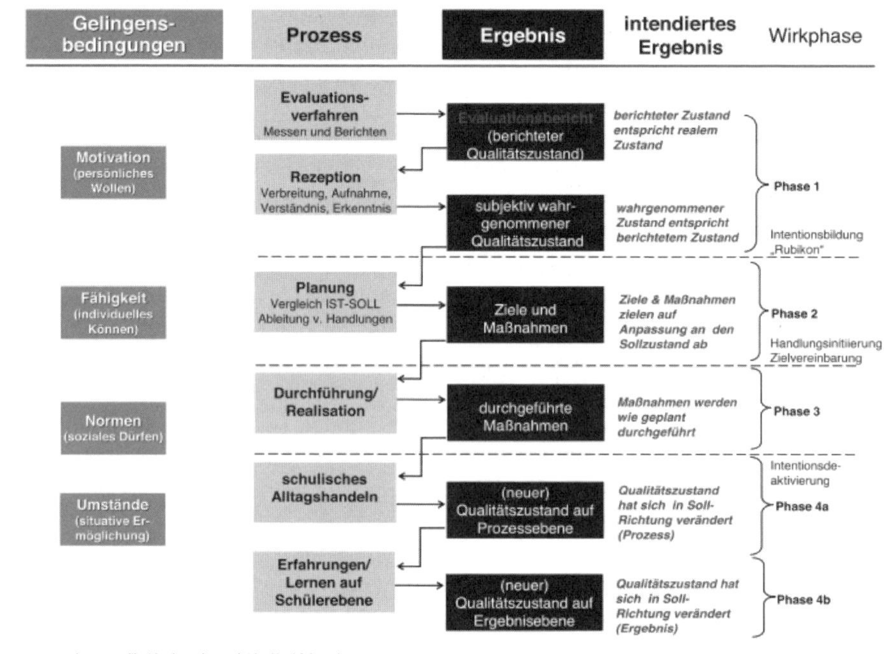

Rezeption wird hier verstanden als eine Folge von Vorgängen der Verbreitung von Ergebnissen innerhalb der Schule und über sie hinaus, der Aufnahme der Daten, dem Verständnis bzw. dem Nachvollziehen des Zustandekommens der Bewertungen sowie der Erkenntnis, d.h. der Reflexion eigenen Handelns, aus der dann Einsicht in Veränderung erwachsen soll. Hier ist der Moment des „Aufeinandertreffens“ von wissenschaftlichem und schulpraktischem Erfahrungswissen beschrieben. Dem Modell zufolge wäre die Rezeption und Nutzung der Ergebnisse dann gelungen, wenn die subjektive Wahrnehmung des Qualitätszustandes mit dem in der Evaluation gemessenen übereinstimmt. Nachdem diese Passung erreicht wurde, ist die Voraussetzung für den weiteren Umgang mit den Ergebnissen geschaffen worden und es sollte ein Ablauf von Zielformulierung, Maßnahmenplanung und -umsetzung und als Ergebnis die Erreichung bzw. die Entwicklung in Richtung eines „Soll-Zustandes" beginnen. Damit liegt dem Modell eine Handlungstheorie zugrunde, bei der von rational-reflexiven, intentional handelnden Subjekten ausgegangen wird (vgl. Miebach, 2010): Durch die Einsicht in die Notwendigkeit zur Veränderung könnten Lehrerinnen und Lehrer die dieser Einsicht entsprechenden Ziele ableiten und sie anschließend mithilfe geeigneter Maßnahmen umsetzen. Routinierte Handlungsabläufe, die einem zielgerichteten Handeln durchaus konträr entgegenstehen können (s. Abbildung 2), werden hierbei eher vernachlässigt bzw. sollen durch rationales Handeln offenbar überwunden werden.

Bisher fehlen empirische Nachweise der Wirksamkeit der evaluationsbasierten Steuerung von Bildungseinrichtungen. Vorliegende Forschungsergebnisse aus international vergleichenden Studien zur Nutzung von Evaluationsergebnissen im Rahmen von Schul- und Unterrichtsentwicklung deuten eher darauf hin, dass die erwünschten Konsequenzen ausbleiben (vgl. Kotthoff, 2003; Gärtner, 2011; Landwehr, 2011).

4.2.2.2 Datenrückmeldungen aus externer Evaluation: Steuerungswissen oder Intervention?

Es scheint, als bliebe die externe Evaluation hinter bildungspolitischen Hoffnungen zurück. Der Schulentwicklungsforscher Hans-Günter Rolff vermutet als Ursache für die geringe Wirksamkeit, dass das, was auf der Ebene der Bildungspolitik und Schulaufsichtsbehörden als Steuerungswissen angesehen wird, (schul-)intern als Intervention[124], als ein direktives Eingreifen, als externe Störung in bestehende schulische Strukturen und Prozesse hinein gedeutet wird (Rolff, 2009, S. 46). Schulleitungen bzw. Lehrkräfte, die Evaluationsergebnisse als Intervention zum Zwecke der Verbesserung und Reduktion von Defiziten verstehen, werden ggf. versuchen, die ihnen aufgezeigten Defizite ihrer Prozesse und Ergebnisse kurzfristig zu beseitigen. Dies geht aber häufig nicht über eine „Erledigungsmentalität" (Altrichter, Soukup-Altrichter & Specht, 2004, S. 63) hinaus, so dass es weniger wahrscheinlich ist, dass sie mit der Nutzung der Daten ihre Schule auch gezielt weiter entwickeln und diese Veränderungen entsprechend steuern und evaluieren. Rolff führt zwei soziologische Theorien an, mit deren Hilfe er den Umgang von Schulen mit Intervention durch Evaluationsergebnisse verdeutlicht.

124 Im bildungspolitischen Kontext gibt es laut Schmidt und Otto (2010, S. 238) ebenfalls indirekte Interventionen, so z.B. „die Veränderung von Lehrplänen, Bildungsstandards und Schulprogrammen", während als direkte Intervention im Bildungsbereich u.a. Verwaltungsvorschriften oder das Zuweisen oder Verweigern von Personal und finanziellen Mitteln anzusehen sind.

1) Aus Perspektive der *Systemtheorie* (u.a. Luhmann, 1987) gibt es keinen kausalen Zusammenhang zwischen der Rückmeldung extern erhobener Daten an eine Schule und entsprechenden intendierten, vorhersehbaren und erwünschten Reaktionen. Schulen, aber auch der Unterricht selbst, das Schulsystem oder die Gesellschaft als Ganzes sind im Sinne der Systemtheorie soziale Systeme. Als soziales System wird in der Systemtheorie ein Zusammenhang aufeinander verweisenden Erlebens und Handelns verstanden (Krause, 2005, S. 17); es wird als eine Menge von Interaktionen, vielmehr von Kommunikationen definiert, die der jeweils eigenen Systemlogik folgen, nicht aber als eine Menge von *individuellen* Personen (Miebach, 2010, S. 34). Kommunikation wird dabei als Oberbegriff von Handeln aufgefasst. Durch wechselseitig aufeinander Bezug nehmende Kommunikationen sondern sich Systeme von ihrer Umwelt ab, „wobei unter ‚Umwelt' nicht einfach die natürlich-ökologische Umgebung wie im alltäglichen Sprachgebrauch verstanden wird, sondern all das, was nicht zum System selbst gehört" (Joas & Knöbl, 2011, S. 357). Aufgrund von Beobachtungen der Umwelt konstruieren Systeme ihre eigenen Realitäten. Demnach kann die jeweilige Umwelt ein System nur irritieren, nicht aber in seiner Logik verändern bzw. gar das beeinflussen, was gewusst wird. Bildungspolitik, Wissenschaft und Schulen sind verschiedene soziale Systeme, die miteinander gekoppelt sind, aber füreinander jeweils „Umwelten" darstellen, d.h., sie können nicht direkt miteinander kommunizieren. Schulen müssen wissenschaftliches Wissen demnach erst ihrer eigenen Systemlogik entsprechend „übersetzen" (→ Kap. 4.2.1.2).

Es gilt also festzuhalten, dass es grundsätzlich keine lineare Steuerbarkeit der Nutzung von wissenschaftlichem Wissen geben kann. Die Schule als System kann allerdings über Beobachtung wissenschaftliche Erkenntnisse als Ereignisse aus der Außenwelt als Anlass für eigene Schlussfolgerungen und Hypothesen nehmen. Für die Intervention mittels Rückmeldung von Ergebnissen der externen Evaluation kann dies bedeuten, dass sich Schulen diesem Einfluss bzw. dieser Irritation von außen (ggf. auch bewusst) entziehen, auf der Reproduktion bestehender Zustände im System beharren sowie völlig autonom entscheiden, ob und wie sie diese Eingabe verarbeiten, also ob und welche Relevanz sie ihnen überhaupt zuschreiben: So kann es an Schulen sein, dass die Intervention weder verstanden noch befolgt wird; es kann aber auch bedeuten, dass sie zwar verstanden, aber nicht befolgt, sondern abgewehrt wird; es kann weiterhin sein, dass sie verstanden und – zumindest teilweise – befolgt wird; und es kann passieren, dass die Intervention zwar eigentlich nicht verstanden, aber trotzdem befolgt wird; weitere Zwischenformen sind möglich (vgl. Rolff, 2009, S. 47).

Dass sich Schulen dennoch entwickeln, wird niemand bestreiten. Allerdings ist diese Entwicklung schwer steuerbar, da sie immer der Logik des jeweiligen Systems folgt. Aus Sicht der Systemtheorie scheinen lediglich indirekte Interventionen Wirksamkeit zu versprechen, die anstelle von konkreten Maßnahmen eher auf das Anregen von Reflexionsprozessen zielen (vgl. Rolff, 2009, S. 47). Dies bedeutet aber noch nicht, dass diese Reflexionen bereits Steuerungswissen generieren, mit dem Verbesserungsmaßnahmen oder die Implementierung von bildungspolitischen Strategien initiiert werden könnten.

Abbildung 2: Handlungskreislauf nach Argyris (1997), angelehnt an die Darstellung von Rolff (2009)

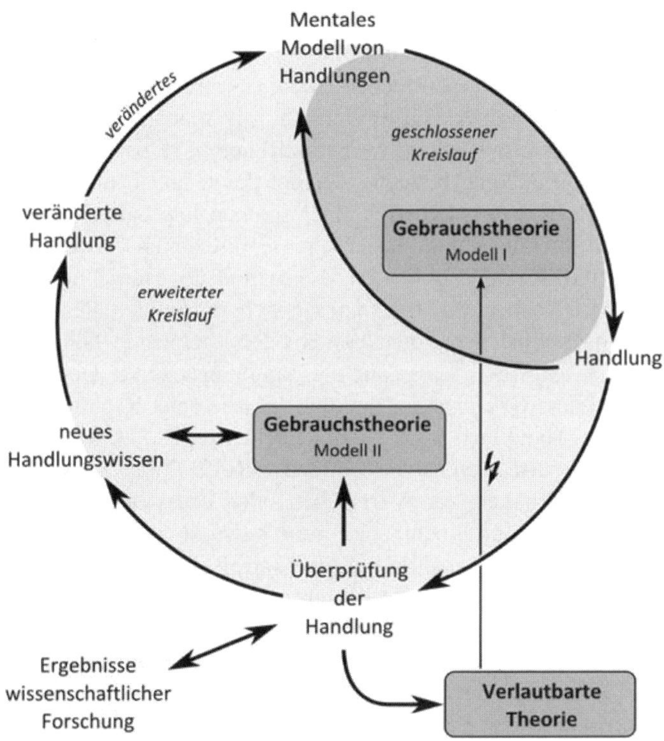

2) Aus Sicht der *Handlungstheorie* stellt sich die Wirksamkeit von Interventionen anders dar: Interventionen sind hier nicht generell als Störung zu betrachten, sondern vermögen durchaus Handlungsimpulse zu geben (Rolff, 2009, S. 51). Im Folgenden beziehen wir uns auf das *Mentale Modell von Handlungen* des Organisationsentwicklungsforschers Chris Argyris (1997, in der Darstellung von Rolff, 2009), das abbildet, wie Ergebnisse aus wissenschaftlicher Forschung und Evaluation zu verändertem Handeln führen können. Dabei wird die oben eröffnete Differenzierung von implizitem und explizitem Wissen in Form von zwei handlungsleitenden Gebrauchstheorien wieder aufgegriffen.

Die beiden Theorien, die hier in zwei Kreisläufen abgebildet sind, unterscheiden sich hinsichtlich ihrer (Leit-)Werte, Handlungsstrategien und Konsequenzen.[125] Das Modell I stellt eine in sich geschlossene, sich immer wieder selbst reproduzierende Gebrauchstheorie dar, die – vergleichbar den erwähnten Routinehandlungen – eine handlungsleitende Funktion hat. Sie kann als ein Konnex aus impliziten Wissensbeständen, die in das Handeln eingelassen sind, verstanden werden. In der Regel gehen Gebrauchstheorien dieses ersten Handlungskreislaufs mit Leitwerten einher, die „auf Abschottung und Durchsetzung der jeweils eigenen Handlungsrationalität gerichtet [sind]" (Rolff, 2009, S. 47). Unter Handlungsrationalität ist dabei ein erlerntes Handeln zu verstehen, dem Akteurinnen und Akteure bestimmte Ursache-Wirk-Mechanismen zuschreiben bzw. das sie als bewährtes Handeln erlebt haben. Dieses Handeln gilt in den Augen der Handelnden als erfolgreich. Es lässt sich nur schwer modifizieren, selbst wenn damit keineswegs jeder Situation adäquat begegnet werden kann und Probleme nicht gelöst, sondern sogar vergrößert werden. Aus einer solchen impliziten Gebrauchstheorie erwachsen entsprechende Handlungsstrategien, mit denen die Verteidigung der eigenen Person, die Beurteilung der Gedanken und der Handlungen anderer, die Zuschreibung von Ursachen etc. stets so geschehen, dass andere Personen dies nicht ohne Weiteres nachvollziehen, untersuchen oder überprüfen können. Trifft nun fremdes Wissen in expliziter Form auf die handlungsleitende Gebrauchstheorie I einer Person oder einer Organisation, so können diese unter Rechtfertigungsdruck – als einer Form von Handlungsdruck – geraten (Herfter & Schroeter, 2012, S. 33). Die Folgen sind zumeist „defensive Routinen" (Rolff, 2009, S. 47) wie Abwehr- oder Verteidigungsverhalten, das Vertuschen oder Leugnen problematischer Zusammenhänge bzw. die Vorteilnahme aufgrund bewusst eingesetzter Strategien zur Aufrechterhaltung von Machtpositionen und Kontrolle.

Auf Weiterentwicklung und Verbesserung ausgerichtetes Handeln erfordert allerdings „das Erlernen eines anderen Handlungsmodells: der ‚Theory-in-use, Modell II'" (Rolff, 2009, S. 48). Dieser erweiterte Handlungskreislauf ist durch andere Leitwerte charakterisiert, die das Überprüfen einer Handlung, das Identifizieren und Korrigieren von Fehlern einschließen. Die diesen Leitwerten entsprechenden Handlungsstrategien ermöglichen es, dass von anderen Personen überprüft werden kann, wie z.B. Veränderungen und Beurteilungen des eigenen Handelns sowie mögliche Ursachenzuschreibungen zustande kamen. In diesem Zu-

125 Das Modell in Abbildung 2 bildet zwei Handlungskreisläufe ab, die sich ursprünglich auf das handelnde Individuum beziehen. Wir beziehen es in unserem Kapitel jedoch auch auf das Handeln von Organisationen und folgen damit der Darstellung von Rolff (2009). Dass das Handeln von komplexen Systemen, wie z.B. von Organisationen, nicht identisch ist mit dem Handeln der in ihnen gemeinsam agierenden Individuen, ist uns dabei bewusst; wir gehen aber angelehnt an Peter Senge (1996, S. 171) davon aus, dass es kein organisationales Handeln ohne individuelles Handeln gibt, so dass wir diese Übertragung als gerechtfertigt erachten.

sammenhang spielen (datengestützte) Interventionen eine entscheidende, Handlungen beeinflussende Rolle. Sie sind hier als unmittelbare äußere Einflüsse auf die „Überprüfung der Handlung" (s. Abbildung 2) zu verstehen, durch die neues Handlungswissen angeboten sowie verändertes Handeln stimuliert werden kann. Das bedeutet allerdings, dass nur an den Schulen, deren Lehrerinnen und Lehrer ihr eigenes Handeln stetig reflexiv überprüfen[126], Ergebnisse aus Evaluationen und bzw. oder aus wissenschaftlicher Forschung auf den fruchtbaren Boden treffen, der notwendig ist, um aus Daten Steuerungswissen zu generieren:

So kann man sich z.B. ein Kollegium vorstellen, welches

a) die Einsicht in den Nutzen von (externer) Evaluation hat. Dies kann als Voraussetzung gelten, damit Ergebnisse als Intervention akzeptiert und die handlungsleitende Gebrauchstheorie tatsächlich daran gemessen wird.

b) regelmäßig interne Evaluationen durchführt und positive Erwartungen an Ergebnisrückmeldungen knüpft. Dies erleichtert die Einordnung und Interpretation der Ergebnisse externer Evaluation, da die eigenen Gebrauchstheorien bereits durch den Umgang mit ähnlichen Daten ggf. verändert wurden.

c) diese Grundhaltung im gemeinsam ausgehandelten Leitbild des Schulprogramms festgeschrieben hat. Dies würde darauf hinweisen, dass in diesem Kollegium ein Bestreben vorhanden ist, gemeinsame implizite Werte und Handlungsmuster zu explizieren, zu reflektieren und (öffentlich) zu vertreten.

Rolff (2009, S. 49) vermutet allerdings, dass die handlungsleitenden Gebrauchstheorien der Schulen mehrheitlich auf den Leitwerten des Modells I (s. Abbildung 2) beruhen. Dies würde zur Folge haben, dass viele Schulen, nachdem sie mit der Rückmeldung von Evaluationsergebnissen konfrontiert wurden (s. Abbildung 1), die Situation bewältigen, indem sie z.B. lediglich positive Ergebnisse kommunizieren und diese als Legitimation benutzen, um keinerlei Veränderungen zu planen. Das Handeln der Schule und ihrer Mitglieder würde in diesem Fall im ersten Handlungskreislauf verharren, ohne dass handlungsleitende Theorien, z.B. über den Unterricht, die nach den Leitwerten und Handlungsstrategien des Handlungskreislaufs I auf Abschottung, Abwehr, Verteidigung von Bestehendem gerichtet sind, eine Veränderung bzw. Optimierung erfahren. Aufgrund dieser defensiven Reaktionen käme es also kaum zu einer Reflexion des erlebten eigenen Handelns; es gäbe so auch kaum eine Möglichkeit, dass über die Beschäftigung mit Daten implizite Wissensbestände ins Bewusstsein dringen und somit ggf. verändert werden könnten.

Von den beiden vorgestellten handlungsleitenden Gebrauchstheorien muss die verlautbarte Theorie (espoused theory) unterschieden werden. Darunter ist ei-

126 Dies umfasst sowohl die Bereitschaft im Sinne der thematisierten Leitwerte als auch die zur Umsetzung notwendigen Strategien, d.h. entsprechende Fähigkeiten bzw. Kompetenzen.

ne nach außen hin geäußerte Auffassung oder Überzeugung vom eigenen Handeln zu verstehen, die sich vom konkreten Handeln unterscheiden kann. Das eigentliche Handeln wird durch verlautbarte Theorien, die sich eher aus expliziten als aus impliziten Wissensbeständen zusammensetzen, weder gesteuert noch reflektiert, weder überprüft noch aufgeklärt. Verlautbarte Theorien dienen vielmehr zur Legitimation von Handlungen. Sie können dabei durchaus auf Leitwerten des zweiten Handlungskreislaufes beruhen, auch wenn sich das eigentliche Handeln weiterhin im geschlossenen Handlungskreislauf I ereignet. Dies kann z.B. dann der Fall sein, wenn Akteurinnen und Akteure eine bestimmte Argumentation mit den Leitwerten der zweiten Gebrauchstheorie auf gesellschaftlicher oder politischer Ebene als nützlich erachten oder meinen, dass diese (momentan) als vernünftig angesehen sind. Eine solche verlautbarte Theorie entspricht dann eher einer sozialen Erwünschtheit, die nicht zwingend Eingang in das eigene Handeln finden muss (vgl. Rolff, 2009, S. 49).

So kann z.B. angenommen werden, dass es Schulen gibt, die nach einer externen Evaluation „die Gespräche über Datenrückmeldungen [...] auf die Ebene des Modells II hieven und in die aufgesetzte Espoused-theory integrieren, ohne dass das tatsächliche Handeln davon berührt wird“ (Rolff, 2009, S. 49).

Auch bei einzelnen Lehrkräften können verlautbarte Theorien (in Form von explizitem Wissen) und tatsächliches Handeln auseinanderklaffen. Die Lehrerinnen und Lehrer, die in Fachzeitschriften die Problematik der Stereotypisierung von Mädchen und Jungen zur Kenntnis genommen haben und die Positionen des fachwissenschaftlichen Diskurses vertreten können, die Forschungsergebnisse zur Thematik kennen und diese in Lehrerkonferenzen eventuell referieren, die sich in privaten Kontexten darüber austauschen usw., können trotzdem in ihrem unterrichtlichen, ihrem professionellen Handeln weiterhin und ungebrochen Stereotypisierungen vornehmen und diese ihren Schülerinnen und Schülern unbewusst zuschreiben. Ihre verlautbarten Theorien stimmen in diesem Falle nicht mit ihren Handlungen bzw. Gebrauchstheorien überein.

4.2.2.3 Professionalität und die Rezeption von Evaluationsergebnissen an Schulen

Beiden Theorien zufolge erscheint die schulinterne datengestützte Reflexion der eigenen Handlungen als ein entscheidender Schritt in Richtung veränderter Handlungen. Reflexionskompetenz, verstanden als Einheit aus Bereitschaft und Vermögen zur Reflexion, gilt dabei als eine der bedeutsamen konstitutiven Komponenten. Als weitere Merkmale werden Situationssensibilität, Interpretationsfähigkeit, Variabilität des Handlungsrepertoires beschrieben, die aufeinander bezogen jeweils wichtig sind, wenn Passung z.B. zwischen divergierenden Auffassungen zum Unterricht zwischen Eltern und Lehrkräften hergestellt und bzw. oder pädagogische Handlungen legitimiert werden sollen oder müssen (vgl. Czerwenka, 2000, S. 65).

Durch die Überprüfung eigener Handlungen anhand von Ergebnissen aus internen und externen Evaluationen kann professionelles Handeln ergänzt werden (vgl. Kuper & Hartung, 2007, S. 218).

> Die in Schulen tätigen Lehrkräfte müssen sich dabei nicht nur als Wissensvermittler gegenüber den Schüler/innen verstehen. Mit Blick auf die Schule und die notwendigen Problemlöseprozesse, die zu gestalten sind, werden sie zu Wissensarbeitern, die selbst – mit einem forschenden und reflexivem Habitus – ihren Aufgaben und der Organisation Schule gegenüber treten müssen.
>
> (Kiper, 2009, S. 19f.)

Dieses Verständnis von Lehrkräften als Wissensarbeiterinnen und -arbeiter bringt allerdings eine Reihe von Herausforderungen sowohl für die Schulen als auch für das gesamte Bildungssystem mit sich: Es wird von der Schulaufsicht, den Schulleitungen und den Lehrkräften erwartet, dass sie in der Lage sind, „Evaluationen angemessen zu konzipieren, durchzuführen und auszuwerten und eine Kultur des Umgangs mit den Ergebnissen aus Evaluationen zu entfalten“ (Bohl & Kiper, 2009, S. 10). Eine datengestützte Schulentwicklung erfordert also ein Grundverständnis für Begrifflichkeiten aus der empirischen Sozialforschung über Erhebungs- und Auswertungsmethoden (vgl. Kiper, 2009, S. 20). Es kann jedoch derzeit nicht davon ausgegangen werden, dass es genügend Lehrerinnen und Lehrer gibt, die über eine Expertise im Bereich der Methoden empirischer Sozialforschung und gleichzeitig über Vermittlungskompetenzen zur Multiplikation ihres Wissens über Methoden und deren Methodologie in die schulische Praxis verfügen. Gleiches gilt für die Behörden der Schulaufsicht (vgl. Bohl & Kiper, 2009, S. 10).

Erfahrungen von Schulleitungen, Lehrerinnen und Lehrern mit Evaluationen und mit einem professionellen Umgang mit Datenberichten sind in Deutschland – im europäischen Vergleich – als noch gering einzuschätzen; möglicherweise treffen Forderungen nach Qualitätssicherung und -entwicklung bei Lehrerinnen und Lehrern deshalb auf nur wenig Akzeptanz und geringe Bereitschaft, diese mit zu gestalten (vgl. Kohler, 2005). Besonders die externe Evaluation scheint von Lehrerinnen und Lehrern eher als ein die eigene Professionalität gefährdendes Prozedere, d.h. als Einmischung wahrgenommen zu werden, als dass in ihr das Potential eines Zugewinns an wissenschaftlichem Wissen oder einer Horizonterweiterung durch einen analytischen „fremden Blick“ von außen gesehen wird (Heinrich, 2007, S. 302).

4.2.3 Von Daten aus externer Evaluation zur Schulentwicklung? – Bedingungen, Anregungen, Beispiele

(Externe) Evaluationen liefern keine Rezepte für künftiges Handeln oder die einzig richtigen Problemlösungen – und können dies auch nicht leisten, weil soziales Handeln nicht technologisiert werden kann (vgl. Luhmann & Schorr, 1979). Aus Best-practice-Beispielen (vgl. u.a. bei Rolff, 2010, S. 145–165; Mandl & Hense, 2007, S. 92–96) können zumindest Bedingungen abgeleitet werden, die erfüllt sein sollten, um dateninduziert Schulentwicklungsprozesse, also Veränderungen, Verbesserungen anzustoßen (zum Begriff Schulentwicklung und dateninduzierte Schulentwicklung → Kap. 2.2). In Anlehnung an den Schulforscher Norbert Landwehr (2011, S. 52) können exemplarisch wesentliche Merkmale beschrieben werden, die auf die Nutzung von Evaluationsdaten besonders großen Einfluss zu haben scheinen. Dazu gehört (1) die nachvollziehbare und verständliche Gestaltung des Evaluationsverfahrens und der Ergebnispräsentation gegenüber den Schulen (vgl. Schneewind, 2006), die in unmittelbarem Zusammenhang mit der Akzeptanz der Ergebnisse durch die schulischen Akteurinnen und Akteure steht. Weiterhin sind (2) die spezifischen Bedingungen an der Einzelschule Faktoren, die den Umgang mit Evaluationsergebnissen beeinflussen können. Dazu zählen z.B. eine etablierte Innovationskultur und ein konstruktiver Umgang mit Fehlern, eine Schulleitung, die Veränderungsprozesse vorantreibt, und die Gewährung von Möglichkeiten der Partizipation an schulischen Entwicklungsprozessen für alle an Schule Beteiligten (vgl. van Ackeren, 2003, S. 280; Heinrich, 2008, S. 31; Diegmann, Schmidt, Flagmeyer & Keitel, 2011, S. 297). Zudem gelten (3) die an der Schule vorhandenen Kompetenzen zur Auswertung von Daten und zur Ableitung von Entwicklungszielen und -maßnahmen als eine solche Gelingensbedingung.

Für die Schulen kann es sich weiterhin als problematisch erweisen, dass die Ergebnisse von Evaluationen in den Berichten eher beschreibender denn erklärender Art sind (vgl. Terhart, 2002). Es können zwar Aussagen darüber getroffen werden, wie etwas ist oder wie es sich darstellt, aber nicht, warum dies so ist und wie es dazu kam. Den Lehrerinnen und Lehrern wird also nicht dargelegt, auf welchen Ursachen und Zusammenhängen jenes Verhalten und Handeln beruht, das in der Evaluation wahrgenommen, gemessen (zum Erheben und Messen schulischer Qualität → Kap. 2.3) und bewertet wurde. Konkrete Schlussfolgerungen für (verändertes) Handeln kann eine externe Evaluation deshalb kaum nahe legen, so dass „die Verantwortung praktischer Entscheidungsträger für die Deutung von Evaluationsergebnissen [in jedem Falle] erforderlich [ist], weil nur Praktiker über die Detailkenntnis lokaler Handlungsbedingungen und ‚vor Ort' wirksamer Einflussfaktoren auf Evaluationsergebnisse verfügen" (Kuper, 2008, S. 70).

Das Bemühen um Schulqualität und -entwicklung kann – das sei in diesem Zusammenhang betont – nicht vollständig auf die einzelnen Schulen verlagert werden. Hierzu bedarf es vielmehr entsprechender Kontexte und Ressourcen, die von der Bildungspolitik bereitzustellen sind. Dazu gehören die Bewilligung von Zeit bzw. von Arbeitsstunden eigens für Projekte des Qualitätsmanagements, die

Lehrende auf ihr üblicherweise hohes Arbeitspensum angerechnet bekommen, sowie finanzielle Mittel für die unweigerlich anfallenden Mehraufwendungen (vgl. Bohl, 2009, S. 309). Weiterhin bedarf es der kompetenten Unterstützung in der Weiterarbeit mit den Ergebnissen durch Schulentwicklungsberaterinnen und -berater. Darüber hinaus verlangt es eine engagierte Schulaufsicht, die ihre Beratungsfunktion wahrnimmt, statt lediglich die Einhaltung geltender Regeln und Verordnungen an der Schule zu prüfen. Dateninduzierte Schulentwicklung erfordert nicht nur bei Lehrerinnen und Lehrern, sondern „auch bei einer Reihe anderer Akteure vergleichbare Verstehens- und Entwicklungsprozesse" (Altrichter, 2009, S. 222) und ist insgesamt als institutionelles Reformanliegen zu begreifen.

4.2.3.1 Schulprogrammarbeit und Auswertungsdidaktik an der Einzelschule

Für die Schulen ergeben sich aus einer Vielzahl von Datenangeboten und -rückmeldungen regelrechte „Datenberge", vor denen sie häufig hilflos stehen (vgl. Rolff, 2009, S. 46). Man denke neben den Ergebnissen externer Evaluation auch an interne Evaluationsrückmeldungen, an Daten aus nationalen und internationalen vergleichenden Lernstandserhebungen, wie beispielsweise aus den PISA-Studien, sowie an Ergebnisse zentraler Abschlussprüfungen für die verschiedenen Bildungsgänge. „Mir werden haufenweise Daten über den Zaun geworfen, ohne dass klar ist, was ich damit anfangen soll" (Rolff, 2010, S. 133). Dieses Zitat eines Schulleiters zeigt, dass Überforderung und Überlastung die Folge sein können, wenn es an Strategien zum Umgang mit Daten fehlt.

Um strukturiert mit Datenrückmeldungen weiter zu arbeiten, können die Verknüpfung mit der Schulprogrammarbeit und die Einbeziehung der Steuergruppe hilfreich sein. Die Steuergruppen können z.B. die Beschäftigung mit den Daten an der Schule koordinieren und somit die Prozesse steuern, in denen die Daten interpretiert und in individuelles Wissen für die Schule „übersetzt" werden. Die im → Kapitel 2.3 dargestellten Schritte der Schulprogrammarbeit können dabei Struktur und Orientierung geben. Rolff (2009, S. 51) schlägt vor, im Sinne einer „Auswertungsdidaktik" vorzugehen. Darunter fasst er die Abfolge von drei Schritten. Sie bestehen aus (1) der gemeinsamen Analyse der Daten innerhalb des Kollegiums bzw. einzelner Teams, (2) der gemeinsamen Bestimmung von Entwicklungsschwerpunkten und (3) der Umsetzung in Schulentwicklungsprojekten. Diese allgemeine Abfolge, die dem Qualitätskreislauf der Schulentwicklung (→ Kap. 2.3, Abbildung 2) ähnelt, bietet zunächst nicht viel mehr als einen organisatorischen Rahmen; für die inhaltliche Arbeit sind deshalb konkrete Leitfragen innerhalb der Prozessabschnitte ausschlaggebend.

Im Folgenden widmen wir uns der *ersten* Phase der Rezeption und Reflexion, d.h. der gemeinsamen Analyse der Daten, in der eine „Erstbegegnung" mit den

Daten erfolgt und in der die entscheidenden, sensiblen Prozesse der Neukonstruktion von Wissen stattfinden. Um ein mögliches Agieren in dieser ersten Phase zu demonstrieren, erinnern wir uns an die fiktive Leipziger Schule aus → Kapitel 2.3 und entwerfen ein weiteres mögliches Szenario:

Unsere Schule – ein interessanter und liebenswerter Ort, an dem wir uns gemeinsam und erfolgreich auf ein lebenslanges Lernen vorbereiten.

Leitbild:

1. An unserer Schule arbeiten wir offen, konstruktiv und solidarisch miteinander.
2. In unserem Unterricht legen wir Wert auf Transparenz, Teamarbeit, Förderung jedes einzelnen Schülers bzw. jeder einzelnen Schülerin sowie auf den Einsatz vielfältiger Methoden.
3. Wir legen Wert auf eine aktive Zusammenarbeit mit allen Eltern sowie mit unseren außerschulischen Partnerinnen und Partnern.
4. Wir wollen, dass alle Lehrenden und Schülerinnen und Schüler sagen können: Das ist meine Schule!
5. Wir lehren einander das Lernen.

Wir stellen uns vor, diese Schule hätte nach einer externen Evaluation gerade ihren Ergebnisbericht bekommen. Die Schulleitung (ggf. die von ihr beauftragte Person) kümmert sich zunächst um eine Vervielfältigung des Berichts. Sie sorgt dafür, dass er in ausreichender Anzahl für alle Lehrerinnen und Lehrer zur Verfügung steht. Einige Exemplare werden für die Ausleihe zur Verfügung gestellt. Zusätzlich bekommen alle Fachkonferenzleiterinnen und -leiter, bzw. die Personen der erweiterten Schulleitung, je ein Exemplar, ebenso erhalten alle Eltern- sowie Schülersprecherinnen und -sprecher jeweils eines. Nach einer gesetzten Frist wird in den Gremien darüber abgestimmt, ob der Evaluationsbericht ins Intranet und/oder auf die Schulwebsite gestellt wird.

In einer der nächstfolgenden Dienstberatungen gibt die Schulleitung ihrer Hoffnung und Erwartung Ausdruck, dass sich möglichst alle Lehrkräfte mit dem Ergebnisbericht beschäftigen mögen. Sie gibt dazu den Auftrag an das Kollegium, anhand folgender Tabelle über die Ergebnisse nachzudenken und sich Notizen zu machen. Diese sollen die Grundlage für den Austausch der Wahrnehmungen in den Fachkonferenzen bilden.

Dieses Ergebnis überrascht/diese Ergebnisse überraschen mich und/oder ist/sind meiner Meinung nach relevant:					
... in Bezug auf die Vision und das Leitbild unserer Schule	... in Bezug auf unsere Schülerinnen und Schüler	... in Bezug auf uns als Kollegium	... in Bezug auf uns als Fächergruppe	... in Bezug auf mich als Lehrerin bzw. Lehrer und meinen Unterricht	... in Bezug auf die Eltern unserer Schule

In einem zweiten Schritt ergeht der Auftrag an die Fachkonferenzleiterinnen und -leiter, in ihren Sitzungen diesen Austausch über die individuellen Wahrnehmungen der Lehrkräfte und eine Diskussion über die folgenden Fragen[127] anzuregen. In der nächsten Dienstberatung werden die Meinungsbilder aus den einzelnen Fachkonferenzen vorgestellt.

- Über welche Ergebnisse haben wir uns gefreut? Was könnten Gründe dafür sein?
- Welche Ergebnisse haben uns am meisten überrascht? Was könnten Gründe dafür sein?
- Bei welchen Ergebnissen bestehen unserer Wahrnehmung nach die größten Diskrepanzen zwischen den Angaben der Lehrerinnen und Lehrer, Schülerinnen und Schüler und Eltern? Was könnten Gründe dafür sein?
- Welche Ergebnisse weisen möglicherweise auf Diskrepanzen zwischen dem zurückgemeldeten Ist-Stand und unserer Vision bzw. unserem Schulleitbild hin? Wie erklären wir uns das?
- Welche Bedeutung haben für uns die Rückmeldungen zur Unterrichtsqualität?
- Welche der Ergebnisse besitzen für uns eine hohe Relevanz, welche dagegen eventuell nicht? Was sind mögliche Gründe dafür?
- Welche Fragen haben wir an den Ergebnisbericht und die Daten? Was verstehen wir nicht?

Im Schüler- und im Elternrat verschaffen sich die Mitglieder in ähnlicher Art und Weise einen ersten Zugang zu den Evaluationsergebnissen.

Mit dieser ersten Annäherung an die Daten werden erste Relevanzzuschreibungen vorgenommen. Die Fragen dienen auch dazu, die Datenrückmeldung eher als eine indirekte Intervention zu begreifen, mit deren Hilfe die Organisationsmitglieder zum Reflektieren angeregt werden, weiter lernen und sich entwickeln können – und nicht als Kontrollinstanz oder als direkte Handlungsanweisung. Durch einen solchen Beginn in der Auseinandersetzung mit Evaluationsergebnissen hat das Kollegium bzw. haben die schulischen Akteurinnen und Akteure die Chance, sich mit allen folgenden Schritten der Datenauswertung und den eventuell zu ziehenden Schlussfolgerungen zu identifizieren. Das ist auch der Fall, wenn die weitere konkrete „Übersetzungsarbeit" anschließend eher kleineren Arbeitsgruppen oder einer Steuergruppe, ggf. mit der Unterstützung von Expertinnen und Experten, vorbehalten bleibt.

In einem nächsten Schritt sollte aus dem Überschuss an Daten, die über ein standardisiertes Verfahren erhoben werden, wie es bei der externen Evaluation in Sachsen zum Einsatz kommt, eine begründete Auswahl von Entwicklungsschwerpunkten getroffen werden. Dabei muss auf die Einbindung der einzelnen Personen geachtet werden, auch wenn das Entwickeln der Schule als Organisation letztlich auf demokratischen Entscheidungen und nicht auf der Meinung Einzel-

127 Die Fragestellungen sind teilweise Autorinnen und Autoren wie Rolff (2009, S. 51), Homeier, zitiert nach Rolff (2010, S. 173) und Kiper (2009, S. 20) entlehnt.

ner beruht (vgl. Diegmann et al., 2011). Folgende Schritte wären auf dem Weg der weiteren Relevanzzuschreibungen in Richtung neues Wissen für die eigene Schulentwicklung an unserer fiktiven Schule denkbar:

In der nächsten Dienstberatung, zu der die Schulleitung auch eine Expertin oder einen Experten der empirischen Sozialforschung von der Universität Leipzig eingeladen hat, werden die Diskussionsergebnisse aus den verschiedenen Fachkonferenzen zusammengetragen. Nach einem Vergleich der Wahrnehmungen können vor allem Verständnisfragen an den Bericht, Fragen an die Daten, Fragen auch an das Zustandekommen der Daten etc. durch die Expertin bzw. den Experten geklärt werden.

Anschließend erteilt die Schulleitung wiederum an die Fachkonferenzen den Auftrag, eine Prioritätenliste anzufertigen, aus der ersichtlich ist, mit welchen der Evaluationsergebnisse man sich nach der Meinung der Mitglieder besonders beschäftigen sollte. Die Fachkonferenzen übergeben nach einer Frist ihre Prioritätenliste an die Steuergruppe. Die anderen Schulgremien verfahren ebenso; auch sie listen ein Ranking der Ergebnisse auf, an denen ihrer Meinung nach gearbeitet werden sollte, und geben dies an die Steuergruppe weiter. Die Steuergruppe erstellt aus allen Rückmeldungen eine gemeinsame Liste, über die in der Gesamtlehrerkonferenz, der Eltern- und Schülerkonferenz abgestimmt werden soll.

Wir nehmen einmal an, dass „Differenzierung im Unterricht“ einer der Indikatoren war, der in der Unterrichtsbeobachtung bei der externen Evaluation eine negative Qualitätsbeurteilung erhalten hat. Wir nehmen weiter an, dass die Fachkonferenzen, die Schülerinnen und Schüler sowie die Eltern diesem Aspekt von Unterrichtsqualität eine hohe Relevanz zugeschrieben haben, indem er auf den Prioritätenlisten mehrheitlich ganz oben zu finden war. Nach der Abstimmung in allen Gremien und der Schulkonferenz als höchstem Gremium erhält die Steuergruppe den Auftrag, sich eingehender mit der diesem Indikator unterlegten Kriterienbeschreibung zu beschäftigen. Unter Zuhilfenahme von Expertenwissen z.B. aus der Leipziger Universität sollte sie genauer analysieren, wie sich diese Bewertung errechnete und welche Gründe zu dieser schlechten Bewertung geführt haben könnten. Dazu beschäftigt sich die Steuergruppe mit dem Erhebungsinstrument, mit der Kriterienbeschreibung und der Operationalisierung sowie mit verschiedenen wissenschaftlichen Auffassungen und ggf. Forschungsergebnissen zum Konzept der Differenzierung.

An dieser Stelle können sich weitere mögliche Entwicklungsschritte anschließen, die – angelehnt an die Phasen der Schulprogrammarbeit (→ Kap. 2.3, Abbildung 3) – dann in der zweiten und dritten Phase der Auswertungsdidaktik und idealerweise in einer Institutionalisierung, d.h. in der Einrichtung neuer schulischer Strukturen und Organisationslogiken münden könnten. Wenn wir davon ausgehen, dass die handlungsleitende Gebrauchstheorie innerhalb unserer Beispielschule sich überwiegend aus Leitwerten und Handlungsstrategien des Handlungskreislaufs II speist, dann hat sie die „Intervention“ durch Datenrückmeldung nicht als lästige Störung und Reglementierung von außen empfunden. Stattdessen hat sie sie als Impuls zur Veränderung, zur möglichen Verbesserung von Defiziten und zur Möglichkeit der individuellen, schulspezifischen Bearbeitung rezipiert (→ Kap. 2.3). Da Schulentwicklung ihr Ziel verfehlt, wenn sie nicht den Schülerinnen und Schülern, ihren Lernbedingungen und -fortschritten gewidmet ist, sollte sie daher beim Unterricht ansetzen (vgl. Klippert, 2008, S. 15). So sollten Mitglieder der Schule nach Datenrückmeldungen in einen Austausch über ihre eigenen Vorstellungen von Unterricht und Unterrichten treten und diese mit wissenschaftlichen Theorien vergleichen (vgl. Kiper, 2009, S. 18).

4.2.4 Zusammenfassung, Ausblick und weiterer Forschungsbedarf

Es bleibt festzuhalten, dass sich die Art und Weise, wie aus Daten Handlungen werden, derzeit einer eindeutigen Beschreibung entzieht und möglicherweise auch künftig entziehen wird. Ergebnisse aus empirischer Forschung und deren Verwendung sind und bleiben zunächst zweierlei Welten (Rolff, 2009, S. 49).

Da aus handlungstheoretischer Sicht ein Übergang vom ersten in den zweiten Handlungskreislauf aber als prinzipiell möglich befunden wurde (s. Abbildung 2), kann angenommen werden, dass Individuen wie auch Organisationen durchaus im Sinne des erweiterten Handlungskreislaufs agieren lernen. Deshalb kann auch weiter angenommen werden, dass Schulen prinzipiell in der Lage sind, wissenschaftliches Wissen zu nutzen, wie es in den → Kapiteln 3.2.1–3.2.6 aus verschiedenen wissenschaftlichen Studien vorgestellt wurde. Dazu müssen sie die notwendigen Leitwerte und Fähigkeiten „durch eine langfristige Praxis organisationalen Lernens“ (Rolff, 2009, S. 48) erwerben, vermutlich in mühseligen, zeitraubenden Prozessen, etwa über Selbstevaluation und mithilfe externer Begleitung (Rolff, 2009, S. 49, 51).

Organisationales, datengestütztes Lernen von Schulen wird besser gelingen, je reflektierter und professioneller die in ihm agierenden Schulleitungen, Lehrkräfte, aber auch Personen der Schulaufsicht wissenschaftliches und berufspraktisches Wissen miteinander in Beziehung setzen können. Die Erziehungswissenschaftlerin Margit Stamm (2003, S. 289) gelangte in ihrer Studie zur Rezeption und Nutzung von Evaluationsdaten zu folgender Schlussfolgerung: Evaluationen liefern in den Augen von Betroffenen zwar durchaus Wissen, das sehr wohl gewürdigt, jedoch als „anderes“ und nicht als „besseres“ Wissen betrachtet wird. Daran wird aus unserer Sicht einmal mehr deutlich, dass sich die Umsetzung des bildungspolitischen Ziels, an Schulen über Datenrückmeldung Prozesse der Schul- und Unterrichtsentwicklung zu initiieren, vermutlich am Verhältnis von wissenschaftlichem Wissen zu schulpraktischem Erfahrungswissen und zu praktischem Handeln auf der Ebene der Einzelschule und ihrer Akteure entscheidet. Dabei sollte vor allem der Verweis auf systemtheoretische

Annahmen verdeutlichen, dass hier nicht von einem nahtlosen Übergang auszugehen ist.

Für die Betrachtung der Probleme bei der Nutzung von Daten an Schulen erscheinen sie in zweierlei Hinsicht bedeutsam:

(1) Im Rückgriff auf systemtheoretische Erkenntnisse können Erklärungen dafür geliefert werden, weshalb eine sogenannte effektive und effiziente Nutzung von Daten in der Regel an den Schulen nicht erfolgt (vgl. Böttcher & Keune, 2011, S. 139) und dass einfache Ursache-Wirkmechanismen in der komplexen pädagogischen Praxis zu kurz gedacht sind. Dies gilt nicht nur im Hinblick auf Steuerungsprozesse auf bildungspolitischer Ebene, sondern auch für jede pädagogische und unterrichtliche Praxis.

(2) Eine systemtheoretische Perspektive kann dabei helfen, übersteigerte Erwartungen an externe Evaluationen zu relativieren und dadurch Druck im Schulsystem und an den Einzelschulen zu vermindern. Wenn also zwischen zwei Systemen kein bruchloser Transfer von Wissen möglich ist, dann bedeutet das, dass intentionale Steuerungsbemühungen mithilfe von Daten eher erfolglos bleiben werden. Vielmehr brauchen Schulen Vertrauen, damit sie aus Daten Nutzen für ihre Entwicklung ziehen können, auch wenn sie eventuell (bildungspolitisch) nicht intendierte Wege beschreiten.

Auch wenn sich die Frage nach der Rezeption und der Nutzung von wissenschaftlichem Wissen im schulischen Kontext einer eindeutigen Beantwortung auch künftig vermutlich entziehen wird, so ist es doch wichtig, vertiefte Kenntnisse darüber zu gewinnen, ob und wie Schulen mit wissenschaftlichem Wissen bzw. Evaluationsergebnissen umgehen.

So listen wir abschließend, angelehnt an Rolff (2009, S. 52), offene Fragen auf, aus denen weitere Forschungsvorhaben erwachsen können:

- Welche Auswirkungen haben Datenrückmeldungen auf das Verhältnis zwischen Lehrkräften und Eltern bzw. zwischen Schülerinnen und Schülern und Lehrkräften?
- Wie häufig sollten Daten erhoben und rückgemeldet werden?
- Was können Fachkonferenzen, Schulleitungen und Steuergruppen zum Umgang mit Evaluationsdaten beitragen?
- Welches ist die Rolle der Schulaufsicht?
- Und schließlich: Wie gestaltet sich hierbei die Rolle der Bildungswissenschaften?

Denken – Handeln – Diskutieren

1. Bevor Daten aus wissenschaftlicher Forschung oder aus Evaluationen genutzt werden können, müssen sie zu einem für die jeweiligen Personen bzw. Organisationen relevanten Wissen werden. In diesen Transformations- und Konstruktionsprozessen kann es sich als hilfreich erweisen, über verschiedene Wissensformen, ihre Beziehung untereinander und ihre Definitionen Bescheid zu wissen.
   a) Stellen Sie verschiedene Wissensformen (z.B. wissenschaftliches, berufsspezifisches, Professionswissen, Alltagswissen, explizites und implizites Wissen) und ihre wechselseitigen Beziehungen grafisch dar. Sie können dabei ggf. auf Visualisierungen wie Mindmaps oder Concept-Maps zurückgreifen.
   b) Kommen Sie über Ihre verschiedenen Darstellungen ins Gespräch. Diskutieren Sie, welche inhaltlichen Schwerpunktsetzungen bzw. Interpretationen in den einzelnen Darstellungen jeweils erkennbar werden. Modifizieren Sie im Anschluss an die Diskussion ggf. Ihre Darstellungen.
   c) Einigen Sie sich als Gruppe auf eine der Darstellungen, in der die verschiedenen Wissensformen und ihre Beziehungen – der Gruppenmeinung nach – am treffendsten abgebildet sind.
   d) Reflektieren Sie Ihren Einigungsprozess mit Bezug auf die Frage, ob bzw. in welcher Form die gewählte Darstellung Wahrheit abbildet.
2. Beschäftigen Sie sich mit ausgewählten Daten aus externen Evaluationen[128] oder mit Ergebnissen aus bildungswissenschaftlicher Forschung (→ Kap. 3.2.1–3.2.6). Diskutieren Sie, unter welchen Bedingungen diese Daten bzw. Ergebnisse für eine Schule zu steuerungsrelevantem Wissen werden können.
3. Das Kapitel „Von Daten zu Taten: Die Nutzung von Forschungsergebnissen an der Schule“ endet mit einer Reihe von offenen Fragen, die auf Forschungsbedarf hinweisen.
   a) Diskutieren Sie die aufgeworfenen Fragen und entwickeln Sie Ideen, wie man sie beantworten könnte bzw. ob oder wie sie ggf. modifiziert und ergänzt werden müssten.
   b) Wählen Sie sich eine dieser (ggf. veränderten) Fragestellungen aus und entwerfen Sie, angelehnt an das forschungslogische Planungsmodell (→ Kap. 3.1.1), einen geeigneten Forschungsplan.

---

128 Zum Beispiel im Ergebnisbericht der externen Evaluation in Sachsen (SBI, 2009a) und in den fiktiven Beispielberichten der externen Evaluation in Sachsen (SBI, 2009b).

Literatur

Altrichter, H. & Soukup-Altrichter, K. & Specht, W. (2004). Chancen und Schwierigkeiten einer breiten Initiative zur Förderung schulischer Qualitätsevaluation. *journal für schulentwicklung*, 8 (1), 60–69.

Altrichter, H. (2009). Datenfeedback und Unterrichtsentwicklung. In W. Böttcher, J. N. Dicke & H. Ziegler (Hrsg.), *Evidenzbasierte Bildung. Wirkungsevaluation in Bildungspolitik und pädagogischer Praxis* (S. 211–226). Münster: Waxmann.

Argyris, C. (1997). *Wissen in Aktion: Eine Fallstudie zur lernenden Organisation.* Stuttgart: Klett-Cotta.

Beck, U. & Bonß, W. (1989). Verwissenschaftlichung ohne Aufklärung? Zum Strukturwandel von Sozialwissenschaft und Praxis. In U. Beck & W. Bonß (Hrsg.), *Weder Sozialtechnologie noch Aufklärung? Analysen zur Verwendung sozialwissenschaftlichen Wissens* (S. 7–45). Frankfurt am Main: Suhrkamp.

Bohl, T. (2009). Unter welchen Bedingungen ist Lernen aus Evaluationsergebnissen möglich? In T. Bohl & H. Kiper, *Lernen aus Evaluationsergebnissen. Verbesserungen planen und implementieren* (S. 305–309). Bad Heilbrunn: Klinkhardt.

Bohl, T. & Kiper, H. (2009). Lernen aus Evaluationsergebnissen. Verbesserungen planen und implementieren. In T. Bohl & H. Kiper, *Lernen aus Evaluationsergebnissen. Verbesserungen planen und implementieren* (S. 9–12). Bad Heilbrunn: Klinkhardt.

Bohnsack, R. (2010). Qualitative Evaluationsforschung und dokumentarische Methode. In R. Bohnsack (Hrsg.), *Dokumentarische Evaluationsforschung. Theoretische Grundlagen und Beispiele aus der Praxis* (S. 23–62). Opladen: Budrich.

Bohnsack, R., Nentwig-Gesemann, I. & Nohl, A.-M. (2007). Einleitung: Die dokumentarische Methode und ihre Forschungspraxis. In R. Bohnsack, I. Nentwig-Gesemann & A.-M. Nohl (Hrsg.), *Die dokumentarische Methode und ihre Forschungspraxis* (2. Aufl., S. 9–27). Wiesbaden: VS Verlag für Sozialwissenschaften.

Böttcher, W. & Keune, M. (2011). Wirkungsanalyse der Schulinspektion Empirische Ergebnisse Deutschland. In C. Quesel, V. Husfeldt, N. Landwehr & P. Steiner (Hrsg.), *Wirkungen und Wirksamkeit der externen Schulevaluation* (S. 123–144). Bern: hep.

Böttger-Beer, M. & Koch, E. (2008). Externe Evaluation Sachsen – ein Dialog zwischen Wissenschaft und Praxis. In W. Böttcher, W. Bos, H. Döbert & H. G. Holtappels (Hrsg.), *Bildungsmonitoring und Bildungscontrolling in nationaler und internationaler Perspektive* (S. 253–264). Münster: Waxmann.

Böttger-Beer, M.; Vaccaro, D. & Koch. E. (2010). Wirkmodell zur externen Evaluation. In: W. Böttcher,J. N. Dicke & N. Hogrebe (Hrsg.), *Evaluation, Bildung und Gesellschaft* (S. 319–335). Waxmann: Münster.

Bourdieu, P. (1976). *Entwurf einer Theorie der Praxis auf der ethnologischen Grundlage der kabylischen Gesellschaft*. Frankfurt am Main: Suhrkamp.

Czerwenka, K. (2000). Abschließende Bemerkungen zum Thema Professionalisierung. In O. Jaumann-Graumann & W. Köhnlein (Hrsg.), *Lehrerprofessionalität – Lehrerprofessionalisierung* (Jahrbuch Grundschulforschung, Bd. 3, S. 63–66). Bad Heilbrunn: Klinkhardt.

Diegmann, D., Schmidt, M., Flagmeyer, D. & Keitel, J. (2011). Partizipationsmöglichkeiten durch externe Evaluation und Zielvereinbarungen im sächsischen Schulsystem. *Bildung und Erziehung*, 64 (3), 295–312.

Flick, U. (1995). Alltagswissen in der Sozialpsychologie. In U. Flick (Hrsg.), *Psychologie des Sozialen. Repräsentationen in Wissen und Sprache* (S. 54–77). Reinbek: Rowohlt.

Gärtner, H. (2011). Die Wirkung von Schulinspektion auf Schulentwicklung: Eine quasiexperimentelle Feldstudie. In C. Quesel, V. Husfeldt, N. Landwehr & P. Steiner (Hrsg.), *Wirkungen und Wirksamkeit der externen Schulevaluation* (S. 145–162). Bern: hep.

Gordon, T. (2004). *Lehrer-Schüler-Konferenz. Wie man Konflikte in der Schule löst* (17. Aufl.). München: Wilhelm Heyne.

Gottschalk-Mazouz, N. (2007). Was ist Wissen? Überlegungen zu einem Komplexbegriff an der Schnittstelle von Philosophie und Sozialwissenschaften. In S. Ammon, C. Heineke & K. Selbmann (Hrsg.), *Wissen in Bewegung. Vielfalt und Hegemonie in der Wissensgesellschaft* (S. 21–40). Weilerswist: Velbrück Wissenschaft.

Heinrich, M. (2007). *Governance in der Schulentwicklung: Von der Autonomie zur evaluationsbasierten Steuerung*. Wiesbaden: VS Verlag für Sozialwissenschaften.

Heinrich, M. (2008). Von der Steuerung zu Aushandlungsprozessen als neue Form der Handlungskoordination. In: R. Langer (Hrsg). *‚Warum tun die das?' Governanceanalysen zum Steuerungshandeln in der Schulentwicklung* (S. 31–46). Wiesbaden: VS Verlag für Sozialwissenschaften.

Herfter, C. & Schroeter, R. (2012). Theorie und Praxis – Verhältnisbestimmungen. In R. Schroeter & C. Herfter (Hrsg.), *Theorie und Praxis in der Lehrerbildung* (S. 9–61). Leipzig: Leipziger Universitätsverlag.

Illinger, P. (2008). Computerkritik – Professioneller Zweifler. *Süddeutsche.de*. Zugriff am 06.03.2012 unter http://www.sueddeutsche.de/digital/computerkritik-professioneller-zweifler-1.285297

Joas, H. (1996). *Die Kreativität des Handelns*. Frankfurt am Main: Suhrkamp.

Joas, H. & Knöbl, W. (2011). *Sozialtheorie: Zwanzig einführende Vorlesungen* (3. Aufl.). Frankfurt am Main: Suhrkamp.

Kardorff, E. von. (2006). Zur gesellschaftlichen Bedeutung und Entwicklung (qualitativer) Evaluationsforschung. In U. Flick (Hrsg.), *Qualitative Evaluationsforschung. Konzepte, Methoden, Umsetzung* (S. 63–91). Reinbek: Rowohlt.

Keller, R. & Meuser, M. (2011). *Körperwissen*. Wiesbaden: VS Verlag für Sozialwissenschaften.

Kiper, Hanna (2009). Schulentwicklung im Rahmen von Kontextsteuerung – Welche Hinweise geben (durch Evaluation und Vergleichsarbeiten) Daten für ihre Ausrichtung? In T. Bohl & H. Kiper (Hrsg.), *Lernen aus Evaluationsergebnissen. Verbesserungen planen und implementieren* (S. 13–28). Bad Heilbrunn: Klinkhardt.

Klippert, H. (2008). *Pädagogische Schulentwicklung: Planungs- und Arbeitshilfen zur Förderung einer neuen Lernkultur* (3. Aufl.). Weinheim: Beltz.

Kohler, Britta (2005). Rezeption internationaler Schulleistungsstudien. Wie gehen Lehrkräfte, Eltern und die Schulaufsicht mit Ergebnissen schulischer Evaluation um? D. H. Rost (Hrsg.), *Pädagogische Psychologie und Entwicklungspsychologie* (Bd. 46). Münster: Waxmann.

Kotthoff, H.-G. (2003). *Bessere Schulen durch Evaluation? Internationale Erfahrungen*. Münster: Waxmann.

Krause, D. (2005). *Luhmann-Lexikon: Eine Einführung in das Gesamtwerk von Niklas Luhmann* (4. Aufl.). Stuttgart: Lucius & Lucius.

Kuhn, T. S. (1976). *Die Struktur wissenschaftlicher Revolutionen* (2. Aufl.). Frankfurt am Main: Suhrkamp.

Kuper, H. (2006). Rückmeldung und Rezeption – zwei Seiten der Verwendung wissenschaftlichen Wissens im Bildungssystem. In H. Kuper & J. Schneewind (Hrsg.), *Rückmeldung und Rezeption von Forschungsergebnissen. Zur Verwendung wissenschaftlichen Wissens im Bildungssystem* (S. 7–16). Münster: Waxmann.

Kuper, H. (2008). Wissen – Evaluation – Evaluationswissen. In T. Brüsemeister & K.-D. Eubel (Hrsg.), *Evaluation, Wissen und Nichtwissen* (S. 61–74). Wiesbaden: VS Verlag für Sozialwissenschaften.

Kuper, H. & Hartung, V. (2007). Überzeugungen zur Verwendung des Wissens aus Lernstandserhebungen. Eine professionstheoretische Analyse. *Zeitschrift für Erziehungswissenschaft*, 10 (2), 214–229.

Kurtz, T. (2007). Berufe und Wissen. In R. Schützeichel (Hrsg.), *Handbuch Wissenssoziologie und Wissensforschung.* (S. 497–504). Konstanz: UVK.

Landwehr, N. (2011). Thesen zur Wirkung und Wirksamkeit der externen Schulevaluation. In C. Quesel, V. Husfeldt, N. Landwehr & P. Steiner (Hrsg.), *Wirkungen und Wirksamkeit der externen Schulevaluation* (S. 35–70). Bern: hep.

Luhmann, N. (1987). *Soziale Systeme: Grundriß einer allgemeinen Theorie* (14. Aufl.). Frankfurt am Main: Suhrkamp.

Luhmann, N. & Schorr, K. E. (1979). Das Technologiedefizit der Erziehung und die Pädagogik. *Zeitschrift für Pädagogik*, 25 (3), 345–365.

Mandl, H. & Hense J. (2007). Lässt sich der Unterricht durch Evaluation verbessern? In W. Schönig (Hrsg.), *Spuren der Schulevaluation. Zur Bedeutung und Wirksamkeit von Evaluationskonzepten im Schulalltag* (S. 85–99). Bad Heilbrunn: Klinkhardt.

Miebach, B. (2010). *Soziologische Handlungstheorie: Eine Einführung* (3. Aufl.). Wiesbaden: VS Verlag für Sozialwissenschaften.

Nassehi, A. (2011). *Soziologie: Zehn einführende Vorlesungen* (2. Aufl.). Wiesbaden: VS Verlag für Sozialwissenschaften.

Neidhardt, F., Mayntz, R., Weingart, P. & Wengenroth, U. (2008). Wissensproduktion und Wissenstransfer: Zur Einleitung. In R. Mayntz, F. Neidhardt, P. Weingart & U. Wengenroth (Hrsg.), *Wissensproduktion und Wissenstransfer: Wissen im Spannungsfeld von Wissenschaft, Politik und Öffentlichkeit* (S. 19–37). Bielefeld: transcript.

Neuweg, G. H. (2004). Figuren der Relationierung von Lehrerwissen und Lehrerkönnen. In B. Hackl & G. H. Neuweg (Hrsg.), *Zur Professionalisierung pädagogischen Handelns. Arbeiten aus der Sektion Lehrerbildung und Lehrerbildungsforschung in der Österreichischen Gesellschaft für Forschung und Entwicklung im Bildungswesen* (Österreichische Beiträge zur Bildungsforschung, Bd. 1, S. 1–26). Münster: LIT-Verlag.

Polanyi, M. (1966). *The tacit dimension*. London: Routledge & Kegan Paul.

Poser, H. (2007). Bedingungen und Grenzen des wissenschaftlichen Wissens. Das Beispiel Natur- und Technikwissenschaften. In S. Ammon, C. Heineke & K. Selbmann (Hrsg.), *Wissen in Bewegung. Vielfalt und Hegemonie in der Wissensgesellschaft* (S. 41–58). Weilerswist: Velbrück Wissenschaft.

Przyborski, A. & Slunecko, T. (2010). Dokumentarische Methode. In G. Mey & K. Mruck (Hrsg.), *Handbuch Qualitative Forschung in der Psychologie* (S. 627–642). Wiesbaden: VS Verlag für Sozialwissenschaften.

Rolff, H.-G. (2009). Dateninduzierte Schulentwicklung. *journal für schulentwicklung,* 13 (5), 44–54.

Rolff, H.-G. (2010). Datengestützte Schulentwicklung. In H.-G. Rolff (Hrsg.), *Führung, Steuerung, Management. Orientierungsband zur Unterreihe Schule erfolgreich leiten* (S. 133–176). Seelze: Kallmeyer.

Ryle, G. (2000). The concept of mind (Penguin classics, Reprinted from 1949 with a new introduction). London: Penguin Books.

Sächsisches Bildungsinstitut (SBI) (Hrsg.) (2008). *Handreichung zum Verfahren der externen Evaluation an sächsischen Schulen*. Radebeul: Union Druckerei Dresden.

Sächsisches Bildungsinstitut (SBI) (Hrsg.) (2009a). *Externe Evaluation in Sachsen – Ergebnisbericht. Berichtszeitraum: 2007/08 und 2008/09*. Radebeul: MAXROI Graphics. Zugriff am 04.07.2012 unter http://www.sachsen-macht-schule.de/schule/download/download_sbi/ergebnisbericht.pdf

Sächsisches Bildungsinstitut (SBI) (Hrsg.) (2009b). Ergebnisberichte: Externe Schulevaluation. Dowload. Zugriff am 04.07.2012 unter http://www.sachsen-macht-schule.de/schule/3394.htm

Sächsisches Bildungsinstitut (SBI) (Hrsg.) (2010). *Schulische Qualität im Freistaat Sachsen: Kriterienbeschreibung*. Radebeul: Union Druckerei Dresden.

Sächsisches Staatsministerium für Kultus (SMK) (Hrsg.) (2008). *Zielvereinbarungen im sächsischen Schulsystem. Handreichungen für Schulen und Schulaufsicht im Freistaat Sachsen*. Dresden: Union Druckerei Dresden.

Schmidt, M. & Otto, B. (2010). Direkte und indirekte Intervention. In T. Hascher (Hrsg.), *Pädagogische Interventionsforschung. Theoretische Grundlagen und empirisches Handlungswissen* (S. 235–242). Weinheim: Juventa.

Schneewind, J. (2006). Rückmeldung als Motivator für die Teilnahme an Schulleistungsstudien? Die Rezeptionsstudie von BeLesen. In H. Kuper & J. Schneewind (Hrsg.), *Rückmeldung und Rezeption von Forschungsergebnissen. Zur Verwendung wissenschaftlichen Wissens im Bildungssystem* (S. 107–126). Münster: Waxmann.

Schützeichel, R. (2008). Universitäten, Wissen, Expertise – Soziologische Überlegungen zu epistemischen Konstellationen und Regimen. In W. Jäger & R. Schützeichel (Hrsg.), *Universität und Lebenswelt. Festschrift für Heinz Abels* (S. 46–83). Wiesbaden: VS Verlag für Sozialwissenschaften.

Senge, P. M. (1996). *Die fünfte Disziplin. Kunst und Praxis der lernenden Organisation*. Stuttgart: Klett-Cotta.

Stamm, M. (2003). *Evaluation und ihre Folgen für die Bildung: Eine unterschätzte pädagogische Herausforderung*. Münster: Waxmann.

Tenorth, H.-E. (1990). Profession und Disziplin. Bemerkungen über die krisenhafte Beziehung zwischen pädagogischer Arbeit und Erziehungswissenschaft. In H. Drerup & E. Terhart (Hrsg.), *Erkenntnis und Gestaltung. Vom Nutzen erziehungswissenschaftlicher Forschung in praktischen Verwendungskontexten* (S. 81–98). Weinheim: Deutscher Studien Verlag.

Terhart, E. (2002). Wie können die Ergebnisse von vergleichenden Leistungsstudien systematisch zur Qualitätsverbesserung in Schulen genutzt werden? *Zeitschrift für Pädagogik*, 48 (1), 91–110.

Thiel, F. (2007). Stichwort: Umgang mit Wissen. *Zeitschrift für Erziehungswissenschaft*, 10 (2), 153–169.

Van Ackeren, I. (2003). *Evaluation, Rückmeldung und Schulentwicklung. Erfahrungen mit zentralen Tests, Prüfungen und Inspektionen in England, Frankreich und den Niederlanden. Studien zur International und Interkulturell Vergleichenden Erziehungswissenschaft Band 2*. Münster: Waxmann.

Weber, M. (1972). *Wirtschaft und Gesellschaft: Grundriß der verstehenden Soziologie*. Tübingen: Mohr.

Wehling, P. (2008). Wissen und seine Schattenseite: Die wachsende Bedeutung des Nichtwissens in (vermeintlichen) Wissensgesellschaften. In T. Brüsemeister & K.-D. Eubel (Hrsg.), *Evaluation, Wissen und Nichtwissen* (S. 17–34). Wiesbaden: VS Verlag für Sozialwissenschaften.

Willke, H. (2011). *Einführung in das systemische Wissensmanagement* (3. Aufl.). Heidelberg: Carl-Auer-Systeme-Verlag.

Wottawa, H. & Thierau, H. (2003). *Lehrbuch Evaluation* (3. Aufl.). Bern: Hans Huber.

Autorinnen und Autoren

1. *Michael Brock*
   Forschungsinteressen und -schwerpunkte: Übergänge im Lebenslauf, Berufliche Orientierung, Biographieforschung
   Aktuelle Tätigkeit: wissenschaftlicher Mitarbeiter an der Professur Schulpädagogik unter besonderer Berücksichtigung von Schulentwicklungsforschung, Erziehungswissenschaftliche Fakultät der Universität Leipzig

2. *Daniel Diegmann*
   Forschungsinteressen und -schwerpunkte: Gender Studies, Intersektionalität, Diskursanalyse, Ethnografie, Studien zur Gouvernementalität
   Aktuelle Tätigkeit: wissenschaftlicher Mitarbeiter an der Professur Schulpädagogik unter besonderer Berücksichtigung von Schulentwicklungsforschung, Erziehungswissenschaftliche Fakultät der Universität Leipzig

3. *Barbara Drinck*
   Professorin für Schulpädagogik und Schulentwicklungsforschung
   Forschungsinteressen und -schwerpunkte: Schulentwicklungsforschung, Inklusion in Schule und Hochschule, Heterogenitätsforschung sowie zu Schulabbrecherstudien
   Forschungsprojekte: RuN-Studie, EU-Verbundprojekt EADHE, Gender-Glossar u.a.

4. *Doris Flagmeyer*
   Forschungsinteressen und -schwerpunkte: Einstellungen und Überzeugungen von Lehramtsstudierenden, Theorie-Praxis- Beziehungen im Studium, theatrales Lernen.
   Aktuelle Tätigkeit: wissenschaftliche Mitarbeiterin an der Professur Schulpädagogik unter besonderer Berücksichtigung von Schulentwicklungsforschung, Verantwortliche für die Schulpraktischen Studien I, Erziehungswissenschaftliche Fakultät der Universität Leipzig

5. *Franziska Heinze*
Forschungsschwerpunkte/-interessen: Bildung für nachhaltige Entwicklung, Einstellungen und Überzeugungen von Lehrkräften, Übergänge im Bildungssystem
Position: wissenschaftliche Mitarbeiterin an der Professur Allgemeine Didaktik und Schulpädagogik des Sekundarbereichs, Erziehungswissenschaftliche Fakultät der Universität Leipzig

6. *Christian Herfter*
Forschungsschwerpunkte/-interessen: Studienerfolg und Studienzufriedenheit; Theorie und Praxis in der universitären Lehrer/innenbildung; Überzeugungen zur guten Lehrkraft; Evaluation der universitären Lehrer/innenbildung – Praxis und Modellentwicklung; Vorstellungen von Schüler/innen im naturwissenschaftlichen Unterricht
Position: wissenschaftlicher MA im Bereich Pädagogische Psychologie

7. *Kathleen Herzog* (früher Marquardt)
Forschungsschwerpunkte/-interessen: Schulqualitäts- und Schulentwicklungsforschung, Steuerung im Bildungswesen/Educational Governance
Position: Vorbereitungsdienst für das Höhere Lehramt; zuvor wissenschaftliche Mitarbeiterin und Geschäftsführerin am Zentrum für Lehrerbildung und Schulforschung und wissenschaftliche Mitarbeiterin an der Professur Schulpädagogik unter besonderer Berücksichtigung von Schulentwicklungsforschung, Erziehungswissenschaftliche Fakultät der Universität Leipzig

8. *Juliane Keitel*
Forschungsschwerpunkte/-interessen: Umgang von Schulleitungen mit Zielvereinbarungen im Anschluss an die externe Evaluation, Steuerungsinstrumente im Schulsystem, konstruktivistische Didaktik, religionspädagogische und -didaktische Fragestellungen
Position: Lehrerin im Hochschuldienst, abgeordnet an das Zentrum für Lehrerbildung und Schulforschung der Universität Leipzig (ZLS), derzeitige Tätigkeit am Bereich Schulpädagogik unter besonderer Berücksichtigung von Schulentwicklungsforschung

9. *Sebastian Rahtjen*
Forschungsschwerpunkte/-interessen: Öffnung von Schule und Kooperation mit außerschulischen Partnern - School, Family and Community-Partnership; Konflikte in der Schule, schulaversives Verhalten
Position: wissenschaftlicher Mitarbeiter der Schulpädagogik unter besonderer Berücksichtigung von Schulentwicklungsforschung, Erziehungswissenschaftliche Fakultät der Universität Leipzig

10. *Melanie Schmidt*
Forschungsschwerpunkte/-interessen: Steuerung im Bildungssystem, insbesondere Forschungen zur externen Evaluation an Schulen und zur Auseinandersetzung schulischer Akteure mit Fremdbestimmtheit, Ökonomisierung der Bildung, Rolle der Schulleitung im neuen Steuerungsparadigma, Wissensverwendungsforschung, Methoden und Methodologien der qualitativen Sozialforschung (insbesondere Grounded Theory)
Position: wissenschaftliche Mitarbeiterin der Schulpädagogik unter besonderer Berücksichtigung von Schulentwicklungsforschung, Erziehungswissenschaftliche Fakultät der Universität Leipzig

11. *Ralph Schubert*
Forschungsschwerpunkte/-interessen: Steuerung im Bildungswesen, externe Evaluation, Zielvereinbarungen, Schulaufsicht
Position: Lehrer im Hochschuldienst, abgeordnet an das Zentrum für Lehrerbildung und Schulforschung der Universität Leipzig (ZLS), derzeitige Tätigkeit am Bereich Schulpädagogik unter besonderer Berücksichtigung von Schulentwicklungsforschung